U1017584

荊楚文庫

〔光緒〕武昌縣志

〔清〕鍾桐山 修 〔清〕柯逢時 纂

〔光緒〕續武昌縣志稿

〔清〕佚名 纂

荊楚文庫編纂出版委員會
武漢大學出版社

荆楚文庫

〔光緒〕武昌縣志
GUANGXU WUCHANG XIANZHI

〔光緒〕續武昌縣志稿
GUANGXU XUWUCHANG XIANZHIGAO

圖書在版編目(CIP)數據

〔光緒〕武昌縣志/〔清〕鍾桐山修;〔清〕柯逢時纂.
〔光緒〕續武昌縣志稿/〔清〕佚名纂.
—武漢:武漢大學出版社,2023.4
ISBN 978-7-307-23354-6
Ⅰ.①光…　②光…
Ⅱ.①鍾…　②柯…　③佚…
Ⅲ.鄂州—地方志—清代
Ⅳ.K296.34
中國版本圖書館 CIP 數據核字(2022)第 207435 號

責任編輯:朱凌雲
整體設計:范漢成　曾顯惠　思　蒙
責任校對:李孟瀟
出版發行:武漢大學出版社(中國·武漢)
地址:武昌珞珈山
電話:(027)87215822　　郵政編碼: 430072
録排:武漢恒清圖文菲林輸出工作室
印刷:湖北新華印務有限公司
開本:787mm×1092mm　1/16
印張:32.5　插頁:6
版次:2023 年 4 月第 1 版　2023 年 4 月第 1 次印刷
定價:160.00 元

ISBN 978-7-307-23354-6
9 787307 233546

《荆楚文庫》工作委員會

主　　任：王蒙徽

副 主 任：李榮燦　許正中

成　　員：韓　進　張世偉　丁　輝　鄧務貴　黃劍雄

李述永　趙淩雲　謝紅星　劉仲初

辦公室

主　　任：鄧務貴

副 主 任：趙紅兵　陶宏家　周百義

《荆楚文庫》編纂出版委員會

主　　任：王蒙徽

副 主 任：李榮燦　許正中

總 編 輯：馮天瑜

副總編輯：熊召政　鄧務貴

編委（以姓氏筆畫爲序）：朱　英　邱久欽　何曉明

周百義　周國林　周積明　宗福邦　郭齊勇

陳　偉　陳　鋒　張建民　陽海清　彭南生

湯旭巖　趙德馨　劉玉堂

《荆楚文庫》編輯部

主　　任：周百義

副 主 任：周鳳榮　周國林　胡　磊

成　　員：李爾鋼　鄒華清　蔡夏初　王建懷　鄒典佐

梁瑩雪　丁　峰

美術總監：王開元

《荆楚文庫・方志編》編纂組

組　　長：賀定安　陽海清（執行）

副組長：劉傑民（執行）　王　濤　謝春枝　范志毅（執行）

參編人員（以姓氏筆畫爲序）：

王　濤　李云超　宋澤宇　范志毅　柳　巍　馬盛南　陳建勛

梅　琳　張文静　張雅俐　陽海清　彭余焕　彭筱溦　賀定安

楊　萍　雷　静　劉傑民　謝春枝

編　　審：周　榮

顧　　問：沈乃文　李國慶　吴　格

出版説明

湖北乃九省通衢，北學南學交會融通之地，文明昌盛，歷代文獻豐厚。守望傳統，編纂荆楚文獻，湖北淵源有自。清同治年間設立官書局，以整理鄉邦文獻爲旨趣。光緒年間張之洞督鄂後，以崇文書局推進典籍集成，湖北鄉賢身體力行之，編纂《湖北文徵》，集元明清三代湖北先哲遺作，收兩千七百餘作者文八千餘篇，洋洋六百萬言。盧氏兄弟輯録湖北先賢之作而成《湖北先正遺書》。至當代，武漢多所大學、圖書館在鄉邦典籍整理方面亦多所用力。爲傳承和弘揚優秀傳統文化，湖北省委、省政府決定編纂大型歷史文獻叢書《荆楚文庫》。

《荆楚文庫》以『搶救、保護、整理、出版』湖北文獻爲宗旨，分三編集藏。

甲、文獻編。收録歷代鄂籍人士著述，長期寓居湖北人士著述，省外人士探究湖北著述。包括傳世文獻、出土文獻和民間文獻。

乙、方志編。收録歷代省志、府縣志等。

丙、研究編。收録今人研究評述荆楚人物、史地、風物的學術著作和工具書及圖册。

文獻編、方志編録籍以一九四九年爲下限。

研究編簡體横排，文獻編繁體横排，方志編影印或點校出版。

《荆楚文庫》編纂出版委員會

二〇一五年十一月

總目録

〔光緒〕武昌縣志……一
〔光緒〕續武昌縣志稿……四二五

荆楚文库

〔光绪〕武昌县志

〔清〕锺桐山 修
〔清〕柯逢时 纂

前言

《〔光緒〕武昌縣志》二十六卷首一卷末一卷，清鍾桐山修，清柯逢時纂，清光緒十一年（一八八五）刻本。内封鎸『光緒十一年重脩』。

鍾桐山，字鳳喈，四川華陽人，清同治六年（一八六七）副貢，光緒八年（一八八二）修《光化縣志》，光緒十年（一八八四）就任武昌縣知縣，光緒十一年修刻此志。柯逢時，字懋修，號巽庵，一號欽臣，晚年號息園，湖北武昌（今鄂城）人，光緒九年（一八八三）進士，官江西布政使、貴州巡撫、廣西巡撫。柯逢時光緒初年首倡修《〔光緒〕湖北通志》，光緒十四年亦曾經手通志稿，對湖北方志可謂用心。

入清後，武昌縣志有康熙時熊登所修、乾隆時邵遐齡所修。光緒初欲修，鍾桐山序稱：『前經柯根臣、吴雲鴻、陳漱芳、吴稺仙諸君采輯，王孝鳳廷尉精心總纂，歷有年所，卒以經費難籌，輟焉中止。』今知未竟稿有日本所藏《〔光緒〕續武昌縣志稿》、湖北省博物館所藏《〔光緒〕武昌縣志稿》、湖北省圖書館所藏《〔光緒〕武昌縣志稿》。至鍾桐山光緒十年七月任事，乃決心修志，『八月科試畢，爰邀邑之老成耆舊、通才博儒，别類分門，剋期任事，而延柯遜菴太史以爲之總纂，就校士館設局焉』。始於乙酉（一八八五）春仲，迄冬而書成。是志與光緒時三志稿關係應較爲密切。志中凡徵引稱王志稿者，即王家璧（孝鳳）前纂，今省博及省圖所藏當爲王稿中之部分。

柯逢時取法於《武功縣志》，故此志有目無綱。首舉輿圖，後列沿革、山川、形勝、津梁、水利、城池、廨署、鄉坊、鎮市、風俗、物産、賦役、倉儲、通禮、秩祀、祠廟、學校、郵傳、兵事、古蹟、藝文、金石、祥異、藩封、官師、選舉、仕宦、封廕、人物（仕蹟、忠義、孝友、儒林、文苑、義行、耆壽、隱逸、列女）、方伎、流寓、仙釋。

此志卷首『鄉圖』以方格爲界，每方五里，測繪更爲精確。體例上亦有調整，因縣地臨江，頻遭水患，遂增水利一目。立金石目，録歷代鐘鼎、碑刻以存。而邑之山川、古跡、名物之詩文序記皆依類附後。柯逢時題記：『卷首「圖説」道里歧異，此縮櫥之失也。「沿革」「藩封」，循《路史》之誤。「通禮」「學校」，皆統同之文。悤悤付梓，芟訂未遑，若夫人物之篇成於衆製，仁人孝子之用心又惡可以已也。』

《中國地方志聯合目録》載此志多地均有收藏。一九七〇年台北成文出版社《中國方志叢書》、二〇〇一年江蘇古籍出版社《中國地方志集成》皆曾影印。經核湖北省圖書館共有三藏本，此次選以品相最好者爲底本，然其中有6處由另一藏本增刻：職名葉1至5、卷四28B至31、卷十五30B、31A、卷十八19A至20、卷二十四67B至68替换爲該館另一藏本。另有卷十9B、卷十一18B、卷十三49B、卷二十六16B因破損等原因同以另一藏本替换。（宋澤宇）

目録

序……………………一一
目録……………………一二
職名……………………一四
卷首
輿圖……………………一七
縣境全圖……………………一八
縣市圖……………………二〇
洪道鄉圖……………………二二
神山鄉圖……………………二四
永福鄉圖……………………二六
靈溪鄉圖……………………二八
馬蹟鄉圖……………………三〇
賢庚鄉圖……………………三二
符石鄉圖……………………三四
梁子湖圖……………………三六
疆域……………………三九
晷度……………………三九
卷一
沿革……………………四三
山川……………………四五
卷二
形勝……………………五四
津梁……………………五五
水利……………………五九
卷三
城池……………………六五
廨署……………………六六
鄉坊……………………六八
鎮市……………………六八
坊表附……………………七〇
風俗……………………七一
物産……………………七二

卷四
賦役……七七
倉儲……九一
善堂附……九二
卷五
通禮……九三
卷六
秩祀……一〇六
祠廟……一〇七
寺觀附……一一三
卷七
學校……一二四
卷八
郵傳……一三七
兵事……一三七
卷九
古蹟……一四四
冢墓附……一六二
卷十
藝文……一七〇
金石……一八〇
祥異……一八四
卷十一
藩封……一八八
官師一……一八九
卷十二
官師二……二一二
卷十三
選舉……二三八
卷十四
武選舉……二五三

卷十五
仕宦……二五六
封廕……二五九
職銜附……二六九
卷十六
人物……二七二
仕蹟……二七二
卷十七
人物……二九〇
忠義……二九〇
卷十八
人物……二九七
孝友……二九七
卷十九
人物……三〇七
儒林……三〇七
卷二十
人物……三一一
文苑……三一一
卷二十一
人物……三二三
義行……三二三
卷二十二
人物……三三三
耆壽……三三三
卷二十三
人物……三三七
隱逸……三三七
卷二十四
人物……三四〇
列女一……三四〇

卷二十五
人物……三七四
列女二……三七四
卷二十六
方伎……四〇五
流寓……四〇七
仙釋……四一一
卷末
志餘……四一五

孝昌縣志

二十八卷

光緒十一
年重脩

重修武昌縣志序

武昌爲湖北下游水陸衝要上接省垣下臨江皖內則山連咸甯通山大冶興國以及江西義甯之所出入外則長江繞郭與黃州對岸夾峙自四川成都以達江陰吳淞腹地之帆檣海邦之輪舶無不於是焉往來加以樊川一曰貫梁子湖數百里巨浸之所渟滀當其盛夏水溢外足以容納江流內足以消導武昌靈溪馬蹟賢庾符石四鄉之暴漲暨江夏咸甯通山大冶興國諸州縣之山水誠形勝之名區而山川之險要也桐山以甲申夏權宰斯邑奉檄之日詣邑名宿柯遜菴太史訪邑利弊並索邑志以資考核太史喟然曰邑舊有志紀載未詳且迄今百數十年凋殘殆盡矣雖前經柯根臣吳雲鴻陳漱芳吳稺仙諸君采輯王孝鳳廷尉精心總纂歷有年所卒以經費難籌輟焉中止桐山憬然曰志之不修是宰責也修之不能成書是宰斯土與生斯土者之不能相與有成也請自今日始經費之籌桐山不經手桐山決不辭責至志之蒐羅纂訂則惟先生與邑之諸君子是賴桐山以七月下旬任事八月科試畢爰邀邑之老成耆舊通才博儒別類分門尅期任事而延柯遜菴太史以爲之總纂就校士館設局焉經始於乙酉春仲迄冬而書以成諸君子博覽旁搜折衷考校雍雍藹藹永夕永朝郵寄總局互相參定而遜菴太史力任編輯自春徂冬揮汗濡毫融冰啓硯有美皆備無奇不搜掞藻揚芳裒然成集桐山公餘不時流覽每閱一過覺孫吳之經營陶庾之鎮定蘇黃諸名賢之流連而詠歎了然於目暢然於心蓋自山川人物以及文藝詞章

無弗網羅周至備在簡篇以視朝邑武功未免遜此精詳矣不誠足闡發幽光表揚畸異上供

輶軒之采而下生閭里之輝哉尤冀諸君子與邑人士推此相與有成之心以華

國文章建匡時偉績明消洩以貽農田之利審形勝以重山川之防纂修邑志者在是黼黻

皇猷者亦不外乎是是則桐山所跂予望之者也是爲序旹在

光緒十一年十二月上浣日權知縣事華陽鍾桐山撰

武昌縣志目錄

卷首
輿圖疆域晷度附
卷一
沿革　山川
卷二
形勝　津梁　水利
卷三
城池　廨署　鄉坊　鎮市坊表附　風俗　物產
卷四
賦役　倉儲善堂附
卷五

通禮
卷六
秩祀　祠廟寺觀附
卷七
學校
卷八
郵傳　兵事
卷九
古蹟冢墓附
卷十
藝文　金石　祥異
卷十一
藩封　官師
卷十二
官師
卷十三
選舉
卷十四
選舉
卷十五
仕宦　封廕
卷十六
人物仕蹟
卷十七

人物忠義
卷十八
人物孝友
卷十九
人物儒林
卷二十
人物文苑
卷二十一
人物義行
卷二十二
人物耆壽
卷二十三

人物隱逸
卷二十四
人物列女
卷二十五
人物列女
卷二十六
方伎 流寓 仙釋
卷末
志餘

縣志之作武功尙已於後有會稽章氏之書章氏精於史例者也武功淵懿閎深使人得其義而忘其例蓋取法於子長者也逢時嘗與於通志之役綜覽古今圖志求其立言之旨輒不可得則章氏之學亦未之或先也邑屢議修志舊志存者百餘年矣往年王孝鳳少卿家璧有志搜輯未及成書今所徵引稱王志稿者是也華陽鍾君鳳喈來作宰銳然興修邑之人相與補綴而周諏焉數月而事舉逢時不自揣量斐然有作擬仿武功而未當也退而釁然迺摭拾成篇冀免於皐戾亦思假通人之例以文其非旣刋成取而覆讀之則邑之諸君子補闕訂訛厥功匪細旣自慚不敏又何敢以自例者例人哉嗟乎求例而精亦簿錄焉耳其大端則不具後之人欲考時政之得失風俗之淳澆其將何由彼康氏之言儒者之言也儒者之學期於有用而行遠非苟焉已也世豈無好學深思之士竊取其義昭示來茲乃闃寂無聞終焉流俗豈材力之不逮耶蓋康氏之志也司馬氏之史也一家之言

而已矣光緒十一年冬至日柯逢時記

卷首圖說道里歧異此縮撫之失也沿革藩封循路史之誤通禮學校皆統同之文怱怱付梓芟訂未遑若夫人物之篇成於衆製仁人孝子之用心又惡可以已也逢時又記

重修武昌縣志職名

督修

知州銜署武昌縣知縣華陽副貢 鍾桐山

總纂

翰林院庶吉士癸未進士 柯逢時

重修武昌縣志職名

主修

知州銜署武昌縣知縣四川華陽副貢 鍾桐山

監修

武昌縣學教諭內閣中書銜黃安舉人 詹文楷

署武昌縣學訓導蘄水歲貢 蔡先衢

總理

漢陽府教授甲子舉人 涂席儒

分發福建縣丞附貢生 高鳴鳳

翰林院孔目銜荊州府教授附貢生 紀以鳳

四品銜分部員外郎附貢生 陳慶保

總纂

翰林院庶吉士癸未進士 柯逢時

纂修

同知銜銓選知縣甲戌進士 劉鳳華

候選訓導歲貢生 周敬宣

己卯舉人 紀燮元

壬午舉人 劉燦藜

分修

揀選知縣乙亥舉人 孟傳綸

揀選知縣庚午舉人 夏燧

附生 張毓藻

壬午舉人 賀時熙

優附生 周鳳藻

分發江蘇大挑知縣癸酉舉人　陳協桂
己卯舉人　余毓瑞
附生　黃大華

收發
候選教諭恩貢生　朱孔暘
增生　張燿煥

編輯
六品銜長陽縣教諭副貢生　洪大生
監利縣教諭丁卯舉人　余覺達
覺羅教習揀選知縣乙亥舉人　袁銘善
優貢生　張炳璜

總校

壬午舉人　沈炳鋆
壬午舉人　熊元愷

分校
工部主事　王世騄
優附生　朱楚英
附生　賀義明
附生　范崧辰
附生　吳靈鳳
附生　王廷治
增生　邵謙
附生　孟鳳池
增生　葉炳琛

附生　汪鵬翊
候選訓導廩貢生　水子嘉

繪圖
國子監官學生　吳景

採訪
副貢生　洪天申
候選訓導歲貢生　徐家珪
附貢生　王世瀛
廩生　佘兆桂
附生　周棣華
廩生　王壽嵩
恩賜副貢生　程錫源

優附生　嚴瑛
歲貢生　羅振球
優廩生　張蓉鏡
候選訓導歲貢生　李調瑄
例貢生　劉瑞麟
副貢生　黃壁封
廩生　孫毓南
光祿寺署正　賀璋
附生　胡紹璣
分發湖南府經歷　紀樹茂
附生　閔慎修
附生　賀澄熙

歲貢生 葉錫圭
附生 陳雲奏
附生 徐林
附生 王禮林
附生 黎毓彩
廩生 李鴻源
附生 白正杰
監生 孫寶臣
縣丞銜 吳履中
同知銜 朱蘭芳
附生 熊銳
附生 龔楙森

附生 柯光斗
增生 黃辛陔
廩生 張鳴珂
附生 朱慶甲
監生 鄧莘農

經理

附貢生 范先恩
候選縣丞附貢生 李蔭華
例貢生 張鳳森
候選訓導附貢生 汪漂
從九品 熊楚材
五品銜候選訓導廩貢生 陳昶

同知銜 胡用瑒
六品銜候選縣丞 鄭履中
同知銜 余毓乾
例貢生 姜鴻儀
藍翎鹽提舉銜候選府經歷 葉廷珍
監生 周多文
附生 涂崧年
武生 黃玉田
文童 吳儆遴
廩生 高獻龍
廩生 王[illegible]保
藍翎鄖陽鎮守備辛未進士 張國柱

監生 王炳榮

武昌縣志卷首

輿圖

中南圖書館藏書

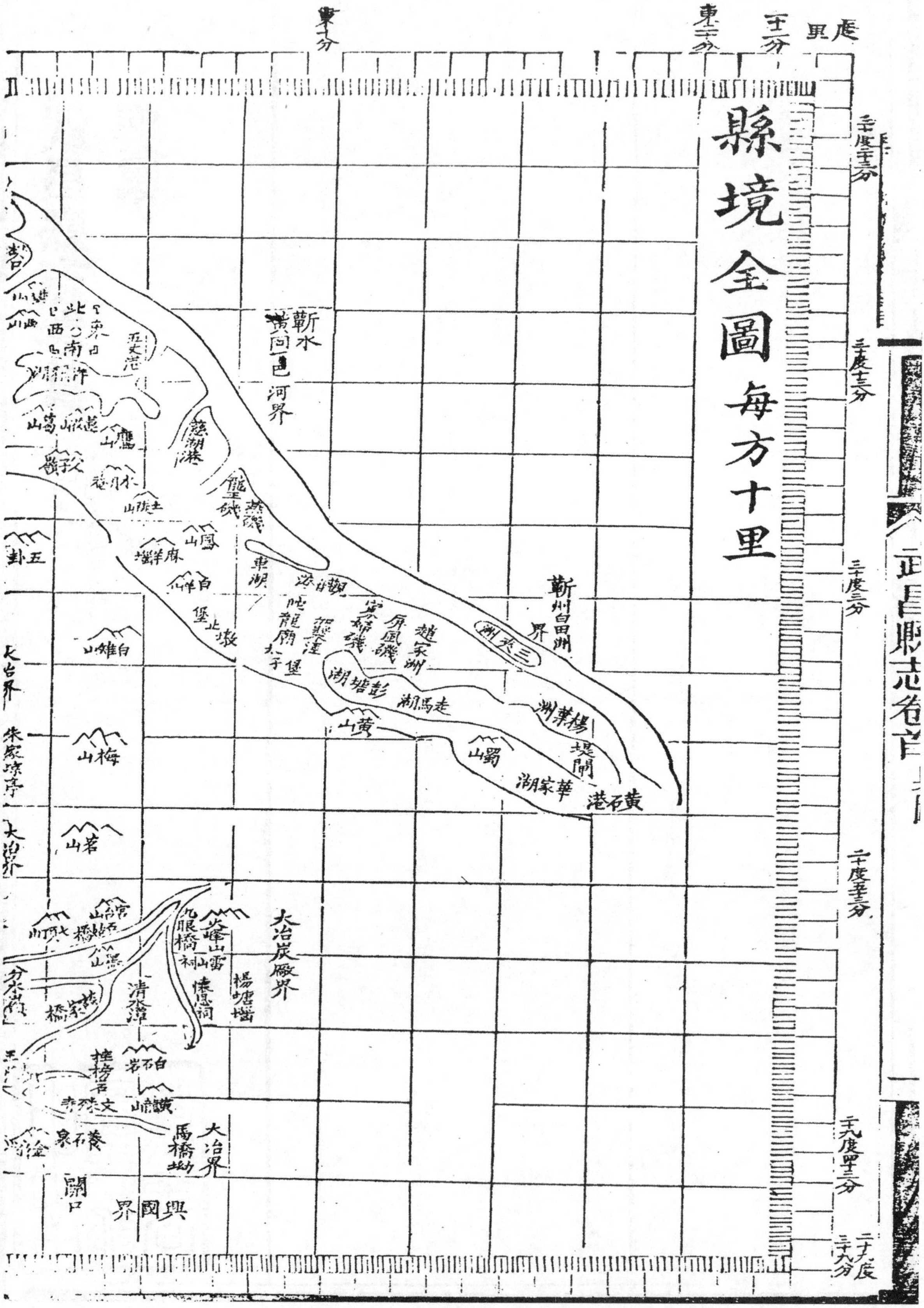
縣境全圖
每方十里
蘄水黃岡巴河界
蘄州白田洲界
慈湖港
東湖
五卦山
白雉山
梅山
大冶炭廠界
楊塘塥
清水潭
雷山
九眼橋
大冶界
馬橋坳
興國界
黃石港
華家湖
蜀山
楊葉洲
走馬湖
彭塘湖
趙家洲
屏風磯
黃山
三天洲

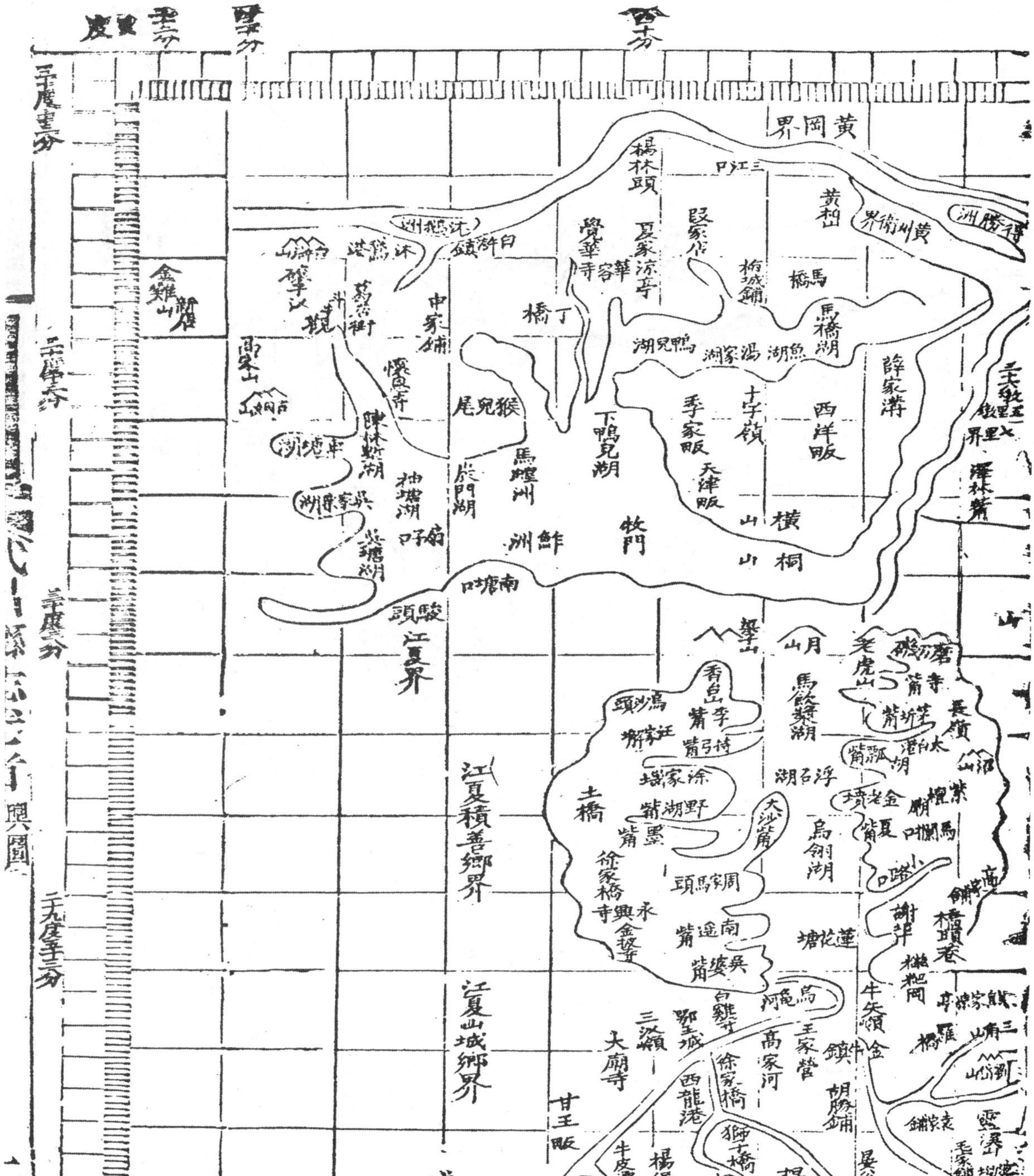
黄岡界
三江口
楊林頭
夏家涼亭
覺華寺
華容寺
白滸鎮
丁橋
鴨兒湖
湯家湖
馬橋湖
猴兒尾
下鴨兒湖
季家畈
十字嶺
西洋畈
天津畈
橫山
桐山
牧門
南塘口
江夏界
江夏積善鄉界
江夏山城鄉界
咸寧界
月山
長嶺
土橋
徐家橋
永興寺
蓮花塘
三溪嶺
大廟寺
鄂王城
高家河
王家營
西龍港
甘王畈
牛皮潭
楊保村
楊任鋪
獅子橋
龍泉寺
下馬三里
中堂寺
高橋
青鴉山
周家橋
大田山
上馬三里
胡勝鋪
晏公廟

縣市圖

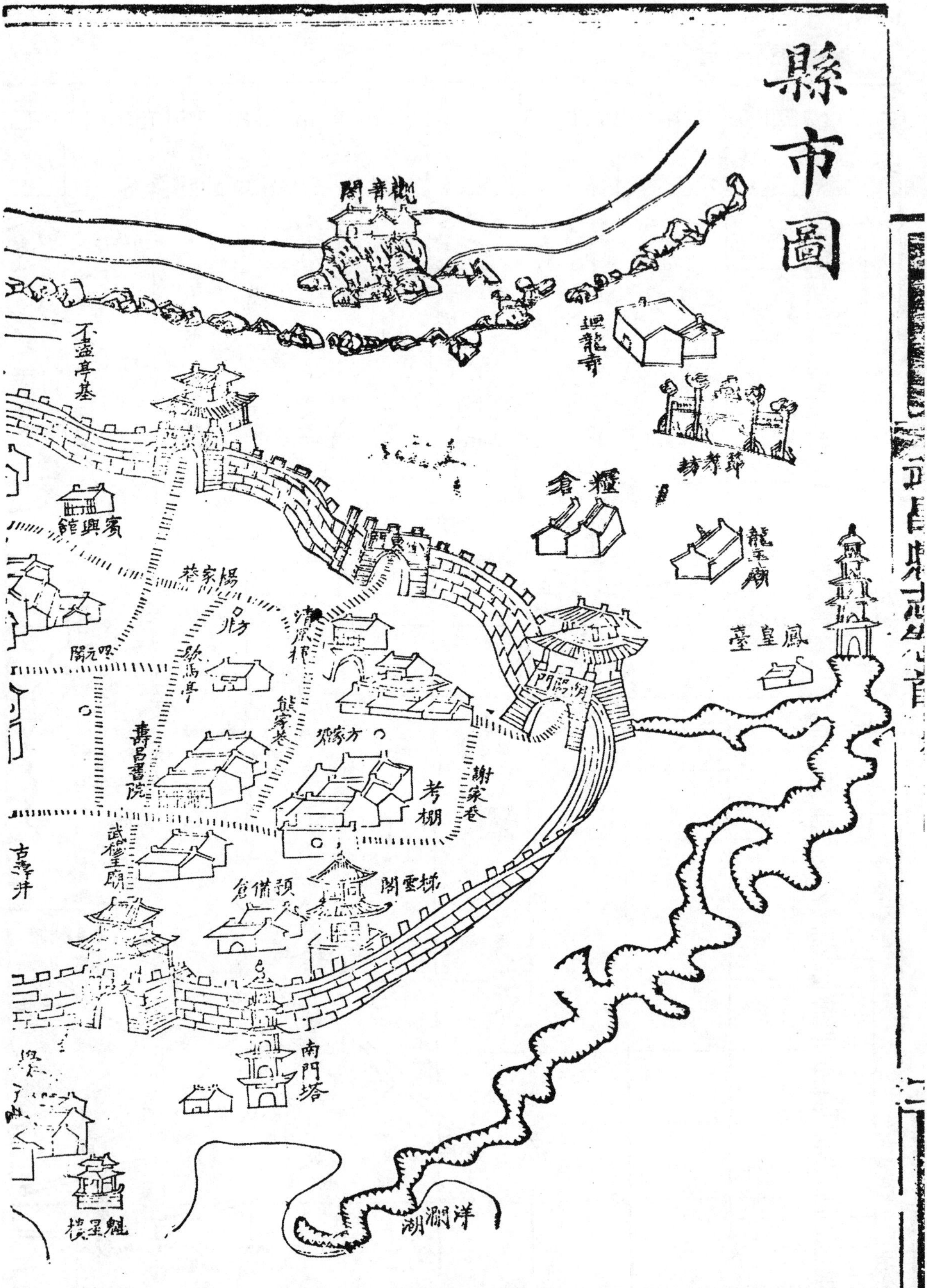
觀音閣
迴龍寺
不盡亭基
節孝坊
糧倉
賓興館
龍王廟
楊家巷
東門
朝陽門
鳳皇臺
歇馬亭
熊家巷
壽昌書院
考棚
謝家巷
武聖廟
預備倉
棲雲閣
南門塔
魁星樓
洋瀾湖

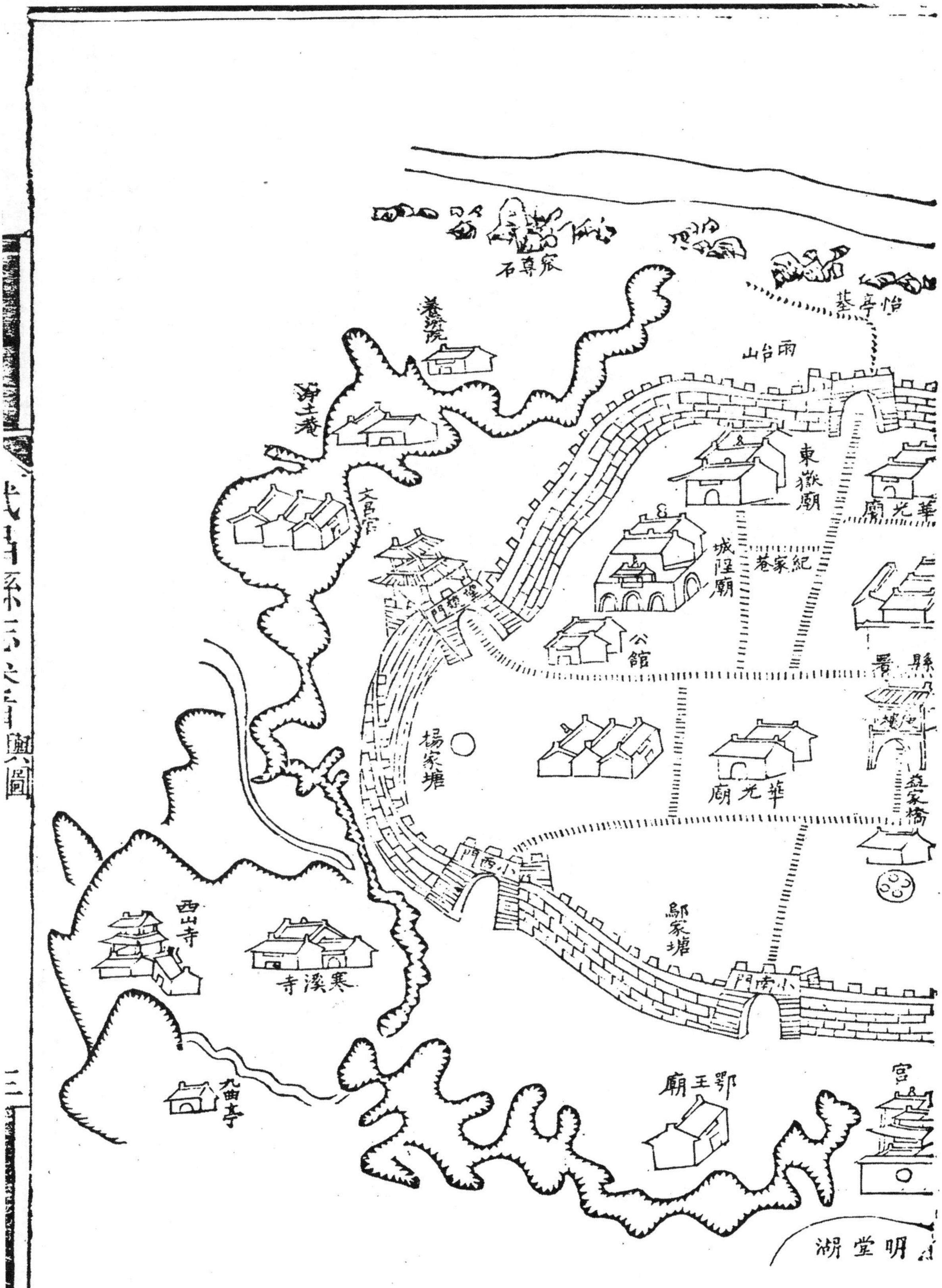
怡亭基
雨台山
養濟院
淨土菴
文昌宮
東嶽廟
華光廟
城隍廟
紀家巷
公館
縣署
楊家塘
華光廟
小西門
鄔家塘
小南門
西山寺
寒溪寺
九曲亭
鄂王廟
宮
明堂湖

洪道鄉圖每方五里

燕磯
戲水磯
石板灘
草陂堡
東湖
東公基
觀音港
伏龍廟
戴家洲
平山磯
趙家洲
走馬石
金陽祠
彭塘廟
彭塘湖
走馬湖
黃山湖
李家舖
楊葉洲
白洋山
黃山
太子堡
洪一里
大冶界
大冶界
蜀山
華家湖
堤閘公所
黃石港界

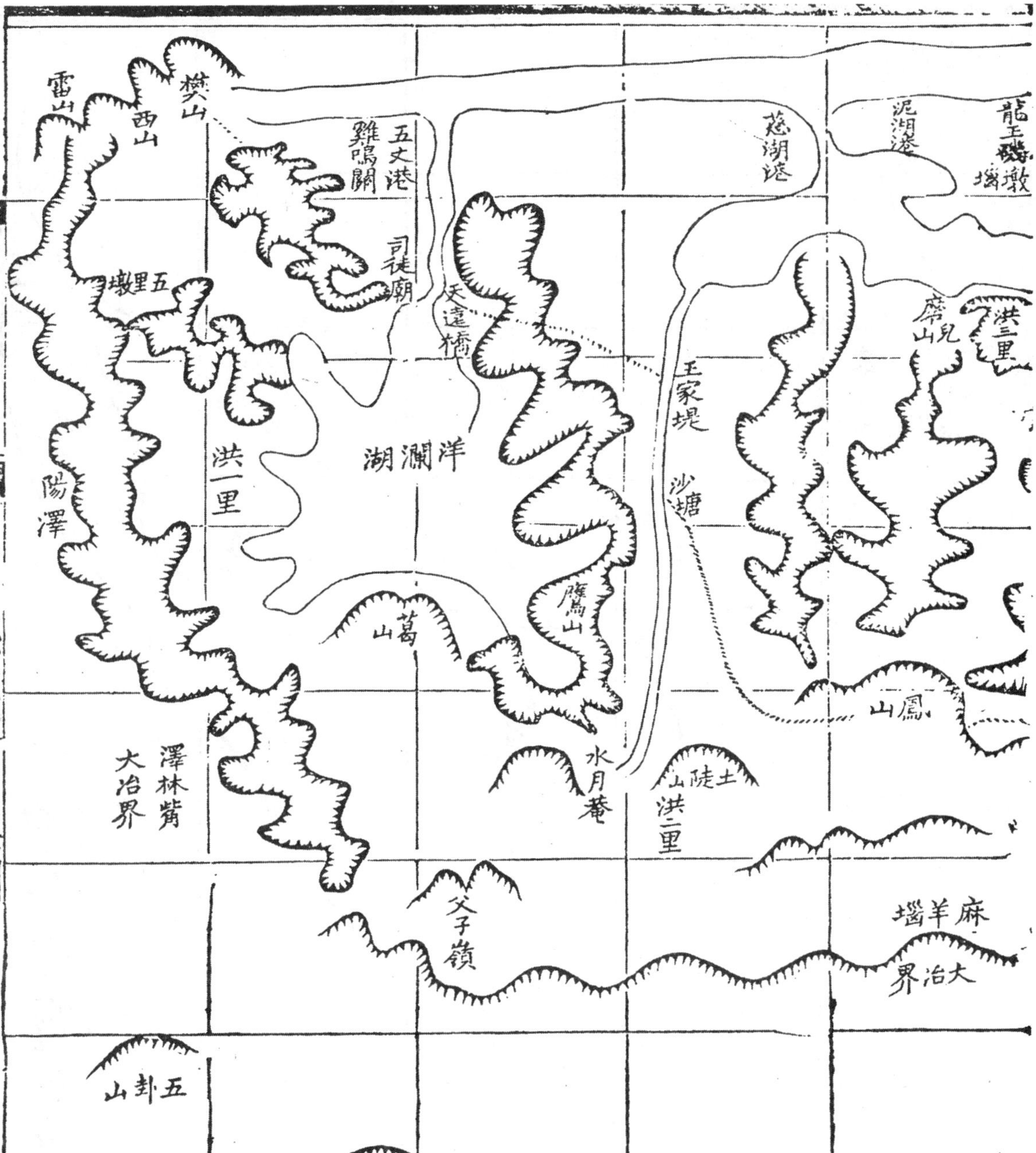

雷山
西山
樊山
五丈港
雞鳴關
司徒廟
五里墩
天遠橋
慈湖港
泥湖港
龍王磯墩
洋瀾湖
洪一里
陽澤
王家堤
沙塘
磨兒山
洪三里
鷹山
葛山
鳳山
水月菴
土陡山
洪二里
澤林嶺
大冶界
父子嶺
麻羊垴
大冶界
五卦山
白雉山

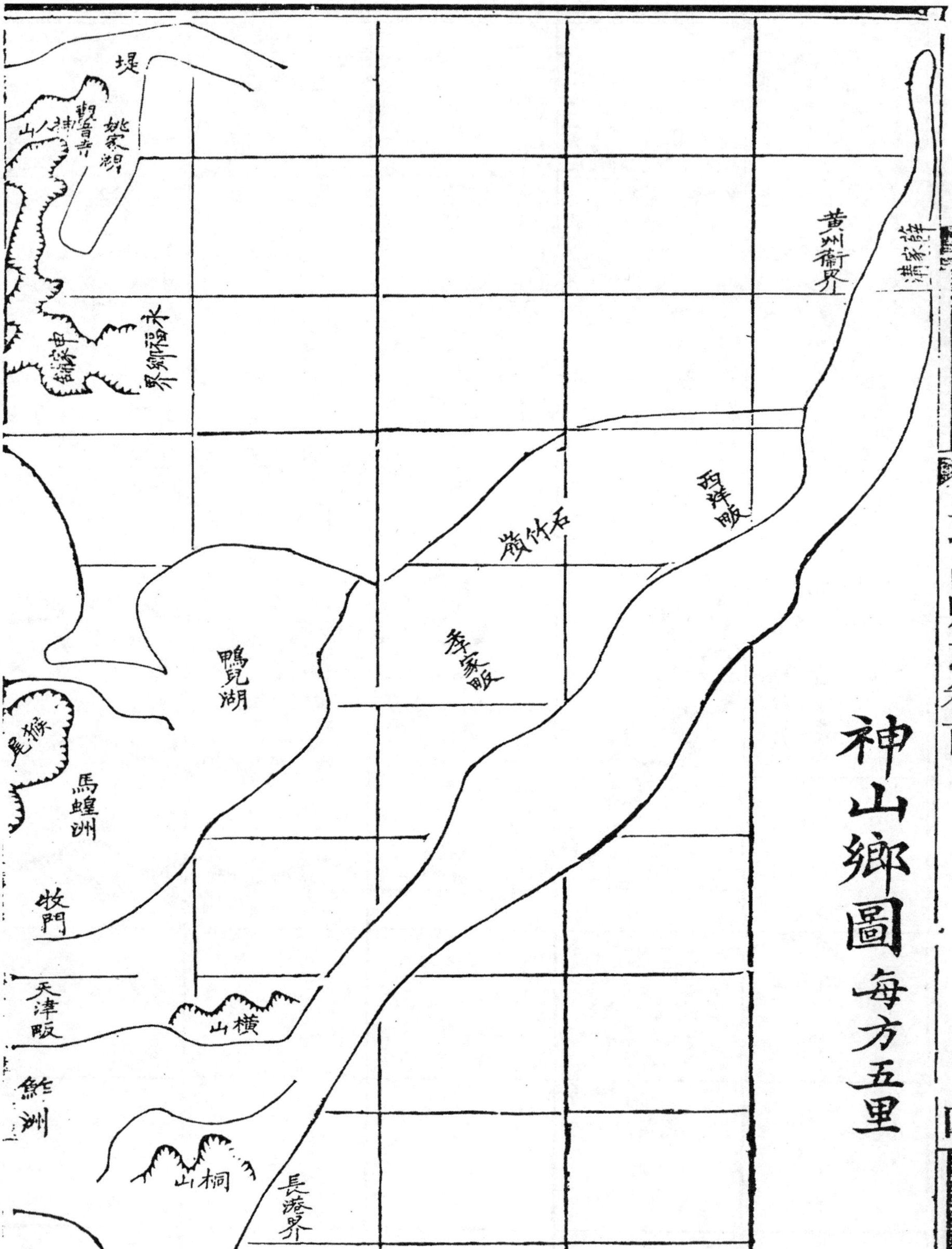
神山鄉圖
每方五里
堤
姚家湖
黃州衛界
永福鄉界
石竹嶺
西洋畈
李家畈
鴨兒湖
馬蝗洲
牧門
天津畈
橫山
桐山
長港界
蘆蓆口
南

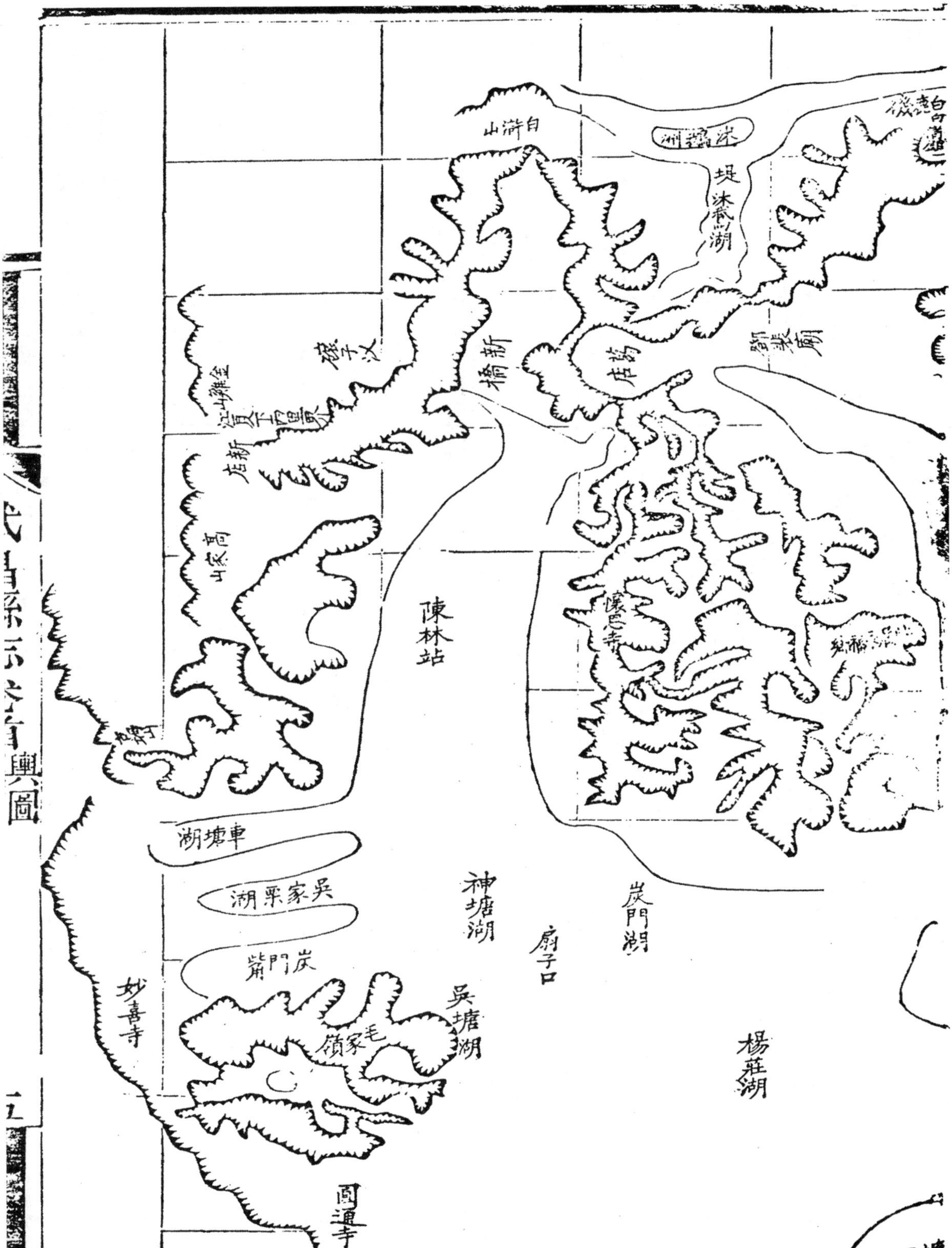
白滸山
堤
新橋
新店
高家山
陳林站
車塘湖
炭門嶺
妙喜寺
神塘湖
炭門湖
扇子口
吳塘湖
毛家嶺
楊莊湖
圓通寺
江夏界
塘口

永福鄉圖 每方五里

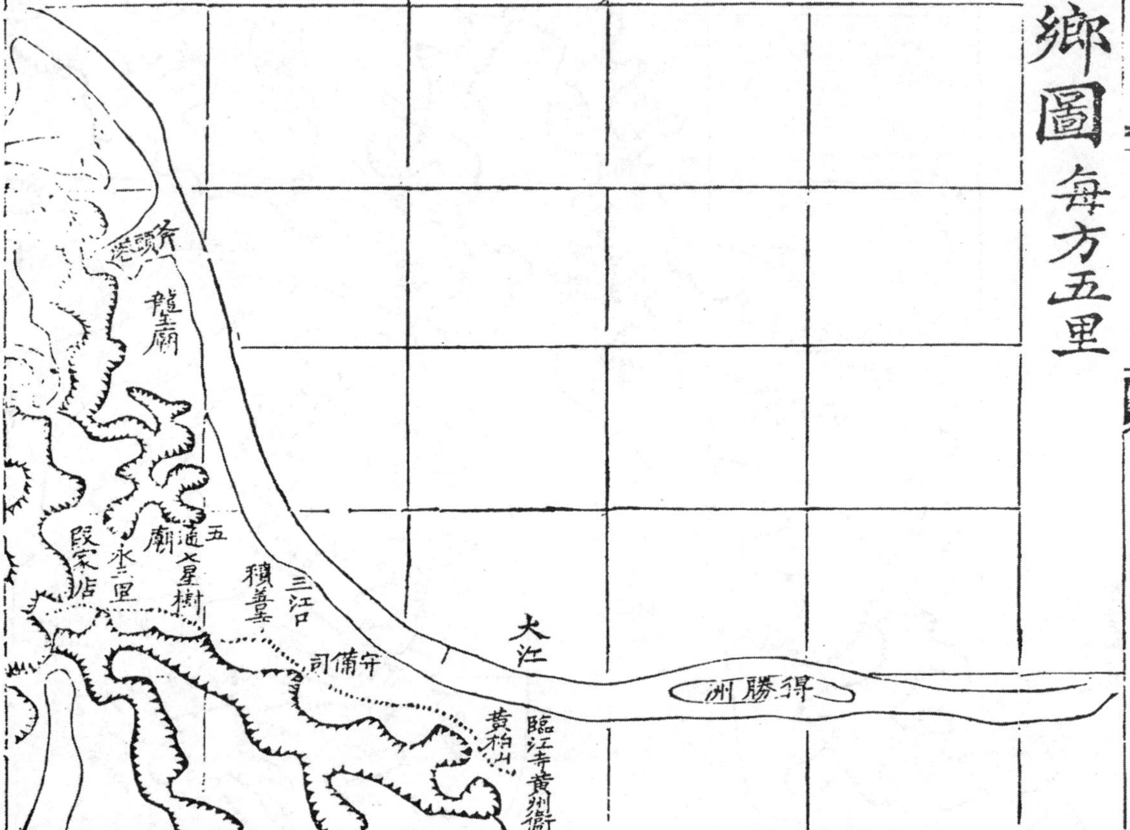

武昌縣志卷首

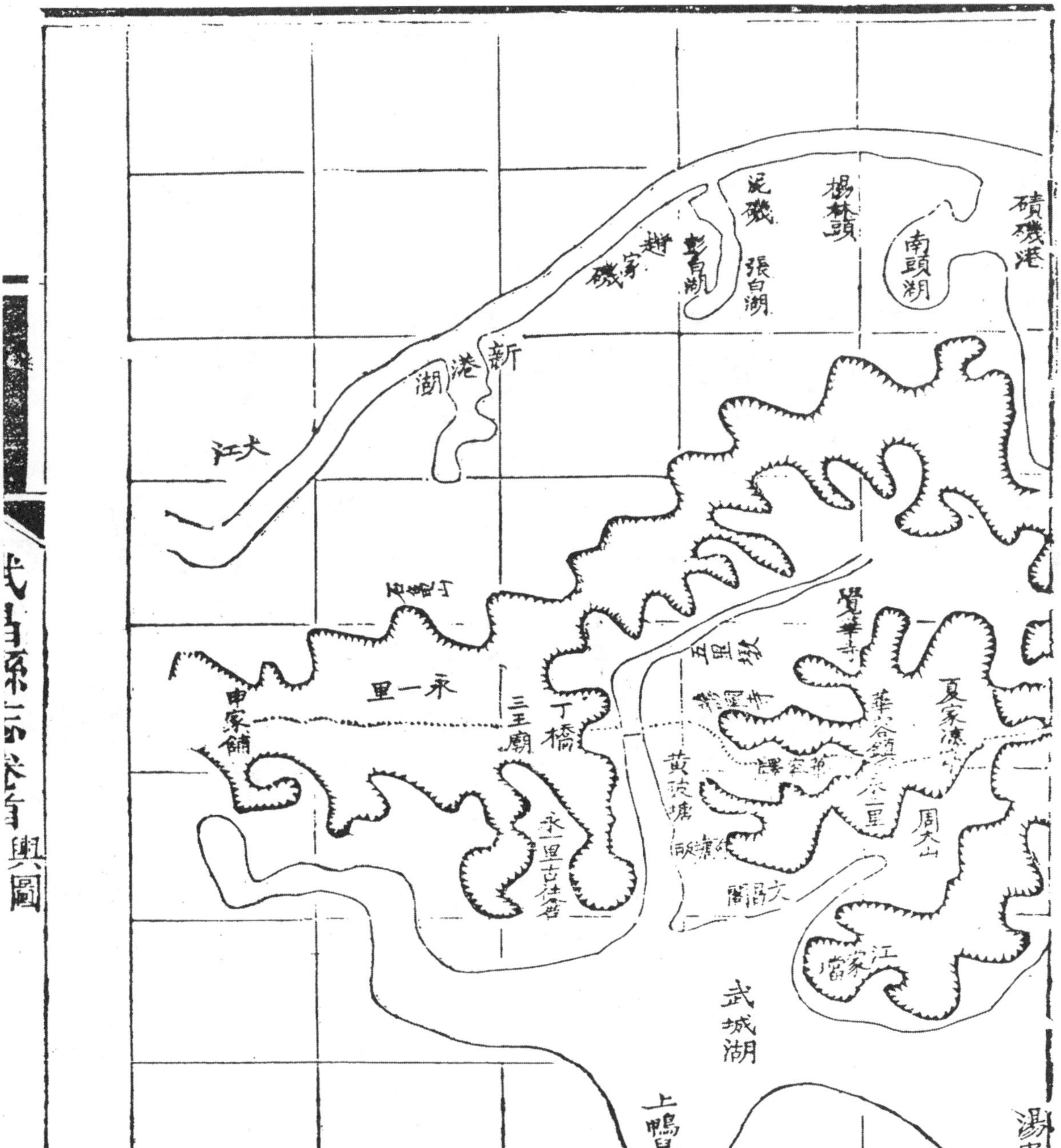
大江
新港湖
泥磯
楊林頭
南頭湖
磧磯港
張白湖
永一里
申家舖
三王廟
丁橋
黃陂塘
覺華寺
華容鎮
周大山
文昌閣
武城湖
上鴨兒湖
湯家湖

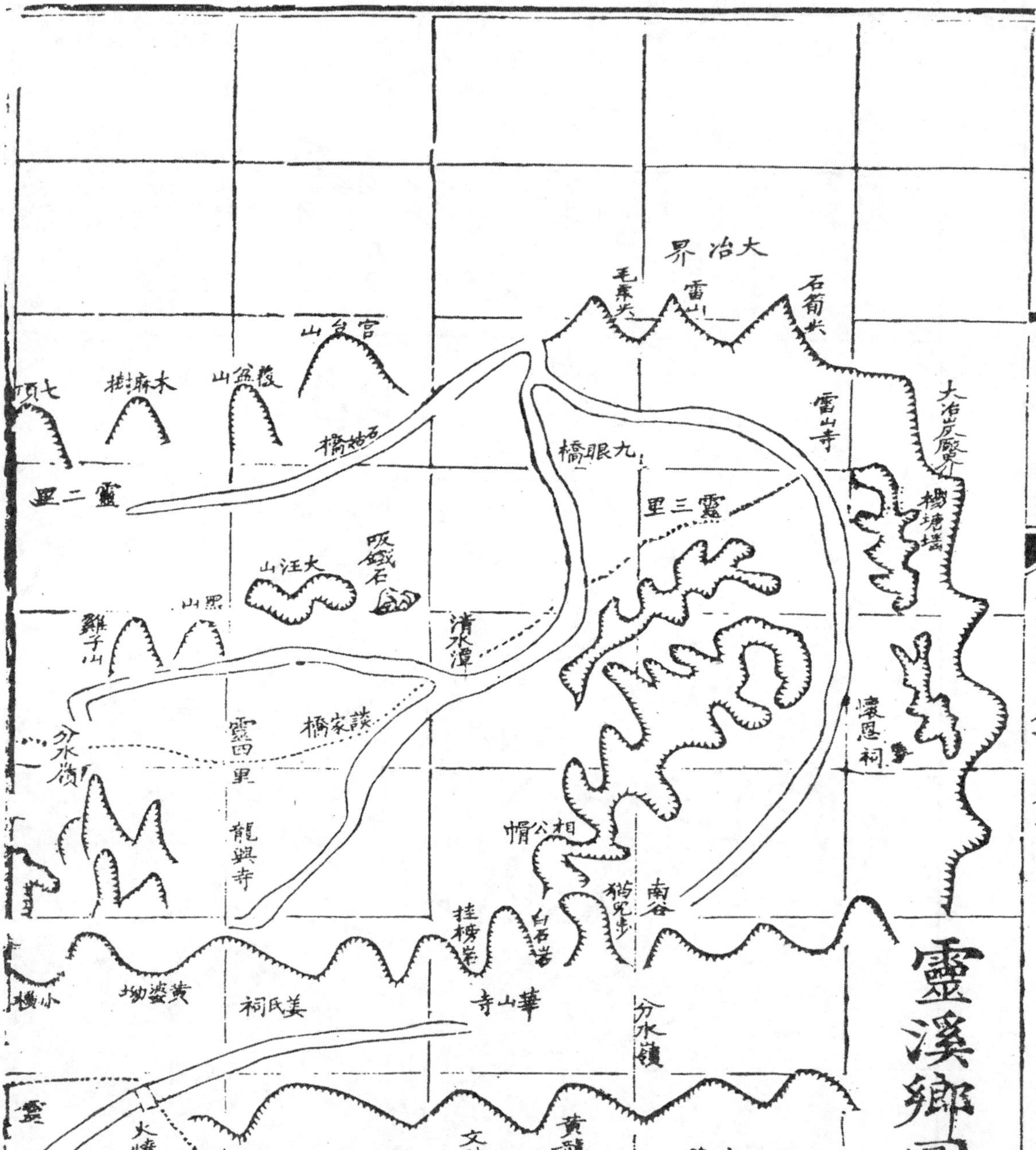
大冶界
雷山
石筍尖
石姑橋
九眼橋
雷山寺
靈二里
靈三里
吸鐵石
大汪山
黑山
雞子山
清水潭
談家橋
分水嶺
靈四里
龍興寺
懷恩祠
相公帽
白石岩
掛榜岩
南谷
黃婆坳
美氏祠
華山寺
分水嶺
賀氏祠
文殊寺
黃龍山
上鄧
馬橋坳
大冶界
紀氏祠
半山
金竹
興國界

靈溪鄉圖 每方五里

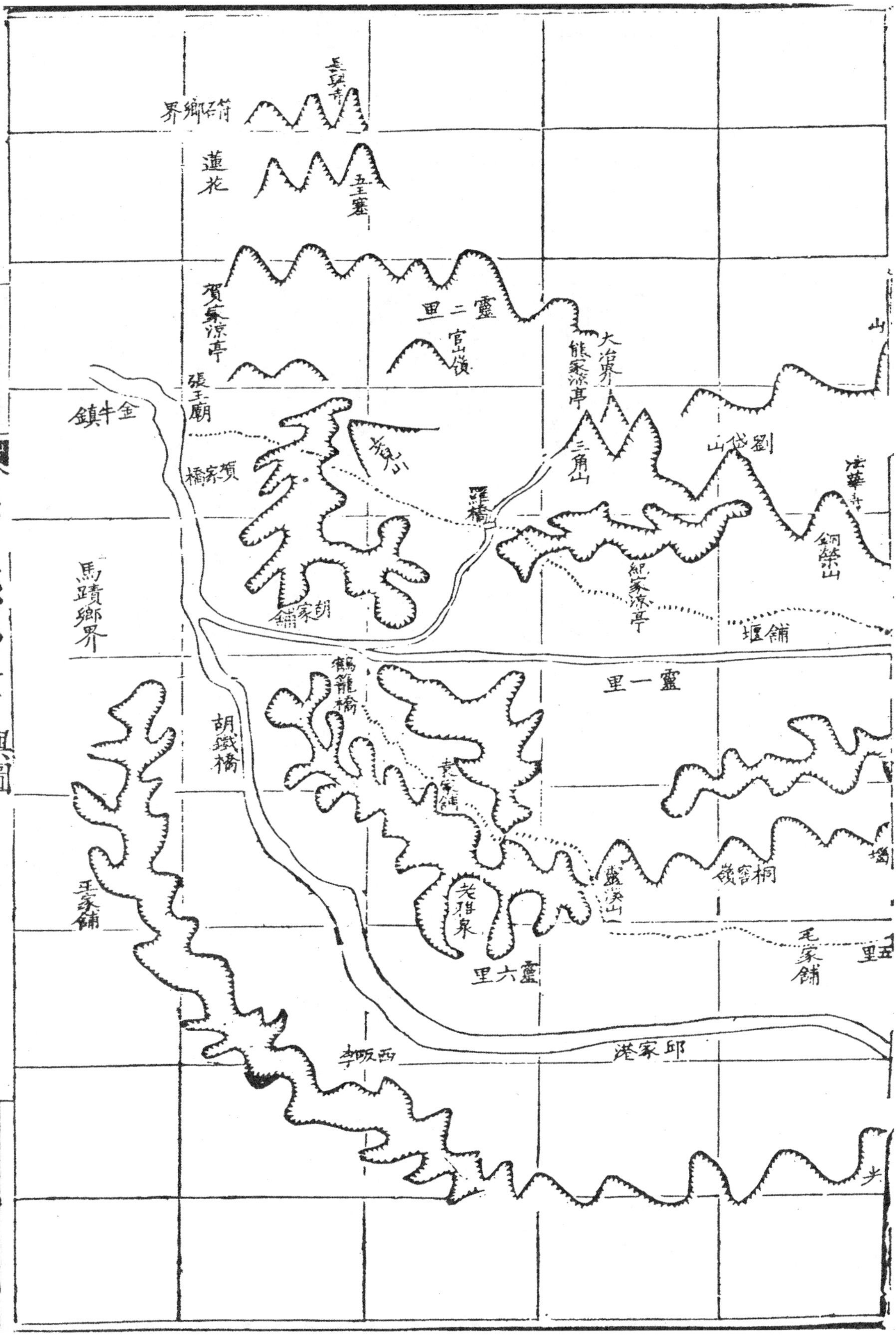
符石鄉界
蓮花
賀家涼亭
靈二里
官山嶺
金牛鎮
張王廟
賀家橋
大冶界
熊家涼亭
三角山
羅橋
劉代山
法華寺
銅綠山
紀家涼亭
胡家舖
馬蹟鄉界
靈一里
鶴籠橋
胡鐵橋
老鴉泉
靈溪山
桐窖嶺
毛家舖
王家舖
靈六里
西畈李
邱家港

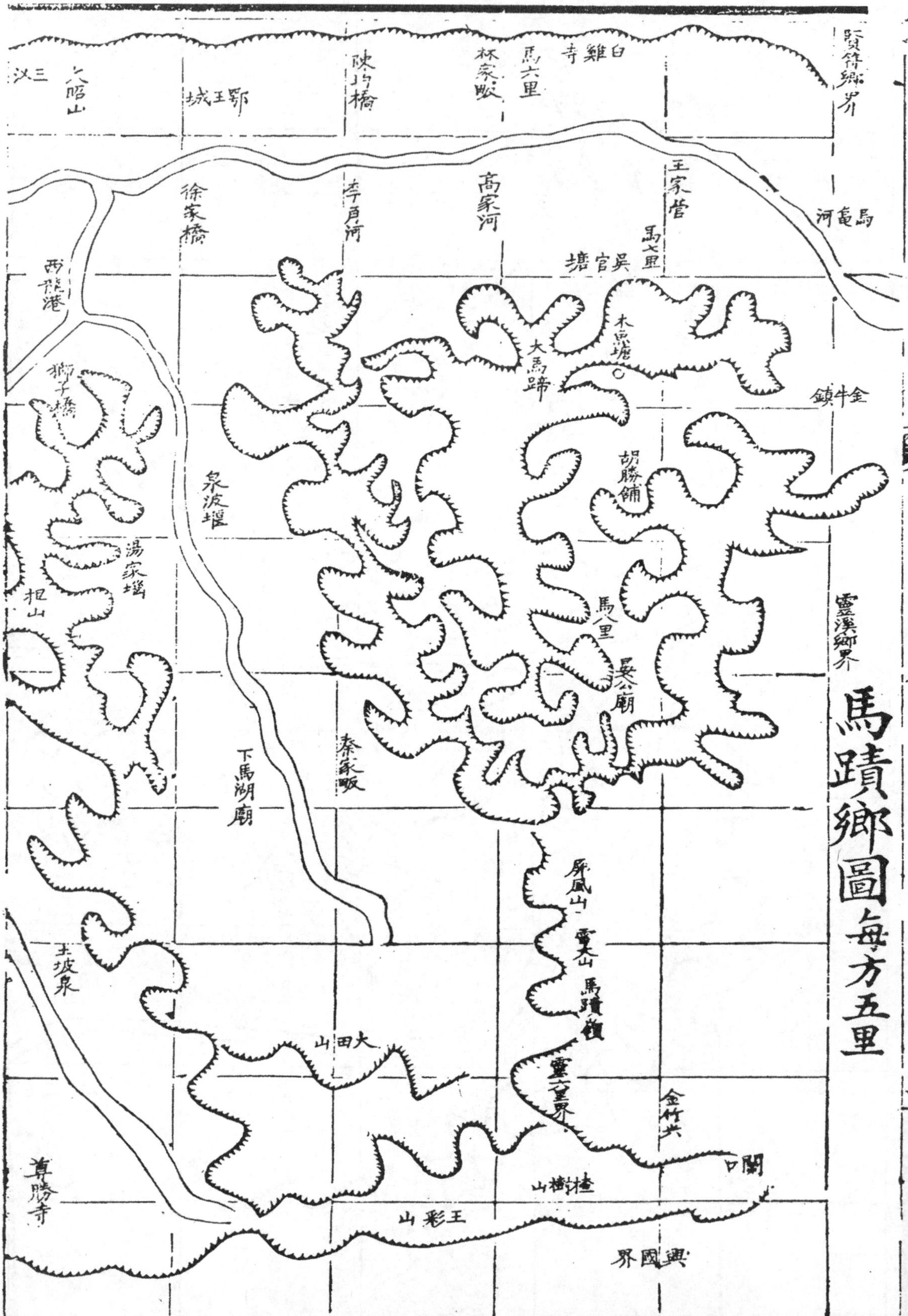
白雞寺
馬六里
鄂王城
三汊
賢符鄉界
王家營
高家河
徐家橋
吳官塘
馬七里
西龍港
大馬蹄
金牛鎮
獅子橋
胡勝舖
湯家壋
相山
馬八里
晏公廟
靈溪鄉界
下馬湖廟
秦家畈
屏風山
馬蹟嶺
大田山
王坡泉
關口
真勝寺
王彩山
興國界

馬蹟鄉圖每方五里

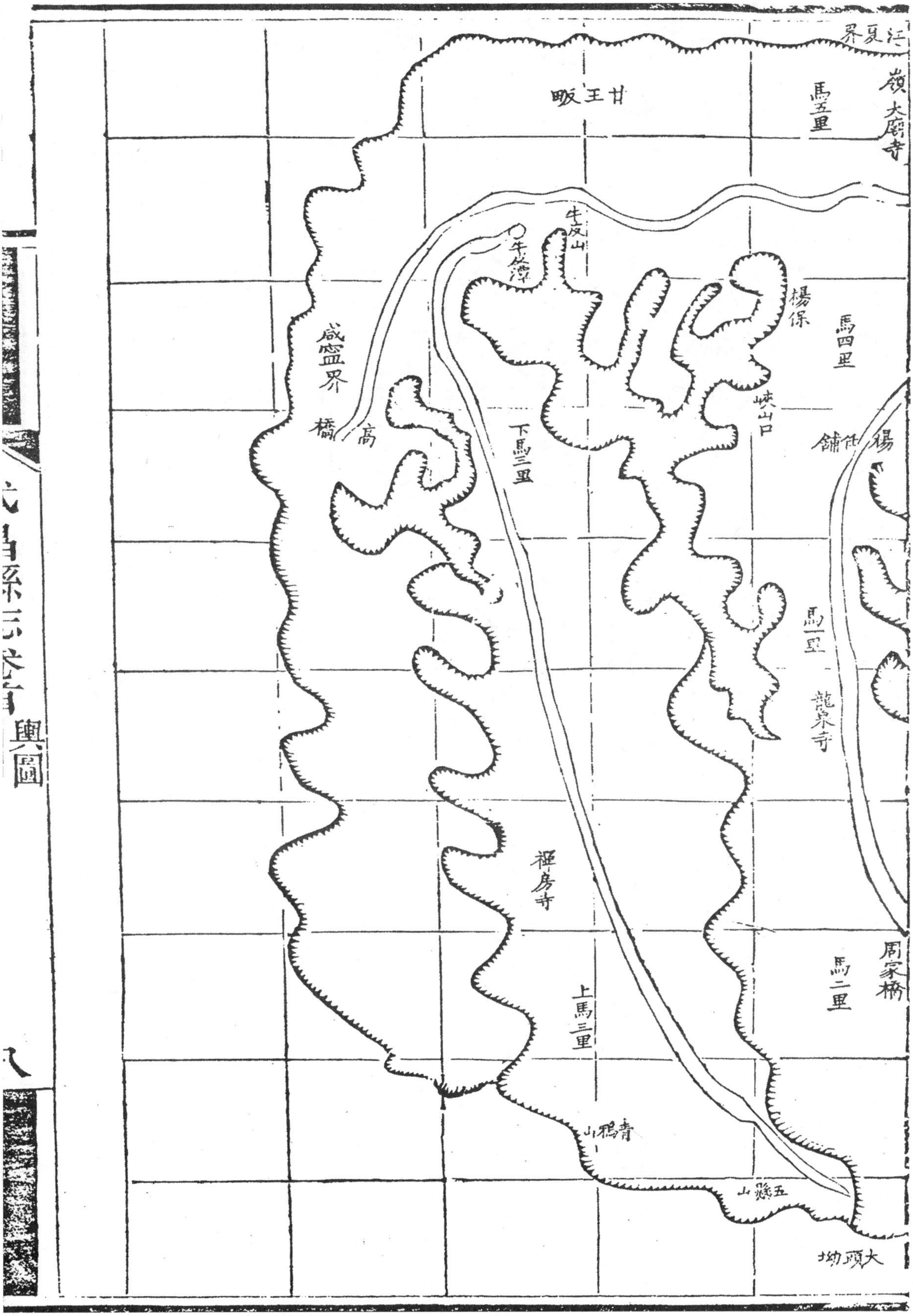
江夏界
嶺
大廟寺
馬五里
甘王畈
牛皮山
咸寧界
高
橋
馬四里
峽山口
下馬三里
馬一里
龍泉寺
經房寺
周家橋
馬二里
上馬三里
五顯山
大頭坳

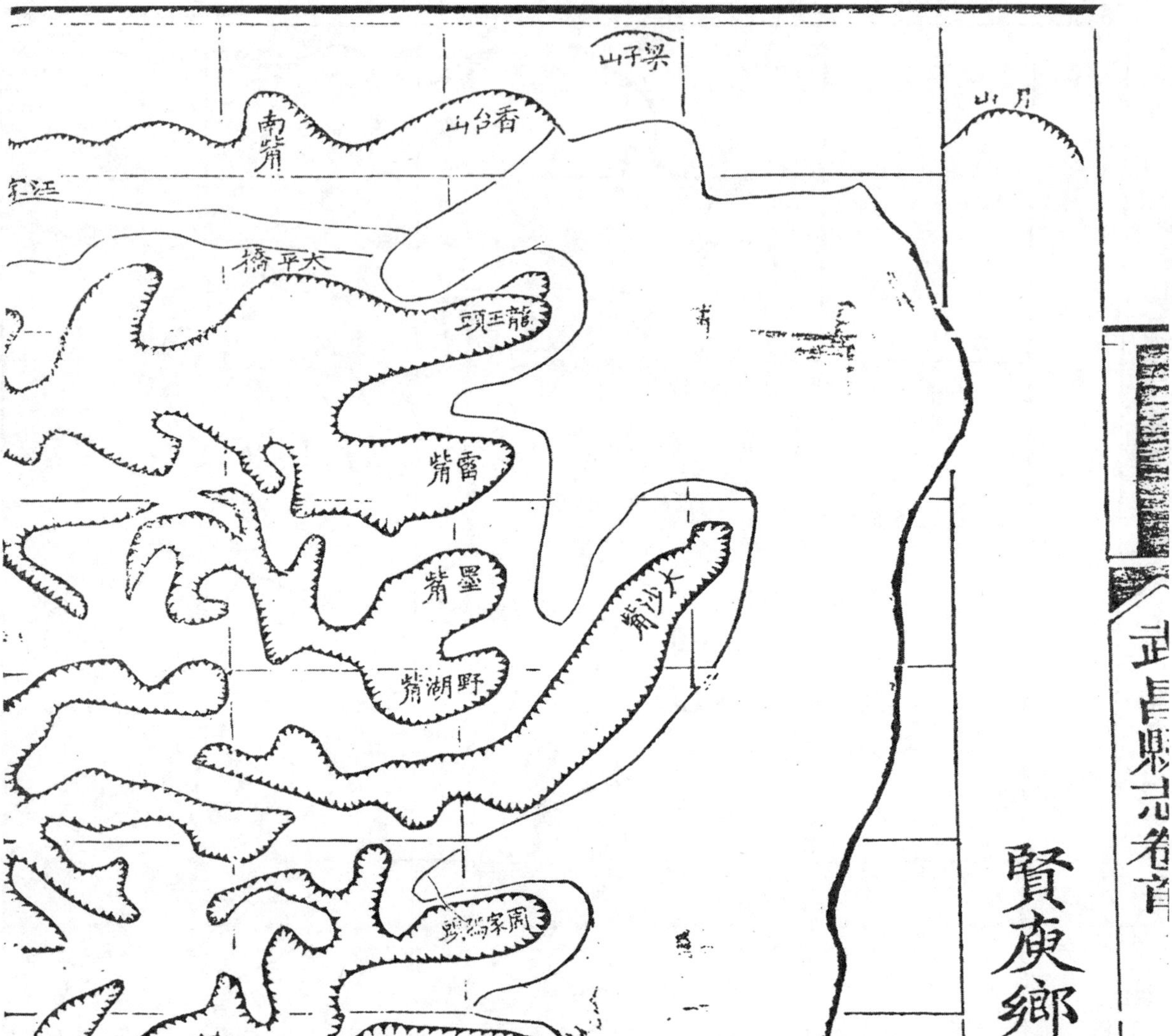
梁子山
月山
香台山
南背
江
太平橋
龍王頭
雷背
壘背
大沙背
野湖背
劉家背
賢二里
三九廟
宋家背
蔡家壩
南遙背
賢一里
吳婆背
鯉魚塘
王家灣

賢庚鄉圖每方五里

武昌縣志卷首　輿圖　九

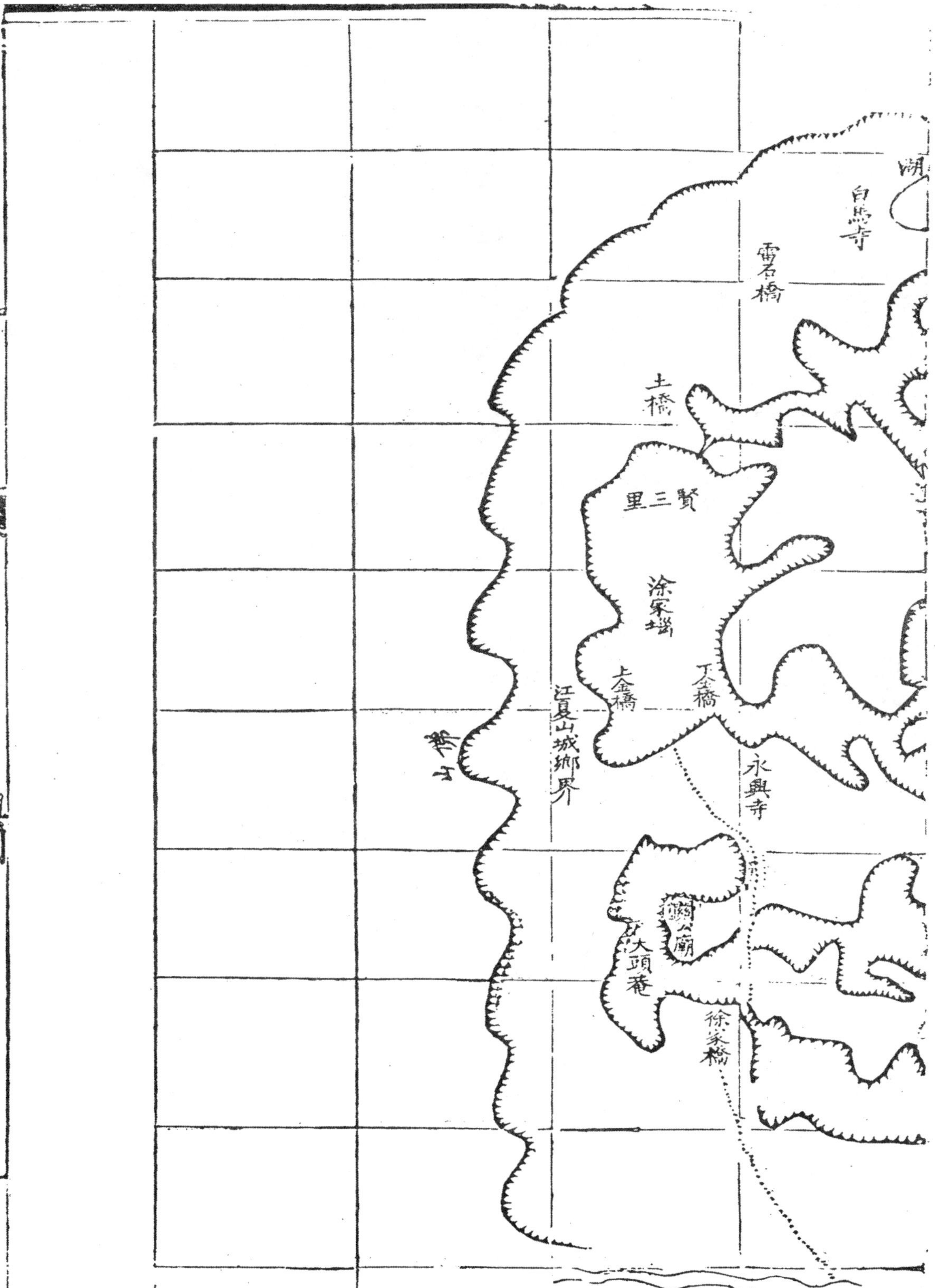

符石鄉圖 每方五里

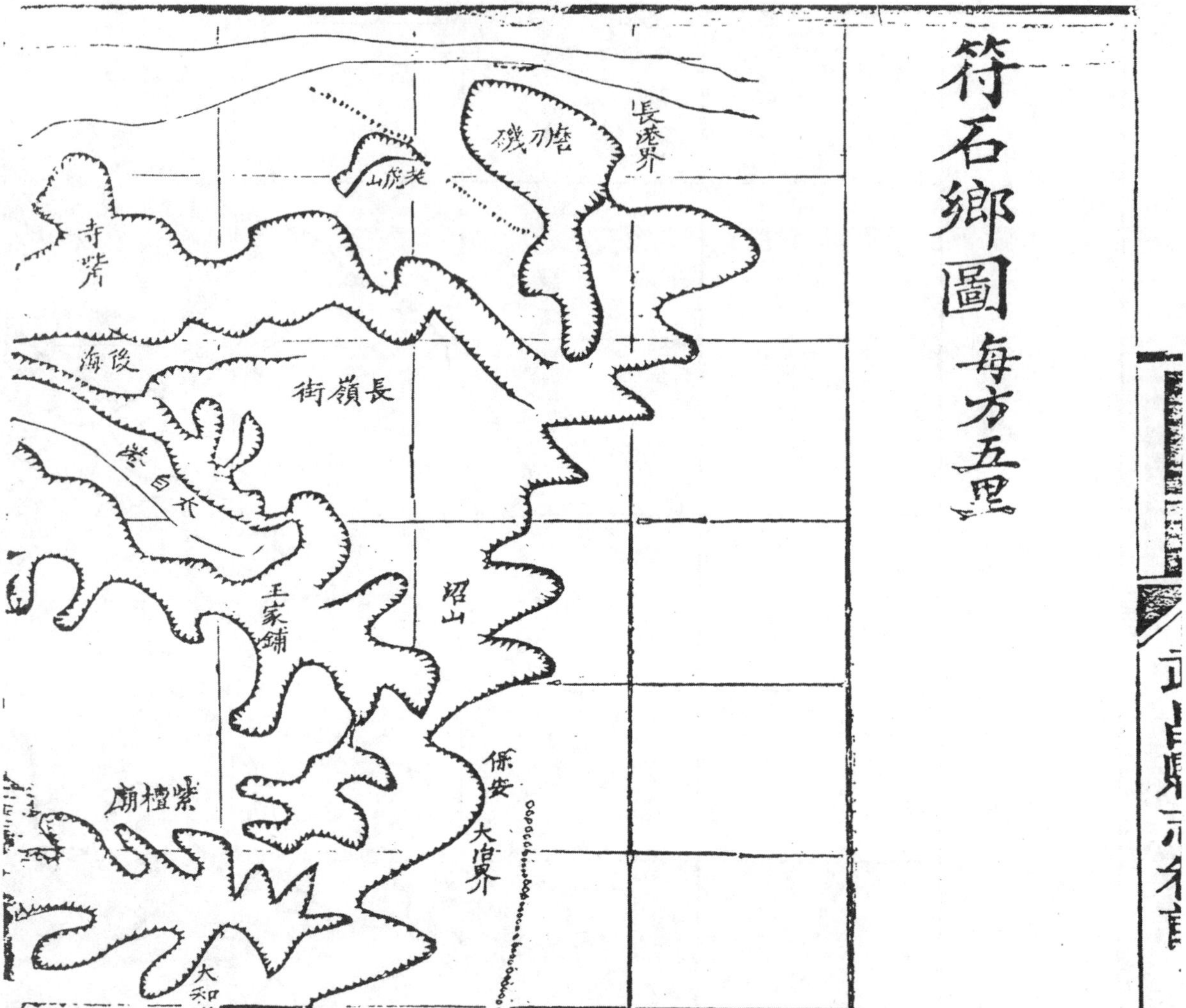

輿圖
茶圻嶺
胡瓢嶺
金奨墳
高家嶺
七眼橋
謝埠街
仙人石
橋頭埜
桄杷岡
賀家涼亭
牛矢嶺
金牛鎮

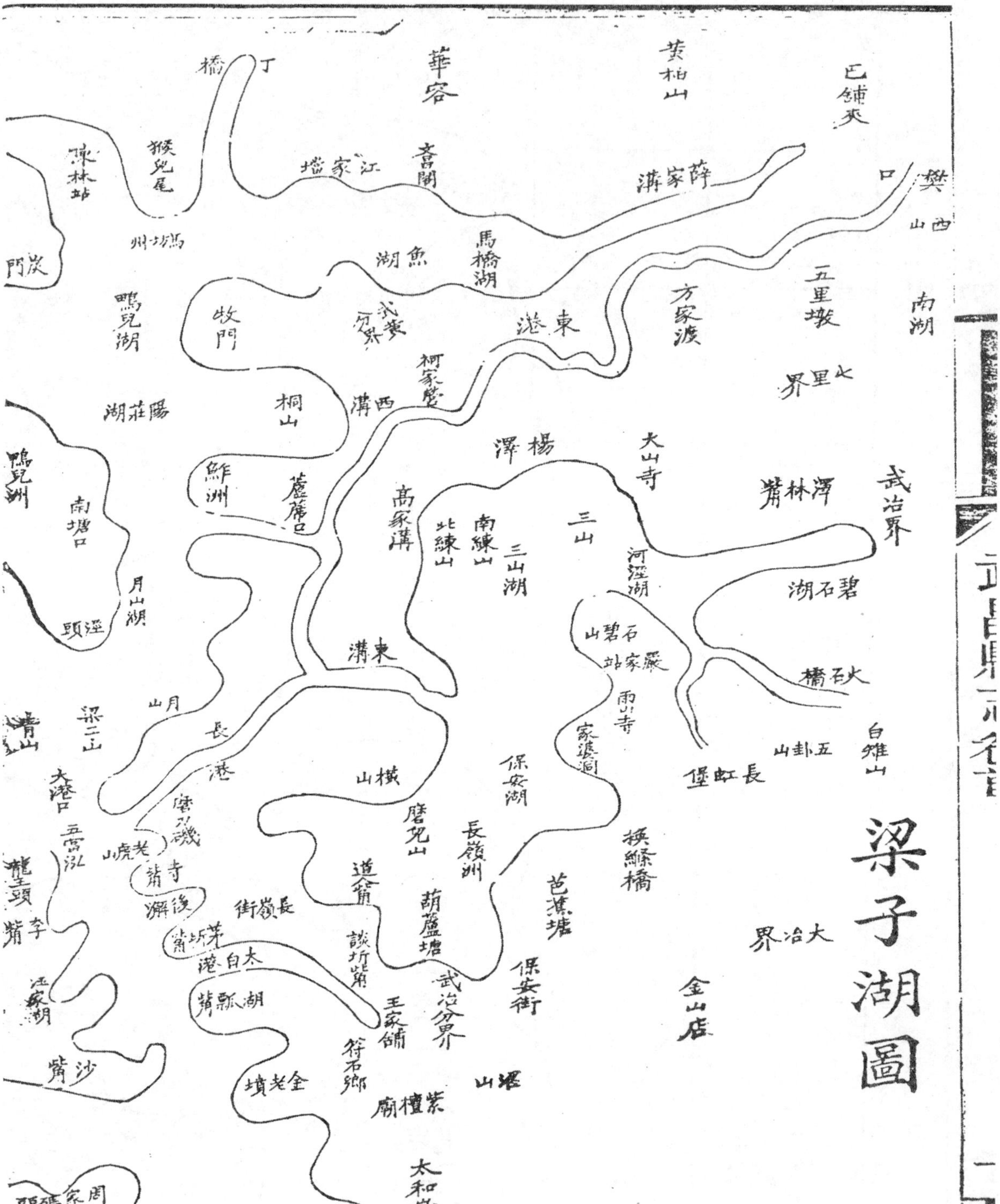
梁子湖圖
華容
黄柏山
樊口
西山
南湖
五里墩
方家渡
東港
薛家溝
馬橋湖
魚湖
牧門
鴨兒湖
猴兒尾
七里界
楊澤
大山寺
武冶界
碧石湖
三山
河涇湖
石碧山
嚴家站
大石橋
雨山寺
白雉山
五卦山
長虹堡
保安湖
横山
長港
東溝
高家溝
南練山
北練山
三山湖
西溝
桐山
陽莊湖
南塘口
月山湖
涇頭
梁子山
月山
大港口
長嶺洲
磨兒山
換絲橋
芭蕉塘
大冶界
金山店
保安街
武冶分界
葫蘆塘
長嶺街
王家鋪
紫檀廟
太和嶺
謝埠
太白港
南逕鋪
吳婆鋪
金牛鎮
青山
丁橋

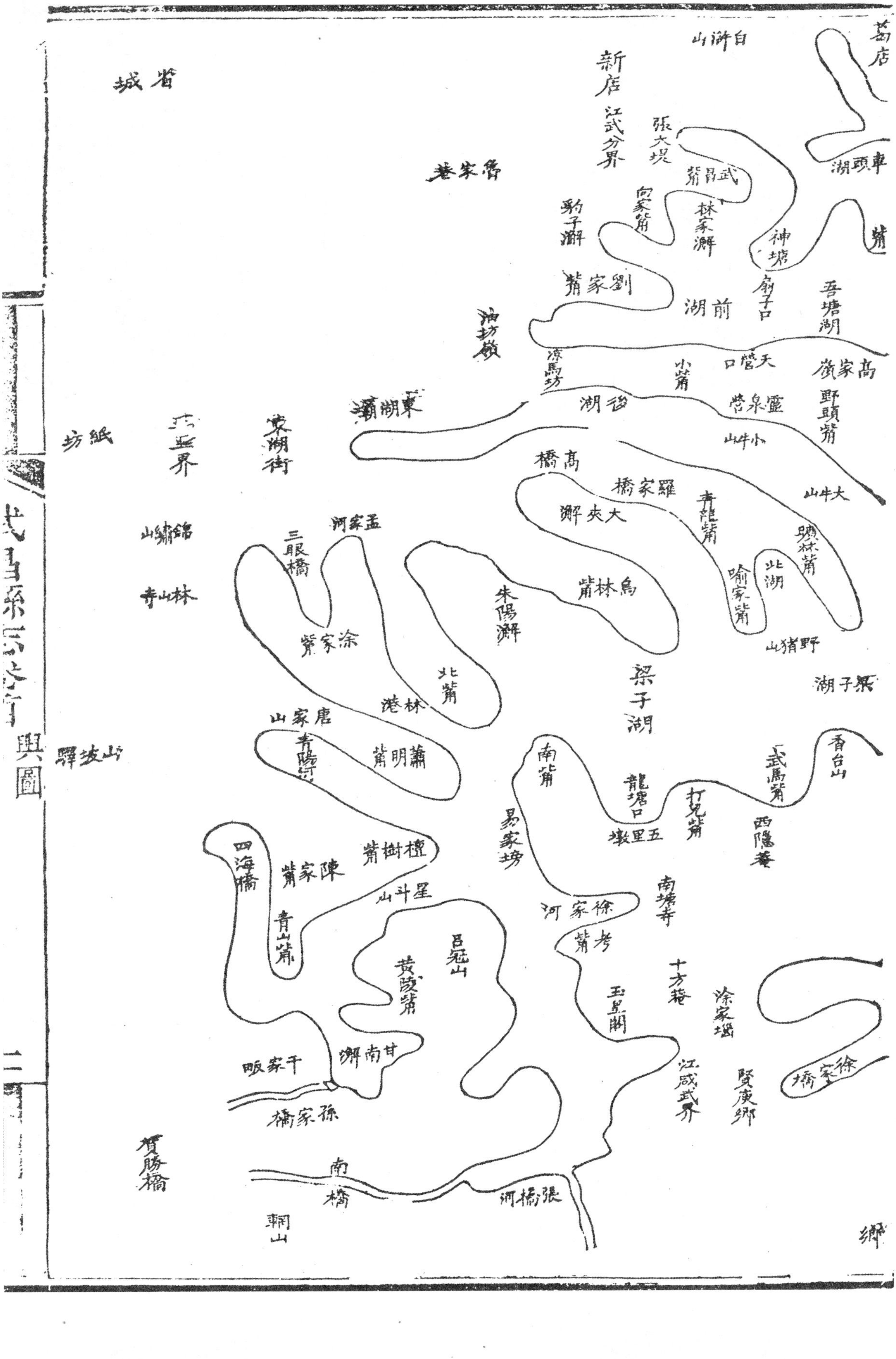
省城
魯家巷
紙坊
白滸山
新店
江武分界
張大堤
向家嶺
林家灘
神塘
葛店
車頭湖
劉家嶺
前湖
吾塘湖
油坊嶺
小嶺
天營口
高家嶺
後湖
靈泉營
野頭嶺
小牛山
大牛山
高橋
羅家橋
大夾灘
青龍嶺
東湖街
錦繡山
林山寺
三眼橋
涂家嶺
烏林嶺
朱陽灘
喻家嶺
北湖
野猪山
梁子湖
北嶺
林港
唐家山
青陽河
蕭明嶺
驛坡山
南嶺
龍塘口
打兒嶺
武馬嶺
香台山
五里墩
西隱菴
四海橋
陳家嶺
檀樹嶺
星斗山
青山嶺
徐家河
孝嶺
南塘寺
呂冠山
黃陵嶺
十方菴
玉皇閣
甘南灘
干家畈
孫家橋
江咸武界
賢庚鄉
徐家橋
賀勝橋
南橋
張橋河
銅山
鄉

疆域

武昌縣在武昌府一百八十里東西廣二百里南北袤一百五十里東至黃州府蘄州白田洲界八十里按蘄州志白田洲在西江中北對月磯又名對磯洲嘉慶志謂即楊葉洲恐非東南至大冶縣黃石港界七十里南至大冶縣大驛路界一十五里西南跨大冶至興國州咸寧縣界一百五十里西至江夏縣嚴婆邱界一百二十里西北至江夏縣滾子汊界一百里至漢陽府黃陂縣治二百二十里北至黃州府大江心界五里東北至黃州府羅田縣治一百五十里

晷度

案北極天之樞紐居其所而不移地處天中四面皆人所居其東西南北不同故出地有高下之分而地平經緯亦因之各異地體渾圓周圍九萬里按周天三百六十五度每度當地上二百五十里北行二百五十里則極高一度南行二百五十里則極低一度雖二百五十里之應度則箭直仍二百里依縱黍尺亦二百里耳倘不按里差推測無有不謬今依率計里測量經緯度分先以京

師爲中綫東行則爲偏東西行則爲偏西復以省會爲中綫偏東則爲東偏西則爲西緯度須憑表測量今實測得武昌縣北極出地三十度零二十三分偏省東三十六分欲知此地偏於京師中綫若干度分以此地偏省城東分與省城偏京師度分相減即得且日出時刻首重儀器度晷知時惟
御製數理精蘊載作立面平面日晷諸法測驗精確超絕前人近時仿製者俱按京師極高四十度爲之南北高度既異東西偏度又各不同不按里差爲準是猶膠柱而鼓瑟也若平面晷雖按里差起算第一方一晷亦不能率土皆通今遵齊梅麓新製面東西活晷並所演北極高度按極度高昂晷腰分出弧線以準北極則隨處可測日出入矣

北極出地度數

武昌縣北極出地三十度二十三分偏京師一度三十九分

日出入時刻表分列初度五度十度而至十五度止一度應一日即爲節又十五度二十度二十五度而至三十度止即爲氣案節以初度爲主氣以十五度爲主以下盈縮雖未加減而要不出乎分秒之數

冬至丑宮初度日出卯正三刻十四分三十二秒日入酉初初刻二十七秒五度日出卯正三刻十三分四十秒日入酉初初刻一分十秒十度日出卯正三刻十二分五十秒日入酉初初刻二分十秒

小寒丑大雪寅宮十五度日出卯正三刻十一分三十四秒日入酉初初刻三分二十六秒二十度日出卯正三刻九分五十秒日入酉初初刻五分十秒二十五度日出卯正三刻七分三十秒日入酉初初刻七分三十秒

大寒子小雪寅宮初度日出卯正三刻四分五十秒日入酉初初刻十分十秒五度日出卯正三刻五十秒日入酉初初刻十四分十秒十度日出卯正二刻十三分三十秒日入酉初一刻一分三十秒

立春子立冬卯宮十五度日出卯正二刻九分五十三秒日入酉初一刻五分七秒二十度日出卯正二刻六分二十二秒日入酉初一刻八分五十八秒二十五度日出卯正二刻二分日入酉初一刻十三分

雨水亥霜降卯宮初度日出卯正一刻十二分二十八秒日入酉初二刻二分三十二秒五度日出卯正一刻八分二十九秒日入酉初二刻六分三十一秒十度日出卯正一刻四分三秒日入酉初二刻十分五十七秒

驚蟄亥寒露辰宮十五度日出卯正初刻十四分三十四秒日入酉初三刻二十六秒二十度日出卯正初刻十分二十一秒日入酉初三刻四分五十九秒二十五度日出卯正初刻五分三十秒日入酉初三刻九分三十秒

春分戌秋分辰宮初度日出卯正初刻五十秒日入酉初三刻十四分十秒五度日出卯初三刻十一分十秒日入酉正初刻三分五十秒十度日出卯初三刻六分三十九秒日入酉正初刻八分二十一秒

清明戌 白露巳宮十五度日出卯初三刻二分六秒日入酉正初刻十二分五十四秒二十度日出卯初二刻十二分三十七秒日入酉正一刻二分二十三秒二十五度日出卯初二刻八分十一秒日入酉正一刻六分四十九秒

穀雨酉 處暑巳宮初度日出卯初二刻四分十三秒日入酉正一刻十分四十八秒五度日出卯初一刻十四分四十四秒日入酉正二刻二十秒十度日出卯初一刻十分三十八秒日入酉正二刻四分二十二秒

立夏酉 立秋午宮十五度日出卯初一刻六分四十七秒日入酉正二刻八分十三秒二十度日出卯初一刻三分十秒日入酉正二刻十一分五十秒二十五度日出卯初初刻十三分十秒日入酉正三刻十秒

小滿申 大暑午宮初度日出卯初初刻十一分五十秒日入酉正三刻三分十秒五度日出卯初初刻九分十秒日入酉正三刻五分五十秒十度日出卯初初刻六分五十秒日入酉正三刻八分十秒

芒種申 小暑未宮十五度日出卯初初刻五分六秒日入酉正三刻九分五十四秒二十度日出卯初初刻三分五十秒日入酉正三刻十一分十秒二十五度日出卯初初刻三分日入酉正三刻十二分

夏至未宮初度日出卯初初刻二分七秒日入酉正三刻十二分十三秒五度日出卯初初刻三分一秒日入酉正三刻十二分十度日出卯初初刻三分五十秒日入酉正三刻十一分五十秒

時刻高弧表（表長均以一尺爲率依北極出地三十度二十三分）

冬至午高弧三十六度八分直表景一尺三寸七分三釐橫表景七寸三分

小寒 大雪午正高弧三十六度五十八分直表景一尺三寸三分八釐橫表景七寸五分四釐

大寒 小雪午正高弧三十九度二十五分直表景一尺二寸二分二釐橫表景八寸二分三釐

立春 立冬午正高弧四十三度十五分三十秒直表景一尺七分二釐橫表景九寸四分三釐

雨水 霜降午正高弧四十八度七分三十秒直表景九寸 七釐橫表景一尺一寸二分

驚蟄 寒露午正高弧五十三度四十一分太直表景七寸四分七釐橫表景一尺二寸八分

春分 秋分午正高弧五十九度三十七分直表景六寸橫表景一尺七寸二分二釐

清明 白露午正高弧六十五度三十二分少直表景四寸七分橫表景二尺二寸二分七釐

穀雨 處暑午正高弧七十一度六分三十秒直表景三寸五分七釐橫表景二尺九寸七分七釐

立夏 立秋午正高弧七十五度五十八分太直表景二寸六分五釐橫表景四尺一寸一分三釐

小滿 大暑午正高弧七十九度四十八分直表景一寸九分五釐橫表景五尺七寸七分三釐

芒種 小暑午正高弧八十二度十五分直表景一寸五分二釐橫表景七尺七寸三分

夏至午正高弧八十三度六分直表景一寸三分七釐橫表景八尺七寸四分四釐

時刻更漏中星表

按北極出地三十度二十三分推至光緒十一年乙酉春分日

	春分戌宮	清明戌宮	穀雨酉宮	立夏酉宮	小滿申宮	芒種未宮
昏刻	戌初一刻九分二十三秒 南河南星偏東二度二十四分	戌初二刻九分五十五秒 柳星一偏西四十四分	戌初三刻十一分二十五秒 張宿一偏西一十九秒	戌正初刻十二分二十七秒 翼宿一偏西一度五十四分	戌正一刻十一分五十秒 軫宿一偏西一度五十二分	戌正二刻七分五十五秒 角宿一偏西三度三分
一更	戌正初刻三十秒 鬼宿一偏東六度一十七分	戌正初刻十四分一十四秒 星宿一偏東三度一十五分	戌正一刻十二分二十八秒 軒轅大星偏西三度五十七分	戌正二刻九分三十三秒 五帝座偏東三度三十四分	戌正三刻四分三十秒 軫宿一偏西七度三十二分	戌正三刻十一分十四秒 亢宿一偏東四度四分
二更	亥初一刻三分三十秒 張宿一偏東三度一十六分	亥初二刻十一分四十四秒 翼宿一偏東四度三十分	亥初三刻四分二十九秒 五帝座偏東四十一分	亥初三刻十一分五十八秒 角宿一偏東八度一十一分	亥正初刻二分五十四秒 亢宿一偏東三度十八分	亥正初刻六分五十六秒 氐宿一偏西四度九分
三更	子初初刻六分三十秒 翼宿一偏西三度二分	子初初刻九分十五秒 軫宿一偏東一度三十六分	子初初刻一十一分五十秒 角宿一偏東四度五分	子初初刻十四分一十八秒 亢宿一偏東四十四分	子初一刻一分十八秒 貫索大星偏東五度四十二分	子初一刻二分三十九秒 心宿一偏東一十四分
四更	子正一刻九分三十秒 角宿一偏東六度二十八分	子正二刻六分四十五秒 角宿一偏西三度三分	子正二刻四分一十秒 氐宿一偏東四度五十分	子正二刻一分四十一秒 貫索大星偏東二度十分	子正一刻十四分四十二秒 心宿一偏西一度五十一分	子初一刻十三分二十一秒 帝座偏西三度一十七分
五更	丑正初刻十二分三十秒 大角星偏西十八分	丑正初刻四分十五秒 氐宿一偏西三度三十四分	丑初三刻十一分三十一秒 房宿一偏東一度六分	丑初三刻四分四十秒 尾宿一偏東一度一十三分	丑初二刻十三分六秒 帝座偏西六度四分	丑初二刻九分四秒 斗宿一偏東一度一十七分
攢點	寅初三刻三十秒 房宿一偏一度四十五分	寅初二刻一分四十六秒 尾宿一偏東四度一十七分	寅初一刻三分五十二秒 帝座偏西六分	寅初初刻六分三十七秒 箕宿一偏東三十七分	丑正三刻十一分三十秒 斗宿一偏西二度一十一分	丑正三刻四分四十六秒 河鼓大星偏東一十五分
旦刻	寅正二刻五分三十秒 尾宿偏東一度五十二分	寅正一刻五分五十秒 帝座偏西七度三十四分	寅正初刻三分四十五秒 箕宿一偏東三十九分	寅初三刻二分三十三秒 斗宿一偏東六分	寅初二刻三分十秒 河鼓大星偏東五度三分	寅初一刻七分五十五秒 牛宿一偏西五十二分

	夏至未宮	小暑未宮	大暑午宮	立秋午宮	處暑巳宮	白露巳宮
昏刻	戌正二刻十分四十四秒 氐宿一偏東一度七分	戌正二刻七分五十五秒 房宿一偏東二度三十五分	戌正一刻十一分五十秒 尾宿偏東二度〇九分	戌正初刻十二分二十七秒 帝座偏西三度四分	戌初三刻十一分十五秒 箕宿一偏西一度二十五分	戌初二刻九分五十五秒 斗宿一偏
一更	戌正三刻十四分一十三秒 氐宿一偏西三度三十分	戌正三刻十一分一十四秒 心宿一偏東三度一分	戌正三刻四分三十秒 帝座偏東二度五十七分	戌正二刻九分三十三秒 箕宿一偏東三度二十三分	戌正一刻十二分二十八秒 斗宿一偏東五十二分	戌正初刻十四分一十四秒 河鼓大星
二更	亥正初刻八分四十四秒 心宿一偏東一度一十一分	亥正初刻六分五十六秒 帝座偏西三十一分	亥正初刻二分五十四秒 箕宿一偏西三度十分	亥初三刻十一分五十六秒 斗宿一偏西七度三十三分	亥初三刻四分二十九秒 牛宿一偏東四度二十三分	亥初二刻十一分四十四秒 女宿一偏
三更	子初一刻三分一十五秒 帝座偏西二度二分	子初一刻二分三十九秒 織女大星偏東二度四十分	子初一刻一分一十八秒 河鼓大星偏東五度八分	子初初刻十四分一十八秒 天津大星偏東三度二十五分	子初初刻十一分五十秒 虛宿一偏東一度二十八分	子初初刻九分一十五秒 危宿一偏
四更	子正一刻十二分四十五秒 織女大星偏東一度二十五分	子正一刻十三分二十一秒 河鼓大星偏東三度三分	子正一刻十四分四十二秒 女宿一偏東五十四分	子正二刻一分四十一秒 危宿一偏東四度四十四分	子正二刻四分一十秒 北落師門偏東二度二十二分	子正二刻六分四十五秒 壁宿一偏
五更	丑初二刻七分一十六秒 河鼓大星偏東二度六分	丑初二刻九分四秒 女宿一偏西三十二分	丑初二刻十三分六秒 危宿一偏東二度一十分	丑初三刻四分四十秒 室宿一偏東九分	丑初三刻十一分三十一秒 壁宿一偏東四十四分	丑正初刻四分一十五秒 奎宿一偏
攢點	丑正三刻一分四十七秒 女宿一偏西一度一十二分	丑正三刻四分四十六秒 危宿一偏東一度二十四分	丑正三刻十一分三十秒 室宿一偏西一度二十六分	寅初初刻六分三十七秒 壁宿一偏西二度七分	寅初一刻三分五十二秒 婁宿一偏東五度二十三分	寅初二刻一分四十六秒 胃宿一偏
旦刻	寅初一刻四分一十六秒 虛宿一偏東一度二十七分	寅初一刻七分五十五秒 北落師門偏東五度四十五分	寅初二刻三分一十秒 壁宿一偏東六度一十四分	寅初三刻二分三十三秒 奎宿一偏西一度四十一分	寅正初刻三分四十五秒 胃宿一偏東六度	寅正二刻五分五十秒 昴宿一偏

	宮	秋分辰宮	寒露長宮	霜降卯宮
昏刻	西一度二十五分	戌初一刻九分二十二秒 河鼓大星偏東五度十九分	戌正初刻十分九秒 牛宿一偏東二度二十九分	酉正三刻十二分三十四秒 女宿一偏
一更	偏東六度三十九分	戌正初刻三十秒 牛宿一偏西三度四十二分	戌初三刻一分四十六秒 女宿一偏東一分	戌初二刻三分五十二秒 虛宿一偏
二更	西三度七分	亥初二刻三分三十秒 虛宿一偏西一度五十一分	亥初一刻十分二十六秒 危宿一偏西五度	亥初一刻二分三十一秒 室宿一偏
三更	西三度二十三分	子初初刻六分三十秒 室宿一偏西一度五十四分	子初初刻三分四十五秒 壁宿一偏東一度四十四分	子初初刻一分十秒 奎宿一偏
四更	東六度三十六分	子正二刻九分三十秒 土司空偏西一十七分	子正二刻十二分一十五秒 婁宿一偏東二度五十分	子正二刻十四分五十秒 胃宿一偏
五更	西四度一十九分	丑正初刻十二分三十秒 胃宿一偏東六度一十分	丑正一刻五分四十四秒 昴宿一偏東五度四十分	丑正一刻十三分二十八秒 畢宿一偏
攢點	東十分	寅初三刻三十秒 昴宿一偏西一度四十三分	寅初三刻十四分一十四秒 五車大星偏東三度三十分	寅正初刻十二分八秒 井宿一偏
旦刻	東六度五十七分	寅正三刻五分三十八秒 畢宿一偏西三度三十三分	寅正三刻四分五十一秒 參左肩偏東五十一分	卯初初刻二分二十六秒 天狼星偏

武昌縣志卷首 晷度 七

	宮	立冬卯宮	小雪寅宮	大雪寅宮
昏刻	西一度四十七分	酉正三刻一分五十八秒 虛宿一偏西二度四十五分	酉正二刻八分五十一秒 北落師門偏東五度三十分	酉正二刻三分四十秒 室宿一偏
一更	東九分	戌初一刻六分二十七秒 危宿一偏西二度四十六分	戌初初刻十一分三十秒 室宿一偏西五十四分	戌初初刻四分四十秒 壁宿一偏
二更	西二度二十四分	亥初初刻十分四秒 壁宿一偏東一度五十六分	亥初初刻四分六秒 奎宿一偏西五十四秒	戌正三刻十五分四秒 婁宿一偏
三更	西一十五分	亥正三刻十三分四十一秒 婁宿一偏西一分	亥正三刻十一分四十二秒 天囷大星偏東二度十四分	亥正三刻十分二十一秒 昴宿一偏
四更	東一十一分	子正三刻二分一十九秒 昴宿一偏東一度八分	子正三刻四分一十八秒 五車大星偏東七度三分	子正三刻五分三十九秒 參左肩偏
五更	東三十五分	丑正二刻五分五十六秒 觜宿一偏東五十秒	丑正二刻十一分五十四秒 天狼偏東二度	丑正三刻五十六秒 北河南星
攢點	東三度一十三分	寅正一刻九分三十三秒 南河南星偏東四度五十一分	寅正二刻四分三十秒 柳宿一偏東一度三十七分	寅正三刻十一分一十四秒 張宿一偏
旦刻	西三度二十八分	卯初初刻十三分二秒 鬼宿一偏東五度二十三分	卯初一刻六分九秒 星宿一偏東二度一十七分	卯正一刻十一分二十秒 軒轅大星

	宮	冬至丑宮	小寒丑宮	大寒子宮
昏刻	西七度一十五分	酉正二刻一分四十七秒 土司空偏東一度三十九分	酉正二刻三分四十秒 婁宿一偏東二度二十九分	酉正二刻八分五十一秒 天囷大星
一更	東二度四分	戌初初刻一分四十七秒 奎宿一偏西二度三十分	戌初初刻四分四十六秒 胃宿一偏東六度四十九分	戌初初刻十一分三十秒 昴宿一偏
二更	西一度三十二分	戌正三刻十三分一十六秒 天囷大星偏西三十一分	戌正三刻十五分四十秒 畢宿一偏東四度一十九分	亥初初刻四分六秒 參右足偏
三更	西二度五十四分	亥正三刻九分四十五秒 五車大星偏東三度三十分	亥正三刻十分二十一秒 井宿一偏東四度一分	亥正三刻十一分四十二秒 南河南星
四更	東五十九分	子正三刻六分一十五秒 天狼偏西二度三十一分	子正三刻五分三十九秒 北河南星偏西四度一十一分	子正三刻四分一十八秒 星宿一偏
五更	偏西二十六分	丑正三刻二分四十四秒 柳宿一偏西三度五十二分	丑正三刻五十六秒 張宿一偏西一度七分	丑正二刻十一分五十四秒 翼宿一偏
攢點	東二度三十八分	寅正二刻十四分一十三秒 翼宿一偏東一度四十二分	寅正二刻十一分一十四秒 五帝座偏西三十八分	寅正二刻四分三十秒 角宿一偏
旦刻	偏西四度五十分	卯初一刻十三分一十三秒 五帝座偏東三度三十九分	卯初一刻十一分二十秒 軫宿一偏西五度二十八分	卯初一刻六分九秒 角宿一偏

武昌縣志卷首 晷度 八

	宮	立春子宮	雨水亥宮	驚蟄亥宮
昏刻	偏東二度十九分	酉正三刻一分五十八秒 畢宿一偏東六度二十三分	酉正三刻十二分三十四秒 參右肩偏東二十五分	戌初初刻十分九秒 井宿一偏
一更	東四度三十六分	戌初一刻六分二十七秒 畢宿一偏西二度一十四分	戌初二刻三分五十二秒 參左肩偏東一度四十八分	戌初三刻一分四十六秒 天狼偏西
二更	西五十八分	亥初初刻十分四秒 井宿一偏西五十一分	亥初一刻二分三十一秒 南河南星偏東二度二分	亥初一刻十分二十六秒 柳宿一偏
三更	七度九分	亥正三刻十三分四十一秒 鬼宿一偏東四度一十六分	子初初刻一分二十秒 星宿一偏東三度一十五分	子初初刻三分四十五秒 軒轅大星
四更	東六度七分	子正三刻二分十九秒 軒轅大星偏東二度二十五分	子正二刻十四分五十秒 翼宿一偏東二十六分	子正二刻十二分一十五秒 五帝座偏
五更	東一度五分	丑正二刻五分五十六秒 五帝座偏西二十九分	丑正一刻十三分二十八秒 軫宿一偏西六度三十四分	丑正一刻五分四十四秒 角宿一偏
攢點	東九度八分	寅正一刻九分三十三秒 角宿一偏西三度四十分	寅正初刻十二分八秒 大角偏西二度一十九分	寅初三刻十四分一十四秒 氐宿一偏
旦刻	西二度四十七分	卯初初刻十三分二秒 大角偏西三度二十一分	卯初初刻二分二十六秒 貫索大星偏東四度三十八分	寅正三刻五分五十一秒 房宿一偏

宮
東二十五分
二度三十六分
東三十三分
偏西一度二十四分
西四十七分
西一度二十六分
西四度二十六分
西四十六分

武昌縣志卷首

武昌縣志卷一

沿革

武昌縣屬湖廣湖北武昌府案大清一統志武昌府領州一縣九武昌縣第二

唐爲樊國　帝堯時有樊仲文今武昌有樊山羅泌路史國名紀

夏爲鄂都　唐本堯後封在夏墟而都於鄂鄂今大夏是也

及成王滅唐之後又分徙之於許郢之閒史記晉世家索隱案正義引春秋云堯裔劉累夏孔甲時所封此爲稱鄂之始

殷爲鄂國　帝紂以西伯昌九侯鄂侯爲三公史記殷本紀　所謂大夏有鄂氏路史國名紀　案路史今鄂故大夏有夏水漢水也沈尹射奔命於夏汭者是大夏即今江夏也又鄂或作邘非指史記集解引徐廣之說也考邘去殷都於鄂爲近裴從徐說蓋即此意然遷書具在邘無明文鄂則再見殷本紀三見魯仲連鄒陽傳國策魯仲連事亦皆作鄂且西伯昌與鄂侯同爲三公封地更遠則鄂之不必在畿內無疑矣

周爲鄂屬楚　熊渠生三子當周夷王之時案竹書紀年作夷王七年熊志作八年誤王室微諸侯或不朝相伐熊渠甚得江漢閒民和乃興兵伐庸楊粵至於鄂案史記正義劉伯莊云地名在楚之西後徙楚東今東鄂州是也括地志云鄧州向城縣南二十里西鄂故城是楚西鄂乃立其長子爲句亶王中子紅爲鄂王少子執疵爲越章王皆在江上楚蠻之地史記楚世家

秦屬南郡案輿地紀勝云秦爲鄂縣屬南郡熊志秦昭王二十九年白起攻楚取鄂爲南郡鄂屬之考秦本紀昭襄二十九年大良造白起攻楚取郢爲南郡無取鄂之文紀勝誤熊志遂改史記郢爲鄂尤誤

漢爲鄂縣屬荊州江夏郡　漢高祖析南郡置江夏郡處於鄂樂史太平寰宇記引江夏記　案漢書地理志江夏郡縣十四鄂縣第七

後漢因之案續漢書郡國志江夏郡十四城鄂縣第十二

三國屬吳爲武昌郡案此爲稱武昌之始　孫權分江夏立武昌郡晉書地理志　漢建安二十五年案熊志作三十七年誤　權自公安都鄂改名武

昌以武昌下雉尋陽陽新柴桑沙羨六縣爲武昌郡八月城
武昌三國志吳書吳主傳　案酈道元水經注孫權以魏黄初元年自公安徙此改日武昌縣鄂縣徙治於袁山東
考沈約宋志載晉太康元年復立鄂縣則酈注似誤酈注下云又以其年立爲江夏郡分建業之民千家以益之太平御
覽引武昌記日大帝築城於江夏山以程普爲太守遂欲都鄂改爲武昌郡吳主傳黄武二年城江夏山據此可知吳江
夏郡治江夏山郎今之省城武昌郡治舊鄂縣郎今武昌縣又王應麟通鑑地理通釋引郡縣志下雉故縣在永興縣東
南一百四十里永興本鄂縣陽新吳分鄂縣立則當時之鄂奄有今興國州大冶縣境矣黄龍元年秋九
月遷都建業同上甘露元年九月徙都武昌寶鼎元年皓還都
建業吳書三嗣主傳
晉仍爲武昌郡屬荊州東晉嘗爲江州治　武昌郡統縣七
武昌柴桑陽新沙羨鄂官陵晉書地理志　案宋書州郡志引晉起居注云太康元年改江
夏爲武昌郡畢沅晉書地理志新補正考吳志權分江夏立武昌郡晉平吳後江夏武昌二郡亦並立安得云改江夏爲
武昌乎起居注蓋誤又周濟晉略云武昌郡今武昌九江興國州地西北界江夏北界豫州之弋陽東南界揚州之豫章

西南界長沙吳改鄂爲武昌太康元年復立鄂縣而武昌如故宋書州郡志
元康元年有司奏荊揚二州疆土廣遠統理尤難於是
割揚州之豫章鄱陽廬陵臨川南康建安晉安荊州之武昌
桂陽安成合十郡因江水之名而置江州永興元年分廬江
之尋陽武昌之柴桑二縣置尋陽郡屬江州晉書地理志　案水經注晉惠
帝永平中始置江州又宋書州郡志尋陽郡下晉武帝太康元年省蘄春郡以尋陽屬武昌改蘄春之安豐爲高陵及邾
縣皆屬武昌二年以武昌之尋陽復置廬江郡惠帝永興元年分廬江武昌立尋陽又案東晉初王敦領荊州移鎮武昌
後謝尚庾亮庾翼陶侃溫嶠並鎮此均見本傳
南宋爲武昌郡屬江州後分屬郢州案宋書州郡志孝武孝建元年分荊州之江夏
竟陵隨武陵天門湘州之巴州江州之武昌豫州之西陽又分江夏爲安陸立郢州凡九郡熊志作孝武建元初置誤
武昌太守領縣三武昌新陽鄂宋書州郡志
南齊爲武昌郡屬郢州　武昌郡領縣五武昌鄂陽新義寧

原注寄治鄂眞陽南齊書州郡志
梁爲武昌郡屬郢州　武昌郡領縣四武昌鄂陽新安昌洪齮
孫補梁疆域志　案宋本太平寰宇記普通七年置安昌縣在永興縣西北九十里
陳爲武昌郡屬郢州案隋志郢州江夏郡武昌鄂陽新安昌陳皆有之隋平陳始併省又陳書世祖
紀天嘉二年十一月以武昌國川爲竟陵郡以安流民蓋僑郡也
隋爲武昌縣屬鄂州江夏郡案此爲今府治稱鄂之始隋志開皇九年平陳改郢州爲鄂州
江夏郡統縣四武昌第二　武昌舊置武昌郡平陳郡廢又廢西陵鄂二
縣入焉隋書地理志　其後析西境置城塘縣尋廢併入焉輿地紀勝　案
太平寰宇記大業九年廢詳古蹟
唐爲武昌縣屬江南西道鄂州案舊唐書地理志武德四年平蕭銑改爲鄂州天寶元年
改爲江夏郡乾元元年改爲鄂州縣七武昌第三元和元年置武昌軍節度使此爲今府治稱武昌之始
五代爲武昌縣隸鄂州先屬吳後屬南唐並入於周案吳任臣十國

春秋鄂州吳領縣七南唐益置四縣領縣十一湖廣志保大十三年分陽新武昌三鄉置大冶縣文獻通考謂宋乾德五
年置疑非是　鄂武昌梁唐時屬吳晉漢周時屬南唐五代史職方考顯
德五年入於周馬令南唐書　案一統志五代初屬吳仍曰武昌軍後唐遂改爲武清軍
宋初爲武昌縣屬荊湖北路鄂州江夏郡武昌軍節度後置
壽昌軍縣屬之案宋史地理志開寶八年平江南得鄂州初爲武清軍至道二年始改武昌軍節度縣七
武昌第三　南渡後升武昌縣爲壽昌軍宋史地理志　案此爲稱壽昌之始武昌
升爲軍使尋又升爲武昌軍以與鄂州節鎮之名相類因玉
寶壽昌之文錫名曰壽昌軍輿地紀勝　原注嘉定十五年樞密院關鄂州武昌縣係是江
西上流去處見今本縣搠立兩軍專備防守江西衝要隘口竊慮知縣權輕難以彈壓十四年十二月三省樞密院同奉
聖旨武昌縣升作武昌軍使十五年正月武昌縣升作壽昌軍節制本軍屯戍　壽昌軍爲江西路治
所一統志　領縣一治武昌縣祝穆方輿勝覽　德祐十年寓治於江州宋史
瀛國公紀　案是時元遣人徇壽昌諸郡皆下詳職官表

元初爲壽昌軍旋升府後廢府以縣入湖廣湖北道武昌路 案元史地理志武昌路縣七武昌第七 武昌宋升壽昌軍以其爲江西衝要地也元因之至元十四年升散府治本縣後革府以縣屬本路 元史地理志 案元史成宗紀大德五年改鄂州路爲武昌路而熊志載元龍川書院記升府在至元甲戌廢府在至元癸巳則在未改武昌路時矣邵志以爲大德中析爲武昌縣者誤 明爲武昌縣屬湖廣武昌府 案明史地理志武昌府州一縣九武昌縣第二

山川

武昌縣山出於湖南平江之幕阜中一支東行爲黃龍山綿亙百餘里入通城東南歷南樓苦竹二嶺爲黃茅山入崇陽南過小山界爲大湖山過鋌子坵爲三界尖界崇陽通山及江西義寧分南北兩支 案南一支東行爲通山九宮山入興國盡於江西之匡廬 北一支由通山西境經龍棲尖北行入崇陽爲雨山復行過界頭塘

又北行爲白羊山又東北行爲閻家山又北折爲北山 案北山之陰入咸寧南爲桃花尖正支北行至輔山入江夏帶梁子斧頭諸湖過東湖壩起鳳皇山西行爲省治北行起丁管山卽九峯山分一支逆折起金雞山入縣境過新店起白滸山南折至葛店分二支北支起神人山過華容盡於黃柏山南支由斗牛觀盡於西陽畈之猴兒尾桃花尖之支東行爲石門山盡於縣屬之高家河 北山東麓過石竹嶺爲大幕山界興國度大頭坳入縣境起楂樹山過關口起牛山分二支西一支爲金竹尖屏風山盡於金牛鎭正支東行爲大臘山由馬橋坳起黃龍山過分水嶺爲白石崖 案白石崖分一支過屏風峽由大冶五龍宮山東行爲興國州治 西行度小橫臘其支者西行爲靈溪山大龍山盡於陽龍泉正支北行爲銅榮山折而西爲三角山復北行出大冶爲大茗山其分支過茅嶺北行入縣境起沼山至長嶺分二支西支盡於磨刀磯東支盡於大冶之橫山正支歷梅山金山北行爲鐵山白雉山分三支 案東一支爲東方山東南行爲大冶縣治又東行歷黃石港爲西塞山北一支入縣境起麻羊墈白羊山鳳山盡於黃山西一支爲大冶之五卦山 正支東北行入縣境爲葛山濱江爲樊山爲郎亭山爲縣治 新纂

壽山在縣東城中儺神祠後古木連抱南爲周氏廢亭 新纂

虎頭山在縣東三里 一統志 虎頭山以形似而名又名鳳穴山梁庾信賦龍蟠鳳集是也 曹學佺名勝志引庾賦誤詳形勝 案舊名鳳闕 雍正通志 武昌記曰城北有岡高數丈名爲鳳闕其處顯敞昇闕以望川澤多所遠瞻吳黃龍元年有鳳皇集此岡故謂之鳳闕 太平御覽 土俗編云上枕虎頭下瞰南湖一佳勝也 輿地紀勝

仙堂山在縣東十五里山頂有庵名水月 邵志 山有仙人修鍊堂基尚存 名勝志 黃石城在山下 一統志 山巔一平石高丈餘闊八丈許鐫醒酒石三字世傳仙人醉臥於此石上衣褶宛然今醉者臥之輒醒旁有小石形圓如鼓敲之錚錚有聲曰石鼓山陰有井名白鹿泉四時不涸每晨有雲氣環繞昔有白鹿飲泉故名 新纂

土陡山在縣東二十里山峯哭起因名山上有寺明舉人汪淳讀書之所 熊志

磨兒山在縣東二十餘里濱江山頂石形如磨故名 新纂 案山屬洪道鄉爲縣治東關保障久經示禁不准開鑿

鳳山在縣東三十里 熊志 案嘉慶通志作十五里誤 一名鳳栖山接大冶縣界 一統志 江夏圖經鳳栖山西北陸路去州二百二十五里吳建興年中鳳皇降此山因以爲名有石鼓鼓鳴則雨降 太平御覽 石鼓在鳳山 輿地紀勝 案輿地紀勝鳳山在縣東五十里又有鳳栖山皆引寰宇記文當是誤複

石鼓峴在鄂州西三 案三當作二 百四十里武昌記云峴山有石

鼓鳴天必雨峴山南有冷淵夏寒不可入驗今無此水及鼓宋本寰宇記武昌記城東南有金牛岡岡西有石鼓峴上有三石鼓太平御覽武昌記鳳闕南十里有金牛岡故老相傳云有金牛出此岡岡今半崩坑深數尺金牛躍出踐岡邊遺跡猶存同上案鳳闕即虎頭山在縣東三里金牛岡相距十里當在鳳山南十餘里今此山不可考嘉慶通志及舊府縣志以爲即金牛鎮之金牛堆則去縣百餘里矣大誤

蓮花山在縣南五里山若蓮花浮水故名一統志

葛山在縣南十里案嘉慶通志作五里誤相傳葛洪鍊丹處熊志山東南有石洞箕踞之迹宛然山陰名夕陽紅有琴牀石石上鼓武有洗藥池山巔有石如斗鑿而旋生上有葛仙寺新纂案邵志載唐孫逖葛仙潭詩一首非縣之葛山也今刪去

銅榮山在縣南一百二十里熊志高九十丈周三里在三角山之東山頂有廟新纂案山屬靈溪鄉

三角山在縣南一百三十里一統志巍然數峯秀插天表狀如三角故名名勝志案山屬靈溪鄉

白雲山在縣南一百三十里熊志高七十丈山有白雲洞中有潛龍禱雨屢驗新纂案山屬靈溪鄉

挂榜山在縣南一百三十里邵志案一統志熊志作挂榜崖山有劉姓居之今俗名崖劉宋孟宗政墓前山白石峻削如挂榜然一統志案山屬靈溪鄉

蚪山在縣南一百三十里案明統志作一百五十里誤一山有龍穴居人每見神蚪出入旱禱即雨後人築塘其下曰蚪塘搜神後記今名龍山在金牛鎮東三里山勢起伏若神龍蜿蜒新纂案山屬靈溪鄉武昌山有龍山欲陰雨上有聲如吹角太平御覽引史芩武昌記案元結惠公禪居表有蚪山即蚪山也

七頂山在縣南一百三十里高七十丈周十五里頂有珠寺師頭磨山白沙大光小光猴洞邵志層疊數峯燦然星列體勢崢嶸望之纍纍如北斗新纂案山屬靈溪鄉界大冶

南山在縣南一百三十里高可千仞綿亘數十里巉拔險峻中有白石巖巖中洞壑甚多有飛雲洞宋魯長春禱雨處土人塑像祀之又有貓兒埠相公帽諸勝邑人紀樹棠築有南谷草堂新纂案山屬靈溪鄉

大鵬山在縣南一百三十里高數百仞前有耳宅洞寬二丈深十餘丈康熙中廩生張聖哲字耳宅辟穀其中數十年一日忽歸沐浴而逝後同里人有遇之於湖南者皆以爲仙去云新纂案山屬靈溪鄉

慶擔山在縣南一百三十里山東西高而中凹平衡如擔北行十餘里爲雷山新纂案山屬靈溪鄉

雷山在縣南一百三十里北屬大冶高數里綿亘十里上有靈山院新纂案山屬靈溪鄉

宮臺山在縣南一百三十里高聳入雲百里外可見上有兩石夾道長丈餘通行人名石門關中橫一石名石門限盛夏涼氣襲人山巔有唐時建古寺寺外有池四時不涸產河豚魚新纂案山北界大冶屬靈溪鄉

馬蹟山在縣南一百三十里高十丈周五里新纂案熊志作一百八十里高五十丈周五十里誤石上有雙馬蹟輿地紀勝案山屬馬蹟鄉此馬蹟鄉之所由名也

靈溪山在縣南一百三十五里案名勝志作一百二十里嘉慶通志作一百五十里均誤高七十丈與眾山連新纂案名勝志作高四十丈周五十里誤有寺觀皆以靈溪而名顧祖禹方輿紀要案山屬靈溪鄉山南有泉極甘冽流出成溪此靈溪鄉之所由名也餘詳寺觀

大龍山在縣南一百三十五里與靈溪山相接山勢嵯峨上凌霄漢山巔舊有大龍寺道光間廢新纂案山屬靈溪鄉

屏風山在縣南一百三十五里山勢逶迤如屏山頂有石塘廣可數畝歲旱不涸相連爲雷打山峽路一綫可通行人新纂案山屬靈溪鄉

金竹山在縣南一百四十里一名金竹尖山麓盤踞數十里上聳尖峯高可千仞其下諸峯羅列絕頂瞰樊湖帆影如在目前下爲大草湖相傳宋張道清經此曾插金竹故名新纂案山屬靈溪鄉

大草湖在縣南一百四十里方圓數里產蘆葦魚菱一統志

擔山在縣南一百四十里兩山橫列如擔故名新纂案山屬馬蹟鄉

靡笄山在縣南一百四十里新纂案山屬馬蹟鄉

横山在縣南一百四十里山勢衡平綿亙數里新纂案山屬馬蹟鄉

下馬湖山在縣南一百四十里山上有湖水嘗不竭相傳宋張道清曾下馬於此故名新纂案山屬馬蹟鄉

黃龍山在縣南一百四十五里秀聳盤紆泉石甚美山巔常棲雲霧可占晴雨產茶名雲霧茶新纂案山屬靈溪鄉

武昌山在縣南一百五十里熊志案山屬靈溪鄉嘉慶通志方輿勝覽輿地紀勝俱作一百九十里誤熊志圖山在謝埠之南武昌以武昌山爲名孫權所都宋史地理志高百丈周八十里舊云孫權都鄂易名武昌取以武而昌故因名山土俗編以爲今縣名疑因山以得之輿地紀勝括地志云山以縣名者武昌其一也名勝志

青鴉山在縣南一百六十里界興國大幕山新纂案山屬馬蹟鄉

梅嶺山在縣南一百八十里高五十丈周十餘里上有茶亭新纂案山屬馬蹟鄉

清溪山在縣南一百八十里新纂案熊志作一百九十里誤高八十丈周四十里洞溪源出焉一統志案山屬馬蹟鄉

峒山在縣西南五十里突起樊湖中山無所產中有居民數十家父老云本名童山今又訛爲銅與木門縫洲皆西陽畈濱湖地名新纂國朝王一翥峒山春夜寄葉井叔詩南渡高人盡種田廬將葉適舊書傳六年楚國摧鸚鵡二月樊湖哭杜鵑塑就伯夷猶避俗畫中方朔枉求仙碧桃煙裏沉香結別後澄霄月自圓案山屬神山鄉

梁子山在縣西南七十里梁子湖中高里許周十餘里北曰七星山西北隔水里許曰師姑墩石壁峭立四面臨水西距江夏靜山三里南爲梁子鎮隔水里許爲香爐山新纂案山屬賢庾鄉

沼山在縣西南七十五里高百餘丈綿亙十里東屬大冶西南北三面屬縣境中多奇木怪石新纂案山屬符石鄉沼山近保安市絕頂有石懸崖有塔輿地紀勝絕頂有覆盆山獅子石崖下有沼清澈可鑑一統志引輿地紀勝案今紀勝無此文

黃金山在縣西南八十里一名黃荊山有白石高四尺長八尺許正方新纂案山屬神山鄉

清峯山在縣西南一百里一名新峯山高十餘丈周二里許上有清峯寺新纂案山屬符石鄉

斗山在縣西南一百四十里山形似斗故名新纂案山屬賢庾鄉

郎亭山在縣西二里高八十丈路出退谷熊志郎山在樊山南一名郎亭山高八十丈周十里樊山之別也土俗編云郎山樊山相接而中斷江上望如八字退谷在樊山郎亭之間五代梁及朱友恭經此鑿山開道射以强弩遂拔武昌名勝志郎

亭山在樊山南山周十里方輿紀要今俗名雨臺山新纂

石門山在縣西三里熊志石門山在武昌縣散花灘兩石對峙如門唐武昌令尹馬珦案原作安誤嘗與元次山醉於石門之下石刻存焉輿地紀勝 宋薛季宣石門漁舍詩漁家在何許古雙闕自天闢錦繡入茨舍藤蘿挂筆棚吾爲江上游形苦世間役心馳定涉步舟行過簷隙浪翁底鑴銘太尉此居宅豈若斯人徒風雲相主客 又步抵東坡登舟返石門詩爲到西陽城侘傺東坡上舊址就荒蕪山川寫心匠四見聳高寒週遭畫屏障萬象儼朝昏出沒煙霞狀元覽浩無涯不覺滄濱漲吾行半南州此游誠大壯寸陰良可惜無奈歸船舶隤然快哉亭昔夢今知妄吳都一回橈杯酒窊樽浪石門隱漁舍行復殊亭翔扣竭兩端倪便可齊得喪 郭祥正石門山詩雙崖屹然起剔蘚認題字乃知賢令尹會同漫叟醉惟此兩石門不閉與不閉

西山在縣西三里高七十六丈新纂案樊山與西山相接宋地志始云樊山一名西山以其在縣之西故名未始分而二之也今俗以九曲嶺以上爲西山而以臨樊口者爲樊山蓋熊邵二志已沿斯誤矣沿松橋九曲而登峻拔幽麗多古蹟焉熊志宋蘇軾與子由同游寒谿西山詩散人出入無町畦朝游湖北暮淮西高安酒官雖未上兩脚垂欲穿塵泥與君聚散若雲雨共惜此日相提攜千搖萬兀到樊口一箭放溜先鳧鷖層層草木暗西嶺瀏瀏霜雪鳴寒谿空山古寺亦何有歸路萬頃青玻黎我今漂泊等鴻雁江南江北無常棲幅巾不擬過城市欲踏徑路開新蹊卻憂別後不忍到見子行迹空餘悽吾儕流落豈天意自坐迂闊非人擠行逢山水輒羞歎此志未免勤鹽虀何當一遇李八百相哀白髮分刀圭 蘇轍黃州陪子瞻游武昌西山作千里到齊安三夜語不足勸我勿重陳起游西山麓西山隔江水輕舟亂鳧鷖連峯多迴溪盛夏富草木策杖看萬松流汗升九曲蒼茫大江湧浩蕩眾山麓上方寄雲端中寺倚巖腹清泉類牛乳煩熱須一掬縣令知客來行庖映修竹黃鵝時新煮白酒亦近熟山行得一飽看盡千山綠幽懷苦不遂滯念每煩促歸舟浪花溟落日金盤浴妻孥寄九江此會難再卜君看孫討虜百戰不搖目猶憐江上臺高會飲千斛巾冠墮臺下坐使張公哭異時君再來攜被山中宿 蘇子瞻西山詩並序嘉祐中翰林學士承旨鄧公聖求爲武昌令常游寒谿西山山中人至今能言之軾謫居黃岡與武昌相望亦常往來谿山間元祐六年十一月二十九日考試館職與聖求會宿玉堂偶話舊事聖求嘗作元次山窪樽銘刻之巖石因爲此詩請聖求同賦當以遺邑人使刻之銘側春江淥漲蒲萄醅武昌官柳知誰栽憶從樊口載春酒步上西山尋野梅西山一上十五里風駕兩腋飛崔嵬同游困臥九曲嶺褰衣獨到吳王臺中原北望在何許但見落日低黃埃歸來解劍

亭前路蒼崖半入雲濤堆浪翁醉處今安在石臼杯飲無尊罍爾來古意誰嗣公有妙語留山隈至今好事除草棘常恐野火燒蒼苔當時相望不相見玉堂正對金鑾開豈知白首同夜直臥看椽燭高花摧江邊好夢忽驚斷銅環玉鎖鳴春雷山人帳空猿鶴怨江湖水生鴻雁來願公作詩寄父老往和萬壑松風哀 孔武仲次韻黃州水米宜新醅東坡好花公自栽折花倒酒送流景不念春風飄落梅醉投青山上九曲吳王故宮壁崔嵬寒潭已無昔光景凉殿欻變今樓臺南陽翰林當此日力探奇險祛塵埃西江雪浪接溪谷巨石森起繁如堆手披荒榛得突兀中有窊處成尊罍漫郎蹤跡塵土暗從此出躍樊山隈大賢坎坷終必用古劍雙埋生苺苔忽拋光芒萬丈去星斗辟易清天開欃槍枉矢莫妄動以湯滴雪誰先摧搜奇振淹自明主區區識寶非張雷陽春一奏眾爭和咸韶濩默擊仙來雖然此亦外物耳豈繫兩公樂與哀 蘇轍次韻我游齊安十日回東坡桃李初未栽扁舟亂流入樊口江雨未止淫黃梅寒溪聞有古精舍相與推挽登崔嵬山深縣令喜客至寺荒茂草生經臺黃鵝白酒得野餽藤牀竹簟無纖埃可憐過客異人見共怪青山誰爲堆行驚晚照催出谷中止亂石傾餘罍古今相望兩令尹謂元結與鄧君文詞灑落千山隈野人豈復識遺趣過客時爲剔蒼苔五年留滯髮齒禿一朝揮手船頭開玉堂卻憶昔游處笑問五柳應彫摧滿朝文字早貴達憑陵霄漢乘風雷入參祕殿出華省何曾著腳空山來漂流避近覽遺躅耳中尚有江聲哀 鼂无咎次韻雪堂窖酒花作醅教蜂使釀花自栽堂前雪落蜂正螯恨蜂不採西山梅漫郎飲處書有跡無酒可沃胸崔鬼不知幾喚樊口渡五見新曆頒清臺鄧公昔歎不可挽素衣未化京洛埃山中相邀阻節杖天上對直同金罍只今江邊春更好漁蓑不曬懸牆隈百年變化誰得料劍光自出豐城苔老儒經濟國勢定近臣獻納天顏開蜀公亭上別公處花柳未逐東風摧倘容登堂談落屑不媿索米腸鳴雷因知流落本天命何必挽引須時來九閽沈沈虎豹靜無復極目江楓哀按原闕雛字韻二句 張耒次韻靈均不醉楚人醅秋蘭薜蕪堂下栽九江仙人棄家去吳市不知身姓梅東坡先生笑二子一邱便欲藏崔鬼脫遺簪勿玩杖履招携魚鳥營池臺西山寂寞舊風刀百年石尊埋古埃洗尊置酒招隱士苑境空餘黃土推但傳言語古味在一勺元酒藏山罍鄧公歎息爲摩撫重刻文字蒼崖隈五年見盡江上客兩屐踏遍空山苔謝公富貴知不免醉眼來爲蒼生開長虹一吐誰得掩六翮故在何曾摧橫翔相與碩鴻雁寶劍再合張與雷山猿洞鳥汝勿聽天遺兩公聊一來豈知屈買終不遇賦詩長遺後人哀 黃庭堅次韻漫郎江南酒隱處古木參天應手栽石砌爲尊酌花烏白許作鼎調鹽梅平生四海蘇太史酒澆不下胸崔鬼黃州副使坐閑散諫疏無路通銀臺鸚鵡洲前弄明月江如起舞醆生埃次山醉魂招髣髴步入寒谿金碧堆洗瀨塵浪飲嘉客笑倚武昌江作罍誰知文章照今古野老爭席德爭隈鄧公勤銘留刻畫刓剝銀鉤洗綠苔琢磨十年煙雨晴模索一讀心眼開謫去長沙憂鵬鳥歸來杞國痛天摧玉堂卻對鄧公直北門輿仗聽風雷山川悠遠莫浪許富貴

崢嶸今鼎來萬壑松聲如在耳意不及此文生哀　蘇軾西山詩和者三十餘人再用前韻爲謝朱顏發過如春醅胸中黎棗初未栽丹砂未易揣白髮赤松卻欲參黃梅寒谿本自遠公社白蓮翠竹依崔嵬當時石泉照金瑞神光夜發如五臺飲泉鑒面得真意坐視萬物皆浮埃欲收暮景返田里遠泝江水窮離堆還朝豈獨失老病自嗟才盡傾空罍諸公渠渠若夏屋吞吐風月清陰隕限我如廢井久不食古甃缺落生陰苔數詩往復相感發汲新除舊寒光開遙知二月春江闊雪浪倒卷雲峯摧石中無聲水亦靜云何一解轉空山雷欲就諸公評此語要識憂喜從何來願求南宗一勺水往與屈賈湔餘哀　樓鑰題蘇文忠武昌西山贈鄧聖求詩蹟次韻黨論一興誰可回賢路荆棘爭先裁竄留多能擅筆墨因拘或可爲鹽梅雪堂先生萬人傑論議磊落心崔嵬向來羅織脫一死至今詩話存烏臺凭高望遠極宏放眼界四海空無埃黃岡踊徧與未盡絕江浪破琉璃堆鄧郎神交信如在石爲窊樽勝金罍鄧侯先會訪遺跡銘文深刻山之隈山空地僻分埋没二公先後搜莓苔元祐一洗人間怨天地清盎公道開玉堂同念舊游勝筆端萬物挫欲摧時哉難得復易失弟兄遠過崔與雷北歸天涯望陽羨買田不及歸去來我爲長歌弔此老慟哭未抵長歌哀　案西山題詠如林不可殫載謹錄元豐諸賢唱和之作以識一時之盛餘俟輯西山志備錄焉又熊邵二志載唐常建以下詩數首似爲湖南西山考柳宗元有始得西山宴游記常建有西山第三峯詩皆在湖南時作今並刪去蓋唐時地志皆稱樊山也

樊山在縣西五里一統志高九十丈周二十里雍正湖廣通志案今俗呼爲雷山樊口南百步有樊山太平御覽引武昌記樊山西陸路去州一百七十三里出紫石英東數十步有岡岡上甚平敞青松綠竹常自蔚然其下有谿澟澟然常有寒氣故謂之寒谿同上引江夏圖經帝堯時有樊仲文今武昌有樊山羅泌路史國名紀案水經注江之右岸有鄂縣故城舊樊楚地名勝志引春秋語云鄂渚樊楚則樊楚之名由來舊矣而搜神記曰樊口之東有樊山若天災以火燒山即至大雨又以爲孫權出獵見一姥曰我舞陽侯樊噲母也魏將伐吳當助子一戰後果有赤壁之捷因立廟祀之名其山曰樊山皆不經之論也一名袁山案水經注今武昌郡治城南有袁山即樊山也一名壽昌山按以壽昌軍得名一名樊岡山有九曲嶺一統志萬松嶺在樊山下一名九曲嶺一名萬松山同上萬松山在樊山北臨江松陰夾道特爲幽邃名勝志建炎後邑人伐爲棟宇遂荒雍正湖廣通志宋蘇軾樊山記自余所居臨皋亭下亂流而西泊於樊山爲樊口或曰燔山歲旱燔之起龍致雨或曰樊氏居之不知孰是其上爲蘆洲孫仲謀汎江遇大風柂師請所之仲謀欲往蘆洲其僕利谷以刀指柂師使泊樊口遂自樊口鑿山通路歸武昌今猶謂之吳王峴有洞穴土紫色可以磨鏡循山而南至寒谿寺上有曲山山頂即位壇九曲亭皆孫氏遺迹西山寺泉水白而甘名菩薩泉泉所出石如人垂手也山下有陶母廟陶公治武昌既病登舟而死於樊口尋繹故跡使人悽然仲孫獵於樊口得一豹見老母曰何不逮其尾忽然不見今山中有聖母廟予十五年前過之見彼仿佛有得一豹三字今亡矣　薛季宣袁山春望詩密雨作春社袁山暫登臨迎人多野花對鏡諸道心于以今日態而開去年林平沙沒浩蕩漲水相浮沈草綠湖萬頃舉青天一尋無情雲自閒此埋吾難任故壘雖明玉寒溪疊重岑塌來聽流泉可用資鳴琴新霽石磴滑崩波馬蹄跲不知日已暮迂回樹生陰歸路尚修阻時哉羨靈禽　又樊山春望七律飛出仙人壺外天壺中日月故依然廬明百雉龍鱗動空翠千巖翡羽鮮咫尺畫圖藏世界伐尋鎦鑄簇山川歸來身入寒谿路恍若瑤林一夢還

又樊山春望絕句東鄂城東安樂宮李花練絢玉玲瓏畫圖長喜平蕪綠不覺身歸罨畫中

來山在縣西五里樊山西今俗呼爲廬山新纂孫皓都武昌出登來山三國志吳書三嗣主傳

吉祥山在縣西十里案方輿勝覽輿地紀勝均作東七里吳王徵時隱此熊志案輿地紀勝載僧道疑吉祥山記云山連江渚水映巖巒春雲卷而錦繡俱呈秋浪澄而屏風倒立可謂善於形狀矣又載唐羅隱詩吳主當年隱此山吳都去後綠濤潺湲嶺梅乍折看妝薄沙鳥晴分銘篆閑考羅昭諫集作西塞山七律一首字句亦多異同紀勝蓋誤

神人山在縣西七十五里一統志案明統志作九十二里誤高十丈周十里熊志神人山在縣西水路一百八十里歷代帝記云吳建衡二年有神人騎白鹿從此山出寰宇記中有仙人洞大石爲門幽窅不可窮新纂案山屬神山鄉

白滸山在縣西九十里半屬江夏雄時江滸雲出則雨上有碧雲寺熊志一名白滸磯一統志江水東逕白滸磯北臨側江瀆水經注高二里許周十餘里其麓有東港西港新纂國朝王游游白滸山詩江漢合流皆東向撼天嚙地不相讓帝命巨鼇負蓬壺擲之於此作保障峩峩業業撐江滸高處捫天天尺五大山如髻小山螺兒孫相率拜其祖碧雲寺在碧雲中雲山一片青濛濛紫釣夜戛瀟湘雨古桂朝引淮南風山頂小池貯石髓

深淺清濁隨江水江頭風雨自天來猲爽擊鼓羣龍起披雲采藥無懷民不衫不履騎麒麟一聲長嘯驚山鬼徘徊欲待山中人案山屬神山鄉

平土山在縣西北八十四里相傳舊有寨卽三國時鮑家莊關壯繆三子關索避難處新纂案山屬神山鄉

觀音山在縣西北八十四里山路平坦半山建有觀音寺新纂案山屬神山鄉

鼇魚山在縣西北九十里河隄右臂舊建鼇峯書院今廢新纂案山屬神山鄉

古姆山在縣西北九十里相傳蔡道人修鍊於此明舉人嚴君化建有古峯寺旁有蔡道人菴今嚴裔猶修葺焉下有龜蛇二山以形肖龜蛇得名新纂國朝嚴翼王古姆山記予家園離楚鄂城僅七十里里中多山去予家園數十百武有山巋巋名古姆無圖經可攷因田父老云古姆遂古姆之髫齡時時無不登登無不極巔然卒未知住是山稍壯就傳外游壬癸歲兵燹更遞館於楚城蕭氏之別業且五年許寓燕都一年計予之未登是山已六七八年矣丙申家居偶動意欲向山峯一眺跨蹇擔一家童往不從隴畔穿屋後松徑出至山麓置蹇莊舍徒步緩行行數十步有巨石蘚苔蒼怪踞突如虎傍一曲古松根紆入石罅坐石上少憩緩行逕復隨松蜿蜒松側有大井上石澗水淙淙入井井溢水從井流下澗去井西階級數層幽篁叢叢日光浮竹面下冽然也竹石坳卽蔡公道人菴云菴舊正殿瓦東傍僧舍茅蓋崇禎中爲闖賊焚予及堂兄樂懷人重搆易以瓦而殿如荷葉焉前一小亭四面俱窗牖令寬敞易受月也亭東半畝卽樂懷人讀書所樂懷人時亦在山與僧琳若烹茶餉予是日天忽雨予弗下山日暮雨止山麓諸牧兒戴笠橫牛背唱晚村諸村煙醉村閒樹如織村犬吠近路人有火熒熒僧曰此流林遠燈也夜闌偕琳若半榻明日豆粥畢樂懷人偕琳若從予極山峯四顧甚朗北望齊安古赤鼻雪堂明若列眉而橫江野鶴儼然蘇子之孤舟也東望尋昌所爲避暑吳宮洗劍池瓜圻牧門諸蹟未嘗滅焉南望龍泉楚藩陵寢在焉古木委積求所謂鬱鬱葱葱寧有在乎西望九峯古無念老人道場也過思石門小徑板橋夜月令人動遺世思山亦拳拳耳然能見赤鼻能見吳避暑諸蹟能見楚陵寢能見九峯古無念老人道場亦登眺巨觀也何獨不傳於世而僅名著田父老者何也且古不有鈷鉧潭與夫鈷鉧之與古鉧名亦未甚相遠一傳一不傳何也得毋以地與以地鈷鉧潭倘界荒裔而茲山猶居通都大邑宜其此傳

而彼不傳也卒之鈷鉧潭名傳後世而茲山獨滅沒無聞而僅傳於田父老之口者此無他得人與不得人耳嗚呼古之嶔崎怪異廿宿草莽名湮汩而不聞不得其人以傳如是山者可勝道哉可勝道哉是不獨爲茲山慨也然茲山固不足慨而予生產茲山傍始日登而不知是山之佳旣知是山之佳而不能爲是山傳是則予之愧也夫樂懷人曰是卽可以傳茲山矣又再登古姆山詩鄉村愁慮少清機一杖重敲老衲扉犬入衣裾知客熟鴉巢淺徑習人飛此番登眺原無約前度靈濤信不違山寺繩牀誰再借夜初騎馬拂雲歸

江水由江夏縣東南流入縣境至雙柳夾播而爲二其下有峥嶸洲案水經注江之右岸有李姥浦北對峥嶸洲冠軍將軍劉毅破桓玄於此洲晉畧在縣西北六十里江中通典在鄂州武昌縣境一統志分屬黃州府黃岡縣以今地形考之當在今葉家洲西矮林鋪下鄺洼蓋先敘江中而次及江右非列峥嶸洲於白虎磯上也熊志謂峥嶸洲卽得勝洲明統志謂卽新生洲黃岡志謂卽木鵝洲均誤右逕白滸山北案江左分屬黃州府黃岡縣今但敘次江之右岸下不具舉姚家湖水西南來注之又二里爲木鵝洲案熊志作沐鵝洲在縣西北九十里洲在雙柳夾之南分爲三江又十里洲盡始合流案江左尚分流以雙柳夾長逾百里也又五里

逕木門港案熊志木門港在縣西六十里誤又東北十五里逕趙家磯新港彭白二湖之水注之又五里爲楊林頭案嘉慶通志趙家磯在縣西七十五里楊林頭在縣西六十里江行曲折陸路不應如此之遠通志蓋誤又東少北十五里逕泥磯張白湖之水注之又三里至新生洲復分流案一統志新生洲在縣西四十里分屬黃州府黃岡縣熊志在三江口黃岡志謂卽得勝洲誤逕磧磯洪得磧磯港磧磯南磧二湖之水由華容鎮北東流注之案熊志磧磯在縣西四十五里一統志在磧磯湖口以石磧橫截湍流故名水經注江水又東逕上磧北山名也仲雍謂之大小竹磧也北岸烽火洲卽舉洲也于役志作漆磯入蜀志作戚磯王梅溪集作七磯均誤宋王十朋七磯詩江上風波惡江中洲渚多回頭三峽遠轉盼七磯過

國朝顧景星七磯雨通夜詩病白連三月風霜復見侵孤舟一夜雨慘淡百年心戍火江村黑山鐘落葉聲神交錙料我淺破此哀吟又南少東八里洲盡得三江口復合流案嘉慶通志三江口在縣西三十里梁元帝赴荊州泊三江口詩涉江望行旅金鉦間綵斿水際含天色虹光入浪浮柳條恆拂岸花氣盡薰舟叢林多故社單戍有危樓棹歌殊未息於此汎安流宋周端朝三江口詩吳門臺北竹樓隅三日追陪漫叟居曉夢驚

詭赤壁鶴夜棲看打武昌魚橫洲遥斂分燈影落月斜河迴斗車回伏三江問漢口陸離蘭葉響環瑒 又二里為黄子磯 案一統志黄子磯在縣西三十里輿地紀勝黄子磯與邏州相接世傳黄巢置砦於此熊志在三江口下亦險要也 右逕黄柏山陂又南迤西十里為蘆州 案嘉慶通志蘆州在縣西二十里文選鮑明遠還都道中作李善注引庾仲雍江圖曰蘆洲至樊口二十里伍子胥所渡處也樊口至武昌十里疑誤詳古蹟 又十里為得勝洲又南少東五里至樊口樊湖之水由樊港東流注之北對黄州府城 案水經注江水右得樊口庾仲雍江水記云谷里袁口江津南入歷樊山上下三百里通新興馬頭二冶嘉慶通志在縣西北五里一統志江自白滸山至樊口凡九十里餘詳樊湖 右逕長港江套 按長港江套在縣西五里明設河泊所官 又東五里逕郎亭山又逕釣臺前 按釣臺詳古蹟 縣城北 案齊召南水道提綱南岸縣城與西北岸黄州府城隔江相望胡三省通鑑注江水東流自武昌縣以下漸漸向北蓋南紀諸山所迫使然胡渭禹貢錐指江水又北折而東逕武昌縣城北唐盧綸江行次武昌縣作家寄五湖間扁舟往復還年年生白髮處處上青山去國空知遠安身竟不聞更悲江畔柳長是北人攀司空曙下武昌江行望涔陽詩悠悠次楚鄉楚口下涔陽雪隱洲渚暗沙高蘆荻黄漁人共留滯水烏自啼翔懷土年空盡春風又淼茫 中有蟠龍石又東為節度石 案蟠龍石節度石均詳古蹟 又東五里得五丈口縣南南湖 案熊志南湖在縣南半里舊名南浦亦曰長湖一統志一名洋瀾湖太平御覽引武昌記武昌長湖通江夏有水冬則涸于時靡所産陶太尉立塘以遏水於此常自不竭因取瑯琊郡隔[illegible]記湖魚菱以着湖内菱甚甘美異於他處所産鯽[illegible]魚乃長三尺太平寰宇記永嘉初頹破太守褚傳之重修復輿地紀勝滅質逃入南湖以荷自薇即此考寰宇記輿地紀勝名勝志均作五丈湖在縣東八里方輿勝覽又作南湖在縣東八里今五丈口距縣五里而南湖在縣治南半里地志統稱之其實南湖乃諸水地入江處始稱五丈也南瀾詳古蹟 港連車湖 案一統志車湖在縣東二十里動[illegible]一名東湖由五丈口入江輿地紀勝蘇軾在黄州王文甫居湖上往來殆百數車武子故居及墓在其上元丁鶴年車湖詩雪後湖山玉作圖小舟乘興弄晴暉貪看月裏鸞回舞不覺風前鶴退飛雲母屏開春閣寂水晶宮冷晚霏微仙家一笑乾坤老誰馭瑤池八駿歸 之水逕石盤渡北流注之 案石盤渡詳津梁 其西有牧馬港 案一統志牧馬港在縣東十里明統志其上即吳王故城蓋孫權飲馬之處 又東十里得慈湖港宋蘇轍舟次慈湖以風浪留二日不得進子瞻以詩見寄作二篇答之前篇自賦後篇次韻慙愧江淮東北風扁舟千里

得相從黄州不到六十里白浪俄生百萬重自笑一生渾類此可憐萬事不由儂夜深魂夢先飛去風雨對牀聞曉鐘西歸猶未見菟裘擬就南遷買一邱舟楫自能通蜀道林泉真欲老黄州魚多釣戶應容貰酒熟鄰翁便可留從此莫言身外事功名畢竟不如休 又五里合泥湖港又五里逕龍王磯 案龍王磯即安樂磯輿地紀勝云安樂磯在縣東三十里江上江表傳云權使子登出征次於安樂水經注江右岸有厭里口安樂浦從此至武昌尚方作部諸屯相接枕帶長江宋史薛季宣傳縣治自鹿磯安樂口皆置戍即此地也 又五里為燕磯左對巴河口 案嘉慶通志燕磯在縣東三十里明黄鳳翔同趙瀫陽習豫南武昌燕磯夜宿詩危磯縹渺斗牛邊極目空江擁暮煙天上德星今夜集尊前明月幾回圓松蘿風裏傳磬蘆葦雲深泊釣船對爾長吟招隱賦寒衾藉草正堪眠萬虞愷宿燕磯詩蟠龍回澤國飛燕落江鄉衾閣道沈沈夜巖花細細香經聲傳碧殿漁火照滄浪良夜盌忘寐高歌一酒觴 又東十里得觀音港 案嘉慶通志觀音港在縣東四十五里 中為戴家洲 案戴家洲長十五里廣四五里為武昌黄岡蘄水三縣交界之所相接為筆架洲又有新淤洲咸豐間淤生馬徵麟長江圖說謂郎鄽注所稱之五洲 又東南五里逕寡婦磯又三里為平山磯又二里為紅石磯 案水經注江水東逕五磯北有五山浴次江陰故得是名矣仲雍謂之五圻一統志五磯在縣東馬徵麟長江圖說謂龍王磯以下五磯郎鄽氏所稱也名勝志謂五圻在五丈口之下五洲與解劍亭相對則五磯即五洲鄽氏不應重舉矣名勝志疑誤 又東南十五里逾三夾為楊葉洲 案一統志楊葉洲在縣東一名白田洲南史陳世祖紀侯瑱襲破獨孤盛於楊葉洲詳兵事 又十里至土腦嶺出縣境為大冶縣界 案嘉慶通志土腦嶺在大冶縣東北六十里接武昌縣界一統志自樊口至大冶縣界七十五里凡經縣境一百六十五里 又五里為黄石港西洼湖之水 案熊志西洼湖在縣東三十里考字書無洼字明會典有西洼河泊所蓋沿用已久康熙府志改為窪非是嘉慶通志謂由五丈口入江誤 合華家湖 案湖界大冶 琵琶湖 案琵琶湖在縣東十五里西洼湖之西形如琵琶故名 東南流由黄石港以注於江樊港在縣西 案一統志今名長港詳古蹟 首受江夏大冶諸湖澤源出咸寧縣東水 案咸寧縣志東水有二源一出咸寧縣東南五十里桃花尖之陰東北流逕金雞山至祝家橋又東北與石磴小賽畈水合流又東北逕游家橋又東逕赤橋東流入縣境為高橋河一出咸寧縣東南二十五里三峯尖石坑東北流逕黄牛山陡石口又東北逕楊湖橋圓田畈歷舒鐵口東逕石門山東北流入縣境與桃花尖源合於高橋河

一統志云源出咸寧縣東四十里石燕泉當即桃花尖之流東北流入縣境爲高橋河右
合馬蹟鄉諸溪水案水源出上馬三里北流十餘里來會又東北十里逕西龍
港合徐家橋水又東十里逕李角河又五里爲高家河一名
大港又東五里爲金披灘又五里右會金牛鎮小港案小港亦有二
源一出靈五里之馬橋坳界大冶諸溪澗西北流五里左得褒石泉又三里至火燒橋有分水嶺冶界大水來會又二里右得
毛家鋪又八里爲胡鐵橋又三里爲樓下橋有分水嶺水西北流十餘里來會北分水嶺在靈四里與上分木嶺流別其東古流者由靈三里之三畈橋東北二十
二里爲大冶縣境注興國州之溪源湖入江靈鄉之水不出雙口者俱此又五里至賀家橋右會女兒橋水又三里爲金牛鎮有大橋又北屈折才里注於金
牛港亦名港口靈溪鄉諸水注之案以上諸水夏漲冬涸金牛鎮以下則可方舟矣又案太平寰宇
記樊港源出清溪山三百里至大港澗三十丈水曲並在縣界內元結惠公禪居表泝樊水二百餘里有湧溪入溪八九
里有蛇蟠之隄湖山嘉慶通志湧溪在縣南一百五十里源出清溪山合眾流北出逕虯山下爲湧溪西匯爲浮石湖合金
牛港考虯山即今龍山近山無湧溪未知所在埘載俟考又北屈折十五里逕謝埠街爲
邐花塘逕朱家寨七眼橋之水來會左逕吳婆觜瀦爲湖案湖

廣四五里又北流左得魯家灘案灘縱橫五里又北少西左逕南窰觜稍
北右爲紫壇廟又北少西左有蔡家灘東流十里來會又西
北左逕周家馬頭右爲熊家寨又西北右逕金老墳爲烏翎
湖案雍正湖廣志烏翎湖在縣西南一百五十里明設河泊所官左爲西灘案灘縱橫十里左有汊一自江
夏縣界涂家腦流入一自徐家橋流入均東流十餘里來會出沙觜外入烏翎湖又東入湖又西北
流右有汪家灘東流十餘里來會又北爲浮石湖案一統志浮石湖在
縣南一百二十里太平寰宇記浮石湖一名浮瓢渚在縣南一百二十五里春冬乾涸中有石獨立周迴二十餘步形狀
極下縱水漲而不能沒稍北左逕湖瓢觜案即浮瓢渚音近之訛太白港西北流
十餘里來會又北少西左逕龍王頭右逕茅圻觜有後灘自
長嶺街前西流來會又西北右逕寺觜爲馬飲湖案一統志馬飲
漿湖在縣西南一百里明設河泊所官稍北右逕老虎山左逕香爐山至梁子
山南自金牛鎮至梁子山凡九十里匯於梁子湖湖面自謝

埠街以北廣七八里或五六里有差香爐山自武昌觜迤北
五里與梁子山中隔半里橫截江夏西南諸湖水若門戶然
又北爲楊莊湖案一作楊邱湖合葛店華容以南諸湖澤南流來會
案楊莊湖一自葛店南逕湯陳坊又南迤東爲車頭湖又東右逕陳林站一自丁橋華容鎮西南右逕猴兒尾有漁湖水
東南流三十餘里過樊口街後薛家溝又南左逕上下西陽畈又西南與葛店諸水合流又南左逕馬蝗洲左逕木門匯
爲陽莊湖其東爲峒山湖案湖中有峒山詳山志西會楊莊湖水又西與江
夏縣之吳塘湖合吳塘湖西北自武昌觜左岸入縣境左合
張大隄水案吳塘湖一名前湖一自江夏縣油坊嶺東劉家觜東流至大營口一自豹子灘東南流左合林家
灘左汊自長山口鋪南張大堤東南入縣境凡七十餘里至梁子山北匯於梁子湖又按御覽引武昌記曰北濟湖本是
新興冶塘湖元嘉初廢水冶水冶者以水排冶今顏茂以塘數破壞難爲功力茂因廢水冶以人鼓排謂之步冶湖日因
破壞不復修治冬月則涸今治塘不知其處或即吳塘歟水冶製今亦不傳又東左逕城塘觜又
東北左逕扇子口合鴨兒湖水又東左合炭門湖水案一統志炭門

湖在縣西南七十里有菱芡魚蒲之利又東至馬蝗洲會楊莊湖東南流右岸
自江夏縣野頭觜入縣境逕高家嶺北又南右逕鴨兒洲又
南左逕鮓洲案鮓洲詳古蹟右對南塘口有小港東流出蘆席口入
長港又有車塘湖苑湖吳嶺湖均由此入港湖水又南流左
會大冶月山湖右逕涇頭觜又南左逕月山西案月山在湖中形如半月
高數丈周三四里屬大冶縣又南右逕梁子山東匯於梁子湖自葛店至
梁子山凡九十里自峒山西陽畈至梁子山均三十里馬徵麟長
江圖說漢爲大別所過勢不得不入於江而合流江自吞雲夢過九江而下已有沛然莫禦之勢益以漢水之渺瀰愈相
潰薄疾於下流分派疏瀹以殺其勢自然之理也及察其地勢北岸自黃岡之陽邏至廣濟之蟠塘南岸自江夏之黃鵠
至瑞昌之馬頭凡五百餘里巑岏結絡嵬嵋複陸水爲山制束縛不開疏蟠既無所施鑿亦無所措於是有豬之之策
豬之云者有所蓄無所洩之謂可暫不可久之計也然以紓展渊澅衆瀦之勢使之舒緩安恬以徐議分洩於其繼則匯
澤之舉不容稍緩而匯澤之處不利於遠益可知矣若如漢人以饒州之鄱陽湖當彭蠡漢至豫章郡彭澤縣下云禹貢

彭蠡澤在西水經云彭蠡澤在豫章彭澤縣北按漢彭澤縣在今湖口縣東三十里則湖口距漢入江已六百餘里又復泝洄而上二百餘里始得停蓄之所則上游之渟滀凋瘵已不可問矣其謬一也若云必至是而後得其處則請問諸水能逆流而上否其謬二也即使百倍其功必使逆流倒灌而後已而所謂湖漢九水者不次於荆州之九江孔殷也若劉歆者方將界以九江之名固導之洩之之不暇而又可分江漢以鬭之乎其謬三也若謂內水枯外水以豬外水涸內水以洩假令內外同時漲起則將何道而使順軌乎其謬四也且既已云江至潯陽流爲九派則江漢之勢已分於上游又安用匯澤於其下以徒勞脈脈爲也其謬五也且北江失其處矣其謬六也導江之難莫難於江漢之會其來也大其去也隘彭蠡之豬最爲得計陽鳥志幸於揚州導漢書其匯澤導江書其會匯所謂一篇之中三致意焉若湖口以下江勢寬緩固無勞於四載一言以蔽曰三江既入所以言其易易乃猶於湖口求彭蠡更於其下求北江如盲如痲何其戾也至若集傳欲以巢湖爲言亭林顧氏謂東迤北會於匯蓋指固城石臼等湖則去之愈遠矣然則彭蠡安在曰咸寧之東武昌大冶之西通山之北江夏之南岡巒四帀四山之外長江如帶環其西北而東三面四山之間無大水源而湖澤以百計周數百里皆由武昌樊山一口爲吐納上距禹迹漢水入江北有二十里江水東南而流湖水西南而豬水經注所云江水右得樊口江津南入歷樊山上下三百里通新興馬頭二治者夫惟江津南入故能分江漢合流之勢亦惟能蓄

不能洩此其所以爲匯澤也禹蹟所謂東匯澤爲彭蠡者蓋在此不在彼矣其湖之最鉅而著者曰梁子梁彭古皆商音子蠡古皆徵音梁子之與彭蠡音相近而文傳訛彭蠡久眾著於鄱陽遂無有能正其說者且由荆揚之界不明故也知求彭蠡於揚境而不知武昌樊口之入揚境也久矣導江云至於東陵東迤北會於匯東陵巴陵也匯彭蠡之匯也江自至澧過洞庭至巴陵皆東南行過巴陵始折而東北其勢斜倒循過武漢至沙口之下東北行五百餘里會於漢水而後復折而東南百餘里會於匯曰東迤北會于匯者舉大勢言之且東迤北行已環匯澤西北兩面也先匯澤後會匯者治水之序先下流而後上流也

又會江夏諸湖澤水案梁子湖在江夏縣境者一自咸寧縣東之余花坪東北流十餘里逕南橋入江夏縣境又東北十五里逕張橋河東注於東梁子湖東合佛山河水又東北右逕金盆地又北少西左會董家澥又北左逕呂冠山又是爲東梁子湖一自山坡西東流逕沙南橋又東逕孫家橋又左逕干家畈又右會甘南澥左會四海橋水又北右逕黃陵背又左逕靜山背又東北與東梁子湖合流又北左有青陽河右逕易家塝東爲燕子山又北左逕蕭明背三眼橋及孟家背之水均南流會於徐家背又東南流二十餘里來會又北東左逕北背朱楊澥之水注之右對南背右通南塘口湖面自南北背以上廣三四里或七八里有差下至梁子山東西相距三十里有奇南北相距二十里有奇爲湖山澄碧最勝之處由北背又東右逕何家背左逕烏杜背有大夾澥又東左逕喻家背北湖東南流十里來會湖口爲野猪山又東左則後湖之水注之後湖發源於東湖壋之東東流逕小牛山大牛山爲大山湖又東南右逕𪿤林背凡六十里至梁子山北匯於梁子湖又有前湖即吳塘湖詳見前 東注於長港右逕磨刀磯案磨刀磯在縣西南九十里符石鄉長港口南岸相傳爲關壯繆磨刀處有石長數十丈上有廟又磯以北水屬縣境陸屬黃州府黃岡縣 又東少北十三里至東溝口大冶縣之保安河逕諸湖澤水會縣屬之後底湖西流注之案大冶縣諸湖一出大冶縣西分水嶺西流逕喬店堡又西逕保安街一潴爲湖一由大冶縣北鐵山西流逕換緣橋又西北注於湖一由大冶縣北白雉山西北流至五卦山注於湖一由父子山鳳皇山諸溪澗西流逕碧石渡市北右西逕五卦山北注於湖澂東界縣境者曰下興曰河逕曰三山湖南近保安者曰保安湖亦稱大冶湖中有山曰石碧曰北練曰南練縱橫凡四五十里支派紛歧均會合西流出東溝入長港合蘆席口以注於江 又北十五里右合蘆席口水又東北屈折十里左逕黃州府黃岡縣之柯家營又北八里左逕黃州之東港又東七里左逕白家山折而南又三里右逕大冶縣之楊澤溝又東少北五里爲方家渡又北少西六

里左逕大冶縣之淩家灣又東北七里左得薛家溝有馬橋湖秦家湖毛家湖湯家湖均由此注於港案諸湖春冬水涸則塞 逕樊口案明統志樊山西南控縣南湖澤凡九十九東爲樊口入於江詳古蹟 又東三里右逕樊山下合寒溪水以注於江案梁子鎮至磨刀磯十五里又四十五里至東港又四十五里至樊口

新纂

武昌縣志卷一

武昌縣志卷二

形勝

初權在武昌欲還都建業而慮水道泝流二千里一旦有警不相赴及以此懷疑及至夏口於塢中大會百官議之詔諸將吏勿拘位任其有計者爲國言之諸將或陳宜立柵夏口或言宜重設鐵鎖者權皆以爲非計時梁張梁爲小將未有知名乃越席而進曰臣聞香餌引泉魚重幣購勇士今宜明樹賞罰之信遣將入沔與敵爭利形勢既成彼不敢干也使武昌有精兵萬人付智畧者任將常使嚴整一旦有警應聲相赴作甘水城輕艦數千諸所宜用皆使備具如此開門延敵敵自不來矣權以梁計爲最得即超增梁位三國志吳書孫權傳裴注引虞溥江表傳

議者以武昌北岸有邾城宜分兵鎮之侃曰我所以設險禦寇正以長江耳邾城隔在江北內無所倚外接羣夷必引寇虜自吳時此城乃三萬兵守今縱有兵守之亦何益於江南後庾亮以毛寶戍之果敗晉書陶侃傳

武昌實是江東鎮戍之中非但扞禦上流而已急緩赴告弃駿不難晉書王湛傳詳宦績庾冰傳

吳晉爲重鎮名將以爲鎮守輿地紀勝引舊唐志武昌縣下

武昌郡江漢匯其西冥阨衛其北鄱湖瀦其東建康西藩最爲近要晉畧

杜預嘗恐吳徙都武昌修備諸城積大船於夏口則計無所出輿地紀勝引圖經

一江天塹萬騎雲屯孫吳都之嘗爲重鎮王應麟玉海

薛氏曰武昌乃吳建都而王陶溫庾之所爲督府者其地襟江沔依湖阻山左控沅澧右連襄漢南北二塗有如繩直胡人南牧嘗出此以襲豫章通鑑地理通釋

魏公曰鄂州城[illegible]通武昌樊口昔孫權移都武昌以拒魏師渡江而西接連川陝中原聲援絡繹可通通鑑地理通釋案魏公爲張魏公浚

武昌吳孫氏都會際江中流居光蔡之衝實爲江浙外蔽地饒水草便於輸運宿兵當有根據薛季宣吳大皇帝廟遷造記案記稱今皇帝即位之始年制詔中書樞密以太尉殿前馬步軍都指揮使成閔爲南京西湖北路招撫使但擇地形使置戍守太尉臣閔奏云云乃以游弈軍統制軍馬王述戍武昌此當在紹興年間而成閔未至戍所也郡志列秩門載淳熙年以成閔提旅三萬戍武昌未知所據

金牛馬蹟靈溪賢庾符石五鄉在本縣南隔絕大冶縣界一百三十餘里阻水帶湖東北抵永興大冶縣界西南江夏咸

甯縣界直南接連從州分甯等縣幅員凡數百里居數路之衝商旅往來最爲徑便薛季宣上諸司論金牛置尉劄子

武昌北枕長江古稱天塹岸峭浪惡不可泊舟奸細無所藏匿但風帆上下瞬息百里沿江樓堞孰能禦之明正德崇禎間之流寇可鑒矣此其可恃而亦可虞者矣然東有黃石港大冶華家諸湖水出焉流澌湍激冬夏不涸古有黃石城蓋築於此萬一有警以此爲池東境不可犯矣西有樊口樊湖出焉湖水吞沒日月而港口僅容一舟最稱阨塞南唐置砦於此明設巡檢司焉重其地也且樊山峻拔自有金湯其右臂之屏蔽乎南有鐵山牛馬隘蝦蟇石口而金牛鎮爲最要乃山寇出沒之衝明初設鎮於此委百戶鎮後調金子磯巡檢鎮之鄉落之民所賴以安枕者也然苗氏之彭蠡寇公之

鎖鑰抑有不專在於險者歟熊志

郎亭踞樊山之峻邏洲扼三江之流實爲楚東之門戶康熙府志

案熊志引庾信賦龍蟠鳳集之鄉山川門龍蟠石下又引作哀江南賦考哀江南賦有云昔之虎踞龍蟠蓋據張勃吳錄諸葛武侯語鍾山龍盤石城虎踞謂秣陵山水不指武昌也又引史記云北背漢水南鎮雞峰西山鎖樊口之險鳳臺塞石盤之流又云地屬吳頭楚尾因時爲楚之東界故稱樊楚亦注史記不知所据何書也

津梁

蟠龍橋在縣東與蟠龍石相對乾隆二十八年於橋上建蟠龍閣邵志

韓婆橋在縣東邵志

石盤橋在縣東五里舊名石盤渡案薛季宣鄂城篇作石盆古渡卽今之大橋明景泰二年建案明統志縣東十里有石盤渡景泰二年建橋後邑人周模姚秉深孟侊等屢修

國朝康熙七年知縣熊登捐建邑紳張皋謨等助修並砌青石隄路八圯乾隆二年邑人周永曜暨子懔懷修築長隄建涼亭其孫監生廷詔於隄東砌石路自司徒廟至錢家嶺凡六里監生廷舉於橋西砌石路自春廠及東門內至方井頭土地廟凡六處共八里邵志同治九年水漲浸潰周懔懷後裔捐貲重修新纂

清思橋在縣東虎頭山下明正德間邑人舒洪修熊志

國朝乾隆九年邑人周懔懷重修邵志光緒四年公修新纂

仁壽橋在縣東十里水匯於牧馬港注慈湖出焉新纂

牧馬港橋在縣東十五里明嘉靖十八年市民胡滐修邵志

吾立橋在縣東十五里邑人周懔懷重修邵志

天逵橋在縣東十五里明萬曆間邑人周見凡建邵志

周樸橋在縣東二十里歲貢周樸倡建周懔懷重修新纂

楊樹橋在縣東二十里貢生周履祥創修新纂

楊溪山橋在縣東二十里嘉慶二十三年增生周敬堂修同治九年水漲橋毀敬堂孫庠生鳳藻仝同善述重修新纂

石背橋在縣東二十二里邑人周懔懷重修邵志

水家港橋在縣東二十三里邑人周懔懷後裔修新纂

闞水背橋在縣東二十五里候選州同周桂軒修新纂

太平橋在縣東三十五里赤土磯宋咸淳丁卯建邵志

走馬石橋在縣東四十里耆賓龔少塘龔太和募建邵志

塔橋在縣東南二十里新纂

益家橋在縣南壽井前邵志

百花橋在縣南文昌門外通學宮路邵志

南湖橋在縣南二里南湖尾明正德十四年通判尹覺建邵志

明王廷陳記云南湖廣而下流必歸焉漲則澤也落復洳無春冬且要也旅眾舟弗給其甚也輿輟載徒弛負盈途愁征邈望而遐卽也尹侯覺拔武昌過焉曰茲病也將蒞者無良而以貽乎無良者之蒞也惟己是封而暇旅恤否者藉以益戒核焉因以譏於是乎有舉焉而長吏疑將有良焉虞核者之已疑也避弗集且夫舉大謀廣不提單議惟無已以從事其諒也且積我何畀不諒蒙焉弗積而畀旅之利也我獲實多是故懼弗集也遑恤其他武昌介陳君章聞之曰邑吾蒞也以病旅弗與祛也際舉而弗贊也余實恥進而亟稱韙尹侯曰協矣遂事事材匠輪良轃作計永官弗費也民弗輸也踰月事既民弗知也核者弗畀而謂積也旅也稱仁王于曰善哉尹侯之舉夫覜涉猶已發乎其衷仁也謀而務集議不憚浮勇也抑介事也侯舉焉不推介覜侯之舉韙而不忌公也三者吏之良也並以蒞旅其歸乎

劉河橋在縣南一百里符石鄉明嘉靖間邑人劉河建八圯

國朝乾隆十八年劉河孫世隆重修邵志

太白港橋在縣南一百一十里符二里乾隆六年邑人金漠一修邵志　張敍卿重修太白港橋記偏武昌而西百里爲梁湖湖之東水出沼麓下注者太白港爲大港故有橋

堤横亙焉每夏秋山潦衝齧湖水坌涌橋與隄常軌傾圮圮則時賴修築蓋亦世永難繼之功也今歲水落橋石欹側將崩吾族孫斐丞則偕其弟桂林謀於衆醵金匆工舊規制而新之於石之泐者去之搖者易焉嵌以石榫而灰其縫又增高其堤數尺既犟既固匄余記其事余惟斯橋之建不知創始何人其自明迄今踵而修之者獨斐丞之先人爲最正德間斐丞遠祖九禎常率鄉人修繕之嘉慶庚子蛟騰爲患橋被衝決九禎子松潭又捐貲倡焉維時襄事者爲劉重峰李東郊二人閱二百餘年而九禎之八代孫拱北於斐丞爲太祖當雍正之間益慷慨捐金董其事今又百餘年而斐丞復繼之其間閱一修築者惟里人金漢一焉數百年之間一家之中祖若孫先後勤勤於斯舉可不謂樂善不倦歟且斐丞之於斯橋所以利涉行人非最切已而關於心也人情於先人之業雖最切已而關於心每不再傳而輒聽其湮滅今獨慨然追念躬督工所半載不辭其瘁以致於成功俾往來之人咸賴以安且益追念其先人之遺澤弗衰是不可不亟書也至其捐金襄事諸君有助於斯舉者均彙
其名氏於石使後之觀者亦有以動其念云

黃荆橋在縣南一百一十里邵志

紫壇廟橋在縣南一百一十里符石鄉邑人陳丕承修乾隆癸未水圮丕孫子德崇重修邵志 金天相記歲壬午邑大尹邵公雅意纂修邑乘集八鄉

人士僉謀予亦與採訪之列屆癸未夏卷帙漸次告成符鄉陳子德崇來予館所以所續修橋梁屬予紀其畧予叩之曰修橋子先人義舉也子踵而葺之勿壞亦孝行也盍請大尹大傳而呈詞但求記註乎則答曰唯唯否否不然人子固樂揚父善但此役實吾父首倡而鄉衆朋助乃成擴衆之美以專爲父之名吾父有知適介地下不安非孝也德崇不忍爲抑德崇特捐少許續修公之固以利行人私之亦以成父志邑乘立傳有例而謬以小費溷大尹椽筆非義也德崇尤不敢爲茲特遵批准記說孝廉爲紀其畧而已予重違其意也且喜其不近名也不敢以不文辭爰爲識其橋之地在符鄉紫壇廟側與治江黃之孔道也溯其建橋之由則德崇父丕承首倡衆姓爲之既圮而德崇偕子國學生文泮特捐金一百六十兩續葺之也按其歲月則乾隆癸酉龍水衝決乃復修也核其丈尺則橋凡五洞而橋之首尾堤壁且不下六七十丈也用紀之以勵後之人云顧德崇繼前之修孝矣而不掠美以爲父名尤孝之非阿者增前之修義矣而不邀傳以爲已名尤義之非市者覘彼玄求志傳藉一善以爲之鋪張揚厲藉一人以綴及其祖父曾元者其足供德崇一噱哉

天錫橋在縣南一百一十里符石鄉康熙間雷擘獅山石三大段於港邊衆因爲橋名曰天錫橋朱邇宸妻柯氏捐金於橋右另開支港新纂

長庚橋在縣南一百二十里邑紳賀階平兄弟修林之華記孝廉賀壽臣予己酉分校秋闈所得士往爲予言武昌名勝于心識之既介是邦聞攜僚友陟西山游寒溪訪蘇黃遺蹟旋由樊口泛棨湖上下烟波萬峯迎送復紆迴十數轉繞龍山側迺舍舟登岸緣溪行二三里許見有巨橋橫臥溪流中長約十丈餘潤丈尋高倍之環甃以石攝衣而上山色湖光畢集目前俯視洪濤奔瀉噌吰如鼓鐘不絶鄉人告予曰此地爲江夏與國大冶通衢道光庚寅壽臣父伯星同諸弟所建橋也處西偏故名長庚費貲近萬緡賀氏多義舉茲特其一端耳予聞而歎曰除道成梁宰職也宰志未逮而賀氏力行之是助宰以恤民也其惠心詎有涯乎故爲文記之

九眼橋在縣南一百二十里靈三里地界新纂

羅家橋在縣南一百二十里靈三里邑紳紀玉峯捐修新纂

魯家橋在縣南一百二十里符四里太和嶺新纂

四德橋在縣南一百二十里符四里乾隆間生員鄧大鵬子敬瑩修咸豐三年水圮光緒二年大鵬後裔重修新纂

仙人石雙元二橋在縣南一百二十里符四里乾隆六年生員鄧大鵬修邵志 黃詠記大凡興備之舉善作者尤貴善構者以言善成之難也武昌符石鄉生員鄧大鵬暨其子國學生敬瑩捐修葺理雙元橋余舊介武昌常以公務至其地仙人石旁見上下兩橋雁齒參差龍形蜿蜒掩映青波翠岫間詢之士人皆曰此間地屬往來孔道東通蘄黃西達江灌山谿水時消漲夏則汪洋冬則泥淖行人病涉生員鄧大鵬好義多善舉所費不貲此二橋者費及三百餘金蓋乾隆六年事也予聞而義之且面獎之旌以心存利濟額以勸之既而余牧沔陽鄧生子敬瑩來謁云生父捐砌雙元二橋甲戌仲夏蛟水暴漲滙注橋口石梁大損生兄弟合貲百金重爲修葺以期永固冀得當事爲之記以垂不朽討爲公躬蒞其地心鑒其勤幸不吝椽筆以藉之光寵余聞之欣然曰鄧氏子洵可謂善成哉爰爲之記以無虛其來意云

卓木橋在縣南一百三十里靈溪鄉邵志

泗洲橋在縣南一百三十里邵志

火燒橋在縣南一百四十里靈五里新纂

錢家橋在縣西南十里嘉慶四年修今圮新纂

盛橋在縣西南十五里同治八年知縣張昺修新纂

大橋在縣西南八十二里對古彌陀寺今被水淹沒新纂
黃金橋在縣西南八十五里地極低窪黃姓設有義渡新纂
龍王橋在縣西南九十里隄長百丈乾隆五十三年邑人喻
進賢捐建今被水淹設有義渡船隻新纂
石鐵岸橋在縣西南九十里長港口南岸嘉慶初年朱振先
兄弟修新纂
順嶺橋在縣西南九十里距長嶺街里許地名楊家港乾隆
四年公建咸豐元年重修新纂
大橋在縣西南一百二十里金牛鎮嘉慶通志其西又有小橋新纂
黃龍橋在縣西南一百二十里金牛鎮嘉慶通志
鶴籠橋在縣西南一百三十里靈溪鄉嘉慶通志相傳三國吳介
象遺蹟新纂詳寺觀

武昌縣志卷二　津梁　七

李閣河橋在縣西南一百三十里乾隆間公建邵志
萬福橋在縣西南一百三十里烏龜潭界賢庾馬蹟二鄉邵志
雷家橋在縣西南一百、三十里馬七里道光間水圮光緒初
吳官塘後裔重修新纂
萬壽橋在縣西南一百三十里馬六里高家河新纂
徐家橋在縣西南一百三十里馬五里爲江咸通衢新纂
劉英橋在縣西南一百四十里馬三里爲咸崇通興諸邑通
衢邑人劉守箴建並捐田十餘頃爲修葺費新纂
高橋在縣西南一百五十里馬三里爲咸甯崇陽通山興國
嘉魚蒲圻諸縣通衢舊係木橋久圮監生陳鈞縉圖募建石
橋兩岸市廛約百餘戶新纂
三星橋在縣西南一百五十里馬三里蔡家港新纂

寒溪橋在縣西一里按嘉慶通志在西山下明知縣許穡卿修邑人盛
琥捐貲建石梁久圮雍正十年知縣張愫重建邵志同治間義
民高紀玉重修新纂寒溪塘爲溪水入江處匯聚處有橋橋東
有涼亭四門有額東曰吞光北曰挹瀨西曰激石南曰枕流
道光中亭圮亭之東爲郎亭山俗名雨臺山王志葉
舊石橋在寒溪寺前嘉慶通志石橋一層水齧不壞邵志本名藤橋
旁有碑刻遠公橋道光間周萬青重修新纂周萬青重修遠公橋記吾鄉西山
之麓曰寒溪林屋洞天不復人間蹊徑窮泉流繚繞襟帶於
寺右其源出巖罅穿林而下清洌不竭淙淙沁人心脾溪之
上舊有奇石橫當其衝跨水爲道樹根屈曲盤錯結而成橋
此舊石橋所由昉也橋兩指跡白書五言古詩四韻時見時
晦漫漶不可讀相傳爲遠公作既乃易其名曰遠公橋今其
橋日就傾圮更數十年後欲求其髣髴而斷石荒草無復存
者萬青不忍舊跡之湮爰解囊修之乃命匠氏負土累石增
其舊而又雜植松檜竹柏映帶左右越兩旬而工蕆然後境
闢道通奇勢迭出山若聳而高水若瀏而深萬樹秋生半江
春漲咸會於茲溪之上一橋迎而鎖之而人亦獲藉是以考
遠公之遺意風雨空山靈蹟恍惚俾與此橋偕不朽
焉遠公者何生晉代雁門樓煩人寒溪開山之鼻祖

武昌縣志卷二　津梁　八

萬松橋在縣西西山下一統志
卧仙橋在縣西五里嘉慶通志
梅橋在縣西二十里邵志
馬橋在縣西三十里當驛路之衝一統志冬涸夏漲邑民陳祐
造橋築隄明景泰間典史鄧政修萬曆間廖無礙募修石橋
久圮
國朝順治十四年邑紳張來章邑人柯奎伯捐建隄橋十五年
奎伯同周承祖捐建涼亭廟宇神像康熙五十六年邑人龔
儁叙募葺橋隄邵志王游序馬橋通衢也江之南武昌大
治興國諸邑江之北黃岡蘄水諸邑其有事
會省者咸取道焉日往月來輪蹄如織負擔者踵相接也橋
之建始亦不傳其何年何人當湖之中築隄里許覆以石若
飛鴻然隄中爲隄做半月之制每當波光瀲灩菱荇交橫鳧
鶩唼喋其間罟師漁笛盪槳而過之境且幽絕不似讙橋烟

惻徒供送迎已也但舊規低平夏秋之交隄橋没水中風水吞撃久益剝蝕余留京師五年矣今夏始得歸過其處傾圯崩壞勢不經日里民龔篤叙顧募修焉偕寺僧海潤等請於邑侯曾公公慨然以爲已任顧以其費鉅非劉龍一錢所能辦迺告諸寮吏暨鄉曲之樂施予者今已鳩工矣余感吾邑侯之善政而尤嘉篤叙之樸誠而勇於義也過而勞之篤叙歎然曰吾與工人計之矣修補之費需百五十金今得半耳吾鄉秋又旱物力大艱茫無告竣期也余曰盍遠募之篤叙有難色懼秦越視也余曰不然明道先生有言一命之士苟存心於愛物於人必有所濟人誠利濟爲心又奚分乎遠近夫琳宫梵宇於人何補而喜捨者不以數計矧此橋同利濟之具也且是地自明初置屯田設運軍以至 國朝故屬黄衛律以成梁之令無與吾邑侯事若又神山鄉人也去此四十里歲不二三過耳吾邑侯不以地之軍屬也而誘之黄若又不以此橋之朝夕往來也而勞心力以營之又安知夫四方大人君子之不如吾邑侯也又安知夫四方好善長者之不如若又也篤叙聞余言乃欣然偕僧持缽以往焉因爲之序俾廣募之以無負邑侯之雅意云

柘橋在縣西七十里神山鄉邵志

丁橋在縣西七十五里案嘉慶通志作六十里爲武昌黄岡至省通衢明弘治二年知縣李有朋督築橋隄萬曆四年黄岡吳天奇

捐建道光二十九年水溢橋圮同治初呂姓募修新纂

太平橋在縣西七十里神山鄉新纂

新橋在縣西九十一里邑紳范淩川重修新纂

吳家橋在縣西九十三里古姆山下距橋里許有泉名活靈泉新纂

周媽橋在縣西九十五里庠生柳星生妻周氏修柳懋春記爾雅釋宮石杠謂之徛今石橋也橋曷名以周媽誌所自也周媽者何柳公子宿之妻周氏也俗謂女老曰媽猶曰嫗曰媼方言也里人德母故曰周媽橋今且曰周家循其音而文之之過也縣西北神山鄉有港焉受葛店西南諸小水路當西坂長背之衝盛夏水漲適舟楫水涸泥淤則動入坎窞行人苦之冬春尤盛或以其狀白媽媽曰是宜修橋以利行人且夫子嘗有是志吾當成之於是鳩工庀材盡其所藏不足則益以釵釧約費三百金有奇以蕆事行人便之咸謂周媽能濟我而橋遂以周媽名噫夫衆母濟人不過衆與惠也而母是舉殆將逃之宜乎人之德母哉不肖懋春母之元孫也何以亦曰周媽也生民曰姜嫄思齊曰周姜其例也

梁子渡在縣南九十里一統志

姚家渡在縣西南十里由縣至金牛鎮要津新纂

鋪背渡在縣西南九十里長港口屬余姓爲江夏大治通衢余濟昌捐田地設渡船歸余姓祠經管新纂

方家渡在縣西十五里嘉慶通志

路口渡在縣西九十里葛店北各船至晚停泊之所新纂

小路口渡在縣西一百二十里賢二里水陸四達口外即梁子湖雍正間符石鄉金漢一捐田置義渡同治初本里居民復捐田造義渡船三號張秉禮記天下之渡之自古見義者無如樊楚之津矣昔伍子胥避楚適吳至邑之蘆洲求濟甚迫有江上丈人者爲之渡得去當是時楚平王購子胥爵執珪金千鎰丈人曾不之屑而轉以援窮困之旅人豈不云義薄層雲哉雖然丈人千古一人耳天下後世之爲舟子者安能萬一及此方借渡以恣其不義之求人操一葉舟每接渡必滿載醵羣衆錢必飽所欲乃解纜截流行即潮平風靜水之未漫及舷者不能以寸或風起水

湧以小舟載多衆掀簸橫濤巨浪中其有不覆者幾希矣嗟乎此義渡之宜置而義渡之田之不可不施也樊湖之小路口地界賢庚符石之交水扼靈溪馬蹟之要北達江夏西通咸寧東南兼出興治亦孔道也秋冬水落橋出直可陸行每春夏湖水泛漲一碧萬頃招招舟子求濟孔殷而所謂借渡以恣不義之求其滿載飽欲冒險幾危者皆是其地有好義金翁漢一者一切捐賑修橋貲婚助喪費皆不貲而所居湖湖濱日擊濟渡之艱心尤廑之計渡處羣集必用巨艦兩岸必備二舟濟舟必專其任食工必裕其貲倡捐二百餘金造船二隻置田一石五斗即付舟人自種春夏濫槳之隙可耕而耘秋冬艤舟之餘且收而穫則舟子無復橫求濟時約有定規人太多勿併載妄行人即少勿踰時久待風猛勿任意開舟雨密勿辭勞繫纜則行人可利涉矣茲義也翁之所以貴舟子者不讓千鎰翁之所以濟衆人者奚但子胥一人哉翁之義與丈人之義均溢樊湖內外矣予向以其倍捐社穀額以旌之茲復深許而爲之記

下馬背渡在葛店北五里南通梁子湖新纂

滾子汊渡在縣西北一百里界江夏武昌湖名龍口屬江夏由葛店至省捷徑咸豐間粵匪時往來其地俗名三道渡此其第一渡也新纂

大江渡在縣北通淮門嘉慶通志

水利

清風樓外隄在市東街新纂

清思隄在縣東三里虎頭山下嘉慶通志明正德間市民舒洪築

乾隆九年邑人周㦤懷重築光緒四年重修新纂

五丈港隄在縣東五里同治八年知縣張炅築新纂

石盤隄在縣東五里一統志明萬曆二年知縣李有朋築邵志

茅草湖隄在縣東六里同治八年知縣張炅築新纂

水涇隄在縣東二十里夏月江溢水自茭菰港入琵琶洲直衝西涇因築隄障之明萬曆二十六年重築後圮

國朝康熙五年署知縣金殿臣修築八年知縣熊登增修邵志同治八年知縣張炅重築新纂 孟振祖記邑東三十里爲水涇每江水至自琵琶湖經水涇注西涇邑及下雉田多沒民有其魚之嘆況可褰裳而濟乎明萬曆戊申先大父蓮湖公暨孝廉方公學詩周公慶地投狀撫案設隄障水歲乃有秋蓋十六年於茲焉康熙癸卯水溢隄壞邑諸生周慶禎王家臣者民何可及合詞控於督撫承飭縣修築而當事逡巡久之三君視若己溺呼搶不息署邑侯金公殿臣乃慨然擇日鳩工士民一心輸力不敢告勞未數月而隄竣已酉邑侯熊公登慮隄基不固復督眾修之捄度陾薨馮馮相應隄始屹然稱有基勿壞焉是舉也不費上之材不盡民之力兩侯悉心規畫用底乃績豈不韙哉在昔李勃隄虔湖白居易蘇軾隄西湖陽凝隄亳州堰范仲淹隄捍海於通泰兩侯此舉蓋今古同烈矣彼乘輿濟人曾何足云

普塘湖橋隄在縣東十里監生周廷詔捐修邵志

隄之在縣東洪三里者爲楊葉洲隄加槳陘隄黃絲隴隄余家陘隄龔家陘隄趙家陘隄吳家陘隄曹家陘隄嚴家吸隄楓樹陘隄王家隄軍隄劉家陘隄龍王廟隄楊花嶺隄軍田嵴隄鑼鼓神棋隄琵琶湖隄新港湖隄均同治八年知縣張炅築新纂

東皋隄在縣南儒學前一名義隄一統志一名朱公隄明嘉靖二十一年教諭朱瓚築瓊山教諭張子翼重築康熙十二年知縣熊登重築邵志

南湖橋隄在縣南二里明萬曆二年知縣李有朋重築一統志歲久湮塌邑人邵宗美重修邵志

劉河橋隄在縣南一百里符石鄉詳津梁 王封溎記士君子舉事有私之爲一家祖功宗德之克繼而公之即爲濟人利物之所普施者故乘輿濟人惠不知政公而仍私也鄭公渠白公隄蔡公橋姓雖私而其地則公也此余於武昌符石鄉劉氏祖孫前後捐建隄橋而重有取矣劉氏舊籍江西於明中葉渡鄂陽而西其始遷祖河肇基於符石三里所居瀕湖濱鄖山流出湖之曲夏漲汪洋冬涸泥淖而其曲則行旅孔道東接興治西達江黃往來者恆病涉河公憫之特捐重貲創立橋隄三十餘丈人慶坦途即以河名其橋誌善也非私阿實公好也其始建時蓋嘉靖間距今幾三百年橋與隄爲輪蹄所摧濤浪所嚙積久而圮行者病涉如故欲謀重建則里之人以爲此劉氏所專造也不可參眾舉以掩前賢之義族之人以爲此行路所共由也不克出獨力以濟大眾之行豈非公與私之必分觀之乎乃河十世孫太學生世隆則慨然曰吾祖獨建橋以利行人則何私之非公也是役也吾獨任之乃捐五百餘金於乾隆十八年因舊址建橋前後築隄丈尺如祖之數時陞令黃公詠經其道特書善行可風字額旌之上年夏世隆特走人猗氏以建橋梗概請記於予予於劉氏因感好德知其家以忠厚相傳而隆尤慷慨好義饑寒必周婚喪必助爲茲建橋之役內以承祖德外以濟行路則亦何私之非公乎親親而仁民予於劉子有厚望矣喜爲之記以歸之

謝埠官渡隄在縣南一百一十里符石鄉雍正四年柯惟伯等捐建新纂 張叔鄺記子輿氏曰歲十一月徒杠成十二月輿梁成民未病涉是濟人爲梁洵爲政之急務哉雍正四年冬余承 簡命出守鄂城因護監司印篆諭祭已故貴州巡撫張 謙道經武邑謝埠渡口見夫往來商賈絡繹不絕當春夏之交山水瀑漲汪洋澎湃一碧萬頃行人每有褰裳濡足之嗟余甚憫焉爰集父老柯惟伯等謀建渡以垂久遠而柯姓暨眾等即慨施田地歲收穀麥僱舟人以濟之越明年又修築長隄建造涼亭迄今四載而工告竣是役也余雖倡始然非柯惟伯柯家語柯裕慶朱贊皇之慨然施田則招招舟子何所藉以膳養苟非張之楷夏文熊柯錫貢宋希賢之修築隄塍則行李往來何所藉以利涉苟非徐有公盛之雉吳簡文黃銓一之建造涼亭則馬跡車塵何所藉以憩息是向畏洪濤巨浪之阻者今則一葦杭之矣向興深厲淺揭之嘆者今則如履周行矣向暑雨祁寒怨咨無

從者今則停踵息肩無間關跋涉之苦矣

夏興湖隄在縣西二十里同治八年知縣張昺築新纂

黃柏山隄由袁家徑起下抵樊口計四十里同治八年知縣張昺請款以工代賑修補光緒五年知縣淩心垣同黃州府黃岡縣知縣恆琛詳請委提督劉維楨增修新纂 案隄在大江南樊口西

隄之在縣西永三里者爲磧磯湖隄在永二里者爲羅湖隄張北湖隄彭北湖隄均同治八年知縣張昺築新纂

蟠龍磯閘在縣東關外同治八年知縣張昺建新纂

五丈港口閘在縣東五里道光間建閘以防江漲同治八年知縣張昺重建新纂

慈湖港閘在縣東十五里咸豐十年公建新纂

盛橋閘在縣西南十五里同治八年知縣張昺建新纂

附樊口建閘奏議巡閱長江水師前兵部侍郎臣彭玉麟跪

奏爲遵 旨查明樊口地方江水入湖之處必應修補老隄建築新閘以衛民田恭摺仰祈 聖鑒事竊臣承准軍機大臣字寄光緒四年八月初一日奉 上諭前據李瀚章奏湖北武昌等縣刁衿攔河築壩有礙水利等因欽此又承准軍機大臣字寄光緒四年八月初九日奉 上諭前有人奏樊口堤閘關係農田民命請飭覆加查勘等因欽此仰見 聖天子軫念民艱實事求是之至意跪誦之下欽服莫名臣玉麟於八月初十日在瓜州巡閱差次先奉八月初一日 寄諭當即奏報起程日期並聲明先行密查等因拜摺後即改裝易服搭坐民船星夜上駛於八月二十三日行抵湖北武昌黃岡兩縣所屬之樊口僱小划入樊口三十里餘即築隄毀隄興訟之處該隄雖毀形跡猶存橫寬不過數十丈直寬六十丈由此再進則名九十里長港屬黃岡縣者六十里屬武昌縣者三十里此港九十里內港汊分歧旁通各湖如蔓繫瓜其右有洋湖魚湖月山湖涇頭湖鴨兒湖江夏湖綠洲湖等湖共十二湖其左有梁洲湖夏興湖三山湖保安湖等湖共六湖每年江水未漲之時各湖十餘里數里不等若江水盛漲由樊口入港右則薛家溝東港沈家溝等處灌滿各湖左則由楊澤溝官邱溝東溝等處灌滿各湖九十里長港盡頭處曰磨刀磯過磯始入梁子湖湖心有山有市鎮此湖於江水未灌時周圍不過三百餘里而東西南北所通俗稱九十九汊東通武昌黃岡所屬之長港即樊口港也西通咸甯興國所屬各汊北通江夏所屬各汊南通大冶武昌所屬各汊而總匯出入之路則實在樊口捨此無路消瀉每年江水灌入各湖港汊不分一片汪洋濱湖各田無不變爲澤國周環則七八百里小民流離轉徙慘不忍言此樊口以內之劉河港汊江水浸灌之實在情形也查梁子湖各港汊兩岸皆平疇沃野農民賴以安業濱湖各州縣所屬田畝惟武昌縣十居其五各縣又分居其五以武昌縣犬牙相錯多毗連各縣故也而武昌縣之田畝又莫廣於三坂曰上西洋坂中西洋坂下西洋坂此三坂人稱地寬俗稱九堡半若每年不被水災計堡耕種可播穀種三十餘萬石每石穀種如遇豐收可得穀十石有餘約計可收穀三百餘萬石又加各州縣所屬濱湖之田雖地有寬窄田有肥瘠綜計亦可收穀三百餘萬石而此六百餘萬石穀之收成全賴濱湖田地之不被水淹欲求濱湖田地之不被水淹全賴樊口地方之建築閘壩無閘則無堵禦而田淹田淹則弱者轉於溝壑強者流爲盜賊有閘則水有關攔而田熟田熟則農得倍收之利 國多維正之供此事利害甚鉅是非甚顯關繫甚重該處居民各執一說不盡以建閘爲然者何也樊口乃魚米之鄉百姓謀生者有二一則有恆產者以耕田爲業一則無恆產者以捕魚爲業耕田者惟恐江水內灌而禾稼被淹捕魚者惟恐江水不內灌而罟網失利利本相反勢不並存加以一築閘壩則商販貨物有罷壩趕旱之費此亦稍有不便處然以人數計之則耕田者十居七八捕魚者不過十之二三以 國課計之收田課則利倍千百收魚稅不過千百之什一至於商販之罷壩更屬害之至輕者況樊口入

湖生意大半皆油鹽雜貨分銷於江夏所屬之豹子澥山坡街賀聖橋等處武昌所屬之劉埠金牛鎮大冶興國所屬之保安街長嶺街磨石渡等處皆有陸路可通本不專走水路惟梁子湖心之梁子街一處不通陸路然自有湖內小划可以往來轉運倘因小有損於客商漁戶而舉數百萬生靈待食之穀年年付諸洪波巨浸之中因小而誤大得少而失多可以不煩言而解矣然而農民恆弱漁戶恆強農民恆愚漁戶恆黠各湖濱業漁之處曰三山湖月山湖橫山湖鸎山湖惟三山袁姓月山楊姓爲巨族該漁戶最稱豪強家有專責生監恃爲護符占奪大利袁姓楊姓二族所留田地皆在湖外不患水淹每年江水愈大則網魚愈多一築閘壩雖不失業而利則減矣漁戶楊辛葵楊鳴遠即土棍楊光明等祗圖利已不顧害人勾結大冶訟棍袁甲甫即培生袁兆麟互爲爪牙倡議斂錢包告包准包挖橫隄盜借各人多名紛紛上控肆言恐嚇以聳聽聞所有呈詞實出袁甲甫一手致令被水地方全家追呼餞夫尚在縲絏無怪各鄉農民恨袁甲甫入骨皆欲食其肉而寢其皮也至胡炳盧汪國沅向來皆係濫事之徒近年自知斂迹不預外事樊口內各屬百姓前因築成橫隄已得豐收地方安堵自去冬挖開橫隄今春江水漸入衆百姓還生無路急於重築橫隄公請胡炳盧爲首汪國沅副之胡炳盧顧惜桑梓再三不允衆姓泣求救命始允出而興築商人勸助每日千百小划折毀屋竹木載廢隄磚石奔赴工次以期不日告成不使江水滿灌以救禾苗此實愚民不諳法律情急勢迫非與頑官藐法也當開派水陸

隊伍將往彈壓之時內有不識輕重之人譁稱隄不成不能
活命隄成而毀仍不活命不如一鬨而散稍紓憤氣胡翔瀛
湧泣勸阻而耆老解事者亦悉戒其子弟不准妄爲自取滅
族故官兵一到即時散去否則禍變不堪設想矣以上各節
皆臣玉麟草笠短衣親身查訪耳聞目睹與口同聲不敢妄
參臆說輕聽訛言再四思維悉心酌度欲顧樊口內各屬湖
濱生命不能不修補老隄建築閘壩所謂老隄者濱江黃柏
山起至樊口四十里向有大隄足扞大江前面之水隄身淤
已坍塌而隄腳尚屬堅結急宜赶緊修補並須於黃柏山以
上添修里許方爲有濟以該山上面尚有塌口可以入水也
樊口以內則宜修一石閘其橫直尺寸之寬廣可以度地布
置惟必宜建石閘斷不可築土隄土隄呆板而易於沖決石
閘活動而便於啟閉如今年水勢本非常有但使春夏播種
之時偶有潦患則江水與湖水消長隨時可以斟酌宜洩實
爲兩全無弊之策議者或謂樊口內自古並無橫隄何以從
前並無歉收之患不知山谷且有變遷何論江湖潮汐所激
朝暮迭更情形迥異臣咸豐初年從戎江上目覩江形遷徙
淺深通塞不知凡幾不便泥昔日之成規誤目前之要務似
須因時制事因地制宜方稱妥適梁子湖一帶現近冬令水
勢依然浩瀚居民多未歸業被水災區錢糧必須核實蠲免
哀鴻滿地觸目興嗟既有可救之策不能不爲民請命上達
宸聰至建築石壩後並應設立埠頭搬運貨物均市民
閒自行經理官則嚴立規條重懲需索此則地方官稍能盡
心民事即可令行禁止決無流弊惟湖北有湖通江之口尚

武昌縣志卷二 水利 十五

多而情形與此不同好事者不得援此爲例臣受 恩深
重據實無稍徇隱此次奉 諭據實覆陳除訟棍莨甲甫
楊光明二名由臣咨明湖北督臣李瀚章撫臣潘霨嚴飭密
拿務獲盡法嚴辦外其修隄建閘及被水災區免征錢糧等
事應如何分別辦理之處伏候 聖裁飭下湖北督撫二臣
祇遵臣原擬俟前陝甘督臣楊岳斌到此再行會同查勘一
次頃接楊岳斌來文因其父病重業已奏明請假在籍一時
未能前來會勘臣未敢羈遲謹將臣玉麟遵 旨查明樊
口地方江水入湖之處必應修補老隄建築新閘以衛民田
緣由恭摺由驛馳陳伏乞 皇太后 皇上聖鑒訓
示再臣拜摺後隨即起程仍赴瓜州以下巡閱合併聲明謹
奏光緒四年十月初一日奉 上諭前據御史李廷簫奏
湖北樊口隄閘關繫農田民命委員勘報不實請飭覆查當
派彭玉麟等前往確查前據彭玉麟奏樊口隄閘於濱湖農
田民命所關甚重必須將濱江黃柏山起至樊口四十里之
大隄赶緊修補再於黃柏山以上添修里許樊口以內宜修
一石閘其橫直寬廣可以度地布置並應設立埠頭搬運貨
物均由民間自行經理官則嚴立條規重懲需索等語該處
隄閘既據前侍郎查明有裨國課民生而於漁戶商販尚
無大害自應權衡輕重酌度興修即着照所請由李瀚章等
督飭屬員赶緊辦理毋任該地方官拘泥成規稍形懈弛此
次所築隄閘實因地勢變遷必須興辦既可於民田有益而
江流宣洩亦無妨礙他處情形不同不得援以爲例訟棍莨
甲甫楊光明着該督撫嚴拏務獲從重懲辦

共修隄建閘及被水災區應如何減免錢糧之處併著查明
具奏另片奏此案獲咎各員可否開復等語已革監利縣知
縣劉爲慶著送部引見廩生郭瑞麟訓導胡書田武舉皮周
福生員劉玉田著該督撫隨時查看如果安分再行奏請開
復欽此彭玉麟片再已革署武昌縣事監利縣知縣劉爲慶
前因未經詳定之案輒行批准築隄奏參革職其咎在於不
諳體例而推其愛民之心尚屬君子之過且歷署各缺均有
遺愛已革武昌縣廩生郭瑞麟候選訓導胡書田大冶縣武
舉皮周福黃岡縣生員劉玉田雖有不合究因保護桑梓起
見與干預公事者不同核其情罪均屬可原臣查明確不
敢不據實陳明應否准予開復之處出自 天恩伏乞
聖鑒訓示謹奏頭品頂戴湖廣總督臣李瀚章湖北巡撫
臣潘霨跪奏爲樊口創建石閘關繫民間利病遵 旨
查明具奏一面飭議舉行並將歷辦情形恭摺縷陳仰祈
聖鑒事竊臣等於光緒四年七月間具奏武昌縣匪徒違
禁聚衆強築橫壩派營查拿解散獲犯懲辦一案九月初一
日差弁賫回原摺內開軍機大臣奉 旨樊口築壩一事
關繫民間利病業經派員查辦着該督撫聽候 諭旨遵
行欽此茲又桊閱邸抄十月初一日奉 上諭前據御史
李廷簫奏湖北樊口隄閘關繫農田民命委員勘報不實請
飭覆查當派彭玉麟等前往確查茲據彭玉麟奏樊口隄閘
於濱湖農田民命所關甚重必須將濱湖黃柏山起至樊口
四十里之大隄赶緊修補再於黃柏山以上添修里許樊口
以內宜修一石閘其橫直寬廣可以度地布置並應設立埠

武昌縣志卷二 水利 十六

頭搬運貨物均由民間自行經理官則嚴立條規重懲需索
等語該處隄閘已據前侍郎查明有裨國課民生而於漁
戶商販尚無大害自應權衡輕重酌度興修即着照所請由
李瀚章督飭屬員赶緊辦理毋任該地方官拘泥成規稍形
懈弛此次所築隄閘實因地勢變遷必須興辦既可於民田
有益而江流宣洩亦無妨礙他處情形不同不得援以爲例
其修隄建閘及被水災區應如何減免錢糧之處並着查明
具奏等因欽此跪誦之下欽悚莫名伏查武昌縣樊川地方
內通梁子等湖周圍八百餘里匯於一口出江載在大
清會典一統志 欽定明史地理志諸書數十年從無
議建閘壩之事同治元年武昌縣知縣龍雲始據紳士稟請
築壩前撫臣嚴樹森以此隄一築水無分洩大江兩岸必別
有衝決之患嚴飭不准三年紳士等復申前請前督臣官文
以水漲之時內外沖激閘壩難支持必有損於隄工顯爲
斂費肥已起見立案不行六年前撫臣曾國荃曾以前此隨
次黃州採訪輿論如在樊口築壩僅附近西洋二畈田廬受
益而內湖積水別無消路各邑被淹必廣樊口與鄰境同係
朝廷赤子豈能損彼益此飭縣嚴禁前升任布政使臣
何璟以樊口修隄築壩如果有利無害數百年來何竟無人
議及該紳民欲派費於附近六縣從中取利勒捐商船索取
閘費膽敢豎旗斂費擅自興工要挾實屬目無法紀其平日
刁悍強梁概可想見飭將已修工段平毀出示永禁此歷任
辦理情形也光緒二年前撫臣翁同爵接准京官來函議建
閘壩委員覆勘此處與建利少害多重申禁令廩生郭瑞麟

等抗違不遵糾衆强築將河堵塞並私立埠頭抽收船釐把
持勒索臣瀚章回任後疊據受害紳民控告并該管府縣查
明商民被擾及郭瑞麟藐抗情形並請派營查辦事關通省
水利未便稍事姑容故飭調兵勇將該處私壩刨毀　奏明
飭後樊口地方永遠不准建築壩閘欽奉　諭旨轉行遵
照今歲春間哭有革生胡炳盧汪國沅等家無田產但冀盤
剝獲利糾衆復築鄉民有不願者立將房屋燒毀始而不復
地方官彈壓甚至捆捉縣差戕害勇丁形同叛逆不得已派
營前往查拿始各解散此臣等先後辦理情形也竊惟湖北
之水江漢爲大江水自巴東入境漢水自鄖西入境分流千
餘里至漢口而合流其勢浩大外則支河港口內則巨澤重
湖節節基布星羅足爲分殺停瀦之地使之紆徐委折逐漸
東趨故前史所載水患希見自後世與水爭地設隄防以禦
之水道日窄然沿江沿湖亦祇有順水直隄從無堵水橫壩
歷考名臣奏議留心湖北水利如阿桂汪志伊等僉以疏濬
支河爲要凡宜洩積水之路被居民堵塞者乾隆五十三四
年迭奉　諭旨照例嚴治其罪並飭勒碑永禁伏讀道
光十一年　上諭本年湖廣等省水患成災如果平日
講求水利江湖通暢何致釀成水患著於濱江濱湖地方詳
加履勘如有壅遏水道之處必當設法查禁使漲水得資宣
洩則害除而利可興等因欽此此外欽奉　諭旨甚多
不能備錄煌煌　祖訓深切著明誠帝王經世之宏謨
萬古不易之準繩也樊口地方外江內湖爲古來洩水要道
山川如故並無遷變壅塞其流爲害滋大惟口內西洋畈一

帶周圍三十餘里建閘以後田園受益較多該處居民紛紛
訴情百端聳聽臣瀚章亦幾爲其所搖迫屢次親歷其地察
其形勢復博訪周諮通籌全局始知建閘築壩其害有五謹
爲　皇太后　皇上縷晰陳之樊口內包湖澤九十
有九其源甚遠其浸甚廣每逢春夏各縣山水畢注於湖僅
恃此一綫之口以出水江水甚漲之年亦倒漾而入內外相
連汪洋一片卽至冬令水枯口門高寬廿餘丈壩固爲害閘
亦無益議者乃謂築壩則湖水無出勢不可行建閘以時啟
閉可期稍洩不知樊口係兩面受敵之地既須洩出湖水又
慮灌入江水豈能兩全況下閘必在桃汛之前放閘應俟霜
降以後此數月中如大雨時行諸湖有漲無消漫溢何可限
量無論向來各洲地春收豆麥悉付波臣卽濱湖數百頃稻
田亦必盡遭淹浸受害之家歸咎於閘勢必此築彼毀械鬬
相尋巨案疊出是不建閘僅止水大年分江水倒灌入湖爲
夏不無可慮建閘卽水小年分湖水亦無消路妨農病稼歲
以爲常甚至激成事端其害一也江水經由之道譬之人身
湖河港汊由四肢之脈絡所以宣行血氣也今堵塞湖口是
截去肢體僅留胸膈也胸膈不開頭足皆病口不能洩則尾
閭洩之沿江各隄雖不能指定南岸北岸要之川壅必潰理
有固然嘉慶年間監利之水港口沔陽之茅江口皆因築堵
一隄上游石首江陵大受其害近日修吳家改口遂潰於天
門之岳口是其明證樊口爲江漢合流以後南岸洩水首區
一經築塞則上下隄防皆有岌岌可危之勢其害二也樊口
內湖之民農漁參半漁有應完之漁課蘆課農有額設之地

丁漕糧向係一律被征湖查同治元年至今十六年中僅止
三年蠲緩歷有成案可稽足見小水之年湖水消洩大江江
水不致灌入仍可普獲豐收建閘後江魚不能入湖漁利全
無卽農田因積水難消亦耕作具廢不特正供無着而此無
數失業窮民何以爲生又沿湖市鎭林立特有該口帆檣上
下百貨流通釐收最旺口門一堵舟楫皆停課於何出惟西
洋附近諸民繼禾稼被淹仍可躧埠頭以恣勒索坐獲其利
徒壓民生無裨　國計其害三也鄂中爲天下咽喉樊口乃
省城後路自來論形勢者江漢與武昌並重咸豐三年鄂省
三陷三復軍械餽糧多轉運於梁子湖建閘後湖內淤泥隨
流下注壅積口門數年後愈積愈高閘將淪爲平地萬一有
事徵兵轉餉必須泝江而上屯儲無所進調不靈失地露軍
兵家切忌我　朝運際隆平固無慮此而閘內湖水盛積一
旦沛然橫決下游郡縣之民蕩析離居皆意中事其害四也
大江兩岸如新灘口沌口金口沙口陸谿口富池口等處皆
係江湖貫通與樊口情形無異居民果請堵築疊經據理駁
斥如樊口建閘雖有他處不得援以爲例之　諭旨而小
民何知必謂利害相同形勢相似何以辦理兩歧難免怨咨
交作且見樊口之民恃强橫築官遂准行萬一相率效尤糾
衆逞兇肆無忌憚必盡堵諸口而後已江水建瓴而下孤行
數千里兩旁無可停瀦無可宣洩驚波剽悍一瀉無餘下游
數省之田廬何堪設想其害五也以上數端灼然易曉在劄
議築壩者耳聞目見不過樊口附近之一隅臣等所慮者實
繫乎通省之水利東南之大勢是以奸民之聚訟將及廿年

歷任督撫臣嚴禁於先臣等復力持於後無非欽遵
列聖諭旨循守歷辦章程又慮西洋畈一帶地方時受水災
并於上年奏明於口內兩岸添築直隄以資保衛區區經畫
苦心初不敢求諒於衆人亦不敢自明於　君父惟受
恩深重不顧兼圻倘欲見好愚民爲目前敷衍之計或因
廷臣論奏遂於將來變故不爲先事陳明則獲咎滋大前侍
郎臣彭玉麟奉　旨來鄂查辦未經調核卷案如何覆奏
其摺片各稿未據咨送茲蒙　諭旨勅臣等督飭屬員赴
緊辦理何敢固執成見稍涉遲疑謹已遵　旨轉飭司道
秉公妥議應如何嚴立規條重懲需索遴選公正紳士責令
自行集費興修及聽民設立埠頭一節有無窒礙並飭詳查
議覆再行具　奏除黃柏山堤工本係民捐民辦自當飭令
趕緊修補被水各處應如何分別輕重減免錢糧應歸另案
辦理外所有樊口石閘關繫民間利病及歷辦情形謹合詞
恭摺由驛具陳伏乞　皇太后　皇上聖鑒訓示再
此摺出臣翰章主稿合併聲明謹奏光緒四年十一月初七
日奉　上諭前據彭玉麟奏遵查湖北樊口地方宜修補
大隄建築石閘當照所請諭令李瀚章等飭屬員辦理茲據
李瀚章等奏一面飭議舉行並稱樊口建閘惟於西洋畈附
近一隅有益而江湖盛漲之時皆難宣洩有害通省水利等
語所奏亦不爲無見惟建築石閘究非隄壩可比但當查看
外江內湖水勢消長以時啟閉既可宣洩盛漲又可保衛田
廬未始不可兩全該督等所稱下閘在桃汛以前放閘應俟
霜降以後殊屬拘泥成諳至應如何嚴立章程重懲需索之

處著李瀚章等督飭屬員妥議辦理將來建閘以後利病若何仍准隨時體察情形據實具奏欽此光緒四年十二月初七日內閣奉　上諭御史孔憲瑴奏樊口建閘築隄有關農田水利請簡派大員覆勘一摺據稱湖北樊口築隄一事彭玉麟與李瀚章所奏意見不同請飭彭玉麟將李瀚章原奏逐條查覆或飭楊岳斌就近查勘等語此案李瀚章於彭玉麟查覆明降諭旨後續據具奏該處情形當經諭令該督等督飭屬員妥議辦理並令將建閘以後利病若何隨時體察情形據實具奏如果創建石閘有利無弊而李瀚章固執成見不爲辦理朝廷亦不能爲之曲恕現在該督方奏明飭議舉行該御史復請派員覆勘所奏殊非政體應毋庸議李瀚章等惟當懍遵前旨於該省農田水利通盤籌計務策萬全不得稍涉偏執亦不准故爲遷就以致貽誤地方前派恩承童華前往四川查辦事件孔憲瑴何以指爲灌口決隄之事率以臆見形諸奏牘殊屬冒昧另片奏武昌府知府方大湜居心巧滑專事逢迎李瀚章辦理樊口一案均由該府引導請飭查辦等語方大湜歷任官聲若何其於樊口之案有無迎合妄爲之處著潘霨確切查明據實具奏毋稍瞻徇欽此

侍講張之洞樊口閘壩私議　湖北武昌樊口苦江水內灌創橫壩過江水兩湖總督李禁之侍郎彭　命往勘奏築壩不便建閘便李奏建閘亦不便　朝廷已從彭議建閘之復勅李許以後利病隨時具奏　皇上厚民生防水災之意至美矣余從邸抄中得彭李兩疏讀之彭疏質實爲樊口以內農民計李疏閎通爲濱江全局計夫爲樊口計誠無以易彭之說矣顧不言有害他處與否李所陳五害他端姑不具論若謂上下隄防皆有可危他處效尤盡堵諸口此論殆不可不慮也今欲定牐壩之是非必先究樊口之形勢江夏以南通山以北咸甯以東武昌大冶以西羣山環之平衍入百餘里無大水源而西北樊山之下有一港受江水是謂樊口江水入其中匯爲梁子等湖大抵此九十九汊皆以口爲源以港爲身以湖爲委彭疏如蔓繫瓜之喻最爲明確今案水經注江水又東經邾縣故城南黔黃鄂縣北黔武江水[illegible]樊口江津江入歷樊山上下三百里[illegible]形酈注義例凡過眾水入江之處[illegible]日江水得某口某水注之此不言湖注江而言江入口者明口內本無水源因江入其中瀦爲巨浸此古來山川自然之形勢也所以分殺江漲者也楚辭涉江乘鄂渚以反顧兮據六朝以前言鄂皆指今武昌縣韓詩內傳曰水溢爲渚[illegible]溯然則楚辭所云鄂渚即今樊口內之梁子湖無疑尤爲古典確鑿故樊口之名自三國志以後歷見史傳九十九汊之名見於古圖經及北宋人撰太平寰宇記數千年來何以無人議及障塞誠以此口乃宜洩江水之常道不得例以他處外水倒灌之變局今悍然拒之是猶利減河身之可耕而禁啟牐瀉水也漢賈讓有云古者立國居民必遺川澤之分使秋水有所休息游波寬緩沼水而防其川猶兒啼而塞其口江水既失此八百里停瀦之地自必別求八百里之地以容之此消彼息事理甚明據西人近年測量漢口江水夏令極漲時高於臘月極涸時西尺三丈六尺九江二丈四尺金

武昌縣志卷二　水利　九

陵一丈二尺岳州上游亦二丈四尺係江漢始合洪流暴橫故以下漸緩漸殺倘復加壅過則此盛漲分數移之何處江自圓風鎭南至於樊口折而東趨轉成直角南岸無所洩則激射東北黃岡以下將成頂衝卽或因黃岡地多陵阜支港灌入不致大害溢於下游則江西之湖口壅於上游則漢陽黃陂甚至漢川沔陽必有受其禍者樊口幸矣其無乃以鄰爲壑乎江陵上下舊有九穴十三口所以使江漢湖澤呼吸均輸不致漲落懸絕爲害宋元及明湮塞都盡公安石首華容一帶民排水澤而居圩堤交錯泥沙壅塞江無經流消洩愈緩上流愈甚故今日荆州大堤岌岌可危不知洪波巨患當在何時上游之患已若無策何乃於下游自生一患哉然則黃柏山何以爲老隄曰李疏只有順水直隄從無堵水橫壩二語盡之矣案隄與壩異隄古謂之防防旁也[illegible]傍水築隄使不潰溢也周禮以防止水必因地勢是也壩古謂之堙[illegible]塞也[illegible]堙[illegible]堵塞使不流也尚書所謂堙洪水史記所謂塹山堙谷漢書所謂當水衝與水爭地排水澤而居也淮黃運河諸壩其蓄洩閘壩者當以牐論或以減漲或以濟水皆係順築不聞橫截各省居民偶遇河決若有築橫堰以自衛者則旁村必悉眾致死力以爭之夫曲防且不可況橫壩哉或曰今已改壩爲牐矣亦奚不可曰樊口之牐猶之壩也本爲遏江故築壩又欲洩湖故造牐意在春夏閉以田外水秋冬啟以放內水江既異漲其必不肯啟而納之亦明矣與其不納則如勿牐然則無與於江水之宜洩亦明矣彭疏謂江水變遷因時制宜考湖北江勢北岸自黃岡之陽邏洑至廣濟之蟠塘南岸自江夏之黃鵠磯至江西瑞昌之碼頭支阜盤紆江形無改排其意當謂近年江身益淤漲勢益猛內灌益多耳如所策江墊漲高急謀分洩之不暇而乃重使削之乎據彭疏稱兩洋畈周三十餘里以開方計之得田三四百頃歲收穀至三四十萬石而止水鄉被水所失如此若暴注平日高腴之區所失又當何限至李疏所謂湖水不消麥收淹沒目下尚可無虞蓋春夏江漲則內灌平水則漫口湖常低於江雖無牐壩湖不能洩也及至霜降水涸江以流水爲先落湖以止水而後消則江又低放之不難也既無外水增益儧潦無源湖必漸洩較之受江水之時被澇必輕所慮者十年以後湖濱港路盡行墾種牐口停於壅滯茭草糾結港既日高湖亦日墊且樊口之門以外江中本有淺灘苟無大溜沖刷積漸增長設遇淫潦欲放不能或因見過江之害已著始議徹牐而洑產日增廬舍當道再納江水所傷多矣湖北近年如潛江天門諸處數因築隄致釀巨案不然則接踵效尤勢有固然至於其他皆不足慮漁戶雖利減不至無魚商賈雖盤壩不至無商蘆課雖寡少不至無稅兩利相權無難舍輕而從重夫使建牐而效則歲益無數萬之穀頓彌數千年之患豈非不世之奇功若僅爲樊口一隅一時之計則楚人得弓楚人必有失之者矣竊惟天地養人山林川澤墳衍原隰各有其利山民之利在材木金錫澤民之利在萑蒲魚鹽平陸之利在稼穡布帛因其自然乃爲無弊之利强谷爲陵則不順尊利稼穡則不均故治天下者以大德不以小惠古人以保赤

武昌縣志卷二　水利　十

予嘗養民非慮言也君上如父母小民如嬰兒民牧如保傅小兒之性情飽則不節同啗則相爭民可欲而不見害養民者爲之求其欲違其害適其節平其爭而已愚謂今日之策要當務遠大計久長惟有勸令樊口之民沿港者自築直隄濱湖者量造土圍甚洿下者讓以與水遣官履勘其遇平漲亦被淹沒者乃本不可耕之田丁銀漕糧悉予豁除約計不過一兩萬金而止既有隄圍不致全沒則亦不致全蠲三楚材賦之藪豈爭此區區而不以利民哉如此則江湖不相害農漁商賈不相妨正賦雜稅不相侵故道不改爭端不作斯爲久大之鴻規執中之正道或謂直隄閘口若可以紓水患樊民何不自爲之乎不知細民之情所見惟小港各爲隄田自爲圍勞費滋多何如口門一壩役夫千人崇朝而畢矣垂利憚勞慮害而不棄地自便而已遑恤其他漁戶目糾眾築隄者爲奸民農夫目訟爭毀壩者曰訟棍其實附從者皆發於自顧身家之念倡首者必皆桀黠好事之人左右佩劍反唇相稽夫亦可以不必矣今者 成命難收謂宜將李疏發交彭侍郎推勘籌思再行閱歷上下游相度今日外江地形水勢體察李疏所舉水港口茅江口吳家改口等處情形是否如其所言此乃前規確證如初奏事理未盡彭爲人忠直斷不致迴護前非倘李疏所慮皆不足以相難無妨一一疏通證明仍執前奏庶 朝廷益可灼見堅持以後不致爲他說所動慎之於始固猶勝改之於後耳要之有形之利易見未然之害難知一方之利害有主名故有人爭之全局之利害無所定故無人任之彭李皆 國家重臣所疏皆持有故而言成理彭未檢案牘目擊沈溺之狀耳盈虛受之言加其天性至誠惻怛故力持建閘之說楚中士大夫皆右彭而左李故楚人亦從而和之余於彭李兩無所與然書生之見不能無隱憂焉閒與客論及此歸而書之以諗究心世務者余嘗游楚猶念楚人嗚呼使李疏之言而不驗固余所禱祀而求者也前說但論閘之當建與否繼而思之閘必不成江漲猛悍一閘腹背受水必致衝沒一也若築必須重閘高基廣工費過鉅不似築壩可以但恃人眾鹵莽填塞無料無工若使二畈任之力有不給通縣攤捐必非所願二也即使成之一縣之民不能皆便啟閉之期官必不能爲政讐鬪沒毀終無了期三也然而民生所關長吏豈忍坐視前說沿港築隄瀕湖築圍之舉或此其不可緩乎香濤再記

七星塘在縣城內明萬曆初知縣李有朋挑濬以鎮邑之火災東門爲熊家塘南門爲熾家塘小西門爲鄔家塘舊分司前爲張家塘庾樓右手爲胡家塘謝家巷爲方家塘後街爲太平橋

官塘之在洪道鄉者六所鄧家塘董婆塘陳家塘荷陂塘石塘黃家塘在永福鄉者五所陶家塘龍陂塘夾陂塘楊柳塘蘇家塘在神山鄉者十四所梨大陂塘倪陂塘楊

武昌縣志卷二 水利 三二

陂塘吳城坂塘草張塘魯家塘牛屯坂塘黃家塘陳家塘湖尾新創塘余家塘道士墩塘葛陂塘解家塘在符石鄉者十所千工塘孟塘赤殊塘鷺鷥塘靈保塘廿楊塘黃泥塘何家塘劉家獅塘楊道塘在靈溪鄉者八所大塘薛師塘雷山塘花吒家嘴下華家塘城隍塘窖方塘長獅塘黃連陂堰在馬蹟鄉者九所羅塘花鴨牛角塘花鴨楊林塘石塘艾家塘大房塘荷塘汪塘山陂塘在賢廣鄉者七所錢塘黃塘馮陂塘蔣家塘橫塘金家塘城陂塘鄒

濠下塘在縣南一百二十里金牛鎮龍川書院後廣可百畝新纂

武昌縣志卷二 水利 三三

武昌縣志卷二

武昌縣志卷三

城池

縣城周四里八分計八百六十丈外高一丈四尺至一丈六七尺內高五六尺至丈餘基廣一丈六尺上減四分之一門四南曰文昌道出南湖北曰朝宗有月城通大江東曰通淮路出鳳臺西曰望楚路入樊口舊皆有樓今存望楚門樓垛口一千一百有二高五尺自東門至南門一里四分自南門至西門一里三分自西門至北門一里一分自北門至東門一里水門十二漢建安二十五年吳孫權城武昌（案吳故城在今治城東載古蹟）隋大業元年始築土城唐元和中廢宋嘉定（案熊郡志均作佑誤今改正）間陞武昌爲軍於四隅爲門東曰鳴鳳舊名朝陽西曰文昌又名武昌南曰朝都舊名南郡北曰鎮江舊名鎮淮（案舊名不知始於何時以舊志所載故附存之）後廢明天順間知縣楊子奎創建譙樓正東爲驄馬樓正西爲西山樓正南爲學海樓絃歌樓正北爲瞰江樓盤龍樓東南爲明月樓東北爲淸風樓便民樓西北爲迎恩樓大江樓西南爲巡警樓嘉靖間知縣張鐸築衛城以衛倉庫維時民居輻湊盜賊不時竊發萬曆三年知縣李有朋始建石城易東門曰通淮南曰拱岳（案舊志拱岳訛作文昌據記文改）西曰望楚北曰朝京（李有朋建城紀略案縣治北爲大江南爲洋瀾湖東爲武港聯絡西達走馬西爲樊口匯合梁子高唐諸湖皆入於江縣治以一掌之大浮於水面與蓮花之峯相向昔人謂爲荷葉之地信然也故相度城域因山之制隨地之所宜其形圓而斜紆而曲或肆而宏或斂而飭或騰而起或降而伏義取浮水荷葉仰與蓮花之山氣同一血脈相爲蟠結焉或以首昂而尾帖可擬游魚之湖江或以背弓而面仰可擬巨艦之上水亦皆有據城之建前迎湖後俯江左臨馬坡右枕竺山形勢環抱實爲勝區列門四南曰拱岳北曰朝京東曰通淮西曰望楚敵樓一跨江抱邑曰澄淸水門二東北曰蟠龍西北曰來蘇今撫臺陳公所命也自東門起至南一百九十七丈自南門迤西一百八十九丈自西門轉北一百七十丈自北門向東一百六十四丈步相均也總計凡七百二十丈有奇以三百七十名之里排分二萬二千之賦役承四圍之城數八各二丈徵財於米徵力於丁每丈給米二十有五石銀三錢給八十有五丁一丁役十工聽民自築官董其事而已城高一丈四尺入土另一尺地虛陷者二三尺甚者五尺上加腰牆垛子五尺下厚一丈五尺上減四分之一外用三尺層厚三尺上減三之一內只一尺入煙所湊內用夾石以讓民居邱壑所經內塡斜一坡以節民力城門南東西各橫三丈縱二丈五尺北門橫加一丈縱加五尺敵樓城樓各高二丈西門以虎頭縮五之一其二水門則止闊三尺而已無事僅通出入而有警易於閉一塞也城經始於本年之三月告成於十月八閱月合今年天不霔澇地免泥塗人無淋漉以爲得助於天川水不發夏秋江漲減比年三分之二濠口嚴畈皆乾土便徙步可隄可城咸以爲得地之助服役者不下萬人雖冒暑披汗而無災厲咸以爲得人之助此固造化默相將成此保障以安一方之命而非人力之所能致也嘗謂天下事時之未至則智士謀之而不足時至則中才應之而有餘今日之城之偶完君上之謨也造化之數也余不才奉行而已姑記之以備考云邱岳武昌縣建城記天子御極之元年詔天下州縣治城郭於是湖廣巡撫都御史趙公巡按御史李公奉詔惟謹爰檄各道叅政鄭君副使盧君馬君僉事劉君畋君楊君議城所屬無城州縣其時若武昌崇陽蒲圻黃麻城黃安蘄水黃陂各興板築工咸底績屹然稱巨防矣惟是武昌去郡治遼遠前瞰南湖後枕大江左峙馬坡右倚西竺舊稱四塞然沿江一帶遠接洞庭近通彭蠡舳艫風迅瞬息百里而靈溪馬蹟諸鄉跨臨大冶與興國通咸接壤蟠山阻壑藏寇匿奸設有枹鼓之警而邑無扞蔽何以禦之故昔常爲都爲郡而孫吳父子陶庾諸人皆屯重兵以鎭之則武昌非楚東要害地哉知縣李子始涖茲邑即以無城爲患有志城之未逮也適議下遂具狀以請三道上其狀於兩院兩院下其狀於郡守李君皆是之李君毅然以爲己任詢於邑之士大夫及父老罔弗協於厥議忻忻然惟趨事赴工之恐後也李子乃陟巘降原覶形度勢測景揆日審向辨方費以糧輸夫因丁役畫地分里計堵均栎三下碟以石上甃以磚民自勸工官惟督察經始於萬曆三年三月告成於十月城週七百二十丈有奇高一丈四尺垜高五尺基廣一丈五尺上減四分之一正門四水門二門各有樓中創敵樓一各高二丈正門曰拱岳朝京通淮望楚水門曰蟠龍來蘇敵樓曰澄淸則今巡撫陳公所定也遠而望之樓櫓鼍飛雉堞煥耀峻者峭若斷岸直者矗似長雲紆而迴者如蛟龍之蜿蜒於霄漢密而固者若松竹之磅礴於岡陵墩臺錯舍翼翼緜緜井洫淸泚淵淵鬱鬱旌麾舒列扃鑰是嚴晝逌宵邏鈴柝是節蓋一夫當關萬夫莫前者也邑之人僉謀勒石請記於余余惟城郭之設所以蓄威昭德待暴制敵有關人國大矣是故書著勤墉易戒復隍城齊城朔城謝城韓詩人咏焉城邢城部城郛城防春秋書之雖美刺殊旨要之設險守國王公所必重馬今天子沖聖嗣位履太平之昌祚撫熙洽之鴻圖四方寧

服萬國咸寧此正恭己南面可以無爲而治然方與天下更
始卽廑桑土牖戶之慮聖謨宏遠矣一時撫按藩臬郡縣小
大之臣咸懷忠艮祇順德意增修障壘保障封疆是治不忘
備安能思危所謂君子萬年保其家邦者蓋如此雖然城郭
者先王之所重而非先王之所恃也蓋城以衛國末也人以
城守本也不務其本而專恃其末民或委而去之將奚賴焉
在昔有周武夫干城城以武夫也宗子維城城以宗子也夫
宗子武夫言人也城人則公侯腹心城壞則獨居斯畏而孟
軻氏亦曰地利不如人和且始見惠王不言利而言仁義抑
亦人之大倫君臣父子而已人知仁義則篤君親以令則行
以守則固李子以仁義治邑於茲四稔邑之人感之深而信
之久以故事一舉而功成雖釀巨貲糜重費而民不以爲勞
而以爲惠也然則後之爲令者宜何如亦曰漸民以仁摩民
以義而已仁義之化行君親之介重則人和本固自有效死
勿去者是令日之城郭固萬世之金湯而天子明命使賦趙
李諸公所以是若天子之命者不亦無疆惟休哉余不佞因
邑人之請故記此以表李子之功懋而因以告夫後之令茲
邑者李子名有朋浙江東陽縣人以舉人前任福安多惠政
役補令官其先諱誠之者宋嘉定間知蘄州金人犯蘄誠之
捍禦死節諡忠立廟崇祀賜額襃忠蘄人至今頌其烈焉李
子克令若此亦不過佚前人光矣是役也董其事者別駕李
子必聞覈其實者司理陳子正誼而縣丞徐尙絅王薄林公
義典史杜嘉詔咸效厥勞法皆得書崇禎末知縣鄒逢吉增築窩鋪於上以資

守禦

國朝康熙五年（案康熙府志作九年）九月知縣熊登捐俸建門樓砌磚堞
一千四百口次年四月修完（熊志）康熙三十八年知縣呂賁恆
重修（邵志）雍正五年八年先後修葺（一統志）乾隆四十三年知縣
謝夢草請帑重建（謝夢草重修武昌縣城記武昌自楚子紅
以城名者凡八建置沿革稱號籍載梗概而世禩荒遠樓堞
湮廢無存今所有存則前明萬曆間邑令李有朋均賦役通
力合作而成焉者也自萬曆迄今二百有餘歲風雨剝蝕江
漲蕩刷傾圮無常官斯土者以時補綴顧此失彼不可支會
今 皇上敕旨令各省城垣應修應建者許督撫以實奏
請帑此 聖天子屬戶綢繆無疆維休無疆維恤之意守
土小臣亦曷敢不奉若祗肅以仰副磐石苞桑之至計哉自
是而武昌修城議起且夫事以人治亦以時成修舉廢墜有
司職也人也兵刑糾紛正署迭易志焉未逮時也上智不能
先時而就緒及其成也因勢利導毋不勞而理武昌城上自
己丑夏際前令吳世雯請修中丞上其議中間屢勘諸度至
乙未冬薛令元統始領帑庀材適又以故移他邑而夢草乃
得承乏其間以竣是役也先是署令王嵩高估銀一萬九千
七百有奇余奉檄相度周遭頗多遺漏思有以式廓之而議
者謂事經上聞恐難更易余曰是何言也我 皇上睿慮
周詳將以爲吾民一勞永逸資捍衛而肅觀瞻豈是區區者
而能承奉 恩命乃縷具形勢請於中丞增銀九千一百奏
下之日士民踴躍於是測景揆日備畚鍤飭版榦募力於丁
取材於山埏者築淤者除陷者塡易磚以石臘鐵鑄砌礎易
土以灰糯堪鈌址築隙坼下卿謹廩餼以程工聲金鼓以作
氣烝徒雷動萬杵星飛且天不霪雨江無巨浸人無癘疫期
月之間作也怡然成也裕然而城以全功奏矣是役也請帑
二萬八千八百七十募工二十六萬三千一百二十城周四
里八分計八百六十丈誌墩址 百外高一丈四尺至丈六七
尺不等折修四十八段計二百八十六丈八尺內高五六尺
至丈餘不等折修六十六段計三百六十七丈八尺睥睨千
一百二具合垛牆垛高五尺身厚一丈六尺上殺四分之一
城樓四高一丈四尺五寸縱一丈二尺橫三丈一尺城門東
南西卷臺高一丈七尺縱二丈八尺五寸橫三丈八尺北門
縱加三尺橫加七尺五寸有月城小門各殺四分之一門額
南曰文昌北曰朝京東曰通淮西曰望楚仍舊也水門十二
三進九出由西北南注於湖舊爲形家稱善順民請也經始
於丁酉十月告成於戊戌十一月赴例限也請修者前令吳
世雯估計者前署令王嵩高領帑庀材者前令薛元統余則
繼諸君子之後因勢利導以告厥成功者也凡此者 聖
之謨也憲之令也民之力也余何有焉時余以治武登薦牘
於其去也都人士請記以示後謹誌顚末備採擇若夫登高
懷古弔吳楚之遺蹤溯陶庾之勝軌則騷人逸士工子墨者

優爲之茲不贅）道光十一年後大水齧城屢經修葺咸豐二年粵匪
竄湖北城凡四陷樓櫓雉堞尙待補修云（新纂）

廨署

知縣署在南樓正街北明洪武初知縣戚元禮建聽政堂葺
大門以南樓爲葺樓成化間知縣劉昊堂重修聽政堂又建
後堂並儀門門東爲敕書樓（案樓移改爲總鋪今並廢）嘉靖五年知縣許
禧卿改旁廳爲內宅十四間二十年知縣諶謙重葺儀門二十
三年主簿度宗武建架閣庫隆慶四年知縣王楠建戒亭六年知縣李有
朋建獄於南樓左萬曆二年重建前廳五間內宅五間左爲
庖三間並六房吏舍（李有朋記武昌自白雉山發軔迤邐西
坐市江流東向爲猴兒嶺戚家山以抱
縣治迴拱雉峯舊治正衙跨龍背居正位對廳事頗爲得體
後有嫌其逡風者移置偏左非宜也且腐材不設牆壁敗瓦
不蔽風雨武昌令東陽李子初至有獻議復之者李子曰噫
朝廷設官以爲民也武昌比年水災今年爲甚昏墊之民流

離飢溺依草薮木不獲安堵民之靡家我何室爲乃單車孤棹閲災訪困上其狀院司達之天子獲折起運十之七𨯳存留十之六仍發穀三千以賑之災民甫更甦也議者復以請李子曰朝廷設官以爲神也武庠廟蟲蝕塌兩祠露莽聖賢體褻兩壇圯臺鞠草齋房拱木祈報禮乖神之未妥我何室爲乃申當道以設處捐私囊以倡率勸義民以補助祠廟聿新諸祀方有托也議者復以請李子曰朝廷設官以承上也我武民困財傷故諸務久弛內缺聽政之行臺外無停驂之游舍郎上人省方觀風巡行布政何以待之奉上之無其所也而我何以室爲乃修分司新府署葺金牛葛店二公館而上官使客庶有攸芋之便郎次之安也議者復以請李子曰朝廷設官非止爲目前計實肩之以許遠之任也我武襟江帶湖阻山藏藪邑無城池脫有吹沙而波聚嘯萑谷何以禦之民有胥薪履冰之虞也而我何以室爲乃遵明詔築城垣建敵樓以衛民而祈神承休於無斁也議者復以請李子曰嗟乎此其時也然舉大動衆之後民有小康之望余不敢傷民有大東之歌余不敢剝盡綏之議者曰武自正衙之失所風氣不全庫藏虛積倉匱民族漓士風否皆坐是也夫郎官應列宿公署干躔度者也亟正之神之依也人之賴也會邑人王官嚴漢節以間屋若于椽來助遂鳩工築爲後室五間徙舊署五間於前朽者易之腐者新之左爲庖三間缺其右以有待也浹旬而苟完李子居之翻然而不齒曰昔者大禹卑宮室而惟孝鬼神力溝洫杜子美在羈旅茅屋風捲不之恤也而惟願廣廈萬間以庇寒士范滂不治宅第以爲大丈夫埽除天下耳安事一室今吾一邑之內祀典其已具舉乎貧寒其已盡庇乎壓梗其已盡埽除乎而所當營者尚多也何以是室爲哉遂書之閉閣以自思

國朝順治十五年知縣張春枝重建聽政堂移獄於大門內右十七年知縣杜旭重建架閣庫康熙元年復建東庫五年知縣熊登建西庫修內宅葺書房三間榜曰綠槐居六年重新吏舍八年建大門儀門修土地祠寅賓館三十六年知縣呂貢恆重新吏舍五十年知縣尙璠於東庫之東建書齋五楹五十三年知縣曾昕建便民亭於大堂簷前邵志道光二十七年知縣張曜孫重建架閣庫又大門東舊爲申明亭西爲旌善亭咸豐二年俱燬於賊同治十二年知縣張炅重建大堂五楹後爲二堂爲庫房又後爲三堂爲內宅爲廳五楹前爲軒後爲庖爲西廳三楹堂左爲福神祠右爲土地祠前爲戒亭亭左爲東科房其後舊爲縣丞署爲架庫樓爲恆豐倉右爲西科房舊爲典史署又前爲儀門門左爲號房爲東班房爲東卡右爲西班房爲西監又前爲頭門左爲捕班房右爲提監房又前爲照牆新纂　柯逢時重修武昌縣署記我邑公署自咸豐二年寇燬長官率僦居民舍同治七年知縣張君炅至觀學校未修陋院未固土田汙萊未闢不遑自逸也率邑人經營之繕葺之疏淪蓄畬之五年漸序有次乃誠子民所蹐之公堂焉於是鼛鼓弗設彝而落成班察誠亭如制光緒十一年逢時纂邑志頗錄其事竊有思焉夫親民之官稱爲父母爲其衣食我也教誨我也其子方啼飢號寒顚躓無告而父母曰盍搗而膏血以崇我宮室我將安處恐乎子之孝者誠不難槁項藍縷拜辭其師以謀父母一日之安慈父母不忍也亦既果腹衿纓出就而傍而父母乃不能奠厥居孝子恐乎孝父母慈門內雍雍然非所謂閑有家乎嗟乎古之天下所以不憂外侮也

學署在明倫堂後宋淳熙年建屢加修葺

國朝咸豐二年燬同治十年知縣張炅十二年教諭廖南斌訓導解麟重建新纂

縣丞署在縣署左明洪武三年知縣孟吉建

國朝康熙二十六年縣丞謝宸恩重修雍正十二年縣丞李興祖於二堂東建書齋乾隆二十四年縣丞宋文銓重建二堂邵志咸豐二年賊燬今借民房爲治事處新纂

典史署在縣署右明洪武三年知縣孟吉建

國朝順治七年知縣徐翀典史唐之璜康熙五十五年知縣曾昕典史林之緯重建乾隆二十八年典史褚昱建書齋邵志咸豐二年賊燬今借民房爲治事處新纂

金子磯巡檢署舊在縣西五里今移金牛鎮在縣南一百二十里新纂金牛鎮乃山寇出沒之衢明初設鎮於此委百戶鎮後調金子磯巡檢鎮之熊志　案璧城志金牛鎮巡檢司在縣南一百二十里昔爲公署今改[illegible]則明時已設署矣

白滸鎮巡檢署在縣西北九十里案邵志在縣西八十里嘉慶通志作縣西九十里
神八山下道光十一年水淹坍塌基址尚存今移居葛仙鎮
民房新纂
演武廳在縣西今廢基址尚存邵志
旂纛墩在縣西今廢基址尚存邵志
布政分司行署按察分司行署相傳布政分司行署在府館
右按察分司行署在縣治東明知縣謝叔賓謝廷舉李有朋
屢建後廢
國朝康熙初基址尚存今則盡爲民舍不可考矣然四元閣至
八卦石今尚稱分司街當在其地王志纂
府館在縣東郎南湖書院舊基明知縣謝叔賓謝廷舉李有
朋屢修建今廢王志纂

縣城公館在縣西街嶺上初分司既廢凡大吏過境供張無
所
國朝順治十一年知縣馮太初捐貲買縣東民房爲之後廢舊
址爲附近居民築室以居同治九年知縣張炅將廢基變價
移置於此新纂
河泊所署舊有西滏長港江套磧磯馬飲漿烏餬炭門六所
明嘉靖間烏餬湖併入馬飲漿湖
國朝初設磧磯一所今俱裁邵志
僧會司在縣東郎報恩寺明設今裁邵志
醫學在縣南明洪武間知縣謝叔賓建惠民藥局於其左正
統間知縣許誠重修今裁基屋俱廢邵志　案明制惠民藥局官一員醫生五名
陰陽學今裁邵志　案明制陰陽生五名

樊口牙釐專局咸豐五年湖廣總督官文湖北巡撫胡林翼
核定設立縣屬濱江樊口地方抽收水道上下百貨釐總卡
駐南岸分卡駐北岸係黃州府黃岡縣局兼辦縣屬及大冶
黃岡各屬牙帖檔冊　案樊口所出貨物釐金亦歸局抽收均係咸豐五年核定章程

鄉坊

縣七鄉編戶三十有七里嘉慶通志　案太平寰宇記舊七鄉今九鄉元豐九域志亦作九鄉不知何時併爲七鄉熊志元編戶四十九里明統志編戶三十九里熊志成化初併爲三十七里則三十七里蓋始於明矣又宋書符瑞志有崇讓鄉薛季宣浪語集有金牛馬蹟靈溪賢庾浮石五鄉則金牛在宋爲鄉矣輿地紀勝亦有馬蹟鄉則馬蹟諸鄉由來久矣縣市轄里三案今稱爲縣市鄉凡八鄉矣明初編賦役黃冊以百十戶爲一里置里長一人十戶爲甲置甲首一人排年充役在城日坊近城日廂鄉都日里里編爲冊舊稱本爲坊廂亦無縣市之稱也
東曰洪道鄉轄里三案葛洪常煉丹於此故名西曰神山鄉轄里五案地有神八山故名永福鄉轄里三案地有永福寺故名賢庾鄉轄里四案庾翼常讀書於此故名

西南曰符石鄉轄里四案地有浮石湖亦作符石故名東南曰靈溪鄉轄里
七案地有靈溪山故名惟靈七里在永福鄉有糧無籍南曰馬蹟鄉轄里八案地有馬蹟山故名
城鄉舊置坊郎以坊名其地在城東者爲仁愛坊繡衣坊依
連坊勝景坊雙桂坊通津坊肅清坊孝感坊在城東南者爲
崇儒坊在城南者爲熙春坊儒林坊儒英坊壽安坊太平坊
文昌坊昇平坊厚俗坊在城西者爲善勝坊思賢坊愛道坊
岱宗坊崇政坊瑞秀坊宣化坊通淮坊在縣東者爲偉備坊
寶山坊在縣西者爲牧馬港坊在縣南者爲行人汊坊梁子
坊石潭港坊傳老坊板門坑坊又爲馬橋坊碎石坊龍坑坊在縣
西者爲蘆洲坊向家埠坊宿口坊又爲華容坊休口坊澥林坊巖
池坊白鹿坊又爲白湖坊大追坊磧磯坊

鎮市

金子磯鎮在縣西五里 案鎮在樊口嘉慶通志作縣東五里誤 舊設巡檢司後鎮廢移巡檢司於金牛鎮今稱其地爲衙門港 新纂

三江口鎮在縣西三十里 熊志 案肇域志方輿紀要作四十里 左通團風右通七磯明初設巡檢司嘉靖中省萬曆二年設三江口營今省 一統志 案三江口設守備司自麻城岐亭鎮移來界於武昌縣故志載之

赤土磯鎮在縣東三十里今廢 熊志 案嘉慶通志作縣西肇域志作赤石磯今俗又訛爲石頭磯 明設巡檢司今裁 一統志

武昌鎮在縣東南六里古昌樂院舊址今廢 熊志 案嘉慶通志作六十里誤

白滸鎮在縣西九十里 熊志 案一統志作西南

金牛鎮在縣西南一百二十里市廛可四百餘戶東至大冶縣治九十里南至興國州治一百二十里西至咸寧縣九十

里北至梁子湖九十里 新纂 武昌縣有金牛鎮 九域志 嘉定甲申議以金牛鎮陞爲縣並隸壽昌軍以費重事竟止 輿地紀勝 宋薛季宣上諸司論金牛置尉劄子契勘本縣金牛馬蹟靈溪賢庾符石五鄉鰷鏘幘鯛絑在本縣南隔絕大冶縣界一百三十餘里阻水帶湖東北抵永興大冶縣界西南江夏咸寧縣界在南接連洪州分寧等縣幅員凡數百里居數路之衝商旅往來最爲徑便近歲以人烟稍盛而無官府遂至盜賊充斥不住作過巡尉聲迹相遠無緣敗獲數邑界內民不安處某伏見金牛鎮舊有監官一員紹興初以荒凉減罷今來本鎮人烟近四百戶市井比之本縣大段翕集而酒務買撲一歲止一千貫若分本縣弓手之額招三十名創置南尉一員兼監本鎮酒務盜賊烟火公事非惟可以整葺鎮市遂可彈壓南鄉盜賊利害甚明欲乞鈞慈詳酌建置使千里之民自此得以安迹如蒙施行即乞就撥都統司廢罷酒務以爲廨宇本州本縣各爲量借酒本俾隨息錢解納鎮尉請給令本務管認舊來所收土稅鄉行住罷酒息之數止以買撲爲額除少少案屋須當以漸經理既無分毫搔擾而數州界內盜賊自此遂當衰息委是公私兩便乞賜施行 明初委百戶鎮 熊志

葛仙鎮在縣西九十里市廛可三百餘戶西距省城九十里北濱江三里南通梁子湖相傳仙人葛洪嘗鍊丹於此因名地多塘堰又有桃花井二十四口農人賴以灌溉明季流賊肆虐獨葛鎮無恙粵匪蹂躪十餘年人民廬舍依然亦樂郊也 新纂 國朝冠學海白虎鎮晚眺詩鄂縣城西路垂楊曲水彎賈帆隨日落獵犬逐人還市僻魚蝦賤雄關虎豹閒太平應已久不備五溪蠻 二餘齋集

華容鎮在縣西六十里 熊志 案一統志作五十里 唐爲禪林寺宋置鎮 一統志 今置驛 新纂

梁子鎮在縣西南一百二十里康熙初始列市廛可二百戶爲江夏興國大冶之通衢道光十一年知縣劉貽孫二十一年知縣潘克溥二十八九年知縣張曜孫均於此設粥廠賑饑民 新纂

長嶺街在縣西南百里屬符石鄉乾隆間市廛始盛道光十

一年知縣劉貽孫二十一年知縣潘克溥二十九年知縣張曜孫均於此設粥廠賑饑民 新纂

司徒廟鎮在縣東五里 新纂

澤林嘴鎮在縣南十五里半屬武昌半屬大冶有碑爲界 新纂

保安鎮在縣東南六十里半屬武昌半屬大冶 邵志

涂家堖鎮在縣西一百三十里金礄北土礄南東爲梁子湖西二三里界江夏金牛鎮至省由此過南北嘴最爲捷徑 新纂

新店街在縣西一百里距省城八十里市廛四五千戶界江夏外江內湖南屬武昌咸豐年間粵逆下竄黃州嘗駐營於此 新纂

丁橋街在縣西七十五里武昌大冶黃岡至省通衢市廛百餘戶 新纂

東街嶺在縣西八十五里市廛三十戸嶺東有劉孝子廬墓處古木參天碑石尚存東北有文星塔光緒十一年柳姓建新纂

燕磯街在縣東三十里北濱江市廛百餘戸與蘄邑巴鎮對岸新纂

徐家鋪市在縣西南一百四十里市廛五六十戸北里許有周家橋市廛亦數十戸新纂

高橋街在縣西南一百五十里兩岸市廛約百餘戸爲咸甯崇陽通山興國嘉魚蒲圻等縣通衢新纂

盤槎市在縣南七十五里東界大冶爲江西興國大冶進省通衢明季李賊蹂躪鄉閭里民柯粘暨弟料粒粿米五人率衆擊之殺賊數十賊怒麕至粘等以衆寡不敵偕里人避於谷堆山柳塘側賊疑有伏遂竄去盤槎內外數十里得保無恙

國朝康熙二十五年里人醵金立五公亭作記勒碑以紀其事今亭碑俱廢新纂

謝埠街在縣西南一百一十里市廛百餘戸偏南里許有橋頭港市廛亦不下數十戸新纂

太和嶺市在縣西南一百里市廛數十戸新纂

坊表附

明有萃英坊爲徐州學正易文政建登雲坊爲敘州府同知唐音建飛騰坊爲石泉縣知縣何誠建步武坊爲羅山縣教諭李英建昂霄坊爲武陽縣教諭黄伸德建應奎坊爲漢陽縣教諭王宗賢建文英坊爲舉人章邱縣丞王辛建冲霄坊爲交州府同知朱勛建折桂坊爲太原府同知孟佑建文壁坊爲長汀縣知縣詹文昇建梯雲坊爲欽縣知縣童禧建甡英坊爲戸部員外郎邵珪建攀桂坊爲河間府同知田濟建飛黄坊爲舉人黄敏建繼志坊爲遂寧縣知縣甯勝先建擢秀坊豸繡坊亞方伯坊爲廣西參政周源建奪錦坊繡衣坊爲雲南僉事方進建文奎坊爲舉人順天府通判李顯建青雲坊爲刑部員外郎姜輔建登第坊爲尋甸軍民府汪滂建世科進士坊爲刑部主事李廷蕙建科第名家坊爲戸部員外郎胡椿建雲鵬萬里坊爲潮州府通判胡裕建龍門一躍坊爲內江縣知縣賀爵建進士坊爲雲南按察使孟廷柯建登科坊爲營山縣知縣嚴傑建進士坊在大東門內嘉靖四十年爲副都御史熊桴建今存天寵坊崇褒三世坊文宗兵憲坊三品九列坊爲太僕寺卿孟習孔建羣英坊爲洪武以來科目建尚義坊一爲正統間參政周源父璘建一爲正統間方良建一爲正統間羅紹謙建一爲正統間饒世祿建一爲天順間胡伯剛建一爲天順間綦昇建案以上皆輸米助賑詔嘉奬建坊貞節坊一爲蔡洙妻馮氏建一爲周子倹妻易氏建百歲坊崇禎十一年爲知縣鄔明昌祖必信壽百歲建

國朝有昇平人瑞坊在洪道鄉乾隆十年爲李明開建貞壽之門坊在馬蹟鄉乾隆十年爲生員吳大會妻張氏建貞壽之門坊爲監生柳洛妻馬氏建七葉衍祥坊在神四里道光二十一年爲安陸府訓導范廷鑑建今存節孝坊在葛店牌樓壪乾隆年間爲生員張星妻吳氏建今存節孝坊在神鄉汪子林山前乾隆間爲文童張啓佑妻姜氏建今存節孝坊在

一永二里爲儒士劉士智妻夏氏建節孝坊爲水世國妻邵氏建節孝合坊在神鄉同治間爲彭志璜妻黃氏建子維珠旌孝子今存貞節坊一爲呂順吾妻姜氏建一爲葉芬妻胡氏建一爲柯士珩妻吳氏建一爲崔盛所妻李氏建一爲崔步雲妻姜氏建一爲崔國順妻廖氏建一爲周士元妻劉氏建一爲何天休妻潘氏建一爲神鄉張應侯妻黃氏建今存一在城內熊家巷爲龍希哲妻李氏建今存一爲周士彤妻王氏建一爲張武佁妻王氏建一爲陳天麟妻顧氏建一爲紀永大妻趙氏建一爲姜恪妻張氏建一爲王爕佐妻陳氏建一爲劉任之妻艾氏建一爲嚴燦南妻李氏建一爲嚴在衡妻柯氏建一爲嚴士受妻李氏建一爲熊錫軫妻柳氏建一爲陳傑妻呂氏建一爲夏永譽妻胡氏建一爲胡從昊妻余

氏建一爲汪杰妻馬氏建一爲貞女李朱氏建一爲貞女何趙氏建孝子坊在城內太平橋爲向廣文建今存母節子孝坊在洪一里塔橋堡爲節母洪周氏孝子洪作相建貞烈節孝總坊在東關外春廠（案冊載契買熊盛廣兄弟等基地南抵花地北抵官基西抵凉亭東抵許界）光緒五年知縣凌心垣集貲建今存貞孝節烈總坊在馬五里同治間建今存節孝總坊在馬四里同治間建今存

風俗

秀士以風雅相高昔孫權徙都江東英儁多聚於此（康熙府志）咸同以前物力蕃盛民氣雍和有司以尊賢育才爲心學官以敦品勵學爲教士乃務爲實行以表率乎四民軍興以來學校之途既廣科目之士遂多學問文章雖遠遜於古而要皆廉隅自飭不屑於委瑣齷齪之爲惟膏火之貲或不能贍有官司之責者尙加之意哉（新纂）

藝術之事醫學能講求靈素取法長沙者惟縣市中有之蓋陽湖張氏之傳也卜地之學人異其傳約有百家斷斷而爭莫可究詰而江湖術士執指南而來者亦率飽載而去星相之士則無所得矣（新纂）

農事土地磽确人民淳厚火耕水耨以漁稻爲業（熊志引縣圖經）境所隸水居其七山二土田一耳靈溪馬蹟鄉多山生齒繁不足以供食乃墾爲地螺旋而上高下相承無少隙播種番著菽豆之類土脈浮薄稍旱則槁驟雨則沙土俱下溪澗日淤春夏霪雨乃有水患兩山之間有平地墾爲田水寒土深禾稼不茂有曠野大者十數里稱沃壤春草生時刈以肥其田擣山石夾炭三日火名石灰摻以殺草雨水應時畝可得

二三石佃戶貧或不能具牛種稱貸以耕穀賤多折閱歲無所得租率減少於是無求田者買不售餘鄉多水地廣不治春刈麥秋穫稻常先於山鄉洪水泛溢則田廬蕩然故縣屬之農苦而惰（新纂）

縣屬無奇巧工匠攻石之工資於大冶攻木之工資於蒲圻攻金之工資於興國安徽太湖亦多有之製皮革者資於江夏製竹器者資於黃州府之蘄水本縣人善作爆竹名武昌全紅江南北岸多列肆而居焉（新纂）

商賈以乾嘉間爲極盛同時與商七十餘戶遠服賈者數百餘家而以桐油鐵炭爲大宗邑之人稱爲能事粵匪之亂蕩然無存今自川陜以至江淮蓋寥寥焉出境貨物以麻與油爲上品花布爲中品火紙爆料紙爲下品餘皆資給於外來

故地方貧困新纂
婦女勤紡織近且能飼蠶尤善製麥草帽馬二里人善績葛
布新纂
婚禮視門閥高下相伉儷請期有過茶禮隨貧富備資粧合
巹次日壻與新婦廟見熊志邵志今俗有上頭禮蓋笄禮也娶婦
之家具首飾禮物必豐女家奩具美備動費千金鄉里小民
從而效之亦敝俗也新纂
喪禮始死訃於親友治喪各稱有無棺必求堅緻可久士夫
家大小斂法必備哭臨一準考亭家禮民間率用釋道誦經
資福成服日自期以下皆不自爲服喪主或分給白布巾絰
無齊衰大小功緦之別初喪至虞多用鼓吹弔客喧闐飲食
絡繹葢薾然煩費矣邵志

祭禮士庶皆行於寢右族則合建宗祠春秋再舉然大小宗
法或置不講其朔望伏臘告奠一如家禮邵志
元旦夙興祀神畢開門以酒酹地出門向歲吉方拜之日出
方子弟以次拜尊長親友往來相慶曰拜年比戶張燈三日
以次置酒讌會曰請春酒立春日焚香酹酒曰接春十三日
張燈曰試燈至元夕而止是夕舂糯米爲團曰元宵女郎設
香案祀神口誦里歌曰請紫姑神來各如所叩以決休咎上
元前後數夕刻木蒙紙如龍狀舞燈其中曰龍燈其各肖禽
獸臺閣形者曰散燈二月十五日曰花朝女兒穿耳留髮多
嫁娶者清明掃墓挂紙錢男女出郊踏青兒童爲紙鳶之戲
鄉人擣楔曲草汁和麵作餅餌四月八日多供佛端陽懸蒲
艾食角黍泛雄黃酒繫綵辟惡近水居民競龍舟舟繪黃紅
青三色沿岸分曹以角勝負或餉以酒食勝者得之曰奪標
案劉禹錫競渡曲注競渡始於武陵及今舉楫而和之其音咸呼云何在斯十七日有紙舫祈神
之會小兒女悉赴瘟司廟上枷次日廟神出遊舁者盛飾去
帽簪五色花沿街拽茅船謂之逐疫俗謂初五日爲小端陽
十五日爲大端陽六月六日曬書籍衣物曝譜牒於庭七月
七夕乞巧十四五日祀祖焚紙錢浮屠爲盂蘭會兒童焚紙
錢於山林墟墓間曰放野錢中秋作餅相送遺具菱藕瓜果
爲賞月之讌或結綵瓜上鼓吹送人家置牀上曰送瓜蓋取
多子之義是夕羣於瓜圃探之曰摸秋重陽登高飲茱萸酒
是日造酒極清冽久藏不壞冬時農工畢多演劇以賽豐年
臘八日造粥雜以秫豆棗栗亦多嫁娶者二十四日曰小年
掃舍宇夜以餳團果餅祀竈神曰送司命除日張春聯於門

具酒饌曰年更飯盞以更漏未盡即起而食也除夕鏤楮爲
錢遍黏戶牖曰封門錢滿室張燈通宵不滅具衣冠而拜曰
辭年舉家聚飲曰團年終夕不寐曰守歲亦曰守巢金鼓喧
闐爆竹聲達旦不絕社日鄉人設牲醴以祀土神少長咸集
飲焉春秋再舉今亦寖廢矣儺以逐疫一人朱衣花冠雉尾
執旗俗名急脚子衆鳴鑼隨之比戶致祝皆荆楚歲時之遺
也熊志邵志新纂

物產

穀之屬有稻稻有紅有白六月穫者名芒花早爲早稻八月
穫者爲遲稻早稻刈後始插秧者爲晚稻所謂再熟之稻也
九十月始穫其草以飼牛其芬香發越者爲香秔凡稻登場
治地爲臺秳而置其上纍纍相次草表而實裏上覆之三敷

日氣蒸騰上穀色變黃名漚米食之易消有稬最黏其禾堅
實者名鐵脚稬其實長大者名三粒寸稍圓而實離離者名
爺駝崽其穫不一時其草柔韌可絞繩捆屨有稷俗名高粱
有粟粟有黃有白有黏有不黏卽古之粱也有大小麥無芒
者名米麥有蕎麥色黑殼有稜可爲麵別有苦蕎麥味苦可
備荒或曰蕎卽詩陳風之荍有豆黃豆可煳食作腐綠豆色
綠粗粒者爲官綠細粒者爲油綠旱種者爲摘綠遲種者爲
打綠可作粥以水浸生白芽爲綠豆芽磨爲粉性涼有蠶豆
取其苗以糞田有豌豆冬種春熟有豇豆又有雙結而下垂
長尺餘者名長豇豆有藊豆亦名蛾眉豆有赤白二色有刀
豆可醬食有泥豆粒細色如泥亦有皮黑者黑黃相間者名
花豆有胡麻卽脂麻有黑有白黑者宜服食白者多脂可榨

油新纂

蔬之屬有韭有蔥有蒜有大小二種小者多野生有薤有胡
荽一名香荽有蕓薹卽油菜春始秀有甜辣二種有菘卽白
菜色青者爲黑白菜有蘿蔔卽萊菔生沙壤者脆而甘有大
至十餘觔者生瘠壤者堅而辣形小根葉皆可食其皮有青
紅白三色又有胡蘿蔔皮肉俱紅大如拇指味甘筵席多用
之有芥可醃食有薑有菠薐根赤味甘有蓍蓮卽蕹菜有萵
苣其臺曰萵苣筍有同蒿有薺名地菜有赤白二莧又有野
莧卽馬齒莧有苦菜皆野生有蕨根可爲粉有茭白卽菰菜
菰三年以上生臺如筍水鄉多有之色白者美帶黑點者不
佳其子爲茭米有芹根白冬月食之香美又有水芹多生沮
洳處有黃花菜白花菜春間採食以救荒有黃封菜俗名人

薓苗西山陰多有之五葉喜陰其根如人薓春夏間可食相
傳孫吳建都時肥盛可入藥後力薄惟充蔬菜
國朝嘉慶中猶有市兒唱賣聲或以爲菹可餉遠以後遂無此
聲矣有山芋水芋番薯遍地種之俗名爲苕有紅白二色性
宜沙土蔓生蔽野人以爲糧本出琉球國
高宗純皇帝特命中州等地給種教藝俾佐粒食自此廣布蕃滋見
皇朝通志有百合多野生有茄有紫白二色長者名牛角圓者
名牛心有辣椒大者名燈籠辣尖者爲佛手辣有紅黃白三
色有竹筍有蕈俗名茅菰多生茅根有地耳一名地踏菰春
夏雨後採而芼食之新纂

瓜之屬有香瓜西瓜冬瓜番瓜一名南瓜俗呼爲飯瓜有黃
瓜卽胡瓜金牛鎮產者最盈而肥大亦勝於他處或以爲禮

記月令之王瓜誤矣有越瓜俗名菜瓜醬食之名醬瓜有瓠
有葫蘆有絲瓜絲瓜有長至丈者有苦瓜熟時紅子纍纍名
錦荔支有金瓜卽北瓜可爲盆玩最耐久不堪食

果之屬有梅有桃有李有郁李有栗有榛俗名爲毛栗有杏
有棗大者爲秤錘棗小者爲蜜棗有梨皮薄而嫩者爲瓜梨
有山楂山中極多有紅白二色有木瓜有林檎俗名爲花紅
有柹有安石榴有甜酸二種有橘小者名金橘有柚有柑有
橙有香櫞有枇杷有櫻桃有銀杏俗名爲白果有胡桃有落
花生有葡萄有蓮有藕有菱有芡俗名爲雞頭包有勃薺有
蔗新纂

茶之屬山鄉多種於隙地隔年播種茶子數十顆至次年便
生烈日須用樹枝遮之三年便可採有雨前明前雀舌諸名

土人以嫩爲貴故味清而不腴產黃龍山巔者名雲霧茶極佳新纂

藥之屬有艾有萎蕤亦名玉竹有何首烏其苗爲夜交藤有枸杞根名地骨皮有天竹有菖蒲土三七可以愈傷有蛇牀子有葛根有山梔有半夏有石斛生大壑泉石中有瞿麥有射干俗名爲胡蝶花有忍冬其花爲金銀花有黑白牽牛有香附俗名雷公頭多產種緜地有荊芥土人種之有紫蘇有茺蔚一名益母草有牛膝有紅藍花有蒲公英有栝蔞根即天花粉有金櫻子有虎耳草有淡巴菰即煙草有五加皮有蔓荊子有山楂互見果屬有黃楝有桑寄生有茯苓產深山古松根下不易得和藥不霉有車前子有女貞子新纂

花之屬有梅西山有綠萼梅有蠟梅雷山有石上梅有桃有夾竹桃有桂多產深山中寒絡有丹桂輪囷十圍又有四季桂月桂每月有花有石榴小者名火石榴有西府垂絲貼梗海棠宋薛季宣詩並序東坡在齊安賦海棠詩爲天下絕唱年來絕無此種許仲蟠取之武昌作詩寄示武昌三月春草生攙紅鬬白皆華英就中一種性奇絕芳菲壓盡吳王城後非丹芍明非玉艷陽天日擎高燭從教深淺色相形不以冰清爲不俗文王自昔基靈囿緜綬朱裳燕朋友醺醲心醉鄂裝裳痛飲醇醪不關酒流烏一下新王舟膩從火御乘丹邱傳得飛霞在海外千齡只自生炎洲靈砂不到嫦娥竊幾時赤鳳來丹穴趙壘新張漢幟時闔閭滿望猩猩嗁少陵昔漫稱詩豪志言跨鯉翰琴高剛被東山興妖女竹孤未可稱蟠桃嘘根不分生赤壁遠在水南呈赫奕朱鳥憑將寄德鄰告言莫看同巾幗狂東坡以海棠比美人非題故此詩紙不識婦人彥謂又有秋海棠有玉蘭有紫薇俗名百日紅有紫荊有山茶有梔子有木槿有繡毬有蘭有蕙一幹一花其香清者爲蘭一幹五六花至八九花者爲蕙俗名九節蘭多產山谷中土人冬劚之裹以草可致遠又有素心者每花值千錢有木芙蓉有牡丹有瑞香有迎春有薔薇有

木香有玫瑰有月季俗名月月紅有酴醾宋蘇軾杜沂以酴醾花見餉詩酴醾不爭春寂寞開最晚青蛟走玉骨羽蓋蒙珠幰不粧豔已絕無風香自遠淒涼吳宮闕紅粉埋故苑至今微月夜笙簫來翠嶮餘妍入此花千載尚清婉怪君呼不歸定爲花所挽昨宵雷雨惡花盡君應返君言西山頂自古流白泉上爲千牛乳下有萬石鉛不愧惠山味但無陸子賢願君揚其名廡托文字傳寒泉比吉士清濁在其源不食我心惻於泉非所患嗟我不何有虛名空自纏不見子柳子餘愚汙溪山有萱俗名爲金鍼有芍藥有菊有甌菊五九菊萬壽菊長壽菊僧鞋菊即烏頭有美人蕉有杜鵑俗名映山紅又有黃白二色黃者即黃躑躅一名鬧羊花有雞冠矮者名壽星雞冠有鳳仙有玉簪有夜落金錢有罌粟有茉莉有蓮有葵有丁香花宋薛季宣丁香花五律別是南州種寒花七里香鄂默穠玉笄駢寶髻金粟綴銀瑠自得山林趣不爲時世裝紫霞休夥瑞未及野梅芳有玉蕊花宋薛季宣桜花詩有序桜花唐玉蕊花介甫謂之瑒花魯直謂之山礬武昌山中多有之其葉可供染事土人用之釀酒桜絲吐瑤琨泠然郭外村仙人來玉蕤文士立山礬芳澤留絲素風流付酒罇莫言瑒酷似香處不勝繁

草之屬有紵麻俗名火麻質白而脆可絞繩宋太平寰宇記麻鄂州土產有苧馬蹟鄉尤多種之有葛俗名葛藤產山谷中長數丈可績爲布有綿花有紫白二色縣屬所產皆草綿無木本者有藍可作澱產樊口有包茅有水蠟燭有箬可裹糭或爲笠有蘆縣西有蘆洲長港有蘆席口沿岸居民以織蘆席爲業有芭蕉書舍中多植之結果俗名甘露有萬年青子紅如珠有吉祥花可爲盆玩置產婦室中能解產厄有老少年一名雁來紅有萍有蓼有蒲有藻有藍花草俗名草紫農家種以糞田子細而圓有蔓新纂

木之屬有松山中多種之伐爲薪有種松秧者取松毬曝烈日中其子自出以草灰和子種之蓋以草穰則生矣分栽易活有柏有扁柏即側柏有刺柏多植冢墓間有桑地產荊

桑葉薄同治十三年署知縣宗景藩捐廉俸於浙江貿桑萬株分給各鄉葉圓厚而多津民間呼爲宗公桑有柘皆野生亦可飼蠶有椒有杉有樟有楓有椿春生嫩葉瀹食最佳有楞有橡斗最堅韌伐爲薪名櫟柴子可染皁卽詩所謂栩也有枳俗名臭橘有杞幹直多生靈五里溪旁有梓有桐桐有梧桐結子可食有荏桐可榨油俗名爲桐子有茶子亦可榨油俗名爲茶子其木可爲炭有楝有槐有檀極堅有春間不生葉者俗名拗春檀有皁莢有肥皁莢可滌衣去垢生擣者佳今鄉人販至他處多煮熟以售其子有白脂可以膠綫刺繡者多用之有榆有柳有楊有檉一名觀音柳有白楊多產墟墓間可雕鏤花鳥有黃楊有椶櫚有烏桕俗名木子樹有穀有冬青俗名青凍有樸有椰新纂

竹之屬大者俗名南竹深山土脈厚大如盂筍亦肥美小者俗名水竹鹽水煮之柔韌如籐可爲篚有紫竹色紫黑可爲繖柄土人用以支帳有實心竹產石燕寺可爲鞭有淡竹葉可入藥有叢竹節長而不堅牢有羅漢竹可作扇柄新纂

羽之屬有雞有鴨鄉人有成羣飼之者曰放排鴨夜宿竹棚中有鵝有鶩有鵜鶘有青鵁冬天獨立水田不好飛啄有鳧卽野鴨大者爲綠頭鴨曰對鴨最小者名八當有鶯成羣飛止毛色潔白有鸛有鸕鷀色黑漁舟畜以取魚者名水老鴉有翡翠能沒水捕魚亦有居山中者赤喙而文身人或網得拔其羽而縱之有秧雞分秧時有之黑色如家雞夜鳴弸弸然有雉穴山中人捕之輒以首入土有竹雞有鵓鴣有鴿有麻鵲多產卵於牆上有黃脰雀質小而健鬬人以媒置籠中聞其聲卽飛來機動而縛猶力鬬不止有燕常以秋去而春來巢有雁有蝙蝠山洞中尤多有子規有斑鳩或置籠中飼之有布穀常呼割麥插禾終日夜不住聲有畫眉有鶺鴒俗名爲八哥多能言者有反舌有鶯卽黃鸝有啄木有烏有鴉俗名老鴰有鵲俗名喜鵲有鷹有鶴有麥啄麥熟時有之長喙而褐色網而食之相傳此鳥嗜食半夏能化痰或以爲禮記月令之鴽其喙卽田鼠尾也有鴞俗名貓兒頭其羹美食之巳頭風新纂

毛之屬有牛牛有二種有水牛卽吳牛也有黃牛有馬有豕有羊皆山羊有驢有犬有貓有虎不常見有熊多狗熊人熊最少有田豕卽野豬山鄉種雜糧田豕多爲害常捕得之肉可食有狠有鹿宋薛季宣序並詩乳鹿或得之近山既不可縱畜之更日而馴走命之日山友騶鹿何年致宅山小水濱呦呦興念母麌麌熟依人物性初無定野心時亦馴故林迷町畽結友幸相親有麛有麂有兔有狐俗名茅狗有香貍俗名果子貍味最肥美有牛尾貍尾長而味稍遜有貛人以煙薰之卽出其皮可爲裘豬貛肉可食狗貛有貑味有獺產水中腳如鴨掌有猬有鼠有鼫鼠俗名黃鼠狠新纂

鱗之屬有龍山澤中多石洞龍藏其中天雨則出雨後卽歸洪水溢出土人常視其洞旁之草如龍歸則草皆內偃也旱時禱之多應又有禱之而狂風作者俗名風龍有蛟多爲民害案陳弘謀伐蛟說蛟乃雉與蛇交精淪於地閱歲則入地成卵積數十年大如輪其地冬雪不存夏苗不長鳥雀不集土氣赤有氣朝昏暮黑卵既成形聞雷聲漸起而上三月前遠聽似秋蟬悶在手中鳴或如醉人聲此時蛟能動不能飛可以掘得又漸起離地三尺聲漸大數日遇雷雨卽出多在夏末秋初先於冬雪時視之復於春夏之間觀地之色與氣掘至四五尺其卵既得預以不潔之物或鐵與犬血鎮之多備利刃剖之其害乃絕又蛟畏金鼓及火山中久雨夜立

高竿挂一燈可以辟蛟夏月田間作田鼓聲督農則蛟不起即起而作波但鼉鳴鉦鼓多發火光則水必退有鯉有青魚有鰱即鱮池塘中多畜之有鱅即鰟頭頭多脂有鮮有魴即鯿魚名縮項鯿產樊口者甲天下是處水勢回旋深潭無底漁人置罾捕得之止此一罾味肥美餘亦較勝別地今縣前有一家市之鱗白而腹內無黑膜者眞有魴鰥俗名鰟魮似魴而小有鰋身白而尾稍紅俗名爲紅梢有白魚即陽鱎肉白可爲餅有鯊俗名毛花魚多骨而鮮嫩有鱨俗名黃顙有黃姑魚有鱧俗名烏鯉有戒食者有鱖俗名鯚魚有鮒一名鯽俗名喜頭魚蓋喜頭爲吉吉音近鯽產南湖者佳大異於他處有鮎有銀魚俗名白小魚樊湖北產者爲白眼有鱵魚口有骨如鍼有鱒眼赤有河豚多毒食中毒者丸明礬解之有江豚雌者爲白奇有斑魚俗名小河豚其肺鮮美

無毒與河豚異種有金魚有鰣四五月多有之有鮰魚有鱘俗名鱤魚有鱣俗名黃魚有鰻有鱓俗名黃鱔產田泥中者多黃色而鮮產水岸者多青色而味較遜有鰌俗名泥鰍有鰕有鯪鯉俗名穿山甲有鯢四足見張舜民畫墁集詳雜志

介之屬有龜俗名烏龜有白龜晉毛寶嘗得之詳雜志有鼈俗呼腳魚產田泥中者肥而不腥小者名馬蹄鼈有蟹有蚌大小異種有蛤溪澗中尤多有蠃俗名螺螄新纂

蟲之屬有蠶有蜜蜂有黃蜂俗名黃土醮有黑蜂甚大俗名七里游皆有毒能螫人有蜘蛛有螳螂有蜨有蜻蜓有螽有蝨有蠅有蟺有蛭俗名馬蟥有蜈蚣有蟬俗名蠐蚰諺云蠐蚰叫新穀糶有蟯蟖有螻蛄有蚓俗名黃蚓有螢有䗪蟲俗名地蝨婆有蟋蟀有竈馬有叩頭蟲有蟾蜍俗名癩蝦蟆有蝦蟆俗名蛤蟆背有黑點有蠹能食蝗人多禁食惟寠人取之有螻蟈善鳴有蝌斗有蝸牛俗名毛厴螺有蜒蚰如蝸無殼有蜥易俗名豬婆蛇有守宮俗名壁虎新纂

金之屬有銀有銅有鐵樊山產唐書地理志武昌有樊山有銀有銅有鐵明史地理志畧出白慢銅可爲鼎李時珍本草綱目寶藏篇同

石之屬玲瓏石在懷忠祠中少卿王家璧有記石山生養石泉山洞中泉水滴溜嵌空瓏瓏置之盆盎中如小孤之矗於江心也有青石可爲碑鑿土中得之層層可揭有磨石出磨兒山可爲磨又可爲礪有麻石可砌屋有紫石英出樊山太平寰宇記明史地理志同有石炭俗名煤炭氣微臭土人掘礦得之用以燒石爲灰以糞田名石灰有地硝多產污穢地或壞墻浮出如霜花土人用帚埽之或取其土以火熬之澄其滓置盆中便成硝西北風起則結硝尤多新纂

布之屬有緜布出葛店者佳紫色者名紫花布服之可活血絡有苧布可爲帳及汗巾有羅布有葛布出馬二里者名馬二貢葛極細者名女兒葛取葛藤用鍼擘破如絲長數丈惟女兒目瞭始能治之頗不易得馬二里有溪水浣之色尤佳也新纂

飲饌之屬有凍米取稉米蒸熟陰乾可爲粥性涼有酒酒有穀酒俗名燒酒清辣似汾酒而薄或用大麥爲之飲之多發宿疾皆用大甑置錫鍋蒸取氣水可久藏有米酒味甜武昌酒舊最著今無聞矣有醋多用米麥製成有醬有醬油俗名秋油伏醬有菜油以菜子榨之有麻油以胡麻榨之有桐油以桐子榨之有緜油以緜花子榨之近土人以黃豆榨者名

豆渣以落花生榨者名花生油榨油後渣滓爲餅豆油蔴油餅可餧豬桐油餅可肥田有餳以糯米和麥芽爲之或以晚稻米爲之味稍酸以胡麻拌而切之爲麻餳以炒米拌而團之爲餳果製成長條以胡麻拌之爲秤管餳有酥餳有寸金餳士人通呼爲餻有番薯粉有豆粉有米粉以白米磨粉布袋濾而澄之捻爲餅曝乾以粉衣名欒粉靈溪馬蹟鄉多用此實暴殄也有豆腐嫩者爲豆腐腦以布夾之旋壓乾者爲豆腐皮金牛鎮製者薄而鮮捲而乾之爲爛腐皮味尤美其汁在釜中上結而成衣者爲豆腐油用布包成方塊者爲豆腐乾壓極乾外加香料醬油浸之者爲五香茶乾霉而生衣用酒浸藏者爲腐乳有涼粉以薜荔子揉之點以井水茄汁便如水晶塊市上排列賣之性寒飲之多霍亂有魚鮓以魚

爲之或拌以蘿蔔或拌以紅麴有乾魚有臘肉須冬日醃曝有乾餛俗名餛米有酒麴有餻有角黍有湯團有麻花有饅頭縣市中有燒饅極佳（新纂）

器用之屬有陶硯（詳雜志）　有火紙擣嫩竹造之馬蹟鄉尤多（太平寰宇記火紙鄂州土産）　有爆料紙以稻草腐而造之有引紙以楮皮造之可作爆竹引火綫（新纂）

武昌縣志卷三

武昌縣志卷四

賦役

戶口元時戶一萬五千八百五口六萬四千五百九十八（據元史地理志）　明（案明一統志縣編戶三十九里攷明以百十戶爲一里則當有四千二百九十戶矣）丁一萬二千九百七十一（案此爲萬曆六年黃冊之數攷明史食貨志太祖卽位之初定賦役法一以黃冊爲准冊有丁有田丁有役田有租嘉靖間行一條鞭法總括一縣之賦役量地計丁丁糧畢輸於官一歲之役官爲僉募立法頗爲簡便）

國朝編審戶口據爲原額（新纂）每丁每年除優免外科則不等照額徵並加增每丁銀二錢七分五釐四毫二忽七微七塵七纖共徵銀三千五百七十二兩二錢五分八絲六忽一微二塵四纖八渺遇閏不加徵（賦役全書）順治四年

詔天下編審人丁凡年老殘疾并逃亡故絕者悉行割免五年令三年編審一次凡三年編審責成州縣印官察照舊例造冊以百有十戶爲里推丁多者十人爲長餘百戶爲十甲城中曰坊近城曰廂在鄉曰里各有長凡造冊人戶各登其丁口之數而授之甲長甲長授之坊廂里各長坊廂里長上之州縣州縣合而上之府府別造一總冊上之布政司民年六十以上開除十六以上增注凡籍有四曰軍曰民曰匠曰竈各分上中下三等丁有民丁站丁土軍丁衛丁屯丁總其丁之數而登黃冊督撫據布政所上各屬之冊達之戶部戶部受直省之冊彙疏以聞以周知天下生民之數（皇朝文獻通考）十三年定五年編審一次（同上）十四年編審額外新增人丁二百七丁康熙四年開除豁免運夫人丁二十丁（案邵志作康熙二年因平西山運米除死故運夫人丁二十丁考康熙通志康熙三年甲辰春官兵勦西山賊李來亨等州縣役民夫運米多有死

者至是賦平糧免各縣丁錢糧實在人丁一萬三千一百五十八丁十一年審增八十五丁二十一年審增七十一丁二十五年審增三十三丁三十年審增四十一丁三十五年審增八丁四十年審增六十丁四十五年審增六十丁五十年審增二十三丁通計額內額外共一萬三千四百八十五丁共徵銀三千七百五兩三錢一分八釐四毫七絲五忽七微八塵遵奉康熙五十二年

恩詔嗣後編審增丁止將滋生實數奏聞其徵收辦糧但據五十年丁册定爲常額雍正六年欵同不在額徵丁銀以內之優免丁銀一百二十二兩八錢六分三釐連前共額徵銀三千八百二十八兩一錢八分一釐四毫七絲五忽七微八塵七年知縣張慄於詳請丁隨糧派案內題准丁銀均勻攤入民賦

及更名田地條餉每地賦銀一兩合攤丁銀一錢二分九釐六毫四絲九忽七微二塵三纖一渺三漠八茫六沙四灰六渠七銖四溟九燼以縣實徵糧銀扣算共徵銀三千五百四十八兩三錢四分四釐二毫三忽五微七塵六纖一渺五漠一茫六灰計減原徵丁銀二百七十九兩八錢三分七釐二毫七絲二忽二微三纖八渺四漠八茫九沙四灰至滋生人丁仍以五年編審一次康熙五十五年編審增益滋生人丁二百一十六丁六十年審增二百一十二丁雍正四年審增一百五十五丁九年審增一百一十六丁乾隆元年審增一百八丁六年審增一百二丁十一年審增九十一丁十六年審增九十丁二十一年審增一百五丁二十六年審增一百一十二丁三十一年審增六十八丁計十一次共增益滋生人丁一千三百七十七丁欽奉

恩詔永不加賦乾隆三十六年正屆編審適奉三十七年七月

上諭編審之例永行停止至新墾地畝應派丁銀係按隨糧科則攤算歸於五年編審具題欽奉

諭旨悉仍其舊復經詳請咨准仍以五年一次彙造攤徵丁册隨同

奏銷送部以備查核 會典事例賦役全書案邵志載縣原額分三十七里每里十甲向年派充里長因里中秋糧多寡不一差徭苦樂不均又有甲首幫貼之費凡遇當年糧排任意勒挾甚至戶無合勺秋糧之甲首有賣鬻男女以飽糧排之漁奪者沿習成風大爲民累康熙九年知縣熊登詳准平圖之法每甲秋糧六十六石五斗零派米當差無米者不許濫充有糧者不得閃卸革去甲首名色禁杜幫貼私費由是里甲均平徭役晝一五十六年知縣曾斯詳准革除糧排令民自納而徭役益減矣今每里設一保正即保甲之遺意十甲輪充某甲當年則幫費以供承役者里中催納糧銀及稟報案件保正必與焉其黠者又藉以詐索愚民縣官下鄉則保正伺應行館而差役藉以要挾偶有不合則敲扑隨之故充是役者皆市井小民所得亦無幾焉又案 皇朝文獻通考順治元年令州縣編置戶口牌

甲凡保甲之法州縣城鄉十戶立一牌頭十牌立一甲頭十甲立一保長戶給印牌書其姓名丁口出則注其所往入則稽其所來寺觀亦給印牌以稽僧道之出入其客店令各立一簿書寓客姓名行李牲口及往來何處以便稽察咸同以來知縣屢經奉文舉辦惟鄉里遼闊稽查難周董其事者又多視爲具文故徒法終於罔濟所舉章程類多勦襲舊說無所取裁今年署知縣鍾桐山捐廉舉行查得戶三萬二千八百三十男婦丁口十六萬三千二百三十一云

額徵田賦原額田四千三十九頃七十一畝八分三釐分三等起科內田三千一百五十一頃三十二畝四釐每畝科秋糧米六升三合該米一萬九千八百五十三石三斗一升七合二勺六抄每石派徵銀七錢四分一毫六絲九忽七微六塵四纖四渺七漠該銀一萬四千六百九十四兩八錢二分五釐一毫一絲二微八塵二纖四渺每畝科桑稅絲五分五釐四毫六絲三忽七微七塵四纖六渺該絲一千九十二斤六兩四錢一分二釐四毫三絲帶派秋糧山鄉田三百六十二頃五十畝三分每畝科秋糧米五升七合該米二千六十六石二斗六升七合一勺每石徵銀照前

則例銀一千五百二十九兩三錢八分八釐四毫三絲二忽六微五纖每畝科桑稅絲五分五釐四毫六絲三忽七微七塵四纖六渺該絲一百二十五斤一十兩五錢三分二釐三毫九絲秋糧帶派水鄉田五百二十五頃八十九畝四分九釐每畝科秋糧米三升二合八勺八抄七撮五粒六粟該米一千七百二十九石五斗一升三合二勺八抄每石徵銀照前則例該銀一千二百八十兩一錢三分三釐四毫一絲七忽一微五纖三渺三漠原額地一千七百三十一頃二十畝六分六釐每畝科大麥四合一勺六抄八撮二圭七粒六粟該大麥七百二十一石六斗一升五合七勺每畝科小麥一升七合五抄七撮四圭七粒六粟該小麥二千九百五十三石一合四勺二麥秋糧帶派每畝科稅絲五分四釐四毫三絲九忽七塵四纖五渺該絲五百八十九斤五錢二分八釐五毫一絲秋糧帶派每畝科桑絲一釐二絲七微九塵一纖該絲一十一斤七錢二分秋糧帶派原額塘二百九十三頃九十

七畝八分四釐每畝科秋糧米三升二合八勺八抄六撮九圭六粒六粟該米九百六十六石八斗五合七勺六抄每石徵銀照前則例該銀七百一十五兩六錢三毫一絲四忽三塵七渺七漠以上原額田地塘共六千六十四頃九十畝三分三釐額載秋糧二萬四千六百一十五石九斗三合四勺內有免糧一千三百六石每石派銀四錢八分二釐四毫九絲三忽二微七塵四纖五漠無免糧二萬三千三百九石九斗三合四勺內除永福鄉四十八戶崩御米一百石除減外每石派銀二錢六分八釐四毫九絲二忽二微七塵四纖五漠實存無免糧二萬三千二百九石九斗三合四勺每石派銀六錢六分八釐四毫九絲二忽二微七塵四纖五漠有免無免額徵銀一萬六千二百五兩二分六釐五毫四絲七忽六微八塵一纖五渺內有班匠銀三十二兩四錢係乾隆二十三年奉文於　奏銷冊內刪除班匠名色税歸地丁係編彙數造報夏稅二麥三千六百七十四石六斗一升七合一勺每石派銀五錢五分七釐一毫五絲五忽一微二塵五纖一渺案邵志作每大麥一石折小麥五斗小麥每石徵銀八錢九分六釐零與此不合額徵銀二千四十七

兩三錢二分七毫二絲六忽三微四塵二纖夏稅農桑絲共一千八百一十八斤二兩一錢九分三釐三毫三絲秋糧米麥內帶派額外首墾田康熙三十年首墾田一十畝四分四釐科糧五斗九升五合八抄該條銀案條銀蓋沿明之一條鞭法三錢九分七釐八毫六忽三微八塵二纖四渺四漠二茫五十三年開墾地三十五畝科麥七斗四升二合九勺一撮三圭二粒該條銀四錢一分三釐九毫九忽四塵九纖一渺七漠八茫五十九年地一畝三分科麥二升七合五勺九抄三撮四圭七粒八粟該條銀一分五釐三毫七絲三忽七微六塵四纖九渺七茫地畝九釐餉每秋糧一石派銀二錢七分五釐八毫九絲八忽九微一塵四纖八渺一漠案明史食貨志萬曆四十六年驟增遼餉三百萬前後畝加九釐遂爲歲額銀七千七百五兩七錢七分七釐四毫二絲五忽又康熙三十年起至五十九年額外

民墾首墾共陞科餉銀三錢七分六釐七毫六絲六微四纖八渺六漠一茫以上人丁案丁銀詳戶口田地塘條餉共銀二萬九千七百九十三兩一分八釐八絲一微四塵四纖八渺八漠八茫內除豁免運夫丁銀五兩五錢八釐五絲五忽五微四塵又除丁隨糧派等事案內閤省均攤人丁應減銀二百七十九兩八錢三分七釐二毫七絲二忽二微三纖八渺四漠八茫九沙四灰又除優免丁銀一百二十二兩八錢六分三釐共優免充餉銀三百六十五兩七錢七分七釐六毫九絲四忽實徵銀二萬九千三百八十四兩八錢九釐七毫五絲二忽四微一纖三漠九茫六灰原額更名田案凡由官田改編起科者謂之原額更名田一十九頃八十六畝七分六釐三毫每畝科穀一斗三升四合九勺八撮額徵穀二百六十八石三升每石折銀四錢六分六釐該銀一百二十

四兩九錢一釐九毫八絲內有穀折價重應滅銀六十一兩二分七釐五毫四絲九忽五微五塵原因價重難完經前總督郭前巡撫年會疏題准於田畝數內公攤自康熙三十九年爲始催徵節年奏銷册內登明報部在案案邵志作每石折銀二錢三分八釐零與此差同原額馬飲槳湖畝則例額載湖課銀二百二十三兩三錢七分五釐九毫六絲五忽案邵志餉銀併歸湖課共徵銀三百三十八兩二錢七分七釐九毫四絲五忽賦役全書

漕運項下正兌米每秋糧一石派正米一斗七升一合六勺九抄三撮八圭八粒一粟四千二百二十六石四斗四耗米每石耗米四斗一千六百九十石五斗六升康熙三十年首墾陞科正耗米一斗四升三合六勺二抄三撮六圭九粒三粟共正耗米五千九百一十七石一斗三合六勺二抄三撮六圭九粒三粟　又於四耗外加征贈貼米二斗康熙十一年奉文另正米一石徵給贈貼米二斗贈貼米八百四十五石二斗八升康熙三十年額外首墾陞科贈貼米二升五勺一抄七微六圭七粒一粟共贈貼米八百四十五石三斗五勺一抄七撮六圭七粒一粟隨漕項下楞木松版銀一十六兩九錢五釐六毫運糧官軍行月二糧米一千一百一十五石九斗八升每石折銀四錢該銀四百四十六兩三錢九分二釐江西運糧官軍月糧米一千一百四石四斗九升九合五勺每石折銀四錢該銀四百四十一兩七錢九分九釐八毫三六耗蓆輕賚銀七百八十一兩八錢八分四釐每兩原議解准損銀一分該銀七兩八錢一分八釐八毫四絲淺船銀七十三兩六錢九分二釐解官盤費每兩五釐該銀三錢六分八釐四毫六絲部解運官並過淮盤費銀六兩六錢安家月糧米折銀七百九十三兩九分四釐五毫以上隨漕共銀二千五百六十八兩一錢八分六釐七毫四絲康熙三十

年額外首墾陞科銀四分六釐七毫九絲四忽五微八塵二纖七漠共銀二千五百六十八兩六錢一釐九毫九絲四忽五微八塵二纖七漠內除豁免丁銀四分五釐六毫七絲七忽二微七塵八纖實徵銀二千五百六十八兩五錢五分六釐三毫一絲七忽三微四纖七漠南糧項下正米每秋糧一石派正米二斗二升一合四勺六抄六撮五圭八粒二粟五千四百五十一石六斗加二五耗米每石耗米二斗五升一千三百六十二石九斗康熙三十年額外首墾陞科正耗米一斗六升五合四勺九撮八圭八粒二粟共正耗米六千八百一十四石六斗六升五合四勺九撮八圭八粒二粟驢腳米八百一十七石七斗四升另正米一石里納船驢腳米一斗五升每石折銀一兩以二錢給解役該銀一百六十三兩五錢四分八釐奉文裁解餘八錢充餉該銀六百五十四兩一錢九分二釐二共額銀八百一十七兩七錢四分康熙三十年額外首墾陞科驢腳米折銀一分九釐八毫四絲九忽一微八塵五纖八渺二項共銀八百一十七兩七錢五分九釐八毫四絲九忽一微八塵五纖八渺賦役全書咸豐三年因湖廣漕船停運部文令變價解部每石折銀一兩三錢案當時仍照舊徵收每石折錢五千四百文外加斛面水腳等銀一兩五錢七釐六毫八年巡撫胡林翼改收折色減定折價每石徵錢四千四百文水腳耗米一併在內所有由單串票樣米差費等類概行革除檔册附錄原奏始末　咸豐七年十月十四日湖北巡撫臣胡林翼跪　奏爲湖北漕務積弊己久現擬革除冗費減定漕章以紓民力而裕國賦恭摺恭祈　聖鑒事竊惟湖北通省有漕州縣凡三十有三額徵北漕正耗米十五萬石有奇南米十三萬七千石有奇北漕由丁船兌運京倉南米由州縣解交荊州滿營及各標綠營咸豐三年因湖廣漕船停運部文令變價解部每石折銀一兩三錢各州縣仍照舊徵收時省城失陷未及辦理臣自咸豐五年三月蒙　恩擢署湖北巡撫飭訪聞各州縣徵收漕糧多所浮勒大爲民病每思有以變易之避以軍事方

殷無暇及此上年武漢克復楚境漸次肅清今歲雨暘時若年成頗稱豐稔漕糧可望開徵若不於此時設法清釐舉積弊而一更張之　國計民生將何補救惟是楚北漕弊浮收之重實由於冗費之多使非先察積弊之由是猶止沸者不去其薪墾田者懼圖其蔓也臣請爲　皇上密陳之查湖北各州縣額徵米數多者二萬餘石少者或千餘石或數百石北漕南米合徵分解其徵收米石者謂之本色以錢折米者謂之折色其徵收折色多寡不同有本色多於折色者有折色多於本色者有本色折色各半者有全收折色者其徵收折色每石折收錢或五六千或八九千或十二三千或十五六千竟有多至十八九千者其徵收本色每石浮收米或五六斗或七八斗或加倍收竟有多至三石零者此外又有耗米水腳等項分款另收又有由單券票樣米號錢等名多端需索民力幾何其能堪此而州縣則有所藉口也向來漕運道通時不無津貼方能挽運入都而丁船藉此需索兌費爲數甚鉅者固無論已即現在停運免兌幫費可省而糧道有漕規本管道府有漕規丞倅尹尉各官俱有漕規院署有房費司署有房費糧道署及本管道府署書吏各有房費此冗費之在上者也又有刁紳劣監包攬完納其零取於小戶者重其整交於官倉者微民謂之曰蝗蟲更有挾州縣浮勒之短分州縣浮勒之肥一有不遂相率告漕甚或聚衆哄倉名雖爲民請命實則爲己求財也官謂之蝗蟲費種種蠹弊盈千累百無不於州縣取之其派撥南米者撥定後由州縣自運交荊州府衙門或交本色或交折色其交本色者正米

耗米之外尚須雜費銀兩甚多其交折色者每米一石折銀或二兩或三兩不等要之費未交足米故避收此冗費之在南米者也夫州縣既多冗費勢不能不向糧戶浮收州縣既有浮收勢不能不受刁民挾制於是大戶折色之價日減小戶折色之價日增土棍豪衿多有抗欠猾胥蠹役從中欺侵各州縣雖勒折浮收間有所得半皆耗於上下冗費之中而國家維正之供往往徵不足數則相率揑報災歉藉緩徵爲騰挪而漕政因之益壞百餘年來日甚一日東南數省積弊相同而湖北則幾有不可挽回之勢矣湖北現當兵燹之餘若聽有漕州縣仍照前此之每石十餘千收取必至民困難甦有負我　皇上軫卹凋殘愛養民生之至意臣自九月初旬由九江旋省日與省中司道武漢二府晝夜籌商立志減漕以甦民困竊謂欲禁浮收當先格冗費現已遴委道府大員馳詣各州縣體察情形破除情面分別刪減嚴立限制明定章程榜之通衢俾窮鄉僻隅一律周知貪吏猾胥無從欺隱取中飽之資以分益乎上下務期積弊盡除民力藉以稍紓而　國賦得歸實濟易云窮則變變則通通則久此其時也然積重難返弊已百年利之所在人人得而爭之一旦發其痼疾窮其利藪取而還之於民歸之於公將必有疑之怪之且從而謗毀之者臣愚以爲苟利於國苟利於民即孰殺之歌在所不恤臣應封圻重寄錢漕係臣職守漕弊一日未清臣職一日未盡除俟辦有端倪再行另摺陳明謹先將湖北漕務積弊亟當清釐情形縷晰密陳伏乞　皇上訓示遵行謹　奏　又於十二月初六日附　奏辦理漕務

大概情形夾片再臣於十月十四日將湖北漕務積弊已久現擬革除冗費減定漕章情形密摺奏奉　硃批所奏實屬剴切汝能不顧情面祛百年之積弊甚爲可嘉俟辦有端倪再行具奏欽此欽遵當即與司道武漢兩府日夜籌商令各州縣將向來浮收數目及漕規冗費據實開陳痛加刪減從前每石浮收錢十六七千十八九千或二十餘千者今減至六千數百矣或五六千文浮收八九千文者今減至四五千文耗米水腳票費一併在內其由單串票樣米號錢及雜項名目一概革除統計有漕州縣民間共刪減錢一百四十餘萬千文此向來官吏丁差剝之於民而今還之於民者也州縣照減定章程徵收後北漕每石解正銀一兩三錢耗銀一錢三分南米每石解正銀一兩五錢耗銀一錢五分其較北漕多解銀二錢者緣南米係供滿綠各營兵食遇有災緩不敷由藩庫籌款撥補今藩庫款項支絀不能不就款預籌統計北漕南米正耗銀兩實應解糧庫銀四十一萬餘兩此向來以熟捏荒以徵爲欠不盡歸公而今實歸於公者也南米例支滿綠各營兵糈應均照例價每石折銀七錢尚餘銀八錢荊州滿營生計尤艱應於每年例放二百日本色之內酌加銀二錢每石折銀九錢尚餘銀六錢計共餘銀八萬餘兩撥入藩庫籌備撥補兵米及滿綠各營正餉又漕南水腳銀每石一錢五分計共銀四萬餘兩向係各州縣開銷修倉鋪墊水陸腳價及漕南書吏飯食等項之用頗爲浮冒今改徵折色各州縣毋庸開銷應飭全解糧庫亦可補苴兵餉此則於節省之中寓籌備之意於民無損而於公有益者也從

前兌運北漕糧船旂丁水手於屯運例款不敷之外州縣向有津貼名爲兌費今若一併裁革將來河運疏通勢必有礙兌運擬將此項兌費暫提充餉俟開兌北漕仍歸丁船津貼約計提銀七萬餘　此則因其所固有留其所不可無於目前有益而於日後無損者也又隨漕淺船軍三安家幫津貼資役等款改折停運俱毋庸開支又可提存銀十二萬餘兩凡此漕務情形經臣通盤籌算極力減除爲民間省去錢一百四十餘萬串爲　國帑實得銀四十餘萬兩又得節省提存銀二三十餘萬兩以今視昔漕務利弊較然可覩至於州縣書差催徵飯食辛工紙張原難責以枵腹從公然又何至如前此之十倍百倍漫無限制即現在收數既已痛加刪減而道府漕規及上下衙門一切冗費又復悉行革除計州縣尚可稍資辦公斷不致藉口賠累別開浮勒詐索之端臣既已訪察積弊去其太甚取一百餘萬之中飽以分益乎上下已往之愆尚可不究後來之弊法必從嚴萬一不肖州縣託名冗費恣意浮收必應從重懲辦以厲其餘此則目前之整飭非難而日久之防閑尤所宜慎者也現自減定章程之後通省周知小民踴躍歡呼輸將恐後歷年漕務開徵至次年七月猶事追比甚至一二年後尚煩催促本年漕務經此整飭因民所欲必能提前數月索數催解藉以上紓　聖慮除州縣之陽奉陰違仍前浮收者另摺查參並俟辦有成效再行奏聞所有辦理漕務大概情形謹附片據實密　奏伏乞　皇上聖鑒訓示謹　奏　咸豐八年六月十六日湖北巡撫臣胡林翼爲痛除漕務中飽之弊裕餉便民酌

定章程辦有成效恭摺　奏祈　聖鑒事竊臣於上年十月十四日將湖北漕務積弊已久亟應革除冗費酌改漕章以紓民力而裕國賦具摺密陳奉　硃批所奏實屬剴切文能不顧情面祛百年之積弊甚為可嘉俟辦有端倪再行具奏欽此嗣於十二月初六日復將減漕辦理大概情形附片密陳奉　硃批知道了欽此跪讀之下仰見　皇上除弊惠民之至意欽惕莫名竊查湖北省有漕州縣凡三十有三額徵北漕正耗米十六萬三千石有奇南糧正耗米十三萬八千石有奇百餘年來弊病叢積其源由於冗費太多日益增長其流遂至浮收難禁習為固然於是小民之脂膏盡中飽於官吏浮收不足揑災枉緩私徵妄徵諸弊繼起加以朋比為奸包戶刁民把持耗蠹各州縣以相沿日久惟事因循各道府又畏難苟安轉相掩護遂至閭閻以輸納為苦賦稅以延抗成風一旦欲廓清掃除實有積重難返之勢然臣竊思楚北頻年兵燹民氣凋殘若更任其抗弊不加整頓必成上下交困之形用是夙夜圖維反覆熟計不得不於甚難措手之中力求釐剔之法因與藩司馬秀儒臬司羅遵殿署督糧道張曜孫署武昌府知府道員嚴樹森漢陽府知府如山悉心籌議並委署糧道署武昌府漢陽府隨帶委員分歷有漕各府州縣將向來徵收南漕細數及出入實帳查覈開呈盡刪冗費以清其源明定折價以清其流取中飽之資歸之上下通飭州縣咸使遵行刊刻示諭宣布民間使家喻戶曉庶幾去其太甚權其可行節民財以養元氣復正額而益公儲似於　國計民生兩有所裨謹將現擬章程為我

皇上縷晰臚陳之一漕糧宜定價改折也查湖北有漕州縣額徵漕南米數多者二萬餘石少者千餘石數百石向來漕南合徵分解本色折色參錯兼收其徵本色也每石或加五六斗七八斗或至加倍最多有加至三石餘者斗級倉夫多方播弄或多取樣米或淋尖踢斛或拋散潤滑百弊叢生備極詭詐其收折色也因民間錢多銀少向俱收錢每石折錢或六七千或八九千或十數千最多竟有折至二十餘千者此外又有由單串票號錢差費等項名目或數百文或千餘文不等需索多端雖經各任撫臣嚴行申禁終無以破其伎倆臣查咸豐二年因漕船停運部文令變價解部每石折銀一兩三錢今徵收本色既積弊甚深又直停運之時與其令州縣照舊徵收再行變價於民無益弊實更多不若一律改收折色較易查察惟沿襲多年已成積重之勢各州縣情形亦今昔不同必欲復一正一耗之舊絲毫不容多取則州縣之廉謹者必至誤公其不肖者又將藉口苦累另設取巧之法殊非經久之道因飭署糧道等親歷各州縣查明歷屆徵收實數傳集紳耆令其公議核減旋據各紳耆稟呈核減數目前來臣復細加體察核其向日浮收之數及地方之肥瘠產米之多寡米價錢價之低昂高下以明定折價之等差所議之數適中者准之為數尚多者更痛減之其大較自四千文起至五六千五百而止向日浮收過多者減數不厭其多向日浮收尚少者減數亦從而少如江夏縣向收每石折錢八千至十三千文今減為六千五百文武昌縣向收每石折錢五千四百文今減為四千四百文咸寧縣向收每石折錢

七千六百文嘉魚縣向收每石折錢十五千文今皆減為五千五百文蒲圻縣向收每石折錢五千八百六十文今減為五千文崇陽縣向收每石折錢六千文通城縣向收每石折錢六千文今皆減為四千文興國州向收每石折錢六千四百文今減為四千一百文大冶縣向收每石折錢十四千文今減為五千文通山縣向收每石折錢五千文今減為四千八百文漢陽縣向收每石折錢八千文今減為五千文漢川縣向收每石折錢九千文今減為四千二百文黃陂縣向收每石折錢十千文今減為五千八百文孝感縣向收每石折錢十二千文今減為五千八百文沔陽州向收每石折錢十二千文今減為四千文黃岡縣向收每石折錢九千六百文黃梅縣向收每石折錢六千八百文蘄州向收每石折錢七千九百六十文羅田縣向收每石折錢九千六百文蘄水縣向收每石折錢九千六百文廣濟縣向收每石折錢七千文今皆減為四千五百文潛江縣向收每石折錢七千五百文天門縣向收每石折錢九千六百文今皆減為五千文安陸縣向收每石折錢九千文今減為五千六伯文雲夢縣向收每石折錢九千七百文今減為五千八百文應城縣向收每石折錢九千文今減為五千八百文隨州向收每石折錢十二千文今減為六千五百文應山縣向收每石折錢九千文今減為六千五百文江陵縣向收每石折錢十六千文公安縣向收每石折錢七千五百文石首縣向收每石折錢十千文監利縣向收每石折錢二十餘千文為通省漕弊之最今並減為五千文松滋縣向收每石折錢七千五百文今減為

四千五百文荆門直隸州向收每石折錢七千五百文今減為四千八百文其水腳耗米一併在內所有由單串票樣米差費等類概行革除嚴飭州縣遵照改定錢數徵收不准於此外多收分文並曉諭花戶將改定章程於各鄉泐石以期共見共聞垂之久遠永杜書役朦混愚弄之弊至此次減定之數除遵例價報解外仍留有餘為他年運解地步而南糧亦備折放餘銀以資緩急悉令隨同正款報解存庫一北漕解數酌定節省兌費宜暫提充餉也查州縣徵收北漕向係兌交幫丁運京近年停止運兌所收北漕應遵照部定一兩三錢之數解交糧道庫報撥計共應解正耗銀二十一萬四千二百餘兩又查州縣交兌北漕各幫丁因例款不敷向有津貼名為兌費多寡不等現值暫停河運此款若概行刪除將來復行兌運幫丁無此津貼不敷轉運若至其時再議增加民情恐形扞格是以此款未便刪除亦未可仍供州縣中飽應暫行提充軍餉飭各州縣隨同正耗等銀批解道庫共計提銀六萬八千餘兩一南糧折解折放餘銀宜節省歸公也查州縣徵收南糧解供旗綠各營兵米旗營向解荆州府倉轉放綠營則徑解本營因旗營兵米有本色有折色故各州縣本折兼解而荆倉於收本色者既索格外雜費其解折色者又每石折至二兩二三錢二兩六七錢之多綠營運解亦多煩費此皆州縣藉口浮收之一端今既刪除浮費改定折價則旗營綠營均應盡支折色自毋庸由荆倉轉放亦未宜令州縣徑解各營致滋需索應解歸道庫由糧道具報巡撫[illegible]解荆州將軍衙門支放綠營則由各營赴道具領

旗營例定二百六十日支本色一百日支折色每石折銀七錢現因旗營積欠未清生計艱窘於二百六十日本色改折色者於例價七錢外每石酌加二錢合銀九錢一百日折色仍折銀七錢綠營仍照例定折銀七錢又旗綠各營兵米有因災緩徵缺額不敷者向由藩庫籌款撥補近年藩庫款項支絀不能不就款籌備因飭各州縣於南糧折價每石以一兩五錢批解共應解南糧正耗銀二十萬六千五百餘兩惟滿營官兵名口時有增減綠營兵丁亦有空曠每年約支滿綠各營兵米銀十一二萬餘兩除支發外尚餘銀八九萬兩係為藩庫撥補不敷之用一漕南水腳宜節省歸公也查漕南水腳向係支發修倉鋪墊駝背水陸腳價及各漕書飯食之用多由州縣開銷今改徵折色除漕書飯食之外概從節省所有漕南水腳俱隨同正耗解歸道庫報撥計可節省銀四萬餘兩又道庫額徵隨漕淺船軍三安家幫津等款現漕船停運毋庸盡數支銷計可節存銀十二萬兩暫濟糧台兵餉一州縣冗費宜全行裁革也州縣徵收漕南冗費甚多自糧道以至丞倅尹尉等官俱有漕規大或千數百兩少亦百數十兩司道府廳各書吏均有房費年規等項名目或數百兩或數十兩州縣書差亦需辛工飯食紙張等項州縣浮收之羨大半耗於此中而藉口賠累其浮收益不可限制衙蠹包戶遂得因而乘之以肆其把持挾制之奸今嚴禁浮收必先盡除冗費所有向來糧道及各道府丞倅尹尉司道府上下衙門一切陋規雜費概行裁革盡淨不留分毫計合荆倉綠營各浮費共刪除銀約二十餘萬兩嚴行禁止與受同科各州縣除批解正耗水腳等款之外不准妄費一文則折價雖痛加刪減尚可稍有所餘足敷辦公之用不至藉口賠累別開貪黷之門斷不准其如從前之十倍百倍漫無底止臣酌定章程後復委嚴明之知府丞倅各員分往嚴查密訪如有不遵新章仍前浮勒者即當隨時嚴參以肅漕政一紓民力以利徵收復全額而裕漕賦也近年楚北疊遭寇盜其被擾地方既久未開徵其未擾之區亦因收數太重民力艱難觀望遲延不能案年徵解計三四年中徵解漕額不及十之三四今大加刪減民間所省甚多輸將甚易又各州縣因徵收不能踴躍規避奏銷處分遂至捏災枉緩今徵收既易又該實徵緩之數州縣無從捏冒亦不能以瘡痍未復為詞推其催科之不力所有各州縣漕南現飭遵照新章一律全完毋許稍有帶欠以充軍餉如將來軍務完竣而運河猶未修復各幫船隻俱遭毀壞一時亦難修造擬即遵照部定每石折銀一兩三錢解部若北倉需用漕米即由臣將此項折收銀兩照數採買米石委員雇備民船運交江蘇上海轉運局並歸海運運京亦斷不至缺誤以上各條計為民間減省錢一百四十餘萬千為　國帑實籌銀四十二萬餘兩又節省與提存銀三十一萬餘兩　臣自七年三月與司道首府等共此議六月中始行查辦至九月下旬乃酌定章程通飭各屬遵行竊以為利　國利民窮變通久之道或當如此倘能十年不變百姓既足庫藏可充上下均有裨益現在各屬俱已奉行民情極為懽悅完納俱行踴躍漕糧除緩徵外均已全完南糧向須延至一二年始能徵完今已完至九分為數十

年來所未有惟奸胥猾吏包戶刁生不利此舉者或潛生謗議或造作謠言現亦尚能斂迹如敢有抗違阻撓情事臣自當執法繩之務期積弊永除不敢因仍舊習拘泥成規有負我　皇上愛民裕賦之至意所有臣痛除漕務中飽積弊酌定章程辦有成效緣由理合專摺具奏伏乞　皇上聖鑒施行謹奏

附錄議覆原奏清單　軍機大臣戶部謹奏為遵　旨妥議具奏恭摺仰祈　聖鑒事湖北巡撫胡林翼奏痛除漕務中飽之弊酌定章程一摺咸豐八年六月二十三日奉　硃批軍機大臣會同該部妥議具奏欽此臣等遵將該撫原奏公同詳閱大致以湖北漕務積弊已久其源由於冗費太多日益增長其流遂至浮收難禁習為固然於是小民之脂膏盡中飽於官吏若不力加整頓必成上下交困之形因與司道等悉心籌議改定新章計為民減省錢一百四十餘萬千為　國帑實籌銀四十餘萬兩又節省提存銀三十一萬餘兩於釐剔弊竇之中寓裕餉便民之意惟所收漕糧折價及南折餘剩餉省銀兩雖暫提充軍需仍應隨時稽查認真徵解如有帶欠即行嚴參並將徵解各項正耗津貼水腳等銀統於春秋二撥造冊報部並於奏銷案內造報查核至解部及撥充軍餉須以錢易銀而銀錢價值長落無常應如何核算以杜弊端又漕糧徵收本色舊制豈容盡廢自應於停運之年　預為籌及不致將來難復舊章以期推行無弊所有臣等遵　旨核議緣由謹就該撫原擬章程逐款核覆繕具清單恭呈　御覽是否有當伏乞　皇上訓示遵行再此摺係戶部主稿合併聲明謹奏咸豐八年七月二十六日具奏本日奉　旨依議欽此

謹將原擬章程逐款核覆繕具清單恭呈　御覽計開

一漕糧宜定價改折一條查該省漕糧前因運道梗阻經戶部於咸豐三年奏明飭令變價解部每石折銀一兩三錢歷經遵辦在案今據該撫以徵收本色積弊甚深請一律改收折色並查明各州縣歷解浮收實數分別核減明定折價大較自四千文起至六千五百文而止其水腳耗米一併在內所有由單串票樣米差費等類概行革除等因辦理均屬核實應請准如所奏嚴飭各州縣遵照改定錢數徵收不准於此外多收分文以後如直起運之年設遇災荒米貴其定價較少之州縣必藉口賠累仍起浮收之漸屆時欲令民間仍交本色又恐新章一定勢難更改似應於停運之年先行籌及將來徵收本色使舊制不至蕩焉無存方為妥善如云徵收本色難防弊端是在上司查察未可因噎廢食至所稱此次減定之數除遵例價報解外仍留有餘為他年運解地步而南糧亦備折放餘銀以資緩急悉令隨同正款報解存庫之處查該省應徵漕糧及南米折價既不遵照部定折漕每石銀一兩三錢之數而改折錢文又各州縣參差不一所收者錢所解者銀以錢易銀其價因時長落所有未解部及解軍餉各款每兩作錢若干應如何核算造報之處未據聲明恐開隱混之弊應令該撫核明確數據實咨部存查

一北漕解數酌定節省兌費以暫提充餉一條查州縣漕折銀兩係籌備京倉折放之需自應報部撥用惟查該省自咸豐三年以來因軍需孔亟歷經奏請將此項銀兩暫行提用其徵解

動存各數節經戶部咨查未據分晰造報應令查明報部以憑查核至兌費一項爲將來辦運所必需自未便概行一删除亦未可仍供州縣中飽該撫所請暫提之處應准奏辦一有糧折解折放餘銀宜節省歸公一條查湖北滿漢各營兵食有放本色有放折色州縣亦本折兼解收米既多需索運解亦多浮費今一概改折解交道庫滿綠各營分別委解請領又滿營二百六十日支本色一百日支折色茲以每石九錢支本色仍以每石七錢支折色綠營照向例每石折銀七錢計南米每石折銀一兩五錢除九錢七錢分別支放外約計尚餘銀八九萬兩以備兵食之不敷即省撥補臣等查減定折收章程並酌定本色日期以九錢支放折色日期仍以七錢支放均與報部原案相符應如所奏辦理至每年節省銀八九萬兩亦應准其留爲藩庫撥補不敷兵食之用仍於春秋二撥冊內造報查核一漕南水腳宜節省歸公一條查該省漕南二米現既改徵折色各幫軍船亦經停運所有漕南水腳及隨漕淺船等銀自可毋庸開除該撫所請將前項銀兩一解歸道庫報撥及暫濟糧台兵餉之處應請准如所奏辦理一州縣兌費宜全裁革一條查州縣徵收漕南正耗銀米例有成規原期實力奉行不容稍有浮勒乃法久弊生自糧道以至丞倅尹尉及司道守廳各書吏妄設漕規房費種種名目向州縣勒索州縣遂藉口賠累恣意浮收漕政之壞大率由此該撫所稱欲禁浮收必先盡除兌費誠正本清源之論今將向來糧道及各道府丞倅尹尉司道府上下衙門一切陋規雜費概行裁革淨盡不留分毫計合荆倉綠營各浮

費共删除銀約二十餘萬兩嚴行禁止與受同科各州縣除批解正耗水腳之外不准妄費一文立法甚爲周密經此次酌定章程之後如查有陽奉陰違仍前浮勒者即令該撫隨時嚴參以肅漕政一紓民力以利徵收復全額而裕漕賦一條查該省應徵漕南現既明定折價嚴禁浮收民間所省甚多輸將自形踴躍應令該撫嚴飭各屬遵照新章一律完解如有蒂欠即行嚴參至漕糧折價原係一時權宜之計將來運河修復仍當設法辦解本色以濟京倉該撫所稱將此項折收銀兩照數採買米石委員雇備民船運交江蘇上海運局併歸海運運京之處未始非籌備京倉之一法惟所收漕折銀每石一兩三錢能否買米一石以及雇船運赴上海併歸海運運京一切費用能否仿照江浙等省以河運經費作爲海運開銷未據聲明臣等無從懸揣應令該撫隨時體察情形報部核辦　附錄案尾自記此咸豐七年北撫胡林翼手定之漕章程也三月議之六月行之至九月乃定之知我罪我惟不肖一人實執其咎異日若有議毀怨恨亦惟不肖一人實任其罪吁一人任罪而執咎者民一年之所餘已百三四十萬串矣所益於國者亦數十萬兩儻能十年不變百姓足君孰與不足哉手書於此過印札發糧道存案十一月初十日　同治十三年奏准採買米石由海運遞案檔冊內載同治十三年戶部奏江廣等省應徵冬漕請飭酌辦本邑運交京倉兼署巡撫李瀚章奏湖北漕糧仍難徵收本色酌議採米三萬石由海運迎光緒元年巡撫翁同爵奏准湖北採

辦交倉正米三萬石照江浙章程於正米之外應添買商耗剝食暨新增剝耗冬米二千九百餘石[illegible]一[illegible]併入正米之內核銷於江皖產米之區分途採辦和米運滬每米一石併計正耗腳價仿江浙成案不能於二兩五錢零之外大爲增加在於漕糧正米折價款內動支銀三萬九千兩又於隨正耗米折價款內動支銀三千九百兩共計動支銀四萬二千九百兩此外尚有不敷即於濟運之隨漕水腳兌費項下開支濟用不准動用別項正款　現行額徵漕糧正米六千七百六十二石四斗四合二勺耗米六百七十六石二斗四升四勺一三解漕銀八千七百九十一兩一錢二分五釐一三解漕耗米銀八百七十九兩一錢一分三釐一五解漕水腳銀一千一十四兩三錢六分一釐提兌費銀五千兩　南糧正米六千八百一十四石六斗六升五合四勺耗米六百八十一石四斗六升六合五勺一五解南正米銀一萬二百二十一兩九錢九分八釐一五解南耗米銀一千二十二兩二錢一五解南

水腳銀一千二十二兩二錢共解銀二萬二千九百五十兩九錢九分七釐光緒十年署湖廣總督卞寶第湖北巡撫彭祖賢於樊口開工刻難興辦案內奏准自光緒十年爲始暫行豁免西洋畈被水低窪地漕糧正耗米折銀一千一百五十四兩三釐南糧正耗米折銀一千三百四十一兩八錢七分二釐檔冊

起運案會典事例凡州縣經徵錢糧運解布政使司候撥用者曰起運　戶禮工各部光祿寺地丁條餉共銀二萬一千五百一十七兩七錢五分九釐七毫五絲七忽七微六塵二纖八渺一漠八茫內除奉撥

闗帝三祭及支給奉復稟糧共銀八十三兩七錢四分六釐八撥存項下開造外又加入原編驛站江濟改補正項銀一千二百九十兩六錢七分三釐一毫六絲一忽三微八塵五纖

二渺二漠該額銀二萬二千七百二十四兩六錢八分六釐九毫一絲九忽一微四塵八纖三漠八茫內除豁免運夫丁銀三兩五錢三分八釐三毫四絲七忽四微七塵九纖三漠八茫五沙又除閏省均攤人丁應減銀二百七十九兩八錢三分七釐二毫七絲二忽二微三纖八渺四漠八茫九沙四灰實徵銀二萬二千四百四十一兩三錢一分一釐二毫九絲九忽四微六塵五纖一渺五漠五沙六灰賦役全書起運銀二萬三千八百六十二兩九錢八分又加江夏縣撥歸漁稞銀九兩一錢四分五釐共應徵起運銀二萬三千八百七十二兩一錢二分五釐遇閏加徵銀一百七十二兩五錢四分四釐丁漕指掌光緒十年署湖廣總督卞寶第湖北巡撫彭祖賢於樊口開工刻難興辦案內奏准暫行豁免西洋畈及於西洋畈毘連之神一等里應徵民賦正銀三千七百五十一兩六錢八分八釐七毫

存留項下撥運供支官俸役食祭祀廩糧等項原額共銀四千三百七兩八錢三分八釐六毫五絲一忽三微總督書吏五名廩給銀一百八十兩順治十四年裁銀一百五十兩康熙元年全裁操賞銀六十兩康熙七年全裁案衣家伙銀六十兩順治十二年全裁撫院心紅紙劄銀二百一十六兩康熙十七年全裁二十六年彙入起運項下造報案衣家伙銀六十兩順治十二年全裁驛傳道俸銀六十二兩四分四釐薪銀七十二兩順治十四年裁銀二十九兩四分四釐存銀四十二兩九錢五分六釐問所係立湖南皁隸四名工食銀二十八兩八錢順治九年裁銀四兩八錢存銀二十四兩康熙二十二年准在湖南支給湖北原編銀兩改充兵餉知府書辦一十二名工食銀一百二十九兩六錢順治九年裁銀五十七兩六錢康熙元年全裁門子二名工食銀十四兩四錢順治元年裁銀二兩四錢存銀一十二兩馬快五名工食草料銀九十兩順治九年除草料不扣外裁銀六兩十六年裁草料銀五十四兩康熙二十六年奉文彙入起運項造報存銀三十兩步快八名工食銀五十七兩六錢順治九年裁銀九兩六錢存銀四十八兩清軍廳書辦六名工食銀六十四兩八錢順治九年裁銀二十八兩八錢康熙元年全裁理刑廳轎傘扇夫七名工食銀五十四兩四錢順治九年裁銀八兩四錢康熙六年全裁本府儒學膳夫銀四十兩順治十四年裁銀二十六兩六錢六分六釐六毫六絲六忽七微存銀一十三

武昌縣志卷四　賦役　十六

兩三錢三分三釐三毫三絲三忽三微知縣俸薪銀六十三兩四錢九分順治十四年裁銀一十八兩四錢九分存銀四十五兩心紅紙張銀二十兩康熙十七年全裁二十六年彙入起運項下造報油燭銀一十兩順治十四年全裁修宅家伙銀二十兩順治九年全裁迎送上司傘扇銀一十兩順治十四年全裁吏書十二名工食銀一百二十九兩六錢順治九年裁銀五十七兩六錢康熙元年全裁門子二名工食銀一十四兩四錢順治九年裁銀二兩四錢存銀一十二兩皁隸十六名工食銀一百一十五兩二錢順治九年裁銀一十九兩二錢存銀九十六兩雍正六年撥給件作及學習件作工食銀一十八兩餘銀七十八兩仍給皁隸馬快八名工食草料銀百四十四兩順治九年裁草料銀[illegible]工食銀四十八兩彙入起運造報[illegible]皁隸十六年將馬快名色改為捕役[illegible]食本縣工食民壯五十名工食銀三百六十兩順治九年裁銀六十兩十六年裁銀一百二十兩存銀一百八十兩民壯三十名支領雍正十一年撥給本縣白湖巡檢民壯四名工食銀二十四兩又奉裁六名工食銀三十六兩解司以作加增各屬存留民壯修理器械之用存留民壯二十名工食銀一百二十兩於乾隆元年內奉文每名每年加增修理器械銀一兩共加增銀二十兩係在司庫各屬完解裁汰民壯工食款內支給不在該縣額徵之內乾隆二十六年撥給武黃同知民壯四名工食銀二十四兩仍在原編該縣照額支給又撥民壯加增修理器械銀四兩於該縣原支款內除數存司給發之項查加增銀兩乾隆四十二年裁減一半以為修整

武昌縣志卷四　賦役　十七

軍裝塘房銀一十兩實給民壯銀一十兩燈籠夫四名工食銀二十八兩八錢順治九年裁銀四兩八錢存銀二十四兩雍正五年全裁另款解司充餉禁卒八名工食銀五十七兩六錢順治九年裁銀九兩六錢存銀四十八兩修理倉監銀二十兩康熙十七年全裁二十六年彙入起運造報轎繖扇夫七名工食銀五十兩四錢順治九年裁銀八兩四錢存銀四十二兩庫書一名工食銀一十二兩順治九年裁銀六兩康熙元年全裁倉書一名工食銀一十二兩順治九年裁銀六兩康熙元年全裁庫子四名工食銀二十八兩八錢順治九年裁銀四兩八錢存銀二十四兩斗級四名工食銀二十八兩八錢順治九年裁銀四兩八錢存銀二十四兩縣丞俸薪銀四十八兩二錢二釐順治十四年裁銀八兩二錢二釐存銀四十兩書辦一名工食銀七兩二錢順治九年裁銀一兩二錢康熙元年全裁門子一名工食銀七兩二錢順治九年裁銀一兩二錢存銀六兩皁隸四名工食銀二十八兩八錢順治九年裁銀四兩八錢存銀二十四兩馬夫一名工食銀七兩二錢順治九年裁銀一兩二錢存銀六兩教官二員俸銀六十三兩四分康熙四年裁訓導俸銀三十一兩五錢二分存銀三十一兩五錢二分訓導已奉復設此項俸銀各半分支齋夫六名工食銀七十二兩康熙四年裁銀三十六兩存銀三十六兩訓導已奉復設此項銀兩各半分支膳夫銀四十兩廩生支領順治十四年裁銀二十六兩六錢六分六釐六毫六絲六忽七微存銀一十三兩三錢三分三釐三毫三絲三忽三微門子五名工食銀三十六兩康熙四年裁

銀一十四兩四錢存銀二十一兩六錢學書一名工食銀七兩二錢康熙元年全裁喂馬草料銀二十四兩康熙四年裁銀一十二兩存銀一十二兩康熙十七年全裁康熙二十六年案入起運項下造報典史俸銀三十一兩五錢二分書辦一名工食銀七兩二錢順治九年裁銀一兩二錢康熙元年全裁門子一名工食銀七兩二錢順治九年裁銀一兩二錢存銀六兩皁隸四名工食銀二十八兩八錢順治九年裁銀四兩八錢存銀二十四兩馬夫一名工食銀七兩二錢順治九年裁銀一兩二錢存銀六兩金牛鎮白湖司巡檢俸銀六十三兩四分書辦二名工食銀一十四兩四錢順治九年裁銀二兩四錢康熙元年全裁皁隸四名工食銀二十八兩八錢順治九年裁銀四兩八錢存銀二十四兩河泊一員磧磯所俸銀三十一兩五錢二分康熙三十九年奉裁另款解司充餉書辦一名工食銀七兩二錢順治九年裁銀一兩二錢康熙元年全裁皁隸二名工食銀一十四兩四錢順治九年裁銀二兩四錢存銀一十二兩康熙三十九年全裁另款解司充餉

均徭各鋪司兵徭編五十名每名銀六兩帶閏銀一錢永充八名每名一兩八分帶閏銀一分八釐通共銀三百一十三兩七錢八分四釐縣前鋪徭編七名永充二名平安鋪徭編七名松嶺新橋二鋪各徭編六名永充二名水口梅城二鋪各徭編六名永充一名華容神山二鋪各徭編六名各巡司弓兵徭編十八名每名銀六兩帶閏銀一錢永充七十五名每名銀一兩八分帶閏銀一分八釐共銀一百九十二兩一錢五分順治十四年裁銀九十六兩七分五釐

存銀九十六兩七分五釐各河渡夫一十名每名銀四兩六錢帶閏銀七分六釐六毫共銀四十六兩七錢六分八釐八毫內大江渡六名樊口馬橋各一名又馬橋大江渡二名五項徵銀給領大江馬橋修船銀二兩以上共銀四十八兩七錢六分八釐八毫順治十四年裁銀二十四兩三錢八分四釐四毫康熙十七年裁銀一兩康熙二十六年奉文槩入起運項下造報存銀二十三兩三錢八分四釐四毫迎送皁隸除裁一半抵經制外實存銀五十兩八錢三分三釐四毫

驛站武昌遞運所馬船一隻水夫一十六名每名銀七兩二錢帶閏銀一錢二分修船銀一十八兩　通共銀一百三十五兩一錢二分聽驛傳道坐用紅船二隻每隻水夫十名每名銀七兩二錢帶閏銀一錢二分每隻修船銀十二兩共銀一百七十兩四錢聽本府正堂並理刑廳各座用一隻巡船水手四名每名銀七兩帶閏銀一錢一分六釐六毫修船銀二兩通共銀三十兩四錢六分六釐將臺驛馬一十八匹每匹銀三十兩帶閏銀五錢共銀五百四十九兩東湖驛馬三匹每匹銀三十兩帶閏銀五錢共銀九十一兩五錢山陂驛馬五匹每匹銀三十兩帶運銀五錢共銀一百五十二兩五錢夏口驛站船水夫四名每名銀六兩帶閏銀一錢共銀二十四兩四錢金口驛站船水夫一名銀六兩帶閏銀一錢以上各役工食原註內俱案季解給夏口驛支應銀三百二十六兩無閏將臺驛支應銀四十兩無閏館夫四名每名銀七兩二錢帶閏銀內除舊額一錢二分共銀二十九兩二錢八分走遞夫馬排夫七十名本縣轎傘夫六名正閏銀四十三兩九錢二分外實正閏銀四百六十八兩四錢八分內六十四名走差每名銀七兩二錢帶閏銀一錢二分俱徵銀給領腳馬三十四匹每匹銀二十四兩帶閏銀四錢共銀八百二十九兩六錢俱給走差徵銀給領不許兌支以上二項各款共銀二千八百五十二兩八錢四分六釐係本縣原編額徵驛站夫馬之項所有本縣現設夫馬名數合併開載以備查考排夫三十名該工食銀二百一十九兩六錢康熙四十七年抽補蒲圻縣港口驛損夫十名扣解工食銀七十三兩二錢雍正三年裁夫十名工食銀七十三兩二錢解道支給各驛增缺工食之用存夫十名工食銀七十三兩二錢腳馬十匹該工食

工料獸醫藥餌等銀二百二十六兩雍正六年裁馬五匹工食工科等銀一百一十兩乾隆二十四年裁馬五匹工食工料等銀一百一十六兩全行裁汰解道移司充餉　又兵部項下秋糧折色起運江濟水夫一百九十七名每名銀四兩九分五釐共銀八百六兩七錢一分五釐每兩原議京損銀九釐該銀七兩二錢六分四毫三絲五忽以上江濟連前原編額徵驛站共銀三千六百六十六兩八錢二分一釐四毫三絲五忽內除豁免故夫丁銀一兩四分四釐三毫九絲又除仍照協濟徒多轉折等事案內抵補衝途動支民賦征解藩司充餉銀一千二百九十兩六錢七分三釐一毫六絲一忽三微八塵五纖二渺二漠外實徵銀二千三百七十五兩一錢三釐八毫八絲三忽六微一塵四纖七渺八漠內有本縣排夫每年於額編驛站銀內動用銀七十三兩二錢又驛站項下編設紅船水手工食

銀三百三十五兩九錢八分六釐裁二支給沙號宣樓船隻
水手工食銀一千五百九十三兩五錢一分七釐八毫八絲
三忽六微一塵四纖七渺八漠裁減夫馬工料等銀三百七
十二兩四錢係另款解交道庫支用並移司充餉以上賦役全書驛
站銀二千三百七十五兩一錢四釐內三百五十四日應除
坐支排夫工食銀七十一兩九錢八分草料藥餌馬夫獸醫
工食等銀五百三十兩九錢二分四釐馬價銀九十兩支應
廩糧並修理號房等銀五十五兩八錢三分四釐以上應支等款閏月
案日加增額支銀七百五十六兩七錢三分八釐案三百五十五日照例加增
外應解司銀一千六百一十八兩三錢六分六釐丁漕指掌乾
隆二十九年巡撫常鈞奏改省城至江南江西驛路由江夏
縣之長山鋪經武昌縣之華容鎮黃岡縣之三江口渡江至

巴水驛歸入正路國史臣工列傳華容鎮額設人夫十名馬夫八
名馬二十四嘉慶通志祭祀雜支
龍亭儀仗修理銀二兩康熙十七年全裁康熙二十六年彙入起運項下造報
文廟二祭銀四十兩
崇聖祠二祭銀七兩名宦鄉賢二祭銀七兩
山川壇二祭銀一十二兩乾隆七年均祭案內減銀二兩存銀一十兩
社稷壇二祭銀一十兩邑厲壇三祭銀一十二兩乾隆七年均祭案內減銀
一兩存銀一十一兩厲祭米三石折銀一兩五分縣倉米支給乾隆七年均
祭案內增銀一錢七分實銀一兩二錢二分香燭歲支學倉米折銀一
兩二錢六分乾隆七年均祭案內減銀二錢一分存銀一兩五分霜降祭祀銀
一兩五錢乾隆七年均祭案內裁減以上各項祭祀均祭案內撥款增減
計餘銀四兩五錢四分已照實徵之數歸入起運項下充餉

鄉飲二次銀一十二兩順治十四年裁銀六兩存銀六兩廩生二十名
每名歲支學倉米一十二石每石折銀六錢共銀一百四十四兩廩生支領順治十四年裁銀九
十六兩康熙二年全裁本縣歲貢盤纏銀一十五兩康熙二十七年裁歲科考
試卷供應給賞等銀每年四十兩順治十四年裁銀一十五兩存銀二十
五兩又協濟銀一十兩康熙十七年裁二十六年奉文彙入起運項下造報本府歲貢
盤纏銀七兩五錢康熙二十七年奉裁歲貢生員正貢盤纏花紅旗匾酒席銀一
十兩正陪二名赴考腳力銀各一兩共銀一十二兩二年一貢每年該銀六兩乾隆二年奉文將此款銀
兩案年解交司庫合計出貢名數均派給領六年報銷一次科舉生員以二十名爲率每名
盤纏銀一兩五錢花紅銀九錢酒席銀一錢共銀五十兩三年一次每年該銀一十六兩六錢
六分七釐康熙十七年全裁康熙二十六年奉文彙入起運項下造報科場對讀六名每名
銀一兩書手二十名刊錄匠一名每名銀五錢共銀一十六兩五錢三年一次每年
該銀五兩五錢康熙十七年裁銀二兩七錢五分康熙二十六年奉文彙入起運項下造報存銀

二兩七錢五分刊錄梨板二十塊每塊銀一錢水腳銀一分五釐共銀二兩三錢三年
一次每年該銀七錢六分六釐七毫康熙十七年裁銀三錢八分三釐三毫五絲康熙二
十六年奏文彙入起運項下造報存銀三錢八分三釐三毫五絲新舊會試
舉人以四名爲率每名給長夫銀二十四兩三年一次每年該銀三十二兩雍正
九年奉文將此款銀兩案年解交司庫遇會試之年案照通省會試舉人名數均派給領本縣應
朝盤纏銀正佐四十兩首領官二十五兩該吏一十兩造册紙劄工食銀六兩共銀八十一兩三年
一次每年該銀二十七兩順治十四年裁銀一十八兩存銀九兩康熙十七年全裁康
熙二十六年奉文彙入起運項下造報門神桃符春牛芒神花鞭酒席等項共
銀四兩順治十四年全裁民壯吹手八名每名歲支工食銀七兩二錢共銀五十
七兩六錢孤老一十五名每名歲支縣倉米三石六斗折銀一兩八錢共銀二十
七兩乾隆二年奉文扣除小建遇閏加增并每名每年增給銀四錢二分於司庫地丁銀內支給又奉准部咨收
養額外孤貧十五名共口糧布花銀數照額設孤貧之例計口案日支給係司庫存公銀內動支均不在該縣徵銀之內

至此項額外孤貧每年增減多寡不等原無定數 布花銀四兩五錢供應銀一百兩
順治十四年全裁 備用實存銀一百兩四錢 康熙十七年裁康熙二十六年奉文彙入起運
項下造報訖 部寺解費銀二十二兩五錢一分九釐二毫二絲各
款合共原額銀四千三百七兩八錢三分八釐六毫五絲一
忽三微內除順治九年至康熙二十七年裁歸起運彙報銀
二千三百八十六兩三錢二分一釐七毫五絲八忽四微外
存留實額銀一千九百二十一兩五錢一分六釐八毫九絲
二忽九微又添設廩生糧銀四十八兩 康熙二十四年奉文復設支給廩生係起運項下撥給
關帝三祭銀三十五兩七錢四分六釐 雍正七年奉文添設係起運項下撥給 以
上存留原額並新設廩糧
關帝三祭共銀二千五兩二錢六分二釐八毫九絲二忽九微

又除均派祭祀餘剩歸入起運充餉銀四兩五錢四分外二
共額銀二千兩七錢二分二釐八毫九絲二忽九微適合每
年 奏銷册載俸工等項額支之數內除故丁銀八錢七分
九釐六毫四絲七微八塵二纖丸渺六漠一茫五沙 民壯各役工食及孤貧口糧布花內豁免運夫丁銀已動支司庫地丁補足祭祀內豁免運夫丁銀已動支司庫公項銀兩補足均不在徵銀之內 實徵銀一千九百九十九兩八錢四分三釐二毫五絲
二忽一微一塵七纖三漠八茫五沙又加入起運地丁撥歸
存留項下補給府縣兩學膳夫缺故丁銀一分二釐二毫三
絲六忽五微三塵一纖七渺八漠二共實徵銀一千九百九
十九兩八錢五分五釐四毫八絲八忽六微四塵八纖八渺
一漠八茫五沙 內有奉裁河泊俸食銀四十三兩五錢二絲九忽九微八塵八漠五茫鐙夫工食銀二十三兩九錢八分八釐九毫八絲七忽一微二塵一纖三渺七漠一茫表夫並撰表銀二十兩四錢九分五毫九絲三忽一

微六塵六纖一渺七漠一茫俱另款解司充餉 以上賦役全書 現行存留銀一千九百九
十九兩八錢五分三釐除坐支官役俸工等銀一千八百四
兩七錢六分一釐應解司銀一百九十五兩九分二釐 丁漕指
掌 添撥各項教官貳員加品俸銀四十八兩四錢八分 乾隆元年奉文教職加以品級給與全俸其加增銀兩係司庫地丁銀內支給二官各半分支 白湖巡檢民壯四
名工食銀二十四兩 係雍正十一年於本縣民壯內撥給再乾隆元年奉文民壯每名每年加增修理器械銀一兩共加增銀四兩係在司庫各屬完解裁汰民壯工食銀內支給乾隆四十二年裁減一半以為修整軍裝塘房之用
先農壇祭祀銀五兩 案耤田四畝九分每年收穀四石大麥一石小麥一石由縣變價備先農壇祭品之用變價銀數案年造册報銷乾隆五年奉文將耤田存穀變價動用如有不敷仍於司庫存公銀內奏給復於乾隆十三年奉文於耗羨酌定章程案內每年赴司請領銀二兩八錢二分五釐其不敷銀二兩一錢七分五釐在於耤田收獲舊存穀石變價湊辦如無舊存穀石知縣自行捐湊備辦祭品乾隆二十四年奉文禁用捐墊字樣又經咨准部覆將收

存穀石儘數易備如有不敷案數找給不必以二兩八錢二分五釐之數為定 常雩祭祀銀五兩 乾隆七年奉文設立係司庫存公銀內動支 以上各項銀兩除巡檢民壯工食係本
縣撥給其餘均不在存留支款額徵之內 賦役全書
撥運時憲書銀一十兩七錢八分四釐二毫六絲解費銀五
分三釐九毫二絲一忽三微科舉銀五十五兩七分 康熙十七年裁銀二十七兩五錢三分五釐康熙二十六年奉文彙入起運項下造報 存銀二十七兩五錢三
分五釐解費銀二錢七分五釐三毫五絲 康熙十七年裁銀一錢三分七釐六毫七絲五忽康熙二十六年奉文彙入起運項下造報 存銀一錢三分七釐六毫七絲
五忽布政司表夫銀五兩 順治十四年裁銀二兩五錢 存銀二兩五錢 乾隆二十八年奉文停止另款解司充餉 應
朝長夫銀四兩 順治十四年裁銀二兩六錢六分六釐六毫 存銀一兩三錢三分三
釐四毫 康熙十七年裁康熙二十六年奉文彙入起運項下造報 本府撰表生員工食銀

一十八兩康熙五十六年奉裁另款解司充餉賦役全書

隨徵耗羨案會典事例每兩收耗銀一錢一分共徵耗羨銀三千一百六兩一錢七分五釐又加江夏縣撥歸漁課耗銀一兩六釐共應徵耗羨銀三千一百七兩一錢八分一釐遇閏加徵銀一十八兩九錢七分九釐八毫四絲雍正二年總督楊宗仁巡撫王士俊先後題准加一耗以爲養廉充公之費內支縣丞養廉銀八十兩典史養廉銀六十兩金子磯巡檢養廉銀六十兩　白滸鎮巡檢養廉銀六十兩共支佐雜養廉銀二百六十兩餘解司撥冊

雜稅項下湖洲雜課北京乾魚正銀九十二兩六分一釐每兩損銀九釐該銀八錢二分八釐五毫四絲九忽內長港江套河泊所正銀二十二兩四錢五分五釐損銀二錢二釐九絲五忽烏餬湖河泊所正銀一十兩三錢八分六釐損銀九分三釐四毫七絲四忽炭門湖河泊所正銀一十九兩八分四釐五毫損銀一錢七分四一釐七毫六絲五微磧磯湖河泊所正銀一十九兩八分四

武昌縣志卷四　賦役　卅四

釐五毫損銀一錢七分一釐七毫六絲五微西窪湖河泊所正銀二十一兩五分一釐損銀一錢八分九釐四毫五絲九忽

解南乾魚正銀一十四兩四錢五分五釐每兩損銀九釐該銀一錢三分九絲五忽內長港江套河泊所正銀三兩五錢二分五釐損銀三分一釐七毫二絲五忽烏餬湖河泊所正銀一兩六錢三分損銀一分四釐六毫七絲炭門湖河泊所正銀二兩九錢九分七釐五毫損銀二分六釐九毫七絲七忽五微磧磯湖河泊所正銀二兩九錢九分七釐五毫損銀二分六釐九毫七絲七忽五微西窪湖河泊所正銀三兩三錢五釐損銀二分九釐七毫四絲五忽炭門湖原編魚利銀改抵江夏縣鱏鰉魚鮓椒料銀二十兩四絲五忽七微五塵損銀二錢六分六釐七毫炭門湖掛綱

奉文豁免黃麻正銀三兩三錢每兩京損銀九釐該銀二分九釐七毫內長港江套烏餬炭門磧磯西窪五湖河泊所各正銀六錢六分損銀五釐九毫四絲

熟鐵正銀三百九十二兩四錢三分四釐一毫每兩京損銀九釐該銀三兩五錢三分一釐九毫六忽九微遇閏加銀一百二十五兩七錢三分九毫五絲內長港江套河泊所正銀七十四兩二錢七分五釐五毫損銀六錢六分八釐四毫八絲遇閏加銀一十八兩九錢五分七釐七毫一絲二忽五微烏餬湖河泊所正銀五十兩二錢六分一釐七毫五絲損銀四錢五分二釐三毫五絲六忽遇閏加銀一十六兩九錢五分四釐二毫二絲五忽炭門湖河泊所正銀九十二兩二錢六釐一毫損銀八錢二分九釐八毫五絲五忽遇閏加銀三十兩八錢五分四釐二絲五忽磧磯湖河泊所正銀六十一兩五錢三釐七毫損銀五錢五分三釐五毫三絲三忽遇閏加銀二十一兩七錢九毫七絲五忽西窪湖河泊所正銀一百一十四兩一錢八分七釐五絲損銀一兩二分七釐六毫八絲三忽遇閏加銀三十八兩二錢六分四釐一絲二忽五微

線膠正銀二十九兩一錢七分每兩京損銀九釐該銀二錢六分二釐五毫三絲遇閏加銀九兩七錢二分四釐內長港江套河泊所正銀六兩五釐損銀五分四釐四絲五忽遇閏加銀二兩一釐八毫五絲烏餬湖河泊所正銀三兩三錢五分損銀三分一毫五絲遇閏加銀一兩一錢一分六釐七毫五絲炭門湖河泊所正銀六兩一錢五釐損銀五分四釐九毫四絲五忽遇閏加銀二兩三分五釐磧磯湖河泊所正銀六兩一錢六分損銀五分五釐四毫四絲遇閏加銀二兩五分三釐五毫西窪湖河泊所正銀七兩五錢五分損銀六分七釐九毫五忽遇閏加銀二兩五錢一分六釐五毫

商稅門攤本府魚課鈔銀一百九十一兩二錢七分一釐

武昌縣志卷四　賦役　卅五

二毫除改抵江夏縣鱏鰉魚鮓椒料正損銀二十兩二錢六分六釐六毫四絲五忽七微五塵外實該徵銀一百七十一兩四釐五毫五絲四忽二微五塵遇閏加銀三十七兩九分四毫九絲八忽五微內長港江套河泊所銀一十八兩六錢四分五釐二毫七絲遇閏加銀六兩二錢一分五釐一毫六絲七忽烏餬湖河泊所銀一十六兩四分三釐九毫三絲遇閏加銀五兩三錢四分七釐九毫六絲五忽炭門湖河泊所銀除改抵外實該課鈔魚利銀五十八兩六錢四分五釐八絲四忽二微五塵遇閏加銀七兩九錢三分七釐二毫九絲三忽磧磯湖河泊所銀二十一兩五錢九釐八毫一絲遇閏加銀七兩一錢六分九釐九毫二絲八忽五微西窪湖河泊所銀五十六兩二錢六分四毫六絲遇閏加銀一十兩四錢二分一毫四絲五忽

本縣門攤鈔銀五十七兩三錢四分二釐無徵以上湖洲雜課共銀八百五兩八分二釐八毫二絲六忽六微五塵內除豁免並改鱏鰉魚鮓無徵銀九十七兩八錢七分五釐三毫九絲一忽五微實徵銀七百七兩二錢七釐四毫三絲五忽一微五塵遇閏加銀一百七十二兩五錢四分五釐四毫四絲八忽五微湖課原額正

銀一千三十一兩七錢遇閏加徵銀一百七十二兩五錢四分五釐檔冊　加增麂皮京損每秋糧一石派銀一絲四忽八微一塵三纖四渺九漠該銀四錢一分七釐六毫康熙三十年起至五十九年額外開墾首墾共銀二絲二微二塵八纖九渺三漠二項共銀四錢一分七釐六毫二絲二微二塵八纖九渺三漠賦役全書　蘆課各洲蘆課田地一百三十九頃二十七畝四分九釐六毫原課銀一百九十六兩四錢八分五釐二毫七絲康熙二年丈出地八十頃四十九畝五分六釐一毫增課銀一百一十一兩一錢六分二釐七毫九絲共田地二百一十九頃七十七畝五釐七毫內除泥坌沙灘水瑫不堪載課地三十二頃五十五畝五分四釐七毫外實在納課熟地稀蘆草塌地一百八十七頃二十一畝五分一釐十九年原額稀蘆草塌內加

增變則課銀二兩五錢二分三毫二十四年新增草塌二頃二十畝科銀二兩八錢七分八釐二十八年新增草塌蘆田一頃一十七畝四分四釐三毫科銀一兩五錢二分四釐七絲五忽三十三年新增稀蘆草塌地四頃五十四畝四分三釐科銀六兩七錢七分八釐三毫六絲三十八年新增草塌地五頃二十六畝五分四釐三毫科銀一十二兩四錢七分三釐三毫六絲一忽四十三年新增變則課銀六兩一錢二分七釐三毫四忽四十八年新增變則課銀三兩九分五十三年新增草塌地一頃七十畝科銀一兩七錢八分五十八年新增草塌地四十畝科銀一兩六錢六分五釐雍正二年新增變則課銀二兩八錢四分五釐七年新增麥地草塌草塌八十畝科銀一兩二錢十三年新增草塌九十畝科銀三

兩四錢二分乾隆四年新增草塌一頃一十畝科銀五兩四錢一分二釐九年新增蘆地一頃五畝五分科銀二兩四錢三分三釐十四年新增草塌地六頃六十二畝科銀四兩九錢三分二釐十九年新增草塌地一十二頃五十八畝五分科銀一十八兩六錢五分八釐二毫二十四年新增草塌地一十二頃八十二畝六分科銀八兩九錢四分四釐三毫二絲三忽二微二十九年新增蘆地三十七畝七分九釐六毫五絲四忽科銀一兩二錢五分八釐七毫二絲三忽八微八塵三十四年新增蘆地二頃八十二畝五分八釐四毫八絲科銀一十七兩八錢五釐四絲六忽二微三十九年新增草塌一頃六十一畝新增變則課銀二兩三錢九分八釐四十四年新增變則課銀一兩五錢四十九年新增課銀三兩五

錢六分一釐五十四年新增課銀八錢四分八釐五十九年新增課銀五錢二分二釐嘉慶四年新增課銀一十九兩五錢四分四釐九年新增課銀五錢六分二釐十四年新增課銀一兩二錢二分四釐十九年新增課銀一兩八分七釐二十四年新增課銀二兩三錢七分三釐以上共應徵課銀四百四十六兩一分一釐七毫五絲三忽二微八塵康熙三十三年坍卸草塌四頃九十三畝一分七毫二絲五忽開除無徵銀二兩九錢五分八釐六毫四絲三忽五微三十八年坍卸蘆草塌三頃八十三畝三分八釐五毫七絲五忽開除無徵課銀五兩九錢八分八釐九毫八絲六忽五微四十三年坍卸稀蘆地一頃五十九畝四分五釐八毫開除無徵銀三兩五錢八釐七絲六忽五十八年坍卸稀蘆地三十畝開除

無徵銀六錢六分乾隆四年坍卸熟地三十六頃五十六畝
七分三釐九絲開除無徵銀九十兩六錢五分一釐五毫九
絲二忽五微外十四年坍卸蘆地一十二頃二十五畝六分
二釐三毫開除無徵銀三十兩六錢四分五毫七絲五忽以
上蘆地一百八十三頃七十一畝六分二毫四絲四忽內有蘆地二十五頃四十六畝三分五釐一毫一絲係乾隆三十九年大丈案內於蘆洲冊額沿訛請展限徹底另辦奏明委員會丈勘明從前丈冊有多造及漏造地畝請以現在勘報核定項畝課銀實在確數為額乾隆四十四年奉准部覆正屆五年大丈所有增除地畝依核定額數計算實在蘆地一百五十八頃二十五畝二
分五釐一毫三絲四忽實徵銀一十一兩六錢四釐賦役全書
蘆課正銀二百一十九兩四錢三分九釐耗銀二十四兩一
錢三分八釐均全數解司丁漕指掌　牙帖稅銀四十六兩賦役全書
同治十二年奏銷冊報開牙稅銀一百六十五兩九錢丁漕指掌

當戶十座每座每年納銀五兩共徵稅銀五十兩每年開歇不一稅銀原無定額
田房稅契正額銀一十二兩三分盈餘銀兩儘徵儘解　額銷淮鹽八
千五十引每引改子鹽四十一包六分九釐六毫乾隆十三
年及十六年兩次加鹽二十斤共配鹽三百六十四斤改子
鹽四十四包一分二釐一毫每引納稅銀二分商人交納解
司撥用每年行銷原無一定嘉慶十年每引加鹽十斤道光十年再加十斤三十年改行淮南票鹽每引加二百斤加半完課始以六百斤成引咸豐初年江路梗塞川鹽充積於是抽釐充餉同治二年兩江總督曾國藩議復淮綱招商承票定每票五百引每引六百八十八斤仍照道光三十年課則加抽釐稅並課則完納漢口設立督銷總局又設分局分銷而州縣引額亦無定矣

倉儲

漕糧倉舊建於挂口百姓以轉運為勞明崇禎六年邑太僕
卿孟習孔請於巡撫唐　改建於省城鮎魚套舟泝逆流

補刊舊志所載湖課

長港烏翎等處四所五串并穀䅉原額共徵正銀九百九十
四兩四錢五分七釐八毫二絲九忽一微奉
旨攤派帶入丁正銀三十七兩二錢四分一釐九毫三絲四忽一微
八塵共徵銀一千三十一兩六錢九分九釐七毫六絲四忽
三微三塵三纖三渺一漠八茫三沙八灰遇閏加徵銀一百
七十二兩五錢四分五釐四毫四絲八忽五微共徵銀一千
二百四兩二錢四分五釐一毫一絲二忽八微三塵三渺一
漠八茫三沙八灰

長港江套河泊所

炭門湖河泊所

磧磯湖河泊所

西塞湖河泊所所官一員康熙年裁

湖東串

湖西串

梁子串

吳塘串

南張城串

西畈

倉儲

漕糧倉舊建於挂口百姓以轉運為勞明崇禎六年邑太僕
卿孟習孔請於巡撫唐　改建於省城鮎魚套舟泝逆流

民猶不便

國朝康熙八年知縣熊登擇縣東關外臨江高阜處建漕糧倉三十七間大堂一座後堂一重官厨一間案中有積穀倉二間同時建詳後總名曰便民倉凡詳請三四上始允其議熊志咸豐二年賊燬新纂

常平倉在東關外康熙八年知縣熊登建積穀倉二間續建六間乾隆間知縣宮大鵬增建三間乾隆二十六年知縣邵遐齡捐建四間邵志咸豐二年賊燬新纂案册載常平倉原額存儲穀七萬四千三百三十二石四斗八升二合三勺前經因公動用及被劫無存已於咸豐六年清查案內造報在案

社倉各里分建共三十六處雍正六年知縣張秉旭奉文勸捐惟賢二里未建今俱廢邵志

慶豐倉在縣北楊家巷咸豐二年賊燬新纂

裕民倉在縣署左咸豐二年賊燬新纂

武昌縣志卷四 賦役 完

預備倉在縣東久廢基址尚存邵志案熊志洪道鄉有東倉馬蹟鄉有南倉賢庾鄉有西倉俱廢

恆豐倉在縣署左卽裕民倉舊址光緒六年知縣蔡炳榮建現儲穀三千三百石零新纂

豫豐倉在縣西南一百二十里金牛鎮西街後光緒六年知縣蔡炳榮建倉十間正廳一間餘屋三間厢屋一間其基東抵大路下西抵郭姓山塹北抵倉屋後簷南抵門外餘基墈下爲界現儲穀一千六十餘石有經管條規在案新纂

善堂附

普濟堂在縣額收孤貧一十五名每名三兩一錢額載口糧布花銀三十一兩五錢嘉慶通志

漏澤園在縣西九曲亭下明正德間知縣陳璋設有義塚石坊一座今廢熊志

桑棗園明洪武初知縣謝叔賓置縣市七鄉各一所共八所今久廢熊志

育嬰堂在縣光緒三年知縣劉篤慶凌心垣暨紳士等創建育嬰義學諸善舉新纂案册載程道鑑捐田一石五升每年納租十六石八斗本堂價買田九斗六升七合五勺每年納租二十石地課四百文知縣陳延益並各典鋪捐置小北門外市房一所張炳文捐縣市西嶺基屋一所爲義學周大有捐田六斗每年納租十四石地課錢一串一百文新麥三斗五升毛文彬捐田一斗五升每年納租二石七斗晚穀一石二斗五升周徽文捐錢四十千文本堂加錢十千文契買商牆巷陳承純屋一重三間每年納租千文彭瑞卿捐西洋畈田一斗五升每年納租二石四斗

武昌縣志卷四 倉儲 手

武昌縣志卷四

武昌縣志卷五

通禮

社稷皆
社右
稷左異位同
壇（案會典社稷壇皆北嚮爲大祀）歲以春秋仲月上戊日致祭以長官主之長官
有故則佐貳以次攝在城文官丞史武官把總皆與祭眡割
牲省齍盛以丞若史一人糾儀以教諭訓導二人司香司帛
司爵司祝司饌以椽史通贊引贊引班以學弟子員嫺禮儀
者充之前期主祭官曁陪祭執事官各於公廨致齋三日埽
除
壇壝内外祭之前夕掌饌潔備品物置案於

神厨設香燭眡割牲官公服詣案前上香行三叩禮畢宰人牽
牲告腯遂割牲以豆取毛血瘗於坎及祭之日雞初鳴執事
人入設案一於
壇上正中北向陳鉶二實和羹簠二實稻粱簋二實黍稷籩四實
形鹽棗栗鹿脯豆四實菁菹鹿醢芹菹兔醢若不能備各就
土所有以其類充案前設俎陳羊一豕一又前設香案一陳
祝文香盤鑪鐙左設一案東向陳篚一實帛二尊一爵六又
設福胙於尊爵之次司祝一人司香帛二人司爵二人位案
西東面階下之東設洗當階爲主祭官拜位其後爲陪祭官
拜位文東武西（班與外朝賀禮同）通贊二人位階下左右糾儀官二
人分位陪祭官左右均東西面漏未盡主祭官及陪祭官與
服畢集

壇外引贊二人引省齍官入
壇徧眡牲器酒齊饌者告潔退左右引班二人引陪祭官入東西
序立東班西面西班東面引贊二人引主祭官入至階下盥
手通贊贊執事者各司其事贊就位引贊引主祭官引班引
陪祭官咸就拜位立贊迎
神引主祭官升詣香案前跪司香跪奉香主祭官三上香興贊復
位引主祭官降階復位立贊跪叩興主祭官曁陪祭官行三
跪九叩禮贊初獻引主祭官升詣
神位前跪司帛跪奉篚主祭官受篚恭獻仍授司帛興奠於案司
爵跪奉爵主祭官受爵恭獻仍授司爵興分詣
社
稷位前各奠正中皆退贊讀祝引主祭官詣香案前跪陪祭官皆

跪司祝三叩興奉祝文跪於右讀曰維某年月日某官某致
祭於
社
稷之神曰惟
神奠安九土粒食萬邦分五色以表封圻育三農而蕃稼穡恭承
守土肅展明禋時屆仲（春秋）敬修祀典庶九九松柏鞏磐石於
無疆翼翼黍苗佐神倉於不匱尙
饗讀畢三叩興以祝文復於案退贊叩興主祭官曁陪祭官
三叩興贊復位引主祭官降階復位立贊亞獻引主祭官升
詣
神位前獻爵於左贊終獻獻爵於右均如初獻儀贊
賜福胙引主祭官升詣香案前跪司爵跪進福酒於右主祭官受

爵拱舉司爵接爵與司饌跪進豆肉於左主祭官受豆拱舉
司饌接豆與各退贊叩興主祭官三叩興贊復位引主祭官
復位立贊送
神贊跪叩興主祭官暨陪祭官行三跪九叩禮贊徹饌執事官徹
饌贊瘞祝帛執事官奉祝次香次帛次饌詣瘞所禮畢各退
大清通禮
先農壇歲以仲春亥日致祭或用季春主祭陪祀文武官及各執事人
均如祭
社稷之禮先二日主祭陪祭執事各官致齋公所埽除
壇上下祭日雞初鳴執事人入設
先農神案於
壇正中南向陳鉶一簠二簋二籩豆各四案前設俎陳羊一豕一

又前設香案一陳祝文香盤鑪鐙左設一案東向陳帛一尊
一爵三陳福酒胙肉於尊爵之次設洗於階下之東質明引
班引陪祭官入引贊引主祭官入通贊贊執事者各司其事
贊就位引主祭官至階下盥手就拜位立陪祭官按班就東
西拜位立均北面迎
神上香讀祝行三獻禮祝辭曰維某年月日某官某致祭於
先農之神曰惟
神肇興稼穡粒我烝民頌思文之德克配彼
天念率育之功陳常時夏茲當東作咸服先疇洪惟
九五之尊歲舉
三推之典恭膺守土敢忘勞民謹奉彝章聿修祀事惟願五風十
雨嘉祥恒沐

神庥庶幾九穗雙歧上瑞頻書大有倘
饗餘儀與祭
社稷同祭畢率屬行耕耤禮通禮
釋奠
先師孔子之禮歲以春秋於月上丁將事先二日詣犧牲所眡牲
承祭分獻各官案通禮州縣以長官爲正獻其貳及所屬兩廡分獻崇聖祠皆教諭正獻前後兩廡皆食餼學弟子員各一人分獻致齋二日用白紙糊版墨書祝文送至
神庫黃案上安設一跪三叩退先一日豫鑿坎於宰牲亭之西
設香案一於宰牲亭外承祭官朝服詣案前上香監眡宰割
牲以豆取毛血瘞於坎夜分率屬入具器陳
先師位前牛一羊一豕一登一鉶二簠二簋二籩十豆十鑪一鐙
二

四配位前各羊一豕一鉶二簠二簋二籩八豆八鑪一鐙二
十二哲位前鉶一簠一簋一籩四豆四東西各羊一豕一鑪一
鐙二殿中設一案少西北向供祝版其南東設一案西向陳
禮神制帛九色白香盤四尊三爵二十有七西設一案東向陳
禮神制帛八色白香盤三尊二爵二十有四凡牲陳於俎凡帛
正位
四配異篚
十二哲東西共篚凡尊實酒承以舟疏布冪勺具東廡二位同
案每位爵一實酒每案簠一簋一籩四豆四
先賢案前羊二豕二香案一鑪一鐙二
先儒案前羊一豕一香案一鑪一鐙二設案一於南北向陳禮
神制帛二色白香盤二尊三虛爵六俎篚冪勺具西廡陳設同

崇聖祠
正位前各羊一豕一鉶二簠簋各二籩豆各八鑪一鐙二
配位前簠一簋一籩四豆四東西羊豕各一鑪一鐙二中設一
案少西供祝版東設一案陳禮神制帛五白色香盤五尊四爵
十有五西設一案陳禮神制帛四白色香盤四尊三爵十有二
兩廡東二案西一案每位爵一實酒每案陳設簠簋籩豆羊
豕鑪鐙如配位之數各南設一案陳禮神制帛一白色香盤一
尊一虛爵三俎篚幂勺皆具設洗於大次之外設中和韶樂
於殿外兩階金鑄鐘一編鐘十有六在東玉特磬一編磬十
有六在西皆縣以虡業東應鼓一柷一麾一西敔一東西分
列琴六瑟四簫六篴一箎四排簫二塤二笙六搏拊二旌二
羽籥三十有六設洗於

崇聖祠階下之東如式正祭日學官先詣
崇聖祠行禮其儀同正祭無樂止設鼓吹禮畢承祭分獻陪祀
各官入兩旁門序立贊引生導承祭官至盥洗處盥手畢引
至台階下立典儀贊樂舞生就位執事者各司其事分獻官
陪祀官各就位贊引生贊就位承祭官就拜位立分獻官隨
後立闢戶迎神典儀贊舉迎神樂奏昭平之章辭曰大哉孔
子先覺先知與天地參萬世之師祥徵麟紱韻答金絲日月
既揭乾坤清夷樂作贊引生贊跪叩興承祭官陪祀官分獻
官俱行三跪九叩禮興樂止典儀贊奠帛行初獻禮贊舉初
獻樂奏宣平之章辭曰予懷明德玉振金聲生民未有展也
大成俎豆千古春秋上丁清酒既載其香始升舞羽籥之舞
樂作贊引生贊陞壇導承祭官由東階進殿左門案凡進從東上退由西下贊引生贊詣
先師位前承祭官至案前立贊引生贊跪叩興承祭官行一跪一
叩禮興贊引生贊奠帛奉帛生奉帛跪進承祭官受帛拱舉
立獻畢贊引生贊獻爵執爵生奉爵跪進承祭官受爵拱舉
立獻畢行一跪一叩禮不贊贊引生贊詣讀祝位承祭官詣讀
祝位立讀祝生至祝案前一跪三叩興奉祝版立於案左樂
止贊引生贊跪承祭官讀祝生分獻陪祀各官俱跪贊讀祝
讀祝生讀祝辭曰惟某年月日某官某致祭於
至聖先師孔子曰惟
先師德隆千聖道冠百王揭日月以常行自生民所未有屬
文教昌明之會正禮和樂節之時辟雍鐘鼓咸恪薦以馨香泮
水膠庠益致嚴於籩豆茲當仲春秋祇率彝章肅展微忱聿將

祀典以
復聖顏子
宗聖曾子
述聖子思子
亞聖孟子配尚
饗讀畢奉祝版至
正位前案上跪安帛匣內三叩退樂作贊引生贊叩興承祭官及
各官行三叩禮興贊引生贊詣
復聖顏子位前承祭官就案前立贊引生贊跪叩興承祭官行
一跪一叩禮興贊引生贊奠帛奉帛生跪進於案左承祭官
受帛拱舉立獻案上贊引生贊獻爵執爵生跪進於案左承
祭官受爵拱舉立獻案上行一跪一叩禮不贊贊詣

宗聖曾子位前
述聖子思子位前
亞聖孟子位前獻爵獻帛如前儀其
十二哲分獻官陞壇奠帛獻爵俱照承祭官行禮兩廡分獻官
亦照承祭官行禮畢贊引生贊復位各官復位立樂止典儀
贊行亞獻禮贊舉亞獻樂奏秩平之章辭曰式禮莫愆升堂
再獻響協鼖鏞誠孚罍甗肅肅雍雍譽髦斯彥禮陶樂淑相
觀而善樂作有舞贊引生贊陞壇獻爵於左如初獻儀贊引
生贊復位各官復位立樂止典儀贊行終獻禮贊舉終獻樂
奏敘平之章辭曰自古在昔先民有作皮弁祭菜於論思樂
惟天牖民惟聖時若彝倫攸敘至今木鐸樂作有舞贊引生
贊陞壇獻爵於右如亞獻儀贊引生贊復位各官復位立樂

止文舞退典儀贊飲福受胙贊引生贊詣受福胙位承祭官
至殿內立奉酒胙生二員自東案奉酒胙至
正案前拱舉至飲福胙位右旁跪接酒胙生二員在左旁跪贊引
生贊跪承祭官跪贊飲福酒右一員跪遞福酒承祭官受爵
拱舉授於左跪接爵生贊受胙如飲福酒之儀贊引生贊叩
興承祭官三叩興贊復位承祭官復位立次行謝福胙禮贊
引生贊跪叩興承祭官分獻官陪祀官俱行三跪九叩禮興
典儀贊徹饌贊舉徹饌樂奏懿平之章辭曰先師有言祭則
受福四海黌宮疇敢不肅禮成告徹毋疏毋瀆樂所自生中
原有菽樂作徹訖樂止典儀贊送
神贊舉送神樂奏德平之章辭曰鳧繹峩峩洙泗洋洋景行行止
流澤無疆聿昭祀事祀事孔明化我蒸民育我膠庠樂作贊

引生贊跪叩興承祭分獻陪祀各官皆行三跪九叩禮興樂
止典儀贊奉祝帛饌各恭詣燎位奉祝生奉帛生至各位前
一跪三叩奉起祝文在前帛次之奉饌生跪不叩頭奉起在
後俱送至燎位承祭官退至西旁立候祝帛饌過仍復位立
典儀贊望燎贊舉望燎樂德平後闋樂作贊引生贊詣望燎位導
承祭官至燎位立祝帛焚訖樂止贊禮官贊禮畢退會典通禮
崇聖祠同時致祭贊引生引承祭官教諭正獻前後兩廡皆食餼學弟子員各一人分獻
入祠垣左門引分獻官隨入承祭官詣階下盥手典儀贊執
事者各司其事贊引生贊就位引承祭官分獻官就位立典
儀贊迎
神司香奉香盤就各香案前立贊引生贊就上香位引承祭官升
東階入殿左門贊詣

肇聖王位前贊跪承祭官跪行一叩禮興贊上香司香跪奉香承
祭官上炷香三上瓣香跪行一叩禮興贊不次詣左右
正位前跪上香儀同降階復位贊引生引分獻官升東西階入殿
左右門分詣
配位前跪上香如儀降階復位引兩廡分獻官分詣兩廡
從位前跪上香復位均如前儀贊引生贊跪叩興承祭官分獻
官行三跪九叩禮興典儀贊奠帛爵行初獻禮贊引生引承
祭官升階贊詣中案前贊跪承祭官跪行一叩禮興司帛跪
奉篚承祭官受篚拱舉奠於案司爵跪奉爵承祭官受爵拱
舉奠於墊中跪行一叩禮興贊不以次詣左右案前跪奠帛獻
爵儀同贊引生贊就讀祝位引承祭官詣拜位立司祝至祝
案前跪三叩奉祝版跪案左贊跪承祭官分獻官皆跪贊讀

祝司祝讀祝辭曰維某年月日某官某致祭於
肇聖王
裕聖王
詒聖王
昌聖王
啓聖王曰惟
王奕葉鍾祥光開聖緒盛德之後積久彌昌凡聲教所覃敷率循
源而溯本宜肅明禋之典用申守土之忱茲届仲春秋事修祀
事配以
先賢顔氏
先賢曾氏
先賢孔氏

先賢孟孫氏尚
饗讀畢興奉祝版跪安
肇聖王位前篚內三叩興退贊引生贊叩興承祭官分獻官行三
叩禮興贊復位引承祭官出降階復位贊引生引正殿分獻
官升東西階入殿左右門詣
配位前引兩廡分獻官分詣兩
從位前跪奠帛獻爵興復位均如正獻儀亞獻各獻爵於左終
獻各獻爵於右均如初儀典儀贊徹饌有司徹饌畢贊送
神贊引生贊跪叩興承祭官分獻官行三跪九叩禮興典儀贊奉
祝帛饌送燎司祝司帛司香司爵各奉祝帛香饌以次恭送
燎位如儀承祭官避立西旁俟過復位贊禮生引詣燎所眡
燎贊禮畢仍引由祠垣左門出各退通禮

月朔釋菜之禮教諭訓導等官分班行禮司香司帛引贊通
贊以肄業諸生執事其日夙興啓殿門及東西廡門率廟戶
潔埽內外展
神幄拂拭
神案每案陳菜棗栗各一豆鑪一鐙二設案一於殿內之東陳香
盤七尊一每位爵一又設案於東西兩廡之南各陳香盤三
尊一每位爵一凡尊實酒冪勺具司香司爵立於案旁設洗
於階下之東通贊二人立於殿內東西楹二人立於殿外東
西階上皆公服質明正獻分獻官朝服諸生吉服齊集門引
贊引由
大成門左側門入及庭內通贊贊就位咸就位北面立通贊贊
跪叩興教諭以下行三跪九叩禮興贊行釋菜禮引贊引教

諭詣階東盥手升東階入殿左門詣
先師位前司香奉香盤從引贊贊跪教諭跪通贊贊上香司香跪
奉香教諭三上香興退詣尊案前眡注酒司爵舉冪酌酒實
爵引贊引教諭復詣
先師位前司爵執爵從引贊贊跪教諭跪通贊贊獻爵司爵跪奉
爵教諭受爵拱舉以授司爵興獻於正中退教諭興以次詣
四配位前跪上香獻爵儀同贊復位引教諭退降階復位初迎
神時引贊引分獻官二人盥手升東西階入殿左右門詣
十二哲位前跪上香獻爵畢降階復位均如儀兩廡引贊引分
獻官二人盥手詣
先賢
先儒位前跪上香獻爵畢復位儀同通贊贊跪叩興教諭率諸

生均行三跪九叩禮畢各退
崇聖祠正獻兩廡分獻執事以諸生行禮儀節同
望日上香之禮然鐙設香盤於殿內及兩廡各案肄業生司
香各一人立於案前設洗於階東質明教諭訓導朝服率諸
生吉服入
大成門左側門階下就位如釋菜之儀通贊贊行上香禮引贊
引訓導盥手升東階入殿左門詣
先師位前引贊贊跪訓導跪通贊贊上香司香跪奉香訓導三上
香興引詣
四配位前以次跪上香畢贊復位引訓導退降階復位引贊引
分獻二人盥手升階分詣兩序
十二哲位前跪上香畢降階復位均如儀引分獻二人盥手分

詣兩廡
先賢
先儒位前跪上香畢復位儀同通贊贊跪叩興教諭以下行三
跪九叩禮畢各退
崇聖祠正殿兩廡上香儀同 通禮
忠義孝弟
節孝
名宦
鄉賢四祠歲春秋釋奠禮畢教諭一人公服詣祠致祭是日
清晨廟戶啓祠門拂拭神案執事人入陳羊一豕一籩四豆
四鑪一鐙二陳祝文於案左陳壺一爵三帛一香盤一於案
右引贊二人引主祭官入詣案前北面立禮生自右奉香盤

主祭官三上香訖引贊贊跪叩興主祭官跪三叩興禮生自
右授帛主祭官受帛拱舉仍授禮生獻於案上禮生挈壺酌
酒實爵自右跪授爵主祭官受爵拱舉仍授禮生興獻於正
中讀祝者取祝文跪案左引贊贊跪主祭官跪讀祝辭曰維
某年月日某官某致祭於
忠義孝弟之靈曰維
靈稟賦貞純躬行篤實忠誠奮發貫金石而不渝義問宣昭
表鄉閭而共式祗事懋彝倫之大性摯莪蒿克恭念天顯之
親情殷棣萼模楷咸推夫懿德
綸恩特闡其幽光祠宇維隆歲時式祀用陳尊簋來格几筵尚
饗讀畢以祝文復於案退主祭官俯伏興執事者酌酒獻於
左又酌酒獻於右退引贊贊跪叩興主祭官跪三叩興執事

者以祝帛送燎引贊引主祭官出執事者徹皆退各祠致祭
儀同
節孝祠祝曰維某年月日某官某致祭於
節孝之靈曰惟
靈純心皎潔令德柔嘉矢志完貞全閨中之亮節竭誠致敬
彰閫內之芳型茹冰檗而彌堅清操自勵奉盤匜而匪懈篤
孝傳徽
絲綸特沛乎殊恩祠宇昭垂於令典祗循歲祀式薦尊醪尚
饗 通禮
致祭
關帝之禮歲以春秋仲月及五月旬有三日致祭前殿咸豐四年
升入中祀奉頒正後殿五月額祭及春秋告祭祝文樂章樂

用六成舞用六佾典禮與祭
先師孔子同神牌紅飾金書清漢合璧春秋二祭祝辭曰維某年
月日某官某致祭於
忠義神武靈佑仁勇威顯護國保民精誠綏靖翊贊關聖大帝之
神曰惟
神星日英靈乾坤正氣允文允武紹聖學於千秋至大至剛顯神
威於六合仰威靈之赫濯崇典禮於馨香茲當仲春秋用昭時
饗惟祈
昭格克鑒精虔尚
饗五月十三日告祭祝辭曰惟
神九宇承庥兩儀合撰崧生嶽降溯誕聖之靈辰日午天中屆恢
台之令序聰明正直壹者也千秋徵肸蠁之隆盛德大業至

矣哉六幕肅馨香之薦爰循懋典式展明禋苾芬時陳精誠
鑒格尚
饗迎
神奏格平之章辭曰懿鑠兮焜煌神威靈兮赫八方偉烈昭兮纍
禋祀事明兮永光達精誠兮黍稷馨香儼如在兮洋洋奠帛
初獻奏翊平之章辭曰英風颯兮神格思紛綺蓋兮龍旗斛
桂醑兮盈卮香始升兮明粢惟降鑒兮在茲流景祚兮翊昌
時亞獻奏恢平之章辭曰觴再酌兮告虔舞干戚兮合宮懸
歆苾芬兮瀲灩扇巍巍顯翼兮神功宣終獻奏靖平之章辭曰
孌兮三申羅籩篚兮畢陳儀卒度兮肅明禋神降福兮宜
民宜人徹饌奏彝平之章辭曰物惟備兮咸有明德惟馨兮
神其受告徹兮禮終圖咨佑我家邦兮孔厚送

神奏康平之首章辭曰幢葆葳蕤兮神聿歸馭鳳軫兮驂虯騑降
烟熅兮餘馥馡願回靈盼兮德洽明威望燎奏康平之次章
辭曰焄蒿烈兮燎有煇神光遙爓兮祥雲霏祭受福兮茂典
無違庶揚駿烈兮永奠疆畿通禮
啓聖祠祀
光昭王正中南向
裕昌王東南向
成忠王西南向陳設典禮同
崇聖祠春秋二祭祝辭曰維某年月日某官某致祭於
光昭王
裕昌王
成忠王曰惟

王世澤覃庥令儀裕後靈鍾河嶽篤生神武之英誠溯淵源宜切
尊崇之報班爵超躬桓而上升香肅俎豆之陳茲值仲春秋爰
修祀事尚祈
昭鑒式此苾芬尚
饗五月十三日告祭祝辭曰惟
王迪德承家累仁昌後崧生嶽降識毓聖之有基木本水源宜推
恩之及遠封爵特超於五等馨香永薦於千秋際仲夏之屆
時命禮官而將祀惟祈
昭格鑒此精虔尚
饗通禮
致祭
文昌之禮嘉慶六年奉

特旨崇祀歲以二月三日暨秋仲月諏吉將事咸豐六年升入中祀
加春秋二祭二月三日
聖誕與禮神牌與
關帝廟同春秋二祭祝辭曰某年月日某官某致祭於
文昌帝君曰惟
神道闡苞符性敦孝友並行並育德侔天地以同流乃聖乃神教
炳日星而大顯仰鑒觀之有赫示明德之惟馨茲當仲春秋月
昭時享惟祈
歆格克鑒精虔尚
饗二月初三日告祭祝辭曰惟
神功參稾禴撰合乾坤溯誕降之靈辰三台紀瑞虔中和之令節
九宇承暉若日月之有光明闡大文於孝友如天地無不覆

幬感孚治於馨香爰舉上儀敬陳芳薦精禋罔斁
神鑒式臨尚
饗迎神奏丕平之章辭曰秉氣兮靈躔翊文運兮赫中天蜺旌
兮戾止雕俎兮告虔迓神庥兮奏管絃昭聖德兮於萬斯年
奠帛初獻奏俶平之章辭曰神之來兮遝蓋式陳神之格兮
几筵式親極昭彰兮靈既致蠲潔兮明禋升香兮伊始居歆
兮佑我人民亞獻奏煥平之章辭曰再酌兮瑤觴燦爛兮庭
燎之光申虔禱兮神座儼陟降兮帝旁粢醴潔兮齋遬將毅
景運兮靈長終獻奏煜平之章辭曰禮成三獻兮樂奏三終
覃敷元化兮繫神功馨香達兮肸蠁通歆明德兮昭祭貢衷
徹饌奏懿平之章辭曰備物兮惟時告徹兮終禮儀神悅懌
兮鑒在茲垂鴻佑兮黎洽重熙送神奏蔚平之首章辭曰雲

駢駕兮風旗招神之歸兮天路遙瞻翠葆兮企丹霄顧迴靈
眷兮福我朝望燎奏蔚平之次章辭曰烟熅降兮元氣和神
光燭兮梓潼之阿化成者定兮櫜弓戢戈文治光兮受福則
那後殿祭儀與祭
啓聖祠同春秋祭祝辭曰維某年月日某官某致祭於
文昌帝君
先代之神曰惟祭引先河之義禮崇反本之思矧夫世德彌光延
賞斯及祥鍾累代炯列宿之精靈化被千秋偉人文之主宰
是尊後殿用達前庥茲值仲春秋肅將時事用申昔潔
神其格歆尚
饗二月初三日告祭祝辭曰惟
文昌帝君道備中和神超亭毒冥貽謀而永紹欽毓聖之有基寔

漢昭回際嶽降崧生之會馨香感格與水源木本之思式孚
明禋用光彝典尚祈
神鑒享此清芬尚
饗通禮
神祇壇祀
雲雨風雷境內
山川
城隍之神歲春秋仲月諏吉致祭在城文武各官皆與主祭官
陪祭官暨各執事並同
社稷致祭之禮設案一於
壇正中南向
雲雨風雷神位居中境內

山川神位左
城隍神位右案陳鉶一簠二簋二籩豆各四案前設俎陳羊一
豕一又前設香案一陳祝文香盤鑪鐙西設一案陳帛七尊
一爵二十有一福酒胙肉陳於尊俎之次祭祀儀節祀官及
執事官序位並如
社稷壇儀祭日有司供具執事人豫人序立引班引陪祭官入引
贊引主祭官入通贊贊執事者各司其事贊就位引主祭官
至階下盥手就拜位立陪祭官按班就東西拜位立均北面
迎
神上香讀祝行三獻禮祝辭曰維某年月日某官某致祭於
雲雨風雷
山川
城隍之神曰惟
神贊襄天澤福佑蒼黎佐靈化以流行生成永賴乘氣機而鼓盪
溫肅攸宜磅礴高深長保安貞之吉憑依鞏固實資捍禦之
功幸民俗之殷盈仰
神明之庇護恭修歲祀正直良辰敬潔豆籩祗陳牲幣尚
饗餘儀節與祭
社稷同（通禮）
歲孟夏後諏吉雩祭陳設儀注同前若閒不雨及潦諏宜祀
之辰具祝文（隨時撰擬）備牲牢籩豆香帛尊爵鑪鐙守土官率屬
素服虔禱爲民請命行禮儀節與常祀同既應而報陳設供
具朝服行報祀禮儀節均與祈祀同（通禮）
歲三月寒食節七月望日十月朔日祭厲壇於城北郊前期

守土官飭所司具香燭公服詣
神祇壇以祭厲告本境
城隍之位上香跪三叩興退至日所司陳羊三豕三米飯三石
尊酒楮帛於祭所設燎鑪於壇南黎明禮生奉請
城隍神位入壇設於正中香案一鑪鐙具贊禮生二人引守土
官公服詣
神位前贊跪守土官跪贊上香守土官跪上香贊叩興守土官
三叩興退執事者焚楮帛守土官詣燎鑪前祭酒三爵退禮
生仍奉
城隍神位還
神祇壇（通禮）
火神廟爲羣祀每歲四月十五日備祭器具祝版陳牛一羊一

豕一果實五盤禮神制帛（色赤）一罇一爵三知縣率僚屬入廟行
三跪九叩禮祝辭曰惟
神介司赤帝德炳離明居此良辰爰修專祀鑒茲特典綏厥蒸
民尚
饗（新纂）
呂祖舊封演正警化孚佑純陽帝君嘉慶十年十一月奉
旨加封燮元贊運四字於演正等字之上各省府州縣歲以春秋
二仲月辛日致祭陳設果品核桃棗荔枝圓眼栗各一盤饅
首五盤餅四盤高頂一盤印官暨僚屬補服行二跪六叩首
禮（新纂）
猛將軍劉承忠雍正二年
敕直省建劉猛將軍廟每歲春秋守土官具祝文（隨時擬撰）香帛羊一

豕一尊一爵三陳設祠內如式質明守土正官一人朝服詣
祠行禮通禮咸豐七年
敕封保康劉猛將軍同治四年
加封保康普祐劉猛將軍檔册案將軍諱錡字信叔事跡見宋史景定府曾以掃蕩袄蝗敕封爲揚威侯天曹猛將軍
三大節朝賀之禮元旦萬壽聖節長至節凡賀長至以南郊次日守土官
豫於公所正中恭設
皇帝萬歲龍牌於亭南向設香案於亭之南其日五鼓有司設燎
於庭設鐙於門廡州縣用教官一人糾儀學弟子員二人通贊二人引
班文東武西立位東西面北上拜位北面東班西上西班東
上重行異等糾儀官位班行之北通贊引班位糾儀官之南
皆東西面夜漏未盡朝服畢會質明引班引入至丹墀內東
西序立通贊贊齊班引班分引至拜位前立贊進少進贊跪
叩興羣官行三跪九叩禮畢引退通禮恭遇

皇太后萬壽聖節
皇后千秋聖節儀注同上同崇德元年定元日前三日起至第九日
止上元節十四日起十六日止各官咸朝服順治二年定元
日前後七日百官咸朝服十一年題准上元日前後三日百
官朝服不理刑名不辦事遇有要事仍辦理康熙二十二年
題准
萬壽聖節前後七日羣臣咸朝服不理刑名照常辦事會典
詔下直省之禮工部給龍旗繖仗前導所經府州縣五里之內文
武官朝服跪迎軍民伏道右候有司豫於公廨設屏南向屏
前設

詔案又前設香案二東設臺階下爲文武官拜位文東武西如朝
賀儀紳士班於文官之末耆老軍民集於武官之末皆北面
宣詔官一人展詔官二人立臺下西面通贊者立香案左右
引禮生立百官班位左右皆東西面
詔及郊守土官備龍亭旗仗出迎使者承
詔書以架奉陳龍亭內乘馬後隨鼓樂前導同城文武大僚率所
屬文武官朝服出迎道右跪候過興先至公廨門外序立紳
士耆老軍民畢會
詔至門跪如初禮使者下馬從龍亭入衆隨入使者奉
詔書陳於案退立案東西面引禮生引羣官就位北面立通贊二
跪叩興衆行三跪九叩禮贊宣
詔使者奉

詔授宣詔官復位立宣詔官跪接登臺展詔官二人從升均西面
展
詔書宣讀訖復於案皆降衆聽贊復行三跪九叩禮如初退使者
以
詔授督撫恭鐫謄黃頒所屬州縣營汛至日宣布軍民均與省會
儀同通禮
歲居頒朔之日各省文武官受朔是日首縣於督撫署內向
闕列屏設案布政使以所刊時憲書案直省布政使各須給欽天監時憲書印封藏庫中歲四月頒來歲時憲書式於直省布政使刊刻成書鈐用監印孟冬月頒朔由府行縣設於龍亭鼓吹
前導舁詣公署恭陳於案質明文武官朝服畢會通贊二齊
班引禮二人引各官文東武西如朝賀儀贊跪叩興衆行三
跪九叩禮興以次祗受贊書畢各退布政使分發轉行所屬

州縣衛標營到日行禮祇領與省會同遂頒布於民間(通禮)

直省迎春之禮先立春日各府州縣於東郊造芒神土牛立春在十二月望後芒神執策當牛肩在正月朔後當牛腹在正月望後當牛膝示民農事早晚居立春日吏設案於芒神春牛前陳香燭果酒之屬案前布拜席通贊執事者與席左右立府州縣正官率在城文官丞史以下朝服畢詣東郊立春時至通贊贊行禮正官一人在前餘以序列行就拜位贊跪叩興衆行一跪三叩禮執事者舉壺爵跪於正官之左正官受爵酌酒酹酒三授爵於執事者復行三叩禮衆隨行禮興迺舁芒神土牛鼓樂前導各官後從迎入城置於公所各官執彩杖環立樂工擊鼓擊土牛三迺各退(通禮)

東郊

先農壇側擇沃壤爲耤田歲仲春吉亥(或用季春)有事

先農之日正官率丞史耕耤是日知縣眂土宜備穀種青箱朱鞭耒服耜勵牛及他農器耕器豫陳耕所耆老率農夫披蓑戴笠竢於田間通贊學弟子員分立田首又向

闕張畫屏設香案一南向通贊立香案之南引班教諭訓導立通贊之南皆東西面致祭

先農(儀詳前)禮畢各官易蟒袍詣耤田通贊贊行耕耤禮知縣以下就耕所執事者受耒耜與鞭皆右秉耒左執鞭進耕以耆老二人執種箱一人播種耆老一人牽牛農夫二人扶犁各九推九返畢釋鞭耒以次序立田首西面北上農夫遂終畝告畢事各官補服望

闕立通贊贊齊班引班分引知縣以下至香案前按班序立重

行北面耆老農夫稍遠列行北面隨立贊跪叩興行三跪九叩禮與各退(通禮)

歲孟春望日孟冬朔日舉鄉飲酒之禮於學宮以知縣爲主人以鄉之年高六十以上有德行者一人爲賓其次一人爲介又其次爲衆賓以教官一人爲司正學弟子習禮者二人司爵二人贊禮二人引禮一人讀律令僚佐皆與前期戒賓賓禮辭許戒介亦如之先一日司正率執事者詣講堂肄儀布賓席於堂西北南向主人席於東南西向介席於西南東向衆賓之長三人席於賓西南向東上皆專席不屬衆賓席於西序東向僚佐席於東序西向皆北上司正席於主人之東北向(如有鄉大夫來觀禮者坐於東北省會一品席南向二三品席西向府州縣三品以上席南向四五品席西向無則闕之不立)一僎二僎三僎之名設律令案一於主介閒正中東西肆又

設尊案一於東序端南北肆樂部和聲署設樂縣於西階下如儀居日質明執事者入具饌設尊於案實酒於尊加冪勺觶爵在尊北讀律者奉律令陳於中案既辦主人率司正及僚屬咸朝服入迺使人速賓介主人立東階下西面僚佐序立於主人之後西面北上司正讀律令者立僚佐之南北面西上贊禮者一人立東階下又一人立庠門之外均西面居時賓介盛服至庠立於庠門外之右介居賓南衆賓居介南皆東面北上執事者以賓至告於主人主人出迎賓西面揖賓介以下東面答揖主人入門左賓揖介介揖衆賓以次入門右當階主人揖及階揖賓皆答揖主人與賓讓升三讓賓三辭主人升賓迺升主人東階上賓西階上贊者贊拜主人西面再拜賓東面答拜興即席主人降階延介一讓升介升

拜如賓禮就位主人迺延衆賓衆賓以次皆升主人揖賓長
皆答揖衆賓卽席主人率僚佐以下咸卽席贊禮者贊揚觶
執事者引司正由東階升詣堂中北面立賓介皆起立贊揖
司正揖賓介以下答揖司爵詣酒尊所舉冪酌酒於觶進授
司正司正揚觶而語曰恭惟
朝廷率由舊章敦崇禮教舉行鄉飲非爲飲食凡我長幼各相
勸勉爲臣盡忠爲子盡孝長幼有序兄友弟恭內睦宗族外
和鄉黨無或廢墜以忝所生讀畢贊者贊司正飲酒司正立
飲畢以觶授執事者反於案贊揖司正揖賓介以下皆揖司
正復位賓介以下皆坐贊讀律令執事者舉律令案於堂中
引禮引讀律令者就案前北面立賓介主人以下聽贊咸起
立旅揖如司正揚觶禮迺讀律令曰律令凡鄉飲酒序長幼

論賢良高年有德者居上其次序齒列坐有過犯者不得干
與違者罪以違制失儀則揚觶者以禮責之讀畢復位賓主
以下皆坐贊者贊供饌執事者舉饌案於賓前次介次主人
衆賓以下徧舉訖贊獻賓主人起離席北面立司爵詣酒尊
所酌酒實爵授主人主人受爵詣賓席奠於案稍退賓避席
立於主人之左贊拜主人再拜賓答拜皆復位立贊賓酢主
人賓離席司爵酌酒授賓賓受爵介從詣主人席前拜送爵
主人答拜如前儀復位主人起獻介介酢主人如前儀皆坐
執事者徧獻三賓衆賓爵訖酒數行工升歌周詩鹿鳴三章
卒歌笙奏
御製補南陔詩辭曰我逝南陔言陟其岵昔我行役瞻望有父欲養
無由風木何補我逝南陔言陟其屺今我行役瞻望有母母也倚
閭歸則寍止南陔有筍籜賓勹之孱孱孩提孰嗅咻之愼爾溫凊
滌爾旨肴今爾不養日月其慆
御製補白華詩辭曰有白者華不污纖塵咨爾士兮宜修其身不修
其身迺貽羞於二人有白者華婉茲靜好咨爾女兮宜修婦道不
修婦道迺貽羞於二老白華匪玉涅而不淄白華匪蘭芬迺勝之
我擷白華載詠載思白華匪玉質玉之令白華匪蘭臭蘭之淨我
擷白華載思載詠
御製補華黍詩辭曰瞻彼阪田厥黍始華胝足胼手嗟嗟我農夫瞻
彼阪田黍華以秀胼手胝足惟勤斯殖茂華有不秀矣秀有不實
矣其雨其雨矣杲杲日出矣惄予愁之恤矣閒歌周詩魚麗南有
嘉魚南山有臺三章笙奏
御製補由庚詩辭曰王庚便便東西朔南六符調燮入風節宜王庚

容容朔南西東維敬與勤百王道同王庚廓廓東西南朔先憂而
憂後樂而樂王庚恢恢南朔東西皇極孰建惟德之依
御製補崇邱詩辭曰凋松童童蛙黽鄰兮邱草萋萋藹青雲兮凡百
君子愼迺託身兮凋松童童凋則卑兮邱草萋萋邱則崎兮凡百
君子審迺所依兮有崇者邱物無不遂有卓者道愚無不智資生
育德永植毋替
御製補由儀詩辭曰在上曰天在下曰地君君臣臣父父子子在下
曰地在上曰天父父子子君君臣臣由其儀矣物則熙矣儀其由
矣物則休矣迺合樂歌周詩關雎三章召南鵲巢三章卒歌工告
備出執事者行酒主賓以下飲無算爵贊禮贊徹饌衆起離
席主人率僚屬在東西上賓介在西東上皆北面贊拜主人
再拜賓介以下皆再拜賓降西階出介及衆賓從立庠門外

之右東面北上主人降東階出僚屬從送賓於庠門外之左
西面旅揖賓介退禮卒無箴主人率僚皆退通禮

宣講
聖諭之禮州縣鄉堡均擇適中地爲鄉約所選老成公正一人爲約
正樸實謹守者三四人值月朔望飭所部民齊集有司公服
涖恭宣
世祖章皇帝欽定六諭
聖祖仁皇帝聖諭十六條
世宗憲皇帝聖諭廣訓兵民圖聽擇律文內民俗易犯者咸宣示之
通禮

救護日食之禮案欽天監推定時刻分秒救護於公署飭役
潔埽堂署內外設香案於露臺上鑪檠具早晚隨日爲向布各官拜

席於香案後陳金鼓於儀門外各官素服祗候正官一人領
班行禮正武教職二人糾儀學弟子員二人通贊二人引班
陰陽官一人報時至日陰陽官報日初虧通贊贊齊班正官
引各官至拜位前立贊進少進贊跪叩興眾行三跪九叩禮
興贊上香正官進至香案上三上香畢復位贊跪皆跪贊伐
鼓執事者奉鼓進跪於左正官伐鼓三聲儀門外金鼓振作
按班更番上香祗跪並於前儀陰陽官報日復圓金鼓聲止
通贊贊齊班各官至拜位前立聽贊行禮如初畢各退通禮

霜降祭祀操賞之禮霜降前三日知縣率捕快民壯武職率
兵丁赴教場操演至期設帛一羊一豕一知縣及武職各率
僚屬至教場祭旗纛神行三獻禮禮畢督操如制課其優劣
而行賞罰檔冊

武昌縣志卷五

武昌縣志卷六

秩祀

社稷壇在城西明洪武初知縣謝叔賓建隆慶六年知縣李有朋重修熊志案會典國朝雍正二年定各縣稱縣社之神縣稷之神爲壇西郊北向明孟紹勳重修社稷山川壇記先王之制凡有功德於民者載在祀典故郡邑有壇乃爲民立用昭生成之報洪武初知縣謝侯遵制首創以西爲陰之盛設社稷壇於西郊以南爲陽之盛設山川壇於南郊各去縣治半里許有神廚齋寢等所歷歲既久壇盡傾圮址爲牧地守者用侔邑劇事叢自賦稅訟獄之外謂之不急惟循吏視此爲急務辛未冬浙東陽李侯來知是邑越明年仲春修祀日擊舊儀空存嘉氣湮鬱尤念民社之計自古爲亟遂捐俸命工崇乃壇壝整整然飭乎爾建乃齋所沈沈然潔乎爾環乃垣墉委委然拔乎爾肅乃奠瘞森森然稟乎爾悉乃物儀秩秩然萃乎爾題西所曰祈報題南所曰禋祀規制大備視前改觀由是神靈已妥而忠愛之心昭格之誠俱可識矣神人不胥悅乎於是耆父暞民屬余爲文以紀顛末余非能文者也然俎豆之事則嘗聞之矣蓋天生時地生財莫大於土穀人非土不立非穀不生默相者神故社祀后土勾龍氏稷祀后稷周棄氏曰雷雨曰山川曰城隍皆民物之資備三極之道稽諸風散雨順箕畢主焉周官所謂槱燎也雷霆鼓舞唐禮所以用壇也食報享祀宜矣且祀典行於郡邑惟先聖先師及社稷山川達天下亘萬古尊奉不替實爲正教之本自非達禮之原者不能急流俗之所緩明此以致治王道不易易乎邇來雨暘時若穡人成功禱應如響有由然矣侯自蒞政初首倡作人化淑艾我士子茲又務農重穀祇肅祀事是知幽明之故誠政教兼舉藹然學道愛人之遺風故特書之俾督事者用勒於石以昭不忘

神祇壇在縣城南明洪武初知縣謝叔賓建隆慶六年知縣李有朋重修邵志案神祇壇所祀者曰雲雨風雷曰山川曰城隍雨師風伯雷神名山大川城隍舊列祀典明洪武元年加祀雲師合爲一壇名天神壇山川合爲一壇名地祇壇又加城隍封爵府稱公州侯縣伯國朝順治初定直省府州縣合建神祇壇中設雲雨風雷之神左某境內山川之神右某縣城隍之神爲壇於東郊南向而城別有廟爲祈禱行香之所春秋二祭皆於神祇壇屬祭主城隍不更設壇也明洪武三年定厲祭禮直省府州縣皆設厲壇於北郊縣曰邑厲邵志武昌縣邑厲壇在城北明洪武初知縣謝叔賓建隆慶六年知縣李有朋重修熊志又載有鄉厲壇每鄉各立一所歲三祭與縣同洪道鄉在寒桃村神山鄉在丁喜村賢庾鄉在土橋村符石鄉在十五都靈溪鄉在城隍村馬蹟鄉在黎塘村惟永福鄉缺載

先農壇在縣城東雍正五年奉

旨建併置田塘均在其地邵志案藉田祀先農之禮歷代州縣訖未舉行國朝雍正四年令直省府州縣建先農壇及藉田一坵於東郊神祇壇之北又案熊志載有土穀神壇每鄉各立一所歲二祭與縣同洪道鄉在荊流村永福鄉在檞林村神山鄉在下管村賢庾鄉在湖西村符石鄉在六都靈溪鄉在上隅村馬蹟鄉在黎塘村皆明制也今馬二里碎石源有里社猶沿古人報賽之意劉兆蘭里社記云自天子國都以至於下邑小州守令皆有社稷壇以爲百姓祈穀實報賽而鄉里之社闕焉而妖淫巫鬼不經之祠家戶而戶祀之婦子趨走以爲常其所祈請皆家人細碎之事汗漫不足道不見獲福而水旱癘疫時起不勝救也里在縣之最東隅其南北兩山立矗夾走十餘里進而益隘中貫一溪蜿蜒西出民附居溪兩崖之間者無巨族富室里租歲輸入公無過三四百石一歲不熟則民無所得食貧者窮巔巖斬茅發石逐狼狐而耕之乃可以飽婦子供半歲之儲蓋其貧薄瘠苦自昔然也僻處而固多舊俗有社壇擇高平之壞樹之木以爲依神之所秋日社至以一少牢從鐃鼓父老虔敬往奉祀歌詠其下蓋里分爲甲十歲以次受事終則復始先是民用事尚微久而不僻蓋修歲以有年又山居多雨澤水泉灌溉民不憂旱凶此其與他里異也惜乎壇壝不備儀亨歌樂之制或未中節又不爲春祭觀者嘆焉蓋古者八蜡之通下至猫虎昆蟲不仁之物皆報之以其功而非是不得與焉民間二十五家而置一社春秋祭祀絜粢牲爲詩歌擊土鼓琴瑟籥以祀神相歡樂而州長又因以屬民而讀法施教化焉以故風俗懿而王道興也今里既貧薄瘠苦其所以爲社又未能盡合乎詩雅頌禮之所稱然先王養民而事神報功之遺意有可見者非他不經之祀之可比也不可以無紀焉乃更爲迎神送神之詩以遺里人使咸歌之其辭曰養吾民無終極食子惠報子德下有秔高有黍田無麋田有虎夕所宿晨具張靈不來何所望願速駕被蘭坂無徬徨中路返迎神靈徘徊意且顧欲留靈日恐暮雲爲車風爲馬后皇駕送靈鼓何所來止既凝又思往旆將輿山有秀淵有耄望靈遠思鬱陶送神

關帝廟在縣治東即報恩寺熊志案報恩寺舊名光孝禪林唐廣德間僧無爲建明洪武間僧惠源重修萬曆間孟侁重修雍正湖廣通志報恩寺明置僧會司雍正十年知縣張慄建大殿爲有司致祭之所乾隆二十二年相禮萬國泰彭商哲捐資塡砌階墀邵志咸豐二年賊燬今春秋祭在南門外關聖祠祠爲光緒三年邑人捐修新纂

文昌宮舊名文昌閣在縣西門外康熙五十六年知縣會所同邑

人王涵等建案會昕有碑記王涵等共捐銀四十兩贖田五斗地六塊作收檢字紙之費又置洪一里汪家灣田六升記不全錄道光間邑人紀玉峯兄弟捐修後殿咸豐二年賊燬同治九年王涵後裔王錫爭捐資重修知縣張炅勸捐以助之新纂同治十三年朱文運捐洪一賀家壠田三斗二升半光緒初何世選兄弟捐何家壪田一斗因遠何出價十八串贖歸市紳添資買韋家墩地八塊歲租三串八百文王家璧記畧武昌縣文昌祠舊在西郊其地俗稱花園者邑人孟誕先州收登別墅廢址也不知何時起祠道光間靈鄉紀玉峯建後殿家璧及見之燬於兵咸豐升祀時家璧議建於城東方家塘菜圃中未果同治初邑按察司照磨銜王信臣錫爭以先人容齋廣文涵暨文社諸友積有微貲商之同里封君涂倣魯淑儒州同劉星臺馭翔洪春池大生徐桐臣家珪兩廣文并璧兄家璐倡多士醵金重建於故處積日月蒇事今孝廉涂竹菴席儒先後寓書都中屬爲記

城隍廟在縣大西門內其地爲宋熙寧前泮池明洪武三年知縣孟吉建

國朝順治六年知縣鹿兆圖重修嘉道間馬蹟鄉劉可勤縣市

施錦龍等捐資修建咸豐二年賊燬光緒三年知縣劉篤慶四年知縣淩心垣相繼修新纂案册載乾隆初僧道衍在眞福寺分得賢一里白沙紫田三石二斗五升地課錢二十千文道光十一年永三里張世廣捐張家衕田七升五合同治四年知縣江世玉捐買四元閣市房三間七年僧道本置買廟西地基一所俱歸廟管收

龍神祠在城隍廟左舊爲送子元君殿案殿爲嘉慶間靈三里紀玉峯附修咸豐二年賊燬光緒六年知縣蔡炳榮建新纂

祠廟

關帝廟在縣南一百二十里飯羅山嘉慶通志

關公廟在縣東三十餘里關公堡新纂

關帝廟在縣南百二十里符三里地明永樂八年何貴基建

國朝咸豐三年賊燬光緒五年貴基後裔重修更名何家廟新纂

關帝廟在縣西南九十里符石鄉長港口磨刀磯相傳爲關壯繆磨刀處康熙三年建後燬光緒二年余姓倡捐重修新纂

東皋祠在縣南祀漢關壯繆一統志舊祠在今壠巔歲旱禱雨輒應市人於百花橋側立廟祀之後圮明嘉靖間教諭朱瓚建祠迎神像於此朱瓚陞任去士民亦肖像於祠祀之邵志附錄志載市一里紳士朱爾美捐百子畈蕭家紫香火田四石六斗地四石五斗九升

武聖宮在縣西八十五里右建有天后殿新纂

武聖宮在賢庾鄉三里徐家橋蓼儀寺左佛螺山嘉慶間僧叢瑞重修新纂

文昌閣在縣西六十里華容市路南明萬曆年邑紳姜俁等建

國朝乾隆八年生員姜世表等重修邵志

文昌閣在符石鄉寶聚寺北道光十五年建新纂

城隍廟在縣東四十五里同治十一年重修新纂

城隍廟在縣北九十里江濱新纂

龍王廟在縣東五丈港光緒八年重修新纂

龍塘龍王廟在縣東十五里水逕隄西同治六年重修新纂

燕磯龍王廟在縣東三十里大江濱熊志

龍王廟在縣南一百二十里賢庾鄉楊哲岸山巔熊志

仰山廟在縣西三里西山後新纂案仰山祠祀宜山二龍神明時曾列祀典

龍巢廟在縣西七十里永福鄉嘉慶通志案熊志載有元洪貴記詳金石嘉慶通志作退叟馮貴

源潭廟在縣南賢三里毛家畈有龍潭歲旱禱雨輒應因立廟祀焉新纂

火神廟在縣市東岳鄂王廟右咸豐二年燬於賊新纂

東嶽泰山廟在縣治西北建於宋至元廟圮明景泰間義民胡剛募建邵志　國朝乾隆六十年知縣裘行恕重建咸豐元年市民劉必榮修二年賊燬同治初僧雪峯募修監生張文炳建兩廊雨亭暨神像費及千緡新纂

東嶽廟在金牛鎮宋元古像猶存熊志

馬步廟在縣南梁子湖上一統志　周禮校人冬祭馬步注云馬步神之爲災害馬者舊以仲月祭於大澤用剛日今縣人率以五月五日競渡祭享於廟蓋吳之故俗云明統志　案明洪武元年令天下衛所立旗纛廟二年立馬祖諸神廟爲四壇春秋致祭五年合爲一壇　國朝康熙十七年裁

儺神祠在縣東明成化間建俗名大廟市民以爲祈禳之所歲於仲夏祭賽建有石坊

國朝道光二十九年重修林芳重修儺神祠記大凡有功德於民者則祀之非是不在祀典儺之神爽陰陽愆伏之氣彌民物天札之災禮載逐儺之役黃金四目元衣朱裳執戈揚盾以毆方良雖舉國若狂似近於戲而孔子必朝服立阼階者以昭敬也月令所紀必待仲春仲秋季冬乃儺之有天子鄉國之分而武邑行於仲夏是與古不合而五方之俗各有攸宜從俗可也何必泥古儺之神號儒者多不傳往往見於道籙帝曰　天衍其靈尤顯於西蜀但金容奇異四目三首六肱與古蚩尤相類附會者所以有　天符郎古蚩尤之稱姑不論我邑之有神祠也志載於前明成化歷今二百餘年市東士民等因傾圮而重修之數旬告竣爰具顛末以記爲請余恭膺　簡命撫蒞茲土每逢仲夏之望必率諸文武僚屬詣祠爲民祈福久欲新之而未逮今士者善體余志而令棟宇增輝牆垣鞏固洵得余心所欲爲而先爲之是俗之好義見則必爲蓋微神之威靈其應如響神人契合福酬攸崇豈獨一邑之慶乎亦守土者所藉以告神罔時惘者也

王家壁重修儺神祠記武昌儺神祠在縣城之東邑人每歲造龍舟以五月十八日祭賽而浮之江蓋本競渡舊俗而雜以古儺之遺意也其祠屢有廢興近復就圮市東之人乃醵金而新之又置壓一匾公館一區取其息以爲歲修之資而仲夏祭脯及奏今樂以樂神之賚仍屆期合錢焉夫古者泰厲公厲族厲之外又設方相氏掌蒙熊皮黃金四目元衣朱裳執戈揚盾帥百隸而時儺以索室毆疫漢則先臘一日大儺選中黃門子弟十歲以上十二以下百

二十人爲侲子皆赤幘皁製執大鼗以逐疫儺之禮亦古矣顧周禮不著儺之時月令則於季春仲秋季冬未有於仲夏者儺於仲夏自楚人之弔三閭大夫始也且仲夏之月日長至陰陽爭死生分儺於此時以祈福禳災於古畢春氣達秋氣之義蓋亦異而同焉　國家監前代之制設祭厲壇使有所歸不爲民患仍聽民俗時儺使寒氣不留而暑氣不伏將見陰陽調燮天厲不作共享和親康樂之福於無窮矣雖漢志所載委隨錯斷窮奇騰根十二神殊誕不經然鄉人之儺孔子致敬焉後之君子亦各致其敬焉耳服服伍蒙其敕以其近於戲而非之哉是爲記

朝咸豐二年十二月燬於賊同治二年市東街士民重建新纂　王家壁後記一陰一陽之謂道陰陽五行之氣日流行於兩間明有禮樂幽有鬼神神也者聰明正直而壹者也武昌縣儺神祠舊祀太歲天符太歲命祀也天符則五行家所謂天官符也後殿祀張太保康太保其西偏一殿祀所謂衛房聖姥初不知是何神也道光中重修祠成家璧曾爲之記咸豐初燬於兵燹至同治初鄉人復以祠中後殿西偏殿成屬記之謹案　欽定古今圖書集成職方典宋祭薦饒端學昭烈廟記稱太常祀典潭之衡山沅之南嶽廟皆有張太保祠以水旱盜賊之變有大威力自政和至紹興加封至忠靖威顯靈祐英濟王妻曰協惠夫人廟日昭烈廣信之玉山亦有廟神諱抃唐天寶中從張許二中丞死睢陽之難者三十六人神其一也新舊唐書逸其名嘗偕南霽雲乞師賀蘭見棄指亭記又嘗見夢其家曰帝命吾輔南嶽爲司錄事巡案人間善惡條具以聞而加賞罰故人又稱爲巡案神云又職方典饒州府祠廟考忠烈康王廟在魁輔坊神姓康名保裔宋眞宗時歿於王事又南昌府祠廟考康王廟在壇不山相傳敕封善利孚應康王之廟主鎮鍾陵考宋史保裔冠忠義傳太祖時以父再遇從征李筠萍歿命代父職爲龍捷指揮使眞宗時領彰國軍節度出爲并代都部署從知天雄軍復使高陽關都部署契丹兵大入諸將與戰於河間保裔選精銳赴之會暮約詰朝合戰遲明契丹圍之數重左右勸易甲馳突以出曰臨難毋苟免與決戰二日殺傷甚眾蹴踐塵深二尺兵盡矢絕援不至遂歿焉事聞贈侍中母年八十四封爲陳國太夫人妻封河東郡夫人二神雖生非并世其爲忠烈一也血食茲土豈偶然哉衛房聖姥相傳主管生育痘疹事其始不可考然古所稱元女高禖驪山老母天姥聖女之神類不能實指其人吾邑樊母之廟水經鼎錄亦以傳疑說者謂道生天地自無之有無者陰也有者陽也故元女爲萬物之母不可得而名也山是推之竊意扶輿清淑之氣鍾而爲人其精英則爲聖賢豪傑生立人極歿爲明神而女士之賢孝謚惠貞烈淑慎者其精神不散足以體好生而理陰教亦其理也故名而祀之者所以教也位而祀之冥冥中亦必有主之者殆如人間官司遷代不常不可得而專名之也而天之所命必爲神之聽明正直而壹者無疑也其祀於儺者何陰陽之氣流行於天地有正氣有不正之氣寒暑燥溼不正之氣中人而疫癘天札作焉古聖王於是有舉春氣達秋氣之典禮以登民於福林而碑

之主宰是者必具天地之正氣乃能勝是氣而爲民福天地之大德日生鬼神之憑依在人以死勤事則祀之有功德於民則祀之吾鄉人之願邀福於神生生不已使陰陽不能賊者亦惟在扶正氣以相感通也夫微之顯誠之不可揜事神之道將他求乎他日前殿成參以古義太歲天符外增設八蜡位於歲終合祭歛幽飲蜡以息老物荅神庥我　國家禮亦宜之若漢志所載委隨錯斷窮奇騰根十二神殆於誕矣家璧不敢舉以證祀事

懷忠祠在縣西寒溪寺右同治八年少卿王家璧醵金建 新纂

王家璧武昌縣建懷忠祠啓昭忠有祠　國典也以死勤事則祀之祀之以勸忠勸忠不已則有專祠　懷忠有祠民心也有功烈於民則祀之祀之以報功報功不一則有合祠者國典重矣隆矣而民心則發於不容已而動於不自知二者常相輔也咸豐初元賊起粵西蔓而楚而吳而豫章而宋衞而晉而燕齊而浙而閩而吳楚之禍最烈而數天之下同仇敵愾其功足銘景鐘而名足震猰貐者有之而精忠大節足以維名發而繫人心者亦衆焉賊之始陷楚也惟向忠武一軍能追之東下顧限於陸戰而長江之險舳艫相銜連數千里皆賊有吾不能與之爭也故賊艦徼江下　欽差大臣江督立夫陸公方督新募舟師溯江上至楚境以不習水戰不能禦壽春鎮總兵恩長死之舟師潰陸公乃退與將軍祥厚副都統霍隆武署布政使涂文鈞誓死守江甯城陷皆死之向家軍亦不及救焉由是賊分股回竄楚督吳文節公能守

武昌不陷而亦不能不死縊黃州何者其時會少司馬水師尚未東而唐子方廉使所領多漁艇且怯不足爲聲援也後文節守武昌者青墨卿中丞糧盡援絕猶激將士誓死守及以城陷伏法楚人猶憐之惟少司馬湘鄉曾公忠孝知人以延攬將才爲己任先後舉塔忠武羅忠節胡詠芝宮保李迪菴中丞兄弟王璞山觀察蔣薌泉廉使周都督鳳山督陸師舉楊厚菴提軍彭雪琴方伯李鶴人中丞督水師水陸並進所至克捷楚師遂雄南服而塔忠武湘潭之捷尤我楚師轉弱爲强之樞機也非水師不足制賊命其議首發於江忠烈而毅然爲之遂以破賊有成功則少司馬爲功宗焉甲寅秋八月少司馬統水陸師二萬大舉自西下克復武昌會城塔忠武李鶴人功最著楊彭羅李皆在行間幕中賓友及褊裨以下將校厮徒多後日之專閫立功知兵事者也會城既克少司馬親督水師羣帥出中路東下楊慰農制軍帥陸師循蘄黃出北路以南路逸賊多塔羅皆出南路塔提軍道武昌縣過大冶有寡婦橋之捷羅忠節李迪菴自金牛鎮過興國出富池口與塔軍會水師亦至有田家鎮半壁山之大捷賊死者無算先後焚賊舟幾盡遂大會於九江且分兵攻湖口胡宮保時爲湖北按察使亦攻下通山等縣而會攻九江水陸環攻出奇制勝智力俱盡賊死守不下而水師之入彭蠡者不能出湖口九江水師營火起驚潰少司馬登南岸入塔軍後數日江北廣濟軍亦潰而江漢復戒嚴矣滌帥謀入江西益練水師羅山觀察方徇旁邑塔忠武獨以陸軍扼九江賊得舟復上犯適厚菴方病歸湖南雪琴鶴人集水師之不潰者尾賊上援江漢胡宮保亦率千餘人自湖口回援王錦堂總戎國材恆參將泰亦自九江回援時楊制軍自廣濟從趙德安商問雲中丞新至省夏方伯已乞病去會城中與中丞籌守備者惟多雲芴太守輩數人耳城外水陸援兵力皆單雖辛苦　血戰無不一以當千而中丞太守城亡與亡不能救也逮後　上以將軍官秀峯使相在荊州數有功　命以亦得　欽差大臣制楚自荊州至與鶴人合攻漢陽羅山方伯圖武昌而兵氣復振楊厚菴起病督水師去來江上剽疾若風鬉都直夫將軍巴玉農多禮堂舒輔廷三都統督馬隊渡江南北翼步軍擊賊神速不可測並爲賊所憚王總戎恆參將當省城陷力攻入賊爲卻走城幾復以不可守復出而王總戎與畢都司金科初自滇至荊州有龍背橋之戰以數十人當賊數千荊州兵勢益壯賊不敢入至是恆陣亡王在使相軍而唐藝衡劉峙衡丁筠村普欽堂何子文張和甫袁懷忠石清吉鄒叔明過城李景湖武昌江得勝諸營皆忠勇用命能各盡其所長武昌有余雲龍集百人鵬勦江武咸甯間數獻馘大營中丞調使鄉導且益其衆使屯白楊橋斷賊接濟中丞又畜定方畧令薌泉以奇兵四出游擊賊援數獲奇捷頗賊悍猾援多屢殲復大至城久不下羅方伯裹創督戰卒軍中江西急又分兵俾劉普諸將與會溫甫吳竹莊司馬何援薌泉後亦歸葬親遂援粵西而楚江漢水陸馬步諸軍戰益力至丙辰冬十月而二城同時克復蓋自粵賊起至是漢陽四陷而四復會城亦三陷而三復矣水陸諸軍乘勝清

楚境遂下圍九江九江之賊能堅守自塔忠武久攻不下發憤卒周梧岡繼之攻亦不克釋之救撫州至是迪菴攻於陸厚菴攻於水迪菴掘溝壍數重圍之如胡宮保圍會城策彭雪琴水師亦屢勝自江西出扼湖口丁巳六月蘄州勇潰江北賊尾之上楚復大震會胡宮保帥師下遏之黃州激厲將士親督戰勝之人心以固迪菴亦遣弟希菴觀察助之屢捷蘄黃次第復宮保遂徇蘄廣濟會水陸諸帥於九江還省至戊午四月而九江始克復城賊無得倖脫者自河北大軍連鎮高唐大捷之後殲賊未有如斯之多者也兵力蓋亦勞甚矣俄鶴人軍入安徽境英霍賊逸出襲麻城入黃安孫筱石觀察何龍臣司馬禦之不勝適迪菴自九江至會城將歸覲親督撫以安麻急留之馳救克之遂追之東下而與會少司馬會於蘭谿少司馬　丁巳以外艱自江西歸屢　敎奪情堅不起至是浙閩急　詔起督師援浙不敢辭遂帥師由楚江進雪琴方伯自湖口逆之艤舟巴河以待七月初曾公次巴河家璧偕柯根臣吳監唐樊一峯三孝廉謁之舟中胡蓮舫祠部劉霞軒司馬郭意城中翰張廉卿孝廉暨家弟叔鶴家瓚羅少村主政皆在公所迪菴中丞孫筱石王槐軒與公弟溫甫司馬自蘄水至希菴廉使自麻城藝衡觀察自蘄州鎮將鮑春霆等亦各自防所來會於蘭谿臨江會食將帥賓從極一時之盛焉自後曾公師入湖口會浙中賊竄閩江西賊復熾公連克之遂由江西入閩而迪菴軍連克甯太湖潛山桐城舒城都多楊鮑方合圍安慶而迪菴中丞暨溫甫筱石筱村槐軒龍臣諸君子殉忠三河矣先是吾邑人士

有建懷忠祠於寒溪之議將以祀吳文節向忠武塔忠武江忠烈羅忠節諸公而並及死事於楚最烈與楚之死事最烈者至是而懷益悲議益亟矣向與塔皆以勞卒軍中向忠武保障江東其功大而賊始入楚不敢據者亦公力也塔智亭以會公特薦起誓以報　國者報公治軍靜肅身先士卒戰必克師過境如無事民甚德之吳文節公自滇星馳至楚不入節署登陴誓死守會城得不失賊退踞黃州公將待會少司馬水師會攻未至而崇中丞青提學連揖趨之出致敗死綏崇以憂去青代之守又以臺將軍擁兵不救鄰省協餉過亦畱不予久之城陷走而殉忠城中者岳方伯興阿李廉使卿穀延太守志何武昌開泰汪大冶榮基李公則鶴人中丞之尊人也危城中同謂青中丞曰吾輩職守土大人　欽差官當圖恢復駢死無益也及克復鶴人求得公尸雖歷盛署面如生殆氣志先定致然歟江忠烈岷樵衞湖南援江西屢著戰功拔察湖北靖廣濟之亂不動聲色玉石以分後以安徽巡撫力疾入守廬州與布政使江夏劉裕鈖皆死之逆數初死鄂難者總戎常祿王錦繡以戰死城陷則常中丞雙提軍外梁方伯星源瑞廉使元前署廉使王壽同丁憂離使王東槐馮學使培元明太守善周司馬祖衘繡江夏麟董武昌師雍及廣文吳長庚阮恩兒魯唯鄭從九愚等而梁瑞明繡最烈梁衣公服坐堂皇罵賊死明與繡巷戰死瑞戰力竭義不辱手刃幼子子延頸受刃俱死王子蘭廉使之子亦救父死馮死試院左近井中鄭闔宅自焚死賊未至時子蘭廉使與漢陽董竹樓太守振鐸議守漢陽以與會城相犄角常中丞不能用也漢陽陷太守與游擊李信死之江漢搢紳士女死忠節者不可殫紀而武昌周千總文藻及其弟必譽以領團練隨撫標亦與焉其從郭總兵仁布追勦賊至武昌戰死者百數十人以郭免姓名不可知矣此外死事最烈在人耳目者有監利李果山懋辛漢陽蕭杏村逢春江夏田豹君學範皆戰死粵西沔陽劉九甫興恆戰死江華賊始入楚北蒲圻有周贈守和祥胡千總起太死之起太嘗爲武昌把總癸丑賊自九江回竄田家鎮有督糧道徐豐玉漢黃德道張汝瀛荆門州牧李榞死之黃州有金菊仙太守雲門蘄水有羅田熊孝廉五緯黃安有彭信甫主政宗達乙卯再上竄黃梅有宋廣文贊元死之興國州牧郭鍊吾維鍵奔省城殉難黃岡令翁蓬山汝瀛則與舉人邱文從九品桂鵬廩生羅文彪戰死於漢上彭羅田仲芳戰死於羅田江陵林立甫贈守天直戰死於沔陽臨湘諸生李文涬率衆拔通城力戰死之而黃岡丁磻溪贈守璜先是死事曲沃黃梅帥抑齋觀察遠燡及其從子疇後亦死事江西斯皆明於以死勤事之大義者也塔故齊名迪菴鄰泉皆師事羅山羅山湘軍再入楚迪菴將右鄰泉將左羅山卒迪菴兼將湘中軍而胡公宮保起曾公之後亦以延攬將才爲己任故水陸諸師皆樂爲用官使相推賢讓善休休有容與宮保同心濟難南省官紳亦以脊齒義饋饟濟師不絕楚是以和而有功也今三河之難賊㡬復少張而都多橫截於上楊鮑牽綴於下南有雪琴北有兊齋鶴人諸軍各扼衝要俾不得逞使相方檄希菴廉使駐黃收集舊部且請　詔宮保急起視師而曾公回旆指

江皖行與金陵諸軍夾取賊巢吾知賊罪貫盈天心將厭亂矣惟諸君子之死忠死孝死義者逝而不返爲可悲耳此所以昭忠雖有　國典而懷忠切於人心也人心之公　國典之輔也同此心者其亟圖之

柯茂枝懷忠祠碑咸豐戊午

楚疆綏靖邑人士慨慕前烈議祠祀林文忠吳文節塔忠武向忠武羅忠節諸公暨楚人之死事最烈者以己未三月經始於寒溪越八月工竣既卜吉妥神棲會展祀事咸屬茂枝以麗牲之碑茂枝乃昌言於庭曰惟　國家自　仁宣兩朝纘席全盛恭愼寬厚與四海休息中外文武臣工觀法奉職循順故常屬道光之季英夷就撫會匪潛煽當事者憚於發難根蔓燎原　皇上即位震怒興師林文忠李文恭先後甍帥凡三易羣醜益張時寰宇承平將吏兵民生長不見兵革藩衞無以固而赴敵之將守土之官與夫搢紳士女義不辱者所在多能捐軀以殉其以一成一旅䩄然屈降爲賊用者迄無有焉蓋我　朝德教淪浹人人知有親上死長之誼其成效乃致然也始賊以妖術相恫喝所至誘脅勢甚張官軍民兵多望風潰遂陷金陵惟向軍門與之轉戰而東遏諸江左僧王勝都護覆諸河北曾少司馬奉　命起兵湖南延攬將材誓滅賊海內豪俊雲起霆擊而應之辛伍歷戰久亦咸詗賊實情不復怯退所至有功而逆酋既踞金陵分兵四擾此過彼溢雖歷大小千百戰獨雄凶竪累數十萬不能盡故賊之躪吳楚獨甚而殉事於吳楚間者亦最多且烈今所祠諸公或素負官稱或起　自田間及其躬履戎行翦剔凶穢攻牢保虜並能忘身以衞　國家而挺然爲疾風勁草之冠可不謂人傑也哉向使天祚諸公俾得不死以竟其施蠢爾狠貙豈足早晚平乎茲祠之建也踴躍輸委無有遠近材具於咄嗟匠趨於鳩會軒序整靚巍然煥然庭廡堂宇齋庖之房咸備中爲室三祀死事於楚並有勞於楚若生於楚而死事他省之鉅公左右室各二以名位相次傍室二一祀弁勇義民一祀殉難之命婦烈婦烈女凡吾楚之卿大夫士民婦女各於其倫敘焉　會宮保胡公駐軍黃州規進取少司馬曾公既平江右奉　命防蜀帥師道出黃聞斯祠成並渡江展謁使相官公及楊厚菴提戎彭雪琴方伯亦各製扁聯懸前榮升主之日文武屬至軍吏歌舞農商者無來觀仰者聘眙歡呼而邑之士夫感喪亂之既平景忠藎之遺軌撫今悼昔將事彌虔嗚呼此足見大義之在人心而有功德於民者其食德固宜永永無極矣衆皆曰子之言信盍其記之以鑱諸石且系以辭辭曰於鑠　大清奄壹寰海養士尊賢逾二百載適遘時虞迺收其報屹屹羣賢翼扶匡教西陲發難毒於東南楚當劇衝至再至三惟諸君子艱難血戰出身許　國屢死不變楚亦有人抗節以死自江督陸下逮女士　朝廷卹忠克普　恩施書之史官　錫以崇祠茲祠之作我士我民祀我聞見以伸我心惟天降割大啟　聖哲安內攘外聲威式赫士氣百倍仇讐所同羣公有靈迅告成功何以徵之有穹斯碑西山之麓樊江之湄

王家塆兄弟捐棗兒林田二石八斗八公置邵家壠田五斗

貞烈祠在縣東南三十里祀烈婦汪馬氏新纂

襃忠祠在小北門外又名江船廟咸豐二年賊燬基址尚存 新纂

忠節祠在金牛鎮明嘉靖時猶存宋元古像久廢 新纂

三閭大夫廟在縣東北 一統志 案熊邵志均作三皇廟殊謬 祀屈原俗傳屈原女尋父至此故立廟祀之 邵志 案楚辭九章涉江篇云哀南夷之莫吾知兮旦余濟乎江湘乘鄂渚而反顧兮款秋冬之緒風蓋屈原再放江南之埜因嘗履縣境也又古今圖書集成職方典益陽縣有綳英墓前志云相傳為屈原之女然於傳無徵姑存之 今三閭大夫廟在縣治小東門外江濱額題忠潔王廟 王志稿 案宋史神宗本紀元豐六年封楚三閭大夫為忠潔侯元史仁宗本紀延祐五年加封為忠潔清烈公無封王之文廟額蓋誤 明胡松詩美人何處所公子未云旋悵望湘潭水含淒賦頌篇孤忠君不容太潔世誰憐祇有心如日悠悠長共懸

大姥廟在縣樊山口 一統志 舊名樊姥廟武昌記曰樊口南有大姥廟孫權嘗獵於山下依夕見一姥問權獵何所得曰正得一豹母曰何不豎豹尾忽然不見應劭漢官儀序曰豹尾過後執金吾罷屯解圍天子鹵簿中後屬車施豹尾於道路豹尾之內為省中蓋權事應在此故為立廟也 水經注 案太平御覽引武昌記云因為立廟以其處樊山神故名為樊山大姥獨異志同 山中有聖母廟予十五年前過之見彼板仿髴有得一豹三字今亡矣 東坡志林

吳大帝廟在縣東安樂宮故址 一統志 案輿地紀勝梅溪集明統志康熙湖廣志均同惟雍正嘉慶通志則第載在縣西而不言其地邵志在縣西門外校場前攷薛季宣記中有以安樂宮址作射場語今之所謂校場者殆即宋之射場而此廟之在安樂宮址蓋無疑矣邵志作縣西疑誤 宋時重建於宮北壖久廢 新纂 宋薛季宣吳太皇帝廟遷造記今皇帝即位之始年制詔中書樞密以太尉殿前馬步軍都指揮使成閔為京西湖北路招撫使但擇地形便置鎮戍守太尉臣閔奏武昌吳孫氏都會際江中流居光蔡之衝實為江浙外蔽地饒水草便於輸運宿兵當有根據臣謂出師戍之宜遊奕軍統制軍馬臣王公述世將家沈鷙有方畧可任以重請以其軍先事戍武昌事聞召對某殿命坐從容論幾事合旨厚賜而遣之時某假令武昌為列壁於灌嬰之故壘南有

安樂宮舊址即之以為射場中場有吳大帝祠久廢弗治僅存蝸舍廟皃傾頹王公好學知古今常慨然有概清中原之志凡飭士馬礪戈兵必以身先之不憚勞力士亦便安其政師律以和慶而歸功於神曰斯吳之舊壘也我任其故師安焉豈大帝神靈陰騭我后樂制置得宜所致然哉且人一飲一餐當知所自思其人猶愛其樹可居其地而不知經始者乎且神祠在吾射場飛矢日流於右雖在神無射於我安乎於是即宮北壖求爽塏之地而奉神其上雖祠房函丈而棟宇深嚴自一階除一窗戶以至奉祠之具靡不親為料理求所以為堅固永久者又作下舍居祝俾供灑掃之事曰斯可數十歲矣若夫斥廣修增壯則有俟乎後之人寢成屬走為題其榜且書其事走按祭法法施於民則祀之吳大帝經理是都為今成憲且其功烈實有加於武昌之民祠於武昌合乎祀典而王公不忘大帝之烈走知其事上必忠視新廟之規橫知其器度宏遠私喜朝廷任寄之得在太尉公為知人勉為濡毫而又鑱銘於石銘曰袁山蒼蒼楚江環回神所安兮熊羆鼓鞞經營洛師有前規兮奕奕其宮肅肅其祠誠感至兮椒酒蕉漿牛肥黍香永無終兮 王十朋吳大帝廟作樊山八字形長在漢鼎三分國盡墟安樂故宮猶廟食遺民時為武昌葅 國朝呂履恆孫大帝廟詩仲謀才志擬難兄江左開基事竟成仇國稱臣緣底急同盟歸妹郤相須南邦文武才何在東鄂江山蹟已更惟有遺宮傳避暑古苔荒草對孤城 夏琮古吳王廟詩漢家失祖蠓區宇屬羣雄脫劍分王氣東吳起大風霸圖寒廣讌古廟冷郊宮好種瓜圻月山城祀未窮

吳王廟在縣西六十里永福鄉順治十年進士姜愷建乾隆二十八年生員江世表等重修 邵志

陶太尉廟在縣東北 一統志 西山下有陶母廟陶公治武昌既病登舟而死於樊口尋繹故迹使人悽然 東坡志林 陶侃廟在州 案州為鄂州 南一百七十五里侃薨於樊口百姓思焉咸康五年 案邵志作宋咸寧初立誤 立廟祀之有碑在又至與元年中縣令唐平以其地荒涼無庇遷在縣西北一百步俯臨大江 太平寰宇記 廟在縣西一百步蟠龍石側俯臨大江 名勝志 廟東有蟠龍石舊傳云龍蟠於此石 太平御覽引武昌記 案廟舊在樊口西山下後移縣東北蟠龍石側邵志誤為晏公廟

太尉廟在縣南七十五里古樓巖下嘉慶十八年重修 新纂 案册載有香火田一石二斗地五塊

西太尉廟在縣南百里符二里新纂

忠節祠在縣西宋紹定四年知軍事趙崇濤建祀唐御史中丞張巡明洪武初知縣戚元禮重修邵志天順四年知縣鍾振重建今廢新纂明王鏊記云錢塘鍾侯振出宰武昌不數年政通人和百廢具舉獨東平王廟在縣治西厥靈丕顯雨暘以時民有災患凡昭告之其應如響而廟宇久圮民咸惆焉侯乃捐俸鳩工庀材肇始於天順庚辰期年而祠成屬予記之予惟帝王之崇德報功也有施德於民者有以死勤事者有以勞定國能禦大災能捍大患者皆祀之王保障江淮城陷伏義而死可謂有功於唐室者哉維王一膺封之典有隆而無替令是邑者竭誠奉祀俾廟皃煥然一新蓋誠知所重矣民之樂於從事也誰曰不宜

張睢陽王廟在縣南一百二十里金牛鎮北街口宋紹熙二年建凡九十九間明洪武十一年修嘉靖間燬萬曆間重修國朝康熙十四年僧海溶募修道光十一年被水湮塌十六年僧海波募修咸豐三年賊燬光緒四年僧正燦募修新纂

張睢陽王廟在縣市東岳鄂王廟左咸豐二年燬於賊新纂

張睢陽王廟在縣西九十里神山鄉葛店下街宋建明生員張維齡重修熊志案冊載廟基地係張啟緒之祖張璁捐出

岳鄂王廟在小南門外邵志咸豐元年重建光緒八年修新纂

岳忠武王廟在大南門內邵志額題百勝廟光緒七年重修新纂

三賢祠在縣西北案熊志在縣西邵志作治北誤祀晉陶侃陶潛唐元結一統志宋寶慶間縣令段震午建後廢邵志又西山寺後亦有三賢祠祀陶侃元結宋蘇軾一統志祠圯寄主西山寺明萬曆三年知縣李有朋移建於城北澄清樓左附李有朋記畧武昌山水佳麗孫氏嘗都之故多先賢遺迹若晉太尉陶公侃唐侍郎元公結宋學士蘇公軾芳躅相望後人因並祀之顧歲久祠弗寄主於西竺破龕間慢賢瀆禮於斯甚矣余獲莅茲土憑弔往哲昔人風韻若與目接會守道文岡鄭公戎道懷莘盧公兵道金谿戚公臨縣相度城址陟西竺省通邑形勢偶覩破龕寄主詢知其故憮然曰表章先賢良有司事也余心識之以公事旁午未果行越歲乙亥奉委建城將竣事乃以三賢祠爲請兵道奈攀楊公大府葵軒李公僉允遂卜地於城北澄清樓之左築土爲臺甃石爲基建祠三間經始於七月告成於九月乃迎三公之主祀之夫三公之生時不同也蹟不同也而其繫人之思則同何也蓋三公進而廊廟其道同退而江湖其志同其祀於一堂也固宜然則祠之修也豈徒儀文之具已哉國朝康熙十二年知縣熊登重建今廢邵志案熊邵兩志均以爲一祠故三賢姓名或不合今遵一統志改正

蘇黃祠在縣西山擁翠亭左祀宋蘇軾黃庭堅道光九年知縣林芳建十四年知縣李錦源移主於南樓祀之新纂王家壁蘇黃祠記道光己丑林侯建蘇黃祠於西山擁翠亭在其右樓制而祠名越甲午相者曰西山之勝以善藏也斯祠露將不利於邑於是李侯具禮致祭奉蘇黃二公主於南樓而廢其祠或曰將於甘棠何李侯曰不然也林侯而賢雖無此祠人其志諸如其不賢是章之也祠其滋累吾惟民是視豈前政之務更林侯聞之曰善哉吾之建此祠也慕古也李侯之廢此祠也勤民也慕古而不切於民不若勤民而不傅於古君子曰林侯主風雅而李侯務實政李侯之言也惠林侯之言也謙惟惠惟謙民之主也不負所言民之福也豈惟敝邑天下其裕焉璧於是乎記

蘇文忠公祠在縣西寒溪寺東祀宋蘇軾一統志宋寶慶間知縣段震午建今廢邵志

趙忠顯公祠在縣西祀宋知黃州趙令䖍一統志祠在吉祥寺側宋建炎初宣撫張復奏立廟賜額忠顯慶元元年縣令胡朝穎捐置祭田五十畝元末兵燬明於其地建浴佛菴今廢邵志官師志詳

邵菊逸先生祠在儒學明倫堂左祀宋邵應豹明知縣姚智立今廢邵志

黃文獻公祠在西山後宋縣令朱堯建祀宋黃幹嘉慶通志今廢邵志

陳文忠公祠在縣學東祀元知興國州陳天祥延祐五年立一統志久廢邵志案邵志作元祐五年立元無元祐年號誤

鄭潞國公祠在縣西樊山下祀元鄭鼎新纂至元十四年改湖
北道宣尉使移鎮鄂州夏五月蘄黃二州叛鼎將兵討之戰
於樊口舟覆溺死贈宣忠保節功臣平章政事柱國追封潞
國公諡忠節宋史鄭鼎傳互詳兵事　案邵志不載鄭鼎姓名敘次多誤今考正
黃劉二公祠在金牛鎮明萬曆末建祀縣令黃應龍劉曰淑
一統志　本龍川書院元祀趙國公陳天祥尋廢今修書院合祀
邵志
韓公祠在縣城隍廟右明崇禎初建祀縣令韓相一統志後廢
遷祠於城隍廟左
國朝道光二十七年重建咸豐二年燬於賊新纂
汪公祠在縣學旁明嘉靖中建祀縣令汪璽一統志
國朝咸豐二年燬新纂　明應櫃記鳳臺書院在縣學宮之旁其內爲祠五楹前爲大門肇工於嘉靖癸卯

曰祠者何祀知縣汪侯之神也曷祀之侯爲民死故民爲侯
祠之也侯之死事在弘治之庚戌是時久旱苗盡槁民多暵
暵憂已之將斃也侯來時值其變修政振滯而徧禱諸神不
乘馬不張蓋如是者累日而天復不雨一夕斃於齋舍蓋其
精誠氣力竭矣民往哭之若喪考妣乃附於名宦之祠至是
民復請曰後來者得有能憂民如侯者乎侯爲民而忘其身
吾儕何愛一地而不以祀侯邑令諶謙曰吾之責也此祠之
所由始也故名祠曰遺愛祠之後有山曰鳳凰山復扁其門
曰鳳臺書院云櫃聞以死勤事則於禮得祀於法得書不爲
濫故遂摭其顛末爲文俾立石焉侯名璽字廷信徽之婺源
人今戶部侍郎東峯公之父也　汪元錫序先公少卿弘治
初知武昌歲旱禱雨於郊得疾而卒公又嘗造學宮人才
盛邑人德之祀之名宦祠族子曰鍾寓武昌得洋瀾湖隙地
謀建專祠邑令諶君謙縣丞胡君曰芳任創祠之責教諭朱君
瓚訓導李君岐與生員陳善力相贊助踰月而祠成扁曰遺
愛武昌同學友人陳繼芳以荊州府教授過豫章予詢之繼
芳曰此地即孫氏都武昌故城址也後有鳳凰臺不肖竊謂
以古之勝地而先祠偶踞其顛復顏曰鳳臺書院猶子汝
生從鍾受麈習易學乃遺書督學廳君允弟子員供灑掃之
役南巡抵南康汝生至夜與細談更憶髫年從陳先生曰璽
者受業先生之居與學伊邇不肖亦嘗游焉今至五十餘年
矣風景之思猶能髣髴繼芳即先生之生而善即繼芳之子
於不肖固有通家之義云　又寄汪汝生詩先公爲宰守官
箴此念孳孳爲恤民一死豈知緣旱魃專祠今復薦芳蘋江

東霸業無遺愛湖上黌宮有近鄰吾
子莫將流寓看典型長許子孫親
鄒公祠祀明知縣鄒逢吉邵志今廢新纂
晏公廟在縣南一百三十里爲馬八里公所粵匪之難鄉里
舉辦團練設局於此地方得保障焉新纂　案留青日札太祖渡江取張士誠舟覆
有神救之問何神曰晏公也續文獻通考晏公名戌仔宋末清江鎮人入元爲文錦局溺死鄱陽湖屢著靈異明初封平
浪侯立廟祀之此廟之建當在明時矣

寺觀附

寒溪寺在縣寒溪上一名資聖寺一統志　晉陶侃見文殊師利
菩薩像送武昌寒溪寺博物彙編詳古蹟菩薩泉　明洪武初重建萬曆
間邑人孟侊周太守修邵志　案晝墁集游武昌樊山步出西門涉寒溪迆邐步上凡兩寺在山
中景致幽邃下寺有觀音泉則宋時已有兩寺矣　明應雲
路武昌寒溪寺記予年四十有四始到寒溪探西竺俯白雉
咳唾南湖坐卧溪雲竺月釋湛水融融請爲之記謂地望諸
居士久矣其師觀南與法衆俱堅以請予心異之時值奇荒

海內諸大叢林俱削色獨寒溪金碧如故香花如故二時威
儀課誦如故此誠遠公遺風不墜耶詢諸衲子此地莽莽已
久三十年前始爲慧光戒公重建戒公堅持苦行結茆聚衆
夢金甲神指示機緣渡江徧尋至本寺頹然一佛殿僅存有
神如夢遂入定七晝夜不食感邑紳孟公習孔居士周公忠
一更大倡率剎宇一新蓋此山煙雲不滅虎溪戒公締造不
滅神運也建剎後掩關三載出禮曹溪越二年微恙還圓寂
寒溪去之夕衆徒方繞榻前而行僧見公披衣禮佛去矣行
願精堅於此時能自着力善哉宜其法門昌熾到今不爲三
災所惱兩大弟子任眞抱朴後先充擴爲佛殿一藏經閣一
東爲齋堂一香積廚一西爲舊禪室一下長白殿一再西後
蘭若一前丈室一西山虎踞溪右勢甚猛其山門微向東虎
伏作者大有手眼竟陵譚元春書古寒溪寺四字寺右昔爲
田畝今灌圃有隄隄多樹其流泉即溪溪有橋橋邊青翠數
竿內草堂一督學高公世春書陶士行讀書處寺後山上茂
林修竹孝子丁鶴年先生墓在其上予暇時同諸衲子步尋
往蹟陟西山巓有感焉山自吳孫氏讌集至唐元結始顯逾
二百年鄧安惠公爲邑令訪元子故蹟作窪樽銘則又顯宋
蘇軾謫居黃岡愛其山水多見吟咏則又顯志載山下有溪
盛夏涼氣逼人是名寒溪溪上有菩薩泉陶侃爲廣州刺史
得阿育王所鑄文殊師利金像初送武昌寒溪寺後惠遠迎
歸廬山山中世以二僧守之會昌詔毀佛寺二僧藏像錦繡
谷中比釋教復興求像不可得谷中有光時現如峩帽五臺
狀今泉號菩薩人莫知其本末宋建昌李祥疑爲像所在處

東坡爲銘溪邊古橋石止一層傳云有指跡白書詩時見時晦沿溪西上爲九曲亭亭有蘇子由記嘉靖戊申給諫蜀人劉起宗謫武昌重構其亭更名懷坡亭久復圮今邑侯鄒公嘗復新之更名懷蘇予憶九曲二字畢竟天然不可易坡公當日載酒登臨夫豈無懷伊誰懷哉天地之大其來久矣登山則黃魯直所題松風閣世傳吳王避暑宮循山西北上五里許爲樊口東坡與秦少游書所謂樊口有潘生釀酒醇釅小舟往來適興者予意山川古祕非計日可窮其大分未嘗不與今人相接今此地之勝自遠公開山於晉慧光繼興於明觀南諸上人守城勿替王十朋黃魯直李東陽高世泰諸名人則往來題詠懷古情深者元結丁鶴年蘇軾弟兄則結廬盪舟流連依止精氣所注溪月冈寒前後邑侯張公鏵李公有朋鄒公遂吉則以寀官爲佛事脩伽藍覆庇者若某甲偶來締盟泉石緣起無生感梵剎之重興慟碑銘之半滅靜言今古筆未舉而淚先之石火電光何堪顧盼雖然無以謝諸上人諳君不念開山遠祖乎不念爾祖戒公乎此山最著者坡公公氣節文章豈以後人造業未後云西方不無此時着力不得則可驗公分際矣有解脫之意而無縱奪之權此事何生可了哉因爲溪山記述而並勗之戒顯寒溪寺詩寒溪始何時遠公舊法窟開擧先東林桑橋未斷沒下有古淵泉晝夜流汩汩低眉試一鑒幽涼沁心骨東坡高韻在九曲亭突兀江天浩森茫對面懸赤壁先師千華翁數此寄十笏影堂位儼然歲月痛飄忽我來雖乍遊宛矣非生客私幸遠祖緣來往時相值何當鑿蓮池一洗林泉色 宋蘇軾遊武昌

寒溪寺詩連山蟠武昌翠木蔚樊口我來已百日欲濟空搖首坐看鷗鳥沒夢逐麏麚走今朝橫江來一葦寄衰朽高談破巨浪飛屨輕重阜去人曾幾何絕壁寒谿吼風泉兩部樂松竹三益友徐行欣有得芝朮在蓬莠西上九曲亭眾山皆培塿卻看江北路雲水渺何有離離見吳宮莽莽真楚藪空傳孫郎石無復陶公柳爾來風流人惟有漫郎叟買田吾已決乳水況宜酒所須修竹林深處安井臼相將踏勝絕更眾三日樂 宋薛季宣行戊西山徒步抵寒溪寺詩杖屨竹林遊陟降西山道匆匆不是閒倍覺寒溪好潭魚戲憑虛注水喧幽草埋荒古人迹樹伐庭如埽桴鼓又相聞我心爲之懆 又晨赴寒溪寺乾龍節道場所詩曉入招提旋即還去何忙遽到非閒寒溪日出射煙霧退谷路荒埋草菅林盡遠峯晴歷歷叢深流水喧潺潺歸途鐘鼓依稀似將謂禪居別有山 又寒溪寺拈香二首社舞英嫫娟當修晉白蓮林梢開遠嶂花片落寒泉鐘鼓鏗鏘甚松篁影帶妍如來本無象長老亦逃禪昔者溪爲虎如今突塹煙崗松晨徑滑九曲夏雲連畦町茁初寶池塘滴尚涓潔齊朝五日清淨樂三年要祝南山壽南山壽十千朝衣結藍縷古剎禮青蓮舊約林間樹玲瓏竹下泉晨曦方散彩曉宿有餘妍聚石應聞道無人爲說禪路回荒翳日江遠望生煙畧約溪源售孱顏嶺岫連清神山歷歷洗耳潤涓涓菩薩行觀世封人願祝年更須東獻粟長穗滿三千 明王一翥遊武昌寒溪寺望黃州詩嵐隱沙平犁轉長孤邱哀思厭行藏一山竹木忘前蹟兩岸蒼茫失故鄉毛女或能含遠霧遊人何意遠迴廊驚逢昔侶尋常話樊口西灣卜草堂 國朝黃澍遊寒溪寺詩是處郊原燕麥齊蒼涼古殿壓城西坐看夏日春仍漫行到深山鳥不啼經額也教同劫盡佛眉端的爲誰低三年一夢慚前約我已輪身在虎溪 金德嘉寒溪寺詩萬古寒溪寺山田谷口耕絕巔懸鳥道落葉下秋聲竹塢停雲薄蕉窗受暑輕客心安熟睡不入武昌城西山吾未到坐愛此清幽鐘磬前朝在煙雲曲水流曇花留太古貝葉滿層樓酷暑煩襟滌渾疑過十洲 孟立德偶坐寒溪寺詩尋春幽僻地愛此遠公林溪水流光渡巖花野性深齋餘僧入定梵放鳥傳音爲悟空王理人間自古今 陳沆寒溪寺詩靈泉秋在朝寒溪秋在暮寺門開夕陽落葉閉斜路卻聽流水聲寒色上衣履霸圖歇千載亭館化邱墓獨憐僧與佛終日坐深樹空山一鐘響曳杖吾亦去 宋犖過寒溪寺二首曉起浮沈江寒溪尋古寺捨櫂越崇岡遙山送青翠稻畦遠近沓窈窕垂新穗流泉活活通白鳥翩翩至伊余耳目清已快平生志知乃澗壑幽咫尺藏初地杖策望山門雙瞳樹門出琳宮盤谷口喬木帶飛蘿到門聞啼鳥幽意亦何多褰衣入淨域樓閣森嵯峨老僧禪誦罷洗甕插新荷見客競前進禮數謝煩苛茶瓜列方丈談笑對巖阿淹留遂日夕齋鼓喧靈鼉 附錄邵志載明崇禎九年邑紳孟登施神一里蘆洲一大段 國朝順治七年邑紳周有賚施仰山廟田一十六石以資香火

西山寺在縣西晉建一統志 晉太元中僧惠遠建宋黃庭堅題

牓名勝志 舊名資福寺一曰靈泉明洪武初僧惠源重修後燬

萬曆中邑人孟侊建

國朝康熙初闔縣公建雍正十年知縣張慄修邵志寺有百佛圖

道光中蘄州王恕繪咸豐初寺燬於賊同治三年大學士官

文重修 新纂 國朝嚴廷燦西山資福寺記武昌故樊楚地也距城西三里許有山磅礴而迤邐曰西山山中有寺名資福吳王避暑宮址在焉廷燦承乏茲邑公暇登臨循麓而上林木陰翳時鳥變聲好風徐來爽氣在襟翠微之間蘭若踞焉金碧交煥梵唄悠揚諸衲子亦稍解西來大意偷閒禪話棋聲幢影正不減五老峯前景象也其東則虎頭鳳棲煙樹蒼茫其西則邏州隱見如聞漁父滄浪之歌南望葛山出沒雲間欲求鍊丹之處庶幾有仙靈乎北瞻赤壁臨皋慨然想玉局前後之遊而弔其不再俯瞰大江濤聲澒洞天塹如帶迴抱闤闠其間風帆錦纜蕩漾天際千態萬狀不可殫述此所以爲龍蟠鳳集之鄉也若夫春和景明天朗氣清野芳齊發嵐影干雲汲清泉而煮白石彈素琴而閱金經披襟長嘯樂而忘返至於風雨冥晦林木震動狐鼠悲號洞壑爭鳴晨鐘欲溼佛火墜紅悄然而憂肅然而恐又有懷鄉念舊與盡悲來者矣予竊意仁人志士之爲欣喜有不繫乎此而求所以垂於不朽者蓋可恕乎哉問嘗攀士行之柳上

元規之樓撫窊樽之石登懷蘇之亭囊哲高風愾然如見文嘗過呂公洞遐想韓仲卿鄧聖求之爲政至今有餘慕焉方今　　湛恩汪濊茲邑之人咸得挈榼高歌往還於西山古寺者蓋幸生昇平之世而休養涵煦於百餘年之深也昔羊叔子登峴山而隕涕杜武庫俯深潭而沈碑今之登高作賦者其亦慄然有無窮之思乎

王家壁西山靈泉寺記　武昌西山故有資福寺一曰靈泉在寒溪西數百步相傳孫吳避暑宮也建寺起晉釋慧遠山中故實有陶士行以阿育王鑄文殊師利金像送寒溪事遠公在寒溪兼闢此寺寺有泉出巖竇磬谿中白而甘號菩薩泉蘇子瞻以李常疑昔像之所在而爲之銘靈泉之名其以此歟代有廢興道光丙申燬於火惟　　武聖殿巋然獨存癸卯縣人重建真武大士二殿而佛殿則有待也至咸豐初而三殿悉燼兵燹中主僧屛而竄香火闃寂飯僧田亦爲他人有矣僧宏濡祝髮此寺出遊漢皋主棲賢寺有年聞寺之廢而慨焉歸山中誅茅奉佛旦夕唄誦理田於有司漸復其故同治三年八月　　欽差大臣爵相遼陽官公督師黃州謁者過寺恭之宏濡乃汲靈泉一石行者荷之以進爵相於舟中公飲而甘之以飲將士若投醪焉遂諾僧請復建　　武聖殿與佛殿屬僚暨縣人聞而助之者若干人四年春　　武聖殿先成有記冬佛殿亦蔵事寶像莊嚴金碧相輝遂作鐘磬於西山其銘皆曰用蘄　　皇帝萬壽國治民安慶流康嗣多賢世出其萬年永寶用範金成而宏濡屬家壁記之以報命於公壁聞宋儒楊龜山先生之言曰儒佛深處所差杪忽耳見儒者之道分明則佛在其下矣今學佛之徒曰儒者之道在其下是不見吾道之大也爲儒者不讀佛書或讀之而不深究其義爲儒者又自小也然則道何由明哉蓋自佛法入中國其所名經有漢譯後秦譯晉譯唐譯中土文士又附益之其說瑰瑋連犿洸洋汗漫至於不可究詰而其精者實不出吾儒之所雅言其言多陀阿伽陀秦言如來而儒者言復初也其言多陀阿伽度秦言如來亦言如去猶儒者言全而受之全而歸之也其言娑婆世界自有六萬恆河沙菩薩一一菩薩多有六萬恆河沙眷屬能護持誦讀廣說佛經猶言人人皆同此性人人皆能修此道也其言菴摩羅識唐言白淨無垢即孟子所謂性善也阿賴耶識唐言善惡種子是於善惡已萌處看即周子所謂幾善惡也其言一切不取不捨猶言體道不貳不雜我固有之人皆有之也其言色即是空與不可得而有不可得而無者猶言君子之道費而隱也其言不可思議功德猶儒者言上天之載無聲無臭也其於西土皆稱聖賢所與吾儒背而馳者欲潔其身而廢大倫耳抑家壁私有見者天地肅殺之氣凝於西方其人好殺若天性佛起而以慈悲化之能使翕然徙之而不知爲之者儻所謂生於是氣之中而能勝是氣者歟可不謂能仁者歟使過孔子而得所折衷則與老安少懷之志有會未必不在大賢之列過孟子則雖非所願學亦未必不於清任和三聖之外别置一座也爵相督楚楚人項戴之莫不以萬家生佛歸之奉將　　天威亦以於道役人故所至有功而軀圻蒙福止戈之武斯有在矣是役又不惜廉泉用宏佛海以爲蒼生祈福尊　　主隆民佛心

而收儒者之效休休之度桓桓之威豈直綜覈名實與士行比烈哉家壁忝爲門下士謹以靈泉滌筆記其經始告成年月並據所見以塵鈞聽如右凡費銀幾笏錢幾緡暨佽助者姓名爵里書於左方

唐齊己亂後經西山寺詩　松燒寺破是刀兵谷變陵遷事可驚雲裏乍逢新住主石邊重認舊題名閒臨菡萏荒池坐亂踏鴛鴦破瓦行欲伴高僧重結社此身無計捨前程

宋王十朋遊西山寺作　好山遺恨恐他年冒雨登臨興浩然避暑離宮閱吳主橫舟巨浪壯蘇仙秋聲蕭瑟松風閣巖乳清冷菩薩泉山半有亭名可易漫郎尤惡曲並園

明袁福徵西山寺詩　匯區東結吳王宮郊壇歸峙鎖邪鋒藩城雄據几石虎西雲虧蔽有蛇龍干艘萬鐵擊江底益州巴蜀浮艨艟仲謀足智歎偷安老瞞北抗麾朱干當年關隘難手搵策臣辨士空摧殘水聲瀰瀰猶灑血猿號噭噭令辛酸秋風桴鼓若草木落日戰骨堆銀鞍嗟乎壯烈安在哉樊臺不圯暑閣完武昌故國燬衣冠渠溝瓦硯俱迷漫

王一明宿西山寺詩　九派長江莽蕩中高天搖落自秋風從他落木寒猿夜也聽西山寺裏鐘

國朝呂履恆遊西山寺詩　郭外山光上客衣爲尋幽勝到巖扉鐘聲欲逐流雲動松影初分曉日微晉寺依然龍象在吳宮何處雁鴻飛暮年詞賦虛緣業蕭瑟江關猶未歸

陳大章西山寺作　仰穿磴道豁蒙幽碧樹瓏璁萬象秋閣上夜燈松頂見石開泉水屋中流經魚粥鼓和僧老獨鶴哀猿嘆客愁一枕茶香清味足笑揮塵壁記吾遊

畢沅西山寺詩　石穿瀉瀉寒澗松帶層層碧山怪底不知有寺磬聲裏住雲間

附錄邵志載順治十一年郡庠生朱來斯有山頭湖田三石地二十四塊塘一口草場一段減值與僧惕若永助祖師殿香火康熙七年黃岡王宗伯澤弘捐梁子七星山田六石四十年豫備倉廟尼慈照捐黃岡還和鄉宋家畈田六斗五升乾隆十二年監生吳鼎漢讓一聖襲令懷施靈溪吳村田四石二升咸豐十年邑人趙蘭芳蘭茂捐洪一里七里界田三石洪正國捐鄔家背田六斗以資香火

武聖殿在縣西西山　案修建年代不可考　同治四年總督官文重修　新纂

王家壁重修西山　武聖殿記　漢壽亭侯忠於漢著靈蹟於　國朝　國朝尊之爲　武聖　祀典與尼山比隆焉　命祀外祠廟所在有之而楚尤盛楚故武聖過化地也武昌於周爲鄂漢爲鄂縣先烏林赤壁之役武侯奉使於柴桑漢壽率水軍萬人泊鄂縣之樊口以待之昭烈皇帝桓侯順平侯咸在見陳壽志及虞溥江表傳而元人小說亦稱龐靖侯嘗讀書於武昌西山則漢壽精靈之不忘武昌也亦固其所獨孫吳害漢壽黨國賊後乃以鄂爲武昌改年僭號遂成割據故宮廢闕至今傳孫氏遺蹟亦一世之雄也其於此土豈無遺愛而千禩下所尸而祝之者卒在此不在彼非忠義之辨之在人心者皦然不可欺哉人亦知所適從矣西山靈泉寺吳故避暑宮也有　武聖殿兵燹圯焉同治三年欽差大臣　文華殿大學士世襲一等果威伯遼陽官公督師黃州諮而復之四年殿成恭書扁聯懸之以昭誠敬而肅

觀瞻適有蘄處士蘇成學目想神追若有所見虔塑　聖像暨聖子平周將軍倉又塑武侯桓侯順平侯靖侯像於　旁殿其不敢祀　昭烈皇帝者全其尊也且前代帝王廟有　國家祀典在非臣庶所敢干也周將軍史佚其事與名獨單刀俱會時坐中一人言土地惟德所在何常之有辭色甚切見魯肅傳中相傳以為將軍語也至帝蜀黜魏正統之論發於習彥威杜子美而定於朱子萬古無能置喙矣而何論孫氏哉是役也伯相首出廉俸千金布政使儀徵厲公雲官二品頂戴按察使署布政使善化唐公際盛倡道府以下官助成之其數具書左方署縣事上元江公世玉任其事邑紳士王大澐施國華魏瑞楨督匠作雜務而璧兄家璐實與營度之例有勞得書

真武殿在縣西西山道光十八年重修新纂　王家璧西山重修真武殿記真武之祀不知始於何時蓋北方玄武七星之神也自明文皇尊寵之而道家神其說以為修道於楚之武當山武當山一曰太和一曰參上又曰僊室見水經注又曰謝羅山見荊州圖副記文皇特賜名曰太嶽世宗乃復尊稱曰玄嶽以冠五嶽謂武當者非真武不能當也自是窮極土木金碧相煇元帝之廟幾徧天下或曰淨樂宮謂真武嘗為淨樂國太子也或曰玉虛宮謂真武為玉虛師相也吾嘗遊幽燕幽燕有之兗豫兗豫有之道黔黔有之適滇滇亦有之祠真武者獨楚之武當哉武當西山之有真武殿疑亦起於有明云道光十六年丙申西山火殿燼焉戊戌鄉人士謀復建之鳩工庀材

九閱月而殿成凡費金錢若干緡出貲者若干人癸卯乃書諸檀泐名於石而屬不佞璧記之璧惟武當之役緜歷十年襄鄧宛洛之民蹶蹷轂壓蠭午駢闐于于喁喁千唱萬隨乃始堞嶺隍壑冠峯帶岡分模紫宮取則宸極彩楯杈枒以戢香文梲輭欂而縱橫真武之宮觀類帝者居而度支告絀民力微矣王弇州所謂苟神既之昭答何痾乎民力之後用者蓋微辭也是役也不然繡衣之坊石馬之衢清風明月方井蟠龍之間比屋而居者數百家各量其力而布施非若彼時荊襄雍豫梁益之疲於征役也不逾三時已蕆厥事而非若十年之久也雲粢藻棁龍桷鹿櫨雖極雕鏤弗越一殿非若紫霄南巖五龍迎恩之嵌巖填谷而傑池也弇州武當歌一所謂太和絕頂化城似玉虛彷彿秦阿房十年二百萬人力一捨置空山傍者於是役何譏焉又武當歌有云黑帝不卧玄冥宮再佐真人燕薊中久從北極受尊號卻向西方稱寓公又云不問成祖帝王鬢會借玄天師相鬑鄭重乎其言之矣顧弟弗深論惟記是役之始末於此或曰祀真武者金象外必肖龜蛇象何也曰北方黑帝其精玄武斗有龍蛇蟠結之象牛蛇象女龜象虛危室壁皆龜蛇蟠蚪之象是玄武本兼龜蛇二物也春官司常九旗之制龜蛇為旐象玄武也縣鄙建之於扞難辟害之義有取焉此其遺象歟荷神之靈翊還保民實海鏡清方隅砥平吾鄉人士與天下皆拜神之賜矣是用明德以薦馨香不亦宜乎問者唯唯而退因並記之

無相寺在縣西樊山間三面阻危峯舊經云梁大同間邵陵王蕭綸建永明四年樂平王移寺於澗飲寺基上為樂平寺宋大中祥符元年改名無相久廢邵志　案通鑑綸與左右輕舟奔武昌澗飲寺僧法馨匿綸於巖穴之下詳兵事薛季宣新作殊亭記云殊亭在澗飲寺後則宋時猶存矣

龍蟠磯寺在縣龍蟠磯上嘉慶通志舊名觀音閣元監邑鐵山建明弘治初僧覺壽募修嘉靖六年燬知縣許穡卿重修有觀瀾亭寅賓樓十年知縣李宗暘新葺邵志武昌縣城北江中有觀音閣在焉亂石洞流虛懸水際艤舟而登者常有戒心焉蓋奇觀也青要集

國朝邑人周廷舉修並建亭同治三年大學士官文重修新纂

明周儒觀音閣記大江自西徂東武昌邑據南治東有黃土坡坡下有巨石磊落聯續直峙江心矯若金龍因名蟠龍元監邑鐵山壘石成臺跨鰲鰲上連石梁梁間刻東方曼倩鑄像降水勢示過舟也弘治初僧覺壽募財重修觀音閣嘉靖丁亥春燬邑宰浙東許公穡卿曰武昌不可廢此覺壽之徒宗洪告諸士大夫元溪陳君鑾等倡而和之越明年落成視昔

尤偉觀瀾有亭寅賓有樓辛卯冬桂南李公宗暘來宰偕諸僚佐登眺於茲再新厥成由是臺宇巍峩江山益麗風晨月夕則風帆魚鳥上下天光雲影徘徊風雨晦暝則蛟龍出沒變化不測晴嵐環翠巨浸洪濤四時之變態不一而萬象森羅塵俗洗淨不必訪安期於方瀛之上矣不可以無書也宗洪謁予請記因紀其歲月云　國朝王家璧重修龍蟠磯寺記同治三年八月既望　欽差大臣伯相官公駐節於黃州治軍暇偶望武昌江心有小島曰龍蟠磯者蜿蜒輪囷橫江而峙奇而詢之知為邑志八景之一因書龍蟠曉渡字於石且屬家璧以營度之役乃以九月經始四閱月而蕆事北為梵殿三皆西向其南繚檣客堂丹房齋廚悉具西南為迴瀾樓凡費制錢千七百緡有奇公分鶴俸千金餘則屬僚暨邑人士之好義者協以成之是磯初連江岸江日徙而南遂在江中元監邑鐵山壘石為臺以石梁屬之梁間為東方曼倩像以厭水勢迤而東可二里許有節度石亦峙江心獨是磯有梵宇樓閣具體而已明人題詠始富道光己酉梵宇沒大水中中歷兵燹邑人余參將雲龍嘗欲修之未果同治初道士聶永定始結茆守之遇公而遂復舊觀且稍拓而大之非吾土山川之幸也哉不唯是也魚復八陣圖磊磊數堆石耳以武侯故至今生其景仰是知功德在民不獨召伯之棠歌於南國也家璧於公亦云奚但與李贊皇之籌邊樓傳忠勇之大樹圍爭千秋哉節度官亦孫吳始制以典軍糧而後世遂為重職節度石當亦以吳嘗設糧臺得名而女媧鳴鼓之說未可為典要也因並辨之公遼陽王氏名官文

號秀峯滿洲正白旗人現官太子太保文華殿大學士湖廣總督咸豐丙辰與益陽胡公克復江漢全楚悉平今夏王師克復金陵以推賢讓能濟軍籌餉功封一等果威伯世襲罔替是行也與僧邸會師夾擊而蘄黃亦肅清矣　明郭子章武昌觀音閣詩卓錫江心古高樓曉露清懶雲依淨地斜月下青城僧定棲禪寂江流繞石鳴煩囂雖未遠沙渚暮煙輕　又觀音閣七律突於波底摧堤屏直向江心插紫冥院靜鳴鐘飛鳥下僧間說法老龍聽海濤篙月三更白山邑籠雲萬里青漫道此中無坐處乾坤落落一浮萍　龔秉德觀音閣詩秋風空憶故山薇忽向江心叩竹扉雀豕荒臺隨砌落鳥迎寒雨逐船飛酒邊狂客花傳翠雲裏高僧珠繁衣自古登臨多藻賦不知誰繼謝元暉　康太和重遊觀音閣詩傑閣嶒崚傍石磯幾回吟賞駐征騑洪波撼岸金鼇動絕壁穿雲石燕飛天外三山晴歷歷江中千艇晚依依登臨未似禪心寂笑聽鐘聲一振衣　王廷陳龍蟠磯寺詩杜石表江心花宮傍太陰天寒龍臥穩雲迴雁飛深棟宇飄明鏡汀洲隱梵音諸天知不遠皆黑下禪林　又晨渡龍蟠磯寺詩石拔煙霞抱舟迴清瀲過樓臺古蜃市鐘鼓識龍宮寶樹縈波上金花落鏡中何時登彼岸一洗世緣空　國朝呂謙恒詩壽昌城北千舟集蔬樹遙山衢落日水上霜鐘樓殿清江心砥柱波濤急盤渦鷺浴難爲容斷岸鳶飛欲墜翼筒師變色聲俱號捩柁開頭衝浪入石根繫纜畏雲腥室際浮杠愁步禁側耳似驚銀潢流下窺疑踏鮫人室蕩漾精鯢俯仰外茫茫天水同一色晚來駭浪動長風黿鼉擲疊鳴那復測光怪數忽龍女遊湖潏上下天吳立登臨本藉倦眼開對茲翻使百憂迴山僧揖予語前楹徑尺行偪仄龍骨石痕蜿蜒高北跌南亙如雙蹲此物三年必斧鑿不爾崩坼成水國造化靈奧何所無聞之危坐心怵惕君不見盛夏時有雷雨作潛蛟乘氣穿石出

南華光廟在盔家橋壽井西祀神曰華光大帝乾隆五十三年建 新纂案冊載同治元年靈一里賀梓園後裔捐廟右屋一所有碑

北華光廟在四元閣前道光二十六年市三里公建光緒三年移建縣署後 新纂案冊載舊廟有房賃錢永資香火

惠寶寺在縣東世傳孫亮潘夫人建梁大同間邵陵王蕭綸撰碑久廢 邵志

雷山寺在縣西樊口相傳雷氏捨宅爲之故名今存 熊志附錄邵志載康熙二年雷都書捐本山香火地二十五塊康熙四十二年僧別傳墾田六石五斗　宋釋戒顯詩過江山邑好望裏舊坡亭一徑入寒碧千禽語亂青客幽蓮社韻僧老竹林經喜得寒溪響年年此臥聽　明熊梓詩乘興尋幽剎階庭

鳥蹟封人家流水外風物畫圖中勝日清尊會高山秀氣鍾憑欄且開拖天地一浮蹤　國朝孟紹甲詩峭石環山寺幽花發野藤雨中三夜宿樹裏一窗鐙溪果供諸佛園蔬課小僧如何無傳記佳處寫層層　王鄴鼎詩褰蘿尋古寺高敞在雲天山氣連黃鵠江聲瀉白田禪牀延落照茶竈發孤煙倚室呼歸櫂崖邊有釣船　吳翼聖春日遊雷山寺詩石壁排江路煙村接寺峯半溪泉欲動一徑草初茸犬吠驚寒屐禽歸度午鐘花開知客候竹裏故人逢清談閒鬬茗舊句徧籠紗僧與梅俱古人憐鬢半華入山知有佛出世豈無家退谷誰同隱吾將卜水涯

吉祥寺在縣西五里寺側有敕賜趙忠顯公祠久廢後改爲浴佛菴今亦廢 邵志 隋文帝未貴時常舟行江中夜泊中夢無左手及覺甚惡之及登岸詣一草菴中有一老僧道極高俱以夢告之僧起賀曰無左手者獨拳也當爲天子後帝與建此菴爲吉祥寺居武昌下三十里 獨異志　宋張舜民元豐癸亥秋季赴官柳嶺艤舟樊口與潘彥明范亨父以小艇過吉祥寺是日大風雨雪作江上秋風九日寒故人尊酒暫相歡如何塞北無窮雪卻坐樊山竹萬竿

淨土菴在城西門外咸豐二年賊燬 新纂附錄邵志載尼元安募置洪三里磨兒山鴉口石二處香火田六石八斗

元妙觀在縣西本仙雲觀 案仙雲觀在縣東此在縣西疑誤 宋嘉靖十五年改爲天慶後名元妙有梓潼眞君閣今廢 熊志

羅漢院在縣西臨江陶太尉舊宅今廢 熊志

仙靈觀在縣西三十步宋建炎間燬淳熙三年移建於馬蹟鄉十三年復還故址今無考 熊志

準提菴在雷山寺右明萬曆間邑紳孟心孔建今廢基址尚存 邵志

馬橋廟在縣西三十里順治十五年邑人柯奎伯周承祖同建 邵志

新安院在縣西四十五里明嘉靖間燬 邵志案熊志作奉例折燬

華容寺在縣西六十里華容市熊志武昌記云縣西五十里有華容寺舊名禪林寺唐貞觀中菴前有一樹樹上有藤每見一病鼠無毛沿樹而食半月餘毛生當時文皇聖體不豫僧惠光採其藤以進曰百靈藤帝服之疾愈惠光求歸御劄建寺以處名曰禪林輿地紀勝華容寺開元二十五年建世傳武昌無楠木一夕江水飄大筏至因爲殿殿中有石刻舊經及梁武陵王華容寺碑元和中馬祖師重建後燬於兵明洪武元年普銘重修今名覺華寺邵志華容寺殿柱有倒書吉利二字人相傳以爲天書梅溪集宋王十朋宿華容寺二首曉發華容寺雲開鄂渚天秋聲餘晚稻地曠闊官田草市魚多骨荒村店有煙計臺書報我已有濟川船古刹何年有傳聞貞觀初藥瘞明主疾鼠禍梵王廬帝賜袞嘉禮塼鐵昌神留吉利書殘僧三四輩朝暮鼎鐘魚明李有朋重宿華容寺有感詩六年樊楚吏五度宿禪林僧識風塵面佛憐冰檗心紛華俱夢枕蹤跡共鳴琴怪得鐘聲過遺音無處尋

普渡菴在縣西六十里順治四年邑紳姜學疇建邵志

三王廟在縣西七十里永一里公所係舊積穀倉遺址新纂

護國寺在縣西七十里永福鄉新纂

極樂寺在縣西六十里新纂

楚興寺在縣西九十里邵志附錄邵志載雍正四年僧知機置廟下田一石五斗

懷恩寺在縣西九十里神山鄉蟠龍山麓唐元和間南嶽讓禪師建明洪武三年僧惠源修明季田聯璧等重修國朝康熙四十七年田祿平等修邵志殿宇壯麗古木參天有鐵佛三尊新纂

碧雲寺在神山鄉白滸山頂宋建邵志咸豐初賊燬同治間重修新纂

新喜寺在縣西九十里神山鄉唐時建雍正湖廣通志斗牛嶺在縣西九十里葛店街熊志久圮同治元年重修中供葛仙像新纂

聖帝廟在葛仙鎮上街嘉慶時由街北移建新纂

觀音院在縣西一百里有湧池石觀音禮拜石宋紹聖間鐫記今廢熊志

長春菴在縣城西北隅後改建準提菴今廢址尚存邵志案熊志長春菴在縣治三十里者賓龔少塘龔太和仝建此當別自爲菴今不詳其處附記於此

江隱菴在縣城北卽三官殿邵志咸豐初賊燬故址尚存新纂

二郎廟在縣東孝感坊今廢熊志

洪山寺在縣東宋紹定間建久廢邵志

青竹海菴在縣東生員王統一捐山建邵志

妙喜寺在縣東南宋泰始間五祖演禪師建雍正湖廣通志後廢明洪武二十年僧永景重建國朝順治間僧本開重修邵志

迴龍寺在縣東關外康熙元年邑人周慶楨建乾隆二十四年生員周士鋆重修邵志咸豐初賊燬同治八年城東門外市民公建新纂附錄冊載光緒七年邑紳周之翰施香火田七斗五升歲入租穀十五石地課錢四串文

寶盌院在縣東一百八十步世傳孫吳建都時立今廢熊志

鳳鳴寺在縣東二里卽鳳臺書院乾隆間邑人周懔懷重修邵志咸豐初賊燬基址尚存新纂

司徒廟在縣東五里咸豐八年重修新纂

靈傑寺在縣東五里邵志同治元年重修新纂

新興寺在縣東十里茅草湖側祠簷前有小洞與湖通每大雨水自洞出湖騰沸不絕同治元年重修新纂

皇帝廟在縣東十五里新纂
水月菴在縣東十五里仙堂山上江湖佳勝一覽瞭然邵志
小石山廟在縣東二十餘里小石堡新纂
楓口祠在縣東三十里烏龜嶺下生員孟振祖王家臣耆賓
何覺非重修今廢熊志
鳳山廟在縣東三十里鳳山之嶺熊志今移建鳳山下里餘鳳
山堡新纂
彭塘廟在縣東三十里麻陽腦下熊志
鼉龍廟在縣東三十里邑紳曹若參建熊志
石龍菴在縣東三十里邵志
雲蓋寺在縣東三十里邵志
松山寺在縣東三十里松山堡新纂

奎臨寺在縣東三十餘里風火堡新纂
積善院在縣東三十五里舊蘆洲江岸水醫院圯宋紹興十
五年敕建今廢遺址與赤土磯相近熊志
應山廟在縣東三十五里應山堡新纂
草陂廟在縣東三十餘里草陂堡新纂
古塘祠在縣東四十餘里古塘嶺新纂
黃田院在縣東四十五里東晉時建熊志　案熊志作東晉己卯建當是大興二年
聖姥殿在縣東五十里楊葉上洲新纂
太子廟在縣東五十五里晉建門額尚有晉敕二字道光間
重修新纂　案當祀吳太子孫登
三九廟在縣東六十里楊葉下洲新纂
月陂祠在縣東南十里明萬曆時建新纂

古堂祠在縣東南十里新纂
天龍菴在縣東南十里案雍正湖廣通志作西南土名天井坳吳孫權憩
此名曰天龍南宋建菴於坳間明成化初修邵志邑進士楊正
奇嘗讀書於此
國朝咸豐初賊燬光緒二年重修新纂
正性菴在縣東南二十里塔橋順治十五年邑紳洪希虞建
邵志同治間生員洪正煜　恩賜副貢洪英副貢洪天申教諭
洪大生等重建於山右新纂　附錄邵志載希虞施田五斗並有山乾隆十四年希虞曾孫志永等施廟灣地四塊
新陽廟在縣東南三十里新纂
苑園院在縣南本吳西苑亦名瓜圻久廢熊志　案西苑瓜圻詳古蹟
洞寶菴在縣南二里同治十一年重修新纂

洋瀾寺在縣南四里洋瀾湖側康熙三十七年知縣呂貢恆
建新纂
太子廟在縣南五里新纂
清涼寺在縣南五里墩
國朝順治十一年僧傳心建熊志同治十二年重修新纂　附錄邵志順治間蕭公一捐香火地三塊廟基一段康熙間張元吉蕭蒲臣柯奎伯共捐香火地十六塊　國朝孟壽湄清涼寺詩松風謖謖聽懸泉細雨催雲障遠天最愛竹西茅舍裏數聲雞犬破寒煙山僧引竹煮流泉屋繞幽篁小有天莫笑禪房無好供開簾遠岫四時煙
昌樂院在縣南六里漢建安二十五年孫權作寺有二浮圖
東有戴淵記西爲謝尚立石宋初廢其地爲武昌鎮今鎮亦
廢熊志
寶勝寺在縣南七里光緒八年重修新纂　案廟碑載康熙二十八年大學士余國

杜施地四十塊廟基一段則廟爲康熙間建矣

圖山廟在縣南十里新纂

葛山廟在縣南十里道光十三年知縣李錦源建新纂

將軍廟在縣南十里洪一里小橋同治間僧心溪建新纂

洪家菴在縣南十里新纂

徐家菴在縣南十二里新纂

朱家菴在縣南十五里新纂

海映菴在縣南十五里新纂

寶山寺在縣南十五里同治十年重修新纂

一笠菴在縣南七十里符一里保安下街新纂 附錄册載菴前有草場一段在三元閣後

妙勝院在縣南九十里宋咸平初建熊志

白馬寺在縣南一百里符二里地新纂

寶峯寺在縣南一百一十里歐家硔火紙山南爲符四里公所新纂

樂道宮在縣南一百一十里符石鄉沼山西相傳乾隆間有破舟載二鐵佛自樊口逐浪而來至太白港止衆皆舁之一置見龍寺一置於此今太白港有田名歇佛邸新纂 案册載有香火田一石五斗四圍山四大障歸僧樵牧

見龍寺在縣南一百一十里沼山五老峯左寺側澗中五色細石可玩新纂 附錄册載香火田一石四斗地三斗五升

寶聚寺在縣南一百里符石鄉長嶺街北道光十年建咸豐初燬同治九年重修新纂

寗國寺在縣南一百二十里金牛鎮 案當作金牛鎮蚪山邵志下有宣化二字未詳其義 唐大歷四年刺史旦直節建雍正湖廣通志 入湧溪八九里有蚪山山之陽是惠公禪居邵志云元結惠公禪居表碑本作蚪山 案今本元子文編作蚍山 當以碑爲正宋祥符初改今名邵志

妙門觀在縣南一百二十里金牛鎮西舊額潛山端平元年建今廢熊志

泗洲院今名泗洲寺在縣南一百二十里金牛鎮西街北唐上元間建初名昌化宋初改今額熊志

五顯廟在縣南一百二十里金牛鎮西街今廢基址尚存新纂

蚪塘廟在縣南一百二十里蚪山下舊經云堂開成中祀蚪塘神熊志

長興寺在縣南一百二十里靈二里蓮花山宋咸平時建寺北石上有穴相傳爲仙人拄杖處寺西石上有跡俗呼仙人掌新纂

妙勝寺在縣南一百二十里符二里林木扶疏可愛邵志

紫微觀在縣南一百二十里新纂案輿地紀勝熊邵志均作一百里 金牛鎮宋乾道間重建今廢熊志

楊花廟一名青山寺在縣南一百二十里符四里舊有斷碑載唐高宗儀鳳丙子慧能禪師說法於大梵寺講堂飛錫茲土楊花古剎明成化五年修國朝乾隆五十四年重修新纂 附錄册載同治間生員鄧汝爲高蘭如等捐置田一石二斗六升作惜字費

九龍菴在縣南一百二十里符二里山有九峯邵志

清峯寺在縣南一百二十里清峯山下唐宋以來名僧東皖豁然尤著新纂 聶賢詩步上清峯倦眼開白雲堆裏見樓臺枝喧鳥語攙空磬竹戛鸞聲落酒杯世泰不妨

遊野興山高常聽下方雷老僧講罷空門法花雨紛紛點翠苔
紫檀廟在縣南一百二十里符石鄉道光十年衆姓重修爲
符三里一五兩甲公所新纂
法華寺在縣南一百二十里靈二里木魚山下唐建元末寺
圮胡正三知七捐貲重修新纂　附錄册載香火田二石七斗
黃龍廟在縣南一百二十里靈三里明時建後燬紀姓移建
於村旁名懷恩祠新纂
蓮花菴在縣南一百二十里靈三里乾隆三年僧悠演募建
嘉慶二十七年修同治十一年重修新纂
南谷寺在縣南一百二十里一名南谷草堂咸豐二年靈三
里紀樹棠建有石刻八景圖序新纂
崇福寺案今名北山寺在縣南一百二十里靈溪鄉清水潭宋永國

公孟宗政賜葬地寺內奉祀香火明萬歷時孟紹慶等重建
國朝乾隆年間生員孟叔儒守備孟世魁等重修新纂　附錄邵志載寺內
香火祭田二石有奇地一石有奇戶名孟北山
仙人巖寺在縣南一百二十里靈四里深谷中山環徑曲隔
絕塵凡新纂
靈寶寺在縣南一百二十里靈一里三角山東麓新纂
青龍古刹在縣南一百二十五里爲馬七里公所明初建後
燬重修刹宇崇麗竹樹葱蘢新纂　案册載有山一嶂竹一園田一石五斗永資香火
靈溪觀在縣南靈溪山武昌記吳介象昇仙之地有鶴籠橋
仙人沼鍊丹井飛泉石後橋爲雷震有篆文曰神仙廣濟之
橋一統志時人築壇觀名曰靈溪舊經云禎明元年建道士許
慶長於此上昇有萊萊輿地紀勝作蔡邵志亦作蔡悟眞開成二年二十七

日亦上昇有碑識之案神仙傳介象至武昌吳主號爲介君爲起宅以御帳給之恐宅不在靈溪據
張中伯來蝶佛糕尊師純功記皆興葺之事立石以開成二年七月二十七日非上昇也黃巢之難觀廢
宋大中祥符七年重建有昭龍山禮斗石聽泉二仙人塘九
曲洞仙人壇臨水石仙人橋案邵志作石誤建炎四年毀熊志
國朝順治間修同治十年重修新纂　附錄邵志載順治間置田一石二斗
白雞寺在縣南一百三十里康熙間重修掘地有白雞飛出
倏忽不見故名新纂
龍顏寺在縣南一百三十里靈五里螺螄巖下前對挂榜崖
新纂
古城寺在縣南一百三十里靈六里地新纂
石燕寺在縣南一百三十五里靈五里明弘治時建寺後石
壁巉巖泉出石罅有洞可然炬入蝙蝠大者如盤有銅觀音
像最著靈異新纂

梁道菴在縣南一百四十里今爲寺邵志明舉人陳鑾讀書之
所新纂
永壽院即隱龍寺在縣南一百四十里宋祥符初建明嘉靖
中主簿張廷高重修額曰永隆熊志　案熊志載其地產蛟每當大比年多騰起庚子年
產蛟九十戊午有二十三蛟
慈雲菴在縣南一百四十里靈五里包山圍地名馬鞍山明
季僧千齡建邵志
文殊寺案邵志作文殊禪林在縣南一百四十里靈五里馬橋圍明季
建寺前衆峯獻秀環繞若城寺後有獅子崖新纂
華山寺在縣南一百四十里靈五里包山深谷中康熙湖廣通志泉
石幽勝地僻而絕少遊人新纂

養石泉寺（案邵志興隆菴地名楊師泉）在縣南一百四十里靈五里馬橋圍順治三年建（新纂）賀樹準記養石泉寺國初僧三車所建或訛稱楊師泉今題曰興隆菴佟開黎所改也衆罕稱之寺後山踞縣治南爲武昌大治興國三縣幹寺居山腹前臨絕壁基圓而坦廣可數十畝望之若舒菡萏琳宮高下相承頗壯麗中供養大士像佛座右爲客堂客堂後爲寮房寮房之側有巨石峭立高二丈許石上有古桂數株每秋盛開香聞數里石下有洞闊可容席舊於其上架椽以消暑佛座左爲攢堂堂後竹樹連山晝日陰翳泉穴出其下大石環之色清冽味甘聲泠泠然其氣冬溫夏涼僧廚以筧引之不汲取經寺門分三道出左右爲往來磴道水緣磴曲折行溉稻田數百頃中道直奔絕壁古木四周如城垣臨上瞰下下飛鳥皆視其背神眩掉泉咽石噴如霧少下如匹練既下微折而東始合流巖際多石洞洞尤闊石下垂如冰柱如懸鐘上出者如虎豹蹲或成器物形奇怪不可殫狀山僧時於洞口土中掘得片石玲瓏嵌空置盆盎中苔蘚斑駁棧道縈紆米顛九華無以踰此夫石剛質也水柔質也而茲山之石得此泉浸潤滴瀝以有此奧如曠如之觀不謂之養也得乎當夫春雷振籜好竹生香玉版參禪幽禽上下飄然有出塵之想洎乎火繖撐空炎威爍石跏趺面壁萬慮俱清若夫桂發崇阿萸囊瘦石登高作賦招隱有詩又若朔風怒號泉鳴長夜逕柴晨叟蹲芋宵煨茲山之靈與時更代峯巒合沓煙雲變遷東望下雉西達蚪川曠遠殆將百里村落

人煙之稠密溪澗港汊之縈洄皆歷歷在指顧間噫茲山之奇如此而紀載獨未之及焉山川殆亦有幸不幸也夫林芳宿養石泉觀瀑詩端坐多伊鬱顧言一騁目山僧適見招遙赴祇林宿三兩嘯儔侶四五偕童僕積陰生曉寒亭午轉微燠林迴風欲薰嵐輕雨初沐平疇早秧新高原小麥熟三道傍聽農謠比歲屢豐卜沿澗忘迢遞觸岫愛重複村徑辨全溪彴危獨木迴步上高岡穿林得行奧天如世外逢地詫壺中縮就樹支半楹因崖架重屋叢樹碧周遭澗花紅麗縠倒挂絕壁松偃蹇夾徑竹高空下倦禽幽洞出仙蝠忽闖天籟鳴清響送琴筑尋聲重搜討迸崖下飛瀑激石甓圓渦注潭匯淨綠蔬畦近委輸稻田遠滲漉上疑天漢翻下想神龍伏將毋功德水散作人間福憩磴戀忘歸心賞手盈掬山水固云佳茲泉靈異獨欲喚老畫師爲我寫尺幅晨發下山來泉亦出山逐回首在山泉自雲滿巖谷 附錄冊載寺有自置及衆姓施買香火田六石六斗一升山數嶂同治十年請示永不准典賣

黃龍寺在縣南一百四十五里靈五里馬橋圍明萬曆十八年劉姓捐建寺居黃龍山半磴道盤紆產茶名雲霧茶（新纂）

紹興寺在縣南一百五十里馬二里唐建寺踞山巔前有泉四時不涸名土坡泉僧紹旦重建後圮（邵志）

國朝同治十一年僧西安修（新纂）

靈山寺在縣南一百五十里（雍正湖廣通志）靈山寺在靈溪鄉之靈山今壽聖院有觀音鐵像（輿地紀勝）唐光化間建小菴曰白蓮池有鐵觀音像後菴毀像沒僧懷一改建靈山院宋大觀二年上賜衛賞之女沈疾藥石莫愈有遊客教食狸肉賞與獵者羅之林麓間遇狸透縮而入穴探穴得像遂掘出之疾尋愈賞欲留像他處舁者累莫能舉卜迎至靈山遂若舉毛然（邵志）（引陳貽梓記）寺屬靈三里歷元明寺半傾圮國朝僧紹衣禪定續葺咸豐間賊燬光緒初僧了生募建（新纂）（附錄冊載寺門前田一邱壋下塘一口寺後山一大嶂寺左堰塘二口寺右塔灣塘一口又紀玉峯施寺前香火田一石三斗）

禪房寺在縣南一百五十里馬蹟鄉一里寺後石壁峭立古

木蔥蘢清泉自流不汲而爨（新纂）

龍會寺在縣南一百六十里馬三里舊爲積穀倉建有寺久廢（新纂）

禪窩院在縣南一百六十里馬祖禪師居此今存（熊志）

龍泉寺（案原名龍泉院）在縣南一百六十里有碑文云天福開基宋初賜額院東有水曰龍泉旱禱立應今存（熊志）（明鄒逢吉統兵征剿夾山口呂賊宿龍泉寺詩腰下有龍泉古以名其寺銘成菩薩心削去慈悲字滅此快朝餐洗戈乃離飲衲子且知兵將軍豈無事）

安福院在縣南一百五十五里明頭山中宋景德元年建（熊志）今名安福寺在賢三里沙紫有龍塘諸勝（新纂）

尊聖院在縣南一百六十里宋咸平初建（熊志）

報恩院在縣南一百七十里宋景德間鑄鐘猶存即北山寺、

雍正湖廣通志

仙佛寺在縣西南十里新纂

石山廟在縣西南十里新纂

烏菴在縣西南二十里邵志

彌陀寺在縣西南八十五里道光十年重建新纂

華藏菴在縣西南九十里梁子鎮後明萬曆時建

國朝順治十四年黃岡王澤弘題有海會慈風額尚存新纂

東山寺在縣西南九十里賢二里宋隱士張雨若隱於梁子東山因名咸豐初賊燬故址尚存新纂

朝陽菴在縣西南九十里梁子鎮東北康熙初建咸豐三年賊燬同治五年重修新纂

戴家菴在縣西南九十五里菴有神鐙出則歲大有新纂

雞鳴祠在縣西南九十五里符石鄉沙灣堡康熙初重建咸豐三年賊燬同治初修新纂

觀音堂在縣西南九十五里符石鄉爲小賽堡公所眾姓捐置田產新纂

汪師壇在縣西南百里符石鄉鋪紫堡有汪法師禱雨於此故名乾隆初建同治年重修新纂

香佛寺在縣西南一百里賢庾鄉湖上負山臨水初爲熊姓家廟康熙壬子廩生孟進等建邵志同治十三年重修更名三九廟新纂

白雲寺在縣西南一百二十里賢庾鄉新纂 附錄冊載程爾聰施田一石五斗地一段乾隆間僧榮鉢復置田地以供香火

斗山寺在縣西南一百二十里賢庾鄉山形若覆斗故名唐中和中僧智超建明成化二年重修御史方進鑄有鼎熊志

永興寺在縣西南一百二十里賢庾鄉童家壋熊志

荊陂寺一名永壽寺在縣西南一百二十里賢庾鄉熊志 附錄冊載香火田二石六斗有山地不准質賣

永豐寺在縣西南一百二十里帥家壋廩生孟道一者賓楊少溪建邵志

蓼儀寺在縣西南一百二十里賢三里明洪武間知江安縣事魯文才建寺內奉祀宋吉國公孟珙

國朝康熙八年知縣熊登同司訓孟長民主事孟人吉魯金賢等重建乾隆間生員孟叔儒等修邵志 附錄邵志載寺前爲宋吉國公孟珙賜葬地孟裔置有祭田三石五斗戶名孟吉祀

百嘉廟在縣西南一百三十里沙紫舊爲白氏家廟乾隆間眾姓重修易名百嘉新纂

武昌縣志卷七

學校

學宮在縣治東南南門外右倚西山前臨南湖採訪冊晉征西將軍庾亮案亮自蕪湖移鎮武昌在成帝咸和九年明年爲咸康元年在武昌開置學官蓋其時也文獻通考以爲穆帝永和中誤在武昌縣開置學官起立講舍又繕造禮器俎豆之屬將行大射之禮宋書禮志庾亮武昌開置學官教人情重交而輕賒好逸而惡勞學業致苦而祿答未厚由捷徑者多故莫肯用心洙泗邈遠風雅彌替後生放佚不復憲章典謨臨官宰政者務目前之治不能閑以典誥遂令詩書荒塵頌聲寂寞仰瞻俯省能弗歎慨自胡夷交侵殆三十年矣而未革面嚮風者豈威武之用盡抑文教未治不足綏之邪昔魯秉周禮齊不敢侮范會崇典晉國以治楚魏之君皆阻帶山河憑城據漢國富民殷而不能保其強大吳起屈完所以爲歎也由此言之禮義之固孰與金城湯池季路稱攝乎大國之閒加之以師旅因之以饑饉爲之三年猶欲行其義方況今江表晏然王道隆盛而不能弘敷禮樂敦明庠序其何以訓彝倫而來遠人乎魏武帝於馳騖之時以馬上爲家逮於建安之末風塵未弭然猶留心遠覽大學興業所謂顛沛必於是眞通才也今使三時既務五

教並脩軍旅已整俎豆無廢豈非兼善者哉便處分安學校處所籌量起立講舍參佐大將子弟悉令入學吾家子弟亦令受業四府博學識義通涉文學經綸者建儒林祭酒使班同三署厚其供給皆妙選邦彥必有其宜者以充此舉近臨川臨賀二郡並求修復學校可下聽之若非束修之流禮教所不及而欲階緣免役者不得爲生明爲條制令法清而人貴舊在縣城內西隅康熙府志案即今城隍廟基頻池在焉宋崇寧中遷於縣治南里許建講道堂二進學好問興藝武士就傳齋五凡二百二十七間案今稱射圃山淳熙中縣令周復遷縣治東南即今址案康熙府志作遷縣東明洪武初知縣孟吉改建今所與縣志異創殿廡講堂齋四文會行成忠告信道案此爲今南湖學宮之始嘉定十五年陞壽昌軍學尋爲壽昌郡學薛季宣新作祭器記有國之制祠事單于縣者六春秋用事者二歲凡七祭孔子在廟社稷風師雨師雷師在壇句芒氏爲位箸爲令甲令長主之齋潔以祠神答如響俎豆樽罍必有物交於神明必有道肇自干戈搶攘隊禮相循鄂縣祠神褻器而已聲容文物非復舊章君子以禮先民繇大於此孔子曰禮云禮云玉帛云乎哉樂云樂云鐘鼓云乎哉玉帛鐘鼓之器是豈禮樂之正與禮樂之情斯焉有取釋是而觀禮樂吾不知之矣是則豆籩簠簋之用果不可

虛於以備物致材振修遜典考文制器合法應圖銘諸俎而爲之識辭曰惟皇帝紹興三十有一年某月甲子武昌之長臣昧末區東薛某祇顯相寅恭集事率時國典作于茲下邑禮神洗一尊一罍一皆有作簠簋十籩二十豆二十有六爵二十坫十有二俎六盤二甕四匪四用實嘉薦以享以祠將永寶爾後人典祀無疆其粟粤以中秋釋奠於先師孔子用充庭實春秋之禮徧於羣祀俎豆有列酌獻有儀我不敢知神之聽鑾祭神如在其庶幾乎周文公之頌云籩豆有踐孔子曰俎豆之禮則嘗聞之矣軍旅之事未之學也古之君子修禮於廟堂之上而德教加於百姓普天之下無思不服萬世圖攷其遺法不敢一日而廢豈他道哉旨必有在君子於是乎觀禮禮將不外是夫元至中改壽昌郡學爲府學大德中析爲武昌縣學案此爲武昌縣學之始燬於兵存大成殿八年達嚕噶齊馬天敏修許善勝馬侯修學記武昌縣即宋壽昌軍也軍籍有學燬於兵皇元混一六合始陞府知府事孔遵創禮殿王侯利偵仍立堂宇齋廡廠後革爲縣今縣學即壽昌府學也無何頹敝級棟扶梁講堂尤多剝甚大德八年縣令馬君天敏至廼諗之達魯花赤馬主簿孟德成僉曰偉哉遂昉斯役文學椽宋克窮率其徒罔敢或怠剔蠹起舊飾圮繪新昔撓今隆昔庳今崇赤白炳明廼嚴廼翼經始於大德八年冬十月大德九年春三月落成請記於余余叨董湖廣學事不敢以蕪陋辭嘗謂學之有講堂尊道也道莫急於人之大倫虞

氏設司徒敷教周官命司徒敷典皆是物也豈借此騁雕蟲之技務口說之騰爲貢奇泄私之地哉嗟夫自三代以還令不知以學爲政自孔孟既遠師不知以道爲教武昌異時爲水陸爭戰之衝其民疲於干戈不得一於學也方今天下泰然文治蝟興田夫野老亦驅其子弟就社師而教焉先進禮樂之風藹然茅檐場圃之閒爲令爲師者啟其秉彝好德之天使知君臣父子夫婦長幼朋友之大倫而一趨於先王之正道則斯堂之名與實副矣紫陽夫子立白鹿洞學規首以茲五者揭之堂楣炳如也余故因以啟其邑之人至正五年監令王文貢修殿廡建櫺星門創塑從祀像及殿堂門廡明洪武三年知縣孟吉建大成殿明倫堂兩廡東西舍正統四年知縣許誠建大成門五楹東西廡十楹十四年知縣牛逵教諭杜巽修明倫堂天順四年僉事劉敷建後堂三間成化十六年知縣謝廷舉修殿堂門廡齋號廩室薛綱記武昌縣學古壽昌軍也前瞰南湖後枕大江其規模宏敞殿堂壯麗視他學爲最宋崇寧間建議道講堂進學好問興藝武事就傳等齋至二百七十二間淳熙又遷置講堂列文會行成忠告信道四齋其爲道計也至矣逮元陞壽昌爲郡府尋復爲縣更改不一學亦寖廢中間監令王文貢馬天敏趙從仕亦嘗

修之入國朝縣令孟吉亦嘗增置之自後寥寥無繼費舍邱墟矣正統間教諭杜巽與今僉事方進乘吉太守周源本清時爲弟子員各出己資修建明倫堂以爲講肄之所其廢墜可知嗚呼自元迄今幾二百年能以興學爲務者纔二三人而已越庚子廣東謝廷舉來知縣事顧瞻廟學傾圮乃慨然捐俸爲倡禮勸鄉大姓朱昌等皆樂爲之助不數月閒殿堂門廡齋號廩室煥然一新前規泮池甃以美石外繚垣牆植以槐柳廷舉之用心亦勤矣予督學至彼喜覽宇更新江湖輝映晴金寒玉搖動几席充焉若有所得乃進諸生而與言曰謝令興學知計道者也鄉人樂助知向道者也顧惟諸生不以道爲務耶夫道之在天下如水之在地中散而爲池爲湖爲海爲江皆水也但止者滯焉流者達焉南湖滯於一所而易爲涸止也長江一瀉千里達乎四海而後已不止也諸生其爲南湖之止抑長江之不止乎不止以求其止必士而希賢賢而希聖不入精微不詣遠大不已如是庶不負爲聖世之良材亦不負予之誨言與廷舉之用心矣諸生皆唯唯而退遂鑱諸石

十八年通判王蔓知縣劉吳鏜修櫺星石門三座弘治七年知縣聶賢申理案重慶府學式建尊經閣知縣商清朱欽先後落成之熊志

歐陽旦重修儒學記自夏口順流東下幾二百里北岸爲黃州郡南岸爲武昌邑樊口之水出焉弘治乙未予抵任期月謁文廟視學宮頹廢四顧駭然邑令河間朱欽偕師生趨進曰最者分司

鄉公至學顧諸生而歎曰浮屠左道克壯厥居而學校不治適至於此經畫有備惜未竟耳吏人者持簿書以進考如所言既刻期以責其成復咨於公請卒其事公乃籌其工費經其財用不愆於素擇邑民之良者曰汪庭椿以分理庶務而總督則委之朱令朱令既事勤慎罔怠先修 文廟以及兩廡重門廟後有堂扁曰明倫堂後有樓扁曰尊經東西兩齋公宇號舍庖廩之所次第偕作以完以美又明年爲辛酉予再至學但見棟宇崢嶸金碧輝煌湖光山色延望無際蓋門牆事新而江山改觀非復舊日之荒落矣予既嘉公之績復推公之言諗于衆曰自古天下學校之設所以崇正黜邪敷教作人移易鄉閭之風俗而培植國家之元氣唐虞三代之明效大驗考諸經可見矣魯僖作泮宮詩人有頌文翁興蜀校治比鄉魯學之有益於人也如此豈誣也哉今茲廟貌尊嚴學宮輪奐師生講授有地揖讓有階進退唯諾從容禮法之場歲時二丁之祭鄉飲之禮邑長吏偕僚屬父老有事其中諸生駿奔以執事設鼓鐘陳俎豆冠裳禮度雍容儼雅大聖人之道明天子之化如日在中天昭不可掩聳視聽而動人心者不在是乎夫儀文度數精神心術之所寓文章論議道德性命之依存爲吾儒者易亦循其名而求其實事乎外而反諸中履之身而爲身修推之家而家齊使吾民有所感有所師法眞見夫民彝物則之爲懿各親其親各長其長相率而一趨於正譬諸端人正士端冕凝旒垂紳正笏禮容既肅具瞻斯存奸人佞夫消沮閉藏之無地此蓋天理之所以常存人心之所以不死孰肯舍此而從彼無君無父之教哉夫然後學之功成矣不然徒觀美爾於家國天下乎何有公名軾字式之廣信之永豐人起成化辛丑進士歷監察御史至今職云弘治十有五年壬戌秋九月望日提督學政安福歐陽旦記

嘉靖九年大學士張孚敬等議釐正祀典撤去塑像改大成至聖文宣王爲至聖先師孔子案漢平帝稱宣尼公和帝封褒尊侯北魏孝文帝稱宣尼父後周宣帝封鄒國公隋文帝稱先師尼父唐高宗贈太師元宗謚文宣王宋眞宗謚至聖元武宗號大成至聖文宣王明議去王號稱廟不稱殿易像爲主神位木主高二尺三寸七分闊四寸厚七分座高四寸長七寸厚三寸四分朱地金書四配神位木主各高一尺五寸闊三寸二分厚五分座高四寸長六寸厚二寸八分十哲以下神位木主各高一尺四寸闊二寸六分厚五分座高二寸六分長四寸厚二寸左邱明以下神位木主各高一尺三寸闊二寸三分厚四分座高二寸六分厚二寸俱赤地墨書續文獻通考

十六年推官沈汝璋重修殿廡邵志

隆慶六年訓導譚思於明

倫堂左右建禮門義路萬曆元年知縣李有朋十二年知縣高淩奎相繼修二十四年知縣何以讓重修

孟紹慶記鄂渚儒學建南關外東山聳翠西竺標奇合山澤之水匯而爲湖以停蓄於前誠樊楚之巨觀也崇祀之勝境也地勢綿坦體制顯卬廟貌祠廡洵美且富而誨迪有齋藏修有所以是二三學博日率青衿講學課文不少懈故士之應制而出者或以氣節著或以藝文顯代不乏人故山川之攸鍾而漸摩陶淑謂非學校所造就歟第廟制有廢興經營有詳略不佞先大人嘗登之記焉丙申歲何侯自蜀令武下車謁廟而四顧之喟然歎曰尼父百代之師士子四民之首學校萬化之源而報德報功右文養士誠不可不汲汲焉爲之所也可令其圮靡而莫之振乎乃命匠役遠求博採得美材若干株遂諏日鳩工俾簿尉董其事每乘公暇不次閱靚而飭廩之至靡費不貲俱捐已俸而公帑私役毫不資借乃戒之以勿亟申之以慮終視其事若家事務期久遠必一勞永逸乃可由是首正殿次兩廡其工漸舉以次落成靚之舊制不材鉅而功偉哉維時以釋莱禮告成於廟侯卒師生祭奠而一時從邁者爭快覩焉靡不頌侯崇儒重道之深心而繼往開來有攸賴也可無記以垂不朽乎余時以晉賀祝蘿使道故里恩恩戒行而學博金君王君徵余言記之侯力辭乃止及入瀆久之新任符士田楊杜三君遺人纖刺萬里外復徵文於余曰何侯入覲畢乞陳情歸養上可其奏不允爵暫許歸蜀省二人未幾卽擢大

名府佐至榮過也夫獲上服下均可紀勒況往者曾有學碑之請乎余感諸君敦求而仰何侯偉績遂遐想其事而爲之記曰明興二百餘年人文輩出所從來矣何侯振作以來賢科接武遵出倫等誠千載殊遘也昔侯之里文翁爲守開石室以講學育士寔不異世同符耶至若宣聖諭旌賢良禮耆碩奬節義優薦舉勤考核時慮饑疏溺浚課桑麻下賦役緩征輸恤鰥寡廣儲積剔奸敏決訟獄理神明種種善政不一而足其服中使卻橫徵罷礦稅尤時政之最不便於民者一一調停而綏靖之其爲民造福除害固無遺焉此碑之勒甘棠之遺意也余特表而出之以風後之造士愛民者侯諱以讓字師仁而環斗其別號也萬曆戊子以易魁於蜀而爲涪陵之世胄云

國朝崇德五年定每年二月八月上丁日行釋奠禮順治二年又定每歲春秋仲月上丁日致祭如遇有事或次丁或下丁通行直省府州縣遵行定

大成至聖文宣先師孔子謚號九年

御製臥碑文頒勒各學置明倫堂之左會典十一年知縣張春枝建大成門明倫堂尊經閣

啟聖祠 熊志 孟振祖記壽昌學宮舊營於郭外遭兵燹厝置於邑東報恩寺從權也於是泰興張侯春枝甫下車之明日行釋奠先聖禮畢相與步出南關覽湖山之秀麗弔舊學之荆榛召學博先生於堂上集諸生於堂下而詢之曰儒教重乎釋教重乎僉曰儒重侯曰未也諸生不省所以進而問狀侯曰子無異乎吾言也夫不見武之近郊乎龍蟠閣祀大士也而檜阿收江上之雲寒溪寺尊釋伽也而金碧發西山之秀至　先聖宮牆則徒見夫敗椽斷瓦飄零於淒風苦雨中謂之崇儒重道者乎子無異乎吾言諸生伏地請曰非不欲爲時不可也侯曰時之爲說奈何諸生曰明季之時日知有兵而不知有學故見兵而學遂置之膜外迨維新之始知有學而亦知有兵故畏兵而學且視爲緩圖侯曰今之時何如僉日可矣　天子在上偃武修文而賢牧宰布絃歌雅化正此時也侯曰大哉時之爲說矣時替則替時隆則隆是　先聖仕止久速之時中不惟見諸當年行事之間而且昭著於千百世崇祀之地也然則時可爲矣孰董其役僉曰非才幹有爲者不可侯曰其獨士於泮宮於是學博先生以周生慶蹟孟生益吉孟生延彥朱生良陛姜生怡賀生聖朝唐生弓王生家臣周生之一及不才振祖應侯乃進而詔之曰子向謂學之陞替有時抑知學之作亦有時乎時不盡春而必以春爲首學祀先聖亦及從祀諸賢而必以　先聖爲尊是大成殿時之春也其首之繼春者爲夏夏之卦爲離離之象白麗乎正以化成天下而明倫則化成之本也其次明倫之堂若夫啟聖有祠祀成聖人者也而成之道於時宜秋其次之尊經有閣藏聖人之典籍者也而藏之道於時宜冬其又次之他若櫺星門其時之正月元旦乎東西齋其時之積餘成閏乎皆所以當次及者也諸生曰唯乃諷曰經始次第落成我侯顧而樂之曰是可謂崇儒重道也已惟兩廡未建而侯以典計罷顧遺址進諸生而唏噓曰大哉時之爲說矣孔子不嘗曰從我於陳蔡者皆不及門也今祀　先聖於堂上而兩廡缺然備羣賢怨恫不即居歆　先聖顧之或亦追嘆夫不及門之時未可知也然予不能及矣請以終夫時之說而待後之能者維時振祖識其詳故走筆記之

十四年改定謚爲

至聖先師孔子會典 康熙五年知縣熊登建東西兩齋十二年修東西兩廡熊志 二十年頒學宮祭禮二十三年頒

御書萬世師表額案嘉慶通志作二十二年誤 二十八年頒

御書

孔子及四子贊於直省學宮二十九年議准學宮關繫文教官民人等經過下馬並禁放馬汙踐三十五年平定額魯特噶爾丹朔漠永清告成太學並頒直省勒石學宮三十八年

詔各學設樂器三十九年頒

上諭十六條發直省學宮朔望令教官集諸生宣讀四十一年頒

諭製訓飭士子文會典 四十二年知縣呂賁恆教諭張光庭重修東西兩廡邵志 四十五年頒

御製淵鑑古文資治通鑑四十九年

諭直省大小武官許入

文廟與文官一體行禮五十年

詔直省各學樂章改和字爲平字五十一年

詔以宋儒朱熹升哲位在卜子商之次五十二年頒

御纂朱子全書五十四年頒

御纂周易折中

詔以宋儒范仲淹從祀位列唐儒韓愈之次雍正元年

詔改
啟聖祠爲
崇聖祠追王五代案明嘉靖九年立啟聖祠專祀叔梁公今合祀五代故更名彙神位木主規制同國門
加
文廟祭品太牢一籩豆各一
詔各直省府州縣學附建忠義孝弟及節孝祠頌
聖祖仁皇帝欽定孝經衍義又奉
旨頒從祀先儒位次及祭器樂器圖案學政全書作三年嘉慶通志作二年二年
詔增定從祀先賢先儒復林放蘧瑗秦冉顏何鄭康成范甯祀增縣
亶牧皮樂正克公都子萬章公孫丑漢諸葛亮宋尹焞魏了
翁黃榦陳淳何基王柏元趙復金履祥許謙陳澔明羅欽順
蔡清

國朝陸隴其增宋橫渠張子之父迪入
崇聖祠是年平定青海頌
御製告成太學碑文案嘉慶通志作六年三年頒
御製
聖諭廣訓萬言
御製朋黨論令司鐸之官朔望宣講案嘉慶通志作二年
命諱
孔子名加卩爲邱案嘉慶通志作四年五年
諭直省內外逢
先師誕辰一日齋戒頒
御書生民未有額六年定直省
文廟

崇聖祠神位式八年頒
聖祖仁皇帝御纂性理精義書詩春秋三經傳說彙纂會典十一年知
縣張懷教諭顏星修邵志淩如煥記康節言尼山以萬世爲上於廟學徵之矣廟也者聚學聖人之人以敬聖人也學也者聚敬聖人之人以學聖人也一有與聖合撰之君師作於上則敬聖人學聖人者應時而啟如雲蒸霞蔚而莫可測猗歟夫豈偶然也歟自漢以來祠孔子者皆如闕里魏正始閒行於太學至元魏乃有廟唐貞觀二十年詔皇太子於國學行釋奠禮而州縣以守令主祭祠是而孔子之廟遂徧天下若夫垂道右文上下一於恭敬能使學者咸鼓舞而成俊乂之美則未有如今上御極之日也崇聖追王五代書文改避聖諱爲從古尊聖者心意所未及御書生民未有題額與聖祖仁皇帝萬世師表四字後先輝映曲阜新廟制擬宸居費帑金數十萬兩上梁之日卿雲獻瑞復廣壬子庚戌鄉會試中額多士已莫不懽忭踴躍矣頃者復奉旨凡州縣廟學頹廢者令皆葺治又諭直省設立書院儲文行兼優之士務明體達用之學法制周詳誠意懇至蓋三代以還惟我上天縱將聖好古敏求直與尼山異代同揆而清時萬世之土聖人得以饗之夫是以德化薰蒸聲名洋溢而敬聖人者日益至學聖人者且日益眾也昨歲秋九月武昌邑侯師儒同請於予曰敞邑士子習熟見聞罔知聖人爲己之學而堂廡不修禮殿之

先天而天弗違後天而奉天時聖人之所爲克綏厥猷者也凡爲人臣子者其事君與父何獨不然方魯闕廟告竣而是役卽興按之爲王子初夏及奉文各葺治而是役已成按之爲癸丑仲秋武昌之令長與師生可與言事君父矣漢南八郡有武邑一邑爲事之先諸州縣自必更相告語更加勉勵以後爲羞矣由是人人知敬人人知學謂非與聖合撰之

盛世而能者乎爰爲之記使後之君子得以考焉邑尹張君名慄陝西華陰縣人乙酉科鄉薦稽古愛民其治績有聲博士顏君名星沔陽州人中己卯科鄉試其先人諱翼祖以孝廉司鐸荆之公安善於其職若星可謂能讀父書矣首士紳士則朱生雲鵠柯生禮也例皆得書　又張慄記云形而上謂之道形而下謂之器器非道無以成道非器則虛而鮮所託茲二而實一而天之所以生物聖人之所以教天下萬世皆不可以有所偏廢而余於　聖宮之新所以繼講堂而經營者也天之生人也予之性以使之渾含於虛靈之舍而兼予之耳目手足豈第以資其視聽持行哉蓋藉是以踐夫聰明恭重之德而使理之含於虛靈者有以實見之大用而非空寂之體已也故聖賢之爲學擴知識精思慮密操存以昭融澄澈於方寸之閒而復垂旒以養其視注纊以清其聽執璧秉珪以重其奉持佩之珩璜琚瑀以謹其步履其爲器亦極委曲繁重而君子有不廢無他蓋皆道之所在而所以內斂其心者不必不有賴於是也程子曰制其外以養其中此之謂也余初調武昌拮据民事未遑與諸生共討論而沔陽顏石村先生司鐸茲土則有年矣訓課章程甄別淑慝

士蒸蒸然風日上矣政稍暇因與石村議所以進士子使至於盡善之術則莫若黜浮華敦實行究極於性命之奧乃相與構講堂營齋舍延其同里孝廉盤仁秦先生主其席做白鹿洞規進諸生而勗之爲學敦倫處己接物之要以庶幾乎心領神會於所謂道而非世俗之學之滯於迹矣每講席之餘與先生率諸同人徜徉湖濱周視學舍差覺聖宮規制稍苦卑且隘且歷有歲年更廣傾圮復與石村謀所以創新而廣之或且曰夫子之門牆其高深美富不在棟宇之峻起金碧之熒煌也邇者講堂既啟芟仁義之荆榛闢聖賢之閫奧得與諸生仰高入深心喻其美富斯聖人之靈已妥矣奚事於宮之改作爲余曰否否余之新斯宮也敢曰尊聖抑亦以資吾講事而已彼夫過墟墓則生哀仰魏闕則生敬常人之心不能無所觸而動亦明矣吾之講學也曰誠曰敬凡以事吾心也深造之士心知其所以然而初入者且惶惑失據而未喻夫所以收吾放心之學今舉聖宮而新之卽梁楝之崇而覺聖道之仰而彌高者有如是也卽堂奧之邃而覺聖道之造而彌深者有如是也卽簷阿之宏采壯麗而覺聖道之美且富者有如是也且置之籩豆簠簋以贊其觀設之鼖鼓鐘鏞以警其聽偕之兩楹兩階以整肅其拱揖與步趨器具則觸處洞然而誠敬之心且油然而生矣則宮之新也與講堂之設有二道乎哉督學淩公琢成既允余講學之請也茲更樂余新宮之成也自齊安南渡躬詣廟學仰瞻堂序俯矚生徒欣然色喜且援筆而記之其深嘉余與石村之克勤厥事未必得副萬一而所云廟也者聚學聖人之人以敬聖人學也者聚敬聖人之人以學聖人則幸甚予道器不可偏廢之說稍有當於憲旨而益期與諸同志相與有成以無負

天子重道右文之意云爾是役也鳩工於雍正十一年四月落成於雍正十二年八月司支給者貢生朱雲鵠省工役者生員柯禮而同余營度經理以善厥終始者則又石村之力鉅云

乾隆元年頒

聖祖仁皇帝御製律書淵源

命藏十三經二十一史於尊經閣二年頒

御書與天地參扁額案嘉慶通志作元年

詔復祀元儒吳澄三年

詔以有若升配爲十二哲位在卜子商之次移朱子位於西序在顓

孫子師之次頒

聖祖仁皇帝御纂日講四書解義五年定樂用六佾設樂舞生四十

名免府縣試八年頒

欽定

文廟樂章案嘉慶通志作九年十年

詔以太學訓飭士子文頒行各學十四年平定金川頒

御製告成太學碑文十五年頒

御纂三禮及禮器樂器存學二十年平定準噶爾頒

御製告成太學碑文二十二年知縣謝奉璋訓導熊彤程修部志二十

五年平定回部頒

御製告成太學碑文案嘉慶通志作二十四年二十九年

詔定先賢有子神位稱爲有子而不名頒

御纂周易述義詩義折中春秋直解三十年頒

御製詩初集二集

御製文初集四十一年平定兩金川頒

御製告成太學碑文四十四年頒釐正文體

上諭一道嘉慶四年頒

御書聖集大成額七年頒

御書平定三省紀略會典道光二年頒

御書聖協時中額

詔增從祀明儒劉宗周三年增從祀

國朝湯斌五年增從祀明儒黃道周檔冊是年圮於水六年增從

祀唐儒陸贄明儒呂坤八年增從祀明儒孫奇逢府冊十三年

知縣李錦源教諭田玉修新纂田玉武昌縣重修儒學記先儒有言師道立則善人多善人

多則朝廷正古之人所爲敷教於黨庠鄉校之地以儲國家楨幹之材也武昌縣學建南關外濱湖山川靈秀之氣於是乎鍾道光辛卯夏五大水自五丈港倒灌南湖祠宇傾頽過半維時饑民載道蠲賑役繁署知縣劉君詒孫弗遑將事訓導張君葆淳遷桐城同知去事久未舉癸巳冬知縣李君錦源蒞任邑紳陳朗峯用珩適來玉亟商所以修復者李君慨

許捐廉倖屬玉集紳衿襄厥事朗峯歸而謀諸羣從兄弟用璹等共捐千二百餘緡爲之倡次年春鳩工庀材周覆苍學起遂輸百緡以助賀伯星階平輸千金嗣是量力樂輸者合計七千有奇而實出自饑饉洊臻之餘蓋惟　大聖人赫濯之靈感人於萬世而人之不待入廟而始思敬者無不心悅誠服取懷而寻也余自是經營凡四載經新舊瓜代者數官寒暑迭更乃得門殿祠宇恢復舊規繚以周垣增其式廓是何前之勸輸若彼其易而後之蕆事若此其難也工鉅則用必費時艱則資難齊欲工可經久資無虛糜安得不持之以毅而行之以漸哉是役經始於道光十三年冬落成於十七年秋諸生以記爲請因紀其歲月如此其時經營圖度始終與玉偕者訓導楊對三共艱辛者有若邱介夫茂藩魏玉峯瑛朱新甫炤柏王靜菴予奇劉萬泰余德周司出入者有若劉棋典簿籍者有若范葵添設祭器者有若范蓮槎浚王監築義隄者有若宋虛谷功謙例有勞得書獨惜李君同予倡議始事者未終而沒其拳拳興學造士之心至今猶令人思使天假以年偕釋菜於廟而落之其鼓舞善類更何如也

十九年頒

欽定

聖諭廣訓內黜異端以崇正學一條四言韻文並

命各直省學政恭書刊行徧頒鄉塾二十三年增從祀宋儒文天祥

二十九年增從祀宋儒謝良佐咸豐二年頒

御書德齊幬載額

詔增從祀宋儒韓琦李綱是年學宮毀於兵三年增從祀先賢公明

儀七年

詔增從祀先賢公孫僑又增先賢孔氏孟皮入

崇聖祠九年增從祀宋儒陸秀夫是年知縣錢炳熙移建

崇聖祠十年增從祀明曹端同治二年頒

御書聖神天縱額

詔增從祀漢儒毛亨明儒方孝孺呂枏六年知縣潘亮功七年知縣

張炅率邑人重修檔冊柯逢時重修武昌縣學宮碑記同治十二年癸酉吾邑學宮成邑之人諉逢

時記焉竊維廢興易制萃於圖經氏族醵金劖於貞石稽土木之功則譔詳鳩董之勤則諛逢時何言陳其要旨而已夫素王至教世有常尊功德所加馨香斯永是故鄂州定亂盧井堙墟小人猶是瘡痏之餘夫子已處廟堂之上盡卽乎人

心之安也然而咸同以來祆祠半天下矣顧瞻夏汭迴眄涛江互市之居密於星聚首羅之殿皜若雲垂淵藪逋逃忘乎礦鉞觚稜彝敘忘乎室家士女拜登忘乎卯酉覆狙朝暮忘乎四三薄海人心其果安乎繄維武昌實逼處此吾藩之決易以攀寫彼孽之狂懼其霑逮細民蠢蠢君子陽陽誠澌潰而不知徙幽憂而曷已我邑人心其果安乎嗟乎聖者修詞廓清朱程賢臣抗論遏止邪迦百世而遙其說弗逞者無財以唱天下之愚蚩無權以沮天下之勢力也粵自皓首窮經則有學士糜爾好爵則有武功握粟出卜則有貲郎策天人者或闢通儒論時務者或非俊傑是用蛟龍騰沸圖坻紊霾佳兵未見其不祥修德難期於安遠睹茲流極可爲悽愴傷心者矣乎陂之運繄於人材人材之貞繄於學校學校之重繫於正學正學之明繫於同志誠能去諱嚚之美闕之於身心屏私利之習公之於家國化方隅之見廣之於天下抽矢貫蝨積慮三年閉戸造車合符九軌時乎清晏覘此憂危事苟艱虞身其盤錯驪橫海之鯨鑪埽濁世之秕糠然後宏我漢京誕敷文教學中國而北奉吾道而南抱禮器而西浮遼海而東數仞之牆遐周地絡八荒之士共仰山高武昌學者豈無聖人之徒哉斯言爲之嚆矢舉世待以先河也是年增從祀宋儒袁燮十年增從

祀明儒張履祥

詔禮部頒發祀典位次

大成殿奉
先師孔子正位南嚮四配復聖顏子述聖子思子東位西嚮宗聖
　曾子亞聖孟子西位東嚮東哲先賢閔子損冉子雍端木子
　賜仲子由卜子商有子若西哲先賢冉子耕宰子予冉子求
　言子偃顓孫子師朱子熹東廡先賢公孫僑林放原憲南宮
　适商瞿漆雕開司馬耕梁鱣冉孺伯虔冉季漆雕徒父漆雕
　哆公西赤任不齊公良孺公肩定鄡單罕父黑榮旂左人郢
　鄭國原亢廉潔叔仲會公西輿如邽巽陳亢琴張步叔陳秦
　非顏噲顏何縣亶牧皮樂正克萬章周敦頤程顥邵雍西廡
　先賢蘧瑗澹臺滅明宓不齊公冶長公晳哀高柴樊須商澤
　巫馬施顏辛曹卹公孫龍秦商顏高壤駟赤石作蜀公夏首
　后處奚容蒧顏祖句井疆秦祖縣成公祖句茲燕伋樂欬狄

　黑孔忠公西蒧顏之僕施之常申棖左邱明秦冉公明儀公
　都子公孫丑張載程頤東廡先儒公羊高伏勝毛亨孔安國
　后蒼鄭康成范甯陸贄范仲淹歐陽修司馬光謝良佐羅從
　彥李綱張栻陸九淵陳淳眞德秀何基文天祥趙復金履祥
　陳澔方孝孺薛瑄胡居仁羅欽順呂柟劉宗周孫奇逢張履
　祥陸隴其西廡先儒穀梁赤高堂生董仲舒毛萇杜子春諸
　葛亮王通韓愈胡瑗韓琦楊時尹焞胡安國李侗呂祖謙袁
　燮黃榦蔡沈魏了翁王柏陸秀夫許衡吳澄許謙曹端陳獻
　章蔡清王守仁呂坤黃道周湯斌
崇聖祠正位
肇聖王木金公
裕聖王祈父公
詒聖王防叔公
昌聖王伯夏公
啟聖王叔梁公位皆南嚮東配先賢孔氏孟皮顏氏無繇孔氏鯉
　西配先賢曾氏晳孟孫氏激東廡先儒周氏輔成程氏珦蔡
　氏元定西廡先儒張氏迪朱氏松光緒元年頒
御書斯文在茲額
詔增從祀明儒陸世儀位在西廡黃道周之次二年增從祀漢儒
　許慎位在東廡后蒼之次三年增從祀漢儒劉德位在西廡
　董仲舒之次四年增從祀
國朝張伯行位在東廡陸隴其之次五年增從祀宋儒輔廣位
　在西廡黃榦之次府冊
　明倫堂在大成殿東北隅中書聖經左勒順治九年

御製臥碑文文曰朝廷建立學校選取生員免其丁糧厚以廩膳設
學院學道學官以教之各衙門官以禮相待全要養成賢才以供
朝廷之用諸生皆當上報國恩下立人品所有條教開列於後
一生員之家父母賢智者子當受教父母愚魯或有爲非者子既
讀書明理當再三懇告使父母不陷於危亡
一生員立志當學爲忠臣清官書史所載忠清事蹟務須互相講
究凡利國愛民之事更宜留心
一生員居心忠厚正直讀書方有實用出仕必作良吏若心術邪
刻讀書必無成就爲官必取禍患行害人之事者往往自殺其生
常宜思省
一生員不可干求官長交結勢要希圖進身若果心善德全上天
知之必加以福

一生員當愛身忍性凡有司官衙門不可輕入卽有切己之事止許家人代告不許干與他人詞訟他人亦不許牽連生員作證

一為學當尊敬先生若講說皆須誠心聽受如有未明從容再問毋妄行辨難為師亦當盡心教訓勿致怠惰

一軍民一切利病不許生員上書陳言如有一言建白以違制論黜革治罪

一生員不許糾黨多人立盟結社把持官府武斷鄉曲所作文字不許妄行刊刻違者聽提調官治罪（謹據皇朝文獻通考校定）

名宦祠在大成門左祀晉太尉桓公陶侃唐容州都督御史中丞本管經略使元結縣令孟士源馬珦韓仲卿宋縣令鄧聖求明知縣刑部尚書聶賢明知縣贈戶部侍郎汪璽明知縣郭公時明李有朋劉日淑劉體仁黃應龍韓相鄒逢吉教

諭杜巽朱瓚訓導嚴文彥李岐

國朝知縣鹿兆圖教諭張光庭湖廣總督吳琠楊宗仁湖北巡撫劉兆麒凡二十四人

鄉賢祠在大成門右祀宋永國公孟宗政吉國公孟珙開國男邵應豹太子中允張諤明駙馬都尉黃琛應天府尹劉任濟陽王蔡哲戶部郎中邵珪忠烈典史周縉旌表義士贈揚州知府周瓛元溪知縣陳渥袁州府經歷邵鐩廣西左參政周源虞城知縣周楷戶部員外郎胡椿湖州府通判胡裕贈知府熊清雲南按察使孟廷柯贈兵部左侍郎副都御史熊桴奉直大夫知州孟儆封河南參政孟優太僕寺卿孟習孔宣城知縣劉學周（案邵志作劉宗周誤又熊志有典史吳茲當因忠義祠吳茲而誤）

國朝承德郎封知縣孟光第貴州巡撫張謙贈通政周有行凡二十六人

忠義孝弟祠在尊經閣右祀周義士江上丈人宋通判趙令㦤孝子邵應豹孝子丁鶴年明都督府都事李琥山東黃縣典史吳茲（案邵志作吳茲明誤）孝子周琳孝子孟紹舉孝子汪廷材

國朝賓州知州贈參議劉日襄

節孝祠在明倫堂前祀明貞烈周琳妻何氏節婦蔡沬妻馮氏節婦周子儉妻易氏

國朝節孝姓氏俱詳列女表凡三千七百八十三人

教諭訓導署在明倫堂後東西偏

敬一亭在明倫堂後卽尊經閣故址今廢（案明嘉靖五年製敬一箴頒行天下府州縣學使各建亭於學宮後曰敬一亭）

射圃在學東有觀德亭三間明永樂九年知縣官蹟建今廢（邵志 案明洪武三年令郡縣學諸生皆習射於是有射圃之設射弓皆名為觀德亭張舜民郴行錄云會食李令宅射於縣圃武昌有射圃由來已久薛季宣浪語集武昌射圃後山與江接則宋時射圃在城北矣）

學額舊制廩膳增廣各二十名歲科兩考均取錄附學生員十五名（案明史職官志凡生員廩膳增廣縣學二十人附學生無定額 國朝順治四年令府州縣學取錄附學生員上學四十人中學三十人小學二十人十五年改定府學二十人州縣上學十五人小學四五人康熙九年加定中學十二人小學七八人初惟歲試取錄學額康熙十二年始令歲科兩考均照額取錄武昌縣學取錄十五名是為上學惟順治十五年以前之額不可考矣）歲考取錄武學十名統歸儒學官管束康熙六十一年

恩詔加取五名（案皇朝文獻通考康熙六十一年御極恩詔各直省入學額數大學加七名中學加五名小學加三名不為例考武昌縣學取錄十五名當加取七名疑有誤）雍正二年題准向係大學今照府學額取進二十名（案雍正二年始令各直省人文最盛州縣小學升中學中學升大學大學升同府學嘉慶通志作雍正三年誤）歲試取錄武學十五名十三年

恩詔加取七名以後

登極覃恩遂爲定制惟乾隆六十年

太學石經刻成行臨雍禮加取五名嘉慶元年加取十二名亦異數也咸豐八年以紳民團練出力加廣永遠學額二名十年以報捐軍饟銀六萬七千二百五十兩加廣永遠學額六名暫廣一次學額三名（案咸豐元年冬各直省府州縣報捐軍饟加廣學額中額每銀萬兩加廣永遠學額一名仍以十名爲限）同治三年以報捐軍饟銀二萬二千二百四十餘兩加廣永額二名暫廣一次學額一名七年以續查捐輸銀兩加廣永額一名暫廣一次學額一名凡推廣學額文武學一並加增武昌縣學永遠取錄附學生員三十一名武學二十六名（皇朝文獻通考　檔冊）

學田自元至正元年知縣趙從仕增學租明萬曆四十一（按邵志作二）年知縣劉體仁四十四年知縣韓東明前後捐俸置田二百餘畝以爲貧士膏火之資（熊志）

楊正奇記古者天子令郡邑各建膠庠以造士而漢文帝詔士以爲紀綱風俗倡至高皇帝亦曰天下風俗自士始夫士也蕭然環堵呻吟章句兀軸之內尺武繩行不伍農功不識三倍甚則居室之倫不無戚於曠松楸之應不無歎於時以至寒暑之絺纊藜糵之燈火不無肘見而塵寘而且漢然曰無恒產有恒心惟若輩能也是何紀綱風俗乃責之能而不一爲之計生產乎武昌之學向無田也自蜀內江劉侯號同吾諱體仁者蒞政茲士慨然捐俸置有田租以濟寒素以見造士盛心申明院司道郡欲勒石立碑而讀禮未果後三年韓侯父母斯邑興賢育材雅化作人固已人誦旱麓之鳶魚歌莪標燕之雲漢矣猶以寒不一士士不一費人苦前祼未足廣其施而周其乏復捐置立田租以示矜恤而普慈惠每歲令禮吏督收與學關會而免豪猾之浸漁歲有常賦士有常給詳報監司臺直無不忻賞而樂寒谷之回春焉昔習明令隆慮立田有士士比於神君聖天子詔而問之曰汝何術而治斯邑而得士心若此對曰臣不忍飢寒及士子耳尋擢中丞臺韓侯之謂乎而後乃士燕叶於侁儷而無憾於牛衣矣適情於涼燠而無借於鄰螢矣從容於俎豆養重於邱園束帛之賁士習以光濯其心而執度其行人爭服於禮樂而風俗以維則安可云恒心必有而恒產可獨無也惟是飲芳泉者敢忘其源哉不有創者無以啟同心不有繼者易以涇先德劉侯創義於前而韓侯繼美於後均所謂養士以致民而曲體我國家作士之心也後之君子有能感韓侯而興起者乎是韓侯之造命士人更無窮矣韓侯者號曉寰諱東明北直隸之安肅人也並記焉

國朝學田租課學院册報原額學田五頃六十八畝內除原荒田一頃五十八畝外（原註係洪道鄉西洋畈馬蹟鄉殷家塘神山鄉原荒田畝）成熟田四頃一十畝（原註係坐落馬蹟鄉田二頃佃民張美公承種洪道鄉田九十畝佃民蕭啟賢呂又宜等承種汪公庄田六十畝佃民田希周等承種洪道西畈馬蹟三處田三十畝佃民盧三槐父克召等承種俱按每畝收穀七斗三升共穀二百九十九石三升乾隆二十九年清查案內議定每石折銀五錢共折銀一百四十九兩六錢五分除納糧賦銀二十九兩五錢七分二釐外）租穀折銀一百二十兩七分八釐（原註係供支社館廩餼經費銀九十五兩四錢七分八釐分賑貧生銀二十四兩六錢按年支用奏銷在案其前項共計穀二百九十九石三斗較舊書原載該穀九十六石之數計增穀二百三石三斗又總計折銀一百四十九兩六錢五分較舊書原載租銀十六兩之數計增銀一百三十三兩六錢五分　賦役全書）道光十一年後大水屢淹西洋畈莊最爲窪下田沒爲湖不可復識馬蹟莊水沖沙壓實難

開墾除此二莊外僅存黃公莊田九十畝符石莊三十畝汪公莊六十畝共計熟田一百八十畝每畝納租穀七斗三升共穀一百三十一石四斗每石折銀五錢共折銀六十五兩七錢或值歲歉亦難如數收納每年遵照部議申解學院賑貧銀十七兩三錢九分五釐餘銀分應社館廩餼各費輒形支絀其田賦由各任知縣捐廉代完於是闔邑公議將餘銀收歸韓劉二公賓興每遇大比之年發給士子以副作育之盛意云（新纂）

現存學田租課（計明堂湖裏左水田二坵納課錢三串二百文釁牆外左側路外撥岸下田納租穀四石和尚磧趙家壠水田納租穀四石神山鄉地名狭兒尾水洄納租穀十四石永福鄉地名淘塘畈捐田納租穀二十七石五斗內給書門三石實折錢十五串文有碑馬蹟鄉七里老鴣湖水田納租穀十六石洪道鄉柴山一段納租錢一串文）

道光十七年靈一里四品封職賀階平暨弟蔚然杰然從弟

敬五昇平共捐錢二千八百串文置買庾樓街市房一所附錄册載市房計三重前界大街後界華光廟左右均界旁姓市房歲取租金作傴夫巡湖學官費將明堂湖禁止取魚攬草勒碑定案同治十一年因

文廟歲修無資公議復行取魚請示定案光緒十一年議於取魚項下撥款修理市房新纂

同治八年監生趙德美捐置田產永爲

聖誕祭資坿册載洪一里百子畈水田一石一升五合納租穀二十石零三斗

坿錄

南湖書院在縣東南半里新纂　案明統志熊邵志均作東半里坐挹平湖諸峯競秀一縣奇觀宋淳祐間權壽昌軍事京規教授黃瑞諒建祠堂奉先賢周敦頤張載程顥程頤朱子先儒張栻呂祖謙闢齋築堂寶祐中知府段震午增築堂廡至元設山長領

書院事至正中達嚕噶齊鐵山重建燬於兵基址尚存計十四丈明泰定間以三分之一爲府館餘爲布政分司署邵志記

南湖書院者起於宋季屋數十楹祀七賢有田數百畝來者養而教之意甚美也歲久而傲繼之以燬田侵業荒幾無南湖書院矣大德五年春予行至其邑乃俾經營之越三年山長趙君來言曰書院傚矣非公言莫能改新今講肄齋房門廡與夫七賢祠咸以就緒記今勉後不可無詞予爲之言曰稽古書院天下惟四而已雖郡縣不敢咸建而文士彬彬若此今書院郡縣星分棊布此國家所以責望化民成俗者在是可無勗哉趙君年方壯才方茂而不休能修其文必思其實予豈獨以南湖之師望之異日過而覩之所進如吾之所言則南湖爲有人矣

龍川書院案書院即劉黃二公祠闕祠在縣西南一百二十里金牛鎮元至元末士之集於鎮者築精舍肄業設山長祀陳公天祥至正五年達嚕噶齊鐵山重建邵志元闕名記龍川書院至元甲戌世祖皇帝初定鄂改郡爲府以武昌縣隸焉遂爲府學至元癸巳去府存縣仍以爲縣學士集於鎮者三十有四人因舊基築精舍如初緜山陳文忠公天祥嘗過而勞來之於是相與議曰文忠自興國來攝府事善其政以生我寬其賦以毓我明其道修其詞以誨我譯反側釋詿誤以活我其功不可忘者若稽文翁祀之於我龍川何不可乎哉會議其事有司以聞中書命下行省遣官來主教始以其地建書院堂構初立鼓篋方昇因仍五十年棟撓不可支矣至正乙酉高昌鐵山德剛使來監茲邑祗謁先聖瓌顧四壁大懼顛越謂山長國忠曰學校政之本也今廢壞若此何以示觀瞻予將鼎新是謀子其竭力以相我旣定盟以是年七月望衆歡呼踴躍不鼓而成因立石以紀歲月明萬曆十七年重建祀知縣黃應龍劉曰淑

國朝乾隆二十八年知縣邵遐齡重修邵志修之役邵遐齡記凡興關於民情裨於士習徹於官箴者有其舉之不可廢也金牛鎮之有龍川書院久矣舊經傾頹靈馬賢符四鄉及本鎮紳士耆人等於乾隆二十八年呈請募修屬予序顧呈述所由大有脫悞予謹參考舊乘爲之訂正矣茲修葺方竣復丐余記因就其序意申言以紀之按金牛舊有學館基地元至元間士之集於鎮者三十又四人就其基築精舍肄業其中時洛陽陳文忠公緜山天祥以知興國軍來權壽昌綏靖邑亂戮賊渠毛過憫餘四多詿誤縱之還家約三日歸獄因衆感泣如期畢至公憐而釋之遠近聞之皆服其德簿書稍暇輒過龍川精舍進諸生勞來之明道修詞以相訓誨民旣戶爲木主祝公而紳士且上請祀公於龍川中書命下行省許建書院並遣官來主其教至正乙酉高昌鐵山德剛使來建是邑重新之寖久

而圮陳公之主或祧矣迄有明金牛鎮公館之修於李令有朋者未知其別有地歟抑卽龍川故址歟然書院固不可以往來輸踰溷也萬曆十七年順德黃公訥齋應龍知縣事値歲饑捐俸煮賑上請減賦並建義倉以豫積貯三十一年南昌劉公止亭曰淑知縣事剔奸釐弊有卓異聲士民並感其政同祀之龍川書院稱黃劉二公祠而陳文忠公祠兼載在儒學東蓋南湖書院也今南湖舊院難復陳公不其餕乎予爲補其脫正其誤衆紳尤踴躍募修鳩工庀材堅其棟宇厚其牆垣並疏院後濠下官塘荒蕪計可百畝畜魚饒蒔荷芰利可略資香火甚義舉也夫時絀固不可舉羸而今者朝廷有道凡所以鑒民隱正士風肅官方者盛德足迓天和而邑亦慶屢豐諸士民之樂興是役而不日告成也有以夫抑予以爲斯院也固祀黃劉二公而陳公亦不宜祧以時則元祀先而明祀後也以爵則牧主尊而令主亞也以地則樓邑事者賓而知邑事者主也以功則定亂者大而賑荒者次釐弊者又其次也三賢並祠仍額龍川書院於禮允協云予因之有感矣龍川之書院其始創也其中廢而終興也非三公之德之政有不可諠者乎以此爲勿伐之棠則民情厚焉以此爲學道之室則士習隆焉以此爲廣廈之庇則官箴惕焉蹟雖復古而可興可觀不尤在今哉竊願與紳士吏民共勗之

東皐書院明嘉靖二十一年教諭朱瓚建有文星塔今廢

國朝康熙七年知縣熊登復建文星塔於其左熊志

鳳臺書院在縣學宮旁明嘉靖二十二年知縣諶謙建祀知縣汪璽名其祠曰遺愛祠案汪公祠詳祠廟後有鳳皇山故名鳳臺書院今廢熊志

湖山書院在縣西九十里神山鄉葛公甫元至元十年建今廢邵志

壽昌書院在縣治東半里即府館舊址明崇禎閒邑人士創建名崇文書院祀知縣汪承詔知縣鄒逢吉改今名道光四年知縣保先烈重修保先烈重修壽昌書院記古者家有塾黨有庠州有序國有學凡後生小子孝處其中敬業樂羣朝漸夕摩期相與於有成以覘夫人自爲師家自爲學者共取益不無眾寡之殊國家崇儒重道雅化作人郡府州縣莫不有學即莫不有書院武昌號爲鉅邑而書院卑隘殊不與邑稱予下車詢諸紳耆僉謂有志未逮山長閔星街先生進而告予曰舊存有劉生彬捐修考棚錢若干千盍移諸予曰諾爰鳩工庀材厚其牆垣峻其閈閎闢室五楹雖大觀未備而規模較增亦可俾諸生朝於斯夕於斯講習於斯以無負乎朝廷菁莪棫樸之選豈不偉哉抑予更有屬焉予攝篆未久諸事草具後之君子尚有擴而充之廓而大之予幸甚一邑幸甚其時董厥事而不懈者尤得力於周萬青柏聯奎二公云是爲記七年邑人周長青捐買院後牆垣一座十九年買田開陽本院閒壁基屋一所咸豐初悉爲寇燬同治四年知縣江世玉六年知縣潘亮功重建新纂附載經費並田產租穀數目

康熙五十七年知縣曾昕捐置洪一里將軍廟田四石地五塊歲納租穀六十石又佃納經費穀　石有碑乾隆二十年監生吳鼎漢等將承辦馬蹟嶺吳月保田八石二斗歸公經知縣謝奉璋撥田四石一斗作院長膏火之費餘四石一斗施西山寺以供香火嘉慶九年監生孟金印捐洪一里仙佛寺田三斗九升地三塊歲納租穀七石又趙御添捐洪一皇泉水衝田一斗五升歲納租穀十二石四斗道光七年知縣林芳勸捐置買洪一里竹林灣田十石納租穀一百八十石地課錢二串有奇小課四石八年生員周敬堂捐洪三里泥湖黃土坪花園有嵩王家壠等處共田六石四斗有奇歲納租穀一百四石有奇泥湖課錢十三串文道光閒監生呂文成及男天錫捐高家樓田二石歲納租穀二十六石六斗地課錢四串七百有奇六年貢周東光洪二里艾家灣田一石三斗五升納租穀十二石五斗外流年穀一石二斗五升又買徐曉雲洪一里胡家祠堂田九斗納租穀十八石流年折穀十錢二串文又買陳勳輝洪一里大山寺田九斗四升納租穀十八石三斗地課錢七百文七年生員姜正華捐永鄉魏家湖陶家畈田七斗一升納租穀十五石九年買周正禮洪一里團山廟下田五斗七升五合納租穀十一石五斗外地課錢文同治元年買萬荊山洪一里呂家背田四斗五升納租穀九石以上田地共載上忙正銀十七兩六錢八分四釐八毫米八石二斗四升三合二勺係林公莊書院義學周燕翼呂合興等戶知縣林芳暨歷任嘉惠士林捐廉完納已奉批立案勒碑光緒十一年周玉堂捐馮家隴何家細屋張家灣田共納租穀三十石二斗鄭履中捐梁家新屋田納租穀二十四石黃田寺捐租穀三十石水鏡清捐將軍廟田納租穀二石五斗貢生劉瑞麟遵父遺命捐永鄉萬家大灣田三斗二升朱秦壪田地三斗租十石四斗錢二串永助膏火

社學舊有六縣南里社學基後爲總鋪東里社學即歇馬亭東平祠西里社學在城隍門右神山鄉社學在葛店街永福鄉社學在華容市靈溪鄉馬蹟鄉社學在金牛鎮久廢熊志

義學在縣東南久廢邵志

金橋義學在賢四里涂家腦南里許金橋北頭同治九年候選縣丞王道昭廪生王敬心等請示定案延師主講每月兩課新纂現存錢六百串文發典生息以作經費下首山一嶂後墻地三園田若干在廟隴馬背門口等處

奎照堂賓興經費道光十七年封職賀階平暨弟蔚然杰然從弟敬五昇平捐制錢一萬串文存典生息爲邑鄉會試賓興之費咸豐三年典爲賊燬此款無存同治二年杰然商同合邑首士星請催繳且願先賠繳二典存款以爲之勸五年王少卿家璧請於布政使厲雲官檄縣清釐知縣江世玉傳集典商剴切勸諭各願如數繳還始得置買田地爲久遠計至今士人兩德之賀壽慈記武昌賀氏吾宗也世以篤厚著於鄉初予與宗弟壽臣司馬同肄業於江漢書院嗣與百丞濱臣兩太守交因數詣其家見諸先輩好善樂施而於培植人材爲尤亟武昌自前明韓劉二公捐置養士田國朝嘉慶中始改作賓興經費顧寥寥不敷而寒士遂艱於上進奉直公梓園先生讀書敦古誼慨然謀所以嘉惠之未及舉行而歿道光丁酉伯星仲星季星濟菴詠鄉諸伯叔仰承先大父命捐金萬緡存典生息永爲閤邑鄉揚

經費並公車北上之資名曰奎照堂蓋取聚奎義也無何粤逆犯境各典散亡昔之存者廢焉同治癸亥季星先生商同邑紳魏伯楠徐桐臣程崇熙李夢麟方南貞涂竹菴洪春池絶丹卿孟栗菴閻少白姜靜安高秋巖家清溪暨合邑人士呈請催繳隨介京卿王孝鳳自諸當道規復如初於是置買田產刊刻章程始得資膏沐而慰簮顏矣予年來就養南昌適素吾姪以縣令需次豫章備述顛末並道其尊甫秋巖叔氏達臣意丐予作記予曰賓興鉅典也公諸同邑溥惠也費鉅資不惜義舉之豪者也夫鄉邑自好者流推解不過數人留遺不過數世然名實相副賢者猶稱道勿衰況作育士林之意隱然與學校相終始者哉予既嘉是舉之足以風而又喜諸君子之能玉成其美故記以歸之

坿田產租穀細數

一買周姓洪鄉舊屋灣姚家觜曬穀石等處田二十八石二斗有奇歲納租穀五百六十三石九斗三升雜米折穀十四石七斗有奇地課錢三串五百三十文壩課錢六串文　一買楊姓洪一里煙墩蔸莊田六石九斗一升有奇歲納租穀一一百四十六石有奇雜米折穀一石三斗有奇地課錢十串文有奇　一買馬三里田家畈殷家隴莊田四石六斗九升歲納租穀七十石三斗五升　一買馬三里殷家隴田七升歲納租穀一石四斗　一買馬三里殷家隴田四斗歲納租穀八石　一買馬三里洪家港卅一斗五升歲納租穀三石　一買符四里胡家坊莊田二十一石四斗五升五合歲納租穀二百八十二石四斗三升　一買靈三里澤九莊田二斗歲納租穀三石有奇　一買靈三里楊周畈莊田五石三

斗九升歲納租穀七十五石七斗　一買馬七里茯苓窩莊田六石八斗二升歲納租穀一百石　一買縣市書院後倉基一所　一買馬三里洪家港房屋餘基　一買靈三里陳大安澤九莊屋餘基　一買靈三里陳大華澤九莊房屋共田七十四石二斗有奇租穀一千二百五十三石有奇

元照堂賓興經費光緒十一年封職水心如捐置田產（許唆水增）莊田十石地二塊歲納租穀一百五十石　爲文闈鄉試三場卷費（新纂）

會文堂賓興經費光緒九年候選縣丞鄭履中衞千總鄭秉國中書科中書鄭克純鄭遐舉奉先世遺命捐置田產助闈邑文舉人會試之費優拔減半分發（新纂）　坿記吾邑自同光以來科名鼎盛赴公車者幾二十餘人頻亂離之後四民生計維艱而士子尤甚賓興之費所得無幾經營資斧將伯誰呼鄭氏奉先世遺命捐置田產若干甚盛舉也溯其先德不可無書蓋秉國克純之故父爲林榮兄爲衍金衍金歿子庠生瑞麟又早世遺孤爲遐舉履中之故父爲林華是爲林榮之弟均沐四品封職積累既深又明於善必歸親之義故不忍重違其意備紀之使來者知所勸焉　一捐田家巷莊田四石一斗二升五合歲納租穀八十二石五斗地課錢四串四百文　一捐蕭灘

清莊田一石四斗五升歲納租穀二十七石九斗五升　一捐孫家灣莊田四石七升八合三勺歲納租穀七十九石二斗四升五合地課錢六百五十文　一捐祀家灣門口隴田五斗三升歲納租穀九石四斗八升　一捐王齊林田一斗歲納租穀一石五斗共田十石二斗有奇租穀二百石六斗有奇其正米蒙知縣鍾桐山捐廉完納批示在案永爲定例

賓興館在縣署後今存（邵志）

武昌會館在京都中城東坊長巷頭條衚衕西大興縣界道光二十八年工部郎中陳兆霖分部員外郎陳汝霖奉其父漕督中孚遺命捐置爲本縣會試公車館舍計前面房五楹後層房五楹前院東西階廂廊四楹後院東西階廂廊六楹再進爲垂花門樓一座複簷一道最後東西各大房二楹凡二十五楹邑人奉漕督神主於其中咸豐閒兆霖官京師增祀文昌（新纂）　陳兆霖記直省府廳州縣各有會館設於京都所以休息羇旅培養人材爲　朝廷儲公輔器所繫固匪輕也維武昌獨無是舉往歲邑之赴選及應試寓京者跋涉數千里外車塵輤息待覓居停行李飄零驟不可得

勞莫甚焉殷實者賃屋而居乏資者聚羣以處長途履貫所攜幾何費莫甚焉又或親故是投莫我肯穀容忍相與勢難久留則更不免旅況之苦矣兆霖趨庭時先君嘗詔之曰武昌未有會館大爲客京者病余久有志今以外宦奔馳恐不能逮汝曹將來其庀成之兆霖謹誌之不敢忘嗣因奉諱旋里家居者十有餘年此事未能舉行無日不引爲念歲戊申適正陽門外打磨廠長巷房屋一所出售卽備價購之創爲武邑會館自茲以往凡我邑人長安道上賓主如歸勞者逸費者省共話家山相忘旅況邑之人當樂有是舉兆霖亦幸先君有志竟成也且士之懷才待試者非養其銳靜其心欲以風塵疲敝之餘馳驟文場爭勝天下烏可得耶此舉成後由高第膺館選者次科卽得范君鳴龢繼起者無科無之此其效先君繼不及目覩而要可以逆覩之也若夫推而廣擴而充之則又俟後之君子

武昌新館在京都順治門外將軍校廠頭條衚衕光緒四年浙江督糧道胡毓筠捐置爲本縣會試公車館舍大門內門房花廳屏牆內左右兩廊正屋三大間（新纂）

考棚在縣治東道光七年知縣林芳建爲歲科兩試選士之所　林芳武邑新建校士館碑記　國家以制科取天下士士之舉孝廉成進士致位通顯者莫不自田閒來則童子

試其首基也然皆邑有司聚而試之於署無所謂考棚者閒閒有之亦不必其處處皆然噫關防之不密去取之不精大率坐此武昌爲楚北人文淵藪其與童試者近二千人而邑署卑且隘其自公堂賓館以及胥吏房所庇不千人大半坐庭除間湫隘塵囂其能淵思渺慮散藻摛華以盡一日長技乎自丙戌仲夏蒞武丁亥夏試士正炎官張繖時見諸童驟烈日如坐甑中流汗相屬間有中暑毒呼河魚疾者雖預飭具湯茗備丸藥幸已事無患然設遇震風霖雨則奈何因至鄉集諸君子商之賀學博伯星起爲之倡在坐以次署捐不食頃計貲過半矣予喜謂諸君子曰得各鄉父老如諸公之慷慨不第建一考棚凡類考棚者如文廟之必須修繕書院之必須膏火養濟院之必須重構可次第藉以舉僉各唯唯而不謂果副予之本望也遂商出而任其事者僉舉衞戎紀君清泉國子生李君鍾瑋練悉工程延司綜理胡比部韻山鄒軍功雲章爲鄉里望任勸徵事各鄉諸君子踴躍襄之合計捐集制錢一萬千有奇乃鳩工庀材經始於道光七年丁亥十一月吉日落成於九年己丑十一月吉日其基址則前邑人劉瑱捐貲購以待者也中爲大堂三楹前爲儀門爲大門東西各爲兩廊廊列號二千有奇堂之左五楹爲校閱所堂之右三楹爲庖湢所而總名之曰校士館旋具其事請題於　朝得恩旨優敘焉顧念予不敏幸藉手諸君子俾邑子弟試有所庇操筆伸紙可以盡所長而有司亦因以嚴扃錄而肅闕防絕傳遞而公去取則諸君子之輸財集事大有造於後人者其功焉可以泯哉即眾父老之競勸錙銖以相與有成者其名亦不可沒也用記其緣起於貞石併勒諸姓氏於石陰以爲後來者勸

其東南爲梯雲閣在城垣上卽明月樓故址

國朝咸豐八年知縣錢炳熙建新纂

柯茂枝梯雲閣記武昌縣治據樊山表江而裏湖山起西南水趨東北鳳棲虎頭諸岡阜不足敵郎亭石門之雄考志載城東南隅舊有明月絃歌二樓其地直今校士館之巽維蓋所以助形勢擷秀靈非直盛遊觀之娛已也代遠樓廢耆舊欲續修之未果近年兵燹校士館亦頹毀焉咸豐戊午楚疆肅清歸安錢穎瀾來宰吾邑與邑人士首籌修校士館廳事號舍次第增葺因卽明月樓故址起高閣以祀魁星浹旬而集事會會源生侍郎奉　命援浙師師道楚境余偕王孝鳳武部吳監唐大令謁　公舟中語次及之公欣然爲題其榜曰梯雲閣時省閣亦新建榜題悉倩公大書當代偉人隻字等諸鼎卣公之以斯閣傳歟抑亦閣之以公傳歟閣之基半因城垣周六方樓二成自城址及顛凡高三丈有奇重檐翬飛軒窗庨豁懸斗插漢秀出天表登閣望之重闉列肆烟火萬家估客帆檣往來几席之外四郊左右隰畛繡錯西山南湖光映高下獻秀競奇且江漢合流自夏口來遶城而下如帶隔江蘄黃諸山起伏隱見周覽縱橫數百里而開如適處其中游者謂昔之九曲擁翠視此不過也郡縣中文明之地莫大於廟學吾邑學宮毀於寇錢侯方與諸士夫有重建之議而得此閣爲配林之先是亦邦人之厚幸矣今天下尙非無事　天子方急需文武才憑高四顧慨然生江湖廊廟之心所幸萃山川之磅礴駢起鴻彥扶翊泰運與星雲相輝庶足以壯吾邑焉若惟是流盼光景娛一時之耳目豈足稱曾公之命名而又豈今日所以建閣之意哉旣落成謹書此以告來茲

武昌縣志卷七

武昌縣志卷八

郵傳

原設八鋪本城縣前總鋪鋪司二名鋪兵七名南十五里至松林鋪鋪司二名鋪兵六名一十五里達大冶縣桐城鋪西一十五里至水口鋪鋪司一名鋪兵六名一十五里至平安鋪鋪兵七名二十里至梅城鋪鋪司一名鋪兵六名一十五里至華容鋪鋪兵六名一十五里至神人鋪鋪兵六名三十里至新橋鋪鋪司二名鋪兵六名一十五里至江夏縣山口鋪北一十五里達黃州府黃岡縣總鋪一由水口鋪二十五里一由平安鋪三十里俱達黃岡縣總鋪嘉慶通志共設鋪司八名係永充鋪兵五十名係循編每年額支工食銀三百一十四兩一錢六分咸豐七年奉文減裁酌留十分之二津貼夫

馬工料同治八年十一月奉文有驛州縣添留二成共四成無驛州縣仍復舊章以同治八年十月初一日爲始裁去華容神山新橋三鋪添設橫路鋪遞共計五鋪共設鋪司六名鋪兵三十二名每年額支工食銀一百二十五兩五錢一分四釐檔冊

華容鎮舊置鋪邵志乾隆二十九年六月巡撫常鈞疏言武昌省城至江南江西等省驛路由江夏經黃岡縣至蘄水縣之巴水驛地勢窪下往來差使用船裝載多致稽遲請改由江夏之長山鋪經武昌縣之華容葛店黃岡縣之三江口渡江至巴水驛歸入正路下部議行國史臣工列傳原設驛馬三十匹馬夫十名獸醫一名乾隆四十年裁馬五匹夫二名改撥漢川縣屬之田兒河安設存留驛馬二十五匹馬夫八名獸醫

一名又排夫三十名因蒲圻縣港口驛添設損夫六十名抽調本縣排夫十名又裁十名實存排夫十名檔冊驛設官廳在華容街中間案冊載長十二丈一尺前寬五丈九尺中寬三丈八尺後寬三丈二尺乾隆末移設廣福寺側案冊載寬五十餘步長一百步咸豐初賊燬址尚存光緒二年知縣張炅劉篤慶共捐置民房六間以爲公所檔冊國朝吳省欽華容驛詩雲夢宮何在紛紛漢縣名山川收鄂國風月送邾城稻蟹輸場候花鳧唼漳聲坡仙應笑我底向阿瞞爭

兵事

周夷王七年丁未楚子熊渠伐庸至於鄂竹書紀年

三國蜀漢章武元年辛丑案此據三國志吳書吳主傳臆增南陽樊伷爲武昌部從事誘導諸夷叛屬劉備孫權召問潘濬濬曰以五千兵往爲擒矣權曰卿何以輕之濬曰伷昔爲州人設饌至日中食不可得而十餘自起此亦侏儒觀一節之驗權卽遣將五千

兵往果平武昌太平御覽引江表傳吳書潘濬傳引畧同案三國志吳書三嗣主傳魏嘉平四年使王昶攻南郡毋邱儉向武昌魏書三少帝紀裴注引漢晉春秋曰毋邱儉王昶聞東君敗各燒屯走蓋未至武昌也

吳孫晧天紀三年己亥夏郭馬反遣徐陵督陶濬將七千人從西道與東西軍共擊馬陶濬至武昌聞北軍大出停駐不前冬晉命建威將軍王戎向武昌四年陶濬從武昌還卽引見問水軍消息對曰蜀船皆小今得二萬兵乘大戰船自足擊之於是合眾授濬節鉞明日當發其夜眾悉逃三國志吳書孫晧傳

晉武帝咸寧五年己亥十一月大舉伐吳遣王戎出武昌龍驤將軍王濬廣武將軍唐彬率巴蜀之卒浮江而下東西凡二十餘萬太康元年濬進破夏口武昌晉書武帝紀二月武昌失守王濬傳案王戎傳戎受詔伐吳遣參軍羅向劉喬領前鋒進攻武昌吳將楊雍孫述江夏太守劉朗各率眾詣戎降戎督大將臨江濬乃自武昌順流而下直趨建業資治通鑑惠帝太安二

年癸亥五月義陽蠻張昌舉兵反陷江南諸郡晉書惠帝紀江夏太
守弓欽討之不勝欽與部將朱伺犇武昌通鑑張昌又遣其將
馬武破武昌害太守案晉書惠帝紀武昌太守劉根遇害邵志秋七月攻武昌陷之寧朔將
軍劉弘遣司馬陶侃等率衆討昌於竟陵大破之晉書張昌傳永
興二年乙丑十二月陳敏據江東晉書陳敏傳邵志作江夏誤 案敏遣其弟
恢來寇武昌案陳敏傳恢率錢端等南寇江州侃出兵禦之陶侃傳詳官績列傳懷
帝永嘉五年辛未春正月石勒入江夏太守楊岷奔於武昌晉書
懷帝紀 案周訪傳咸和初司徒王導以周撫爲從事中郎石勒將郭敬率騎攻撫撫不能守率所領奔於武昌坐免官事亦
相類五月益州流人汝班梁州流人蹇撫作亂於湘州虜刺
史荀眺南破零桂諸郡東掠武昌同上 案是時安城太守郭察遇害察武昌人有傳
愍帝建興元年癸酉八月杜弢寇武昌焚燒城邑晉書愍帝紀 案邵志作
建興三年誤弢南破零陵東侵武昌征南將軍王敦荊州刺史陶

侃討之弢降而使其將王真案陶侃傳作貢領精卒三千爲奇兵出
江西向武陵斷官軍進路陶侃使伏波將軍鄭攀邀擊大破
之弢乃逃遁不知所在杜弢傳詳官績陶侃傳元帝永昌元年壬午大將
軍王敦舉兵於武昌以誅劉隗爲名龍驤將軍沈充帥衆應
之晉書元帝紀王敦遣使告甘卓卓使參軍孫雙詣武昌諫止敦
武昌大驚傳卓至人皆奔散甘卓傳 附王敦傳王敦字處仲司徒導之從父兄也父基治
書侍御史敦少有奇人之目尚武帝女襄城公主拜駙馬都
尉除太子舍人元帝召爲安東軍諮祭酒復以爲揚州刺史
加廣武將軍尋進左將軍都督征討諸軍事假節帝初鎮江
東威名未著敦與從弟導等同心翼戴以隆中興時人爲之
語曰王與馬共天下尋與甘卓等討江州刺史華軼斬之蜀
賊杜弢作亂荊州刺史周顗退走敦遣武昌太守陶侃豫章
太守周訪等討弢而敦進住豫章爲諸軍繼援及侃破弢敦
上侃爲荊州刺史既而侃爲弢將杜曾所敗敦以處分失所
自貶爲廣武將軍帝不許侃之滅弢也敦以元帥進鎮東大
將軍開府儀同三司加都督江揚荊湘交廣六州諸軍事江
州刺史封漢安侯敦始自選置兼統州郡焉建武初又遷征
南大將軍開府如故中興間拜侍中大將軍江州牧遣部將
朱軌趙誘伐杜曾爲曾所殺敦自貶免侍中并辭牧不拜尋
加荊州牧初敦務自矯厲雅尚清淡口不言財色既素有重
名又立大功於江左專任閫外手控彊兵羣從貴顯威權莫
貳遂欲專制朝廷有問鼎之心帝畏而惡之遂引劉隗刁協
等以爲心膂敦益不能平於是嫌隙始搆矣每酒後輒詠魏
武帝樂府歌曰老驥伏櫪志在千里烈士暮年壯心不已以
如意打唾壺爲節壺邊盡缺俄加敦羽葆鼓吹增從事中郎
掾屬舍人各二人帝以劉隗爲鎮北將軍戴若思爲征西將
軍悉發揚州奴爲兵外以討胡實禦敦也永昌元年敦率衆
內向以誅隗爲名敦黨吳興人沈充起兵應敦敦至蕪湖又
上表罪狀刁協帝大怒召戴若思劉隗並會京師敦兄含時
爲光祿勳叛奔於敦敦至石頭欲攻劉隗其將杜弘曰劉隗
死士衆多未易可尅不如攻石頭周札少恩兵不爲用攻之
必敗札敗則隗自走敦從之札果開城門納弘諸將與敦戰
王師敗績既入石頭擁兵不朝放肆兵士劫掠內外官省奔
散惟有侍中二人侍帝帝脫戎衣著朝服顧而言曰欲得我
處但當早道我自還琅邪何至困百姓如此敦收周顗戴若
思害之以敦爲丞相江州牧進爵武昌郡公邑萬戶使太常
荀崧就拜又加羽葆鼓吹並僞讓不受還屯武昌多害忠良
寵樹親戚以兄含爲衛將軍都督沔南軍事領南蠻校尉荊
州刺史以義陽太守任愔督河北諸軍事南中郎將敦又自
督寧益二州及帝崩太寧元年敦諷朝廷徵己明帝乃手詔
徵之又使兼太常應詹拜授加黃鉞班劍武賁二十人奏事
不名入朝不趨劍履上殿敦移鎮姑孰帝使侍中阮孚齎牛

酒犒勞敦稱疾不見使主簿受詔以王導爲司徒敦自爲揚
州牧敦既得志暴慢愈甚四方貢獻多入己府將相嶽牧悉
出其門敦無子養含子應及敦病甚拜應爲武衛將軍以自
副錢鳳謂敦曰脫其不諱便當以後事付應敦曰非常之事
豈常人所能且應年少安可當大事我死之後莫若解衆放
兵歸身朝廷保全門戶此計之上也退還武昌收兵自守貢
獻不廢亦中計也及吾尚存悉衆而下萬一僥倖計之下也
鳳謂其黨曰公之下計乃上策也遂與沈充定謀須敦死後
作難及敦病篤詔遣侍中陳晷散騎常侍虞駿問疾時帝將
討敦微服至蕪湖察其營壘又屢遣大臣訊問其起居俄而
敦死時年五十九穆帝永和七年辛亥十二月征西大將軍桓溫率衆
北伐次於武昌而止晉書穆帝紀 案通鑑溫拜表輒行帥衆四五萬順流而下軍於武昌哀
帝興寧元年癸亥冬十一月姚襄故將張駿殺江州督護趙毗
焚武昌略府藏以叛江州刺史桓沖討斬之晉書哀帝紀桓溫之
破姚襄也獲襄將張駿楊凝等徙於尋陽沖在江陵未及之
職而駿率其徒五百人殺江州督護趙毗掠武昌府庫將妻
子北叛沖遣將討獲之桓沖傳元興三年甲辰桓玄既還荊郢大

聚兵衆召水軍造樓船器械率衆二萬挾天子發江陵浮江
東下與冠軍將軍劉毅等相遇於峥嵘洲衆驚下擊大破之
宋書武帝紀 桓玄率舟艦二百發江陵毅率道規及下邳太守孟
懷玉與玄戰於峥嵘洲高平太守劉懷肅攻何澹之於西塞
磯破之道規進討武昌破僞太守王旻 晉書桓玄傳
南宋孝武帝孝建元年甲午春二月車騎將軍江州刺史臧質
舉兵反六月臧質走武昌爲人所斬傳首京師 宋書孝武帝紀 質先
以妹夫羊冲之爲武昌郡質往投之既至冲已爲郡丞胡庇
之所殺無所歸乃入南湖逃竄無食摘蓮噉之追兵至窘極
以荷覆頭自沈於水出鼻軍主 案南史作士誤 鄭俱兒望見射之中
心兵刃亂至腸胃纏縈水草隊主裘應斬質傳首京都子敦
自隨並爲武昌郡所執送同誅 臧質傳 順帝昇明元年丁巳冬荆

武昌縣志卷八　兵事　五

州刺史沈攸之反 南齊書柳世隆傳 二年戊午春正月攸之遣中兵參
軍公孫方平馬步三千向武昌太守臧涣棄郡投西陽太守
王毓奔於盆口方平因據西陽建寧太守張謨率二守千人
攻之方平破走 宋書順帝紀沈攸之傳
梁簡文帝大寶元年庚午二月侯景遣任約于慶等帥衆二萬
攻諸藩 通鑑 秋八月邵陵攜王綸大修器甲將討侯景元帝聞
其彊盛乃遣王僧辯帥舟師十萬以逼綸綸軍潰遂與子礩
等輕舟走武昌 案南史梁武帝諸子傳綸與子躓等十餘人輕舟走武昌沙門法馨與綸有舊藏之巖石
之下又通鑑綸遇鎮東將軍裴之高於道之高之子畿掠其軍器綸與左右輕舟奔武昌潤飲寺僧遯聲匿綸於巖穴之
下考薛季宣新作殊亭記殊亭在潤飲寺後則潤飲寺宋時猶存今不知在何地南史法馨乃法聲之訛 侯景將
任約聞之使鐵騎二百襲綸綸無備又敗走定州 梁書高祖三王傳
九月任約進寇西陽武昌遣左衛將軍徐文盛右衛將軍陰

子春太子右衛率蕭慧正嶲州刺史席文獻等下武昌拒約
梁書元帝本紀 任約遂據西陵武昌徐文盛軍貝磯任約帥水軍逆
戰文盛大破之斬叱羅子通趙威方仍進軍大舉口侯景遣
宋子仙等將兵二萬助約 通鑑 案陳書周炅傳炅據西陽武昌二郡招聚卒徒甲兵甚盛任
約來據樊山炅與寧州刺史徐文盛擊約斬其部將叱羅子通趙迦婁等因乘勝追之頻克約衆 二年辛未春
正月湘東王繹遣護軍將軍尹悅安東將軍杜幼安巴州刺
史王珣 案梁元帝紀在元年十二月又杜幼安作定州刺史杜多安誤 將兵二萬自江夏趣
武昌受徐文盛節度三月徐文盛克武昌進軍蘆洲任約告
急侯景自帥衆西上攜太子大器從軍以爲質閏月景發建
康自石頭至新林舳艫相接約分兵襲破定州刺史田龍祖
於齊安軍至西陽與徐文盛夾江築壘文盛擊破之射其右
丞庫狄式和墜水死景遁走還營夏四月侯景使宋子仙任

武昌縣志卷八　兵事　六

約帥精騎四百 案梁書侯景傳作三百 襲郢州景因便風中江舉帆遂
越文盛等軍入江夏文盛衆懼而潰王珣杜幼安遂降於景
通鑑 案梁元帝紀尹悅並降賊又梁書徐文盛傳侯景率衆西上援約至西陽文盛不敢戰杜幼安宋遂等乃率所領
獨進與景戰大破之獲其舟艦以歸又杜幼安傳幼安進軍大舉因與軍相持別攻武昌拔之景渡蘆洲上流以壓文盛
幼安與衆軍攻之景大敗
陳武帝永定元年丁丑三月以司空王琳爲湘郢三州刺史五
月王琳既不就徵大治舟艦將攻陳霸先六月霸先以開府
儀同三司侯安都爲西道都督周文育爲南道都督將舟師
二萬會武昌以擊之冬十月侯安都至武昌王琳將樊猛棄
城走軍至郢州大敗安都等皆爲琳所擒又遣樊猛襲據江
州 通鑑 案邵志作太平二年誤 文帝天嘉元年庚辰十月侯瑱襲破獨孤盛
於楊葉洲盡獲其船艦盛收兵登岸築城以保之十二月獨

孤盛餘衆自楊葉洲潛進陳書世祖紀　案胡三省通鑑注據姚思廉陳書楊葉洲在西江口西江謂湘江也攷侯瑱軍在巴邱似爲湘州之地非縣境之楊葉洲也

隋文帝開皇九年己酉據通鑑補周法尚轉黃州總管上降密詔使經略江南伺候動靜及伐陳之役以行軍總管隸秦孝王率舟師三萬出於樊口陳城州刺史熊門超出師拒戰擊破之擒超於陣轉鄂州刺史隋書周法尚傳

唐憲宗元和二年丁亥以淮南節度使王鍔統諸道兵爲招討處置使徵宣武義寧武昌兵並淮南宣歙兵俱出宣州通鑑

五代

昭宗乾寧二年乙卯　案通鑑作四年丁巳夏五月楊行密縱兵侵掠鄰部兩浙錢鏐江西鍾傳鄂州杜洪皆遣使求救於梁梁祖遣朱友恭率步騎萬人渡江取便討伐行密先令都將瞿章案通鑑作瞿璋十國春秋作瞿章據黃州及梁師至卽棄郡南渡固守武昌寨行密遣將馬珣以精兵五千助之友恭與杜洪大破其衆遂拔武昌寨擒瞿章并淮軍三千餘人獲馬五百匹淮人大恐舊五代史僭僞列傳　案十國春秋瞿章事太祖積功至先鋒指揮使乾寧初權刺史黃州會汴將朱友恭引兵來攻章棄城保武昌寨友恭爲浮梁於樊港進攻武昌寨拔之章爲所執遂失黃州　四年朱全忠圍鳳翔昭宗遣使者東出道武昌杜洪皆殺之洪又附全忠絕東南貢獻路故命行密討之十國春秋

宋太祖開寶七年甲戌宋將用師南唐以王明爲黃州刺史帝密授成算明旣視事卽完葺城壘訓練士卒衆莫解其意俄而王師自荆鄂乘戰艦而下卽以明爲池州至岳州江路巡檢戰櫂都部署擊鄂州軍於江南斬首三百級又破萬餘人於武昌殺江南軍七百人拔樊山砦破江州軍斬首三千級又破江南軍三百人於江中獲船十餘艘又擊敗湖口軍萬餘衆奪戰艦五百艘宋史王明傳　高宗建炎三年己酉十一月金人陷黃州守臣趙令㠭死之金人自黃州濟江劉光世引軍遁知江州韓梠棄城去金人自大冶縣趨洪州宋史瀛國公紀　紹興三十一年辛巳敵將劉萼擁衆十萬揚聲欲取荆南又欲分軍自光黃擣武昌朝廷以敵昔由此入江南令吳拱嚴護武昌津渡拱將引兵回鄂汪澈聞之馳書止拱而自發鄂之餘兵戍黃州宋史汪澈傳　案郡志淳熙年以成閔提旅三萬鎮武昌考澈傳遣馬帥成閔以所部三萬人屯京襄又薛季宣吳太皇帝廟遷造記成閔奏以王述戍武昌均無鎮武昌之文郡志誤　理宗景定元年二月元兵破瑞州臨江軍城與國壽昌洪撫全永衡諸郡民皆被兵存者奔竄他所宋史理宗紀　四月賈似道表言夏貴等戰新生州進至白鹿磯皆身自督戰有功詔赴闕宋史理宗紀　度宗咸淳十年甲戌程鵬飛案鵬飛爲荆鄂諸軍都統制兵敗以鄂州降以北兵徇黃州知州陳奔遣人請降於壽昌軍宋史瀛國公紀　案元史巴延傳至元十一年巴延破陽羅堡夏貴僅以身免走至白虎山時夏貴爲淮西制置使事在徇黃州之前　知鄂州張晏然以城降乃以兵四萬遣阿爾哈雅戍鄂遣人徇壽昌信陽德安諸郡皆下元史阿爾哈雅傳　阿嚶罕同斷事官楊仁風東略壽昌得米四十萬斛遂統左翼軍順流東下沿江州郡悉降乃撫輯其人民元史阿嚶罕傳　端宗景炎二年丁丑　案是年爲元至元十四年宋史瀛國公紀作德祐二年誤郡志作至元二年尤謬夏五月淮民張德興起兵據司空山攻下黃州壽昌軍與元宣慰使鄭鼎案陳祐傳作鄭鼎臣戰於樊口鼎墜水死秋八月元兵破司空山張德興敗出走宋史二王紀　案元史鄭鼎本傳至元十四年蘄黃二州叛湖北道宣慰使鄭鼎將兵討之戰於樊口舟覆溺死又元史陳祐傳至元十三年興國軍以藉兵器致亂鄭鼎帥兵討之至樊口兵敗死事詳官蹟陳天祥傳

元世祖至元二十五年（戊子）三月詔黃州蘄州壽昌諸軍還隸
江淮省始三處舊置鎮守軍以近鄂州省嘗分隸領之至是
軍官以爲言遂仍其舊（元史兵志）順帝至正十二年（壬辰）徐壽輝攻
破武昌據之縣尉龍不花收復尋爲倪文俊所陷陳友諒據
之徙縣治於保安尋燬於兵（邵志　案李氏譜李模傳陳友諒據武昌縣尉王文貢請畫策
徙治保安模不可曰今城內乏食賊無所倚若募勇敢民壯於水陸險要堵絕糧道不久自遁弗聽竟城保安尋燬於兵
攷王文貢爲達魯噶齊傳稱尉疑誤）
明莊烈帝崇禎十年（丁丑）袁繼咸除湖廣參議分守武昌以兵
擣江賊巢興國大冶山中禽賊首呂瘦子降其黨千餘人詔
兼僉事分巡武昌黃州擊退賊老回回革裹眼等七大部（明史
袁繼咸傳）是年馬蹟峽山土賊李華等蠢動兵備副使包鳳起率
知縣鄒逢吉勦平之（邵志　案鳳起字際霞河南南陽進士箸有破賊露布亦見邵志）十六

年（癸未）五月初五日流賊張獻忠從團風渡江（綏寇紀略）陷武昌縣
縣無人賊出營樊口（明史崔文榮傳）燬官廨民舍隨入樊湖大肆殺
掠（邵志）二十三日賊全軍從鴨蛋洲畢渡營於葛店二十五日
先驅至華容鎮踰日抵洪山二十九日楚府新兵開門納賊
七月二日賊大焚武昌從咸寧蒲圻以上岳州（綏寇紀略　案明史呂大器傳時湖北地已失武昌亦陷左良玉駐九江稱疾不進而張獻忠大躪湖南分兵陷袁州吉安）

國朝

世祖章皇帝順治二年（乙酉）左良玉東下武昌虛無人流賊李自成至
武昌謀奪舟南下改由金牛保安走咸寧蒲圻過通城以單
騎登九宮山入元帝廟伏謁不能起村人疑其盜劫取所荷
鍤碎其首血肉糢分矣（綏寇紀略　案自闖逆肆掠武昌人民靡孑遺矣）

聖祖仁皇帝康熙二十七年（戊辰）春三月裁湖廣總督員缺於是所部
中左右三營兵丁二千人截日罷兵餉五月十二日舊督徐
國相還朝既登舟裁兵遂大譁六月十三日黎明圍巡撫署
巡撫柯永昇投井死衆遂推夏逢龍爲賊渠逢龍者景陵人
本姓陳贅於夏遂冒夏氏居常好大言喜施與往往以片言
解人紛然恃勇使氣胸無經緯識者笑其妄也共呼爲包子
當是時賊衆至數萬建元帥大纛鼓吹儀仗坐巡撫公衙其
黨皆剪髮爲識旗幟兜矛色尚白武昌咸寧嘉魚蒲圻漢陽
諸縣皆陷賊舟蔽江下礮聲聞數十里不絕通判張苣與武
昌縣知縣喬文錦擒戮僞弁復其城（案先是張苣罵賊被拘密與督標守備胡定海謀令守備李國俊詭附賊爲內應及賊敗於應城逢龍遁還武昌國俊密約胡定海內應書誤送僞總兵胡耀乾所耀乾以兵出迓將執之國俊覺而東走與追者轉戰至樊湖死之）會

上遣都統瓦岱爲振武將軍調江寧滿漢兵水路兼程自蘄水進復

黃州逢龍既潰敗過武昌不得入乃微服亡命至黃岡之白
雲堡索飯於村寺生員宜畏生等縛而獻之磔於城東五里
墩事平乃復設湖廣總督（節章學誠平夏逆傳）

文宗顯皇帝咸豐二年（壬子）冬十一月粵逆洪秀全楊秀清由湖南下
竄陷漢陽府十二月初四日陷省城十一日陷黃州府十二
日分隊陷縣城焚燬廨署倉敖祠廟三年（癸丑）春正月提督向
榮攻省城賊夜開門登舟掠民艘萬餘傍江北岸東下時總
兵郭仁布率閩兵駐縣境由葛店追勦至郎亭山戰死者百
餘人向榮督師從南岸下追由縣赴江西賊遂飽掠而去三
月總督張亮基檄諸郡縣團練時土匪彭大士柯一貴王安
德等嘯聚黨羽號稱三十六王肆擾鄉村於是靈溪馬蹟諸
鄉各設團練土勇以自衛殷富捐錢穀按戶出丁壯備器械

匪至則鄉村鳴鑼放銃爲約以次遞傳頃刻數千人練勇爲先鋒丁壯爲後隊數月殲匪數百名地方始安生員湯魯璧伍桂等尤爲出力時各鄉皆設團練局而以馬蹟鄉爲最夏五月諭各郡縣輸軍餉秋九月朔賊破江西九江府上攻田家鎮張亮基飭署漢黃德道徐豐玉署漢陽府知府張汝瀛總兵楊昌泗率礮船拒賊賊已踞半壁山十三日賊憑高發礮下擊防軍大潰豐玉汝瀛暨荊門州知州李㯋死之賊水陸並進十五日縣城再陷燔學宮及方井頭民房數十家復陷黃州又由北岸攻陷漢陽府城按察使江忠源收復之賊下竄黃州巴河冬十月初一日由樊口竄入金牛鎮圍團練局十一月前布政使唐樹義饑軍乏餉退駐省城賊南渡樊口焚掠華容新店各村鎮四年甲寅春正月總督吳文鎔赴黃

州督戰死之賊復陷漢陽六月省城復陷秋八月侍郎曾國藩克復省城楊昌泗亦復漢陽賊由葛店下竄署湖南提督塔齊布率師追勦九月署知縣白潤復縣城十九日道員羅澤南率湘勇由金牛鎮擊大冶興國賊國藩帥水師至縣城憩西山旋督師東下十月總督楊霈督師黃州五年乙卯正月朔賊襲楊霈於廣濟官軍大潰賊上竄縣城三陷賊踞之掠民船泊黃家磯二月十六日踞葛店由水路竄江夏縣之青山磯十七日陷省城巡撫胡林翼攻之月餘不下夏六月僞翼王石達開率衆數萬由江西竄金牛鎮西援省城冬十二月千總余雲龍敗賊於梁子湖又敗之於金牛鎮詳余雲龍傳六年丙辰夏五月僞檢點古隆賢自九江上竄踞縣城沿途裹脅計共萬餘分隊西援至江夏縣洪山戰敗十三日折還葛店

余雲龍率師先敗之大軍追勦賊三千人從梁子湖濱縱火燒民房以數千伏於麥門橋房屋及林木深處湖邊泊賊船數十艘同知蔣益澧等奮擊追北葛店時胡林翼謀發水師清江道令湖南常德協副將楊載福率都司鮑超等東下抵黃州焚長江賊艘無算以江水駛急舟師不能久駐又無陸軍相輔賊仍負嵎自固古隆賢敗後匿樊口並以湖口來援之大拖罟舢板戰艦相依爲壘遣僞指揮鄭添得僞將軍羅文元領賊七八千復踞葛店胡林翼令蔣益澧率精銳三千餘人攻之副以同知孫守信並令署武昌縣知縣林之華率武勇爲鄉導六月初二日未及葛店十里而止葛店地當總要內湖外江賊於街前築壘四座環以長濠深廣逾丈湖內賊船與陸賊相依乃令參將朱品隆縣丞丁銳義率衆先循

江岸低處潛渡白滸山繞出葛店之後蔣益澧率軍與訓導鄒漢章知縣唐協和分路進勦攻撲賊壘二座賊放連環礮拒敵官軍伏地避之三伏三起已入賊壘斬首二千餘級擒羅文元殲鄭添得於戚家山追北於華容初四日全軍至樊口時西山雷山賊皆設關固守蟠互險峻輔以賊舟軍餉器械皆聚於此乃駐陸軍於西岸之得勝洲提督楊載福率水師登岸分路直逼賊壘傳令先渡奪賊船者重賞之千總鄧有才鳧水奪舢板一艘壯健者繼進獘賊二千餘賊棄船潰遂渡樊口乘勝攻西門而入遂復縣城掩殺甚衆賊由小南門逃竄者數百人大軍追至南岡七里界而還石達開憤樊口之敗聞官軍攻武漢急糾僞天侯會逆春官丞相張逆自金陵上援詐號五萬煽惑姦民凶焰甚熾秋七月達開先分

萬眾走金牛鎮時各鄉團練局分布鄉勇於要隘多樹旗幟以爲疑兵賊乃秋毫無犯銜枚而走進掠江夏山坡驛蔣盃灃鑠之紙坊賊知有備折回葛店謀奪洪山軍十二日鮑超鑠之樊口二十八日石達開率援賊西上胡林翼分飭諸軍力戰余雲龍率勇繞姚家嶺助攻賊大潰八月初六日空壘而奔護軍參領舒保追之華容殲尾賊數百人石達開率眾萬餘由馬蝗洲鳧水掠縣境而東還金陵十一月二十二日官軍復省垣二十四日胡林翼遣按察使李續賓總統水陸軍追賊敗之樊口賊糾縣城賊據岡築壘以戰知縣林之華夜造浮橋渡師總兵楊載福順流下乘勢攻縣城克之二十五日續賓北渡復黃州二十六日南渡江時大冶興國次第克復大江以南無賊蹤矣七年丁巳秋八月湖北肅清十一年

辛酉春二月初八日僞英王陳玉成竄蘄水冒官軍裝幟襲黃州武昌戒嚴夏四月僞忠王李秀成自江西竄湖北總督官文遣知府唐協和己革副將余際昌率勇二千餘由縣守興國秀成裹脅至數萬謀由興國西犯五月初四日際昌協和皆敗退大冶初五日僞王相率賊竄至金牛鎮旗幟徧野踞民房擄掠無算初八日四陷縣城鄉鎮復設團練局十五日廣東按察使彭玉麟候選道蔣凝學率軍回援舟次樊口與賊戰賊敗閉城固守縱火燒東西北城外民房幾盡玉麟令水師掘南湖隄水灌城賊窮促始遁縣城復賊回竄江西六月由大冶趨金牛鎮肆行擄掠時總兵成大吉副將何紹彩由保安金牛進軍沿途追勦大江以南肅清八月官軍復黃州

穆宗毅皇帝同治四年乙丑十二月捻匪竄黃州府黃岡等處大江以北烽火彌月不絕匪酋賴文光等議渡江上犯省城時葛店設民團於東嶽廟自西港以下趙家磯以上日夜梭巡有警則鳴鑼爲約隨除夕匪百餘人雜流民中潛渡江約舉火乘亂以濟練勇查獲十餘人殲焉匪計沮江以南獲安全焉勦平粵匪方略　平定粵匪紀略　胡文忠公集　曾文正公集

武昌縣志卷九

古蹟

鄂王城在縣南按當作西南一百二十里周夷王時楚熊渠封中子紅於鄂王會新編鄂王城卽楚封子紅處在縣西南二里東西九十步南北百步輿地紀勝按名勝志引九州記鄂王城在武昌縣西南二里屬馬蹟鄉考馬蹟鄉在縣西南一百二十里距府治一百八十餘里輿寰宇記所稱在鄂州百八十二里正合今遺址闕門石尙存土人呼爲鄂王城其爲楚封址無疑輿地紀勝名勝志所據里數或屬誤脫今縣西南二里濱湖亦無故城址也武昌縣鄂王舊都今鄂王神卽熊渠子之神也史記楚世家正義引括地志　按水經注江之右岸有鄂縣故城舊楚地世本稱熊渠封其中子紅爲鄂王晉太康地記以爲東鄂九州記曰鄂今武昌也諸地志以爲江之右岸當在今武昌縣治左右遂刪減里數遷就以求合其實城址尙在不可强爲之詞也餘詳晉鄂城宋薛季宣鄂墟賦按籍披圖乃窺鄂墟有邑無民荒城已蕪鄂渚繚乎其前樊山峙乎其北有峯有巒有陂有澤林麓蒼蒼環流漾碧萬頃漣漪際天一色吏指圖而告曰此三代之建邦也在楚熊渠始大宗周寖微載拓東境窮兵極兹乃命子紅

王而有之而已知其非是紅歸國廢爰始邑焉吳遷以替是爲周睨之荆蠻專封之舊地也走蹙然而應之曰是則然矣而非爾之所及感旹傷懷悽然以泣曰蠻宗以大非熊渠之罪也夫天王至貴匪夷之類猶之在人足元孔異使周王能保文武之基緒不失周公之典制外睦諸侯下安萬彚禮樂征伐惟王是出后稷之功有隆不替蠢爾荆蠻胡寧以害伊其自絕何傷日月不見崇侯俄然以滅自彼成康旣亡昭繆志荒京邑昏昏儀於四方廢法專征諸侯是常楚越徐吳於焉僭王則夫荒服之侵淩爲天王之政厖也熊渠何罪哉封紅於鄂此其大槩廢紅而復豈無遷善意邪而王不是改也乃有驪戎犯順鼎彝屢震楚及郊畿重輕是問則斯僭竊之狂圖非當時之大譽也且夫百姓何知觀德攸歸楚之盛强惟能撫之彼社稷宗廟尙爲禾黍夫何鄂侯之覆哉若夫都之故城哲夫是城版築經營再千爾齡而猶巍峩弗傾今之爲城者反是豈夫人之或異版臿靡不施工程靡不至在旦洛城而夕頹委地觀夫僭竊之荆蠻又匪予今之所嗤也走嘗觀古中都先王矩撫而今已亡猶存此墟走不知人力斯至邪將以爲皇天之意夫　又鄂城篇袁山野火春風吹驚飆萬馬爭奔馳烏龜阪頭蕃草木化作灰燼張天飛武昌佐史皆好古者茗聯鑣訪城府狂生此意復不淺好事大家何爾汝鄂王城闕煌蒼蒼鄂王宮殿波茫茫今古都盧一餉頃不見古人虛引領毫髮豐鎬已邱墟蠻荆興廢將焉如死生建業信徙語石盆古渡猶多魚古人已去安足齒近事紛紛倘如此君不見准泚去歲是豐年如今千里無舍煙　按土龍此詩及賦亦以縣之西南二里爲鄂王城亦沿當時之誤也

黃石城在武昌縣東二十里一名流沂壘一統志貢輔按貢輔爲孫策從兄於彭澤破勳按勳爲劉勳勳走入楚江從尋陽步上到置馬亭聞策等已克皖乃投西塞至沂築壘自守三國志孫討逆傳裴注引江表傳黃石城在州按州爲鄂州西北二百九十里太平寰宇記流沂壘在武昌縣東南三十里近西塞胡三省通鑑注黃石城在縣東二十里仙堂山下名勝志　按今黃石港有黃石磯石色皆黃地界大治縣在縣城東六十里下至道士洑三十里道士洑一名西塞山去縣城道里不同者以楊葉洲淤生日益廣袤爲之隔也

西陵故城在縣東黃石磯新纂江之右岸有黃石山水逕其北卽黃石磯也一名石茨圻有西陵縣縣北則三洲也山連延江側東山偏高謂之西塞東對黃公九磯所謂九圻者也水經注　按西陵故城疑卽黃石城輿地廣記故西陵縣二漢屬江夏郡魏屬弋陽郡晉惠帝分屬西陽國宋因之陳省入武

昌隋書地理志作平陳後廢寰宇記在西塞山西塞於黃石相連酈注較爲確鑿又西塞山明以前地志均屬武昌云界大冶名勝志亦云在武昌惟明統志以爲屬大冶邵志遂刪去矣　又按今西陽畈或疑卽漢西陽故城元結漫歌八曲有耕彼西陽城之句然水經注江水又東逕西陽郡治南郡治卽西陽縣也以今地形考之則江逕其北矣

吳王城在武昌縣東一里餘一名吳大帝城一統志孫權以魏黃初元年按吳志作二年自公安徙此改曰武昌縣鄂縣徙治於袁山東晉置江州傳綜爲刺史治此城後太尉庾亮之所鎭也水經注孫權故都城在縣東一里餘本漢將灌嬰所築晉陶侃桓溫爲刺史並理其地元和志按水經注城東故城言漢將灌嬰所築也蓋晉之武昌郡在袁山北吳之武昌郡在其東也吳大帝城在州鄂州一百八十里魏黃初三年按吳志作漢建安二十五年爲魏黃初元年吳主置城有五門各以所向爲名西角一門謂之流津按陶侃傳侃輿車出臨津就船臨津當卽流津北臨大江其城黃龍元年遷都建業因此停廢太平寰宇記吳王城在武昌東周四

百八十步輿地紀勝鄂州城即孫權所叙與潤州子城金陵覆舟山城武昌吳王城制作一體皆因山附險上開二門周環不過二三里乃知古人爲城欲牢不欲廣也晝墁集按晝墁集又云武昌縣在樊溪之東隔樊山五里許即吳之西都有吳王城則當時稱爲西都矣又寰宇記載有五門考今址一爲端門即今南樓一爲西門名流津又熊志一門在城東門有牆如羊馬城名曰將軍巷疑當時宿衛周廬所在又東即雞鳴闕又東爲閱家巷則不止二門矣然故城在今城東里餘則端門又非今南樓矣雞鳴闕在宮城東有鳴戟十因名熊志雞鳴闕按原本誤闕故基在武昌宮城東即吳東宮門俗云吳王夜役鬼工爲城未及雞鳴而罷輿地紀勝南宋謝朓和伏武昌登孫權故城一首炎靈遺劍璽當途駭龍戰聖期缺中壤霸功興寧鄉鵠起登吳山鳳翔陵楚甸衿帶窮巖險帷帟盡謀選北拒溺驂鑣西龕收組練江海既無波俯仰流英盼裘冕類禋郊卜揆崇離殿釣臺臨講閱樊山開廣讌文物共葳蕤聲明且蔥蒨三光厭分景書軌欲同薦參差世祀忽寂寞市朝變舞館識餘基歌梁想遺囀故林衰木平荒池秋草徧雄圖悵若茲茂宰深遐睠幽客滯江皋從賞乖纓弁清卮阻獻酬良書限聞見幸藉芳音多承風采餘絢于役儻有期鄂渚同

遊衍　唐劉長卿孫權故城下懷古兼送友人歸建業作雄圖爭割據神器終不守上下武昌城長江竟何有古來壯臺榭事往悲陵阜寥落幾家人猶依數株柳威靈絕想像蕪沒空林藪野徑春草中郊扉夕陽後逢君從此去背楚方東走烟際指金陵潮時過湓口行人已何在臨水徒揮手惆悵不能歸孤帆沒雲久　元結故城東作慢惜故城東良田野草生說向縣大夫大夫勸我耕耕者我爲先耕者相次焉誰愛故城東今爲近郭田又一首將牛何處去耕彼故城東相伴有田父相歡惟牧童　宋薛季宣吳墟賦命僕兮巾車駕言出兮東隅指圮堞而揭汨濠兮訪吳孫氏之故墟冢茸烟草兮密羅城郭黍離離兮秀於塹澤蒼龍東而西白虎兮屹然象魏高復下兮荆棘疑其堂陛陛級九重兮列苞根與蓬艾左宗廟而右社稷兮惜不知其何在井不改而能遷兮榛蕪既穢紛萬室之鱗鱗兮瓦礫碕礅而布地晝遊麋鹿兮想黎庶之紜紜朝與夕而朝夕兮狼虎爲之具臣人既去而城存兮念之何已意忽荒兮倘徉徙倚睨齊侯之遊豫兮至於亡郭隕獲舊聞兮羌善善而惡惡惡不去善無庸而猶滅亡兮斲將反是壯蹻爲廉兮伯夷爲穢黃女充宮兮南威見棄大爲狼兮豕爲虎豹猕剛摯而怯名兮謂之首鼠刑無辜而親有罪兮衣裳反其上下揚如洛之車蓋兮伊有有取懷大帝之英雄兮爰經始於是都樊山以爲西障兮三面汲於江湖掄材用而建邑屋兮信徵罔弃大者棟梁兮層屋取之至細桂楫棧榈之適當其用兮木札作頭以不廢輸與成此室居兮且以傳之萬世艨艟焚於赤壁兮北何威於大魏豎豹尾而安一怒兮時非時余有侯迭曹馬之紛紛兮寒代與而一替嗟厥志之已忘兮民膏脂之是嗜謳吟作兮思金陵而引睇誓不比居而溶兮寧歸以死此魚餐兮不知彼之飲水人已去兮君不知水龍來兮斯已矣余此遊兮窮遠目下不見人兮上不見屋虎之跡兮銜從聚洛蛇遊故宮兮獸馳大麓寄余意兮四達之衢不知淚之盈襟兮戚失聲而以哭亂曰金城湯池草莽莽兮巷無主兮版築傾頹儔告語兮與廢乘除蓋有所兮寒與暑兮迭三日而月兮一來一往又安知他日之宮牆不變今之草莽也張耒吳故城賦亂吾舟兮大江夕余濟兮樊口登武昌之故墟弔西門之衰柳出東郊而南眺訪遺城之培塿嗟頹牆之迤靡半已平兮耕耨雜溪澗而洳沮稻冉冉而時秀曰是吳王之故宮兮昔仲謀之所有當弊漢之委地羣兒聚而啄剖偉業崛之永圖獨穴據乎江右豈無意於雍洛易虛夸爲善守覩其作都於武昌夫何險阻而即安是爲大江之上流兮於備敵焉不繫顧諸將之凡才豈袁曹之敢班欲身當中原之一面兮事便時利一葦濟乎濤瀾當是之時兩觀萬雉縹闕應門丙擁燕趙之容外屯貔貅之軍笙磬鼓鐘之喧闐旗旆車馬之繽紛固已包蒙川澤震耀山原安知夫千載之後陵谷易位夫何遺珠與棄玉顧此遺墟之將圮於是與客休於祠宮披樵蘇之微路嗟牛羊之入室悶牲酒之不具與客俶然三嘆而去

梅城在武昌縣西五十里吳黃武二年築有件城在縣西七

十里一統志梅城在縣西五十里周一百六十五步高一丈居半川謹案熊志作一百五十五步居平川中吳黃武年所城又二十里爲件城不知所始城中有龍巢兩殿碑名勝志引城邑攷今並廢新纂案方考慈州有件城縣名羅泌路史國名紀三皇之世伍作也伍胥黃帝臣今慈之件城此名件城或因伍員渡江而名歟

晉鄂城在縣西南一統志馬蹟鄉有鄂王故城土俗編以爲晉鄂城是也熊志案宋書州郡志太康元年復立鄂縣而武昌如故水經注云今武昌郡治城南有袁山即樊山也山在城南則郡城在山北矣晉時武昌郡故城當在今治城西北又輿地紀勝云晉志武昌郡領縣六既有沙羨又有鄂縣及武昌三縣並置又武昌縣下注云故東鄂也鄂縣下注云有新興馬頭鐵官水經注引庾仲雍江水記云谷里江津南入歷樊山上下三百里輿地紀勝在樊口以南鄂縣矣治則鄂縣蓋東近興國軍界元和志於永興縣書云本鄂縣地則可見矣又通鑑地理通釋云武昌故東鄂今州東北隋廢入十里武昌山在縣南百九十里鄂縣蓋東近興國軍界路史國名紀今興國軍有故鄂城蓋馬蹟鄉本永興地也據此則楚鄂故城即今馬蹟鄉之鄂王城秦漢無可考者吳改爲武昌郡而鄂廢至晉復立仍因楚之故城而修復之非有兩地也

城塘廢縣在武昌縣西一統志謹案熊志作縣西七十里 廢城塘縣在州按州爲鄂州西北一百一十里隋末縣令羲士暄置西有小城塘以爲名大業九年廢寰宇記 神人山下爲白鹿磯廢城塘縣設此西有水塘故名名勝志 案今西陽畈有城塘或即其址俗訛爲神塘背

樊山砦在樊山下一統志 樊山戍吳晉以來戍守有戍主統之及唐有樊山府府兵雖置爲吳爲唐時爲樊山砦輿地紀勝引土俗編 案五代史有武昌寨明史有樊山寨詳兵事

安樂宮在武昌縣東一統志 安樂宮在州案州爲鄂州西北水路二百四十里吳黃武二年築宮此處寰宇記 安樂宮在吳王城中舊傳宮中古瓦澄泥爲之可以爲硯一瓦値萬錢輿地紀勝 赤烏十年案寰宇記作十三年誤詔徙武昌宮材瓦以繕治建康而此猶有端門內殿三國志裴注 案吳書吳主傳赤烏十年二月權適南宮三月改作太初宮裴注引江表傳徙武昌宮材瓦更繕治建業宮有司奏言白武昌宮已二十八歲恐不堪用權曰大禹以卑宮爲美今軍事未已所在多賦武昌材瓦自可用也考黃初二年至赤烏十年恰符二十八歲之數 諸葛恪有遷都意更起武昌宮裴注引吳錄 皓初修武昌宮有遷都之意是時武昌爲離宮宋書五行志 吳繕丹陽南宮謂之太初安樂宮後諸葛恪更起門殿謂之西宮嘉慶志引縣志 吳王城內有安樂宮宮前有御溝水流出爲牧馬港即吳王飲馬處宮殿故基今爲天王殿相傳南樓即安樂宮端門今之譙樓也名勝志 案輿地紀勝壽昌軍下載西苑吳之舊苑考劉孝標世說新語注引丹陽記曰西池孫登所創吳史所稱西苑也明帝復修之西苑在丹陽輿地紀勝誤

避暑宮在武昌縣西寒溪上相傳吳王避暑於此一名元通閣一統志 案名勝志熊志作圓通閣 避暑宮世傳西山寺即故基土俗編云至今無暑氣輿地紀勝 吳王有避暑殿在寒溪山間西山寺即故基方輿勝覽 宮前有銀杏二株大可十圍蒼翠拂雲陰涼蔽日每

年結實左稀則右密左密則右稀明末毀折無存熊志 國朝吳省欽避暑宮詩炎精熸三分是邦建吳社嚴居遊眾涼何代改蘭若猶勝銅雀春零落鄴臺瓦

太極殿在安樂宮按一統志在縣東明統志熊志在安樂宮前 建康實錄云吳大帝南郊即位還陞太極殿蓋吳宮之正殿也輿地紀勝 東有方池熊志

禮賓殿今不知所在熊志 嘉禾五年二月武昌言甘露降於禮賓殿三國志吳書吳主傳

郊壇在武昌縣西一統志 郊天壇在武昌西山郊壇岡又名即位壇輿地紀勝 按東坡志林山頂即位壇又熊志作拜郊臺在西山頂故址見存 黃龍元年春公卿百司皆勸權稱尊號夏四月丙申南郊即皇帝位大赦改年三國志吳書吳主傳 城西有郊壇權告天即位於此顧謂公卿曰魯子敬嘗言此可謂明於事勢矣水經注 安樂宮八里有郊壇寰宇記引武昌記 武昌樊山之巔有郊天臺即孫權即位郊天之處輿地紀勝 按三國志裴注引吳錄權告天文曰皇帝臣權敢用玄牡昭告於皇皇后帝漢享國二十有四世歷年四百三十有四行氣數終祿祚運盡普天弛絕率土分崩孽臣曹丕遂奪神器丕子叡繼世作慝淫名亂制權生於東南遭値期運承乾秉戎志在平世奉辭行罰舉足爲民群臣將相州郡百城執事之人咸以天意已去於漢漢氏已絕祀於天皇帝位虛郊祀無主休徵嘉瑞前後雜沓曆數在躬不得不受權畏天命不敢不從謹擇元日登壇燎祭即皇帝位惟爾有神饗之左右有吳永終天祿 宋薛季宣十四日從諸同官登西山郊壇岡次孟監務韻 催人喉律厭飛灰高會蓮燈懶重陪間到蘇仙舊遊處熙熙不祇登春臺 菩薩巖前湛佛乘澄泓無復見天燈強歌下里酬春雪便好爲文弔蜀藤 清遊無是亦無非陡絕圓壇一強躋赤壁望中公瑾在戰塵何日靜征鼙 人間萬事盡浮埃一顧影窮塗莫倚陪吳王百世不復在祇在九仞郊天臺 交神有道非關我元夜虛張太乙燈擬學昌黎勸河華扳援石磴多藟藟不論人間是與非崇邱礧嵬尚崝躋登臨自有無窮意安得閒愁哀地鼙

南郊壇在縣南岡孫權告天地於此名勝志 謹案雍正湖廣志作郊天之所又江夏縣東十五里磨兒山亦有昭烈郊天壇是即位後郊祀之壇熊志以爲初稱尊號南郊告天於此則縣西郊壇酈注已

明言在城西不當在南岡矣
吳王臺在寒溪 蘇軾玉堂話舊詩自注
鳳皇臺在武昌縣東 一統志 鳳皇臺在虎頭山吳主因鳳皇見
築臺於此招周瑜魯肅以定建都之計 明統志 明萬曆初知縣
李有朋建塔 熊志
釣臺在武昌縣西北江濱 一統志 案元結樊上漫歌叢石橫大江人言是釣臺李白有與黃鐘共賦武昌釣臺篇寰宇記在縣南輿地紀勝在武昌釣臺門北大江中名勝志在縣北大江中方輿勝覽明統志在縣北門外大江中
權於武昌臨釣臺飲酒大醉權使人以水灑羣臣曰
今日酣飲惟醉墮臺中乃當止昭 案昭爲張昭 正色不言出外車
中坐權遣人呼昭還謂曰爲共作樂耳公何爲怒乎昭對曰
昔紂爲糟邱酒池長夜之飲當時亦以爲樂不以爲惡也權
默然有慙色遂罷酒 三國志吳書張昭傳 權於武昌新裝大船名爲長

武昌縣志卷九　古蹟　七

安試泛之釣臺圻時風大盛谷利令柂工取樊口權曰當張
頭取羅州利拔刀向柂工曰不取樊口者斬工即轉柂入樊
口風遂猛不可行乃還權曰阿利畏水何怯也利跪曰大王
萬乘之主輕於不測之淵戲於猛浪之中船頭裝高邂逅顛
危奈社稷何是以利輒敢以死爭權自是貴重之自此後不
復名之常呼曰谷 三國志裴注引江表傳 寰宇記武昌城下有石圻臨
江垂峙四望極目江表傳孫權整陣於釣臺 輿地紀勝 案今本寰宇記無此文
遣兵逼西陽王羕侃整陣於釣臺爲後繼 晉書陶侃傳 明成化
初江岸平沙尚高二三尺許今壅沒 熊志 明趙貞吉釣臺詩醉骨烟雲艇慢開半竿風雨上漁臺無人知是寒山子明月玉簫呼未回
誠臺在縣北城下宋紹興中縣令薛季宣闢隙地爲之 新纂 薛季宣誠臺記武昌牙堂之後架有隙地數畝自更世假攘廢爲汚萊蟲蛇虆虺之與居莫有一顧睇者走尸縣數月始命

疏而闢之樹之以脩篁馬誅茅薙草恍若有得邑埂之下披
隴如臺矗然天成不畚不築下顧城邑居鞅掌間林山蒼蒼
環繞三面青蔥醮碧非圖畫可擬寒溪避暑之臺殿纍纍然
墮吾目中寘吳楚之奇觀也武昌鄂故地在魏爲吳孫氏別
都東晉爲江州刺史治有隋徙郡而縣英豪雋偉之士居是
邦者不知其幾人也以仲謀之雄傑元規之清尚次山之文
翰而猶無得於此予何人哉於斯有見則天之所賦於我者
不薄矣可不敬之記曰誠者自成也而道自道也故夫斯臺
之作豈人爲哉命之曰誠臺焉明自成之義也其銘曰淩雲
已頹嚴瀨殊貞如何此臺天乎自成 又誠臺春色四言詩
鳳闕西岡郎亭東乳惟竹猗猗誠臺有楚苔痕春綠玉李晚
風屏山坐對青蔥數峯頳黵色弄文杏新紅爭鮮競秀芳隨
意逵各稱時宜自成深淺妙意誰傳巨形罨畫羲皇曉生先
天後卦江湖漲綠旋泊滄洲晴嵐翠滴烟瘴悠悠望鞭破蘚
椰帶縈愁亦有江梅花殘未落弄音好鳥笙簧度曲埍如瓦
鼓幽獨是稱几坐頹然邑荒無政新陽多感雷鼓轟天清淮
咫尺很峯夕烟暮四朝三誰爲第一不知其他且以永日
又誠臺晚意麥夏西山日晦斜峯雲千里盡丹霞晴嵐壞梢
水春漲芳草園林路晚花遠近子規啼怨抑高低乳燕語淫
哇官身歸是何年社信美誠臺不似家 又誠臺瓦鼓詩埍
鼓樂有稱也瓦鼓埍埍寘之誠臺誠臺有稱不革不銅不尙
其竇自天之性天性如之何至質無華有稱如之何埏埴無
加誠哉誠哉其儀孔嘉瓦鼓埍埍誠臺之上崇基有塽可據
而居可憑而望湯其泱漭瓦鼓之埍然稱臺址之隤然抱峯

武昌縣志卷九　古蹟　八

崿之嵬然誠哉誠哉紛會意之颺然瓦鼓埍埍誠臺之下筠
鄉有楚掃地而居脩竹猗猗埍其反古五畝之竹兮彼埍者
鼓在彼輿兮在彼輿兮稱此麓兮誠哉誠哉會我獨兮瓦鼓
埍埍在彼青林有象無音稱壑觀之嶔岑稱筠竹之清陰樂
稱走之誠心豈無胡床可將可坐豈無鼖鼓可鳴可播而埍
鼓以無和誠哉誠哉不加其堆
白燕臺在縣大北門外濱江康熙中黃岡詹士懿 案黃岡志士懿康熙戊午舉人 寓居於此時居母喪有白燕來巢因名今廢基址尚存
新纂
落星臺在縣西南距黃金山口南里許有石形正圓色黝黑
世傳星隕於此土人築臺其上 新纂
南樓在武昌縣南 一統志 南樓郎譙樓在城內縣署前又名玩
月樓今題庾公樓 新纂 庾太尉在武昌秋夜氣佳景清使吏殷
浩王胡之之徒登南樓理詠音調始遒聞函道中有屐聲甚
厲定是庾公俄而率左右十許人步來諸人欲起避之公徐

云諸君少住老子於此處興復不淺因便據胡床與諸人詠
謔竟坐甚得任樂 劉義慶世說新語 案御覽引九江錄作共登樓亮至便坐談詠至今名庾公樓則
庾公樓之稱由來久矣又府治亦有南樓方輿勝覽云中間
改爲白雲閣元祐間守方澤重建復舊名記文以爲庾亮所
登故基非也亮所登乃武昌安樂宮端門也李巽巖燾作鄂
州南樓記云吳孫氏更名漢鄂曰武昌今州東百八十里武
昌是也今鄂州乃漢沙羨當晉咸康時沙羨未始有鄂及武
昌之名庾亮安從至此又輿地紀勝圖經引土俗編南樓即
今武昌縣吳安樂宮之端門也名勝志舊府縣志均同考吳
安樂宮在今縣東一里餘端門不應至此明喬世寧懷坡亭
記九曲亭爲庾公樓則在西山之
下矣明統志以爲今縣城樓尤誤 明洪武初知縣戚元禮謝
叔賓修

國朝康熙九年知縣熊登重建 熊登重葺庾樓記武昌縣治南越數武有層樓舊址石甃而堅
往來取道於下其上荊蓁縈繞鳥鼠攸居過之者曰此南樓
也或曰此譙樓也或又曰此庾公樓也夫南以壯形勢爲培
國脉譙以達晨昏爲鼓民生葺而新之宜矣若夫據淋玩月
遊覽已爾且庾公當年未盡理於衆口到今猶艷慕其名而
況不爲庾公者乎詩云蔽芾甘棠勿翦勿拜大夫士有古道
焉致足嘉嘆雖然樓之興廢電光石火爲政者務從乎實毋

取證於名則國脉民生永有攸賴是樓也命
之曰南樓可曰譙樓可即曰庾樓亦無不可 乾隆二十七年
知縣邵遐齡重修 邵志○邵遐齡重葺庾樓記庾都督元規秋夜觴咏之樓其在樊楚治南也審矣邑
令熊公登以前名譙樓則泛稱而竟沒其蹟令曾公昕額曰
千秋名月字雖工而過張其名迄今譙鼓久移治内非譙樓
也每西風起則王茂宏畏元規塵非名月也不若仍舊蹟名
庾樓爲妥樓之下固孔道也自屏外至壽非不止百弓而遠
則北通蘄黃南達咸治爲行旅舟車所輻輳近則官司紳士
輿蓋衣冠所出入農工商賈布帛菽粟釜甑器械所交易來
布操作之家逐市徒役之衆晝夜無停聲跬步無隙壤湫隘
囂塵不啻臨淄之市矣夫市固自古帝王卿相所愼恤也虞
之三事次以利用故度量衡必同周之八政一曰食二曰貨
故權量必謹孟子叙王政五條市與廛列其兩而重戒夫登
壟之賤丈夫漢蕭何爲相愼欲與市曹參代相何託之參守
之民歌畫一此以知市固官政所先民命所係務在平物價
治爭訟也予蒞茲土見斯樓日就荒頹市民病焉特僚屬及
紳士人等捐費修葺以示更新庶幾公私肅清農商便利此
予新斯樓即以恤斯民之本意也爰勒之石以期永遵如曰
效庾公之坐胡床淸興焉則吾豈敢 唐李白陪宋中丞武昌
夜飲懷古作淸景南樓夜風流在武昌庾公愛秋月乘興坐
胡床龍笛吟寒水天河落曉霜我心還不淺懷古醉餘觴
王貞白庾樓曉望詩獨憑朱檻立淩晨山色初明水色新竹
霧曉籠銜嶺月蘋風暖送過江春子城陰處猶殘雪衙鼓聲

前未有塵三百年來庾樓上曾經多少望鄉人又雨後從陶
郎中登庾樓詩庾樓逢霽色夏日欲西曛虹截半江雨風驅
大澤雲鳥邊漁艇聚天畔鳥行分此景堪誰畫文翁請綴文
○僧皎然南樓望月詩夜月家家望亭亭愛此樓纖雲溪上
斷疎柳影中秋漸映千峯出遙分萬派流關山誰復見應獨
起邊愁○宋劉弼南樓懷古五首昔人有意久經營極望寒
蕪遠更平三國旌旗羣鵲散六朝樓閣一鳩鳴雪消晴嶂沈
孤壘風打寒潮入廢城多少怨魂銷不盡草根燒斷又還生
事久銷沈只等閒好將深意遞相參舳艫宵遁誰思忖蠟屐
春游自笑談西日嶂回迷漢沔北風波逆上江潭隔城方唱
招回引一拍般勤至再三茫茫迂曲渡平川何處孤城近水
邊烟護劉琮殘壁壘雨沈黃祖舊樓船寒沙細擁菰蘆地破
隴斜耕苜蓿田見說去年秋潦後更無茅屋起炊煙幸際清
時息五兵舌頭無處說縱橫蟻封一夢難分別蝸角千年強
鬬爭丹壁郵亭新蜀道白樓封戍古邾城自知夜半徒興舞
移遠寒雞不使鳴夕陽光退杳難憑欲問江鷗只恐憎得意
舉帆燒北岸傷心流口鎮西陵雪消蜀貨千檣下風順吳鹽
萬斛增且趁一樽相暖熱自非乘醉莫來登 元賀復生庾
樓詩宿鳥歸天盡浮雲薄暮開崎山青數點不肯渡江來○
國朝陳寶鑰南樓懷古南樓何代月照人明如髮三巡日夜
流月不爲稍漏以此南樓中月色滿西東天心懸孤鏡照見
古人衷浮雲如蓋晦忽生風雨迅裊嘯天地鳴波瀾在轉瞬
有人登樓望風波正未央空負明月夜憂思何能忘安得諸
名流與我共湖秋狂風撲人面黑月黯前頭不見南樓昔自

遥只爲蘇峻亂方寸誰料張駿亦無功毛寶邾城成委頓樓
中老子未夫計一木難支安危勢 徐乾學南樓作南樓月
上時元規甚蕭灑長嘯據胡床縱横命觴斝是時方清晏江
戒無戎馬物望殷深源淸言褚季野賓佐堪留連山川足吟
寫千古庾征西流傳入風雅一朝召越至宮省入亂蓬蓽屈
陶太尉心愧鍾侍中狼狽向征鎮茂宏愁西風負荷棟梁任
終無分寸功猶餘淸興發差與名士同 邵遐齡庾樓詩女
牆花落暮煙横檻外西風動客情淸興惟傳晉時月高樓仍
俯鄂王城雲山當户青無數烟火臨江市
有聲我獨勞勞對良夜滄浪何處濯塵纓

澄淸樓在縣城北明隆慶初知縣李有朋建 孟做澄淸樓記隆慶庚午冬東
陽李大夫以縣治枕江獨坐湫隘非有樓以坐鎭其後不可
乃拓地程物鳩工辨村義以督民不旬月而樓成榜曰澄淸
遵院命也凡若干楹閎其門則將如也崇其垣則廓如也樓
關城埤獨立江表其棟宇飛騫簷阿軒爽應龍高驟虹梁翼
荷隱然雄踞矣大夫登焉俯視僻睨内則見六街四衢隊分
連合闤闠如也外則牧郊垌野陽曜陰藏棼芬如也崇城則
金湯百雉言言如也黌宮則宮牆數仞雍雍如也塔則巉巉
嵯峋崿如也堤則蹕蹕交屬翼如也西則樊闕雷陽綠其隈
東則鳳臺龍蟠濱其足南則白雉東方曼倩之爲陸沉者在
是北則竹樓赤壁元之東坡之爲勝概者在是遠則洞庭雲
夢范老之先憂後樂者可遐思矣近則長江天塹孫吳之焚
舟盪敵者可惕衷矣壯哉觀乎其斯以爲澄淸者乎今聖

賢相在上清恬寍謐宇內無弄潢之擾吾民飽食澡手而嘻是役也誠過慮然即一旦有警吾民不有大利賴者乎詩曰惠我無疆子孫保之是役之謂也因勒石於樓庭東以永不朽後廢

國朝康熙九年知縣熊登復建 熊志○熊登重葺澄清樓記北門有樓者何嚴鎖鑰也樓名澄清者何取攬轡也昔人創焉不虞後之兵燹而毀也余偶從聽政之暇徘徊故址而不忍去因思王公設險安不忘危豈無飑兒竄伏勤巡蓺之寄者乎峯嵐蒼鬱發文心豈無憑高作賦借江山之助者乎木車秧馬雨笠烟蓑豈無觸目愴懷軫民依之艱者乎用是節餐佐費鳩眾庀材不踰時而樓告成矣多士四顧而樂之西則寒溪九曲郁郁葱葱蘇黃文采風流依然如昨也東則天際歸舟雲中烟樹于山所謂龍蟠鳳集之鄉乎南爲庾公與殷浩輩吟嘯達旦處也雨樓相望若欲爭奇鬬妍者然北眺齊安郡鷗磯鵲渚花枝笑於鏡中雉堞參差人影行於木杪非天然畫圖也哉余與諸君子悟化機於川上託心跡於一泓由繹乎清之義勉乎澄之功庶人與樓共有千古也夫　明李有朋澄清樓晚眺詩澄清虛閣俯江岑只隔郎亭路十尋倚堞晴雲連樹色放衙遲日度棠陰樽前風汎三湘接牖下星羅萬戶森自愧平生懷范老空將憂樂寄登臨、孟倣澄清樓詩高樓百尺凌空起誰其作者東陽李月華清瀉月牖新一望江山千萬里慶雲籠日映飛翬碧影沉沉照秋水歐陽一記雖有情坡公不獨專前美鳴珂珮玉憑欄躕俯聽滄浪仰霄漢銜岳天高鳳鳥飛洞庭春暖魚龍變冰蘗聲名世所欽北門鎖鑰人爭羨揚清激濁際明時坐使三江淨如練　國朝王追騏冬日偕同人登澄清樓醼飲夜歸詩風流漫說及春遊載酒霜天好唱酬人似庾公同愛月才非王粲且登樓待攜圖畫還湘帙欲掃峯嵐入米舟醉罷倚窗窺赤壁隔江蘇子可言愁

敕書樓在縣治儀門外東偏明成化間知縣劉吳鎧建後改爲總鋪 邵志

伏虎樓在西山左 邵志 明副都御史熊桴微時讀書西山寺虎夜入寺桴叱之曰熊元乘當爲忠孝死安能葬汝腹耶虎垂首退後人爲建亭曰叱虎一云伏虎樓今廢不知其處西山寺左舊有小軒扁曰綠陰深處疑即其地也今亦燬 新纂○案古榆閣舊談引此文作伏虎處無建亭之文

萃景樓在西山左 熊志　明王廷陳萃景樓詩昔望懷徒積今登氣益雄壹舫飛鳥外几杖入雲中地引江湖盡天含壑澗空壯心殊未已浩嘯倚長風山迴人跡從雲長鳥去遲天中傾竹葉月下把松枝石想吳王劍城吟謝客詩醉歸臨渡處應與夕陽期　王濟萃景樓詩偶乘清興泛仙槎三月春殘滿樹花石壁倒懸懷鳥道竹林深處有人家直登絕頂疑天近曲轉迴廊覺路賒勝地淹留陪酌久短橋回首白雲斜　朱讚詩西林雲氣曉冥冥展齒苔痕次第經三國至今傳漢統半山猶自說蘇亭秋田過雨高低水松徑盤烟屈曲青漫向斜陽語興廢大都天地一浮萍

文峯樓在縣南二里文星塔旁康熙十二年知縣熊登建 邵志

清風樓在縣東濠口明萬曆年建後廢

國朝乾隆二十八年重修 邵志

松風閣在武昌縣西山 一統志 松風閣在西山寺 邵志案在寺後舊有松林甚茂黃庭堅自黃州遊西山愛之因名 輿地紀勝○案熊志作黃庭堅建考黃詩亦祇云名之不云建也 閣久傾圯

國朝康熙九年知縣熊登重建三十年提學繆沅重修 熊志 道光十六年燬於火基址尚存 新纂　宋薛季宣松風閣記郊壇岡陰郎亭之麓精廬左闕松風之故閣在焉初涪翁復自巴中訪坡公之逸迹裴回九曲信宿松下嘯歌成韻因風名閣閣磐箬谷俯寒谿臨洗劍之淵脫萬松之嶺江山浩渺吞吐雲風引領而東縹渺萬象故雖坐谷之內遠瞻無不届焉西山多奇此景爲最日者松林茂密中燼於刦灰松風之名猶以人著主僧作新軒楹請走記而題之惟翁學行文章固已播人耳目頌述其事非所敢爲耶敘閣之廢興與其得名所自登斯閣者詠涪翁之句眄西山之景指顧斯得自應不改其舊召棠孔柏曾何翦伐之有哉松風聽颼當蓬然起矣夫然則蒼髯之木安在乎閣之成壞信能種松木萬本來萬壑之清風追舊觀於來今亦西山一勝事也好古博雅之君子將有意於斯文　國朝熊登重建松風閣記昔滁有醉翁亭永叔記之而醉翁傳徐有放鶴亭子瞻記之而放鶴傳是非事以亭傳而亭以文傳也又非亭以文傳而文以人傳也士君子幸生斯世尚友千古爲文爲人可苟焉已乎武昌西山素稱名勝而當年依山築閣落成之日待魯直而名故其詩曰我來名之意適然又曰鳳鳴媧皇五十絃洗耳不須菩薩泉則松風之義固適然可會也夫黃文節太史當荆公柄國時屬在枌榆稍有依違能不蹈柳州入司馬故事乎安得清風介節到今日蘇黃友善識思鼎建伊始必待魯直而命名今荒烟蔓草之餘又因松風而重建則甚矣爲文未可苟而爲人愈不可苟也後之涉斯閣者若猶是寓目怡情侈遊覽之盛焉則與重建之意不相逕庭者乎宋黃庭堅松風閣詩依山築閣見平川夜闌箕斗插屋椽我來名之意適然老松魁梧數百年斧斤所赦今參天鳳鳴媧皇五十絃洗耳不須菩薩泉嘉二三子甚好賢力貧買酒醉此筵夜雨鳴廊到曉懸相看不歸卧僧氈泉枯石

燥復潺湲山川光輝爲我妍野僧旱飢不能饘曉見寒溪有炊烟東坡道人已沈泉張侯何時到眼前釣臺驚濤聑晝明怡亭小篆蛟龍纏安得此身脫拘攣舟載諸友長周旋孟登松風閣詩閣廢松彌茂風濤動積烟對之想往士謖謖欲淩天國朝陳大章松風閣詩九曲亭前路盤盤轉石槽飛泉臨地湧老樹刺天高灌頂翟蒼雪淩虛夢海濤浩翁詩句在萬古仰風騷樊山寺裏松風閣傳自涪翁得此名下見澂江臨睥睨近來翠壁倚檐楹十年種樹成陰滿五夜焚香獨坐清每到上方無一事惟聞空籟瀉泉聲王游松風閣詩蒼皮老幹欲淩空撼雨搖雲面面風千歲鶴來高閣外七條絃在亂山中長廊暑氣消將盡半榻秋聲聽不窮鳥語僧閒人寂歷絳紗曾是舊吳宮王追騏松風閣喜逢黃山樵詩乘興峯頭自往還素心惟許對名山忍飢爲有千秋在退步方知萬事閒坐上松風眞世外靜中春色豈人閒汪汪叔度何方至清眼看余憔悴顏熊大作晚眺松風閣詩傑閣淩霄漢清風到客衣遠山迎暮碧幽壑駐餘暉鳥抹松朽出猿穿澗峽歸有僧能解脫相對共忘機畢沅松風閣詩初疑江館春潮又認山房曉雨豈意松風閣前翠濤翻卻今古

解劍亭在縣東北熊志亭在通淮門外江次與伍州相對康熙湖廣通志解劍亭在武昌子胥渡處也輿地紀勝五圻在五丈口之下五

洲與解劍亭相對齊安拾遺記以子胥解劍授漁父處舊有亭臨池記名勝

廣讌亭在武昌縣西樊山熊志在樊山東唐廣德中縣令馬珦建一統志　案名勝志蟠龍石上有廣宴亭故址恐誤　唐元結廣宴亭記樊水東盡其南乃樊山北鮮津吏欲於鮮上以爲後舍漫叟家於樊上不醉則閑乃相其地形核之圖記實吳故宴遊之地縣大夫馬公登之嘆曰謝公贈伏武昌詩云樊山開廣燕非此地耶吾欲因而修之命曰廣燕亭何如漫叟頌之日古人將修廢遺尤異之事爲君子之道於戲天下廢遺尤異之事如此亭者誰能修而旌之天將厭悔往乎使公方壯而有是心也吾當哉修簡札待爲之頌故作此廣讌亭記以見意云　國朝徐乾學廣宴亭詩鄂王有故城江東建赤縣樊山在其陽落日照春殿北退皖口兵西罷猇亭戰釣臺高嵯峨君臣極歡燕雖非混一時雄略千古見吾誦謝朓詩揚舲去還戀荒亭倚大江奔流疾如箭霸圖久銷沈殘霞尚餘綺朱爾邁樊山廣讌亭詩君不見樊山山頭開廣讌周郎陸弟流英盼一時鵲起駕樓船三國龍爭明組練歌梁舞館接江流錦纜珠簾映日浮對敵笑傾卻月陣勞軍醉上散花洲洲前草木風雲動陣上聲名山岳重老瞞東馬逝華容何況兒曹妹夢夢豈知代祀忽參差纓弁長乘朝市移江北依然出蘆渚城東不復辨瓜圻昨我來遊雪花白衰木亭皋風槭槭今歸楊柳已如絲絲徧兔葵抽燕麥雄圖一往冬復春可惜流光去太頻夜深只有樊山月長照年年江上人

殊亭在縣治後一統志　案名勝志在怡亭西又呂公洞石刻有西亭今不詳其址未知即此亭否亭臨大江復出山上扶風馬珦謹案原本作安据一統志改珦後唐武德中爲縣令詳職官理武昌日作元次山記命曰殊亭輿地紀勝　案元記在廣德元年　唐元結殊亭記癸卯中扶風馬珦兼理武昌以明信嚴斷惠正爲理故政不待時而成於戲明而不信嚴而不斷惠而不正雖欲理身亦不自理況於人哉公能令人理使身多暇招我畏暑且爲涼亭亭臨大江出山上佳木相蔭常多清風巡迴極望且不厭遠吾見公才殊政殊跡殊爲此亭又殊因命之曰殊亭斲石刻記立於亭側庶幾來者無所惑焉又登殊亭詩時節方大暑試來登殊亭憑軒未及息忽若秋風生主人既多閑有酒共我傾坐中不相異豈限醉與醒漫歌無人聽浪語無人驚時復一回望心目出四溟誰能守纓佩日與憂患弁請君誦此意令彼惑者聽宋紹興中縣令薛季宣重建薛季宣作殊亭記武昌之西郎亭之首有亭巋然而高超然而迴者縣大夫孟士元之殊亭也士元爲令武昌才兼政迹作亭殊異有聲叟之漫記焉唐之刻文磨於俗令亭高記古同永空山其所以爲不亡者抑有其道武昌古都也遊觀之迹往往而在山川秀異觸處皆有走初易殊亭之適未之嘗周泛然一下窄雖湖山江沔顧見古人俛首

內觀則亦有未能見殊於世者嘗謂爲政法古猶宜繼古人之志當其事任漫不加理使奇人舊迹堙沒自我其政爲可知矣廣公南樓猶虛成於江鄂之郡殊亭偉觀故不可堙諸草莽也以亭居潤飲寺後爰命主僧作而新之斥廣舊基袒爲寬大建以九月甲子以十月甲子落之聊記其歲時用見夔興之自至山川之殊狀遊眺之殊極則次山之記在縣元結記云扶風馬珦兼理武昌大夫孟士元之殊亭也知武昌縣而跋記云縣又薛季宣新作殊亭詩虎將夏中時旋復怡亭址茅茨復采椽樸拙亦可喜建斗五移杓殊亭更釋子規摹雖少華不陋復不侈元碑碎俗令遺集衷空紙縱步此山椒金聲猶屬耳舊亭苦復稱新亭在殊美書文兩奇絕蹤跡存布指古人久不見今人尙殊此從知古今意元始本無始又殊亭五律指掌覩吳都遊人望已殊清江浮晚岸綠野漲春湖我乏泉明事誰爲漫叟徒醉心尋古記始信不虛誣

杯亭在郎亭山下唐元結爲杯尊作亭因名今廢熊志　案杯亭當郎亭元結杯湖銘作杯亭

怡亭在武昌縣西一統志　案輿地紀勝在殊亭東亭在郎亭山下唐裴鶠作亭今廢熊志怡亭在武昌江水中有小島亭在其上武昌人謂其地爲吳王散花灘歐陽修集古錄　案據薛之奇序乃永泰元年造詳金石又宋夏中時復

怡亭故址見薛季宣詩唐裴虬銘詳金石　宋薛季宣登怡亭故址江濱篆貞石渾謂有神畫閼作故亭遊心知古人迹竹疏徑微通天遠荒自闊長江浩無涯滄溟瀛咫尺　國朝王起明怡亭詩造物構小島江皋盤其根日月遞動盪水石相歕呑怡亭冠巔頂縹渺如飛翻對此開生面下筆眉軒軒清音鳳凰叫勁氣蛟龍蹲千年惡風雨剝壁無磷痕古蘚紅斑斑奇字猶堪捫不是何樓物寂寞寒雲屯

九曲亭在武昌縣西九曲嶺爲孫吳遺蹟案東坡志林云九曲亭孫氏遺跡宋蘇軾重建蘇轍有記後廢一統志　九曲亭卽吳王峴山一山皆栟葉其旁則元結陂湖也蘇軾西山戲題王居士作并引元泰定間判簿王野奴建改名最樂亭又廢明嘉靖二十八年給事中劉起宗謫武昌推官檄與膳嚴漢節建改名懷坡亭隆慶四年亭圮漢節尚存年已百歲以知縣李有朋言復修之崇禎中知縣鄒逢吉修改名懷蘇亭後又廢

國朝順治七年知縣徐翀修康熙三十年提學繆沅修仍題爲

九曲亭乾隆二十一年知縣謝奉璋修郡志咸豐初賊燬同治十年提學張之洞重修新纂　宋蘇轍九曲亭記子瞻遷於齊安廬於江上齊安無名山而江之南武昌諸山陂陀蔓延澗谷深密中有浮圖精舍西曰西山東曰寒溪依山臨壑隱蔽松櫪蕭然絕俗車馬之迹不至每風止日出江水伏息子瞻杖策載酒乘漁舟亂流而南山中有二三子好客而喜遊聞子瞻至幅巾迎笑相攜徜徉而上窮山之深力極而息埽葉席草酌酒相勞意適忘反往往留宿於山中以此居齊安三年不知其久也然將適西山行於松柏之閒羊腸九曲而獲少平遊者至此必息倚怪石蔭茂木俯視大江仰瞻陵阜旁矚溪谷風雲變化林麓向背皆效於左右有廢亭焉其遺址甚狹不足以席衆客其旁古木數十其大皆百圍千尺不可加以斤斧子瞻每至其下輒睥睨終日一旦大風雷雨拔去其一斥其所據亭得以廣子瞻與客入山視之笑曰茲欲以成吾亭耶遂相與營之亭成而西山之勝始具子瞻於是最樂昔余少年從子瞻遊有山可登有水可浮子瞻未始不褰裳先之有不得至爲之悵然移日至其翩然獨往逍遙泉石之上擷林卉拾澗實酌水而飲之見者以爲仙也蓋天下之樂無窮而以適意爲悅方其得意萬物無以易之及其既厭未有不灑然自笑者也譬之飲食雜陳於前要之一飽而同委於臭腐夫孰知得失之所在惟其無愧於中無責於外而姑寓焉此子瞻之所以有樂於是也　明喬世寧懷坡亭記亭在武昌縣郭外西山之麓初名九曲亭蓋宋蘇子瞻謫黃時作也黃與武昌距江南北甚近也故子瞻得時時往來亭上其弟子由爲之記記與赤壁賦並傳而亭廢久矣亭傍故有孫權宮又有試劍石又東有庾公樓皆昔時名蹟云曩余泛舟武昌登蟠龍磯以望西山則見長江蜿蜒而來連峯秀結佳樹鬱蒼雲氣冉冉隨山水開令人意興超然未嘗不想昔遊之勝而嘆九曲之蕪也今年蜀人劉子起宗自諫院落職量移武昌府推官既行縣至武昌則數遊西山因讀子由記迺始知九曲所在謂高賢名迹不可令湮滅無聞乃與二三僚屬議復亭焉而武昌人好事者曰嚴漢節又出貲佐之亭既成劉子觀之慨然興懷焉曰予與子瞻皆蜀產也又皆以侍從謫此況其所遊覽又子瞻故迹也予因慨然興懷焉遂改題曰懷坡亭而謂同年友喬子曰子於起宗爲異姓子由子宜爲懷坡亭記喬子曰子之懷坡也或以出處升沈者同也然感遇者迹也樂憂樂者情也子之情則與東坡子異矣往東坡子謫黃也蓋以詩受禍云當其時疎放蕩江山橫睨宇宙而傷讒畏譏意不能無戀戀云今子偶以言事外謫天子思賢卿相容直未幾而量移武昌今又遷南工部主事行且召子矣子之訪九曲也其可達觀曠迹脩然自樂矣非復寬愁釋怨諧世違時者比也故曰子之情則與東坡子異矣亭作嘉靖二十八年夏六月　李有朋重修懷坡亭記云武昌治西三里蟠壓江渚曰西山中多昔賢名蹟故蘇文忠公之謫黃也往往泛舟而南遨遊其間得廣處闢而軒之曰九曲亭然亦因於故址則前此已有作者漫無考耳自是而後雖屢更廢興而山之勝遂專美於蘇矣嘉靖中少府劉公起宗行縣迫撫勝遊慨其湮沒徼鄉人嚴君漢節卽其址亭之迺緣民情更名懷蘇以寄意焉文宗喬公世寧爲記諸石隆慶庚午余令茲土因省耕得彼野服乘筍輿沿松橋逶迤而歷九曲探訪斯亭則復墮甍傾壁蘩藿所鞠狌狖據之曾不三十年已零落山阿無怪乎吳苑庾樓之荒蕪也悵惘而歸時嚴尙期頤無恙延而致之俾其循故事纘成勞彼樂於趨事鳩工庀材踰時而亭就邀余登焉則翼然於陵壑之表昔人文采恍惚如見因謂嚴曰君知亭之所由名乎黃與鄂爲隔壤由宋迄今且六百歲若人之懷獨深於蘇然則守吾土者詎莫可懷也耶浯知之矣蓋武昌濱江帶湖猶徐之有黃河杭之有錢塘也蘇嘗守二方矣建黃樓築湖堤氾濫旣遠灌溉遂饒至於今賴之鄂土卑下衆流所瀦合大冶江夏咸寧無慮百川匯而洩諸樊口纔百步許凍雨時澍雪流復布則涌而爲稽天之巨浸故瀦之災十歲而九也向使蘇任長人之責則排決隄防當得善道茲其樂土矣惜哉弗其官守而徒爲遊適也昏墊之民望其并采異地而思曠世而感者以是夫區區糜祿是邦倏焉三稔撫字闕心舉錯掣肘向者閥災之記亦託諸空言太息而已竟無補於奠安之長策也後之人尙思遠迹蘇功而人庇民耶則斯亭之懷安知其不於彼而於蘇也嚴曰命之矣遂書爲記　宋吳處厚九曲亭詩山上盤旋九曲亭春江瀰日與天平青萍白露漁家屋淺幅輕綃畫不成　明何以讓蘇子遺亭詩君是眉山客黃州幾度遊涓涓江水逝漠漠暮烟收明月圓依舊洞簫響未休星懸試劍石露滴散花洲眺

望南亭上徘徊古寺頭東方風邈邈箬谷草悠悠世路蜉蝣態人生蟋蟀秋憐君成兩賦爲我破千愁陶柳忘興廢吳臺盡土邱文章那有用凭貫斗和一牛　張維齡懷坡亭和姜野修明府詩第作西山看古今同一曠　靜會稽遺墟山意轉不篤劍石埋霸圖荒草書臺祿何以有所思偏爲遷客屬乃知文章靈功業殊碌碌以此一椽開穆然而起頃緬爲懷公人伊人在九曲懸知後人懷浩刼存芳躅千百子瞻身瓦礫一畫羣玉巖希旦蘇子遺亭詩忠義蘇公百世師偶來西寺一探奇遊人不見元豐跡此地猶存穎老碑浩浩碧波通　赤壁依依殘月下黃泥誰能喚起尋梅興再和春山春日詩　陳璃蘇子遺亭詩西竺寒溪果勝遊松風正送麥時秋賓筵笑我非坡老主席勞翁作聖求林下高僧諳九曲邑中名宦得三休千年事往人何在遺跡猶存說仲謀　國朝李念慈九曲亭詩九曲亭猶好樊山縱馬蹄人經赤壁　水燕帶雪堂泥詞賦名空擅川原草自萋潘生遺法在春釀過橋西　施閏章九曲亭置酒詩玉局仙人杖策來孤亭九曲萬山開坐中巽漢低屏障檻外湘江落酒杯崖暖游蜂穿　洞出沙崩猿狖洗溪回最憐古木摧殘盡西嶺何當問野梅　邵遐齡九曲亭詩江上西山山上亭烟蘿一徑掩松扃林巢鶴鶴天風冷波隱魚龍水氣腥雷雨翻爲喬木用川原胥效謫臣靈王今從道懷芳躅俯視江東數點青　王追騏暮春登九曲亭時將有廣陵之遊夢已揚州去情猶戀此谿故鄉非易別好景倍難題春盡疑山老亭高見樹低未知行路客何處聽黃鸝　又遊九曲亭尖顛高吟山半萬山鳴漱石誰懷孫子荊兩賦長懸赤壁夢一亭空憶武昌城烟迷古木春爲畫刼勝荒碑烏代耕酒罷漫論三國事遙聞劍石有餘聲

中允亭在金牛鎮南十里 輿地紀勝 宋太子中允張謂建 新纂 詳張謂本傳

伯履亭在寒溪寺西 輿地紀勝 宋 案原作宋宣政間考宋無此年號刪之 侍郎范坦謫黃州遊武昌作亭以其字名今廢 邵志

勝亭在縣北久廢 新纂 宋薛季宣勝亭記江出岷山沿流湘沔而東之至樊山而少折樊山之趾得古鄂城爲吳孫氏之故都其地前左水澤右背山陵青嶂澄流映帶環合如屛知畫觸處清陰荆山而南一奇觀也由縣而北有亭峙於岡阜不知誰何氏所作世目之以勝亭焉遊武昌者入境而收覩入邑而改觀其山川之秀麗原田之沃衍固已甲於荆楚或不可以名狀至於登勝亭窮遠境觀江流之汗漫望淮甸之平夷右西塞而左東坡迮中原而涵大澤淮山如拱鑄踊參差郎岑西來重岡數疊龍蟠鬣水聲於佩環且夜陰晴雲霞萬狀自冬徂暑葭葦黃蒼雪月之明九景物之變見紛紛擾擾有不可得而齊者內觀其邑已覺天壤之爲間天下江山之勝其孰能尚之走始欲更其名而不可開攝令程鵬舉嘗詣書於楊退翁運屬於是取榜懸之且爲之記昔孔子登東山而小魯登泰山而小天下遊勝亭者不幾於是乎又勝亭雪望詩上元雲路玉塵飛應是蚪驂罷會歸望郝郊原人世變映浮城郭夜燈微連天忘卻黃岡縣際水平將赤壁磯滾滾長江耐澄撓浪回漚鳥一鷩翬　又和賈簿勝亭雪眺詩携壺命侶燕江干雪起頹坦黯玉欄滅水湖中還素浪明雲天際失青山無端大火寒無艷不奈生柴苦不甘斷岸蘆洲見殘月一鉤忭視御前灣

艮止亭在城臺下宋縣令薛季宣建 新纂 薛季宣艮止亭記說卦艮爲山爲門取象不同同歸於止故日艮止也萬物之所成終而成始也是以大學之道在止於至善禹日安汝止惟動丕應徯志止之爲義亦大矣天不止則不清地不止則不寧人不止則不行物不止則不成天地萬物必有止而後誠也知止斯靜靜斯安安斯應安身應物萬世不易之道其惟止之云乎法像門山不幾於是鄂巖邑也枕山而縣郎亭樊阜西南而來西北而止重岡復磴曲折委蛇自下而高不知其幾疊也翔飛之勢萃於牙庭止于成臺之所舊通徑路爲之開日山門下直誠臺趣乎射圃徘徊轉盼無限青山修竹蒼蒼映帶官柳廢而不治茅茨塞矣走爲危亭四礎弗修弗庳小徑依然其門不改周遭設檻以適登臨即之可以闢去來閑出入居之可以極遊眺共賦歌景物風光今後庭之極止也中外有適何莫由斯惟天地萬物之生成未始非出入於艮邦畿千里固惟民之所止也縣成天子始終之政可不知其止乎乩經卦

而命之名故亭日名艮止庶幾厚終於敦艮不爲外物而遷抑止躬之誼也後之君子信能不啟斯度以觀象乎兼山動靜惟時思止其位用光明於是道不亦善乎　又艮止亭晚意詩山影殊亭日轉西牆頭歷歷片帆移何人喚我頻歸去側耳疏篁怨子規　又艮止亭阻雨旬日詩山亭無路少徘徊趄步在瀾漲九垓不是蜃樓浮海外也應弱水限蓬萊　艮止休工未落成做人限隔雨零零眼前好景到不得便是霄中望極星

思樂亭在縣城聰明池上元至正五年建今廢 邵志

壽井亭在縣治南樓前元至正間達嚕噶齊鐵山知縣王文賁建今廢 邵志

申明亭在縣門東今廢 邵志

旌善亭在縣門西今廢 邵志

捲雪亭在縣治北瞰大江後名捲雪樓明萬曆初知縣李有朋重修改名不盡亭

國朝道光中知縣李錦源移西山蘇黃祠木石復建亭於此後

值崇陽民變知縣取石修城亭遂廢邵志李有朋記武昌治北枕江陂阯驟驟在
澄清樓下相傳舊爲捲雪樓余平城域地家指爲屏障故存
之城既告成僉請亭其上以足上遊危磡余以大工之後宜
務休息不果會有願任其事者不動官帑不盈民綵余允之
特令殺其制環堵弗飭樛材弗繩土壤弗淘沙礫弗甃以示
簡率既成或以舊名請余曰江欲其澄雪豈可捲乎乃名之
曰不盡亭客有登之者曰是亭也五湖袥衆三湘鏡開雲濤
洸茫風檣連捲斯杜老所謂不盡長江滾滾來者也而滾來
之江其即不捲之雪也余曰此亭之勝概也而意未盡也客
曰是亭也赤壁雲浸西山翠列錦浪篩風金沙碎月斯蘇子
所謂造物無盡藏而吾子之共適者乎而風之清月之白其
即江之澄者也余曰此亭之興趣也而意未盡也夫江邑險
地也水災窮民也建城重役也以民窮地險役重此不可無
城不可易城也今城矣一土石以至鍛礪皆膏血所積也能
無竭乎累分寸以至尋丈皆胼胝所就也能無疲乎趨事勸
工而子來恐後者皆信義所激也能保其常懷乎故城之成
而室罄矣而儆塵矣而瘖瘵衆矣十年安養猶懼其未甦而
況以不急之務仍之乎故亭雖小不可加於大工之後事雖
易不敢勞於重役之餘今幸而苟亭於義士之資焉而余勿
亭之衷固凜凜乎其弗忘惴惴乎惟恐其亭之厲吾民也而
敢復求其侈乎傳曰君子不盡民之力不盡民之財不盡民
之情此吾所以留有餘不盡之意以裕民而節之也客曰吾
子之亭不盡取諸人也而民用情不盡取諸天地也而勝概

武昌縣志卷九　古蹟　十九

之所包括興趣之所領會則無盡矣充於不盡之意則天地
吾亭之棟宇也日月吾亭之戶牖也河山吾亭之垣墊也雲
霞草木吾亭之圖畫也亭之中吾亭也亭之外亦吾亭也則
是亭也可小也亦可大也可有也亦可無也又何必拘拘土
木之勝哉遂書以䂓諸壁　又不盡亭詩不盡亭中景虛窗
晝不關一池江漢水四壁武黄山遠舫來天末浮雲起廊間
何當招漫老同此聽潺湲

望楚亭在縣西西山試劍石側明正德中副使惲巍建今廢邵志

三賢亭在縣西西山寺後明嘉靖初知縣許穡卿建祀晉陶
侃唐元結宋蘇軾三賢故名邵志　明嚴傑三賢亭詩巍巍三賢亭屹立西山巔崢嶸功德
懋今古重相傳許侯蒞茲土興復仿古先誌載費編緝損益筆精專西山風景別古木摩蒼天澗泉冽寒邱松韻協冰絃
丹霞映夕陽光彩亦何鮮綱常信不渝忠孝元自然

半壁亭在縣治西北隅蚪龍山明崇禎末知縣鄒逢吉建題
爲雲中半壁今廢邵志

尋梅亭在縣西西山後今廢邵志

半山亭在縣西西山後今廢邵志

惠民亭在縣北門
國朝康熙十年知縣熊登建乾隆二十八年知縣邵遐齡重建
有樊江義會序碑邵志

擁翠亭在西山寺側舊有邑人賀桓題坐看雲起四字刻於
石乾隆三十四年潘光憲建亭五十二年光憲子立葑重修
縣丞郭坦有記新纂　國朝吳翼聖詩西山多白雲山中不見起每到斷崖間悠悠生袖裏心與白雲
俱渾忘坐亭子

瑞麥亭在西山九曲亭左道光二十九年知縣張曜孫建新纂

吳王讀書堂在縣西樊山一統志讀書堂在寒溪山間輿地紀勝吳
王臺在寒溪有吳王讀書堂堂下有泉世號吳王井名勝志今
廢熊志

武昌縣志卷九　古蹟　二十

陶侃讀書堂在寒溪寺後久廢案明督學高世泰書陶士行讀書處　國朝嘉靖間知
縣周以焯剗去世泰姓名而署其名於石咸豐八年主事王家璧同邑人重建新纂
桂花廳中有丹桂一株大數十圍盛開時馥郁數里蓋數百
年物也道光中邑人紀玉峯即其地擴爲武聖宮移寺門關
壯繆像祀之下爲桂花廳後燬於賊同治十一年紀氏後裔
復修新纂　國朝柯茂枝寒溪寺老桂歌有序兵燹之餘西山寒溪梵宇頹圯林木雜盡所巋然存者獨寒溪寺
丹桂一株耳咸豐戊午冬李希庵廉使駐營黄州樵採者覬此樹廉使聞而禁之得免寺僧欣然余爲作歌老桂不知
何許年何人手種今參天兮幹連蛇溜急雨顏色蒼翠凌寒烟歲歲秋風入九月天香四散溪山前吾邑游人頗好事擕
甘攀賞張華筵自從滄江動鼙鼓江南江北無淨土鶴樓赤壁亦榛棘雁堂林林盡禾黍仙佛與人等刼灰安顧花石在
亭園木盡山童春城荒羣鳥失巢鐵毛羽李家兄弟起熊湘電蹇轟激百戰場掃除羣寇如掃籜論功大樹誰能忘大李
將軍過此境郊邑安堵如平常廉使繼之專麾節貔貅萬竈屯江黄採樵入山不復幷所至野老陳壺漿頗聞寺僧竊相

告月中丹桂愁吳剛王君辭飆轡鄺周君疇馳俱風趣請無縱斧倩如傷將軍令嚴同山岳永永南國留甘棠噫吁嚱西山紅葉如畫圖寒溪入夏濃陰鋪猶餘此桂象碩果不似松閣今平蕪金粟如來悟禪悅廣寒宮殿宜吾徒譬如大材爲世用造物老之人當扶桂兮桂兮無忘將軍德軍不伐樹急伐賊歲寒後彫豈僥倖清時際遇尤愛惜但使 朝廷有棟梁爾桂兀傲巖阿老亦得欵年胡詠芝宮保駐軍黃州復示樵伽今在陶楹公書堂後院矣

魏公韓讀書堂在白滸山碧雲寺側明巡撫魏公韓讀書其地案黃岡志魏公韓字小韓天啓乙丑進士今廢故址猶存新纂

正巳堂爲宋射圃宋縣令薛季宣建新纂薛季宣正巳堂記城臺以北得射圃之舊地帶江面嶺據岡阜而極坦夷眞武昌之形勝也自中興假武微備諸城汨沒苞蕭非復往意乃紹興己卯詔書閱弓兵武事于是邑尉番陽董君經之營之番陽王君踵而成之張設射侯創新堂陛適走行保伍之政固命同僚落焉王君爲堂請名走命之曰正巳以爲大人正巳而物正射法於是乎取故正巳而後發失諸正鵠則反求諸巳至於升降步武揖遜威儀一本諸躬用能不爭古之觀德者以是厥有旨哉孔子曰吾何執執御乎執射乎吾執御矣則是射御之旨藝富足以周之古者寓兵於農非徒教戰而巳射御之法使人知之知正巳以成身則天下無事矣武昌當天下孔道南鄙

大治豫章北而申蔡蘄黃爲姦人盜賊之淵藪有文事必有武備今亦闕矣王君泉走之爲此蓋將發政於弓兵聯保伍之民遊於此學於此閱習於此以自成於此由正巳而格物其庶矣哉

弦歌堂宋縣令薛季宣建新纂薛季宣弦歌堂記狂生之治武昌有堂以休其燕處命之曰絃歌或徇其名以絲聲問者曰吾不知操縵安知琴瑟然則永言將何若曰吾不分清濁安知聲調是則此堂何以曰以臨官臨官古之道歟曰吾不知其今古居斯可得矣居而視其實則其邑之所爲設無非世俗之政胥徒阜隸允乎闤闠別質劑盈乎前條教在門賦材在帑所聽者獄訟所聞者催科汨汨營營無或弦歌之事或者慨然不悅曰異哉子之政斯亦妄人而巳矣雖然猶有說也之子曾不是聞乎太古之治有樂而無聲琴而無絃者以身爲器以心爲律建之以太極制之以中和翕而作之皦而純之繹而成之八音克諧律呂斯應動天地感鬼神有生之類無不獲者矣夫如是也絃歌之事可得而略也中古患不得乎此於是乎有樂經之教中和以節其內音律以宣其外弄之以器聽之以聲琴以禁之歌以詠之非辟之心無自人矣仁民而愛物未有學非是道者今子上無得乎彼而又此之略疲精神於刑政不求諸內而於簿書期會之間役役焉謂其堂曰絃歌吾不知之矣狂生曰吾過矣吾過矣所求於太古之道則吾未能也中古之事吾何足與聞之苟居今之世不變今之俗誠其意正其身愛其民律其吏明其期會察其簿書謹其貨財時其徭役上無沈蠹之失下無非橫之征無情者不得盡其辭窮民爲有所赴愬耕而食織而衣用不犯於有司禮義興行於下四封之內民吏各安其所居一堂之上而民弗吾罪仰不愧俯不怍憂不患乎失職則絃歌之事其或庶幾乎若夫興禮樂制田賦一風教制和平吾無事焉有天子之職官在所求於太古之道吾未能也中古之事則吾豈敢吾過矣吾過矣由書爲之堂記

寒溪堂在縣西樊山東舊有亭宋紹興中縣令薛季宣重修今廢新纂宋薛季宣寒溪堂記寒溪堂舊址在今堂西山二十步之路隅面莽依山環爲牆壁草茅翳塞僨給將迎遊衍登臨蓋無足尙走到官之始亭朽而顚會要之途送迎無所於是鳩丁命役更作新亭以爲寒溪之名爲斯邑望而堂不稱不亦虛乎乃從主簿亳黃君邦俊尉番陽王君栩躬行相宅縱步溪干旋反求之得堂基於高岡之上火茅殺竹不築而成東望崇邱逶邐相屬嶔崟嶺岫聳翠周遭避暑之宮九曲之嶺高低隱顯如點綴其西南江水重湖西北時見寒溪在下樊山處西聳見此堂適當其會四周曲檻不設門墉制矩從中弗侈弗陋勞來送往眺望遨遊凡今之人惟意所適蓋巳西則就下秋夏或淪於水稍北有地可闢春冬取道又迂則夫斯堂之爲基後來當不可易昭行折柳雨雪來思如得其人安知不爲他日武昌一勝賞也紹興上章執徐歲孟余之月記 又寒溪堂有待詩疏雨度西關寒溪亦

厚顏風和沈白浪雲斂出青山浩蕩鷗偏適翔飛鷺自閑可堪泥染轍行客馬班班 又雪中送客寒溪堂詩前年送客寒溪堂桃李催璨寒生光今年送客寒溪道滿望六花形欲槁前歲今年時不同同爲送客寒光中寒光山積都相似誰信冬春長有此廣寒宮殿不勝寒世界瓊瑤無乃是如何名此作寒溪炎天風色正淒淒不緣送客不易到送客情懷將何爲君不見瑤池高晏非不奇穆王猶自賦吾歸

陶公宅在武昌縣西北武昌記曰陶侃宅地中有黑石中坳如樽唐孟仕源命爲杯樽一統志 陶公宅在縣西北臨江案今本無臨江二字據一統志補今爲羅漢院晏公類要云陶侃甍於樊口今有陶公宅輿地紀勝蓋宋時始爲羅漢院也案宋張耒詩昔日陶公宅今爲釋子居國朝徐乾學過陶士行廢宅詩典午喪亂餘大廈將傾倒赫赫陶長沙江東資再造羽葆巴邱東居中便征討南陵至白帝威行萬里道榮寵極人臣勳名兼壽考天門翼並折祠廟圖丹青石尊出廢宅柳色明郊坰斯人雖巳泯彷彿思精靈

元結宅在縣西五里輿地紀勝寒溪即元次山故居南遷錄明王錫爵眺杯湖尋元次山宅詩肅舲下湘潊巉石當其崖清川帶烟霞碧岑遠塵埃迴岡秀林木觸處崇亭臺昔聞漫郎氏卜宅溪山

隈風月滿戶牖吟弄集朋儕釣石隱磻溪橋琴調徂來斯人不可作高標遺九垓巖巖十丈碑千古無苔若我行滯江皋鬱抱終以開徘徊且登眺白雲入我懷寄語賞心客明年還復來

渟老菴在縣寒溪寺旁宋吳處厚從范坦游因建此菴今廢 邵志 案渟老處厚字

退谷菴在縣西門外　明王府長史孟登建有積烟樓冷光亭後鞠爲僧舍 新纂 國朝葉封退谷菴記昔元次山居武昌作杯湖退谷銘曰于進之客勿泛斯湖爲人厭者勿游斯谷若曰苟非其人不得有其地也邑先輩孟公登解官歸營築園者書自稱退谷散人有樓曰積烟有亭曰冷光亭後喬木數章翠蔭蓊鬱中有精舍供僧曰如來室面挹南湖水光瀲灩湖外巒嶂層疊掩映萬狀西山寒溪近在襟腋兵燹後蕩然鞠爲榛莽矣適寒溪僧性聞謝苑事思別構精廬向公之子若孫乞得此地誅茅成宇名退谷菴不忘舊也夫古今陵谷之變園亭臺謝倏焉代改惟自然之風景能長存於天地之間故昔之樓亭不可復問而烟光出沒如或識之清幽恬澹之境誠非其人莫與哉若夫慨然思進而爲人所厭者卽欲借寓於斯地也其若山川何

夷市在武昌縣東 一統志 侃立夷市於鄂東大收其利 晉書陶侃傳

晉西陽有豫州五水蠻陶侃爲武昌太守作夷市於吳城東以爲交易之所 輿地紀勝

吳王岡在縣西七十五里相傳吳主孫權駐蹕處 一統志

南岡在縣東南湖上晉王敦收郭璞詣南岡斬之卽此 輿地紀勝 國朝陳寶鑰南岡懷古二首南岡雙栢下憐此失身人志遯苟文若才無溫太眞龜靈鈞汝智龍魄奪其神堪以蔽前愧方知罪斗仁青囊何所用正以青囊猶有術能治鬼何人不忌才盛堪空信理未可數言災自古京房哲終爲直道哀 吳翼聖南岡弔古詩可人王處仲不識游仙夢至今南岡頭一帶斜陽送當日武昌城雄據上游控狂歌碎唾壺妖伎潢池弄密謀書洗元精神假錢鳳蠱日豺聲因誰敢寫諫氛非關衛衆身借卜警妄動忠如溫太眞奮力執君轡銜刀人厠時桓彝同一慟先後殉國難蘭石悲義衆青囊術數奇精妙無不中乃心上宰人刻藉神仙洞千載弔日中風烟黯寒霧湖山一望平臨氣飛鴻銅柯茂枝南岡弔古詩將軍跋扈抗旌處義士蒼黃蹈節秋能與顗淵同憤歎背隨允鳳効陰謀果覘日影環營外何苦風波拂石頭早發逆形除怒像太眞論賞合封侯青囊妙諦括藏進空賦游仙五字詩賡漢原廿應妖讖京房不復問靈蓍存亡數定知何益去就幾微在自持沖闇金山一抔土夕陽悲弔共經時

敗舶灣在武昌縣西 一統志 一名敗船灣 案熊 敗舶灣在縣西北七里 案寰宇記作水路七里 案吳志云孫權與羣臣泛舶於大船江中西上逢惡風權遣柂工張頡取羅洲谷利拔劍擬柂工急取樊口未及至口灣中船破因名敗舶灣 弛汙翻讀

吳造峴在武昌縣西一里樊山下一名吳王峴 一統志 案寰宇記在州西一百七十一里 樊口之北有灣孫權與羣臣泛舟江津至岸而敗故名其處爲敗舶灣因鑿樊山爲路以上人卽名其處爲吳造峴在樊口上一里今厥處尚存 水經注 案蘇軾夜行武昌山詩清風弄水月銜山幽人夜度吳王峴注吳王峴在西山九曲亭下 國朝葉封吳王峴詩傳有吳王峴當年此建都三分嘗鼎立一炬想雄圖戰壘江聲薄遺宮秋草蕪臨津門外柳無復可棲烏 吳省欽吳造峴詩樊港納羣湖澄潭九十九江船蕩猛飈一吒入茲口嘉名錫吳造荒榭比數畝

瓜圻在武昌縣西南 一統志 案熊志作縣西五十里疑誤 瓜圻在縣西南十里何頡詩序云吳王種瓜於此 輿地紀勝方輿勝覽名勝志並同 有送瓜溝

今名宋家溝 熊志

退谷在樊山郎亭二山之間唐元結避亂樊上愛遊此谷縣令孟士源命曰退谷 熊志 唐元結退谷銘並序杯湖西南是退谷谷中有泉或激或懸爲實爲淵滿谷生壽木又多壽藤縈之始入谷口令人忘返時士源以漫叟退修耕釣愛遊此谷遂命曰退谷元子作銘以顯士源之意銘曰誰命退谷孟公士源孟公之意漫叟知焉公畏漫叟心進跡退公懼漫叟名顯身晦公恐漫叟辭小受大於戲退谷獨爲吾規于進之客不羞遊之何人作銘銘之谷口荒退者歟退谷漫叟又樊上漫作漫家郎亭下復在樊水邊去郭五六里扁舟到門前山竹繞茅舍庭中有寒泉西邊雙石峯引望堪忘年四鄰皆漁父近渚多閒田且欲學耕釣於斯求老焉 宋薛季宣送張漕還停舟樊港訪退谷詩送客過樊谿停橈退谷口不見元次山靜立躊躇久巉巖兩石峯猶疑入戶牖杯湖正宜泛堙塞僅盈肘糞壤瘞杯樽勿復堪堵酒扁舟泛然者長歌挐敝笱浩無風塵意將恐是鑿叟自知千進客對面弗敢扣從之人甚遠慚顏爲之厚武昌非昔人望絕不得友他時賦歸歟湖谷定吾受此心介如石自誓向樊母又退谷里章上有青山下有滄洲步有回波面有紅流吞吐風雲呼吸蕭昴審能處之可銷憂退谷中人帶笭箵山中綠繞茅舍傍寒泉之流極垠垠雙石西峯我在東無情釣加此漫郎性情荒浪氣志斷東鄰老人揮釣車脂鮮孤鮮浪

屋加鈎綸相投不退舍聱齖會偪歸吾家我蓑我笠聊自娛
沒溺愧彼鄉舍漁涉門招提宅谷西金僊宮殿雲漢齊撞鐘
擊磬禮耶毗子欲詣之持清齋箇中有人坐無爲飢餐困眠
氣荅酡撫掌咍然笑呵呵吾昔將奈此子何漫歌八曲音清
泠風高水寒三歎聲勿哦大洞修黃庭谷中之樂實難名長
江北來樊水流東樊山水曲大回中鯈鯈之魚泳油洋鈎舟
漁人鼓鳴榔浩歌一闋清滄浪終焉無求漫相忘大江之東
叢石起谽谺聚石江鳴水小回中間浪不惡釣臺嗟峨敞城
郭去來客船是中泊漫成二闋回中曲豪人仲謀當漢衰建
安之際鼎祚移江淮萬里吳帝之寃蔬十二龍卷垂軺車華
蓋日月旗荒墟之中不可求宮室故處春草青長刀大劍可
治生我先田老相夾耕大夫勸相歌三成江北洲西陽國蕪
城桑柘彌阡陌婦可力蠶身可穡四歌不用愁衣食一元大
武宰何之艮田附郭吳東陲牧童田父麻單衣杈㭡修治木
馱騾從吾眞者眞吾兒西陽龍田飽飯嘻五歌六歌神自怡
李㽞叔靜蕩兩槳弱翁將船欲安往大回小回閑釣魚送客
便擬醺酣如酒徒之請謾浪名世俗交加漫不聽行無惡客
相逢迎醉歌七終將八成杯樽杯湖上杯亭浪翁杯飲醉少
醒婥然自打扉艋行菰蒲芰荷出青萍仰天大笑風冷冷杯
湖西南爲退谷壽藤纍纍縈壽木涓泉犇注匯樊曲醉耳琤
蹤亂鳴玉城中友生紹銅墨身備四殊佽好德窪中日醉主
與容挾以石門天地窄杯湖退谷人好遊可厭之類乃所羞
忽焉草木成高邱此遊此泛生幽憂泉明之風繼者誰士源
孟子接武來嚴霜皓雪春風熙倒置日月寒温移來遊者子

充艮知子能得之可勿疑此道不迂不回遹子能識之可遊
佚勉强行之今是古谷中之人君踵武狂生作此谷里章意
追浪叟俱尚羊松風颼颼蘭草香與君壽考終不忘 國
朝柳如權退谷詩漫叟高名傳宇內偶因世難避江津雲山
四面深藏屋烟水千層碧結鄰念切瘠痍眞刺史才
超中晚老詩人如今旅舍空遺迹芳草斜陽幾度春

箬谷在縣西寒溪山多箬竹故名一統志

蟠龍石案原作龍蟠石考輿地紀勝方輿勝覽一統志均作蟠龍石今據改在縣東北一里江
中熊志蟠龍石在州西案州爲鄂州西字疑誤一百七十五里周迴七十
餘丈冬出夏沒嘗有龍蟠於此寰宇記盤龍石舊云有龍盤於
此石積日方去藝文類聚引武昌記太平御覽同 蟠龍磯隆隆起江中去岸
不盈一里石勢蜿蜒如龍因名吳國倫甔甀洞稿案黃州府志黃岡縣志並載蟠龍磯大
即節度石又云黃邑以武昌江岸爲界磯屬黃恭查
清一統志蟠龍石在武昌縣東北江上節度石在武昌縣東
則蟠龍石非即節度石均爲武昌縣界明矣 明劉養微龍
蟠磯短歌江心古石盤樓閣二月水枯露石腳哭兀翻鷩象
馬騰躋攀忽與虬龍搏孤根倒插馮夷宮弁髯蝙石不敢東
波間毒龍啾啾語出沒無常挾風雨老僧模奠伐鐘鼓震驚

或恐攖其怒公乎渡河公無渡 王廷陳夜酌龍蟠磯頭詩
大江之半石嵯峨石上樓臺蕩碧波沙淨鳧鷖依檻泊月明
舟楫逼筵過中流擬接鮫人室深夜猶聞漁父歌危坐轉驚
銀漢上幽棲翻厭碧山河 孟廷柯龍蟠石詩高閣壓洪流
天光一鑑浮烟花開麗景風日愜嬉遊倒海濤聲壯平津樹
影稠倚欄更凝睇萬里有歸舟 馬准龍蟠石詩層閣漱波
心龍腥晝欲陰孤高南斗近寥闊楚雲深清磬懸鰲背長風
振谷音飛鳧下蓬嶼遺跡紀株林 胡有恒龍蟠石詩波石
淨塵心一航棋樹陰已無六月暑況復九秋深江景開晴色
天風送好音夕陽霞爛處木葉下疎林 李榮龍蟠曉渡詩
龍津石下接通津未曉先聞喚渡人帆影帶星流水面櫓聲
搖月過江濱洪濤怒浪風前湧芳草垂陽雨後新何用成橋
跨滄海濟川功已及斯民 陳鑾龍蟠石詩高閣橫江望楚
衡水光如鏡接空明九霄星斗看來近七澤波濤到此平清
響過雲孤鶴下忘機知我狎鷗迎蓬萊咫尺身親到海外仙
山空得名 李有朋陪州伯唐默齋遊龍蟠磯詩西竺東皋
碧四流龍蟠磯小足登遊澄來慧鏡江心月參透浮名水上
漚空閣雲生疑絕島危欄波動恍虛舟素纓共喜無塵溷坐
聽滄浪起暮鷗 國朝夏琮龍蟠曉渡詩龍蟠石上想
龍蟠孤嶼中川六月寒小閣浮漚天自靜老僧幽磬夢方殘
江聲自在隨征棹野氣荒茫上釣竿去影十帆朝旭穩不知
身世有狂瀾 姜愷龍蟠曉渡詩峭壁江心起層臺水面浮
豈堪龍久臥但見石長留雲影輕帆外橈聲野渡頭間津何
處是一柱砥狂流 熊大作龍蟠磯詩潛龍初得水鼓鬣出

雲端夜月波心靜天風石骨寒勢吞三峽漲力挽九江瀾砥
柱稱雄踞狂波賴汝安 吳翼聖渡龍蟠磯訪曇上人詩江
潭雲影弄輕橈傑閣涵晴倚碧霄窗裏禪烟隨午磬石邊仙
犬吠春潮來登彼岸龍宮幻借渡慈航蜃市消咫尺不愁波
浪惡好安茶竈避塵囂 宋犖望龍蟠磯詩孤嶼排空起波
濤萬頃連蛟龍留窟宅殿閣自江天法鼓聞山縣神鴉送客
船沙頭閒極目斜日起蒼烟

節度石案原作節渡石在縣東三里江中熊志江中有節度石三段廣
百步高五六丈是西陽武昌界分江於斯石也水經注 節度石
在州案州爲鄂州一百七十五里周迴七十丈寰宇記 縣東三里有
節度石舊傳子胥去楚漁父接渡於此後訛爲節度石石上
更有人跡名勝志引輿地志 案熊志俗傳吳王女嬪居江北約有魏寇至則鳴鼓相應女醉屢伐鼓無寇及後寇果至而吳不應女遂奔吳此其跡也世俗之說不足深辨

磨旗石在縣西樊山路旁石中有竅世傳樊噲磨旗於此又
縣北江濱有靠背石世傳樊噲渡江靠背於此至今有跡熊志

今稱觀音石石理髣髴有觀音像舊有祠今廢新纂

試劍石在西山絕頂有巨石中坼爲二一立一臥新纂案宋蘇軾詩空傳孫郎石無復陶公柳明王廷陳紀游吟謝客之詩章撫孫權之劍石蓋謂此也試劍石在樊山下其石中斷輿地紀勝案下當作上相傳吳王試劍於此明統志明夏琮試劍石詩落月冷無鈎蒼然天地秋霸王不可降山鬼向人愁一擊風雲碧千年眼色收青苔橫斷石長歌懷仲謀孟登試劍石詩割據提雄劍雙痕勤石邊每從樵牧往摩蘚話桑田沈一貫試劍石詩楓落吳王破楚門青山猶詫鎮邪痕何來一岸生公石相對秋風老樹根國朝王柏心試劍石詩老瞞會獵誇百萬勃然拔劍怒斫案天遣一炬成三分炎鼎不忘恃此戰倔強睨欲霸江東何不仗劍清許中抽劍試石石盡碎惜哉負卻干將鋒紫髯嗟汝非英雄

仙人石在縣南一百二十里熊志石形岸崿有柏蟠根其上輿地紀勝世傳仙人密悟眞以簪髻柏枝戲種而成一統志石方數丈高十數尋卓立水面若楸枰然李有朋閱水災記

望夫石在樊山北昔有烈婦夫遠赴國難攜幼子餞送於此立望而死化爲石鄧志武昌北山有望夫石狀如人立俗傳云古者有貞婦其夫從役遠征餞送此山立望夫而死化爲石因以名山劉義慶幽明錄唐白行簡望夫石賦至堅者石最靈者人何精誠之所感忽變化而如神離思無窮已極傷春之目貞心彌固俄成可轉之身原夫念遠增懷憑高流盼心搖搖而有待目眇眇而不見絲蘿無託難立節以自持金石比堅故推誠而遂變徒觀夫其形未泐其怨則深介然而凝類夫啟母之狀確乎不拔堅於王霸之心口也不言腹兮則實形落落以孤立勢亭亭而迴出化輕裾於五色獨認羅衣變纖手於一拳已迷紈質劍乎石以表其貞變以彰其異結千里之怨望含萬里之幽思綠雲朝觸拂峩峩之髻鬟微雨暮霑灑漣漣之珠淚雜霜華於臉粉脫苔點於眉翠昔居人代雖云賦命在天今化山椒可謂成形於地於是感其事察其宜採蘼蕪之芳生不相見化芙蓉之質死不相隨冀同穴於冥漠成終天之別離則知行高者其感深跡異者其致遠委碧峰之窈窕辭紅樓之婉娩下山有路初期攜手同歸窺戶無人終歎往而不返嗟乎貞志可嘉高節惟亮同胚渾之凝結異追琢而成狀孤煙不散若襲香於爐峰之前圓月斜臨似對鏡於廬山之上形委化而已久目凝睇而猶望悲夫思婦與行人莫不覩之而惆悵王建望夫石詩望夫處江悠悠化爲石不回頭山頭日日風復雨行人歸來石應語武元衡望夫石詩佳人望夫處苔蘚封孤石萬里水連天巴江暮雲碧湘妃泣下竹成斑子歸夜啼江樹白孟郊望夫石詩望夫石夫不來兮江水碧行人悠悠朝與暮千年萬年色如故李白望夫石詩髣髴古容儀含愁帶暗輝露如今日淚苔似昔年衣有恨同湘女無言類楚妃寂然芳靄內猶若待夫歸唐彥謙望夫石詩江上見危磯人形立翠微妾來終日望夫去幾時歸明月空懸鏡蒼苔漫補衣可憐雙淚眼千古斷斜暉劉禹錫望夫山詩向代提戈去不還獨留形影白雲間肌膚銷盡雪霜色羅綺點成苔蘚斑江燕不能傳遠信野花空解妒愁顏近來豈少征人婦笑採蘼蕪上北山劉方平詩佳人成古石蘚駁覆花黃猶有青山杳枝枝似薄妝胡曾望夫山詩一上青山便化身不知何代怨離人古來節婦皆銷朽獨爾不爲泉下塵宋王安石望夫石詩雲鬢烟鬟爲誰期一去天邊更不歸還似九疑山上女千秋長望舜裳衣明洪朝選望夫石詩望遠登高山一朝化爲石風石不回頭雲天空咫尺巖花拭淚紅潤草傷心碧千古感別離相思徒脈脈國朝畢沅望夫石詩屹立煙嵐蒼翠間終年引領不知還天邊破鏡常飛起照見遙空山上山談必泰望夫石銘維石則頑不爲情牽維石則堅不以劫遷其身之石在假別年其身之石在未化先裙衿芳草鬢掠蒼烟天柱地維一峯屹然

八角石在縣治南街中石分如八卦一統志後作土地祠於其上石不可見而祠猶稱八卦石云新纂

杯尊石在郎亭西孟仕源居其下有石臨樊水有窊方輿紀勝窊尊在石門下土俗編謂窊尊在陶公宅基中有黑石中坳如杯尊狀杯尊在郎亭山下即山西乳石有窊因修以藏酒孟士源愛之命爲杯尊則窊尊自是一物也舊經云郎亭山下石有窊顛者元結修以藏酒因名之輿地紀勝案輿地紀勝又有石臼在石盆渡湖上東坡西山唱和云浪翁醉處今何在石臼杯飲無樽罍石臼與杯尊當是一物也渡江泊寒谿口谿岸有石礌砢則唐元結所銘杯尊也甗甎洞稿唐元結杯尊銘并序郎亭西乳有聚石石臨樊水漫叟構石顛以爲亭石有窊顛者因修之以藏酒士源愛之命爲杯尊乃爲士源作杯尊銘銘曰窊顛之石在吾亭上天全其器實有殊狀如實而底似傾幾欹非曲非方不準不規孟公高賢命曰杯尊漫叟作銘當欲何言時俗澆狡日益僞薄誰能杯飲共守淳樸宋薛季宣送韓國器登舟至石門覩窪樽逮暮乃返縱步石門下江山主意勤窪樽酌元酒未飲吾已醺泉明得聲叟萬古眞同羣杯湖有明齊退谷今猶薰我行到殊亭西日沉就曛陽冰著眞跡祇恐生元雲回眸望西塞慘淡波無垠洄泛樂之子行舟言采芹國朝葉封窊尊石詩袁山遮東郎亭下磊砢疑

如象與馬驚波帶雨刷崩沙亂擊夾峇翠堪把有如截竹劉雲根空中直上名宓尊北維坼裂頂軒豁八分鐫字今猶存形雖如尊不可以藏酒東偏之顛有坳復如臼即非玉女洗頭盆宛似青田核半剖漫翁所修諒在玆其器天全可濡首澄江就釀葡萄醅挹注何窮傾北斗春風秋月頻舉杯莫待懷褱徒哀手我思元孟真高風杯飲欲遺尊壘空惟亭與湖名並同共守渟樸追鴻濛苟非蟬蛻埃𡏖中焉能痛飲師遺蹤嗚呼誰能繼之吾請從

石上梅在雷山寺側石鐫上咸豐初爲賊燬邑人劉馭翔復植新纂 劉馭翔跋有梅一株生於石上相傳爲雷山勝境余幼時偕先人埽祖墓游覽其間每徘徊不忍去咸豐初燬於兵燹余心竊以爲憾迄同治辛未始得嘉種而手植之不數年而疎影横斜頓復舊觀此殆藉山川靈秀之氣以成此佳景也用鐫諸石以垂不朽云

金牛堆在縣南一百二十里高九十丈邵志 輿地記云昔有金牛數十出於堆石上遺跡猶存輿地紀勝 案今金牛鎮西有西山觀高十餘丈周三四里東三里爲東山有金牛井無高九十丈之堆存以俟考

礦嶺在縣南一百四十里熊志

白鹿磯在縣西北九十里神人山下案一統志作縣西九十二里 與黃州新生磯相對爲濱江險要處一統志 歷代帝記云吳建衡二年有神人騎白鹿從此山出寰宇記 元憲宗末年世祖南伐自黃州陽邏洑横橋梁貫鐵鎖至鄂州之白鹿磯元史地理志

天闕在怡亭下宋紹興中縣令薛季宣有銘新纂 薛季宣銘天闕在怡亭之步殊亭之側嶔然巖岬瘞於汚沙日者漫叟泉明放於石門之下窪樽杯飲共反渟元而失此於步武之間直若有待而然者紹興辛巳春季走行江滸得石於顧指中抉壤淘沙有門天啓易稱剛徤而不陷須於沙衔在中也此闕其似之故必走而後出爲作天闕之銘銘曰天闕何許澄江之滸厥首惟圓有方其下不鑿不攻圭竇嵌空其誰知之狂生谷東其誰爲之黟嬴化工怡亭在上殊亭在側我思古人伊誰允得窪樽有修石門有日豈如吾闕洞天匪局好古其誰何莫由之有全混沌穿焉豈而誰也渟洿不忮不求有天者闕於焉逍遥即石鑴銘以警來游 又天闕詩扁舟一葉轉寒溪返照西陽日下西何浹不來江水漲鷩瀾幾欲上天闕

呂公洞在武昌縣城下一統志 詳金石

吳老洞在西山背久爲土淤熊志 案吳老疑即吳處厚

仙人洞在神人山大石爲門其中幽窅不可窮新纂

古煙墩一在燕磯風火山頂一在孱風磯山頂俱濱江相傳僞漢時設以燎望烽火邵志 案三國志吳主傳裴松之注引虞闓揚都賦注曰烽火以炬置孤山頭皆緣江相望或百里或五十三十里寇至則舉以相告一夕可行萬里孫權時合暮舉火於西陵鼓三竟達吳郡南沙據此則是吳時遺跡矣

三十六墩在縣南二里世傳在吳王宮中邵志

蘆洲在縣西二十里一統志略作三十里 案晉一名邏洲一名羅洲輿地紀勝 武昌西江東爲邏洲薛季宣浪語集 灑洲水路去州案州爲鄂州一百九十三里案太平御覽無三字 輿地志云伍子胥叛楚出關於江上見漁父求渡時旁多人漁夫歌曰灼灼兮侵已私與子期兮蘆之猗案輿地紀勝引此作日月昭昭兮寖已馳與子期兮蘆之猗 太平御覽引作日月灼灼兮侵已私與子期兮蘆之猗子胥既渡解百金之劍與之漁父曰楚購子粟五萬爵執圭豈百金之劍乎子胥行未數步回顧漁父已覆舟而死其處是也寰宇記 案史記伍子胥列傳載江上有一漁父無蘆洲之名 城案城爲郡城南對蘆洲舊吳時築客舍於洲上方便惟所止焉亦謂之羅洲矣水經注

武昌縣劉郎洑正與蘆洲相對伍子胥奔吳所從渡江也亦曰伍洲通鑑注引蘇軾云 案吳越春秋伍員與勝行去追者在後幾不得脫至江江中有漁父乘船從下方泝水而上子胥呼之謂曰漁父渡我如是者再漁父欲渡之適會旁有人窺之因歌曰日月昭昭乎侵已馳與子期乎蘆之漪子胥即止蘆之漪漁父又歌曰日已夕兮予心憂悲月已馳兮何不渡爲事寖急兮當奈何子胥入船漁父知其意也乃渡之千潯之津子胥既渡漁父乃視之有甚飢色乃謂曰子俟我於樹下爲子取餉漁父去後子胥疑之乃潛身於深葦之中有頃父來持麥飯鮑魚羹盎漿求之樹下不見因歌而呼之曰蘆中人蘆中人豈非窮士乎如是至再子胥乃出蘆中而應漁父曰吾見子有飢色爲子取餉子何嫌哉子胥曰性命屬天今屬丈人豈敢有嫌哉二人飲食畢欲去胥乃解百金之劍以與漁者此吾前君之劍中有七星價直百金以此相答漁父曰吾聞楚之法令得伍胥者

賜粟五萬石爵執圭豈圖取百金之劒乎遂辭不受謂子胥曰子急去勿留且爲楚所得子胥曰請丈人姓字漁父曰今日凶凶兩賊相逢吾所謂渡楚賊也兩賊相得得形於默何用姓字爲子爲蘆中人吾爲漁丈人富貴莫相忘也子胥曰諾旣去誡漁父曰掩子之盎漿無令其露漁父諾子胥行數步顧視漁者已覆船自沉於江水之中矣子胥默然遂行至吳以地考之似非在武昌而李善注文選鮑明遠還都道中詩引庾仲雍江圖云蘆洲至樊口二十里伍子胥初渡處也則自晉以來已相傳在此又闔閭內傳闔閭九年吳王入郢遂引年譽鄭子胥軍將至當道扣橈而歌曰蘆中人如是再子胥聞之曰公爲何誰曰漁父者子念前人與君相逢於途今從君乞鄭之國子胥歎曰吾蒙子前人之恩自致於此豈敢忘也乃釋鄭國還軍守楚則漁父乃鄭人矣又名勝志蘄水縣治西伍洲有伍員廟舊傳子胥奔吳濟江處近蘭溪側此又一洲也　明李有朋踏蘆洲詩雨楫雲帆處處留楚江波上覓新洲分開蘆荻尋鷗鷺踏破蘼蕪見羖牛沙漲移來誰氏土風濤推去又浮漚眼前殘縮渾難計烟柳橫堤結暮愁　國朝陳寶鑰蘆洲懷古詩君仇若無復楚國至今愁故國留情薄窮途濟汝危生魂分岐友死慚抱石姬與翁同飲憾應悔殺身癡

鮺洲在縣西六十里木門對岸一作鮓洲相傳以吳司空孟宗母封鮺事得名一云晉大司馬陶侃事母疑莫能決也 新纂 案張勃吳錄孟仁字恭武江夏人本名宗避孫皓字易焉初爲鹽池司馬自能結網手以捕魚作鮓寄母母因以還之曰汝爲魚官而以鮓寄我非避嫌也劉義慶世說新語陶公少時作魚梁吏嘗以坩鮺餉母母封鮺付使反書責侃曰汝爲吏以官物見餉非惟不益乃增吾憂也而劉孝標注亦以爲孟宗爲雷池監事非侃也蓋孟居近縣陶嘗作鎮茲土故傳者兩屬之　明孟登寓鮺洲逢人日詩階生蓂莢際靈辰占候欣逢霽色新雁宿平沙依倦客鶯遷高樹喚歸人俗傳翦勝名徒艷春競簪幢迹已陳臘後應憐梅漸落莫輕遲暮踏芳茵

鄂渚卽樊湖 新纂 乘鄂渚而返顧 楚辭 昔鄂君乘青翰之舟下鄂渚浮洞庭榜人擁節而歌 劉向說苑 案輿地紀勝鄂渚在江夏縣黃鶴磯上三百步輿地記云雲夢之南是爲鄂渚又引晏公類要云隋平陳立鄂州以鄂渚爲名考隋以前無有稱府治爲鄂者楚辭說苑皆隋以前書不得云在江夏縣矣

散花灘在縣西北寒溪之側 熊志 案一統志作縣西 輿地紀勝作西北 吳王散花灘疑當時苑囿之別名 歐陽修集古錄 怡亭石門窊樽俱在此灘上 名勝志

大小回在縣西北江中 一統志 在樊口者曰大回在釣臺下者曰小回 輿地紀勝 案名勝志引土俗編同 唐元結大回中漫歌樊水欲東流大江欲北來樊山當其南此中爲大回回中魚好遊回中多釣舟漫欲作漁人終焉無所求又小回中漫歌叢石橫大江人言是釣臺水石相衝激此中爲小回回中浪不惡復在武昌郭來客去客船皆向此中泊又將船何處去二首將船何處去釣彼大回中叔靜能橈鼓正者臨弱翁將船何處去送客小回南有時逢惡客還家亦少酬

流浪洑在縣東江中 一統志 案熊志作縣東北江上 劉郎洑在武昌東江上舊名流浪後訛爲劉郎 輿地紀勝 東坡嘗以伍員渡與劉郎洑爲的對舊傳孫權迎蜀主劉備於此 名勝志 案流浪洑近燕磯宋蘇轍皆有詩詳流寓王齊萬傳

敗橋湖在武昌縣東十二里 一統志 敗橋湖在縣西 案西字誤 夏秋水深一丈春冬卽涸昔吳王於此造橋遊獵其後橋敗故名 寰宇記 濱湖有棠棣徑楓香徑蓋苑囿地也 熊志

杯湖 案熊志誤作坏湖 在縣西樊山郎亭之間方約一二里 一統志 孟士源居退谷杯樽之下因名杯湖元結有銘 輿地紀勝 案杯湖今不可考據元子杯湖銘序東抵杯尊西浸退谷北匯樊水南涯郎亭則杯湖當在樊山郎亭之間寒溪接脈處今已淪入江矣

唐元結以湖在杯樽之下因名杯湖 唐元結杯湖銘幷序杯湖東抵杯尊西侵退谷北匯樊水南涯郎亭有菱有荷有菰有蒲方一二里能浮水與漫叟自杯亭遊退谷必泛此湖以湖在杯尊之下遂命曰杯湖銘曰誰遊江海能厭其大誰泛杯湖能厭其小故曰人不厭者君子之道於戲君子人不厭之死雖千載其行可師可厭之類不獨爲害死雖萬代獨堪污穢或問作銘意盡此與吾欲爲人厭者勿泛杯湖

南湖舊名南浦江淹別賦送君南浦卽此 方輿勝覽引寰宇記 南浦南湖之舊浦也寰宇記云正在武昌 輿地紀勝 案方輿勝覽輿地紀勝引寰宇記今考原書均無此文惟江夏縣下載南浦在縣南三里離騷云送美人兮南浦其源出景首山西入江考景首山卽荆山江夏縣南亦無水源出景首山者寰宇記之誤甚矣　元丁鶴年南湖度夏詩南浦幽棲地當門罨畫開青山入雲去白雨渡湖來石潤生龍氣川光媚蚌胎芙蕖三百頃何處着炎埃　明譚元春南湖東夜月詩明月涵南湖湖中鳧雁呼霜氣結

亂聲能使明月孤明月平湖水水明光未已奇寒欲作氷氷成寒不止　萬虞愷南湖晚眺詩散步湖天晚悠然生遠心望隨江樹盡懷逐海雲深游魚樣春水歸鳥喧暮林芳景依依人徘徊正可吟　國朝周楷南湖印月詩月滿天中水滿湖水光月色巧相摹分明夜氣澄凝象誰爲人心畫此圖

寒溪在縣西樊山下一統志　寒溪浦在縣西二里樊山下有寒溪盛暑之月常有寒氣寰宇記　樊山東有小谿夏時凜凜案藝文類聚作懷袍恆有寒氣故謂之寒溪御覽引武昌記　宋張耒西山寒溪作茲行頗間暇聊此山水間況有所攜人臭味同一源山谿並修澗嘉木間蒲蓮杉松開古刹始覺此溪寒孤亭出屋背石磴相牽攀迎客窮道人俯僂鬢眉斑釋子貝麗櫚雖貧有餘歡午登西山去路作九曲彎山禽慣不驚夏木秀且繁緬懷紫髯公奠玉祠天壇豪強有遺韻興廢無留觀空嵓一泓水引余掬清甘主人悲熱惱遺此消昏煩我茶非世間天上蒼龍團爲爾惜不得烹啜澆晨餐深谷曉易陰快雨時斑斑但見夾道松龍髯濕蒼顏念我亦顏人顑頷謝纓潘深居閉柴關不使倒珠玉使我宵中慳之官亦漫浪遇勝卻盤桓平生據頑鈍性命傲憂患言歸徒旋疲䔥蔭休征鞍　吳處厚寒溪詩吳王宮殿作飛塵野鳥幽花各自春料得寒溪喧笑日也曾驚動武昌人　薛季宣端午寒溪早出四言詩雲天鴻濛煙霧冥谿寒溪後繞

荆江壁出竹徑晨遊露風廲廲有懷碩人遠在清汨不競流方睠此誠壹道存語外泓潭納日形模比櫛滉如日室萬派瓜分無往弗徹吾心憤焉莫可致詰　國朝吳省欽寒溪作人苦長夏熱我愛長夏寒谿流沁蒼雪箬葉光團團臨流不可潄顧我衣裳單　畢沅寒谿詩石勢高高下下谿聲暮暮朝朝桃花昨夜新雨紅過西山寺橋

樊口在縣西北五里一統志　樊港在縣西南一名樊溪一名袁溪一名樊川案唐書地理志武昌有樊川　源出咸寧縣東四十里石燕泉北流爲高家河入武昌縣界又北逕金牛鎮爲金牛港匯爲梁子湖又北爲蘆蓆口又北爲樊港經樊山下而北入江爲樊口一統志　樊溪在樊山西南案縣南湖澤凡九十九東爲樊口入於江明統志　黃州與樊口正相對東坡所謂武昌樊口幽絕處也漢昭烈用魯子敬策進住鄂縣之樊口是也陸游入蜀記　宋蘇軾定惠院夜月出望樊口詩去年花落在徐州對月酣歌美清夜今年黃州見花發小院閉門風露下萬事如花不可期餘生似酒那禁瀉憶昔還鄉泝巴峽落帆樊口高桅亞長江滾滾空自流白髮紛紛寧少借竟無五畝繼沮溺空有

千篇凌鮑謝至今歸計在雲山未免孤衾眠客舍少年辛苦甘食蓼老境清閑如啖蔗飢寒未至且安居憂患已空猶夢怕穿花踏月飲村酒免使醉歸官長罵　薛季宣袁口回棹有感詩放舟谷里口乘流楚江干釣臺亦已墮大艑寧長安春度亂山綠鳳回平水湍何須問今古劫劫難爲觀　又樊口晨泛送程端卿扁舟送歸客萬籟寂無風宿霧青郊暗卿雲碧嶺空水清明去鷺天遠人征鴻日腳中流見委蛇走白虹又至樊口三首一雲重爲退谷遊扁舟一葉浪如舟人生百歲渾如許借問都來幾白頭小回中入大回中激水那堪掐面風退谷未煙聲曳笑釣臺寧是不英雄長安當日碎樊山聞說孫郎鑿峴還舴艋架虛掀舞甚可堪破船問前灣　王十朋過樊口詩短棹經樊口高人憶漫郎杯湖誰復泛退谷自深藏鄂渚風烟接吳宮草樹荒遺音開入曲大小兩回旁　張耒宿樊溪詩黃州望樊山秀色如可攬扁舟橫江來山腳繫吾纜大川失洶湧淺水澄可覽北風吹疎雨夜枕舟屢撼齊安不可望滅沒孤城暗奔流略谿口龍鼉屢覷瞰不生千金質戒懼敢忘漸茲遊定何名耿耿有餘念　元丁鶴年樊口隱居爲武昌李均玉作萬里雲霄斂翼回掛冠高卧大江隈春深門巷先生柳雪後園林處士梅舉擁樊江遨杖履綠浮漢水映尊罍誰能領取坡仙鶴月下吹簫共往來　明吳國倫晚渡樊口詩一羽風帆載浪輕樊山遠帶夕陽明江迴伍子蘆漪渡石拖孫郎鄂縣城去國身隨沙鳥泛行歌與逐水雲生翻愁澤畔逢漁父鼓枻重來誚獨清　又樊口阻風詩飄風五日暗江隈兀坐孤蓬玩綠醼甯阜總迷雲氣盡

江濤更阻雨聲悲已無村市堪呼酒賴有鄰船但乞炊前路險夷都莫問停橈是處好言詩　國朝王涵樊口詩樊湖九十九一綫接江波晚雨鷺鷥集斜陽舴艋多蘆汀吹牧笛柳岸挂漁蓑欲買潘生酒青旗在水渦　朱峷樊口二首地接滄江遠波連曲港深人烟環近渚雞犬散疎林水落魚初出山高日易陰只應同釣叟來往得幽尋落日荒江畔停橈處處船人間沽酒地風冷賣魚天遠浦蒹葭接空林橘柚懸坐看新月上長嘯破蒼烟[illegible]

洗劍池在縣西西山松風閣下旁有井清冽異常一統志　世傳吳王淬劍於此輿地紀勝　國朝葉封洗劍池詩一片激灃水千年洗劍池土花殘血盡石竹細泉滋怪雨龍吟夜空山僧定時秋風虎邱路相望草離離

翦刀池在車湖昔車胤讀書於此婦以女紅佐之落翦刀於此池楚地記

放生池舊在縣西寒溪塘宋淳熙十二年縣令周復於東南鑿池爲之東西六丈南北十丈繚以土牆建亭於上今廢熊志

清思池在吳王城東鳳皇臺下熊志鳳皇臺下爲清思池多蓮
花名勝志
聰明池卽舊泮池元至正五年浚熊志
陷池在縣東南一百二十里明統志縣東南小石嶺旁土崖陡
絶故傳何氏宅嘗得龍卵徑七寸與他物同藏器中物隨充
滿置之金穀亦然後因誤置鹽中龍化而宅陷先有犬銜麻
穗而戲何女逐之其處亦陷淪爲井禱雨多驗熊志
醴泉井案原作醴井一統志作醴泉在縣治堂左熊志醴泉井在武昌縣庭
令賢則泉湧輿地紀勝明弘治五年知縣聶賢來任醴泉復出遂
淘濬置欄立亭邵志
吳王井在吳王讀書堂下有泉世號吳王井名勝志寒泉在吳
王讀書臺下輿地紀勝

壽井在縣畚家橋南宋嘉定間縣尉鄒應博置四眼鐵盤一
鐵蓮子形欄四嘗與人曰後當有登高位擾巍科享上壽者
熊志
義井在縣東又名方井熊志
金牛井在縣南金牛鎮熊志
白巖泉在縣南一百六十里一統志泉山清秀幽致奇絶有馬
祖師道場云禪師舊居也輿地紀勝
鍊丹泉在縣西南九十里斗牛觀前數十武相傳葛仙煉丹
處舊有桃花井二十四此其一也餘井鄉人猶能指其地新纂
菩薩泉在縣西樊山一統志泉水白而甘名菩薩泉泉所出石
如人垂手也東坡居士集樊山下寺有觀音泉澄澈可愛畫墁集宋蘇
軾菩薩泉銘并叙陶侃爲廣州刺史有漁人每夕見神光海上
以白侃侃使跡之得金像視其款識阿育王所鑄文殊師利
像也初送武昌寒溪寺及侃遷荆州欲以像行人力不能動
益以牛車三十乘乃能至船船復没遂以還寺其後惠遠法
師迎像歸廬山了無艱礙山中世以二僧守之會昌中詔毁
天下寺二僧藏像錦繡谷比釋教復興求像不可得而谷中
至今有光景往往發見於巖眉五臺所見蓋遠師文集載處
士張文逸之文及山中父老所傳如此今寒溪少西數百步
別爲西山寺有泉出於嵌竇間色白而甘號菩薩泉人莫知
其本末建昌李常謂余豈昔像之所在乎且屬余爲銘銘曰
像在廬阜宵光燭天旦朝視之寥寥空山誰謂寒溪向有斯
泉盍往鑒之文殊了然　國朝黃澍菩薩泉記西山故有
菩薩泉是東坡先生舊遊處余以丁亥五月十日修蒲觴於
寒溪古寺老友孟誕先出門三百步得泉瑩然喜而告余曰
此眞菩薩泉也予顧相樂也已而慼曰嗟乎天下事何者可
以認眞在昔姬周之興夷齊餓於首陽山下其歌曰登彼西
山兮采其薇矣蓋彼所謂眞西山者也以彼西山視此西山
培塿耳予與諸君子之登斯山也則謂之何殊乎無山無泉
無山無菩薩菩薩泉者大共之名也向之泉以菩薩而名以
東坡而重重者眞之其能與東坡爭乎且諸君子盍觀夫黃
之赤壁乎曹孟德困於周郎跡其戰地在嘉魚故址乃今寂
然無復有過嘉魚之赤壁而弔之者直謂之嘉魚假而黃州
眞又直謂之孟德周瑜盡假而東坡眞矣爲不可乎予與諸
君子幸而有一日之間飲酒賦詩於此其事可紀其人可懷
其時其地可念泉者亦因之以傳耳又焉知遠者百年近者
數十年又或數年又焉知無人焉掘地得泉又執其眞者以

與我爭事事不如坡公而洗剔其眞名以奉不可知之人又
甚者臨之以眞西山予與諸君子方匿形更姓遁去不暇其
能與西山爭乎故不若仍其舊名以還大共之義其安泉也
多矣誕先日善吾子識之亦足志一時流覽之因朋友之感
古人寄懷傷嘆之篇所由作也是日同遊者次日補遊者共
三十四人例得并書　宋蘇軾杜沂遊武昌以菩薩泉見餉
詩君言西山頂自古流白泉上爲千牛乳下有萬石鉛不媿
惠山味但無陸子賢願君揚其名庶託文字傳寒泉比吉士
清濁在其源不食我心惻於泉非所患嗟我本何有虛名空
自纏不見子柳子餘愚汚谿山　又武昌酌菩薩泉送王子
立詩送行無酒亦無錢勸爾一杯菩薩泉何處低頭不見我
四方同此水中天　明王一翥菩薩泉詩西陂亂後草蕭蕭
萬里澄江一架橋不管遊人來往恨卻銜片月到良宵鮑照
英華李白才金門辭去不歸來錦衣畫戟人難識何處香泉
長綠苔　國朝葉封菩薩泉詩見說西山菩薩泉坡公遺
跡未容鐫何爭一掬曹溪水應識文殊自了然　釋本開菩
薩泉詩法身隨處湧金蓮此地因名菩薩泉一掬清流穿石
骨千秋寒碧浸雲烟每從月色分松影長共山光照客筵自
是靈源塵不到也和香味散諸川　吳省欽詩一軀文殊師
供自入州督白泉落山頂分付戒僧浴更釀醱醾花灑然六
塵沃
滴滴泉在縣西山之陽東晉時書此三字於崖四時泉滴不

竭 熊志 案名勝志西山有泉曰菩薩水晉時書滴滴泉三字刻於巖頂則卽菩薩泉矣

廉泉在府公館前左畔舊井壅塞有水清瑩自出明嘉靖二年通判尹覺濬故名 熊志

隋舍利石塔在縣東十里勝緣寺記隋仁壽初文帝以如來感應舍利分布天下建塔百所此爲第二 熊志

文星塔在縣南門外卽俗稱南門塔明嘉靖中知縣諶謙與教諭朱瓚築後廢

國朝康熙七年知縣熊登重建去舊址六十步在學宮東南隅塔七級高十丈有奇濶三丈周垣以石凡閱六年而成 熊志 明朱瓚記墨泉子署武昌教事之元日謁先師名宦鄉賢徧訪鄉先生畢進朱生而試之人文偉爛彬彬乎可觀也詢科第弗祿者八疑且駭久之周顧學宮見前有隄爲洪水嚙幾盡亟謀修復而鄉先生咸議是役或輸材或助力不再月而隄成名之日朱公隄誌所自也自是謀建祠東皋建塔於東南縣尹劍川諶公曰是有司之務也相與市地相厥址邑之人

周不踰躍趨事時諸生周旋其間者周生之京邵生栴姜生壘而始終與有力者嚴生方塘也不三月而祠若塔以次成於是紀其顛末以告來者俾後之人觀是役而興起焉

國朝熊登文星塔銘幷序武昌人文星聚而科名形家謂學宮下垣徼悎理或有之余與邑大夫石醵貲修復舊塔纔二級而仕宦遂顯地靈巳驗昔漫叟誘人以退谷余欲示以日進無疆之義焉樂而爲之銘銘曰維星麗天愈高愈明人文應之天王其成一簣匪虧一鳴恆驚崇德廣業毋負茲銘

孟振祖文星塔記天下學宮建立郭內者什之九郭外者什不一二武昌學基從西山發軔謝圃山逶迤而下前瞰南湖後枕大江局勢崇閎誠勝區也明嘉靖初教諭朱公諱瓚者於學宮左建文星塔以培地勢歲久而圮邑紳士含輝斂豔若有待也會豫章熊侯來尹茲土侯以世家擅經濟才蒞武四稔凡山川城郭及廟舍祠宇廢者修之缺者創之尤銳意作人一日政暇從步朱公塔址遙指先聖之宮慨然曰鬱葱哉此佳氣也其光熊熊其氣魂魂惜下垣卑弱不足斂西山之高遂捐俸若干金審度形勢去舊址六十步僉謀旣定乃於戊申秋七月擇期興建甫成二級適邑人張公臯謨擢守恆陽捐資三百姜公愷由鞏昌司李改令長治亦捐貲百金士民量力樂輸共襄盛舉壬子春鳩工再造而是秋周子士皇王于渭鼎同賦鹿鳴癸丑南宮周子聯捷成進士是役也自始事以迄落成閱歲凡六塔七級高可十丈有奇閣三丈周垣以石勢插層雲銳摩天際若虹橋度漢雲路可通若長鯨吸霧不雲而起登斯塔者聯八座之星辰依閶闔之

日月洋洋乎殆馮虛而獨立也自茲以往邑之陟華履要歷金門上玉堂可趾臂相望矣塔成謹摭始末而爲之記

鳳皇臺塔在縣東門外今稱東門塔明萬歷初知縣李有朋建相傳昔有蛇怪雷擊之並揭塔尖去

國朝道光中知縣林芳重建 新纂

金牛鎭石塔在縣西南一百二十里金牛鎭 熊志

冢墓 附

漢樊母墓在樊山巔臨江相傳爲漢舞陽侯樊噲墓一云樊母墓 王志纂 案明一統志噲墓有三一在西安府城南二十里樊川云漢陽噲食邑於此一在南陽府唐縣東北舞陽舊城云卽噲封邑城內有廟樊村有墓一在徐州城北九十五里其古蹟舞陽城在州西五十里爲噲封邑又有樊巷爲噲所居有古碑斷裂一統志並存之以傳疑也武昌何得更有樊噲墓謂樊母墓者近之出獵之見豹尾之讖或有因歟

吳太子孫登墓在縣東五丈港口 一統志 濱江原上 邵志 案吳志吳主

五子傳裴松之注引韋曜吳書宣太子登初葬句容置園邑奉守如法後三年改葬蔣陵考登以季漢建興七年留鎭武昌至十年以弟慮卒還建業遂留焉季漢延熙四年卒其鎭武昌不及四年卒在去武昌之後十年吳書當可徵信武昌不得有登墓也

晉桓宣武墓在縣西十三里周三十步 熊志 桓宣武墓在武昌縣西去州 鄂州 一百八十里大司馬楊州牧桓元子也 寰宇記 桓宣武廟卽桓元子廟 輿地紀勝 案熊志引舊經云大司馬溫墓土俗編云溫卒於姑孰葬於湖疑此非也寰宇記以爲桓元墓然元諡父溫爲宣武帝元其子也安得以宣武稱 又案太尉陶侃會遣中郎將桓宣攻石勒疑卽桓宣墓 又案劉義慶世說新語顧長康拜桓宣武墓作詩云山崩溟海謁魚鳥將何依人問之曰卿憑重桓乃爾哭之狀其可見乎顧曰鼻如廣莫長風眼如懸河決溜或曰聲如震雷破山淚如傾河注海劉孝標注引宋明帝文章志曰愷之爲桓溫參軍甚被親暱

戴淵墓在縣西二十里 一統志 戴淵墓在武昌縣北去州 鄂州 一百九十六里晉右光祿大夫開府儀同三司諡簡侯字若思

寰宇記高一丈三尺晉車騎將軍戴若思也唐修晉史避高祖
諱稱其字故名不顯熊志
車武子墓在縣東三十里車湖上一統志蘇轍云車武子故居
與墓在武車湖之上熊志車武子墓在車湖江夏紀詠載張俞車湖詩憶昔車公居此地遺墟繚繞臨清軒借哉斷石文猶在野老不識投波瀾注云武子墓下得碑其文尚在田父斷而沉之江纏髓
庾雲墓在縣境雲爲征西將軍一統志庾雲墓在武昌縣西北
去州鄂州一百八十五里寰宇記
宋趙令晟墓在縣西五里吉祥寺側一統志案輿地紀勝作趙龍圖墓趙令
晟墓在武昌縣西吉祥寺側令晟宋宗室建炎初通判鄂州
賊犯黃州令晟引兵遏其衝就知黃州既而金人陷城脅之
降大罵不屈而死黃人斂遺體葬於此後請立廟墓側賜額
忠顯明統志

宋王鑄墓在縣南一百三十里蚪山子通判臨江軍事王揮
新纂宋薛季宣故通判臨江軍事王公墓誌銘初臨江祔軍通判王公以文林郎知鄂州武昌縣治有遺德縣人懷之已代而挽公留邑居葬其先人朝奉公於金牛鎮之蚪山公待次臨江某承乏武昌令用通家子眂公丈人行凡公所爲教告亡非爲民之實居亡幾何公屬疾遼莪處家事隱几而逝家人號哭而呼之公舉首日死生常理勿呼我遂卒邑民德公之素往往多孺慕者予望之奉公遺命將以古昭穆法祔公於先朝奉之兆少南餘二十步葬有日使其子綱以公行實求爲誌且銘某辭弗獲命謹論次以書公諱揮字晧發其先姬姓以王者後爲太原望族文中子其肖也乾祐末漢劉氏亂有名助者辟墜睢陽之下邑公其六世孫也曾大父邦彥知開州大父昌符通判南安軍事父鑄以公贈右朝奉郎朝奉學通經術崇寧中退居養母以其學教子姪公年十八繇鄉貢入太學第政和八年進士主簿新鄉劉豫來知衛州公策其必反豫聞銜憤次骨屬諸公論薦移公絳丞豫吹毛求其疵後迄莫能中靖康亂南渡丁先朝奉艱終喪調蘄州司理參軍巳河戍兵拒李成寇積多或告殺人冒級賞公疑爲稽獄用得其情全活數十計遷知武昌縣事兵荒之忌軍書蒴庋無虛日邑人流散公補刓剔蠹政成不擾流亡稍復爲營百室處之未幾成邑肆用薦者改宣教郎歷知瑞昌懷安縣閩人喜訟公治之必誠民吏化之卒三祀亡留獄移簽書荊南節度判官事今太尉公劉錡以元勳爲湖北率其鎮在荊南莫府文書當更公議者輒令亟下無復留秩滿除通判臨江軍事會卒參官左朝奉郎賜緋魚袋享年七十有一夫人趙氏封安人子男二人望之擇之望之中進士科主潼川府路轉運帳司女一人孫男綱女孫二人皆幼公尚學有淵源恒誨訓其二子曰忠孝在人猶衣之布帛食之稻粱不可斯須去也君子學問以成身清儉以約己中正以從事謙恭以下人慈惠以及物慎密以遠禍信能安此數者庶直於人無歉明神將保之矣人非鬼責夫何慊焉公之所立蓋如此其交人有始卒始學聲振國庠名士如祖秀實輩皆親重之所爲詩文一時傳誦當官要平大獄人不敢欺寮寀有咈民情事聽察者爲之調護委曲俾叶於中乃已尤恬進取或教之干時相求達仕者公日姑從所好而已卒以紹興三十年十月庚申以歲十二月庚申葬銘曰不顯而章不熾而昌世弈其光惟此王公適時祖德平康諒直識到幾先雪究沈冤學自於源德音孰嗣惟河之涘汾亭孔子遺德斯邦諸鄂之岡萬世攸藏龜不知其長簭不知其短孫子無疆滲澤浩其以遠
張謂墓在縣南一百二十里三角山下新纂
邵應豹墓在縣南十里山頭邵家壋邵氏譜碑云故宋中奉大
夫開國男菊逸先生邵公墓雍正湖廣通志

孟宗政墓在縣南一百二十里靈溪鄉清水潭有碑一統志碑
云宋太尉封永國公謚忠毅康熙湖廣通志翁仲巋然今存新纂
孟珙墓在縣西南一百里賢庾鄉紫金山有碑一統志碑云宋
太師封吉國公謚忠襄熊志案雍正通志載李庭芝感珙知己扶匶葬之興國今徐家橋故有珙墓也
楊昭墓在縣西南一百里賢庾鄉赤土坡堡邵志原案昭字如山隴西人仕至湖廣行中書省參政卒於官留居武昌遂葬於此後曾孫茂由千戶歷總兵官請碑銘於寶齋劉定之立石於墓今存
元丁鶴年墓在縣西寒溪寺後明楚昭王嘗遣人祭之通判
尹覺作里社崇賢記且爲築其塋域碑云丁孝子墓邵志國朝
柯茂枝元孝子丁鶴年墓碑孝子丁先生名鶴年字亦曰鶴年名字相同如古郭汾陽孟襄陽然也其先色目人父職馬祿丁以世蔭官達魯花赤兄三皆登進士伯兄吉雅摩迪音浙東僉事都元帥仲兄阿里沙翰林供奉先生秉姿卓迥賦性沖潔誕降華胄芥視圭組遭元末兵起避地定海四明閩後歸老武昌南湖喪亂中更操節彌厲蛻泥淖於區中覽天

表以矯翰烏斯道戴艮先後爲傳皆推其有申屠子龍之風焉父卒官武昌冢爲盜發痛悼徹心深自毀損不御鹽酪已告牒歸省竄地別葬當事之期匍伏呼天霖雨爲止是時生母病殂兵燹遷變荒岡斷壟封樹竟迷先生露禱風雪中血淚交迸行路掩面俄感異夢如覿慈顏牽衣慟哭鄰老驚寤語之而合翼朝遂蹤跡得其地改窆成禮時洪武十二年已未冬十一月十一日事也蓋由內行淳備至性肫篤穹厚因之改容鬼神格而來告烏私罔答墮地同悲錫類之仁雖今猶古矣所著詩故名海巢集今稱丁鶴年先生集覃精詠吟刷除纖綺五七言近體尤長往往屈其輩流要其故國禾黍之感與鮮民莪蔚之思纏綿結轖旨溢乎言斯騷雅之遺軌藝海之琲璣也卒葬邑郭西寒溪後士夫封爔里社會祀紀在志乘今其墓前樹拔土圮展拜無所王孝鳳部郎劉星台上舍用與余輩同好之人悼念靡安以咸豐戊午己未先後醵金百數十緡鳩工甃石固其塋域惟是墓碣雖樹而景行未表蔑以宣示來茲是宜昭之銘述補斯闕禮不佞其不能已於文辭曰先生之逝垂六百年厥行與文燭曜目前陶令無宅柳下有壟紳佩愛護婦孺感動出國門西荒冢纍纍孰無孫子茲循匪曠西山白雲寒溪夜雨先生有靈永奠斯土薦以菊泉樹之梅花有鶴飛來是公否耶 又并丁孝子墓詩葛仙棲憩煙霞裏聱叟嬉娛水石間一例寓公傳此地輸君長占好湖山避地攜家海上居重來不爲武昌魚風塵滿眼滄桑改五柳依依處士廬傷心先壟兕湖遊零落桐鄉土一坏自是精誠動天地蕭蕭風雨避松楸芒鞋竹杖泣荒村

恍惚慈顏入夢魂我向黃泉逢未得烏私難答此生恩高士窩中迷往迹逸民傳內見遺文武昌亦有西山蕨重待後來王子雲華表歸來事渺茫月明有鶴下禪房寒溪寺後秋墳在一樹梅花終古香 陳瑞琳過元孝子丁鶴年墓詩寒溪寺後生暝烟松林昏黑山蒼然我尋墓碣剔苔蘚乃元孝子丁鶴年五百年來白雲守骨與西山同不朽陶侃書堂鬼火青酹爾靈魂一杯酒墓傍陶士行讀書堂址

明李盛墓在縣東十里牧馬港上新纂

周縉墓在縣東三里洪道鄉牛眠石南新纂

周源墓在縣東三里洪一里蓮花山翁仲歸然新纂

唐友仲墓在縣東十五里洪二里馬園明誥封奉議大夫唐公墓建有華表邵志

李廷蕙墓在縣西南十五里夏興湖側新纂

孟廷柯墓在縣東二十里洪道鄉大田鋪新纂

李維墓在縣西南十五里夏興湖側新纂

鄔必信墓在縣西六十里永福鄉鄔家山新纂 明上虞倪元璐墓志銘今天子御極之十年進士武昌鄔公明昌上言臣大父必信積學行義已及百年伏惟陛下清剛之氣降鍾山川悠遠之徵漸被黎老夫上有升恆之福則下有難老之人臣昧死謹具狀聞天子覽書甚悅部賜冠帶粟肉又使所司表石其閭天下於是知有鄔廷實先生是故楚人榮之曰人必宜有孫也已而鄔公謁選授錢塘令奉先就養於官以爲其閎深中靜而明治民將必有貽厥焉而鄔公視錢塘三月果大治民於是乎歌鄔父是故吳人功之曰人必宜有祖也居之一年忽騎箕尾非有疾患乘化灑然鄔公以其喪歸楚而使其門人王子曰堅涉江馳百二十里命元璐銘其幽宮之石元璐跽然曰此大謀也而及固陋我公之意得毋以元璐舊史猶操油素抑或以山棲方瀹有可元會先生者乎蓋先生名必信鴻寶應本作必猷字廷實楚之武昌人生有至性方少以母病求醫至江嶺風濤厲作榜人不肯渡先生自前刺舟中流舟覆恍惚有人持之得濟竟迎醫歸母病亦尋愈里中人皆歎異之其後母歿哀毀過常骨見衣外如是者十餘年先生於兄弟最幼及析箸凡數千金悉推予諸兄人比之薛包此其篤行大較然也其他甚多隱德顧陰重不肯言人遂無知之者雖知之亦不能詳一日聚飲酒酣自言先此四十年道逢一士爲豪所持陷獄心哀之搜橐中裝不足又市衣襆爲營救良久得解語已大悔猝曰吾饒舌吾饒舌或更咨之郎曰亡是事適醉妄言耳性好施人有急告貸者受券如求給之終不責

償或謂之曰如此何不焚券可市義名先生曰夫義市之郎利也吾受其名置負者何地耶語曰爲善無近名先生以終身誦此言也即一日爲吏爲好官而已無取赫赫名當此之時天下之爲好官者皆務爲名高不知先生之畏之也有如棘寺矛鑰如此先生少好學於書無所不窺既而棄去持喜莊列鶡冠關尹諸子言既亦棄之而攻梵典且日誦金剛聲琅然不輟或以先生且事佛卒然問曰何爲因果先生笑曰吾事佛以其似吾儒耳其言曰降伏其心儒者之言曰正心其言曰無所住而生其心儒者之言曰誠意今儒者不以正心誠意求富貴佛豈必以降伏無住爲福田地乎聞者悚悟世於是窺先生於學非有流遷其視三教如一父之子此其大徹先生非知導引者而永年或亦由此歟倪子元璐曰吾觀聖人持仁壽之論蓋亦釋形而取神耳取神釋形是故不可以顏冉之年難之也若夫廣成之儔俱尊久視實精握固固已斷然貴其形守矣夫人受形骨建觔響膚髒甚設庸渠易盡而皆不能百年者係於神嘗去其形神嘗去其形者其中有營我爲物使耳天下之所營者二小人以榮利君子以名高榮利無論名之爲物蓬蓬然譬則其風也或起東海或生西夷意至而神隨之日飛萬里如此則其形嘗背神而居烏得不敝哉是故縣先生之道中心無爲以守至正必得其壽無惑也或怪先生不知導引者夫苟先生惡死冀生必使其情如蚤焠神如蟹索又豈能令其身聊浪自然若熊烏乎先生生嘉靖二十七年戊戌卒崇禎十一年戊寅凡歷六朝十祀配廖氏子二人長珠次瑞瑞卿錢塘公明昌之父孫八人

其曾孫名汝楫者則博士明著所生也（鴻寶應本作配某氏子姓凡若而人）卜壤得吉葬而銘之曰不求名名萬里不求年年十紀莫羸乎無求之士猶未已施孫子孫鄔明昌跋云先大父百歲翁生於嘉慶十七年戊戌是時治具畢張天人和同太平之象丕應交至其年太史奏景星福曜互判衡分野南極一星炳炳懸著遂緬懷故鄧詔擬巡幸翠華將發旋因諫止然而拊髀回鑾未嘗不神往久之也揆厥初度先大父或適逢其會乎厥後五六十年雖中更衰亂而神理綿綿靡有隆替迺大父臻百歲之年適明昌成進士上書得命建坊迎養錢塘縣署逾年乃卒趨庭之下諄諄以潔己愛民四字爲訓明昌姓疏才拙吏治非所長於四字則不敢不勉至今父老猶或能述之皆先大父所貽也及奉櫬歸窆必以誌銘歸會稽鴻寶倪先生蓋以先生有德有言不獨爲海內一代文宗如中郎作郭有道碑文稱爲無媿辭非中郎辭且媿人矣其後先生身殉李賊之難大節嶽立光赫赫照人間豈不相得而益彰哉追悼往事何能已已邑侯能公以奉修縣志徵此文附之邑乘嗚呼先大父以中盛而生生爲太平人及百年乃獲表石工未鳩淪没者且三紀而今始賴有良牧以傳則先後感召之開亦可以論其世矣撫事會心我公其有蓋公堂之思也哉

蔡哲墓舊在縣署中改建署時遷葬洪道鄉而署中猶時著靈異涖任者必先祭之乃安署西有蔡家巷可達墓所許其

武昌縣志卷九　冢墓　四十二

于孫展祀焉（王志藁）

熊枵墓在縣東五里明隆慶五年賜祭葬（一統志）翁仲巋然今存（邵志）　明吳國倫謁熊元乘中丞墓詩弭棹江之沱褰裳涉脩隴野烟薇叢樾中有祁連冢宿草何離離石闕如人拱傷哉我所親義比邱山重斗生在兵革間闘無息踵功成殉海邦道路哭且踊生爲萬里城没被長陵寵夜臺不復且使我涕如涌細酒揚徵馨漸漸陰風動

李緒墓在縣南十里洪一里葛山下李家莊華表尚存（新纂）

孟倣墓在縣東二里土陡山（新纂）

孟紹慶墓在縣南十里洪一里葛山下楊田鋪（新纂）

孟習孔墓在縣西南一百三十里馬蹟鄉傅卅（石志）　明譚元春墓誌銘萬歷甲午乙未之間天下稱楚材焉楚材者烟高風厲雲錦爛爛其氣如海漲山立古文入我手即爲我文者凡十餘人而武昌孟魯難先生其一也今楚材多奇創無是種矣予至武昌公嘗枉騎相過是時年七十踈朗玉立步趾言笑如風流少年心甚羨之越數十年再經武昌而公已歿予入哭焉家君道翼使從弟道一離位而請曰將以壙石累吾子孟子登申之胡子公鶴又申之且公嘗忘其齒德先過我若夙緣者於是不敢辭公諱習孔字古徒少補諸生常爲諸生冠名甚重有學博媢之毀於督學抑以下考公奮然投鍵不出精心覃思時獲妙義以指畫胷衣爲穿及出帷文益奇兩登午未榜成進士因笑曰成我者媢廣文也哉循資當得令公慨然曰元次山吾邑先蜀也曾作縣令箴有云古今所貴守士之官爲其動靜是人禍福爲其官嘘喻作人寒煥吾每誦此汗浹衣表今何敢以書生戲此官乎初令廣東之香山香山在海中樓臺結於空虛公推誠置人腹中以投抵自嚴嘗吟此鄉多寶玉愼勿厭清貧之句香人感服其地蓄漢雜處粵夷與華人互市偶釁幾成不測公羸服往諭犖夷稽首散出未幾調蘇之吳縣吳之繁也腰痛腕脫常不可理公氷心庖銅絲解物斷恢恢若無事寒山影裏常不知有令而性凝毅無躋紬適有一名士出簡神外墮其家聲公力鋤之徇於眾曰吾今日吳縣長也不法者無赦吾何徇有織造閣横於吳吳人欲兵之吳雖冶靡爲俗然其人尚節概輕生不回猶有要離之風公憂其諫也廢眠餐累日夕登進其民誕告用覓事乃寢後以母喪去職服除補山東曹縣曹涔易理而公又習爲命無所苦惟糧有無不能稽富人與姦吏相因緣詭離其戶名曰飛詭貧代富僵愚民失職矣公通一邑樣用法均之無匿無誤請於上官民以蘇安公又精水學漕河工獨告成成又最先總河曹公駭曰子有神相耶公至是蓋三爲令矣亦三舉卓異云已而徵拜南工部主事權稅蕪闢已又轉兵部車駕主司事皆有聲尋擢知開封府開封劇郡也公飲其

武昌縣志卷九　冢墓　四十三

水而治之優游搴帷自如王臨川謂沈文通守開封旦晝視事日中則庭無留人出謝諸客從容笑語獨有餘日而纖內翕然如沈公坐視其左右以此方公無愧也當是時承平日久天下偷燕雀安不知有兵餉馬政一旦寇氛蠢動相視錯愕大名固原開所在無人色朝議以公才足資緩急兩擢兵備使者大名輸輓牛車恐後固原廢馳驅哭當先論者方大用公必有所見於邊腹中外之際而歷俸需次晉大僕卿尋以友楊應山爲璫所陷冏寺合上章忠楊璫知公倡也嗽私人卓邁劾公勒令閒住及璫敗以恩詔復官而白雲無出岫之志矣公風神散落杯杯聲伎寓情閒居即嘗構第宅竹木贊賣皆欣欣然會心其間所撥後輩年子情好歡洽惟恐其去客到門刺入屣出無淹寢厭倦之態行里巷不乘不蓋從兩小奚如老布衣颯然而來邪大夫減時問候語不及私所言多桑梓利病邑有繁苦賴勢舌撤濟而後已如改水兌是也公老而彌健忽一日自晝見異僧容止整潔拱而立於簾下恍然悟前身曰死如是足矣竟亦無怖也亨年七十有六公直可羨哉公至孝愛封公素嚴公長爲名諸生猶日投杖官二千石一語不當意叱詈隨之友難弟別駕公聲息不閒者三十年荊枝先悴寄愛猶子兒無常父之風庶幾見之予二長道翼光祿寺署正次道脈纔十齡頭角奇露予尤以所快於公者銘公銘曰道德文章公所餘裕公則不居落落穆穆聲俊田宅公所不著公曰無諱諱即神濁軒軒朗朗其人如玉我銘其藏以永幽墟

母女雙烈墓在縣西九十里葛店母唐氏女環兒同赴省道逢放鷹者脅以歸欲污之母子相繼死康熙湖廣通志詳烈女解元張鍾靈義備衣棺更葬之買石爲之表邵志

國朝工部主事葉封墓在縣西樊山下新纂王士正慕盧葉公墓誌銘吾友楚葉君井叔以康熙丁卯五月一日卒於家將易簀顧謂子道復曰我死必奚先生蘇嶺狀吾行王先生阮亭誌吾墓石庚午道復舉於鄉公車至京師來謁泣將治命且授蘇嶺之狀予諾之而未暇以爲癸酉冬又至再拜申前請曰父命也非先生言無以慰地下乃感亡友之意而序之案狀君諱封先世王氏籍浙西之嘉興父錦林公諱長青嗣於中表葉翁始氏葉錦林二子伯王守字正則君次也崇禎末錦林自高要丞遷黃州衛經歷巡撫都御史何公騰蛟才公檄攝黃陂令時賊張獻忠陷黃黃陂民流竄城覆于隍公安人萬方民稍歸城亦完固舉最遷知永明縣未赴殉節死陵人德公留占籍焉久之從居武昌縣痛父死官守奉母至孝母歿家益貧讀書益自刻苦所居在樊山下黃岡王宗伯澤弘以翰林里居月夜泛舟樊湖聞有書聲出菰蘆中先悲惋而後怡悅如懶瓚之在衡山者覺有異曰必井叔也迹之果然順治丁酉舉於鄉己亥成進士康熙癸卯除延平府推官君自爲諸生固窮至是沐榮自矢吏畏而民愛之俗爲一變延有巨猾善持官

府短長吏不敢問君案誅其魁餘皆屏息靖南王駐閩旗丁肆虐入郡君繩以法不少貸其不畏強禦如此而務愼折獄每斷一重囚中夜執筆躑躅不忍下前後減殊死罪二十八人他郡有冤者皆願得君讞之漳州有大姓同室鬬終訟不已君決以片言訓以友恭遂相持泣下爲兄弟如初嘗曰古者刑以弼教吾敢以鉤距爲能事哉未幾裁理官改知登封縣其在登封也勸開墾革火耗不徭役厚儲備息爭訟禮學校興教化一切以經術治之登封治嵩山下有虎患君齋三日移牒於神引咎自責自是患絕縣距河五百里歲派河夫民費不貲胥吏貪緣爲奸利君條十事上之巡撫終勤倍公鳳彩納其言疏改民夫爲官雇鄉郡悉歌詠之嵩陽書院售祀二程子其側有宋崇福宮故址廢且久君稽史籍得司馬文正公以下曾以宰執領官使者凡十有二人爲主祠之時其祭祀選博士弟子有文行者講肄其中又置田若干畝以爲俎豆飲食之需自爲之記手葺嵩志二十一卷又旁搜唐漢以來碑版文字別爲石刻集記二卷辯證精博人比之劉原父薛尚功焉己酉爲同考官甲寅滇逆變作禁旅四出賤吏旁午羽檄杳至君勞心撫字事集而民不知乙卯遷西城兵馬司指揮指揮號俗吏清流率恥爲之君一以清靜爲治暇即與其僚莆田林君堯英賦詩相唱和今刑部侍郎田公雯都御史宋公犖前國子祭酒曹君禾故給事中王君又旦吏部郎中顏君光敏輩相與推輓風雅大與予嘗評次爲十予詩海內談士以爲口實戊午有旨中外官舉博學鴻儒以備顧問君與焉是時諸號爲名士高蹈邱園者率宛顏

卑詞望走朝貴之門何閻人喜怒以爲欣戚君獨處委巷羅在戶明年卒報罷需次補部主事歸里壬戌再至京師幾又歸往來杯湖退谷之閒自號退翁君性澹泊無紛華好惟嗜讀書尤精爾雅說文訓詁工於篆隸其自登封入兵馬指揮也介其宗人文敏公方藹以詩贄予予終卷告曰君延平以前詩未也嵩山諸詩格高韻絕不減古人當爲專集以行爲之序而傳之於是諸君予交引重名動薦閒矣君之放歸又嘗寄已未庚申之作及郢中懷古詩二篇屬予論次其風格益高凡予所不可君應手竄改或竟削不自愛惜虛懷善下交遊中罕見其此所著嵩山詩集山志嵩陽石刻集記已庚詩郢中懷古詩皆予所論次辛詩則自廣陵寄予未及卒業而君死矣悲哉又以韻書翦編緝刊正未成書而病且革謂道復曰吾毋終時求一繼不可得斂我當以布衣又曰喪葬一尊家禮勿事浮屠勿風水語畢而逝及部授工部虞衡司主事君已前歿生以啟癸亥十二月十六日得年六十有五元配張氏封宜人君共貧賤憂患有壺德先九年卒君命予誌其墓君知登遇覃恩敕授文林郎官兵馬司指揮奉恩加一誥授奉直大夫妻封孺人再封宜人子男子五道復康庚午舉人道臨候選州同知道謙道恆道孫子女子二人王一鼠楊廷燕孫男三人德潤德潛德溥以某年月日葬阡系以銘曰本鬢叟解巾仕用經循飾吏事延津劍緱山鑒臣心如水清翔儒林詠文苑給筆札開東閣譬于田去禽詭而遇非我心歸去來樊山下釣洄中拈退者歸去來

卒天留遺蛻此山邊

張謙墓在縣東五十里洪道鄉鳳山雍正五年

諭賜祭葬邵志

王渭鼎墓在縣西六十里永福鄉張莊邵志李先復墓銘王君諱渭鼎字情號殊亭又號愚谷先世江南合肥人以功蔭封西陵至七世祖淮舉武邑茂才卜葬其父道祖於磧磯山始遷武君公起明公廩生娶周氏生三子君其仲也幼穎慧讀書數行俱下爲文超越儕輩年十六游泮文行兼修鄉黨推多從受業焉嘗肄業神山友人有妖逆者君往留信宿妖是以息家貧館於趙家磯學舍臨江春夏之閒蘆荻暢茂水相吞境頗幽曠君每月夜持卷吟哦卒至五鼓一夕夜有虎出坐學舍旁君殊未覺也童子出驚愕而返君笑曰家磯其郎虎頭洲乎少焉虎搖曳而逝君諷誦不輟至漏乃入其刻苦勤學類此是歲康熙壬子君登賢書年二十戊午丁父憂君年三十有三母老家寒改敎職戊辰授衡敎諭君年四十有三矣衡遭兵燹紘誦稍歇君修葺宮牆立書院親爲講授今衡山科第蟬聯者君振興之力居多亥膺督臺吳卓異選澠池令旋丁母艱君年五十服闋補以相國孝感熊公冢宰庫公合薦除江南興化令君年五有四下車值河決爲災君請蠲賑民賴以蘇沿河患平君

徠撫字不煩不擾廢閣俱舉如修城池葺學校正婚嫁省高郵漕免之擾修海溝河工則尤爲善政辛巳夏有蝗飛集輿境君方往捕自是大雨三日蝗盡入水爲蝦甲申九卿保舉陞甯羌州牧君年五十有九甯羌多虎君虔禱虎悉出境其他惠政概視興化而勤慎有加然士民謳祝上官獎譽賢聲亦視昔益著矣甲午春君忽整衣冠端坐無疾而終君性仁孝居父母喪哀毀盡禮春秋霜露撫几筵輒悲不自勝接子姓宗族以恩以義與人誠敬終始如一几七上公車幾得而復失者二泉宦廿餘載人眠牀生塵詩書盈几晏如也三膺鄉聘分校於晉於越於閩薦拔皆知名之士君緯有吏才所至輒受知於大吏數登薦剡而年近古稀官止州牧信知升沈有命非才之咎也詩宗浣堂字法山陰而情耽山水固嘗登嵩嶽訪少室上太行望白雲穿積石龍門之險探會稽禹穴之奇以及蘇堤武夷彭廬鹿洞江海諸勝靡不入覽而猶若足跡未遍寰宇者所至類有著作以寫其胸然自得之致名宿咸推許焉君生順治三年丙戌四月二十五日巳時卒於康熙五十三年甲午正月二十一日辰時享年六十有九甲申初遇　覃恩敕授文林郎元配曾氏初封孺人癸巳再遇　恩晉封奉直大夫配曾氏再封宜人父母皆　累贈如其官子涵癸巳　恩科舉人孫二人長植經次植成將以五十五年十月某日葬於福山之陽來丐銘於余余與君誼屬同譜俱授沁州夫子之知知君最悉因爲銘銘曰明月之產川媚其珠連城之璞山輝其瑜展矣姝子佩服程朱奴襲而避虎畏而趨兩間正氣一代偉儒歸真返樸有宅一區猗與那與是謂清都

周士皇墓在縣西南一百二十里賢庾鄉 新纂勞之辨墓誌銘

夫國家以道德功名磨礪天下士士亦往往應運而興然或才不爲世用道不遇主知而欲扶掖正人推挽後進不可得也其有負重名顯斯世爲明良遇合之不多覯者於當代得二人焉一則今總督河道大司馬張公鵬翮一則今巡撫直隸大中丞李光地二公特立獨行落落少所合於文章政事尤不輕許可人者乃通政周公其成進士則出自李公之門搢京卿則出自張公之薦嗚呼即二公之孚契而公之生平本末可知矣公諱士皇字偉臣號靜菴其先江右南昌人自移居楚之武昌科名相望曾祖諱宗華祖諱唯一父諱有行號庾山累封文林郎陝西道監察御史母宋氏　累封孺人自曾祖以下皆砥行積學爲名諸生庾山公子二公其仲也公生而穎悟絕倫端凝不苟言笑出就外傅受書如夙誦壬辰學使李公永尹案壽昌擬童子試時公抱採薪庾山公請展期數日李公甚怒後於榭名中拔公冠邑軍復格外數賞自是輒試高等爲文博極羣書精思孤詣絕去時蹊壬子赴省闈搦管即以第一人自待出棘後寓會城紫金山寺日朗誦其闈中文把酒叫絕聲震林谷閒已復大書數元字於文首尾密納寺之岩竇中比發榜名居第二人稱賀公與走岩竇下出前文示之人皆驚服公之揣摩自信者如此次年捷南宮爲李公房首薦歸復需次十年居鄉如寒素辛酉以守部

進士分校京闈得士極一時之盛壬戌除河南扶溝令地瘠且盜藪公下車察訪得其渠魁置之法四境帖然邑大歙公捐俸煮粥賑饑部署精詳活人不可數計立催科法不煩敲扑賦獨早完邑素苦守城之役紳士胥吏相沿援免輸值者卒一二貧弱者下令均役民困頓甦至於修葺學宮宏獎士類人以爲文翁化蜀不是過也越三載丙寅治行爲中州最中丞特疏薦徵車入都有援公者謂公稍貶崖岸可立致要津公屹然不爲之動尋補戶部雲南司主事司掌天下漕糧時定漕運議單大司農以下僉曰非公莫辨公不辭勞瘁肩戶數旬用竣廢事遷本部江西司員外郎員外向無考選例已巳奉　旨與考選公改御史人於此益服公之不修藩籬清操介守真諫官之選也在臺班不屑屑摭人過失沽直名前後六年所建白皆國計民生之大如懇請留　駕北征疏命議各出己見疏積貯天下本計疏俱蒙　旨褒嘉奉　命視長蘆鹽課值關東歲祲廷議防京根本地足念爲先轉運之法由天津入海接濟公悉出其羨餘作僚屬倡以故舳艫千里餽餉不絕米價遂平兵民無飢色迨張公撫治柏臺知公廉幹力薦於　上丁丑八月超資序內陞借補通政使司右參議仍支正四品俸尋轉左丁丑充武　殿試讀卷官庚辰充文　殿試讀卷官方將大用而公以歿是則可悼也公性至孝居庚山公憂哀毀骨立楚紳士耆老以庚山公生德行請祀學宮中丞據實咨部業荷允行載在祀典夫近日鄉賢一途濫觴已極素封之家其子若孫入粟或朱其轂或青其衿先世所爲賢祖父甚至

玷名教不齒於士林者亦開厕其中流弊有不可言者若庾山公之崇祀周萬口同聲當之無愧亦庸知非公之孝思旁徨周浹之所感乎公固淡於榮利服闋後養太夫人有終焉之志太夫人以孝作忠名言數促公不得已起復自雲南望謁日九回戊寅冬陳情之疏已就太夫人自言健飯狀邸書諭止之公因是不得不少留而不幸遽捐館舍未遂本懷抑又悲已公立心以古人自命敦氣節重然諾與人交洞開城府及大義所在侃侃激昂不少假借居恆退食焚香埽軌手一編自娛留心天下事必究其源源委委仕宦三十年身後無長物可不謂賢乎公生於明崇禎丁丑五月二十一日寅時卒於康熙庚辰九月初七日午時享年六十有四嫡配萬氏　敕封孺人子正錫二歲嗣子宏禮太學生女四俱適名族以萬君大受奉其姑萬夫人之命來問銘余與公同官久義不獲辭銘曰溯公先代歷居洪都逮遷鄂渚世產大儒鍾我納言文壇奪幟初宰花封催科撫字錚車內召載歷版曹漕糧利弊細析秋毫破格選賢郎官柱史陳議班中首屈一指昌言建白不激不隨度支鹽鐵勿問刀錐岳牧交推謂宜大用卿月添登夔龍伯仲如何天道修短靡常未調鼎鼐早摧棟梁子方晬盤幾年頭角視此貞珉好承家學

貞烈婦江馬氏墓在縣東二十五里張家山背 邵志詳 詳烈女

向廣文墓在縣東南十里洪一里沙嵴頭碑云孝子向廣文

號宏才乾隆三十六年知縣陳如豐立新纂

陳中孚墓在縣西九十里神四里彌陀寺前

御賜祭葬

新纂程德楷墓誌銘道光六年十一月二十二日漕帥武昌陳公薨於位嗣子兆霖等將奉公櫬歸葬先持行狀走京師乞余誌其墓余後公五年入詞垣在京即以文學相友善後公外任而交稍疏不數年公長子兆霖爲余壻余三子煦會復聘公女姻戚往來介紹不絕故雖相聚日少而相知特深義無可諉謹删節行狀排次於左公諱中孚字心畬號允臣姓陳氏楚之武昌人家傳詩禮世有達人曾祖諱錫祚字景卜貢生配黃氏祖諱鳳字丹山太學生配高氏祖考諱光朝字裕齋邑庠生配范氏皆以公貴贈如其官妣皆一品夫人公生而穎異年十八入縣庠冠其軍明年復以第一人食廩餼又明年丙午舉於鄉嘉慶己未成進士改庶吉士散館以高等授編修其歷階在京者爲山西道御史掌山東道兼督催所御史兵科給事中兵科掌印給事中巡視東城在外者爲山西河東浙江甯紹台福建臺灣三處兵備道山陝河南鹽運使廣東四川按察使廣東河南布政使廣東巡撫漕運總督其署攝在京者爲浙江道御史工科兵科給事中禮科掌印給事中巡視南城中城在外者爲浙江甯波府知府兩廣鹽運使浙江布政按察使兩權廣東布政使山東巡撫任職則充　國史館總纂協修兼署提調　實錄館校勘文淵閣校理　武英殿協修功臣館提調本衙門撰文兼銜則八省軍門兵部侍郎都察院右副都御史提督山東軍務鹽務監督浙海關太平橋等處稅務使事則甲子順天鄉試乙丑戊辰會試磨勘官己巳繙譯中書外監試戊辰己巳兩充武闈會試內監試稽查裕豐倉新北倉事務巡視江南漕務庚午雲南鄉試正考官壬午廣東鄉試外提調乙酉廣東鄉試文闈監臨武闈主考廣東山東學政計公自入翰林後　頒賞諸珍不可勝紀如茶宴聯句則有味餘書屋全集九家集註杜詩筆墨端硯文綺絹箋名茶酒甌荷囊漆盒鼻烟江綢表裏等物纂修書籍及　高宗純皇帝實錄則有　御書福字扁福絹紙筆硃墨初印康熙字典歲時則有　大清會典額鹿肉麅麂珍饈果品隨班分賚則有　大清會典則例　大清通禮　御製詩集文集　御製修身執中兩論柏梁體詩各墨刻紫金錠銀幣　特恩則有養正書屋全集春秋左傳讀本初印佩文韻府分類字錦程香繭大緞春綢如意荷囊及克什十五次之賜疊承　恩渥累世寵光公顧歆然自處無所矜異惟以不克上達　主知是懼當其居諫垣也疏言戶工兩部各庫向派丁巡邏值宿以重庫藏立法本爲周密無如日久弊生屢經審辦偷竊案件宜令郎中員外司庫各員案日值宿實力稽查以杜包班頂替之弊又言捐納佐雜出身人員不識詩書罔知大義不過以朘削民膏鑽營上官爲事嗣後請將濫行保薦之該管各上司加倍嚴議實力查究又言倉儲爲天庾正供向聞大通橋監督於收漕完竣之時邀請京通各監督假公開之名開筵宴會難免無交通徇隱等事宜

責成倉場侍郎嚴行查禁凡如此類無不侃侃直陳蒙
仁宗褒許永著爲例迨其出而觀察河東與鹽紹台也斟酌成例體察輿情凡所以弭水患紓商力息爭訟利民生諸政具詳載各處志乘及湯敦甫尚書譔公神道碑中皆公捐創成全錚錚有聲者至若濬復明州城河三喉一事地方受益之深且遠與公籌畫之神且速則又唐宋以來度越尋常之偉績浙人士所沒世不能忘者更不待德楷之瑣瑣也公每歷一任必思興利除弊期於萬全而後已此認眞民事之　俞所由來也乃自此陳臬維藩由浙江而四川而廣東而河南而又廣東有甫任即除者有中道改授者天心眷佑數月三遷觀公赴粵臬任詩云幾曾諸訪得民情幸負炎郊此一行惱煞蕭騷風力健時雲飛過尉陀城並自注歷任藩臬兩司欲略事清釐而時不逮公之盡心厥職可以窺見一斑矣及夫開府廣東也嚴定打單之科條以除侵蝕請糶皋逕之倉穀以疏紅朽錮革糈勵之新課以均賦稅　上嘉公辦事實心克勤厥職　漕運之　命公下車即以治河爲首要其咨奏略曰治河非專爲利運而利運則必須治河河不治則漕不行年來但議堅守禦黃攄未求濬通全河口門不能宣暢在來年春夏之交則可倘秋間不開漕務種種掣肘查本年山東微湖啟放過多現僅存底水八尺餘寸皆湖向來存水六尺即難外注以二尺餘寸之水濟運二百四五十萬石之糧其艱鉅情形不問可知宜先期籌備設法緒蓄云云奏上　諭以迅速相度機宜悉心妥議方冀從此整頓漕務定有起色乃甫一載調撫山東未三月遽歸道山　天子聞之爲泣下尋　賜祭葬用報勤勞至嘉惠士林尤不一而足每遇書院均極力維持不肯虛奉故事計自外任以來若閩若蜀若粵皆以中道除授未履其地其餘河東之宏運浙東之月湖廣東粵秀粵華雖上之麗正或廢弛已久或徒有其名或規模未善或經費不敷無不厚割廉奉委爲經理一時文風蔚起士氣蒸蒸如宏運所刻免愚編月湖所刻教養錄月湖粵秀粵華之爭刻課士詩文麗正所刻試帖傳薪皆公教澤入人之深之尤著者也嗚呼公授兩朝知遇之隆以名詞林節鉞十省文章經濟超絕當時固以功名富貴終始可以耀後世而垂無窮矣如謂公年儘過甲未及一登揆席以竟兩霖舟楫之用所以知公者不已淺哉公生於乾隆丁亥年二月十日亥時薨於道光丙戌年十一月二十二日寅時年六十　賜葬於道光庚寅年某月吉日側室楊夫人祔焉從形家言卯山酉向兼庚甲配王氏側室揚氏孫氏吳氏王夫人從公貴　誥封一品大人子二長郎兆霖工部營繕司員外郎旋升郎中籤分營繕司兼都水司行走楊夫人出次汝霖候選員外郎孫夫人出女九長適張次適范三適石王夫人出六適帥楊夫人出五適王七適范九字陶孫夫人出八適范吳恭人出余三子婦則公第四女楊夫人所出也銘曰惟漢之水清且漣惟武之山峻極天篤生我公得其全敗歷中外三十年　天子曰咨資汝賢川司專閩月三遷生民愛戴口碑鐫勒之金石遍傳宜箸作宏富貫菴篇晉唐書法自芊眠經師人師莫爲前泰山北斗仰無邊家聲後歸永緜緜科名累世慶蟬聯吁嗟乎滄海有時

而桑田懿惟我公萬古延　同治十一年中孚長子兆霖
祔　光緒二年中孚長子媳程氏孫福保孫媳田氏祔

孝子劉尚寬墓在縣西九十里神四里黃家山新纂陳中履墓誌銘乾
隆丁酉十月八日庚子劉仁度先生卒年六十有八是年冬
十二月二十五日丁巳坿葬街北黃家山祖塋之次丑未首
趾後之過斯者僉曰此劉孝子墓也志石未立迄今二十六
年於戲古所謂純孝者其殆不可復見乎以吾所聞同里劉
先生其近之也余故誌其墓以告後之人先生姓劉氏諱尚
寬仁度字其先明初由江右遷武昌之葛仙鎭用禮三傳爲
忠菴忠菴生逵宇逵宇生元德元德生上庠生開三開三生
迪功郎克遂字士通先生之考也母嚴太孺人初迪功郎拓
落有大志生平以經世自許家裕多善行事堂上恭謹嘗曰
吾聞以善養未聞以富養値先生生迪功郎聞庭有佛香異
之日僕蚤歲艱嗣卜江邑豹子澥建青峯寺供地藏王像祈
廣嗣也今神佑我願鑄磬誌之俾勿忘夜忽神人見夢曰此
子有異相足爲門楣光汝善育之時康熙庚寅年三月八日
也先生幼穎異書過目成誦讀孝經郎解大義九歲孤哀踊
不失節旣葬潛往哭於墓側恐母聞心傷有識之者負以歸
稍長益篤孝友一言一行唯恐違先志先迪功郎易簀時囑
先生曰吾家德薄富貴功名不汝望願讀書自好鄉黨稱善
人足矣先生謹聆以泣後凡歲時祭享及生忌日必告諸主
位前曰大人遺命終身不敢忘先生兄弟四序居長友愛無
閒言自少依母弟中年後未嘗少離事無大小必稟慈訓偶

出外一念及郎返嘗偕友晉垣忽心動亟歸母方遘危疾夜
半入神廟書疏求代疾良瘉每至歲旦必焚香拜廟以答神
貺越乙酉歲母疾仍書疏籲天歷寒暑晝夜不安寢食容顏
改見者或不能識及遭大故擗踊如嬰兒絕而復蘇曰吾幼
不克事父終身恨也今母已歿生何爲然窀穸未安曷敢禮
無廢喪葬皆以禮自持及葬先七日奠弔客執紼幾不忍見
聞葬旣畢廬於墓側頭瘡不沐盛暑不浴麻衣不易每夙晨
雨夕以手撫塋以額擊地哭聲震林谷聞者悲感曰此劉孝
子哭聲也三年有如一日終喪忽忽若有所失居恒遲親所
嗜哽咽不能食家人不敢復陳與相接者欲見笑容不可得
歲己丑爲六旬誕子姓跪觴戚族咸造請上其事於大府先
生止之生前一夕避之別室設父母位跪其旁深衣而練冠
哭之哀諸子敦請親友往勸哀愈甚勸者歎息而去自此旦
暮中觴與父母遇比假寐語諵諵不絕如是者八年配張孺
人善體志以事姑子三人長大裕次大昌三大士孫七人三
立衢君爲予友予壬戌廷試歸戚友咸相慶適立衢君入座
出行述乞銘或曰先生廉儉人也布衣疏食不逐繁華以勤
儉銘座右祭祀外未嘗妄有所費或曰先生剛正自持不妄
交遊其古之遺直歟或曰先生好施予宗族不克婚嫁喪葬
者輒佽助里黨中以急難告亦量力周䘏其仁且惠予聞趧
之然終無以易孝之一言以孝誌宜銘曰孝庸德鄕曲譽生
則養沒則慕音容邈神明遇望白雲悽霜露西山西丁公墓
石峩峩鳥翔樹茲勒銘得所坿壽金石
山靈護嗚呼劉氏孝子古沔州今仁度

武昌縣志卷九

武昌縣志卷十

藝文

晉

論語注十卷孟陋撰隋書經籍志案隋志云已佚 孟整一字孟陋字少孤江夏人舉東晉撫軍將軍不就陸德明經典釋文 整博學通三禮注論語行於世册府元龜 案唐藝文志作孟釐釐乃整之誤

竹譜一卷戴凱之撰 竹譜一卷裒輯竹事四句一讀有韻類賦頌文獻通考 舊本題戴凱之撰晁公武郡齋讀書志云凱之字慶預武昌人又引李淑邯鄲圖書志謂不知何代人案隋書經籍志譜系類中有竹譜一卷不著名氏舊唐書經籍志載入農家始題戴凱之之名然不著時代左圭百川學海題曰晉人而其字則曰慶預預豫字近未詳孰是其曰晉人亦

不知其何所本然觀其以崙韻年船以邦韻功同猶存古讀注中音訓皆引三蒼他所援引如虞豫會稽典錄常寬蜀志徐廣雜記沈瑩臨海水土異物志郭璞山海經注爾雅注亦皆晉人之書而尚書篠簜既敷猶用鄭元篠箭竹簜大竹之注似在孔傳未盛行以前雖題爲晉人別無顯證而李善注馬融長笛賦已引其籠鍾一條段公路北戶錄引其箹必六十復亦六年一條足證爲唐以前書惟酉陽雜俎稱竹譜竹類三十九今本乃七十餘種稍爲不符疑酉陽雜俎傳寫訛也其書以四言韻語記竹之種類而自爲之注文皆古雅所引黃圖一條今本無之與徐廣注史記所引黃圖均爲今本不載者其事相類亦足證作是書時黃圖舊本猶未改修矣舊本傳刻頗多譌脫如蓋竹所生大抵江東上密防露下疎來風連畝接町竦散岡潭六句潭字與韻不協雖風字據詩衛風有孚金切一讀於古音可以協潭而東字則萬無協理似乎潭岡散竦四字誤倒其文以竦韻東風猶劉琨詩之以叟韻璆潘岳詩之以荷韻歌也然諸本並同難以臆改凡斯之類皆姑仍其舊焉四庫全書總目

元

雲谷緒餘稿嚴靜山撰

梅軒集李肇嵩撰

明

丹崖潑墨嚴傑撰

烏巷集一卷周楷撰

白湖詩文遺稿張鍾靈撰

鏡湖集熊桴撰

水陸事宜熊桴撰

詩選 卷熊桴撰 吳國倫序初中丞公與予稱詩燕邸中每一授簡公輒匠意立就四坐盡驚以爲奇而公則未嘗自喜其後公仕遊二十餘年間關兵革益復有悽慨悲歌之思即大敵當前戎衣被體而時時嘯詠不廢若昔人所黵上馬橫槊下馬草露布公又不啻先驅之矣顧公盡瘁王事而功載盟府不復欲以詩名家故其稿散逸殆盡而存者什之一耳予又以公之遺命哀其過半而殺青焉蓋竊取之日百鷙不如一鶚千羊之皮不如一狐腋也豈海內文章家固欲於公求多乎揚雄漢文士也至謂雕蟲小技壯夫不爲予竊疑以爲誕由今而觀以彼其才卒困於執戟固宜憤悶無聊爲是解嘲語云若公負文武才見用明主適國家有三大難而公獨毅然肩之所至功成所去尸祝語在朱司空所爲神道碑何壯也觀世之雕蟲者雖多亦奚以爲

撫粵疏議熊桴撰

鄉約熊桴撰

衛畚子熊蠟撰

於於亭集熊熾撰
史鑑考略邵元彬撰案邵志云今逸
性理諸書考略邵元彬撰案郡志云今逸
洪道隨筆邵元彬撰案元彬號洪道
邵洪道集　卷邵元彬撰
三餘集劉建功撰
六朝人物記
蟠磎草周時舉撰
倭情考略一卷郭光復撰光復武昌人官揚州府知府考萬歷己丑進士別有一郭光復順天固安人官至右副都御史遼東巡撫姓名偶同非一人也嘉靖中東南屢中倭患而揚州當江海之衝被害尤甚光復以爲必得其情始可籌備禦

之術因攷次所聞爲此編首總論次事略次倭患次倭術次倭語次倭好次倭船次倭刀載其情狀頗詳蓋亦知己知彼之意而得諸傳聞未必一一確實也四庫全書總目
詩經匡說孟登撰
史綱韻語孟登撰
明史採韻語孟登撰案登字誕先萬曆己酉舉人官騰越知州　艾南英序武昌孟誕先取國朝記載上自洪永迄於泰昌摘爲韻語而疏注其下既成梓矣屬序於予予讀而卒業曰善乎太史公之言曰詩書隱約者欲遂其志之思也其意敘述古之作者如左邱明之徒以爲皆意有所鬱結不得通其道故述往事思來者然則孔子無論已虞夏商周之書其人皆稷契皋陶周召太公得志於時者之所爲也豈必皆屈子放逐而後有離騷韓非囚秦而後有說難哉嘗試論之殆所謂詩非能窮人蓋必窮者而後工耶使太史公遭遇漢武與平津侯輩進退人主之前亦安能協六經異傳勒成一家之言乎嗟夫誕先應公車二十年而不能博一制科謁選人以青氈教授中州五載而置之哀牢金齒黎山怒江之地拂袖歸武昌乃寬著書成數萬言其指次先朝明盛聖德賢大夫功業置之作者之林如史遷所云意有所鬱結不得通其道是耶否耶嗚呼明興二百七十餘年人文輩出獨史學不逮古人天下所藉以見先朝之什一僅有雷司空鄭端簡二書耳然吾猶恨司空闕誌載而端簡多述過簡傳體又多未備有能繼史遷之業而記注當代者尚有望於後之人若誕先之書較其義類於二書孰爲藥合雖然此不自誕先始也索隱述贊啓之矣司馬貞以史記貫穿經傳馳騁古人其意難究因爲之釋文演注又爲述贊而終之以韻語蓋欲約文歸旨約旨歸律使讀者由尺寸而得尋文後世讀史遷之書如觀江河之水波濤洶湧變怪萬狀由是而觀索隱所謂述贊猶澄湖止水各有涯涘片簡一義已得全意則謂索隱非史記之功臣不可也以索隱述贊推誕先韻語則誕先之志明矣合二百七十餘年而爲一書合全書而爲古四言詩之韻體又復刪煩取要而疏注其間馳騁亦既勤矣今而後有緣史遷而成明史記有緣明史記而爲述贊者其必有以誕先爲首功也或謂誕先胡不爲史遷觀夫遷之自序曰太伯避歷江蠻是適文武攸興古公王迹遷之言未嘗無韻語也至於律居陰而治陽歷居陽而治陰律歷更相治間不容翲忽五家之文怫異維太初之元論郎以六言五言爲柏梁體亦何差異嗚呼遷生西漢之初比於班書微爲古質自昔已有斯言其絕去排比聲律時圖使然古今文章升降之際其可以概論乎哉
吳遊草孟登撰

扶劣草孟登撰
壯心草孟登撰
後鳴集孟心孔撰
忠孝傳四卷孟紹甲撰
長夜燈三卷孟紹甲撰
四經集孟進撰
禪燈集孟進撰
佛談集孟進撰
晨鐘集孟進撰
倚竹吟集孟進撰
邵靈仲文集邵鍾美撰
夜行符王守經撰

靡提子王守經撰

洪範辨疑劉應元撰

學易宗旨劉應元撰

盛朝六典劉應元撰

當世要務劉應元撰

培荆集劉惺撰

劉觀射集劉惺撰

國朝

焚餘集四卷呂大夔撰

讀書隨筆呂大夔撰

種愁園詩古文集呂師端撰案彭維新呂孩人傳贊曰予讀先生所著制義及詩古文集理學諸書其積之也厚涉之也深發之也有素故其發爲文章法度森嚴噴薄如潮溫潤如玉春容典重如金鐘大鏞動中

律呂自足以傳矣矧先生之德行清慎孝義性成一死生貫金石尤足以紹前賢式後學哉

五經講義呂師端撰

警心錄呂師端撰

待月軒集劉日永撰

心鏡錄孟光第撰

問難蒙引孟光第撰

晦泉詩文集陳虞昭撰案靖道謨陳虞昭傳載咸寧鄭太史野謀序云文類周秦詩追漢魏

羅經指南解陳虞昭撰案靖傳載教諭聶祫序謂當與河圖洛書相爲體用

春秋講義周宏謨撰

栽雲閣集周士皇撰

坡亭集周士皇撰

焚餘詩集談必泰撰

怡雲堂集徐宏仁撰

雲樓詩集周有灝撰

脈訣纂要易經撰

傷寒辨易經撰

松齋詩文六卷嚴琢撰

經義說五卷嚴琢撰

四書廓如解李正奇撰

思堂詩文集李正奇撰

大易經解朱文煊撰

捲雨樓詩文集孟壽渭撰

春秋纂要嚴崇王撰

杏齋詩文集嚴崇王撰

省惕堂詩集呂敬傳撰

栗軒雜著談有典撰

省惕堂文稿呂基有撰

雲峰文稿洪作霖撰

葵閣文稿洪正然撰

經傳彙編余自奎撰

存心堂稿四卷余自奎撰

燕如草堂半窗吟一卷吳翼聖撰

雨田山慵半鋤草四卷吳翼聖撰陸建瀛超園先生詩序武昌之西有杯湖退谷諸蹟元水部次山之所釣遊也在昔代宗初立海寓未清次山匄侍親樊上讀其退谷杯湖諸銘招孟武昌詩蕭然無復干進想矣春陵行賊退示官吏諸篇又何其仁言悽惻不忍忘斯民也杜老所謂萬物吐氣天下少安可待非夫能忘功名之士烏足與立功名哉去漫叟千餘年而有吳超園先生者生於樊楚之間先生少以功名自許久之無所試遂稱詩里中

詩名噪武黃甚武黃知名士多從之論詩每春秋佳日輒扶杖曳履游於寒谿西山間子若孫提觚挈榼門生勸觴相與看雲觀江水詠歌而返如是者垂四十年而遂以明經老矣先生卒後有遺詩二卷其子煊將梓而存之因其同邑王生請序於余余惟武昌自古爲名區陶庾蘇黃而外產茲土者若周伯紳尙貢熊元乘彭伯鏹張白湖孟魯難誕先夏方玉輩靈秀所鍾不乏功名氣節彪炳山川之士而其文章散軼存者蓋寡王生有志蒐輯而未之逮也則欲備一邦文獻其能遺先生是編哉先生自序謂語多偏强不諧恐不堪覆醬瓿余覽之實於次山具體而微夫次山詩自寫胸次不欲規橅古人而奇響逸趣在唐人中別闢門徑昔人譬諸古鐘磬不諧里耳先生殆其流歟雖其遭逢聖代而竟終老衡門功業無所表見識者惜之然人之傳不傳豈可以顯晦論耶煊其寳是編毋輕以示人俟世有識次山詩如杜少陵李義山者始出之未晚也道光丁酉

金陰書屋詩文集楊霖川撰

瓣香文集二卷王卜熊撰

聞過山房文稿范開桂撰

純古堂文集張鼎撰

草堂文集吳又辰撰

余丹巖詩集余丞桂撰

張曜孫題余丹巖詩集余生名相後垂暮困青衫烱烱仙心澹星星白髮彡詩懷漱冰雪世味別酸鹹喬木平泉宅楹書秘省函傳家遺笏在貽穀訓辭嚴清寂蓬蒿徑高寒檜柏巖嘉名宜月府破浪歛雲帆郤饒貧原憲燃薪老畢諴耕耘勤寸筆身世托長鑱樂志清風擁齋心立史監投時殊落寞獨行任譏讒肯學臨岐泣誰從大路摻寧忘元宰業甘署散人銜蘭芷空山感荃蘅遠道緘華年銷諷詠天籟畣韶咸示我新緗好能教俗慮芟長江思皎皎東野骨巉巉碧月開幽嶂蒼霞靜綠杉性情明淡泊物色謝雕劖古寺寒溪水孤亭擁翠岩會心遊勝賞靈氣闢空嵌快讀分餘隙輕嘗未解饞篇書渾兀兀判決苦喃喃見獵心徒壯疲軍鼓不儳修途慚老馬倦翮失秋毚窺管迷全豹常珍薦小蜮丹鉛評未當論說夢同詁竭慮期磨錯探微品玉瑊聲應振鸞鶴力欲到熊巖翰墨平生願光陰下水颿誅茅甘石隱束帶畏民喦何日從吾好相將共發凡

春秋三傳通說熊慎典撰

儀禮綱目熊慎典撰

晚翠樓詩草胡柏材撰

種竹山房集十卷陳中孚撰

許應藻序歲己丑應藻視學楚北案試黃郡道出武昌去邑西九十里吾師心畬先生故居在焉惟時哲嗣海帆仕爾員外侍養在籍以功令綦嚴不克造廬請謁畢舊道返省遂克踐誠登堂拜遺像如聽流水高山慨然有人琴之感叩及吾師手澤乃知生平雅不欲以詩文自名每有所作不自珍惜近日海帆昆仲遍柬咸好廣爲搜尋始裒得詩文若干卷尙待校讎嗚呼海帆之志足尙海帆之用心良苦矣夫以吾師出入中外凡才猷事業見於宸翰褒嘉與夫留播典策者固巳照耀寰區與天壤無終極如必沾沾焉於著作之流傳抑末矣雖然有德者必有言歷觀唐宋以來顏柳韓范諸名家亦各以專集行於世後人讀其遺書觀其行事往往低徊留之而不能去顧或者謂諸公功業彪炳垂諸國史區區著作之間誠何當於萬一倘令當日無所表白縱著作等身不過與人覆瓿而已烏乎傳不知功業固不藉著作以傳要因著作而益顯也如師集中致士育嬰濬河諸善政載在志乘銘金石足流傳之不朽然使不讀紀事留別諸詩籌度經費諸文後世知功業之彪炳未必知當日用心如此其詳且至也著作之不可以已也如此今吾師歿既五年矣其著作之存否是子孫門人之責也應藻供職詞垣不克分任剞劂之役所喜哲嗣善繼善述不墜前徽我知全書之出必有與顏柳韓范諸集不脛而走者應藻將旦暮樂觀厥成矣茲以星槎轅轍得接師門謹獻一言俾他日綴諸簡末則雖未克躬親校讎亦藉此稍免於戾也夫是爲序

陳繼昌序

若夫蘭臺妙署薇省清渠候詞林之雅集偕仙侶以齊來明月起而酒興濃爽籟生而琴聲叶派分前後鹿唱同音賦出東西鴻文特著彤廷珥筆恩深侍從之年綠字盈箱職列校讎之選時或月槎偶出荷璣衡玉尺以量才星使遥臨望白石清泉而洗眼吳山楚水都是文章燕樹秦雲盡酬歌詠錢野店酣來狂斗一落千鈞徐靜谷興發高談五光十色此士大夫覩物興懷而詩篇所由作也吾師心畬先生三楚名宗二難望族守太邱之家法肅若朝儀拓同甫之胸襟宏如海嶽世傳令聞代有達人泊吾師崧嶽以來亦陳氏門閭日大早歲香榮泮水排雁序以聯芳逾年譽噪賓筵歌鹿鳴而奏雅廊翱翔於鳳苑春靄青城昭諫議於烏臺囊封白版名茶坐賜傳宣直到玉堂雅韻分題光輝溢乎粉署洛陽紙價用助修樓工部詩篇聊酬稽古遂屏上以書名捧到九重珠玉望滇南而命駕收來萬里珊瑚歸來舊職仍供千萬言角書昔上從此新猷丕煥入九省竹馬爭迎駐夔峽之干旌歡騰玉壘披羊城之幕府慶溢珠江浙水宜猷是越國戰爭之地岱宗作鎮契孔門授受之源握鏠政以撫權山陝耀福星一路逕糧艘以達海淮揚頌生佛萬家建五省之專祠于秋俎豆疏百年之水利萬世功勳錫福賜書三殿頻頒鳳詔郎祭榮葬九原猶荷鴻施可謂煥乎其有寄矣何加歷倒儒林循吏矣況乎曾侍西河親承教澤今開北海莫挹餘膞公去蓉城露冷傳經之帳我來葛里風淒問字之亭用舍行藏知有是之無幾文章性道冀得聞而未能在張安世三篋學通可以不鳴不躍而稽叔夜一經守切實稍肯構肯堂殘稾收來

恨瑜瑕之不掩細心校去巳真贋之立分史論百篇早立千秋定案奏疏入卷具徵一代名臣讀經進之遺文如賡喜起考木天之清課永矢卷阿十載京華不改吟哦之習三年粵海依然寒素之儒念王事之不遑補勤名草覘民情之戚惟輿頌成書追念心傳是我輩門人之責留茲手澤乃萬年孫子之謀嗚呼流水高山應入鍾期之聽絶塵弭轍何慚白樂之前只以邱山道廣捧土爲難月露詞高窺天無自勉陳俚曲不覺責距而趨謹竭鄙誠用敢需頭以獻是爲序

課士詩文合編　陳中孚撰

自序予官浙東三年與其士民頗相習舊有月湖書院太守司其事諸生自監院咸君鶴泉學博請予與之講論增課程予嫌其創始笑而謝之請益力遂勉從焉每課制藝試帖必乞予提管爲之式予自慚荒落然素所習未嘗不心喜且嘉諸生之誠篤而不忍辭也居久得詩文各若干首辛巳夏予將有西川之行諸生課付之梓止之不可姑存之合爲是編蓋請生安予之教而予之惓惓不忘諸生者亦略見於斯矣是爲敘

浙東教養錄　陳中孚撰

趙存洵序明洲環海之地城中舊有河生民視通塞爲利害自宋代吳丞相修復唐時王元偉所設三喉使水有所歸洩並建水則亭以測高下刊平字石以量淺深於是水利興而受益有年矣厥後日就於塞三喉之名旣失所在即丞相水則亭平字石諸蹟亦均埋於荒煙蔓草中不可復識乾隆中鄞令錢公維鏞曾發疏論之議未得半而止蓋自元明以來數百年愈塞愈甚而地方受害愈深也武昌心畬前輩觀察是邦甫下車即割俸爲之倡相度經營不辭勞瘁郡守縣令亦各體公心三年竟蕆厥事夫以唐宋至今千百年旣淤之河而疏復於一旦其功之成且速固天意之佑啓抑亦實政實心有以默爲感召也讀公留別詩章其屬望將來之苦衷自然流露於不覺公之惠養吾甯不綦深且遠哉而未巳也郡城舊有月湖書院太守司其事諸生倩監院求公主講公倘允並捐廉益膏火增課程雖公事繁冗每課期終日靜坐堂皇如學使案臨狀甚至捉管爲之式去歲所刻雖十數藝學者誠能身體力行舉凡致君澤民之事安上全下之猷俱於是乎在於戲養繼以教公之待吾甯者可謂不遺餘力矣其他育嬰穢災諸善政難以縷述太守姚君邑令郭君久欲編列成書公力辭不可今年夏公以陳臬將有西蜀之行存洵以治河一事宜留後日章程之說進公始不能拒其請遂得獨任剞劂之役並將三年中文之有關地方事實者彙附於後名曰浙東教養錄聊以誌我公籌畫之精意與吾民愛戴之深情後來有子民如我公者乎當亦有感於斯編

補勤詩草　陳中孚撰

自序勤以補拙善教也予從事京華十有一載始任外職於吏事無所習然頗以勤自勗甫年餘奉大夫諱旋里服闋補官甫上拙猶前而勤則有加焉於事幸無廢暇則日課一詩付司書者錄而存之爲一集題曰補勤非有餘勤也亦以識吾勤中之拙云爾

宏運免愚編　陳中孚撰

景維禧序昔漢董仲舒旣沒門人許步舒以不識其師手蹟爲大愚誠謂心傳授受間不可苟焉已也吾中丞師心畬先生觀察吾鄉時所以作養人才無微不至其親炙之深且久者以宏運書院諸生爲最去年秋先生以漕督移撫之山右竊幸侍教或猶有日也乃是年冬仲竟歸道山諸生聞之皆泣下吾師教澤入人之深感人之切有如此越日共謀編次手澤鐫版存院以誌人沒世不忘感屬維禧總司其事因憶前此趨承函丈每有所請未嘗不探本索源諄諄指示至叩平生著作維則笑而謝之再三以求亦不過鄉會中式之卷而已乙酉秋維禧在都中始於師同鄉易公石坪處鈔得賦四篇七律五首試帖十八首吉光片羽喜不自勝茲以同人褒輯之議極力搜羅於友人藁本中得御子五篇於庚午雲南鄉試錄中得前序一篇策問五篇於金石蛻本得墓誌一篇又於浙江趙茂才處得古體文六篇共計雜著四十餘篇爲數寥寥未能編次擬俟他日吾師家藏各集刊有成書郵請一部再謀重刊以爲我宏運人士矜式乃同人追念師恩亟欲先覩爲快惜者日不暇給不得不暫付剞劂以免酬應之煩嗚呼師以[illegible]詞林節鉞九省其不朽之功業固已耀當時而垂後世卽他日全書之出亦其緒餘區區數十藝曾何當於萬一此不過稍誌一隅遇合之感藉免維禧不識師蹟之愚因敬名曰免愚編並序其由於此後之覽者可以興矣

傳薪集　陳中孚撰

納爾精額序古人稱不朽者三功德之外厥惟立言而所謂立言者非必盡致意於文詞間也天地民物之理洞悉於中有時發爲文章直抒胸臆不必規撫前人罔不與古相合故無意於文而其文之足以信今而傳後也益遠吾師漕帥心畬先生以名詞林由觀察擢至開府固　聖眷倚畀特隆抑亦一德一心有以上爲感孚也師生平以主敬爲學不苟異同趨承時常誨精額曰無論居官行己祇以平心爲體實心爲用便終身受用不盡也每一任遇有關地方利弊者無不極力興除倘艱於費則傾囊爲之助所至書院皆爲增膏火益課程暇則進諸生於署親爲指授不憚煩勞師生之誼視若家人如浙東所刻教養錄月湖粵秀粵華爭刻課士詩文皆師教澤感人之明徵也乙酉秋由粵撫移節淮上甫下車卽以作育人材爲事麗正書院久圮乃厚割廉俸廣其號舍一時士氣爲之一振去冬遽歸道山諸生皆爲感泣將謀一傳諸不朽之道適精額奉　命踵攝斯篆咸以精額曾叩列弟子欲總司其事精額忝繼吾師後膺此重寄時以不克仰荷薪傳是懼於此而不引爲己任則獲戾滋甚只因歲月將闌公事繁冗未敢率爾從事適山右宏運書院有免愚編之刻至是蓋受吾師之教者各有所傳惟麗正獨缺如焉於是諸生之請益堅有欲立求其成者精額乃發向時師所手授試帖若干首編付棗梨刊藏麗正昔粵秀重刻吾師課士詩文何相文先生謂足羽翼經傳起懦立頑是詩也悉宏博光昌之題無月露風雲之語學者苟能優游涵泳因委溯源舉凡誠意正心之旨安上全下之模俱於此乎在精額簿書鞅掌無能振陋劣之質圖報効於門牆茲之敬以傳薪名編者所願諸生朝夕絃誦身體力行勉紹師門衣缽之傳蔚作國器珪璋之品則吾師之教澤長矣則諸生之仰報者亦多矣

碧泉文集張世治撰

碧泉詩集張世治撰

四書握要六卷鄒學標撰

周易握要二十四卷鄒學標撰

皇極易簡一卷李鍾暉撰

春堂詩集二卷李鍾暉撰

張氏易正六卷張炳堃撰 孫家鼐序六經惟易理最淵奧自王輔嗣注專主義理而從前言家數者皆爲積薪其實易之義理必從象數玩索而出所以異於諸經也宋儒程子易傳朱子本義皆本末兼賅 國朝朱文端公合纂成編義理精而象數亦顯洵云盛矣此外諸名家宗漢學各有撰述如惠氏棟周易述焦氏循易章句易通釋張氏惠言周易虞氏義虞氏消息虞氏易禮荀氏九家義諸書莫不鉤沈索隱闡發精微而毛氏奇齡仲氏易一編尤爲深邃顧詞旨淵奧初學苦難領會甲子夏余奉 命視學鄂省武昌張君奉盧以所著周易正解六卷請序於余余閱其書就卦象解義理漢學宋學合而一之而詞意簡明最便初學雖自抒心得實與惠氏張氏隱相脗合蓋義理從卦

象彖出其大旨自相同也學者由此而會通諸名家之說以上窺程宋之蘊則此編其學易之嚆矢乎抑余更有進焉此書僅解六十四卦而不及繫辭諸傳謂朱子本義已盡無容復贅或作者之謙詞繫辭舉六十四卦之義錯雜言之要皆確有所指誠以張氏周易虞氏義證之補成完書則嘉惠初學之意更無窮矣

養晦草堂詩集周必森撰

求放心齋文集四卷柯茂枝撰

補學齋詩集四卷柯茂枝撰

客窗談助柯茂枝撰 自序辛亥春初余薄遊白下晤蕭子滂雝尹相與縱覽六朝遺跡旬日始別去子滂固山陰詩人也已客青墨卿學使幕中同硯席者爲張養淸李捷峰兩孝廉及謝淞舲茂才張梅諳州判諸君皆一時之雋是歲使者按試凡七郡隨游五吳幾徧經年蹤跡强半在舟車而諸君俱善談論山川文字之奇又足以助其聲焉冬初辭歸再過金陵節署時陸立夫師方督工河上吳玉山司馬招與張竹人范廉村兩先生同館居竹人洵名諸生吳范宦游半天下歲暮天寒羈懷無賴復各舉古近事以破岑寂於是歷憶諸君之言隨手錄之雜以生平他所聞見者又十之六七瑰奇瑣屑頗寓勸懲行槖有此爲不虛矣余性既好游而來春又當北上計他日旅館風雨中剪燭開樽論

文轟起余亦藉此以傾其座人則玆編也其不爲賓筵之介僎食單之醯醢乎咸豐元年冬十一月自序於潯陽舟次

詁穀堂集四卷黃守謙撰

分芋處文集李照三撰

四書講潘德鑑撰

惜餘文藁張邦楝撰 自序余少習舉業屢試不利其爲文卒或於時趨鮮中繩墨者詩亦性之所近試帖而外間託謳吟而短笛無腔每乖聲律至於古文古詩雖亦肄業及之靡所傳授無從得其宗旨一行作吏此事竟廢矣顧每逢大小試時復技癢且悔從前之浮靡力究本原卒手不從心轉難藏拙其日所經歷處或發諸詩或紀諸傳與記非不一時自鳴得意而師心造作誰實誡其狂愚者今老矣老且病矣子姪輩彙集成帙請付諸梓嗚呼是唾餘耳烏足傳示者惟念學問之道無窮而每限於不自知少年意氣甚盛予智自雄固不得而疵瑕之也教學十餘年儼然爲人師矣臨深以爲高加少以爲多又烏知其模不模而範不範者迨一登仕籍鮮不謂學而優也簿書之暇卽有事文墨而一時相與者罔不隨聲道好非私於我者卽有求於我者也孤陋寡聞老而愈忘其醜忽忽焉將終身無聞過之期矣爰就新舊草稿擇其稍存形似者共詩文若干首罔識體裁不分門類亦不加圈點付諸梓人一如抄本待質高明以匡

不逮或問何以名之余近來宦況已如嚼蠟惟此戔戔者又路傍之蔗渣也何復有餘味之耐人咀嚼者而生平所嗜未就折衷棄之殊覺可惜倘餘陰可假且將日與孳孳焉卽名之曰惜餘

震澤水利紀畧陳用珩撰

紅樹山莊留語陳抗希撰

養木堂六存集紀干芝撰

閒窗詩草四卷王錫冠撰

種竹齋雜集二卷王錫冠撰

退思軒文集賀錫祺撰

紫薇仙館詩鈔賀錫珍撰

得一愚者本草藥性易釋賦虞席珍撰 王家璧序得一愚者非他璧大父行涵齋虞公也公素習儒者業能醫而不以醫著名然挾其道以游武黃間多有驗紀桂香觀察張如亭太守尤尊禮之甲午秋璧以矮屋炎蒸歸而病痢一日夜輒十餘起體爲之瘠家人自太母以下皆憂公至飮以藥有驗更進三五劑不旬日遂

廖然猶不知公之何以能驗若是也茲公以所著本草藥性易釋賦屬别鈔既卒業乃作而歎曰是可以知公矣夫學者不不讀六經三史秦漢以來之書猶於耳目之近遠思爲文未有不惠羊弄麐紛紛舛錯者也讀其書矣而不熟思其理而審處之一旦與人家國事安知不儒法爲城旦書周官起青苗法耶醫道亦若是也公之於此道也盡心精其理而又讀書多閱人衆用物熟視人疾若已疾謹愼不敢輕投藥故筆之於書昭然煥然璧雖不知醫亦知公之不妄也固宜公之投藥輒效而他人之業是者每不公若也然璧聞之上醫醫國公雖試輒不利於有司而用世之志不衰璧嘗和公解嘲詩有云自是投珠别明暗莫須論劍決雌雄公璧終與物相見矣既以其道行之朝野上下罰退而著書立說鍼膏肓起廢疾發聾守以壽萬世是則璧之望也夫是則璧之望也夫公名席珍一名必壽青于虞故蒙虞氏實楊氏也武昌縣人貌修偉而多髯見年七十人或謂之髯公矣

壽世文約 熊煜奎撰

成人寶鑑 熊煜奎撰

蒙養金鍼 熊煜奎撰

學思錄三卷 張官德撰 自序德何許人也敢言著述自束髮受書時先君子囑之曰吾命兒讀非專爲科第計也當知聖賢所以教人之意時好嬉遊雖聆此訓亦藐藐焉耳至十六歲痛悔前愆稍知行檢二十外補弟子員年近三十間有一知半解如石火電光境過輒忘於是隨時劄記以爲自醒地步積三十餘年未敢輕出己酉舉於鄉旋粵寇犯境一身縱橫數千里始得主講興賢學舍諸生偶於行篋中得見此稿請付剞劂余曰能言未必能行自反祗益滋愧諸生請各鈔錄復屬之曰諸生學有得於疵謬處望爲校正或遇高明長者使得受教於無窮則更幸甚咸豐十年歲次庚申六月朔日

五子會要一卷 張官德撰

課蒙易曉一卷 張官德撰

課士題解一卷 張官德撰 王槐晉序蓋聞通天地人之謂儒逐末忘本者不可名爲儒守本遺末者亦未全乎儒儒顧可自監乎哉武昌張以功先生本末兼賅所著諸書皆從肺腑中流出總期學者觸處皆有實獲曰五子會要備道學也曰學思錄重誠身也曰鄉居雜記即事物以驗可否也曰六壬辨疑畢法案錄辨吉凶以寓勸懲也曰時文有物集雜體可興集借詩文以通性情也曰訓蒙易曉易後生以資憤悱也曰課士題解法先正以示典型也先生躬行心得凡有關身心日用者無一不究心焉眞不愧粹然儒者已噫吉光片羽文豹一斑烏足以罄其底蘊哉

六壬辨疑一卷 張官德撰

畢法案錄一卷 張官德撰

訓女庸言一卷 張官德撰

周易集注六卷 張官德撰

學易門徑一卷 張官德撰

周易補注一卷 張官德撰 自序夫易之爲書其道至大其義至精其爲用也至神而其言要皆切於日用倫常之事非鑿險縋幽以成隱怪之書者比也諸經之作意有專屬其詞各指所之唯易包括天地人物古今事變言之不盡而立象以盡其意象者髣髴近似而不可以一人一事泥即三畫卦中一卦之象所該甚廣說卦何能盡六十四卦大象又豈八卦可拘況三百八十四爻爻爻各有實義各有定象本卦上下且不可通移無論錯綜雖假郎求錯中之綜綜中之錯適而又適勢有必窮閒能附會一二亦膚而不切麤而寡當甚至與經文大相悖謬官德自成童後見有錯綜解易之書甚喜其新而創也但言易長夜二千餘年竊歎鄙夷一切而猶未知其鑿及讀 御纂所解象義皆從本卦本爻體會而出無一語及錯綜而實能發揮前聖之旨於是專意揣摩孔子彖傳爻言大小象及繫辭傳作易說易之法恍然有悟其所謂參伍以變錯綜其數者不過借古成語以明揲蓍變化之義而非觀象玩辭之方近來帖括家尤而效之又增飾其詞竟以一奇爲太極一耦爲兩儀如此悖謬指不勝屈余竊憂焉而自反見道不明何敢輕議遲之數十年復經亂離奔走衣食無暇晷同治十一年春以事赴皖適吳竹莊方伯聘延西席見藏書甲於東南而又好傳遺稿慫恿卒業數月間初稿甫脫而方伯作古嗣後自皖之粵之豫章課讀稍餘寸晷時加斟酌四載五易其稿註中雖未敢贊一詞而舍末崇本去繁就簡自知僭妄無所逃罪然而衛道之苦衷願天下後世諸君子共諒之光緒二年丙子春 月

禮記約選一卷 張官德撰

狄雲行館偶刋詩文集 卷 王家璧撰

周易集注 王家璧撰

洪範通易說 王家璧撰

老子注 王家璧撰

南華經注 王家璧撰

奏議王家璧撰

滋德堂文集十二卷紀映奎撰

濂亭文集八卷近人張裕釗撰

澹災蠡述近人范鳴龢撰

附樂叢禪師語録四卷釋本開撰　王澤弘樂叢禪師語録序樂叢禪師得黄梅心印來居壽昌之西竺與一邑人士無不深相得也而獨密契於余其門弟子每刻師所撰述必欲得余序而後已余不能辭蓋嘗歎佛教之衰微也甚矣以棒喝爲立解以機鋒爲奧義以付囑爲盛事得一卷一拂于者人人自以爲悟道家家自以爲得法而密叩所傳其然耶否耶吾以爲棒喝者立解也非今之所謂棒喝也機鋒者奧義也非今之所謂機鋒也付囑者盛事也近日不可以言付囑也脫或以今日之棒喝機鋒洎所付囑者而與諸佛祖師共質於一堂其果心心相印而迥忘無言耶抑尚有所未逮耶樂公居西竺者三十載一錢一粒無所募化雖竟日饑餓晏如也其與人言質實平淡不爲渺言危論以駭世其高足領受者僅數人未嘗泛傳衣鉢以廣施設夫孔孟之道中庸焉耳矣而至神奇變化皆出其中然則學釋氏者同於日用飲食布帛菽粟未嘗有所索隱行怪於其間雖不棒不喝其聲如雷震也不用機鋒其心如

圓鏡也不付不囑不可謂無人也聞無棒喝之聲如雷震則棒喝如鍼芥之相合矣無機鋒之時如圓鏡則機鋒如刀牛俱解矣能以無人爲有人則一付囑如父子之真血脈矣吾願世之讀語録者知爲樂公語録而又不必作樂公語録觀如觀者之自觀其書也則樂公可無言矣　陳瑾樂叢禪師語録序古佛經論率多質言然已和盤托出矣後來諸家語録大約質言十一寓言十九夫寓言者何謂汝邊密不容說諸佛說了御未嘗說今未嘗說御未嘗不說棒的喝的之遠的遊戲三昧的皆是物也雖然大有分別在陳者襲馬食酸餘也新者贅馬添蛇足也驢頭不對馬觜而以爲鍼芥之投南腔不比北調而以爲魚水之樂寬首尾於張三換鬚眉於李四曉人哄之矣若夫了手人不然柏樹子乾矢橛銜口說來婆子庵南泉貓撒手做去不必古人所有不必古人所無縱橫殺活機用全彰世有解者旦暮遇之余讀樂公語録明白快利性光迸露每一問答勢如破竹然赤條條白灑灑初非有成竹於胸中也聞樂公參學時原無文字注脚癡癡守著煞煞抱著攻苦數十年纔得火星爆出死中活絶後甦虛空碎處紅日當頭毋怪乎其現全身于萬象之中洗陋習于百年之後樂公之師起高和尚實行實悟斲碎無縫鎖于親傳爲湖心印振起黄梅續臨濟二十八代英花而得樂公爲之繼今樂公亦付囑得人矣如門下諸禪師闇淡樸老俱不向文字中通一消息然則宗風的派舍斯人其誰與歸

前志　卅

武昌縣先賢志三卷郭緣生撰　案章宗源隋書經籍志考證云兩唐志皆作先賢傳太平御覽人事部郭緣生武昌先賢傳曰郭翻字長翔爲人非已耕不食非妻織不衣

武昌記卷亡史筌撰　案章宗源隋書經籍考證云水經江水注樊口南有大姥廟孫權嘗獵於山下得一豹見一姥問日何不豎豹尾太平御覽天部武城東有金牛岡西有石鼓山上有三石鼓鳴必天雨時序部樊山東有小溪盛夏常有寒氣故謂之寒溪並引武昌記不著撰名北堂書鈔武功部武昌有峴山欲陰雨上有聲如吹角此稱史筌武昌記御覽兵部峴山作龍山稱史岑武昌記

武昌記卷亡皮零撰　見太平御覽

武昌土俗編二卷薛季宣撰　文獻通考自序武昌爲邑舊矣肇自孫吴建國爲郡爲州進而督藩降而邑縣官司未嘗改也山川未始變也物名稱號多因時而革者雖邑之父老間或不忘其故它州考古之士將無所稽據焉仲謀陶庾之風聲幾何而不泯也不有書志其何以傳武昌記舊有成書世久不見中更假攘並與圖經而失之近縣令唐時顧遺墜之罔收倩故家子雷某追録圖經中事收拾采綴十舉四三譌謬不倫比比而是名都要會世所共聞舊事前修來者斯問端倪不對負愧多矣儒行履方以知地里況今長之職官乎故走本記披圖旁求稗說參

諸故老訂以前言附見王風成武昌土俗編二卷俾邑之遊者不必問問者不必語開卷畧舉以代煩言爲省事之一端用備遺亡云爾至于兼收遺佚以成土地之圖上俾天子之司徒則吾豈敢　又書武昌土俗編後武昌土俗編鋟木于紹興壬午走既才庸學寡加縣出兵荒餘燼無藏書以考閱往事士非耆舊無所質疑姑盡所知捜羅野老之說草創編秩垂破代而出之凡聞見之所未周或知之而未悉皆不及著其間名號更易不可究知當去反留當書反闕者一書之內夫豈不有自求其失則所未逮故書編日求取正于當來惟乃仁人矜此愚昧摘瑕補過易視聽于傳疑使走不以此爲妄人乃朝夕庶幾焉者

六月庚午書於筠鄉書舍

嘉靖武昌縣志　卷張子翼撰　張子翼刻志始末武昌有志舊矣然沿習於舊聞而援考未備仰刻於有司而工浩未成也辛酉春督學張公纂修楚省通志時華亭袁太冲公主史局四方之志百家之書畢備翼幸侍緇帽之側披閱諸史有隸於武昌者手録之夏五歸謬將舊乘删其繁蕪增其缺畧録成募工付諸梓備遺亡以俟參考彌志云乎哉嘗嘉靖辛酉六月既望袁福徵序邑舊更軍署使建號錫名代置不常而崇表蒔鎮治軍截戍以扼淮都吴聞稱今考宮營寺苑瓜圻堞壘莽藉墳坎瘞隆昏昧而市墟黨鞠什九非矣大都荆渚爲秣陵之鹹齊安爲鄂州之表武昌爲湖北之險始孫策興造會稽大帝稍遷京口尋駐公安徙都鄂表時則曹劉鼎衡因時還徙規畧殊常機

宜取便江南甫定趨歸建業延至歸命侯績徙北中而國隨委劫特角之形可具見矣夫荆土塗泥古稱朔瘠陸抗既止移都大要言船治則浮漂陸居則危峻不宜煩師挽從安居比死意其懇切然自吳主侍辯武昌更歷南朝併爲重路車奏民填耕鑿營販積壤流膏浸成沃壤嘗讀唐書長慶崔郾傳以嚴理鄂日地陜民剽利用威猛固一時也宋陷河北論甫贍費半制湖楚月椿板帳緡額纖碎而與元併處濡皖上下煎熬局縮又一時矣夫此一壽昌也襲謀驅勝則蒙衝一艣臟燥蔪塗油游兵變服帶甲特舸屯候沿江而旌旗蔽於一道蹂躪郤避則募船籍軍貫鈎索梗晨炊漏下區計無聊逼注江寧而車駕隨於具區蓋轉輸遲疾繫於上流警援通塞關乎險口壽昌背抗淮徐直衝南郡近搖潯陽東瓴采石先朝日云盛府中原視爲前驅督師列屯分塘置艦無不藉以戎樂賦詩彝札設犒吹歌往往託而晏安稽其少帝初中材僚詘簡詐奇沓出艮吏拊循公瑾守圉俱長子敬贊軍足智蒙令江州遜領南郡它如程普黃蓋甘寧徐勝潘璋朱然朱桓賀齊淩統全宗呂範之屬無不起家州郡積有資勞故能運經陸海兵淬天雄佐王圖霸雍容斯域向令非皓詎易量哉余頃取道從邑過舍再茲貳黃覽披江際間以繙集省乘弭駕樊山晨興夜息山行谷止聿懷故宫追仰前哲自謂身遊赤烏延康之間而邑典蕩軼獻實無存艮爲浩歎會瓊山張博士汝臨詮次成筴備書召工鷟梨治錄行當播流望縣副之郎亭而余忻然敘述其旨付列篇端令後代將得考其形實焉嘉靖辛酉　熊桴序

夫志識也紀實錄以綜文徵獻章政飾治者也昔者先王道地圖以詔地事道方志以詔觀事故君子觀圖志而經濟定矣虞之禹貢周之職方固志之大經也田賦高下墳壚鍾澤江海龜錯纖徵卑瑣罔不登錄帝王紀法燦然明備自漢以下郡國有圖志有地里書風土記王我朝爲大明一統志薄海內外聲教所暨悉入彙編議者以爲超軼漢唐之右矣然戶口未登甲第未紀君子不無遺憾馬武昌國於周都於吳鎮於六朝宋元間亦嘗郡之矣民風土籍甲於他郡庸可無志以識之乎自司訓吳君玘而下張君琦李君榮嚴君傑周君之京後先述作文獻足徵惜乎其未考諸金敦石鼓耳今邑博張君汝臨旁搜博采摭拾釐正沿革詮建置之由山川表形勝之險風俗榮古今之情土田軫里瘠之隱王於甄錄人物表裏寓於贊述疑信別于拾遺覽者莫不忻然有登龍步邯之想此真越於諸君益盇之外者信可謂得其體裁矣武昌政治不在指掌間乎君以瓊山雋俊明經魁南粵其在武昌尤以成就人才爲已任置日紀嚴會籍修義隄比攝邑事又能草大日每日之常規學憲張公雅相器重檄修三楚通志今又纂輯此編自捐俸以永諸梓而吾邑之前聞勝軌不有所托以垂不朽乎汝臨之功當與樊渚同鎮矣嘉靖四十年夏六月既望

崇禎武昌縣志　卷　王琇撰

王琇武昌縣志序古今一時也天地一志也時如轉環志如懸鑑眉目粲晳此形色之待別於鑑者然一日內姸媸凋之形有定而色無定矣時也山之高川之永民物之阜版籍之繁膺仕之艮關梁道路之要此古今之循運於環者也然百年內掌記湮之古或然而今不然矣尤時也鑑久則昏志久則畧葺而新之非以人乎武昌自張汝臨在而志失矣惘時之士間舉什一于千百要其楮墨羌然歧離兎角七十年來經理之綜措名碩之生面弗開馬可慨已余以戊辰秋來令茲土則取邑乘閱之案其野山何如故而田里市鎮陂塘物產之利有弗載焉者備其廨舍分維布而有事蠡力之人擬始落成之日幾莫考焉者問賦役近時沿革幾何問弊竇近時蘆正幾何問科薦近時隆替幾何問牧宰近時修飭幾何有下吏不知詢于經生經生不知採于鄙野者如環之玦如鏡之翳致司牧未悉通其政而紀憲無以採其風則非他故時綸之也尤非時故志遁之也余每公退思爲補綴而簿書缺掌從事未遑今年鼎龍張君來與邑之彭生以鉉逸之才冠左馬之席提領犂要稽故覈新不越月而典巳告成若鏡之重磨環之再續亦可稱百年快舉巳天下事一日不續則一日之事廢一月不續則一月之事廢一歲不續則一歲之事廢事廢則官曠官曠則政隳政隳而天下之事去矣余謂今日之守令欲興實政者毋如武昌志當以時續焉可崇禎二年己巳冬十月　孟習孔序

守令以舉廢爲賢興百利不如舉一廢何者利之所在害伏其機廢之所存人懷其信也武昌志七十年來之一廢也自張汝臨始而稍續於樂吾李君遝此寥然竟歸空局即後先司牧非不循蹟而要之容覶其身鄖覶其邑於政事沿革之要經理綜覈之義不必垂程百世而徐求簡事一時如行負之人計程而發凡一切山川之靈秀人物之低昂與道路關梁之越歷多不紀別者則無異故弛負之念切而領取之神有弗閑焉也去秋幼雲王侯琇來蒞吾邑以敏毅之才値艱危之歲會不幾月而纖弊咸釐百廢畢舉慨然以續志爲計且不但埽館延千里之士捐俸命彌月之工而殫心極慮朝稽夕考不啻一身一家事叮艮可稱七十年來之一會而武昌之民風土籍有深幸矣夫一守令耳四封之外大庭之內今日方新明日卽故新新不已故故相仍猶恐其漏而一慨東之高閣所謂賢守令安在乎斯續也故非王侯之精心獨任學署諸君子之戮力共襄與張彭兩君之典藻增飾其不以長江天塹爲廢鄣而置之也幾希矣

康熙武昌縣志八卷熊登撰

熊登序稽古圖籍首收風土隨記舉湖山綿邈曠代菁華不越戶庭內一展玩焉粲若列眉是以聖君賢相莫疆酌賦望秩任官以迩風氣渲龐人文蔚茂煥然覩玉帛車書之盛者咸以修志爲首務馬武昌雖嚴邑乎曩屬孫吳故都嗣稱歷代重鎮山川人物均擅勝名以故游覽詠吟者踵轅雲集但時巽勢殊倏爲樂國倏爲戰場竟未創築城垣王明萬歷初如建埤城民商耕漁之利土盈紘誦之聲庶幾哉獲寧宇矣奈明末獻逆作嵲蹂躪疊經盤踞會城不時往復雉堞則剝落矣廬舍則灰燼矣祠宇則坵墟矣田疇則蕪而石矣黔首則刃而燐不則潰而散矣流離顛頓莫可名狀幸我　靖定鼎與民休息出湯火而袵席之顧大軍之後不無凶年厄羸

之餘詎能霍起卽向來司牧茲土者加意撫摩振刷弗克環
王立效礎材如登謬膺尹綬於丙午仲夏星馳來任則見城
之內外剝落者猶然左傾右圮也灰燼者猶然丹楓白荻也
垣墟者猶然斷瓦零礫也地利未盡墾而累歲逋賦不下萬
餘轉徙雖漸歸而額徵混淆互相訐訟登於馬蚤作夜思懷
然太息曰傷哉武民也譬雛鳥新飛豈可輕傷其羽如弱條
初植尚須亟沃其根欲舉一切病民者爲民除利民者爲民
與又慮泉深綆短肘掣維艱乃幸而諸上臺念茲痌瘝勤加
體恤諸凡詳請代爲呼籲者朝陳請而夕俞可故武邑士民
至今日復樂耕漁還安絃誦漸有起色矣獨是黽勉馳驅七
閱寒暑大槩不無補苴百廢猶類具舉如邑乘一端所以昭
雲漢而垂金石者固有司責也尚慮疎鄙修輯未遑近奉通
飭之綸音仰遵纂造之憲檄宵旦經營竭歷恐後爰集諸
縉紳文學博採舊章詳諮故老往跡弗遺近事靡漏幽芳不
忍沈淪秀詞不敢濫摭列綱列日書爵書名一循成式知罪
奚辭雖然朐愧三長讀慙八索風塵俗吏無以潤色鴻業黼
黻太平唯賴諸上臺示以旨歸文其固陋庶楚之巖邑附青
雲而荷餘輝者端有厚望登何力之有焉抑服古人官有箴
仕願爲令者謂令與民親利病必悉下情不壅於上聞上惠
斯速於下究故載在史册者兩漢號稱得人則今日之志卽
他日之史也況周官六計炳若日星登也不敏敢不仰體
惠元元之意以循職自效也哉旹康熙十有二年歲次癸丑
仲夏月望日　張皋謨序事有爲夙昔之所思而忽焉覩之
則喜有爲夙昔之所思思之不獲見而見之則益喜如余於

吾邑之志是已武昌建置最古自孫吳卜都而後暨陶庾諸
公作鎮以來山川文物炁甲江漢有不待志而顯者但自明
季纂修後故老淪亡遺帙散佚缺焉未續者蓋數十年余雖
宦遊四方而心竊侃侃焉悼之自熊侯來蒞吾邑興利舉廢
城垣學舍以及古人登臨遺跡靡不修復余聞私自喜日以
侯之百度俱釐雖未及邑志而茲功終必有賴也會今
天子下明詔勅郡邑有司纂修乘牒以昭車書一統之盛凡
遐陬僻壤罔不操觚從事余又私自喜曰以侯之建樹皆圖
其久而不爲其暫則今雖郡爲乘邑爲志乎而吾邑志成定
與左史龍門相頡頏未可以輿圖職方視也未幾吾友孟子
先服佐侯編輯工竟以志一函遺余且道侯惓惓之意而屬
余以序余義不敢辭但自惟筮仕迄今十載滇南四年僰北
眺南樓之明月憶西嶺之雲煙幾幾有漢廣江深莫卽之歎
矣何意故園之風土人物十餘年來所殷殷欲遇而未克遇
者一旦於几案間覩之且以余之私自期於侯者俱獲如所
期焉則手是編也其欣慰爲何似也或謂子守恒山於三十
一屬之志無不躬裁手訂蒐閱亦苦何於斯編而欣慰若是
曰不然不見夫人五都之市者乎瑰異當前琳琅耀目非不
眾欽爲寶然過焉卽忘者無他非其所習也桑梓之地一邱
一壑一花一卉靡不徘徊而眷念者無他久與之狎也余之
武志也寶類是故今不敢泛爲稱引惟舉夙昔之所自思與
其所私期于侯者以述其憂喜之情如此至討論之詳備筆
削之簡嚴上可佐太史輶軒之採下可以扶進人心垂勸誡
於無窮也則邑之人能言之余又何敢復贅旹康熙十有二

年歲在癸丑重九日　孟人吉序邑有志邑以志傳也武邑
前此有志矣志前此之武也逮時移勢易武非前此之武志
仍前此之志可乎奉　新令直省各修葺通志檄且數數下
邑侯熊公瞿然祗厥事左文而右獻虛中而覈外次其闕軼
以整以暇累閱月始脫藁不以人吉不敏而屬弁一言夫予
則何言予并州故鄉十八年於茲矣近且屏門骨立一切象
緯分畫風物高深以及林區石圃臺亭檻簷之屬幾付之夢
史已耳覽斯志也缺者完之廢者舉之甚者從而更張之侯
皆捐割不遺餘力卽武人之翹然喜者多在是是足以傳矣
而要其扶植人心滌除民害俾元氣駸駸可復太平根本之
計侯當有進焉於志見之抑不僅于志見之耶予於是而又
有感矣昔岑文本過里門所至輒徒步周視曰父母之邦應
卽爾爾上問見有好景否曰臣鄉江陵野無惰農市無黠儈
孝敬之風達於道路刺史殷仲堪雖不識無踰此好景者上
聞而嘉之由斯以談予不亦愧
文本遠哉並以是畢志之說

乾隆武昌縣志十卷邵遐齡撰

邵遐齡序　自古制度文爲以積之久而備亦以積之久而
微一邑之志乘亦然其始之未備也以獻徵文或拾之稗野
或採之風謠或訪之父老倘弗窺金匱石室之藏亦豈云大
備乎其繼之方備也以文寄獻而或以年而徂或以時而遁
卽有一二才雋承乏其間素鮮三長恣意增損不且適以滋
之繳乎遐齡以教習知武昌縣事夙聞茲邑固樊楚地國於
周都於三國吳鎮於東晉暨六朝軍於宋府於元綦望邑也

竊懼綆短汲深弗克堪事下車之後嘗遍行四境其形勝則
庾信所云龍蟠鳳集之鄉江左所倚以控上游也其山川奧
衍則次山東坡之所樂而遊憩也其宮殿營壘則吳王之暑
風庾公之秋月也至其食貨所饒則杯湖有菱荷菰蒲樊口
潘家有酒洞洑王生家有魴鯉黃鵝甘瓠土地豈盡瘠确耶
其民樸勤半以耕漁爲業或荷鋤瓜圻或趁墟夷市唐崔郾
概謂其民多剽偷亦有不盡然者抑入陶士行之書堂讀韓
仲卿之碑銘覽前人雄畧雅化難與比蹤又試訪丈人於蘆
洲卯貞魄於柱石溯郭長翔於小舟問潘邠老於酒肆人物
之生茲土者自古敦節義勵清修斯亦足以覘風俗之所由
來矣且也登葛山步寒溪稚川遠公怳然如在彩雲碧水間
焉凡茲梗概已燦然憑眺中又奚侯繙閱志乘始徵一邑之
故哉雖然武邑之志興廢屢矣明初永樂以後學博邑紳遞
紀大畧迄嘉靖間博士張汝臨與修三楚通志披覽諸史有
係於武昌者手錄之以歸授梓而邑志乃成體裁蓋積久而
始備也崇禎初邑令王琇恐志之久而敝也延賓張某與邑
諸生彭某纂七十年來之軼文不越月而告成何其速也備
不備未可知也本朝龍興車書一統康熙十二年纂修通
志豫取州邑成書時邑令熊登徵文獻亦孔亟矣顧其時
雖太平三十年而驅除二孼平定三藩兵燹之餘文殘獻逸
重以檄催惟草創應之耳洎雍正十二年復　詔纂修張令
慓僅肇厥始焉令德馨未成厥終此志之所以積久而重敝
也況自熊志以來今且百年風土有轉移生產有豐耗賦役
有增減營建制作以時贏絀官治人文以時隆汚不積而

之版籍旣無以備輶軒之採而令茲邑者亦何所鑑以宜土俗而協人情哉因約諸同局勒日告竣是志也凡十綱九十餘目增其新矣於舊亦半相仍焉義例之清者析之典制之缺者補之片段之細碎者渾合之字句之繁陋者芟刈而色澤之斯百年來之故實藉以不泯而向所得之行部中者宜燦然於几案間而倍加晰焉不敢曰志體之大備庶幾少挽其澌微云爾旹乾隆二十八年歲次癸未仲秋月

金石

南和鐘楚王作　辟佝功鐘鼎款識楚卬仲南和鐘其文曰惟正月初吉丁亥楚王媵卬仲嬭南龢鐘其眉壽無疆子孫永保用之考古圖云按類篇云媵送女也嬭姊也蓋楚文送女也器謂之南和鐘者樂縣在南也案媵通賸與說文合卬仲無考今玩其文楚王下二字賸紅一似說文賸賸上右从丱下从貝疑贊之剡文一工在右其左作∞似邑不全疑紅之剡文史記楚世家熊渠立其中子紅爲鄂王熊渠卒子

熊摯紅立司馬貞史記索隱曰有本作嫢紅音贄紅摯贄古通贄紅蓋楚王名仲嬭或其字也楚人謂母曰嬭亦有呼小兒爲嬭者音近㚷贄紅爲熊渠中子長子曰母康仲子字仲嬭亦其類也（王志稿）

大吳刀劍吳主孫權作　吳王孫權以黃武五年采武昌銅鐵作千口劍萬口刀各長三尺九寸刀頭方皆是南銅越炭作之文曰大吳小篆書（陶弘景古今刀劍錄）

豹尾鼎吳主孫權作　吳王孫權獵於樊山見一姥問得何獸答曰得一豹曰何不截尾遂爲姥立廟并作一鼎文曰豹尾鼎（虞荔鼎錄）

鎮山鼎吳孫亮作　吳孫亮建興元年於武昌鑄一鼎文曰鎮山鼎小篆書三足（同上）

寒溪橋詩晉遠公書　橋有指跡白書久而不沒相傳晉遠公作（熊志詳津梁）

滴滴泉摩崖晉時書　在西山崖上東晉時書此三字（名勝志）（熊志）

惠寶寺碑梁邵陵王綸撰　在縣東惠寶寺（熊志詳寺觀）

華容寺碑梁武陵王紀撰　在武昌（輿地紀勝詳寺觀）

武昌宰韓君去思頌碑唐李白撰　李白武昌宰韓君去思頌碑並序仲尼大聖也宰中都而四方取則子賤大賢也宰單父人到於今而思之乃知德之休明不在位之高下其或繼之者得非韓君乎君名仲卿南陽人也昔延陵知晉國之政必分於韓獻子雖不能遏屠岸之誅存孤嗣趙太史稱天下陰德也其賢才羅生列侯十世不亦宜哉七代祖茂後魏

尚書令安定王五代祖釣金部尚書曾祖晙銀青光祿大夫雅州刺史祖泰曹州司馬考睿素朝散大夫桂州都督府長史分茅納言部符佐郡奕葉明德休有烈光君乃長史之長子也妣有吳錢氏及長史卽世夫人早孀宏聖善之規成名四子文伯孟軻二母之儔與少卿當塗縣丞感慨重諾死節於義雲卿文章冠世拜監察御史朝廷呼爲子房紳卿尉高郵才名振耀幼負美譽君自潞州銅鞮尉調補武昌令未下車人懼之旣下車人悅之惠如春風三月大化姦吏束手豪宗側目有爨玉者三江之巨橫白額且去清琴高張兼操刀永與二邑同化時鑿齒磨牙於兩京宋城易子而炊骨吳楚轉輸蒼生熬然而此邦晏如襁負雲集居未二載戶口三倍其初銅鐵曾青未擇地而出大冶鼓鑄如天降神旣烹且煉

數盈萬億公私其賴之官絶請託之求吏無絲毫之犯本道
採訪大使皇甫公侁聞而賢之擢佐輶軒多所宏益尚書右
丞崔公禹稱之於朝相國崔公渙特奏授鄱陽令兼攝數縣
所稱投刃而皆虚爲其政而則理成去若始至人多懷恩新
宰王公名庭璘巖然太華浼然洪河含章可貞幹蠱有立接
武比德絃歌連聲服美前政聞諸耆老與邑中賢者胡思泰
一十五人及諸寮吏式歌且舞願揚韓公之遺美自採謡刻
石而作頌曰峨峨楚山浩浩漢水黄金之車大吳天子武昌
鼎據實爲帝里時蘼世訛澆俗如燬韓君作宰撫兹遺人溶
汪王澤猶鴻得春和風潛暢惠化如神刻石萬古永思清塵
太白集韓仲卿爲武昌令有美政既去縣人刻石頌德舊唐書韓
愈傳

殊亭記碑唐元結撰案亭爲廣德元年建記載古蹟
廣宴亭記碑唐元結撰案亭廣德中建記詳古蹟
惠公禪居表唐元結撰　在武昌縣王象之輿地碑目
夏侯宋客墓表唐元結撰　在武昌縣輿地碑目
石門歌石刻唐馬珦撰　左一石右一石石門中有□□容
□岫□懸崖裂□江□□□□劍闕□□□□□□□石門窊
會□□□外□□□□□□□□□正書　案馬紹基云是刻瀕臨大江字跡漫漶
前後僅存二十八字幸題與姓名尚完好今又蠹去數字矣　石門山在武昌縣東五里兩
山對峙如門唐武昌令馬珦與元結遊石刻尚存明統志　唐令
君馬珦石門石刻在石門郭祥正詩雙崖屹然起劉辭謐題
識輿地碑目無年號在武昌縣北濱江陳詩湖北金石存佚考國朝嚴觀馬珦石門題
名詩石門開左右一劍自中分何人施妙法千載劍奇聞巨
吏多幽思詩題亦出羣登山尋古蹟選石意何殷江上發清
嘯匡前結翠雲至今樊口上誰不愛清芬我亦來訪古心事
何紛紛憶到窊尊石題名定有君　舉沉石門山尋元道州
所刻石碣詩雨山各鬭高直上凌雲表書然逈一門仄徑羊
腸繞乘興往探幽林皋眺春曉峯陰倒著人綠煙寒不小無
名澗畔花碎語枝頭鳥聞有前代碑到處窺蒼藤坡迴嶺復
重疊卒殊難了悵望石林邊空亭風悄悄
窊尊銘唐元結撰　在武昌縣輿地碑目
怡亭銘並序唐李陽冰篆序裴虬撰李莒八分書　怡亭裴
鶡卜而居之李陽冰名而篆之裴虬美而銘之曰篆書崢嶸怡
亭磐礴江汀勢壓西塞氣涵東溟風雲自生日月所經衆木
成幄羣山作屏願案諸書皆作顧諦審乃是願字余逃世於此忘形永泰元
乙巳歲夏五月十一日隴西李莒八分書　怡亭在武昌江
水中小島上武昌人謂其地爲吳王散花灘亭裴鶡造李陽
冰名而篆之裴虬銘李莒八分書刻於島石常爲江水所沒
故世亦罕傳鶡不知何人虬代宗時道州刺史韓愈爲其子

復墓志云虬爲諫議大夫有寵代宗朝屢諫諍數命以官多
辭不拜然唐史不見其事李莒華弟也歐陽修集古錄洗馬裴天壽
八世孫曠御史中丞曠子鶡容州長史次子虬諫議大夫唐書
宰相世系表裴鶡卽虬之兄　案怡亭在殊亭東唐裴鶡作宋蔣之奇云怡
亭銘刻于江濱巨石之上乃唐李陽冰篆李莒八分書裴虬
爲之銘世謂之三絶明統志　銘序六行行四字字徑三寸七八
分四句三十二字李陽冰篆書銘詞五行行八字字徑一寸
五分十句四十字末二行題年月款識李莒八分書在武昌
縣北觀音巖壁巖臨大江爲邑人游觀之地獨此銘在巖麓
春夏水漲則浸巨濤中搨拓頗難而字畫剝蝕者蓋澎湃激
蕩爲之也歐陽集古錄及潛研堂金石跋尾皆箸錄武昌縣
西郎亭山臨江與樊山相望杯湖退谷在其間唐裴鶡於永

泰元年築亭是山下李陽冰名之曰怡亭裴虬爲亭銘卽於江邊石磧小島摩崖書之陽冰篆序李莒八分書銘李監書妙絶古今此罕有傳者惟見歐陽題跋及山谷吟詠明統志稱蔣穎叔以爲三絶他攷金石者未著於錄蓋夏秋之際爲江水所沒往來者不暇求索如歐陽所云也然字卻完好不過粗石礱鐫不能匀貼耳入蜀記所稱黃鶴樓李監篆書樓傍石刻今已不存此又汩沒巨濤之中而完好如此可寶也唐書世系表裴天壽八世孫曠御史中丞曠子鷗容州刺史次子虬諫議大夫歐陽以爲不知何人豈世系表呂夏卿所撰歐陽公未寓目耶虬初尉永嘉杜少陵有送裴二虬尉永嘉詩又有湘江晏餞裴二端公赴道州詩朱注浯溪觀唐賢題名河東裴虬字深源大歷四年爲著作郎兼侍御史道州

刺史唐書本紀大曆二年十二月道州刺史崔渙卒虬蓋代渙爲刺史詩云鄙人奉末眷佩服自早年少陵蓋以前輩推虬矣又有暮秋枉裴道州手札率爾遣興寄遞呈蘇渙侍御詩云道州手札適復至紙長要自三過讀盈把那須滄海珠入懷本倚崑山玉撥棄潭州百斛酒蕪沒瀟岸千株菊使我晝立煩兒孫令我夜坐費燈燭知少陵與虬投分最深其來札所云亦非如詩首所謂盧名但蒙寒暄問泛愛不救溝壑辱者又江閣對雨有懷行營裴二端公詩謂端公者通典唐侍御史凡四員內二員號爲臺端他人稱爲端公昌黎爲其子復作墓銘亦謂父虬有氣畧惜鷗事不傳其所以構亭武昌不可考莒爲華之弟華文章負盛名莒事亦不見紀載然其八分書猶有漢人之遺不似唐人之肥笨也余來武昌循

江遡得之爬剔數四命工搨十數紙貽好事者以廣其傳喩文鼇考田詩話　國朝嚴觀怡亭銘詩妙筆傳聞久書成鬼神只因精氣感故得世人珍昔步寒溪上登臨趁早春白梅初破萼花氣未全伸曾見怡亭下摩厓有翠珉剝苔曾細讀詞致何彬彬二體仰初見千年水不淪怒濤夏秋漲呵護仗鮫人　陳詩得怡亭銘搨本懷喻石農詩怡亭亭在殊亭東怡亭之銘乃在江濱小島中石頑字剝形模古傳聞異辭迷雙瞳黃梅老友喻石農寒溪九曲尋眞蹤苑舟同過壽昌郭指示故處開愚蒙招邀繫纜連步上摩挲石下三人同發春許贈舊搨本望梅轉憾歲未終豈知神物聚所好獲書不待東歸鴻手持二紙誦在口句讀一一傳兒童銘辭古意稱絶妙八分小篆尤奇雄丞相中郎美必合騎曹尚書難爲工廿年不見一朝獲快事何減歐陽公人生得失信有數讀書樂趣知何窮作書爲寄石林子好分賸複揚清風

窪尊銘宋鄧潤甫撰

西山唱和詩刻宋蘇軾撰　嘉祐中翰林學士承旨鄧公聖求爲武昌令常遊寒溪西山山中人至今能言之軾謫居黃岡與武昌相望亦常往來溪山間元祐六年十一月二十九

日考試館職與聖求會宿玉堂偶話舊事聖求嘗作元次山窪尊銘刻之巖石因爲此詩請聖求同賦當以遺邑人使刻之銘側東坡集　又與王文甫尺牘西山詩一册當今能文之士多在其間並拙詩親寫與鄧聖求詩同納上或能爲文石安溪上亦佳不然寫放壁間可也東坡集　案東坡嘉祐中與鄧聖求同賦西山詩和者三十餘人今石刻不可得據所見錄於西山下

石壁宋蘇軾題名　江緪蘇軾杜沂沂之子傳俁游元豐三年四月十三日正書　右磨崖在武昌縣西山石壁按蘇軾年譜云元豐三年二月一日到黃州五月與子由遊武昌西山寒溪寺此與江緪杜沂游在子由同遊之前一月馬紹基湖北金石詩注　東坡集中有杜沂遊武昌以酴醾花菩薩泉見餉詩又有書杜君懿藏諸葛筆君懿名叔元沂之父也陳詩湖北金石存佚考

梁

溪漫志臨安石屋洞崖石上有題名二十五字云陳襄蘇頌
孫奕黃灝曾孝章蘇軾同遊熙寧六年二月二十一日內東
坡姓名磨去僅存髣髴蓋崇寧黨禁時也今武昌江邊怪石
如象如馬如屏如几磊磊彌望有題名二處其一江綖蘇軾
杜沂沂之子傳侯遊元豐三年四月十三日二十一字其一
蘇軾李婴吳亮趙安節王齊愈潘丙元豐五年二月二十二
日游口十日婴口來三十一字東坡姓名亦只存偏旁豈盡
黨禁被劖耶抑巨濤之所薄蝕耶余九曲亭詩云寒濤嚙盡
元豐字注蘇詩者不知杜沂爲何許人據此則固得其二子
名矣考田詩話風定樹白穩容與　國朝嚴觀蘇東坡題名詩溪寒水泌潺泛扁舟坡仙寄興遣前月借子由山
厯同北苑慰於九曲亭興盡不思返境不異桃源只未逢劉阮題名紀歲華何人鐫翠琬前銘不可尋賴有花同本剝蝕
汲汲看幸無一字損

石壁宋沈遼題名　沈遼元豐三年十月六日游溯口似
雅子修從凡五行行四字正書右宋沈遼題名共十八字字徑二寸六
分正書孫及子修二人俱無攷在武昌縣城北臨江西山石
壁案蘇軾有送遼赴廣南詩云嗟我與君皆丙子四十九年
窮不死又云我方北度脫重江君復南行輕萬里此元豐七
年之作今題名在三年蓋與東坡相處在黃巳四年矣沈之
里居無所攷馬紹基湖北金石詩注　國朝嚴觀沈遼題名詩野梅徧春山山下即樊口沈遼每出遊蘇
公必偕走或飲君子泉或酌黃華酒每愛到蓮溪花賞大如斗曾讀唱和詩如煙籠細柳兩情不見分公何今落後
又何傷公名自不朽紀遊字數行必有山神守

枕江石宋蘇軾題名　蘇軾李婴吳亮趙安節王齊愈潘丙
元豐五年二月二十二日游口十日婴口來凡八行行四字正書李婴
蘄水令嘗作滿江紅詞上東坡東坡喜之見漁隱叢話吳亮

字君采武昌主簿王齊愈字文甫犍爲人寓居武昌齊萬秀
才之兄也潘丙字彥明黃岡人並見本集湖北金石存佚考
九曲亭記碑宋蘇轍撰案亭建於元豐五年記載古蹟
呂公洞宋李楷題名　大江濱島嶼有石刻呂公洞三大字
左右有石勒左勒云荊漕刺史張沈來武昌遊東臺載餚漾
舟江濱散步林石間得陶元歐蘇之跡遐想清高命尊游目
今古相望同此樂者齊安絳帳徐向知錄胡瑞是邑宰李楷
簿馬龜年尉姚天驥淳熙七年二月十七日書行書　右勒云
滄熙庚子暮春既望與令郜鄆李楷步自西亭覽江山之勝
遐想韓仲卿鄧聖求之爲政其人不可復見因摩撫砑壁訪
蘇元二先生遺跡徜徉求之而還時杜彥真宋漢臣劉景封
附濬同遊子憲德從正書　案熊志載題名字多闕誤今悉改正　國朝嚴觀李楷題名詩欲覽
西山訪題名到處求穿崖遵古道借徑過城陬石藥無從覓散花空有洲徘徊方欲轉舉目見文虬急拓歸齋誦風流孰
與儔寄懷思往哲名附志何優人例懸匡下風來香亦柔清芬吹不斷總傍北山頭

窊樽石刻宋縣令朱堯書名勝志　窊尊二大字八分書字徑三
尺四寸右題朱堯書三字亦八分字徑六七寸在武昌縣江
邊石壁上馬紹基湖北金石詩注　國朝嚴觀窊尊石詩家石堪爲尊唐賢寄清興亭構于其旁闢門成幽
徑疊石號成英溪橫接小磴招得良朋來開樽時不定詩成示士源石關同一凭應羨山如龍抱伏自溷互妙音何處來
風送山中磬似促人應歸清景恐難覓
武昌銅劍宋蘇軾武昌銅劍歌並序供奉官鄭文嘗官於武昌江岸裂出古銅劍文得之以遺余冶鑄精巧非
鍛冶所能成者雨餘江清風捲沙雷公躡雲捕黃蛇蛇行空中如枉矢電火燋燋燒蛇尾或投以塊鏗有聲雷飛天上蛇
入水水上青山如削鐵神物欲出山自裂細看兩脇生碧花猶是西江老蛟血蘇子得之何所爲蒯侯彈鋏詠新詩君不
見陵煙功臣長九尺腰間玉具高拄頤
洗劍池石刻宋立　洗劍池三大字在縣西西山松風閣宋

淳祐元年泰定二年重整康熙湖廣通志

石塔記碑元立　在縣北六十里碧石渡延祐五年建康熙湖廣通志

武昌縣修學記元許善勝撰案記爲大德八年作文載學校

南湖書院記元闕名撰案記載學校

龍川書院記元闕名撰案記載學校

龍巢兩殿碑元立　在縣西七十里仵城元人余壽卿刻西蜀李文祥書撰西退叟作熊志　案熊志作洪貴記嘉慶通志作退叟馮貴　洪貴龍巢廟記天用莫若龍龍之居必淵泉潭洞池井溪瀾武昌作城間有兩殿名龍巢不知何年作豈其有巢氏之荒祠或上古爲營巢時之故墟老宿相傳名以存古與然吾聞龍之爲物變化莫測大則塞世界細則入微塵胡僣又有兇而降伏於瓶鉢中龍亦甘心焉若爾則奮而飛巢而殿奚不可始予自淮甸負來此郊每遇旱鄉父老率禱此輒應應輒滂沛周浹異他處至元己丑歲塑神像明年庚寅廣祠宇閲歲滋久漸就頹圮吾聞人爲物之靈神依人而靈靈兮孰有靈於心兮予又發聳材植運瓦甓仍資衆力葺新之益務堅樸以心感心時暘時雨龍巢不在珠宮貝闕而在靈臺丹府矣鄉父老曰然爲誌之

武昌縣修學記明辥綱撰案記爲成化十六年作載學校

武昌縣修城記明郎岳撰案記爲萬曆三年作載城池

擁翠亭石刻明賀桓題　賀桓縣人有石刻坐看雲起四字置於擁翠亭熊志　案元明時石刻存者甚多不及備載

祥異

三國吳黃龍元年夏四月夏口武昌案宋書符瑞志作樊口並言黃龍鳳皇見三國志吳主傳始都武昌時越巂之南獻背明鳥形如鶴止不向明巢常對北多肉少毛聲音百變聞鐘磬笙竽之聲則奮翅搖頭時人以爲吉祥拾遺記權舉兵武昌並言黃龍見因此改元作黃龍牙常在軍中進退視其所向命吳綜爲賦宋書符瑞志

嘉禾五年二月武昌言甘露降於禮賓殿吳主傳赤烏元年秋八月武昌言麒麟見同上九年夏四月武昌言甘露降同上

建興元年案是年爲孫亮元年非蜀漢禪帝建興元年也邵志殊誤十二月雷雨天災武昌端門又災內殿三嗣主傳或曰孫權毀徹武昌以增太初宮諸葛恪有遷都意更起門殿事非時宜故見災也宋書五行志

永安六年白燕見於慈湖三國志裴松之注引吳曆

寶鼎元年八月所在言得大鼎於是改年大赦三嗣主傳

晉建武元年十一月木連理生武昌宋書符瑞志大興元年二月武昌西陽地震山崩晉書五行志秋七月戊辰木連理生武昌宋書符瑞志十二月武昌西陵地震湧水出山崩晉書五行志武昌太守王諒案邵志作諄誤牛生子兩頭八足兩尾共一腹宋書符瑞志不能自生十餘人以繩引之子死母活其三年後苑中有牛生子一足三尾生而即死搜神記四年王敦在武昌鈴下儀仗生華如蓮華五六日而萎落晉書五行志元帝大興中王敦鎮武昌有雌雞化爲雄同上武昌災火起興衆救之救於此而發於彼東西南北數十處俱應數日不絕同上太寧初武昌有大蛇常居故神祠空樹中每出頭從人受案集異志作求字食京房易妖曰蛇見於邑不出三年有大兵國有大憂其後討滅王敦及其黨與宋書五行志咸和四年四月甘露降武昌郡閣前柳樹太守詡以

聞宋書符瑞志　庾亮鎮武昌有大鹿向城西門城東家望見城內有數炬火從城上出如大車狀白布幔覆與火俱出城東北行至江乃滅晉書戴洋傳　元興二年甘露降武昌王成基家竹宋書符瑞志　武昌大火燒數千家晉書陳訓傳　案陳訓傳或問其以明年吉凶訓曰揚州刺史當死武昌大火上方鎮將亦當死至時劉陶周訪皆卒武昌大火燒數千家

南宋元嘉十三年四月辛丑武昌縣章山案章山在縣西神一里西陽戍湖中環山皆水今訛爲張公山俗名龍珠山又一統志章山在大冶縣東二十五里名勝志自馬臨延連道士洑皆名章山似又一章山也　水側自開出神鼎江州刺史南譙王義宣以獻十七年七月武昌崇讓鄉程僧愛家候風木連理江州刺史臨川王義慶以聞宋書符瑞志　二十二年木連理生武昌江州刺史廬陵王紹以聞宋書符瑞志　二十五年二月己亥白虎見武昌武昌太守蔡興宗以聞宋書符瑞志　二十六年三月庚辰癸巳甘露頻

降武昌江州刺史廬陵王紹以聞宋書符瑞志

南齊永明十一年白象九頭見武昌齊書祥瑞志

唐太和四年夏大水五年復大水邵志　案舊唐書文宗紀太和四年五年荆襄鄂大水

宋咸平二年九月鄂州武昌縣生異草如柏色瑩白枝葉傅地如繡文獻通考　紹興四年鄂州武昌縣虎爲人患宋史五行志　嘉定十六年鄂州江湖合漲城市沈没累月不泄是秋江溢圯民廬宋史五行志　案熊志作唐開禧十六年邵志改爲宋寶宗開禧十六年考唐無開禧宋開禧無十六年嘉慶通志以爲紹興五年均誤又案鄂州爲今府治非縣志所應載以熊邵兩志均載姑存之後不具舉　十七年冬鄂州暴風壞戰艦二百餘壽昌軍壞戰艦六十餘宋史五行志

元大德十年火邵志　案元史成宗紀大德十年十一月丁亥武昌路火　泰定四年饑邵志　案元史泰定帝紀無武昌饑之文而是年諸路多饑皆賑糧有差　天曆二年饑邵志　案元史文宗紀是年武昌路旱饑出官粟賑糶之

明宣德九年大水至儀門正統元年湖廣饑役免田租有差三年大旱四年五月大旱邵志　十一年七月火燔公署民居無算死者數百人嘉慶通志　天順二年大旱邵志　案嘉慶通志引縣志自五月至九月不雨人相食　成化八年武昌旱明史五行志　二十三年大旱邵志　案嘉慶通志引舊通志夏武昌大旱道殣枕籍　弘治元年大旱案明史五行志夏武昌諸府旱　十三年大水入櫺星門正德三年旱四年大旱邵志　武昌地震初見碧光如電者亦有聲如雷已而地震明史五行志　六年三月流冦登岸焚燬倉厫民居大半邵志　九年大水居民漂圯田禾渰没殆盡嘉慶通志引府志　十一年秋八月地裂十二年大水十三年大水饑邵志　十五年夏大水至冬不涸嘉慶通志　嘉靖二年大旱九月大水十三年大旱十四年大旱十五年三月大水發倉糧及事例銀

兩賑饑二十三年大旱火譙樓儀門燬民居被災尤甚二十四年大旱地震邵志　三十三年旱明史五行志　冬十二月大水嘉慶通志　三十五年大水三十七年異風拔木摧屋江湖人民溺死無數三十九年七月大水禾苗渰没官民舍宇牆垣傾圯冬雷四十年春震雷大雪四十一年秋旱四十三年夏霪雨害禾四十四年大水旱禾俱浸四十五年大水没田秋霪爛禾稼冬大雪連月隆慶元年春霪雨嚴寒百物俱傷夏秋水旱禾不收二年水旱稻無收四年冬無雪五年五月初大水害麥迄秋不涸有怪鼠若水鳥禿尾黑色生息日蕃一穴數十稻熟聚食之又食茅根菱芡田塍地坎穿穴皆空至次年春不見冬無雪六年六月有蒼黑二色鳥萬數屯聚西山半日而散萬歷十七年大旱人相食三十六年大水渰邑居之半邵志

三十七年春三月武昌火越二日又火共燔二百六十餘家
明史五行志泰昌元年冬大雪四十餘日江水氷天啓四年旱邵志
崇禎七年甲戌二月二十七日巳刻有聲自西北來如雷地
爲之動坐立之人摇摇如在舟中房屋皆震黄州城傾數垛
武昌諸處皆然横亙凡二千餘里冷賞十二年黄州鼠食禾渡
江明史五行志十三年五月雨土黄霧四塞百步内外不能辨物
旬日始霽嘉慶通志七月蝗食禾及竹木葉既十四年春夏間連
雨三月晝晦對面不見物江水濁如泥臭不可食者二晝夜
或謂之翻江十五年五月大旱蟲蝝生十六年夏四月青蠅
羣集城郭道塗間幾不可行尋有流賊破城焚殺之變十七
年正月異鳥黑色大頭長頸集滿西山人望之疑兵下營不
敢近歷一時飛東南去邵志

國朝順治三年旱四年大水江湖匯爲一九年大旱蚆蟺見東
方山自二月至十月不雨斗米銀至四錢樊湖水涸民掘食
菱芡根殆盡流亡過半知縣徐翀請賑免本年糧餉十之六
十二年三月燕巢城下甃石上凡九壘中一壘方員尺餘八
壘環其外戸皆内向按物象通占應城空五月訛言兵下逃
散殆盡閲數日始還十四年二月晝晦大風拔木毁屋湖舟
覆者起空中旋折而下十五年大水又大火出自梁棟焚官
廨民居十之二三邵志十六年大風拔木壞民居嘉慶通志十七年
冬雪彌月江水凍湖氷堅可行牛馬半月始解十八年五月
大旱賑卹邵志康熙元年慶雲見五色絪緼至曉不散秋旱嘉慶
通志二年秋大水舟可自小東門入出大南門入洋瀾湖邵志蠲
免本年錢糧十之一嘉慶通志四年夏四月晝晦大風伐屋拔木

八年夏四月異風自北而南壞鹽船舟人溺死無算六月大
雨平地水深尺許環邑諸山有聲如雷起蛟無數十年秋旱
十一年有虎自江北南渡突入民居連穿十餘家衆共斃之
邵志十五年夏五月大水秋復大水蠲本年民賦十之三嘉慶通志
二十一年秋大水二十二年春大雨城内外俱浸邵志二十三
年秋大有年嘉慶通志二十九年旱饑邵志蠲免錢糧之半嘉慶通志三
十二年旱賑邵志三十三年旱嘉慶通志三十五年八月大水四十
三年大水四十七年大水四十八年大水五十三年大水五
十四年大水五十五年大水邵志雍正三年大有年四年大水
蠲賑五年大水蠲賑免賦六年旱時疫流行十二年鄉村疫
癘乾隆二年蝗有司捕之盡是年熟七年大水江湖爲一十
三年夏雨雹塊暴風拔樹彗星見西方經兩月而沒十四年

大有年十五年三月初六日暴風自西案嘉慶通志有南字來江中覆
舟無算天色黄氣似琉璜邵志十七年水嘉慶通志十八年秋大水
二十年大水旱禾盡沒二十一年春饑斗米五百文二十二
年夏彗星見西方二十五年大熟二十六年十月二十五日
符三里民劉光陞妻李氏一産三男題
賜米布二十七年大有年二十八年旱禾熟邵志二十九年大水
三十二年大水三十三年旱三十四年大水三十五年饑十
一月二十六日馬蹟鄉民徐定貴妻鄒氏一産二男一女四
十三年大旱蝗四十四年夏旱秋水江漲四十六年旱四十
七年水四十八年大水五十年大旱五十三年大水入城江
湖匯蠲賑五十九年旱稻大熟嘉慶三年麥有秋夏大水秋
有年四年春正月朔旭日中有三人見者獲福七年夏旱緩

帶節年錢糧等項（通志）嘉慶二十年水二十一年大水縣北市災二十二年大熟二十五年秋旱庚樓市火道光元年四月日月合璧五星聯珠二年大熟三年大水四年旱九年大熟十年秋大水冬雷十一年大水江湖水合民多流亡十二年大疫春饑蠲賑十三年夏大水十四年旱十五年大旱蝗縣南百子畈地裂十六年蝗不爲災十九年大水冬大雪湖水堅二十年大水二十一年大水秋神山鄉新店諸山起蛟九冬大雪饑蠲賑二十二年大水夏大疫二十三年大有年二十四年大有年二十五年大有年二十六年麥穗兩歧二十七年冬雷震二十八年大水江湖滙爲一冬十月初三日夜大風覆鹽船舟人多溺死蠲賑免賦二十九年大水江湖滙爲一舟行城上春夏霪雨六月朔雷震始晴江中出火可以然

物大饑蠲賑免賦三十年大水麥兩歧三穗咸豐元年秋彗星見西北二年夏彗星見冬署左市火四年雨木氷黑豆五年春天雨豆如槐實夏秋旱冬十一月桃華六年大旱蝗過境百子畈地裂慈湖港地出火可煮酒七年春三月霪雨五月旱飛蝗蔽天八年大水秋彗星見署右市火九年地生毛秋雨雹十一年夏彗星見秋八月日月合璧五星聯珠冬大雪湖氷堅同治元年夏五月雨雹六月蝗不爲災四年春正月震雷烈風雨雹雨木氷五年大水六年秋旱百子畈地裂七年春大雨雹三月十九日大風覆舟溺死者衆八年大水九年秋大水十年虎見靈溪鄉三角山逐者千人莫敢攖旬日自斃冬馬橋江濱出火可熱水然物十一年夏疫癘十三年夏五月小西門内火光緒二年夏秋間妖人剪人髮辮剪雞翅毛無數人心惶惑後亦無異三年冬大雪湖氷堅四年大水夏五月靈溪馬蹟諸鄉蛟水爲災人民廬舍多衝沒冬桃李華六年大熟秋疫冬十一月縣北市火七年春二月雷雹大雪酷寒雨木氷樹多凍折夏彗星見西北秋大有年八年大水秋彗星戌見北方蚩尤旗寅見東方形如匹練九年春三月虎見馬蹟山村民張姓三人以耰鋤斃之五月馬蹟鄉廩生湯藝林妻李氏一產二男一女十年大有年冬十一月初一日戌初西北天際有白氣長三十餘丈旋見紅光下墜形如流星十一年三月二十九日雷山寺中起蛟平地水深數尺九月二十七日地震十月二十一二三夜星隕如雨

（新纂）

武昌縣志卷十

武昌縣志卷十一

藩封

唐

樊仲文居於樊　詳沿革

夏

封唐後都於鄂　詳沿革

殷

鄂侯　詳沿革

周

楚鄂王紅　楚子熊渠封中子紅於鄂　太平御覽引世記詳沿革　案劉向說苑善說篇鄂君子皙親楚王母弟也官爲令尹爵爲執珪當是襲封於鄂薛季宣鄂墟賦以紅歸國廢恐誤

漢

鄂侯　案續漢書郡國志鄂侯國鄂侯無攷

三國吳

太子登鎮武昌　案黃龍元年太子登鎮武昌以上大將軍陸遜偏將軍是儀輔焉太常潘濬亦駐武昌共掌留事均有傳

齊王奮居武昌　神鳳元年　案通鑑作魏嘉平四年元和志作嘉禾二年誤　立孫奮爲齊王居武昌　吳書本傳　案本傳孫奮字子揚母曰仲姬權薨太傅諸葛恪不欲諸王處江濱兵馬之地徙奮於豫章奮怒不從命又數越法度恪上牋諫遂移南昌

晉

武昌縣侯虞潭　蘇峻反潭與郗鑒王舒協同義舉尋而峻平以前後功進爵武昌縣侯邑一千六百戶卒於位謚曰孝烈子仡嗣仡卒子嘯父嗣　晉書本傳　案三國志虞翻傳裴注潭字思奧又晉書地理志大國侯邑千六百戶地方七十里

武昌侯裴該　駿誅以功當封武昌侯頠請以封憬帝竟封頠次子該　晉書裴頠傳

武昌郡公王敦　以敦爲丞相江州牧進爵武昌郡公邑萬戶　晉書本傳詳兵事

武昌鄉侯嵇含　含襲爵武昌鄉侯　晉書忠義嵇紹附傳　案含爲紹從子又案晉書桓玄傳玄封王謐爲武昌縣公又王導傳桓玄篡封謐武昌縣開國公加班劍二十人以爲篡逆所封故不錄

南宋

武昌王劉渾　元嘉二十九年七月汝陰王渾改封武昌王　宋書文帝紀　案孝武帝紀孝建元年以征西將軍王渾爲雍州刺史二年有辠自殺又文武王傳太宗即位追封爲武昌縣侯

武昌縣公謝晦　武帝永光元年封侍中領軍謝晦爲武昌縣公食邑二千戶　宋書徐羨之傳　案謝晦本傳以佐命功封武昌縣公食邑二千戶邵志作謝詢誤

武昌縣侯薛安都　世祖踐阼以功封南鄉縣男孝建元年進爵爲侯大明二年改封武昌縣侯加散騎常侍　宋書本傳　又案宋書恩倖傳元嘉中封於天寶爲鄂縣子食邑二百戶以恩倖不載又北史魏武帝紀太延二年改封潁川王提爲武昌王楊播傳有武昌王和魏書許彥傳世祖初賜爵博陵侯進爵武昌公攷魏書地形志有武昌郡治團州自與縣別惟地形志載武昌郡武定四年置或舊名武昌也又漢書地理志王莽時亦有武昌縣乃漢東武陽唐書地理志羈縻州有武昌州隸戎州都督府皆名同而地異也

齊

鄂縣子王玄載　沈攸之之難玄載起義送誠進號後軍將軍封鄂縣子建元元年爲左民尚書鄂縣子如故　南齊書本傳

武昌王蕭子明　永明元年封皇子　二字據南史齊紀補　子明爲武昌王三年失國璽改西陽　南齊書武十七王傳　案邵志作子響攷南齊書武帝本紀及魚復侯子響傳均無封響爲武昌王之文邵志誤

武昌縣伯裴叔業　建武二年上以叔業有勳誠封武昌縣伯 南齊書本傳

梁

武昌郡王蕭謍　大同三年三月立昭明太子子謍爲武昌郡王 梁書武帝紀　案本紀中大同元年七月以武昌王謍爲東揚州刺史八月薨又百官志郡王第一品秩萬石

陳

武昌郡公周炅　授炅戎威將軍定州刺史帶西陽武昌二郡太守太建八年贈司州刺史封武昌郡公 陳書世祖紀 謚曰壯子法僧嗣 陳書本傳　案隋書周法尚傳以武昌縣公法僧代爲定州刺史

武昌王陳叔虞　太建十四年後主立皇弟叔虞爲武昌王 陳書後主紀　案高祖二十九王傳叔虞爲高宗第十九子

周

鄂國公王傑　大象元年追封鄂國公謚曰威 周書本傳

唐

武昌縣男戴胄　太宗即位封府士曹參軍戴胄爲武昌縣男 舊唐書本傳 唐書本傳

武昌縣子孔禎　高宗時封絳州刺史孔禎爲武昌縣子謚曰溫 舊唐書孔紹安傳　案禎紹安子

宋

武昌縣子岳飛　紹興四年授湖北路荆襄潭州制置使封武昌縣開國子五年入覲進封武昌郡開國侯詔兼蘄黃制置使加檢校少保進封公淳熙六年謚武穆追封鄂王 宋史本傳

武昌縣開國男吳景偲　淳熙年封吳景偲爲武昌縣開國男 熊志有傳

坿錄

漢鄂邑公主　武帝封姊號鄂邑長公主 元和郡縣志　案漢書昭帝紀帝姊鄂邑公主益湯沐邑爲長公主共養省中顏師古注應劭曰鄂縣名屬江夏公主所食曰邑

晉武昌公主　簡文帝女武昌公主 晉書桓修傳

唐武昌縣君　開成元年封衡方厚妻程氏爲武昌縣君 舊唐書列女傳

官師一

三國吳

武昌督 案吳時鎮將總兵亦曰都督大軍出爲二部則曰左右督通鑑正始七年吳主分荆州爲二部以鎮南將軍呂岱爲上大將軍督右部自武昌西至蒲圻以威北將軍諸葛恪爲大將軍督左部代陸遜鎮武昌

呂岱 赤烏元年右部督有傳

諸葛恪 赤烏元年左部督有傳

陸凱 五鳳二年右部督有傳

滕胤 太平元年右部督　案吳書孫亮傳太平元年大司馬呂岱卒更以滕胤爲大司馬代呂岱駐武昌考孫綝傳胤爲綝所殺蓋未赴武昌也又綝因孟宗求出屯武昌休許焉亦未赴而見殺

魯淑 永安中武昌督有傳

范愼 甘露閒左部督有傳　案孫皓傳建衡三年以武昌督范愼爲太尉蓋久駐武昌矣熊志作左都督誤

薛瑩 建衡三年左部督有傳

徐平 武昌督有傳

孫述 武昌督父鄰有傳

案吳書寶鼎元年以衛將軍滕牧鎮武昌當是左部督有傳又裴注引會稽錄晉軍來伐遣虞昺持節都督武昌已上諸軍事當是右部督又晉書陶璜傳皓徵璜爲武昌都督則猶未赴也

武昌部從事

樊伯 南陽人見太平御覽引江表傳詳兵事

武昌太守

士燮 案三國志吳書士燮傳建安末年燮遣子廞入質權以為武昌太守

習溫 見襄陽耆舊記

鄂長

胡綜 案吳書胡綜傳從孫權討黃祖拜鄂長蓋此時武昌郡尚未立也

晉

荊州刺史 案宋書州郡志荊州刺史魏晉治江陵王敦治武昌陶侃前治沔陽後治武昌王廙治江陵庾亮治武昌又晉書地理志荊州統郡二十二縣一百六十七戶三十五萬七千五百四十八

王敦 建興三年任詳兵事

陶侃 咸和五年任有傳

庾亮 咸和九年任有傳

武昌太守 案晉書州郡志郡皆置太守諸王國以內史掌太守之任又地理志武昌郡統縣七戶一萬四千八百

褚洽 見晉書褚裒傳及外戚傳又見唐書褚氏宰相世系表 案洽褚裒父

劉根 太安初任見晉書惠帝紀詳兵事

褚儁之 永嘉初任見太平寰宇記

陶侃 永嘉五年任有傳

庾翼 咸康六年任有傳

江州刺史 案晉自溫嶠為江州刺史持節都督鎮武昌奏言豫章十郡之要宜以刺史居之尋陽濱江都督應鎮其地宜選單車刺史別撫豫章詔不許以後置刺史甚多非史傳載有鎮武昌者不錄

傅綜 永平中任見水經注太平寰宇記通鑑地理通釋

溫嶠 咸和元年任有傳

庾冰 建元元年任有傳

謝尚 建元年任 案晉書謝尚本傳庾冰薨領江州刺史通典東晉謝尚庾翼屯守於此

趙誘 大興中代陶侃有傳

樂凱 見晉書郭舒傳 案王敦使郭舒守武昌時凱為太守則舒非太守矣

馮逸 案晉書周訪傳元帝以訪為揚烈將軍領兵一千二百屯尋陽鄂陵與甘卓趙誘討華軼所統厲武將軍丁乾與華軼所統武昌太守馮逸交通訪收斬之逸來攻訪訪率眾擊破之又華軼傳武昌太守馮逸次於湓口訪擊逸敗之

劉翊 見晉書桓宣傳

桓宣 有傳

熊遠 有傳

熊鳴鵠 遠子附見遠傳

周撫 字道和征西將軍周訪子見晉書周訪傳

陳闓 咸康中任見庾亮傳

陶茂 見晉書陶潛傳 案茂陶潛祖

庾楷 隆安五年任有傳

王諒 太興元年任見晉書忠義傳宋書五行志又見搜神記事詳祥異有傳

謝思 見宋書謝弘微傳 案思弘微父

南宋

武昌太守 案宋書百官志太守二千石又州郡志武昌太守領縣三武昌侯相陽新侯相鄂令

何遠 有傳 案康熙府志作梁守誤

阮長之 有傳

蔡興宗 元嘉二十五年任見宋書符瑞志詳祥異 案宋書蔡廓傳廓濟陽考城人興宗廓少子

武昌內史 案宋書百官志秦置守丞尉各一人守治民丞佐之郡當邊戍者丞為長史宋太祖元嘉四年置郡官屬太守二千石丞六百石

沈慶之 有傳 案嘉慶通志作武昌太守考宋書本傳及輿地紀勝均作武昌內史通志蓋誤又宋書臧質傳有郡丞胡庇之詳兵事又見法苑珠林詳雜志

王玄謨 字彥德太原祁人少帝末謝晦為荊州請為南蠻行參軍武昌太守晦敗以非大帥見原元嘉中補長沙見宋書本傳

劉弼 見宋書宗室傳又鄧琬傳有寗朔將軍武昌太守劉弼

臧渙 昇明二年任見宋書沈攸之傳詳兵事 案嘉慶通志有武昌太守劉渙未知所據又宋書臧質傳孝建元年質以羊沖之為武昌郡以叛臣所置不錄又異苑及廣古今五行記均載永初中有武昌太守張春志怪之書不盡傳信詳雜志又南齊書王奐傳元徽間奐為晉熙王鎮西長史加冠軍將軍江

夏武昌太守當是遥領亦不載

齊

武昌太守 案南齊書百官志郡太守內史

伏曼容 有傳

邱巨源 見南史文學傳案本傳未赴改餘杭令康熙府志作晉守誤

劉靈眞 見梁書南史劉訏傳案傳稱齊鎮西諮議武昌太守

案嘉慶通志有齊武昌太守沈沖攷南齊書沈沖本傳及南史沈懷文傳均載齊武帝爲江州沖爲征虜長史尋陽太守無武昌太守之文通志未知所據

梁

武昌太守 案梁書百官志郡置太守置丞郡丞三萬以上置佐一人

吉士瞻 天監年任有傳

朱買臣 荊州人承聖三年任見南史並通鑑梁紀及御覽引三國典畧

案還寃記載梁武昌太守張絢以爲志怪之書詳雜志又案梁陳之際常以將軍領太守之任西陽武昌多兼領之考梁書太祖五王傳天監中南平王襄王偉子恭出爲督齊安等十一郡事寧遠將軍西陽武昌二郡太守又夏侯亶傳普通三年夏侯夔遷假節征遠將軍西陽武昌二郡太守陳承梁皆循其制陳書世祖紀永定間授周炅戎威將軍定州刺史帶西陽武昌二郡太守又天嘉間陸山才遷雲旗將軍西陽武昌二守見陳書本傳以非專職不載

隋

武昌縣令 案隋書百官志縣置令丞尉大縣百四十石其下每以十石爲差至於下下則六十石

義士暄 隋末縣令見太平寰宇記詳古蹟 案邵志作義大暄大業間任誤

唐 案唐書地理志元和郡縣志武昌縣緊

武昌縣令

韓仲卿 見新唐書有傳 案李白去思碑云時鑿齒磨牙於兩京宋城易子而炊骨則在開元以後也邵志作開元年任蓋臆斷之文

武昌尉

李諼 見唐書李氏宰相世系表

王庭璘 見李白武昌宰韓君去思碑詳金石

孟彥深 字士源登天寶二年進士第天寶末爲武昌令見唐詩紀事

馬珦 扶風人廣德元年任詳古蹟 案方輿勝覽輿地紀勝景物下作馬安紀勝碑記下作馬向均誤

唐平 興元年中任見太平寰宇記

南唐

武昌縣令

歐陽彬 永豐人見江西通志 案江西通志彬仕南唐爲武昌令檢校右散騎常侍兼御史大夫累贈中書令與宋縣令歐陽郴似非一人

宋 案宋史地理志元豐九域志輿地紀勝輿地廣記武昌縣上

知壽昌軍 案宋史職官志宋初革五季之患召諸鎭節度會於京師分命朝臣出守列郡號權知軍州事其後文武官參爲知州軍事二品以上稱判軍謂兵州謂民政也

趙崇濤 紹定四年任見熊志會修忠節祠

京規 淳祐間權壽昌軍修南湖書院見明統志

胡夢麟 德祐元年任十年正月丙戌元兵徇江州知壽昌軍胡夢麟寓治於江州丁亥自殺均見宋史瀛國公紀

史巖 開慶元年十月史巖沿江制置副使移司壽昌軍應援鄂州見宋史理宗紀

武昌縣令 案宋史職官志縣令凡戶口賦役錢穀賑濟給納之事皆掌之若京朝幕官則爲知縣

歐陽郴 廬陵人宋初官武昌令尚書職方郎中分司南京歐陽穎之祖見歐陽修尚書都官歐陽公墓誌銘

鄧潤甫 嘉祐中任有傳 案蘇軾西山詩序嘉祐中翰林學士承旨鄧聖求爲武昌令

李嬰 元豐五年任見宋贈太師郝武莊公夫人朱氏墓誌銘 案碑稱前鄂州武昌縣令李嬰撰又元豐五年題名有蘇軾李嬰吳亮詳金石

李觀 見畫墁集 案集載同縣令李觀佐吳亮嚴竑及子瞻諸人遊武昌樊山考東坡有與武昌主簿吳亮詩在元豐五年李觀令

王霆 有傳。案邵志有王霽知壽昌軍，畱心民事，深爲國計，似卽一人。康熙府志作王霆之，亦誤。案嘉慶通志載宋知壽昌軍一人方澤，明統志方澤知武昌軍，政和民悅，再起南樓。黃庭堅詩：庾公風流泠似鐵，誰其繼之方公悅。公悅，澤字也。攷輿地紀勝：鄂州下元祐元年方澤爲州守，方輿勝覽亦作元祐間守，而武昌縣至嘉定十五年始升爲武昌軍，旋升壽昌軍，前此無武昌軍之名。元祐元年至嘉定十五年計百三十餘年，方澤不應尙存。蓋宋至道二年己設武昌軍節度，方澤是時知武昌軍，蓋在鄂州也。黃庭堅有鄂州南樓書事四首，又南樓畫閣觀方公悅詩戲次韻二首，皆明言鄂州南樓，其引用庾公事己詳古蹟，諸書無作知壽昌軍者，通志蓋誤。邵志以爲唐德宗貞元間知武昌軍，黃庭堅以詩紀之，尤謬。又案邵志有王安國爲壽昌軍節度推官，持正不可干以私。考安國係武昌軍節度推官，邵志誤，今删。

武昌當在此時

吳景偲 政和年任，有傳

王揮 靖康後知武昌縣，見薛季宣王公墓誌銘，詳冢墓

程鵬舉 攝縣令，見薛季宣勝亭記

唐時 見薛季宣武昌土俗編序

薛季宣 有傳

周復 淳熙初任，見修儒學記

李楷 鄱鄭人，淳熙七年任，見呂公洞石刻

胡朝潁 慶元元年任。案胡氏譜：朝潁咸平中令武昌，罷官後主講龍川書院，遂家於金牛鎭。考元龍川書院記，則書院始建於元，主講者爲朝潁玄孫文壽，然咸平距元初且三百年，何得尙有玄孫，胡氏譜誤。邵志作慶元，差近。又宋詩紀事云：胡朝潁字達卿，淳安人，乾道八年進士，官提刑，有靜軒集，或又一朝潁也。

段震午 寶慶元年任。案邵志職官表作知縣，南湖書院下作知府，康熙府志作段震年，尤誤。

朱蘘 案名勝志作宋令，詳金石

案括異志載治平中武昌縣令鄭前觀以爲志怪之書，不錄，詳雜志。又蘇軾武昌銅劍歌序：供奉官鄭文嘗官於武昌，不知何官也。

主簿 案宋史職官志：開寶三年詔諸縣千戶以上置令簿尉。

吳亮 字君釆，元豐元年任。案邵志作吳亮工，誤。考蘇文忠集元豐五年六月有詩與武昌主簿吳亮，畫堤集及元豐五年題名均作吳亮。

尉 案宋史職官志：縣置尉一員，在主簿之下。又薛季宣上諸司論金牛置尉劄子：金牛鎭舊有監官一員，紹興初減罷。

嚴屹 任元豐元年，見畫堤集

教授 案宋史職官志：慶曆四年詔諸路州軍監各立學，始置教授。

王禹奎 嘉祐二年任，見邵志

黃瑞諒 淳熙間任

巡檢司 案宋史職官志：凡沿江沿海招集水軍，控扼要害，及地分闊遠處，皆置巡檢一員。

歐陽鑒 廬陵人，仕爲右侍禁武昌巡檢，尙書

工部郎中歐陽載之子，見歐陽修歐陽載墓誌銘

蘇迨 見斜川集仲豫赴官武昌敘

賈麟之 紹興間任，見薛季宣賈氏宗譜序。案序稱麟之始以進士高第試主武昌簿，領問學，有淵輿宅，日攝事郡府，以文字出入諸臺間，則麟之蓋賢吏也。

黃邦俊 亳人，紹興三十年任，見薛季宣寒溪堂記

許 失名，字仲璠，見薛季宣浪語集

馬龜年 淳熙七年任，見呂公洞石刻

李康年 字樂道，江夏人，見書畫譜。案輿地紀勝：李康年攝尉武昌，自江夏登舟，一夕而至，詩云：可笑野航載歸夢，不知身在武昌城。則康年蓋攝任也。又東坡集有跋李康年篆心經後，在元豐五年，則攝尉當在此時。又與李通叔尺牘及黃庭堅跋，皆推宗其篆書，則康年蓋善書也。

董 失名，番陽人，見薛季宣正己堂記

蕭逢辰 淳祐間任

邵萍生 署本縣學事，見邵氏譜。案高似孫疎寮集有答武昌吳廣文詩，吳廣文佚其名。

王栴 字彥材，番陽人，紹興三十年任，見薛季宣寒溪堂記及梅廡記

姚天驥 淳熙七年任，見呂公洞石刻

鄒應博 嘉定中任，見一統志

元 案元史地理志武昌縣下

權知壽昌府 案元史百官志：太祖十八年定西域諸城，置達嚕噶齊監治，自是每定一路，路府州縣皆置達嚕噶齊。時武昌初定，故尙沿宋置也。又案散府秩正四品，達嚕噶齊一員，知府或府尹一員。達嚕噶齊原作達嚕花赤，華言掌印官。

壽昌府判官

申屠致遠 壽張人，至元中壽昌府判，見一統志。有傳

祉

陳天祥至元間權知壽昌府事見元史陳祐傳有傳

孔遵至元中知府事見元許善勝修學記案記又有王侯利貞未知何官

達嚕噶齊案元史百官志至元二十年定江淮以南三萬戶之上者爲上縣一萬戶之上者爲中縣一萬戶之下者爲下縣上縣秩從六品達嚕噶齊一員尹一員丞一員簿一員典史二員中縣秩正七品不置丞餘悉如上縣之制下縣秩從七品置官如中縣民少事簡之地則以簿兼尉後又别置尉尉主捕盜之事别有印典史一員考地理志武昌縣一萬五千餘戶爲中縣當無丞

主簿

孟德成大德八年任見元許善勝修學記

賈瑋至正十七年任案泰定間有判簿王野奴修九曲亭未詳何官

典史

龍不花至元間任有傳

教諭案元縣置教諭一員書院别置山長元貞元年悉罷之

宋克寬大德間任見元許善勝修學記

王齡見熊志

譚印南茶陵人武昌教諭見湖南通志

馬天敏大德八年任見元許善勝修學記

職馬祿丁西域人以世廕爲武昌縣達嚕噶齊有惠政解官留葬其地詳元史丁鶴年傳案職馬祿丁爲孝子丁鶴年父鶴年有傳

趙從仕至正元年仕案龍川書院記作馬從任

鐵山至正五年任

王文貢至正十七年任

案大德八年有湖南書院山長趙君佚其名見湖南書院記元初有龍川書院山長胡文壽至正乙酉有龍川書院山長國忠失其姓見龍川書院記

明案明史職官志縣知縣一人正七品縣丞一人正八品主簿一人正九品其屬典史一人知縣掌一縣之政縣丞主簿分掌糧馬巡捕之事典史典文移出納又縣教諭一人訓導一人掌教誨所屬生員洪武二十四年定儒學訓導位雜職上考巡檢以下爲雜職

知縣

縣丞

主簿

典史

教諭

訓導

戚元禮洪武初任有傳

孟吉洪武三年任案薛綱謝侯修學記作孟吉誠

謝叔賓洪武七年任有傳

張光大洪武十五年任有傳

袁士晦永樂元年任有傳案康熙府志作雎陽人

沈斯南直隸江陰人洪武七年任陞兵科給事中案邵志云民甚德之

陳琦福建福清舉人洪武間任案原缺從福建通志補

吳剛華亭人永樂二年任案明陝西南直隸均有華亭又康熙府志作吳綱誤

徐文斌洪武中任有傳案原缺從湖廣通志補

吳玘南直隸吳縣人永樂二年任

宦績永樂十二年任有傳

姚智

何原山東高苑監生宣德元年任

王文信正統

俞海廣南直隸含山監生永樂十二年任案熊志俞作愈云民歡慕之

徐仲樸江西南昌人宣德元年任

朱廣華監生宣德三年任案熊志作沿山人考明志無沿山當爲江西鉛山之誤

夏崇四川大足人永樂十六年任

張琦浙江鄞縣舉人宣德十年任陞重慶教授

朱紹勳宣德十年任有傳

余資深正統

元年任有傳 案康熙府志作王友信誤
許誠 正統四年任有傳
牛達 山西長子 監生正統十一年任 案熊志作牛逵
文哲 景泰元年任有傳

文理 廣西灌陽 監生正統二年任 案康熙府志作睢陽人
郭遲 河南葉縣 監生景泰三年任

蘇賢 廣東番禺 舉人景泰元年任

鄧政 景泰間任 案原缺今從邵志津梁補

杜巽 正統四年任有傳
董寅 新安人 景泰元年任

元年任 案邵志作上統人考明無上統
王修業 江西 吉水人正統四年任 陞宜賓教諭
陳忠 四川納溪 舉人正統十一年任
伍誠 四川嘉定 州人景泰元年任
周寍 浙江海寍 人景泰四年任

鍾振 浙江錢塘 舉人天順元年任
楊子奎 四川 江津舉人天順六年任
曹景誠 南直 隸績溪人成化六年任

蹇霆 四川巴縣 恩生成化六年任 案恩生未詳

王達 河南吏員 成化二年任 案邵志作江南人考明無江南之稱今從熊志

桂昌 浙江慈谿 舉人天順六年任

張春 四川巴縣 人成化二年任

劉縉 浙江分水 舉人成化八年任
陳應魁 江西 高安監生成化十三年任
謝廷舉 廣東 番禺舉人成化十五年任
劉吳鍠 四川 瀘州舉人成化十七年任
王濬

王正倫 舉經 明行修成化十九年任 案熊志作德馨人考明無德馨

李和 江西新建 吏員成化十九年任
羅緯 四川合州 監生成化二十年任 案邵志作二十七年誤

羅順 江西廬陵 人成化八年任
官清 福建建陽 人成化十二年任
彭聰 南直隸泰 州人成化十五年任
楊凱 四川宜賓 舉人成化十九年任
周翰 安福舉人

鄧玘 江西金谿 人成化八年任 案邵志作鄧圮今從康熙府志
李榮 樂平 人成化十三年任 案明山西江西貴州均有樂平
宋賓 南直隸當 塗人成化十五年任
丁英 廣西臨桂 舉人成化二十年任 案邵志作二十七年考成化止二十三年邵志殊誤
鄭旭 貴州興隆

弘治元年任
汪璽 弘治四年任有傳
聶賢 弘治五年任有傳
商清 南直隸揚州舉人弘治七年任

郭仲傑 四川合川監生弘治四年任
白珍 四川梓潼監生弘治九年任

張鶚 南直隸績溪監生弘治四年任
趙綸 四川茂州監生弘治九年任

楊敏 監生弘治九年任

弘治元年任
邵誠 四川巴縣人弘治八年任

衛人弘治元年任
楊質 廣西連州人弘治四年任
杜琛 浙江天台人弘治八年任

朱欽 北直隸河間監生弘治十一年任
許能 什方監生弘治十五年任

錢徹 南直隸如皋監生弘治十一年任
畢言 四川雙流監生弘治十二年任案熊志作十七年

案邵志作滄溪人考明無滄溪當是四川蒼溪之訛

陳韶 福建莆田人弘治十一年任

冼政 廣東南海人弘治十一年任
張玗 山陰舉人弘治十五年任陞都

賈倫 河南祥符監生弘治十七年任
劉壬 江西安福舉人正德二年任
王琳 正德五年任有傳
黃偘 江西豐城舉人正德七年任
丁洪 江西鉛山

楊鳴鳳 四川雙流監生正德二年任
談孜 四川巫山監生正德五年任
王思憲 四川

婁進 河南中牟監生正德二年任
鄭和 四川名山監生正德五年任
洪維 浙江慈谿吏員正德七年任

鄧良臣 四川彭山人弘治十七年任
白繡 正德五年署任有傳

察院司務
黃聚 南安人正

進士正德十年任
郭時明 正德十二年任有傳
陳璋 四川永川舉人正德十四年任案南湖橋記璋作章

劍州人正德十年任
王貴 南直隸儀眞吏員正德十四年任

劉肩 四川江油監生正德十二年任

胡準 浙江嵊縣人正德十二年任
李宗暘 嘉靖

德十年任案明福建江西雲南均有南安
邢國憲 廣西宜山人正德十二年任案康熙府志作刑誤
徐實 浙江縉雲人正德十四年任
楊一魁 四川

孫福 四川資縣舉人嘉靖四年任
許檣卿 浙江海寧進士嘉靖六年任
秦并 四川鄷都監生嘉靖六年任
余相 南直隸懷寧監生嘉靖九年任
李金南 廣東文昌監生嘉靖四年任
閻瀾 山西蒲縣監生嘉靖九年任
王潮 吏員嘉靖九年任案邵志作陸安人考明無陸安當是南直隸六安之訛
二年任十年知縣事有傳
楊覲 四川新繁人嘉靖六年任
綿州人嘉靖二年任
徐紀 嘉靖四年任有傳

李宗暘 嘉靖十年任有傳
趙民順 四川巴縣進士嘉靖十四年任
王銳 河南信陽進士嘉靖十六年任
柳榮 南直隸吳
辜鈿 江西
莫宗易 廣西馬平舉人嘉靖十四年任
王新 福建武平人嘉靖十年任
嚴文彥 嘉靖十二年任有傳
蕭雷春 四川

王誥 福建閩縣舉人嘉靖十八年任
諶謙 號劍川江西豐城舉人嘉靖二十年任
陶性 廣西臨桂舉人嘉靖二十五年任
縣監生嘉靖十七年任
胡芳 南直隸上海監生嘉靖二十年任案熊志云善詩
衛國武 貴州選貢嘉靖二十五年任
高級 北直隸東明人嘉靖十八年任
度宗武 四川蓬州監生嘉靖二十三年任
南昌吏員嘉靖十七年年任
林鉞 福建莆田吏員嘉靖二十年任
汪相 南直隸桐城吏員嘉靖二十三年任
藍渫 福建舉人嘉靖十八年任
朱瓚 嘉靖二十年任有傳
徐敷言 四川保寧人嘉靖二十三年任
簡州人嘉靖十七年任
李岐 嘉靖二十年任有傳
徐公蕃 南直隸海門人嘉靖二十三年任

李依仁 南直隸石埭監生嘉靖二十七年任
唐徽 四川南充舉人嘉靖二十九年任
馮儒 四川西充吏員嘉靖二十八年任
許彰 福建閩縣吏員嘉靖三十年任
許啟 浙江仁和人嘉靖二十七年任
樊興 江西南昌人嘉靖三十年任
徐延桂 廣東遂溪人嘉靖二十七年任

張鐸　四川南充舉人嘉靖三十二年任

黃韶　四川富順舉人嘉靖三十四年任　案邵案明廣東志作黃坫湖廣均有今從四川會通志改正同

曹文璧　南直隸太平吏員嘉靖三十一年任

黃袞　會同監生嘉靖三十四年任

黃廣　江西贛縣吏員嘉靖三十三年任

陳軿　長樂人嘉靖三十一年任陞太康教諭　案明廣東福建均有長樂

金仲禮　南直隸無錫吏員嘉靖三十七年任

郭玹　山西夏邑例貢嘉靖三十六年任

徐廷桂　江西永豐吏員嘉靖三十五年任

周貴盛　南直隸涇縣人嘉靖三十五年任

蒲惟藩　四川南充人嘉靖三十五年任

葉楠　南直隸吳縣監生嘉靖三十八年任

朱環　貴州舉人嘉靖四十年任

鄒孟儒　恩南監生嘉靖四十一年任　案明貴州湖廣均有恩南

張廷高　四川富順吏員嘉靖三十八年任

郭彩　福建莆田吏員嘉靖三十九年任

張子翼　嘉靖三十八年署任有傳

黃文鶯　廣東河源歲貢嘉靖四十一年任

屠希曾　浙江樂清人嘉靖三十八年任

施從教　雲南舉人嘉靖四十三年任

王楠　隆慶二年任有傳

沈珩　浙江慈谿吏員嘉靖四十四年任

羅堯相　江西吉水例貢隆慶二年

賴宗儒　江西金溪吏員嘉靖四十三年任

張寅　河南淅川例貢隆慶元年任

林桂　廣東增城吏員嘉靖四十三年任

劉襄　南直隸上海吏員隆

陳天爵　河南懷慶歲貢隆慶元年任

楊志義　長寍歲貢嘉靖四十三年任　案明四川江西廣東均有長寍

張士英　廣西西平歲貢嘉靖四十四年任

雷邪　四川瀘州歲貢隆慶二年任

任

李有朋 隆慶四年任有傳

李雲舉 南直隸合肥例貢隆慶五年任

李桂 江西進賢吏員隆慶五年任

慶二年任

陳仲節 雲南大理吏員隆慶五年任

程萬珠 江西雩都明經隆慶五年任

王珂 四川彭縣歲貢隆慶三年任案永州府志蔣任蕭縣貢生隆慶府由武昌訓導司祈陽教諭任年未詳

劉禮 江西豐城舉人萬曆二年任

徐尚絅 浙江武義監生萬曆元年任

汪應鯤

林公義 南直隸鳳陽例貢隆慶六年任

杜嘉詔 四川眉州吏員萬曆三年任

甘繼賓 舉人萬曆元年任

譚思 四川銅梁歲貢隆慶六年任

鄒天榮 荊州府遠安歲貢萬曆元年任

游吉 萬曆間任原缺今從廣濟縣志補有傳

趙士登 南直隸涇縣進士萬曆四年任八年調黃州府黃岡縣任累官至吏部左侍郎

沈弘宗 南直隸上海舉人萬曆八年任案茅瑞徵黃岡志作會稽人

高淩奎 四川成都歲貢萬曆十二年任

傅鳳 萬曆十二年任

潘廷學 萬曆十二年任

馬轍 萬曆十二年任

蔣大經 萬曆十二年任

文瑩 萬曆十二年任

孫應陽 清平舉人萬曆十五年任案明山東貴州均有清平

黃應龍 萬曆十七年任有傳

李繼芳 四川資陽貢士萬曆十七年任

唐鼎 陝西舉人萬曆二十二年任

楊開泰 雲南貢士萬曆二十二年

左以獻 江西星子明經萬曆二十一年任

胡承紀 承天府京山明經萬曆二十二年任

董淳 四川巴縣歲貢萬曆十七年任

金冕 廣西桂林人萬曆二十二年任

何以讓　萬曆二十六年任有傳

王繼賢　浙江長興進士萬曆二十

孫光裕　四川貢士萬曆二十六年任

李遇春　四川吏員萬曆二十九年

任

陳鵬　四川墊江吏員萬曆二十六年任

張應元　江西萬曆二人

十二年任

田興常　貴州明經萬曆二十六年任

閔廷訓　承天府景陵明經萬曆二十八年任案邵志作竟陵人攷明無竟陵從康熙府志

楊逢春　湖廣道州人萬曆二十六年任

王之棟　德安人萬曆二十八年任案明湖廣江西均有德安

林宗惠

杜學顏　雲南人萬曆二十九年任

九年任

劉曰淑　萬曆三十一年任有傳

陳大受　北直隸順天貢士萬曆三十三年任

毛宗萇　雲南

任

婁大響　山陰貢士萬曆三十二年任案明浙江山西均有山陰

雷汝嘉　江西

十九年任

吳之鵬

梁汝宏　鄖陽府鄖西明經萬曆三十三年任

危文燦　湖廣黔陽人萬曆三十一年任

白起釆

陳天儞　德安

舉人萬曆三十五年任

黃一驥　舉人萬曆三十八年任案邵志作鎮海人考明無鎮海今鎮海縣明爲浙江定海

譙士選　四川貢士萬曆三十八年任

進賢貢士萬曆三十五年任

廣東吏員萬曆三十五年任

夏之時　南直隸當塗吏

劉美　黃州府黃岡舉人萬曆三十七年任

人萬曆三十五年任

周道南　黃州府黃陂人萬曆三十七年任

李躍龍　商邱人萬曆四十年任

劉體仁　萬曆四十一年任有傳

員萬曆三十九年任

曹國用　廣西桂林明經萬曆四十

周道芳　漢陽府漢川人萬曆四十年任案漢川志作周大芳

楊東芳　桃源人萬曆四十一年任案明湖廣南直隸均有桃源

陳治安 萬曆四十五年任有傳
韓東明 萬曆四十七年任有傳
韓相 天啟三年任有傳

凌子偉 南直隸太湖貢士萬曆四十四年任
陳載寬 四川舉人萬曆四十七年任
林汝聽 廣東貢士萬曆四十八年任
任占魁 南直隸高郵吏員天啟二年任
趙奇勳 江西

馮世安 陝西吏員萬曆四十八年任
鄭文星 四川

王子儀 浙江錢塘吏員萬曆四十七年任
余可華 浙江吏員萬曆四十八年任
傅道新 江西吏員天啟三年任

二年任
鼑錄 湖廣澧州明經萬曆四十四年任
田生芝 黃州府麻城舉人萬曆四十七年任後成進士累官南通政使
韓邦哲 黃州府黃安舉人
薛士傑 天啟三年任有傳

尹心灝 漢陽府漢川人萬曆四十三年任
李春葉 鄖陽府鄖陽人萬曆四十五年任
羅其賢 四川崇慶人萬曆四十七年任
何應林 廣東歲貢任年缺
盧可久 唐縣人天啟三年任　案明北直隸河南均有唐縣

吏員天啟四年任
諸可賓 浙江會稽吏員崇禎元年任
王琇 舉人崇禎二年任有傳
汪承詔 崇禎四年任有傳
鄒逢吉 崇禎十年任有傳　案茅瑞徵黃岡志載

貢士天啟四年任
范公溥 浙江湯溪吏員崇禎元年任　案主簿自是裁去
陳雲駿 監生崇禎十年任

王資遴 浙江錢塘吏員天啟五年任
陳一鄂 南直隸旌德吏員崇禎元年任
金軫器
史承英 浙江紹興吏員崇禎七年任
顧澄 浙江

徐宋齊 華亭明經天啟五年任
蔣春震 湖廣長州明經天啟七年任
王家錄 天啟七年任有傳
許安貞 河南葉縣明經崇禎元年任
王大捷 湖廣武陵舉人崇禎九年任庚辰成進士官行人

周應泰 黃州府麻城歲貢天啟七年任　案熊志云通城建有生祠今廢又屈振奇麻城志應泰後官同知
彭澧 湖廣澧州明經崇禎元年任　案黃岡縣志有劉功遠
萬曆黃岡貢生武昌訓導任年未詳附載於此又胡氏譜有胡文壽元龍川書院山長明授本縣訓導當係洪武時而任年不可考矣

李東陽有和秦武昌赤壁懷古詩今秦已失名不可考矣

陳國藎 監生崇禎十五年任案熊志作朝藎案福建通志有黃八秀福建莆田人薦辟武昌縣丞任年未詳附載於此

紹興吏員崇禎十二年任

別中茂 承天府景陵舉人崇禎十三年任國朝陞國子監學錄　案熊志作仲茂復社姓氏錄亦作仲茂又邵志作竟陵人從康熙府志

湯應芳 案廣東通志有吳弘廣東海豐貢生明武昌教諭任年未詳坿載於此

巡檢司巡檢 案明史職官志巡檢司巡檢副巡檢俱從九品主緝捕盜賊盤詰奸僞凡在外各府州縣關津要害處俱設俾率徭役弓兵警備不虞又明史地理志縣東有金子磯鎮又有赤磯鎮而南有白湖鎮三巡檢司南有金牛鎮西有三江口鎮二巡檢司後廢

蔡敏 四川營山貢生武昌巡檢任年未詳原缺今從四川通志補

河泊所官 案明史職官志河泊所官掌收魚稅

廖元吉 福建河縣人明薦辟武昌河泊任年未詳原缺今從福建通志補

國朝 案　皇朝通志知縣掌一縣之政令其佐縣丞主簿分掌糧馬征稅戶籍巡捕之事其屬巡檢掌捕盜賊典史掌監獄囚如無丞簿則兼領之　大清會典知縣一員簡缺繁難縣丞一員教諭一員訓導一員典史一員巡檢二員白湖金子磯

知縣

教諭

訓導

知縣

鄭可範 順治二年任

鹿兆圖 順治五年任有傳

張中選 順治六年署任有傳

徐翀 順治七年任有傳

馮太初 山東臨清貢生順治十年任　案原作臨青人

張春枝 順治十二年任有傳

劉謙貞 浙江嵊縣舉人順治十四年任

杜旭 順治十六年任有傳

熊登 康熙五年任有傳　案熊志止此

教諭

方起渭 漢陽府黃陂舉人順治五年任陞滁州府同知

董良宣 順治九年任有傳

劉鵬翼 襄陽府貢生順治十四年任陞銅鼓衛教授

訓導

劉信國 安陸府潛江貢生順治八年任　案潛江志有劉關國康熙歲貢武昌訓導又有許懋祖並潛江康熙間歲貢武昌訓導任年未詳姑坿於此

董士哲 荊州府枝江貢生順治十年任陞江蘇華亭縣知縣

段雲綺 字君賓鄖陽府竹谿貢生順治十一年任坿教諭董良宣傳案邵志作鄖縣人今從竹谿志康熙府志綺作琦誤

齊士望 襄陽府襄陽貢生順治十六年任後裁訓導缺至康熙十七年復設　案熊志志止此

金殿臣 遼東歲貢康熙初署任本任黃州府黃岡縣丞後陞漢陽府黃陂縣知縣案原缺今據黃岡志補

卞陳彝 浙江秀水進士康熙十九年任行取部郎

覃之琦 宜昌府東湖貢生康熙六年任案原作夷陵州人

楊鶴 字高巖湖南武陵貢生康熙九年任案熊志止此

向兆麟 康熙年任有傳

程光禧 字靜齋黃州府黃岡歲貢康熙十七年任

王之紀 康熙二十五年任

喬文錦 直隸深州進士康熙二十六年任

馬壽穀 浙江嘉興進士康熙二十九年任

侯溥 直隸清豐進士康熙三十一年任行取部郎

呂賁恆 [illegible]新安歲貢康熙三十

張仲經 康熙二十五年任有傳據康熙府志

黃士膺 湖南藍山歲貢康熙二十九年任

許調鼎 漢陽府漢川例貢康熙三十四年任見漢川志案漢川志作順治貢生又有順治貢生陳肇椋亦任武昌訓導任年未詳坿載於此

五年任

吳 失名署任見邵志尙璠傳

歐陽偉業 康熙四十八年任有傳

尙璠 康熙五十年任有傳

張光庭 康熙四十一年署任有傳

陳世懷 漢陽府黃陂舉人康熙四十四年任

聶裕 荆州府監利舉人康熙四十六年任陞襄陽府教授

王希銓 漢陽府漢川歲貢康熙四十六年任案漢川志作王希僉康熙貢生

傅之偉 漢陽府漢川例貢康熙五十年任

曾昕 雲南開化進士康熙五十三年任

黃駿 河南林縣舉人康熙五十七年任

李恂 山西靜樂例貢雍正二年任

顏星 漢陽府沔陽舉人雍正二

張受先 漢陽府漢川例貢康熙六十年任案漢陽志作張受先漢川志作張孚先康熙歲貢武昌訓導

周世對 黃州府黃岡歲貢康熙年任案原缺由黃岡志補編

靖裕元 黃州府黃岡歲貢康熙年任案原缺由黃岡志補編

張秉旭　直隸清苑監生雍正二年年任陞襄陽府教授

林日煟　福建寧德進士雍正七年任

張慓　雍正七年任有傳

馮德馨　漢軍鑲黃旗人雍正十二年署任

黃詠　乾隆元年任有傳

魯宗連　荊州府江陵舉人乾隆元年任

胡傳　漢陽府黃陂歲貢雍正三年任

黃彥安　漢陽府漢陽歲貢雍正五年任

方嘉祥　黃州府黃岡歲貢雍正七年任

沈紹祖　鄖陽府竹山歲貢雍正十一年任

王道明　黃州府黃岡歲貢雍正年任案原缺由黃岡志補編

宮大鵬　江蘇泰州拔貢乾隆十一年任

高大田　漢軍鑲黃旗貢生乾隆十三年任

楊玉麟　直隸三河舉人乾隆十六年任

謝奉璋　號雙峯雲南昆明進士乾隆二十年任案邵志作建水州人考今無此州名

陳陞試　漢陽府孝感舉人乾隆十三年任

戴廷謨　漢陽府孝感貢生乾隆八年任

李琮　黃州府蘄水貢生乾隆十三年任

熊鵬程　荊州府江陵貢生乾隆二十年任案江陵志作順治間貢生案邵志止此

楊河　乾隆二十三年任有傳

邵遐齡　乾隆二十五年任有傳案邵志止此

王嵩高　乾隆　人年署任

吳世雯　山東人乾隆三十四年任

陳如豐　江蘇江寧人乾隆三十六年署任

張邦達　德安府應拔訓導乾隆二十二年任

李祖嶠　漢陽府漢川舉人乾隆二十五年任陞武昌府教授

魏榮楠　荊門直隸州舉人乾隆二十七年任陞湖南長沙府教授案邵志止此

方國正　黃州府黃岡歲貢乾隆一年任案黃岡志作康熙乙未貢生

薛元統　乾隆四十年任

謝夢草　廣東東莞舉人乾隆四十四年署任

翟永鏞　乾隆四十九年任

靈川　漢軍正黃旗繙譯舉人乾隆五十八年署任本任蒲圻知縣

裘行恕　江西新建舉人乾隆六十年任

陶象璇　乾隆四十九年任案田玉修儒學記作陶象璣

南溟　黃州府蘄水歲貢乾隆五十八年任案采訪册作舉人考蘄水志作乾隆乙酉歲貢

杜琰　鄖陽府竹山廩貢乾隆四十九年任見竹山志

吳　失名人乾隆五十八年任案崇是吳文燾見後任年未詳

錢廷鼎江蘇常熟附貢嘉慶元年任
秦錫疇江蘇無錫舉人嘉慶六年任案孝感志作金匱舉人
周以焯字達夫浙江嘉興軍功嘉慶八年任
趙宗武人嘉慶　年任
李維鐈人嘉慶　年任
王宗嶽字右亭安徽六安舉人嘉慶　年任
曾衍東嘉慶年署任有傳
彭運修湖南宜章解元嘉慶九年任
王餘菖山東福山解元嘉慶　年任
李慶曾浙江舉人嘉慶十年六月任据吏部檔冊
呂士祺浙江供事嘉慶十四年七月任檔冊
吳層雲江西高安舉人嘉慶十五年十月任据吏部檔冊江西通志
張從鼎字金甫雲南太和貢生嘉慶十八年署任
張琪號綠江進士嘉慶二

朱英黃州府黃岡舉人嘉慶十年五月任檔冊
彭魁字星垣黃州府黃安舉人嘉慶　年任

張聖裁荊州府江陵歲貢嘉慶十五年任見江陵志

十年任
吳拜昌江西高安舉人嘉慶二十一年任据保康縣志補入
徐樹森嘉慶二十四年任
周向青道光元年署任有傳
徐樹階順天舉人道光元年十一月任檔冊
傅翰邦號翼亭廣東舉人道光三年四月任檔冊
惠廷鸞江蘇長洲監生道光　年代理檔冊
保先烈雲南昆明進士道光四年署任檔冊
劉京華字中宇雲南江川舉人道光四年八月任吏部檔冊
熊象麟江西　舉人道光六年署任
林芳道光六年任有傳
潘元燾安徽監生本縣縣丞道光　年代理
劉貽孫湖南湘潭舉人道光十一年任
沈照直隸宛平人議叙道光十三年

朱眞玫道光四年任有傳
田玉道光九年五月任有傳

張保淳道光八年任有傳
楊徵策字對三德安府應山優貢道光十一年任案官冊作歲貢誤

署任本任興國州知州

王克勤 道光十一年選授十三年任有傳

李錦源 道光十三年任有傳

龐大奎 號星齋江蘇常熟會元道光十五年署任

馬倘德 字敬六山東朝邑舉人道光十六年八月任吏部檔册

梁正標 河南光州附生道光十八年任

熊寶書 字懸齋江西新建舉人道光十九年三月任吏部檔册

潘克溥 字澤農山東夏津舉人道光二十年四月任吏部檔册

陳鳳輝 字岐山浙江人通判道光二十一年署任

祥福 滿洲旗舉人道光　年任

金崇城 字卓峯貴州黃平進士道光二十三年署任本任黃州府黃梅縣知縣

潘克溥 道光二十四年復任

周汝驥 雲南人道光　年任

張曜孫 道光十五年任有傳

程炳 道光十九年二月任有傳

羅振泰 宜昌府東湖廪貢道光二十三年十二月任

王德藩 宜昌府東湖增貢道光二十五年任

董師雍 字月樵浙江仁和舉人道光三十年署任本任大冶縣知縣

劉繁 字仲孚江西南豐舉人道光三十年任吏部檔册

董炳楠 字鶴峽浙江山陰舉人咸豐元年任

白潤 本名鳳池字瀛賓河南新鄉進士咸豐三年署任

黃元泰 伊犁人本縣縣丞咸豐四年代理

何開泰 咸豐四年選授有傳

林之華 咸豐四年署任有傳

錢炳熙 咸豐八年四月任有傳

龍雲 字伯卿四川崇慶進士咸豐十一年署任

文邦南 湖南益陽舉人同治元年代理

楊延烈 山東章邱進士同治二年署任

徐恆會 字聖初漢陽孝感舉人咸豐八年署任

張行昂 荊州府宜都恩貢咸豐九年署任

艾承境 字維卿漢陽府黃陂附貢咸豐九年任

史佩珩 字韻珊漢陽漢陽附貢道光三十年署任

黃庚 漢陽府孝感舉人道光　年選丁艱未任

楊光濤 字松坪德安府雲夢附貢咸豐元年任

陳雲鵬 字海門漢陽府黃陂附貢咸豐八年署任

陳作賓 字雁雲德安府應城增貢咸豐九年任

江世玉江蘇上元監生同治三年代理本任襄陽府襄陽縣知縣
易振元江西樂安附生同治五年任
書紳滿洲鑲白旗舉人同治五年署任本任武昌府通判
潘亮功廣東番禺舉人同治六年署任本任德安府隨州知州
張炅同治七年任有傳

張成崧安陸府京山廩貢同治八年署任
廖南斌荊州府監利舉人同治九年任

黃錫瓚德安府應城恩貢同治三年署任
劉建元字敏臣襄陽府襄陽附貢同治四年任

張軒鵬字海雲四川榮縣舉人同治十年代理本任荊州府枝江縣知縣
陳元章直隸宛平監生同治十年署任
張炅同治十一年回任
宗景藩同治十三年署任有傳
劉篤慶光緒二年署任有傳
淩心垣字東藩四川宜賓進士光緒三年任
蔡炳榮字舜臣浙江德清監生光

平建章襄陽府棗陽廩貢同治十年署任
解麟黃州府廣濟廩貢同治十年任
朱宸施南府恩施附貢光緒二年署任案檔作歲貢
哈承濬字月樵漢陽府漢陽廩貢光緒三年任

緒五年署任本任江夏縣知縣
陳延盃字容叔浙江歸安舉人光緒七年署任本任嘉魚縣知縣
嚴福保字蔚軒江蘇吳縣舉人光緒八年任
鍾桐山字鳳喈四川華陽副貢光緒十年署任

詹文楷黃州府黃安舉人光緒十年任

吳登垣黃州府廣濟廩貢光緒六年署任
崔康宜昌府巴東廩貢光緒六年任
柳繼詒漢陽府黃陂附貢光緒九年署任
蔡先衢黃州府蘄水縣歲貢光緒十年署任

案任年未詳者有吳鴻黃州府羅田歲貢見羅田志秦篤慶漢陽府漢川人道光歲貢見漢川志石本盛黃州府黃梅舉人見黃梅志又熊伯龍有答王治徵武昌廣文詩並職名任年均佚

案任年未詳者有桂月恆黃州府黃梅人咸豐戊午并補行乙卯舉人張攀梅黃州府黃梅廩貢署任未赴均見黃梅志許猷漢陽府漢陽例貢見漢陽志郎映斗漢陽府漢川人康熙貢生見漢川志楊世路黃州府蘄州廩貢署任見蘄州志張濬源黃州府廣濟人康熙歲貢見廣濟志嚴一鶚荊州府江陵人康熙貢生譚世坊荊州府江陵人乾隆甲寅科副貢均見江陵志石允諸鄖陽府鄖西人康熙貢生見鄖西志張聰宜昌府房縣人乾隆貢生見房縣志程一鵬鄖陽府竹谿人康熙貢生見竹谿

縣丞

周俊明 山西人順治三年任

婁星 浙江紹興監生順治六年任

王宗圻 浙江平陽貢士順治八年任

陳洪疇 浙江嘉興吏員順治十二年任陞廣西陽朔知縣

諸日彤 字明我浙江餘姚吏員康熙五年任案熊志止此

馬應星 通州人康熙十四年由巡檢陞任

謝宸恩 福建侯官人內閣供事康熙二十四年任陞河南知縣

典史

唐之璜 陝西人順治四年任

石泰 浙江紹興吏員順治十二年任案熊志云能詩文

孫元德 號靜齋浙江紹興吏員康熙元年任案熊志止此

紀祚昌 陝西例監原缺從康熙府志補

許文學 浙江內閣供事原缺從康熙府志補

陳允吉 直隸宛平吏員康熙十九年任

陳詩夏 通州吏員康熙二十

巡檢

志吳文琬襄陽府棗陽貢生見棗陽志劉永清漢陽府沔陽貢生見沔陽志

朱超 直隸盧龍吏員康熙二十年任金子磯巡檢司

李斌 江蘇上元人康熙二十三年任白滸鎮巡檢司以下稱白滸鎮司

張爾繩 山西陽城例貢康熙三十六年任

周兆鼎 江蘇淮安衛歲貢康熙四十二年任

田廷標 漢軍正藍旗人筆帖式康熙四十九年任

陸宏稑 江蘇武進歲貢雍正二年任

樊瑞驥 山陰吏員康熙四十五年任案浙江山西均有山陰

陳洪業 直隸淶水吏員康熙四十六年任

柴文傑 直隸房山吏員康熙四十九年任

林之緯 直隸宛平吏員康熙五十四年任

王玢 直隸元城人康熙二十五年任金子磯司案邵志作魏縣人考今元城縣有故魏城當是元城人

趙永臣 山東聊城人康熙三十二年任白滸鎮司

張煒 直隸豐潤人康熙四十四年任白滸鎮司

鄭繼雄 浙江鄞縣人康熙三十六年任金子磯司

曾論 直隸房山人康熙四十二年任金子磯司

孫鋐 直隸宛平人康熙四十九年任金子磯司

陳所宜 山西五臺人康熙四十九年任白滸鎮司

梁國正 正紅旗歲貢縣丞降調白滸鎮司

羅達 直隸大興人康熙五十四年任金子磯司

任陸河南柘城縣知縣

李興祖安福監生雍正十二年任案江西湖南均有安福

王天福浙江會稽吏員乾隆元年任案採訪冊又有王天福雍正五年任當是一人

于祖棨山東人雍正六年任金子磯司

平義直隸宛平人內閣供事雍正七年任白滸鎮司

金延鉞直隸武清人雍正八年任金子磯司

邱江蘇武進人內閣供事雍正十一年任白滸鎮司

王輝擢直隸大興人雍正十二年任金子磯司

繆銓山陰吏員乾隆元年任金子磯司

任

劉成性直隸高陽監生乾隆六年任

嚴之斌安徽含山吏員乾隆

邱達浙江餘姚吏員乾隆元年任白滸鎮司

朱萬安浙江會稽吏員乾隆三年任白滸鎮司

任源浙江諸暨吏員乾隆五年任金子磯司

王輝擢浙江上虞吏員乾隆五年任金子磯司

李煦楊廣東嘉應吏員乾隆七年

呂樸山西夏邑監生乾隆十二年任

王居玠陝西鄜州監生乾隆十六年任

七年任

孫賢士山陰吏員乾隆十三年任

褚昱江蘇陽湖吏員乾隆十九年任案邵志止此

任白滸鎮司

陳省山西潞城吏員乾隆十年任金子磯司

陳德隆直隸大興供事乾隆十五年任金子磯司

宋文銓漢軍鑲紅旗監生乾隆二十年任

鄭煥四川建昌監生乾隆二十六年任

鄧奇焯湖南祁陽人乾隆四十五年任

王失名乾隆四十九年任

郭[illegible]人乾隆五十一年任

史積慎直隸大興供事乾隆二十年任金子磯司

郁文盛浙江仁和供事乾隆二十一年任白滸鎮司案邵志止此

五十九年復署任

傅　嘉慶　年任

侯挂印　嘉慶　年任

潘元壽　安徽監生道光　年任

李承基　號石船貴州人道光　年任援例陞白鹽井提舉

龔日曦　字小海浙江杭州人道光十五年任

張建傑　漢軍鑲黃旗監生道光十八年任

李應嵩　河南上蔡人道光　年任

朱坦　江蘇人道光　年任

張汝深　江蘇人道光　年任

沈松齡　浙江仁和人道光　年任

鄭佳谷　江蘇人道光　年任

鄭時彥　江蘇人咸豐　年任

梁捷　江蘇人咸豐年任

宋斯年　江西奉新人咸豐四年任

沈嘉會　乾隆五十八年任

馮杰　嘉慶　年任

蕭　失名　年任

楊登第　陝西人道光十五年任

彭光宇　四川人道光十八年任

葉嘉壽　浙江人道光二十一年任

洪濤　安徽涇縣人道光　年任

呂籍　浙江人道光　年任

羅藻　四川人道光　年任

惠元　人道光　年任

王　失名　本縣白湖人巡檢司道光二十六年代理

張幹　字秋雲安徽人道光　年任

馬淵　直隸人咸豐　年任

桂　失名　咸豐　年任

吳作邦　人道光二十七年任金子磯司

馬效良　人咸豐元年任金子磯司

李振麟　人咸豐四年任

王翰　湖南人咸豐年署理

黃元泰　號宇齋陝西人咸豐　年任案采訪冊作伊犁人

黃琳　號邑亭廣西增生咸豐七年任案采訪冊作湖南人

高文桓　字蕎民浙江人咸豐八年任

孫天桂　號月梯陝西富平監生咸豐十一年任

史久齡　江蘇江都監生同治三年代理

夏守琮　湖南武岡附生同治六年代理

陳璠　字玉堂浙江仁和人宗人府供事咸豐九年任

白滸鎮司

秦鴻逵　字致甫江蘇金壇監生咸豐七年任金子磯司

陳瑞　浙江山陰吏員咸豐七年任白滸鎮司

鄭其潤　人同治四年任白滸鎮司

劉維屏　四川新都監生同治五年任白滸鎮司

傅榮　河南輝縣監生同治五年任白滸鎮司

惲鶴齡　江蘇陽湖人同治六年署任金子磯司

李春芳　直隸昌黎例貢同治七年

李茂先安徽霍邱增生同治九年署任
王世清河南舞陽附監生同治十年任
曾禧春湖南寧鄉監生同治十一年署任
楊孟祥江西南昌監生同治十二年任
施燦浙江會稽吏員光緒三年署任
楊孟祥光緒　年復任
楊啟先人光緒三年代理
黃新鍔湖南平江人光緒三年署任
葛熊光直隸樂亭人內閣供事光緒四年署任
符秉忠江西新建監生光緒五年代理
許尚晉浙江人光緒五

任金子磯司
朱鍾江蘇上元監生同治八年署任金子磯司
王慶熙陝西咸寧監生同治九年任金子磯司
王以偁浙江金華監生同治十年署任金子磯
戴晉元江蘇上元監生同治十年署任白滸鎮司
謝雲鵬四川樂山監生同治十年任白滸鎮司
車廷格字子壽江蘇儀徵監生同治十二年署任金子磯司
杜紹芳四川樂山吏員光緒三年署任白滸鎮司
謝雲鵬光緒五年復任白滸鎮司

年任
楊景薇江蘇陽湖供事光緒十年任
童恒春浙江山陰監生光緒七年署理
郭維城浙江錢塘附貢光緒八年署理
任煥章山西介休監生光緒十年任
黃鉞順天通州監生光緒十一年署任

十一年六月調簾差十月復任
趙良輔浙江仁和監生光緒六年署任金子磯司
曹世勳湖南長沙監生光緒七年署任金子磯司
艾崇祿江蘇上元監生光緒八年署任金子磯司
崔炳浙江歸安監生光緒十年署任金子磯司
吳金銓陝西監生光緒十一年代理白滸鎮司

駐防武昌縣武昌營把總案順治十三年設武昌城守營參將一員中軍守備一員千總二員分駐江夏武昌今裁把總四員分駐武昌嘉魚咸寧崇陽四縣嘉慶湖北通志載分防水塘十處白滸鎮在縣西九十里白滸磯西十五里至江夏縣西港塘兵五名趙家磯在縣西七十五里塘兵三名楊林頭在縣西六十里塘兵三名磧磯在縣西四十五里塘兵五名三江口在縣西三十里塘兵三名馬橋在縣西十五里塘兵三名樊口在縣西北五里塘兵五名五丈港在縣東十里塘兵五名燕磯在縣東三十里塘兵五名觀音港在縣東四十五里塘兵五名今查檔冊載把總一員養廉銀九十兩俸銀三十六兩坐馬二匹額設防兵四十九名內無馬戰兵七名弓箭二名鳥鎗五名歲支餉銀一十八兩守兵四十二名弓箭一名鳥鎗四十名籐牌一名歲支餉銀一十二兩濱江塘汛十一座白滸鎮塘防兵三名趙家磯塘防兵二名楊林頭塘防兵二名磧磯塘防兵三名三江口塘防兵二名馬橋塘防兵二名樊口塘防兵三名五丈港塘防兵三名燕磯塘防兵二名觀音港塘防兵三名省城聽差兵三名縣署監卡兵二名存城兵十九名

郭仁奇行伍康熙五十九年任
王輅行伍雍正六年任有傳
李智行伍
張文忠行伍乾隆　年任

嚴默行伍乾隆年任

張艮棟行伍乾隆二十年任

尹上進行伍乾隆二十年任　以上邵志

周國興乾隆四十四年署任

李名高乾隆五十八年任

池光德嘉慶年任

王正魁江夏縣人行伍道光二年署任

歐陽勳黃州府黃岡人行伍道光八年署任

馬尙德行伍道光十一年任

鄭永暄道光十三年任

翟萬林江夏人行伍道光十四年署任

鄧長青江夏人行伍道光十五年署任

李文魁江夏人行伍道光十七年署任

楊正鼎江夏人行伍道光二十年任

胡起泰江夏武生道光二十四年任有傳

楊新福正鼎子江夏人道光二十八年署任有傳

黃金彪江夏人行伍咸豐三年任

黃錦標漢陽府黃陂武舉咸豐四年署任

方寅山號嘯峯江夏人行伍咸豐五年任

盧正中漢陽府漢川人守備同治七年代理

方寅山同治七年復任

夏家訓本縣世職同治十一年代理

方寅山同治十一年復任

祝鎭清江夏武生同治十三年任　以上新纂

長江水師營員案長江自同治八年大學士曾國藩侍郎彭玉麟添設水師奏定營員每汛地坐船一號舢板礮船一號舵兵十四名

柳平邦漢陽營千總駐木鵞港汛

曾漢陽營外委駐趙家磯汛

袁世德巴河營把總駐府塘港汛

鄧開榜巴河營守備駐磧磯港汛

殷壽洪巴河營把總駐樊口汛

楊德福巴河營外委駐觀音港汛

趙世榮巴河營把總駐三夾上汛

李仕俊巴河營外委駐三夾下汛

武昌縣志卷十一

武昌縣志卷十二

官師二

三國吳

孫登字子高權長子也魏黃初二年以權爲吳王拜登東中郎將封萬戶侯登辭不受是歲立爲太子（案權傳作王太子）黃龍元年權稱尊號立爲皇太子權遷都建業徵上大將軍陸遜輔登鎮武昌領宮府留事登或射獵當由徑道常遠避良田不踐苗稼至所頓息又擇空間之地其不欲煩民如此嘗乘馬出有彈丸過左右求之有一人操彈佩丸咸以爲是辭對不服從者欲捶之登不聽使求過丸比之非類乃見釋又失盛水金馬盂覺得其主左右所爲不忍致罰呼責數之長遣歸家敕親近勿言後弟慮卒權爲之降損登晝夜兼行見權悲泣諫權爲之加餐深自陳乞留以久離定省子道有闕又陳陸遜忠勤無所顧憂權遂留焉立凡二十一年年三十三卒是歲赤烏四年也（案吳主傳赤烏四年五月太子登卒）謚曰宣太子（三國志吳書本傳）

登駐武昌愛人好善與隲（案隲步隲）書曰夫賢人君子所以興隆大化佐理時務者也受性闇蔽不達道數雖實區區欲盡心於明德歸分於君子至於遠近士人先後之宜猶或緬焉未之能詳傳曰愛之能勿勞乎忠焉能勿誨乎斯其義也豈非所望於君子哉隲於是條于時事在荊州界者諸葛瑾陸遜朱然程普潘濬裴玄夏侯承衛旌季肅周條石幹十一人甄別行狀（步隲傳）

顧雍字元歎吳郡吳人也弱冠爲合肥長後轉在婁曲阿上虞皆有治迹孫權領會稽太守不之郡以雍爲丞行太守事

數年入爲左司馬權爲吳王累遷大理奉常領尚書令封陽遂鄉侯拜侯還寺而家人不知黃武四年改爲太常進封醴陵侯代孫邵爲丞相平尚書事其所選用文武將吏各隨能所任心無適莫時訪逮民間及政職所宜輒密以聞若見納用則歸之於上不用終不宣洩權以此重之然於公朝有所陳及辭色雖順而所執者正權嘗咨問得失張昭因陳聽采聞頗以法令太稠刑罰微重宜有所蠲損權默然顧問雍曰君以爲何如雍對曰臣之所聞亦如昭所陳於是權乃議獄輕刑雍爲相十九年年七十六赤烏六年卒謚曰肅侯長子邵早卒次子裕有篤疾少子濟嗣無後絕永安元年詔曰故丞相雍至德忠賢輔國以禮而侯統廢絕朕甚愍之其以雍次子裕襲爵爲醴陵侯以明著舊勳（吳書本傳）

陸遜字伯言吳郡吳人也孫權爲將軍遜年二十一始仕幕府拜定威校尉權數訪世務納其策以爲帳下右部督克公安兩郡拜撫邊將軍封華亭侯破布凱以爲右護軍鎮西將軍進封婁侯加拜輔國將軍領荊州牧卽改封江陵侯黃龍元年拜上大將軍右都護是歲權東巡建業留太子皇子及尚書九官遜徵輔太子幷掌荊州及豫章三郡事董督軍國時建昌侯慮於堂前作鬬鴨欄頗施小巧遜正色曰君侯宜勤覽經典以自新益用此何爲慮卽時毀徹之射聲校尉松於公子中最親戲兵不整遜對之髡其職吏南陽謝景善劉廙之先刑後禮之論遜呵景曰禮之長於刑久矣廙以細辯而詭先聖之教皆非也君今侍東宮宜遵仁義以彰德音若彼之談不須講也赤烏七年代顧雍爲丞相其州牧都護領

武昌事如故及太子案太子孫和有不安之議遜上疏書三四上及求詣都口論以匡得失旣不聽許而遜外生顧譚顧承姚信並以親附太子枉見流徙太子太傅吾粲坐數與遜交書下獄死權累遣中使責讓遜遜憤恚致卒時年六十三家無餘財次子抗襲爵孫休時追謚遜曰昭侯吳書本傳

潘濬字承明武陵漢壽人也年未三十荊州牧劉表辟爲部江夏從事後爲湘鄉令劉備領荊州以爲治中從事備入蜀典留州事孫權并荊土拜輔軍中郎將授以兵遷奮威將軍封常遷亭侯權稱尊號拜爲少府進封劉陽侯遷太常五谿蠻叛假節督諸軍討之先是濬與陸遜俱駐武昌共掌留事還復故時校事呂壹操弄威柄濬求朝詣建業欲盡辭極諫至聞太子登已數言之而不見從濬乃大請百寮欲因會手

刃殺壹以身當之爲國除患壹密聞知稱疾不行濬每進見無不陳壹之姦險也由此壹寵漸衰後遂誅戮赤烏二年卒子翥嗣吳書本傳

是儀字子羽北海營陵人也避亂江東徙會稽孫權徵儀到見信任專典機密拜騎都尉旣定荊州都武昌拜裨將軍後封都亭侯守侍中黃武中遷偏將軍入闕省尚書事外總平諸官兼領辭訟又令教諸公子書學大駕東遷太子登留鎮武昌使儀輔太子太子敬之事先諮詢然後施行進封都鄉侯後從太子還建業復拜侍中中執法平諸官事領辭訟如舊後拜尚書僕射年八十一卒吳書本傳

孫鄰案鄰宗室孫賁子字公達雅性精敏幼有令譽三國志裴注引吳書年九歲代領豫章進封都鄉侯在郡垂二十年召還武昌爲繞帳督時太常潘濬掌荊州事重安長陳留舒燮有罪下獄濬嘗失燮欲寘之於法論者多爲有言濬猶不釋鄰謂濬曰舒伯膺兄弟爭死海內義之以爲美譚仲膺又有奉國舊意今君殺其子弟若天下一統青蓋北巡中州士人必問仲膺繼嗣答者云潘承明殺燮於事何如濬意卽解燮用得濟案裴注引博物志曰仲膺名邵鄰遷夏口沔中督威遠將軍所居任職赤烏十二年卒子苗嗣吳書孫賁傳鄰又有子曰述爲武昌督平荊州事裴注引吳曆

呂岱字定公廣陵海陵人也孫權統事岱詣幕府出守吳丞遷廬陵太守延康元年代步騭爲交州刺史旣定交州進封番禺侯拜鎮南將軍嘉禾三年屯陸口後徙蒲圻潘濬卒岱代濬領荊州文書與陸遜並在武昌故督蒲圻頃之廖式作

亂岱自表輒行權遣使追拜岱交州牧及唐諮等攻討一年破之復還武昌時年已八十然體素精勤躬親王事奮威將軍張承與岱書曰昔旦奭翼周二南作歌今則足下與陸子也忠勤相先勞謙相讓公以權成化與道合君子歎其德小人悅其美加以文書鞅掌賓客終日罷不舍事勞不言倦又知上馬輒自超乘不由跨躡如此足下過廉頗也及陸遜卒諸葛恪代遜權乃分武昌爲兩部岱督右部自武昌上至蒲圻遷上大將軍拜子凱副軍校尉監兵蒲圻孫亮卽位拜大司馬岱清身奉公所在可述初在交州歷年不餉家妻子飢乏權聞之歎息以讓羣臣於是加賜錢米布絹歲有常限太平元年年九十六卒子凱嗣吳書本傳

諸葛恪字元遜瑾長子也少知名弱冠拜騎都尉從中庶子

轉左輔都尉權欲試以事令守節度節度掌軍糧穀文書縈猥非其好也權拜恪撫越將軍領丹楊太守授棨戟武騎三百拜威北將軍封都鄉侯赤烏中屯於柴桑會遜案遜陸遜卒遷大將軍假節駐武昌代遜領荆州事久之權不豫而太子少乃徵恪以大將軍領太子太傅中書令權薨更拜太傅於是罷視聽息校官原逋責除關稅崇恩澤衆莫不悅恪每出入百姓延頸思見其狀進封陽都侯加荆揚州牧督中外諸軍事孫峻搆恪欲爲變與亮謀置酒峻着短服出曰有詔收諸葛恪恪驚起而峻刀交下臨淮臧均表乞收葬本傳作遂求之於石子岡吳書本傳又恪有徙都意使治武昌宮民間或言欲迎和及恪被誅孫峻因此奪和璽綬徙新都孫和傳

陸凱字敬風丞相遜族子也黃武初爲永興諸暨長所在有

治迹拜建武都尉領兵雖統軍衆手不釋書赤烏中除儋耳太守五鳳二年拜巴邱督偏將軍封都鄉侯轉爲武昌右部督與諸將共赴壽春還累遷盪魏綏遠將軍孫休即位拜征北將軍假節領豫州牧孫皓立遷鎮西大將軍都督巴邱領荆州牧進封嘉興侯寶鼎元年遷左丞相皓時徙都武昌揚土百姓泝流供給以爲患苦又政事多謬黎元窮匱凱上疏曰武昌土地實危險而塉确非王都安國養民之處船泊則沈漂陵居則峻危且童謠言寧飲建業水不食武昌魚寧還建業死不止武昌居臣聞翼星爲變熒惑作妖童謠之言生於天心乃以安居而比死足明天意知民所苦也凱乃心公家義形於色表疏皆指事不飾忠懇內發建衡元年卒時年七十二子禕初爲黃門侍郎出領部曲拜偏將軍凱亡後入爲太子中庶子右國史華覈表薦禕曰禕體質方剛器幹彊固董率之才魯肅不過及被召當下徑還赴都道由武昌曾不迴顧器械軍資一無所取在戎果毅臨財有節夫夏口賊之衝要宜選名將以鎮戍之莫善於禕皓常銜凱數犯顏忤旨後竟徙凱家於建安吳書本傳

魯淑案淑橫江將軍肅遺腹子既壯濡須督張承謂終當到至永安中爲昭武將軍都亭侯武昌督建衡中假節遷夏口督所在嚴整有方幹鳳皇三年卒子睦襲爵領兵馬吳書魯肅傳

范慎字孝敬廣陵人著論二十篇名曰矯非後爲侍中出補武昌左部督治軍整頓孫皓移都甚憚之詔曰慎勳德俱茂朕所敬憑宜登上公以副衆望以爲太尉慎自恨久爲將遂託老耄軍士戀之舉營爲之隕涕三國志裴注引吳錄

薛瑩字道言案瑩太子少傅綜子初爲祕府中書郎孫皓初爲左執法遷選曹尚書及立太子又領少傅建衡三年何定建議鑿聖谿以通江淮皓令瑩督萬人往遂以多盤石難施功罷還出爲武昌左部督後定被誅皓追聖谿事下瑩獄徙廣州右國史華覈上疏召還爲左國史遷光祿勳入天紀四年晉軍征皓瑩既至洛陽爲散騎常侍太康三年卒吳書薛綜傳

徐平字伯先案虞翻傳徐陵太末人會稽典錄陵子平童齔知名翻甚愛之諸葛恪爲丹陽太守討山越以平威重思慮可與效力請平爲丞稍遷武昌左部督傾心接物士卒皆爲盡力吳書裴注引會稽典錄

滕牧案牧北海劇人太常胤之族孫胤夷滅牧以疏遠徙邊郡孫休即位大赦得還以牧爲五官中郎皓既封爲烏程侯聘牧女爲妃皓即位立爲皇后封牧高密侯拜衞將軍錄尚書事吳書孫皓滕夫人傳

寶鼎元年十二月皓還都建業牧留鎮武昌（孫皓傳）寬恩以結民武備以防寇當時稱能（明統志 郡志）後朝士以牧尊戚頗推令諫爭皓滋不悅遣居蒼梧郡雖爵位不奪其實裔也遂道憂死（孫皓滕夫人傳）

晉

陶侃字士行本鄱陽人也吳平徙家廬江之潯陽父丹吳揚武將軍侃早孤貧爲縣吏廬江太守張夔召爲督郵領樅陽令夔察侃爲孝廉至洛陽數詣張華華後與語異之除郎中後以軍功封東鄉侯邑千戶陳敏之亂劉弘以侃爲江夏太守加鷹揚將軍敏遣其弟恢來寇武昌侃出兵禦之弘又加侃爲督護侃乃以運船爲戰艦或言不可侃曰用官物討官賊但須列上有本末耳於是擊恢所向必破侃戎政齊肅凡有虜獲皆分士卒身無私焉毋憂去職服闋遷龍驤將軍武昌太守時天下饑荒山夷多斷江劫掠侃令諸將詐作商船以誘之生獲數人是西陽王羕之左右侃卽遣兵逼羕令出向賊侃整陣於釣臺爲後繼羕縛送帳下二十人侃斬之自是水陸肅清流亡者歸之盈路侃竭資振給焉又立夷市於郡東大收其利而帝使侃擊杜弢令振威將軍周訪廣武將軍趙誘受侃節度侃令二將爲前鋒兄子輿爲左甄擊賊破之時周顗爲荊州刺史先鎮潯水城賊掠其艮口侃遣部將朱伺救之賊退保泠口侃謂諸將曰此賊必更步向武昌吾宜還城賊果增兵來攻侃使朱伺等逆擊大破之遣參軍王貢告捷於王敦敦表拜侃爲使持節寧遠將軍南蠻校尉荊州刺史領西陽江夏武昌鎮於沌口又移入沔江弢將王貢（案愍帝紀杜弢傳並作王眞）精卒三千出武陵江誘五谿夷以舟師斷官運徑向武昌侃使鄭攀及伏波將軍陶延夜趣巴陵大破之貢遂來降而弢敗走王敦深忌侃功左轉廣州刺史平越中郎將侃以功封柴桑侯食邑四千戶太興初進號平南將軍尋加都督交州軍事及王敦舉兵反詔侃以本官領江州刺史尋轉都督湘州刺史敦得志上侃復本職加散騎常侍交州平領交州刺史錄前後功封次子夏爲都亭侯進號征南大將軍開府儀同三司及王敦平遷都督荊雍益梁州諸軍事領護南蠻校尉征西大將軍荊州刺史餘如故楚郢士女莫不相慶侃性聰敏勤於吏職恭而近禮愛好人倫終日斂膝危坐閫外多事罔有遺漏遠近書疏莫不手答引接疏遠門無停客常語人曰大禹聖者乃惜寸陰至於衆人當惜分陰諸參佐或以談戲廢事命取其酒器蒱博之具投之江吏將則加鞭扑曰樗蒱者牧豬奴戲耳老莊浮華非先王之法言不可行也君子當正其衣冠攝其威儀何有亂頭養望自謂宏達耶嘗出遊見人持一把未熟稻問用此何爲曰行道所見聊取之耳侃大怒曰汝既不佃而戲賊人稻執而鞭之是以百姓勤於農殖家給人足尋以爲侍中太尉加羽葆鼓吹改封長沙郡公邑三千戶加都督交廣寍七州軍事以江陵偏遠移鎮巴陵屬後將軍郭默矯詔襲殺平南將軍劉胤輒領江州侃討之兵不血刃而擒也詔侃都督江州領刺史侃旋於巴陵因移鎮武昌咸和七年六月疾篤又上表遜位遣左長史殷羨奉送所假節麾幢曲蓋侍中貂蟬太尉章荊江州刺史印傳棨戟以後事付右司馬王愆期加督護統領

文武侃輿車出臨津就船明日薨於樊谿時年七十六追贈大司馬假密章策謚曰桓祠以太牢侃遺令葬國南一十里故吏刊石立碑畫像於武昌西侃在軍四十一載雄毅有權明悟善決斷自南陵迄於白帝數千里中路不拾遺性纖密好問頗類趙廣漢嘗課諸營種柳都尉夏施盜官柳植之於已門侃後見駐車問曰此是武昌西門柳何因盜來此種施惶怖謝罪時武昌號爲多士殷浩庾翼等皆爲佐吏議者以武昌北岸有邾城宜分兵鎮之侃每不答而言者不已侃迺渡水獵引將佐語之曰我所以設險而禦寇正以長江耳邾城隔在江北內無所倚外接羣夷夷中利深晉人貪利夷不堪命必引寇虜迺致禍之由非禦寇也且吳時此城乃三萬兵守今縱有兵守之亦無益於江南若羯虜有可乘之會此

又非所資也後庾亮戍之果大敗季年懷止足之分不與朝權未亡一年欲遜位歸國佐吏等苦留之及疾篤將歸長沙軍資器仗牛馬舟船皆有定簿封印倉庫自加管鑰以付王愆期然後登舟朝野以爲美談將出府門顧謂愆期曰老子婆娑正坐諸君輩尚書梅陶與親人曹識書曰陶公機神明鑒似魏武忠順勤勞似孔明陸抗諸人不能及也謝安每言陶公雖用法而恆得法外意其爲世所重如此侃有子十七人唯洪瞻夏琦旗斌稱範岱見舊史晉書本傳

溫嶠字太眞聰明有識量博學能屬文征西將軍陶侃有威名於荆楚又以西夏爲虞故使嶠爲上流形援咸和初代應詹爲江州刺史持節都督平南將軍鎮武昌甚有惠政在鎮見王敦畫像命削去之蘇峻反嶠屯潯陽奉陶侃爲盟主是時義軍屢戰失利嶠軍食盡陶侃怒曰使君前云不憂無將士惟得老僕爲主耳今數戰皆北良將安在荆州接胡蜀二虜倉廪當備不虞若復無食僕便欲西歸更思良算但今歲計殄賊不爲晚也嶠曰不然自古成監師克在和光武之濟昆陽曹公之拔官渡以寡敵衆仗義故也峻約小豎爲海內所患勇而無謀藉驕勝之勢今挑之戰一鼓可擒也嶠等與公並受國恩是致命之日若違衆獨反義旗將迴指於公矣侃無以對遂留不去侃督水軍向石頭時峻勞其軍士因醉突陣馬躓爲侃將所斬拜驃騎將軍開府儀同三司加散騎常侍封始安郡公邑三千戸朝議將留輔政嶠以導先帝所任固辭還藩復以京邑荒殘資用不給嶠借資蓄具器用而後旋於武昌卒因中風至鎮未旬而卒時年四十二江州士

庶聞之莫不相顧而泣追贈侍中大將軍持節都督刺史公如故謚曰忠武子放之嗣爵晉書本傳

庾亮字元規以誅王敦功封永昌縣公陶侃薨亮都督江荆豫益梁雍六州諸軍事領江荆豫三州刺史進號征西將軍開府儀同三司假節亮固讓開府乃鎮武昌時石勒新死亮有開復中原之謀乃解豫州授輔國將軍毛寶使與西陽太守樊峻精兵一萬俱戍邾城又以陶稱爲南中郎將江夏相率部曲五千人入沔中亮弟翼爲南蠻校尉南郡太守鎮江陵以武昌太守陳囂爲輔國將軍梁州刺史趣子午谷又遣偏軍伐蜀亮當率大衆十萬據石頭城爲諸軍聲援上疏便欲遷鎮會寇陷邾城毛寶赴水而死亮陳謝自貶三等行安西將軍有詔復位尋拜司空如故固讓不拜亮自邾城陷沒

憂慨發疾咸康六年薨時年五十二追贈太尉諡曰文康又贈永昌公印綬亮在武昌諸佐吏殷浩之徒乘秋夜往共登南樓俄而不覺亮至諸人將起避之亮徐曰諸君少住老子於此處興復不淺便據胡床與浩等談詠竟坐其坦率行己多此類也三子彬羲龢 晉書本傳

冰字季堅兄亮以名德流訓冰以雅素垂風康帝即位進車騎將軍冰懼權盛乃求外出會弟翼當代石季龍於是以本號徐都督江荊寧益梁交廣七州豫州之西郡軍事領江州刺史假節鎮武昌以爲翼援獻皇后臨朝徵冰輔政辭以疾篤尋而卒時年四十九册贈侍中司空諡曰忠成 晉書本傳 案翼傳世說新語注引晉陽秋云初顯宗臨崩庾冰議立長君何充謂宜奉皇子爭之不得充不自安求處外任及冰出鎮武昌充自京馳還言於帝曰冰不宜出昔年陛下龍飛使晉德再隆者冰之勳也據此則冰殆已赴鎮而召還者歟

翼字稚恭風儀秀偉少有經綸大畧遷南蠻校尉領南郡太守加輔國將軍及亮卒授都督江荊司雍梁益六州諸軍事安西將軍荊州刺史假節代亮鎮武昌翼以帝舅年少超居大任遐邇屬目慮其不稱每竭志能勞謙匪懈戎政嚴明經畧深遠數年之中公私充實人情翕然稱其才幹由是自河以內皆懷歸附康帝即位翼率眾北伐並發所統六州奴及車牛驢馬百姓嗟怨行至夏口復上表曰臣暫率所統致討山北並分見眾畧復江夏數城臣登以九月十九日發武昌以二十四日達夏口輒簡卒搜乘停當上道亦不可以不進據要害思攻取之宜是以輒量宜入沔徙鎮襄陽翼時有眾四萬詔加都督征討軍事師次襄陽又進征西將軍領南蠻校尉康帝崩兄冰卒詔使翼還督江州繕修軍器大佃積穀欲圖後舉永和元年卒時年四十一追贈車騎將軍諡曰肅 晉書本傳

翼鎮武昌以累有妖怪又猛獸入府欲移鎮避之述與冰牋曰竊聞安西欲移鎮樂鄉不審此爲算邪將爲情 元作是 邪若謂爲算則彼去武昌千有餘里數萬之眾造創移徙方當興立城壁公私勞擾若信要害之地所宜進據猶當計移徙之煩權二者輕重況此非今日之要邪方今彊胡陸梁當稸力養銳而無故遷動自取非算又江州當泝流數千供繼軍府力役增倍疲曳道路且武昌實是江東鎮戍之中非但扞禦上流而已急緩赴告駿奔不難若移樂鄉遠在西陲一朝江渚有虞不相接救方嶽取重將故當居要害之地爲內外形勢使闚闟之心不知所向若是情邪則天道玄遠鬼神

難言妖祥吉凶誰知其故是以達人君子直道而行不以情失昔秦忌亡胡之讖卒爲劉項之資周惡檿弧之謠而成褒姒之亂此既然矣厤觀古今鑒其遺事妖異速禍敗者蓋不少矣禳避之道苟非所審且當擇人事之勝理思社稷之長計斯則天下幸甚令名可保矣若安西盛意已爾不能安於武昌但得近移夏口則其次也樂鄉之舉咸謂不可願將軍體爲家固審此舉時朝議亦不允翼遂不移鎮 晉書王湛傳

楷征西將軍亮之孫會稽內史羲小子也玄 案玄桓玄 用爲武昌太守楷後懼玄必敗密遣使結會稽世子元顯若朝廷討玄當爲內應及玄得志以謀泄爲玄所誅 晉書本傳

趙誘字元孫淮南人也 案邵志作河南誤 世以將顯拜主簿左將軍王敦以爲參軍加廣武將軍與甘卓周訪共討華軼破之又

擊杜弢於西湘太興初復與卓攻弢滅之累功賜爵平阿縣侯代陶侃爲武昌太守時杜曾迎第五猗於荆州作亂敦遣誘與襄陽太守朱軌共距之猗旣愍帝所遣加有時望爲荆楚所歸誘等苦戰皆沒敦甚悼惜之表贈征虜將軍秦州刺史謚曰敬晉書本傳

郭舒字稚行始爲領軍校尉劉弘牧荆州引爲治中王澄聞其名召爲別駕澄奔敗以舒領南郡轉順陽太守王敦召爲參軍轉從事中郎襄陽都督周訪卒敦遣舒監襄陽軍甘卓至乃還朝廷徵舒爲右丞敦留不遣敦謀爲逆舒諫不從使守武昌高官督護繆坦嘗請武昌城西地爲營太守樂凱言於敦曰百姓久買此地種菜自贍不宜奪之敦大怒曰王處仲不來江湖當有武昌地不而人云是我地耶凱懼不敢言

舒曰繆坦可謂小人疑誤視聽奪人私地以强凌弱敦卽使還地衆咸壯之敦重舒公亮給賜轉豐數詣其家表爲梁州刺史病卒晉書本傳

桓宣譙國銍人也陶侃討默郭默宣遣戎祖戎與隨王隨俱迎陶侃辟戎爲掾上宣爲武昌太守尋遷監沔中軍事鎮襄陽以前後功封竟陵縣男晉書本傳 案郡志載宣招懷納附勸課農桑時人以爲亞於祖逖周訪是宣鎮襄陽時善政也今刪

熊遠字孝文豫州南昌人有志尙領武昌太守元帝作相引爲主簿累遷侍中出補會稽內史時王敦作逆加遠將軍距而不受朝廷徵遠乃拜太常卿加散騎常侍敦深憚其正而有謀引爲長史數月病卒子鳴鵠位至武昌太守晉書本傳

王諒字幼成丹楊人也少有幹畧爲王敦所擢參其府事稍遷武昌太守永興三年敦以諒爲交州刺史晉書忠義傳

桓雄長沙人也少仕州郡譙王承爲湘州刺史命爲主簿王敦之逆承爲敦將魏乂所執佐吏奔散雄與西曹韓階從事武延並毀服爲僮豎隨承向武昌乂見雄姿貌長者進退有禮知非凡人有畏憚之色因害之晉書忠義傳 案韓階傳承爲魏乂所執送武昌階與武延等同心隨從在承左右桓雄被害之後二人執志愈固及承遇禍階延親營殯殮送柩還都朝夕哭奠俱葬畢乃還又案郡志藩鎮載司馬承拜奉車都尉至武昌躬自儉約葦茭爲車傾心撫綏甚有能名考晉元帝太興三年詔以譙王承爲湘州刺史時湘士困弊承躬自儉約撫綏甚有能名是其在湘州事非在武昌也郡志誤

朱伺字仲文安陸人張昌之逆太守弓欽走渡口伺與同輩郴寶布興合衆討之不尅乃與欽奔武昌後更率部黨攻滅之轉騎部曲督加綏夷都尉其後陳敏作亂陶侃時鎮江夏以伺能水戰曉作舟艦乃遣作大艦署爲左甄據江口摧破

敏前鋒敏弟恢稱荆州刺史在武昌侃率伺及諸軍進討破之敏恢旣平伺以功封亭侯領騎督又以平蜀賊襲高之功加伺廣威將軍領竟陵內史卒葬甑山晉書本傳

南宋

何遠字義方東海郯人武帝踐祚以奉迎勳遷武昌太守遠本倜儻至是乃折節爲吏杜絕交遊饋遺秋毫無所受武昌俗皆汲江水盛夏遠患水溫每以錢買人井寒水不取錢者則摙水還之其他事率多如此迹雖似僞而能委曲用意車服尤弊素器物無銅漆江左水族甚賤遠每食不過乾魚數片而已然性剛嚴吏人多以細事受鞭罰遂爲人所訟徵下廷尉被劾十數條當時士大夫坐法皆不受測遠度已無贓就測立三七日不款猶以私藏禁仗除名後爲武康令武帝

聞其能擢爲宣城太守期年遷樹功將軍始興內史蒞在官好開途巷修葺牆屋人居市里城隍廨庫所過若營家爲田秩奉錢竝無所取歲暮擇人尤窮者免其租調以此爲常然其聽訟猶人也不能過絕而性果斷人畏而惜之所至皆生爲立祠後爲征西諮議參軍中撫軍司馬卒　南史循吏傳　案邵志作晉武昌太守誤

阮長之字茂景陳留尉氏人也年十五喪父有孝行爲武昌太守時王弘爲江州雅相知重引爲車騎從事中郎入爲太子中舍人中書侍郎元嘉十四年卒時年五十九時郡縣田祿芒種爲斷此前去官者則一年秩祿皆入前人此後去官者則一年秩祿皆入後人始以元嘉末改此科計月分祿長之去武昌郡代人未至以芒種後一日解印綬前後所蒞官

皆有風政爲後人所思宋世言善治者咸稱之　宋書循吏傳

沈慶之字弘先吳興武康人少有志力躬耕壟畝勤苦自立元嘉三十年世祖出次五洲總統羣帥假慶之征虜將軍武昌內史領府司馬　宋書本傳

齊

伏曼容字公儀平昌安邱人少篤學善老易永明初爲太子率更令遷中書侍郎大司馬諮議參軍出爲武昌太守　梁書儒林傳　案謝朓有和伏武昌登孫權故城詩李善注引徐勉伏曼容墓誌序卽此詩詳古蹟

梁

吉士瞻字梁容馮翊蓮勺人天監二年入爲直閣將軍後爲太子右衛率又出爲西陽武昌二郡太守在郡清約家無私積普通七年卒於郡贈左衛將軍諡曰胡　南史本傳　案邵志作晉武昌太守誤

唐

韓仲卿河內南陽人　案舊唐書韓愈傳作昌黎人新唐書作鄧州南陽人朱子韓文考異云李白作韓文公父仲卿去思碑云南陽人而公嘗自稱昌黎人李翺作公行狀亦云昌黎某人皇甫湜作墓志不言鄉里又作神道碑乃云上世嘗居南陽又隸延州之武陽而舊書亦但云昌黎今案新書蓋因李碑而加鄧州二字也考漢書地理志有兩南陽其一河內修武其一南陽堵陽今河內有河陽縣韓氏世居之則知公爲河內之南陽人新書鄧州誤今据加爲武昌令有美政卽去縣人刻石頌德終祕書郎　新唐書韓愈傳　案舊書韓愈傳父仲卿無名位蓋偶闕遺耳詳金石李白武昌宰韓公去思碑

鄧潤甫字溫伯建昌人嘗避高魯王諱以字爲名別字聖求後皆復之第進士爲上饒尉武昌令累除知制誥翰林學士進承旨歷尚書左丞卒贈開府儀同三司諡安惠　宋史本傳

宋

吳景偲字及之宋徽宗政和進士初任辰州刑曹守職公正靖州楊晟實等聚獠作亂有平寇功遷武昌令調兩浙安撫使高宗時秦檜當國欲羅致之景偲請外補通判衡州扞禦茶陵犵獠諸寇勛績素著張魏公舉江湖士首稱景偲以陳康伯薦召對稱旨高宗嘉之除宗正丞累封武昌縣開國男食邑三百戶賜紫金魚袋　熊志

王揮字時發睢陽人年十八繇鄉貢入太學第政和八年進士主簿新鄉調蘄州司李參軍遷知武昌縣兵荒甫定軍書調度無虛日邑人流散揮補刓剔蠹政成不擾流亡稍復爲營百室處之未幾成市肆用薦者改宣教郎縣人懷之已代而挽留邑居葬其父鑄於金牛鄉之蚪山揮歷知瑞昌懷安縣除通判臨江軍事累官左朝奉郎賜緋魚袋卒年七十有

一亦祔葬焉子望之擇之望之中進士（薛季宣故通判臨江軍事王公墓誌銘）

薛季宣字士龍（案衛湜禮記集說作士隆）永嘉人（案函史本傳溫州永嘉人）起居舍人徽言之子也年十七起從荆南帥辟書寫機宜文字獲事袁溉溉嘗從程頤學盡以其學授之季宣既得溉學於古封建井田鄉遂司馬法之制靡不研究講畫皆可行於時（宋史儒林傳）令武昌武昌劇難治連敗數令去季宣年甚少部使者難之季宣曰縣所難治者在下難而上不知操切之即愈益難耳知其難願少寬得自効部使者喜許之乃以便利爲廢置嚴而不殘密而不碎（函史本傳）金兵之未至也武昌令（案當作令武昌）劉錡鎮鄂諸季宣白錡以武昌形勢直淮蔡而兵寡勢弱宜早爲備錡不聽及兵交稍稍資季宣計畫未幾汪澈宣諭荆襄而金兵趨江上詔成閔還師入援季宣又說澈以閔既得蔡有

破竹之勢宜守便宜勿遣而令其乘勝下潁昌道陳汝趨汴都金兵顧且驚潰可不戰而屈其兵矣澈不聽時江淮仕者聞金兵且至皆預遣其孥而繫馬於庭以待季宣獨留家與民期曰吾家即汝家即有急吾與汝偕死民亦自奮（宋史儒林傳）縣鐵冶營田故碁布而亡命姦人得出沒其間季宣修保伍法（函史本傳）五家爲保二保爲甲六甲爲隊因地形便合爲總不以鄉爲限總首副總首領之官族士族富族皆附保獨其身俾輸財供總之小用諸總必有圃以習射禁蒱博雜戲而許以武事角勝負五日更至庭閱之而賞其尤者（宋史儒林傳）總各以旗幟別色甲仗亦如之以候望干（案干即扞左傳襄二十五年陪臣扞掫扞掫夜戒守有所擊也又昭二十年賓將掫注掫夜行也即今擊柝）掫死者輒予棺復家（案宋史作復其家三年）鄉置樓盜發伐鼓舉烽相號召瞬息徧百里總首白事

得徑入吏毋得預聞邑溝瀆不渫夏潦溢溢在事者病之役夫莫敢睥睨及保甲成天大雨季宣出坐通衢傳呼總隊具畚鍤賦丈尺三日而畢市多火戒保伍具鉤繩梯缶暮夜索畢具速且整火不能災（函史本傳）縣治白鹿磯安樂口皆置戍復請於宣諭司得戰艦十甲三百（案函史作戰艦三百分里羅絡之疑誤）羅落之守計定訖兵退人心不搖（宋史儒林傳）大軍宿州縣客主不相能多鬬暴季宣曲盡其歡心以事至者必微見曲直而明假借之乃皆大服詔部內郡米輸邊民見調與親戚爲死決季宣語父老曰子弟相從者吾受其無咎皆憮然陽應之曰諾既發隊伍次舍準師行與役夫同苦樂病者挾醫護視始經所貧劇則皆弛之增劇則以馬若輿載之病者未至隊長毋即安號令齊一行道上擔肩相差如引繩觀者相語曰此誰將

軍部曲耶乃肅整如是既知其爲武昌白丁也相視歎息之役罷行者千八百人獨死一人餘安全還民讙若更生（函史本傳）樞密使王炎薦於朝召爲大理寺主簿除大理正出知湖州改知常州未上卒年四十季宣於詩書春秋中庸大學論語皆有訓義藏於家其雜著曰浪語集（宋史儒林傳）

附錄季宣武昌休官白郡劄子

某契勘本縣當天下孔道靖康之際實爲兵衝鐵官鼓鑄之徒無非天下亡命故羅兵禍視諸縣爲最酷今主戶雖數百皆東西南北之人累政失於拊循將不堪命加之比歲力役不能自存縣賦至微不給上供之半吏官給俸賓旅傳食至亡一錢粒粟可以枝梧自某到任以來朝夕疲瘁雖心勞撫字亡補秋毫而鞭箠盈廷虐害滋甚仰愧俯怍無以自容伏蒙某官推仁䘏之心曲加庇覆殆將一稔未嘗驟一介下縣追須區區之心謂可受恩終任不圖事與心戾橫賦踵來車船畢工遠作營舍木植離岸即斜經總制錢補解未終又爲和糴民贏如許其何以堪固知作事有端非郡府之意也然才單力弱粗嘗學問政恐知慮不周顧此一方山澤竭矣又爲此舉民必流亡杞國之憂或大於此乃心憒亂恍如病狂已具狀乞備申請賜骸骨如蒙終始之惠聽以周旋誓畢此生不敢忘德重念某官情素薄自分甚明初蒞寸長可以從

政力云不足非敢憚煩敢控哀誠尙幾痛察 又召對劄子
三臣前任鄂州武昌縣之管催苗稅有常平司絕戶屋租錢
二項科名過數不爲甚多皆是建炎以前兵火逃絕人戶屋
宇客戶租佃所出今屋已隳舊租仍在臣屬軍事方興未遑
申明蠲免今雖受代心竊恨之臣又嘗部夫運糧至德安府
界見諸縣人戶患苦出納前宣撫使岳飛在日牛租其端由
蓋與屋租無異源注奏德安田牛甚岳飛盜定輩盜所得出詳稱賦圖掩爲己有飛以民間乏牛敢得與
斂償時貴殘其利蟲榜可布秋聽麻可尚然事久未嘗得藏已死牛耕無有商民猶出舊租其爲害可知矣無比
來待闕澧州適當海盜之變田地之落江者州縣雖爲蠲稅
然或未之盡也問諸田里則曰從前江湖側近淹沒之地租
稅側多不免今所在皆有之臣以武昌屋租計之雖貧民受
弊者衆而爲國家財計無幾朝廷患不知耳如知之寧斬此
一錢粒粟之費而忍强民以出無業之租哉願降詔旨凡天
下郡縣有無產租稅如武昌屋租德安牛租澧州淹浸田租
之類者並令人戶自陳勘驗不以久近多寡悉除之省部監
司削其科名州縣印榜曉示如官司不爲除落許其越訴用
省無名之賦以寬小民
以惠貧下不勝幸甚

趙令峸 案邵志作峸誤 燕懿王玄孫安定郡王令衿兄也初名令褌
建炎初仕至鄂州通守領兵戍武昌賊閻瑾犯黃州縱掠而
去令峸渡江存撫之黃人乃安李綱言於上擢直龍圖閣知

黃州賜今名賊張遇過城下招令峸度不能拒出城見之遇
飮以酒一舉而盡曰固知飮此必死願勿殺軍民遇驚曰先
以此試公耳更取毒酒沃地地裂有聲乃引軍去三年以內
艱去詔起服時金人犯黃州令峸已還在道郡卒得金人木
符鑿箭浮江告急令峸疾趨夜半入城金人力攻翼日城陷
被執金人欲降之大罵不屈酌以酒擲之衣以戰袍曰我豈
當服金人怒鞭之流血被面罵不絕口而死事聞贈徽猷閣
待制謚忠愍州人乞立廟從之賜額忠顯廟城破都監王遠
判官吳源巡檢劉卓皆以不屈死焉 宋史本傳 案邵志云金人入寇移柴武昌遷其老弱以身扞城城陷被執不屈而死則殉節在武昌矣今吉祥寺側有墓墓側有祠似以在武昌爲信
王霆字定叟東陽人少有奇氣試有司不偶去就武舉嘉定
四年中絕倫異等授承節郎從軍於鄂沿江制置副使李壆

辟置幕下霆於軍事知無不言謂招募良家子不可以夤緣
關節冒濫其間防守江面全藉正軍若義勇民兵特可爲聲
援耳調兵防江當於江岸搠屋居之使之專心守禦授帶行
左領軍衛大將軍充沿江制置副使計議官霆乃撰沿江等
邊誌一編上之制置使董槐鄧泳交薦之差知壽昌軍改蘄
州 宋史本傳
史彌鞏字南叔彌遠從弟 案彌遠鄞縣人 嘉定十年登進士第時李
全開鄂閫知彌鞏持論不阿辟諮幕府事壽昌戍卒失律欲
盡誅其亂者乃請誅倡者一人軍心感服 宋史本傳
鄒應博嘉定中爲武昌尉政事通敏浚壽井以便民 一統志 案邵志列傳作元時尉與表異殊誤

元

陳天祥字吉甫因兄祐河南自寧晉徙家洛陽其居近緱氏
山因號曰緱山先生至元十一年起家從仕郎郢復州等處
招討司經歷深爲行省參政賈居貞所器重十三年興國軍
以籍兵器致亂行省命天祥權知本軍事凡所設施皆合衆
望居歲餘詔改本軍爲路有代天祥爲總管者務變更舊政
治隱匿兵甚急天祥去未久而興國復變鄰郡壽昌府及大
江南北諸城邑多乘勢殺守將以應之時鄭鼎臣 案即鄭鼎 爲宣
慰使帥兵討之至樊口兵敗死黃州遂聲言攻陽羅堡鄂州
大震行省聞變盡執鄂州城中南人將殺之以防內應天祥
力止之至是被執皆縱去復遣權知壽昌府事授兵二百餘
人爲亂者聞官軍至皆棄城依險而自保天祥以衆寡不敵
非可以力服乃遣諭其徒使各歸田里惟生擒其長毛遇順

周監斬於鄂州市得金三百兩爲鄂州賈人之物召而還之其黨王宗一等十三人繼亦就擒以冬至日放令還家約三日來歸獄皆如期而至自宣慰司案當作使盡縱之由是無復叛者百姓爲立生祠二十一年三月拜監察御史二十二年五月朝廷錄天祥從軍渡江及平興國壽昌之功進秩五品擢吏部郎中大德九年五月拜中書右丞議樞密院事提調諸衞屯田使者五致詔以年老不能辭延祐三年四月卒年八十有七累贈推忠正義全德佐理功臣河南江北等處行中書省平章政事追封趙國公諡文忠元史陳祐傳　案邵志天祥卒士民如喪考妣家設神主書官品以祀之延祐五年立金牛書院塑像祀焉

成遵字誼叔南陽穰縣人也至正十四年調武昌路總管武昌自十二年爲沔寇所殘燬民死於兵疫者十六七而大江

上下皆劇盜阻絕米直翔踴民心遑遑遵言於省臣假軍儲萬錠募勇敢之士具戈船截兵境且戰且行糴粟於太平中興民賴以全活者眾元史本傳　謹案元武昌路即今武昌府邵志載遵鎮武昌或有所據史未及詳姑仍之

申屠致遠字大用其先汴人徙東平之壽張至元中改壽昌府判官時盜寇竊發加之造征日本戰船遠近騷然致遠設施有方眾賴以安元史本傳　一統志

龍不花至元間尉徐壽輝攻破武昌據之不花以兵收復邵志

明

戚元禮江西瑞昌人元末令武昌甲辰歸明仍知縣事時兵燹之後荆榛彌望元禮撫集流亡創建縣署學宮民不知勞後有謝叔賓江西臨江人措置有方調國子助教去任又有張光大浙江嚴州府人寬猛得宜陞大理寺丞去任熊志

袁士晦江西新淦人案康熙府志作睢陽人誤永樂間由五軍斷事授知縣振興學校不遺餘力又有宦績南直隸江陰進士宅心平恕而處事甚明決焉又正統時王文信江西南昌進士公正自持處事胥當熊志又有許誠治縣事如家事旱禱不雨涕泣引咎遂致沛甘霖邵志景泰時有文哲四川營山人廉介勤慎教養兼施熊志　案熊邵志傳名宦無實政可采謹摘其一二語類編之如官府之甄別治行也

王濬威遠人弘治知縣民多德之後有汪璽字廷信南直隸婺源舉人歲旱虔禱以勞卒嘉靖中建鳳臺書院祀之一統志贈戶部右侍郎從祀名宦聶賢字承之號鳳山四川長壽進士公正廉明百廢具舉累官刑部尚書從祀名宦熊志　案屈振奇麻城志聶賢弘治甲寅任麻城凡大政疑獄所司不能決者剖斷如流有聶青天之稱

王琳山東安邱舉人正德知縣精毅清敏狐鼠屏伏邑故多盜琳捕得輒鞭殺之良者安不善者畏而勸以治行第一擢侍御史又有郭時明由監生知縣事律身清苦卒於官囊槖蕭然從祀名宦嘉靖時教諭李宗暘廣西臨桂人立教不苟旋知縣事公廉而有威熊志

王楠四川南充解元隆慶知縣有去思碑繼王楠者有李有朋號樂吾浙江東陽舉人勞心撫字民賴以生邑瀕江無城郭盜賊易侵有朋申請修築庶民趨赴輸將不期年而工竣又建澄清樓不盡亭諸勝卒祀名宦熊志

黃應龍號訒齋廣東順德舉人萬曆知縣會歲祲爲粥以賑饑者三閱月復請蠲田賦十之六隨建義倉每歲積穀以貸民民懷其惠建祠於金牛鎮祀之尋陞兆戶部主政累官四

川憲副（熊志）

何以讓字師仁號環斗四川雅州舉人（案熊志作睢州人）課桑麻平賦役敬老禮賢惠恤鰥寡割俸修學不取資於公帑私役數月而蕆事陞北直隸大名府通判去任（見孟紹慶修學記）又有劉曰淑號止亭江西南昌舉人剔奸蠹弊有卓異聲尋調宛平祀名宦其後有河南商邱進士李躍龍者剝民賤士以激變去（熊志）

劉體仁號同吾江西內江進士萬曆知縣英敏嚴毅庶政畢修在任三載民稱神君尤好論文搜討名理一時學者翕然從之邑無學田體仁捐置二百餘畝歲收其入以賙寒素以丁艱去任後擢承天府知府（熊志）

陳治安字鏡清浙江會稽舉人務以德禮化人有父子兄弟

訟於庭賜父兄坐與之茶而令其子弟拜於堂下入公門忿出公門慙觀者懌聞者歛以內艱去任（譚元春陳武昌寒溪寺雷壁六詩記）

韓東明號曉寰北直隸安肅舉人萬曆知縣律已清嚴而愛才如命嘗增置學租以養士而自奉儉約釜甑生塵居官五載丁內艱至不能具棺以歛邑人孟侊暨士民賻之乃得歸（新纂）

韓相號經垣北直隸晉州進士天啟知縣時黠吏盤踞號稱難治相不露鋒穎一朝坐堂皇以某弄柄某舞文治之如律內外肅然訊鞫如懸鏡枉直畢照蠹剔總書押差苛收諸弊民皆樂輸性鎮靜寡言喜怒不形於色尋擢南臺邑人士建祠於城隍廟左祀之并祀名宦（熊志）

王琇字幼曇山東安邱舉人崇禎知縣恩威並著人莫敢欺

善治盜盜魁多自首者涖官三載杖殺巨盜幾百餘人民爲之歌曰盜不入境民安於寢修縣志成書調直隸元氏縣去任又有汪承詔南直隸寧國進士崇禎知縣擢監察御史巡按湖廣邑人建祠於報恩寺前祀之其治蹟則已湮矣（熊志）

鄒逢吉字五從號愚谷江西湖口進士崇禎知縣甫下車值馬蹟鄉峽山土寇倡亂從閫帥劉承胤討平之磨盾鼻有詩以紀其事暇即進士之良者講道論藝諸生入謁輒降榻禮之善聽訟務以德化人人稱爲慈父母流賊蹂躪江黃逢吉修城增陴間雉堞以箭牌每垛口五建一窩鋪爲城守棲宿之所而身與搢紳分門防禦募邑之勇健者立龍虎二營倣戚繼光鴛鴦陣法令武舉石補天督率訓練賊聞而憚之不敢渡江楚直指劾章謂爲長城望重奉敕行取入京（鄒志）十

六年五月晦新軍內叛城陷（案此爲府城）武昌知縣鄒逢吉被害同死者武昌衞經歷汪文熙巡檢戴貝瑄及僧官一人俱罵賊不屈腰斬事聞贈卹有差（明史徐學顏傳　案熊志作闖逆犯闕逢吉罵賊不屈死誤）

以上知縣

徐文斌字執中湖廣華容人洪武初舉經明行修授本縣訓導擢武昌縣教諭博通經史喜談兵法元末風俗不振文斌力維持之當事以文武才薦於朝詔甫下卒（康熙湖廣通志）

杜巽貢生任教諭嚴立教條正身率物雖祁寒暑雨未嘗少怠科目得人後先相望祀名宦（熊志）

白繡廣西臨桂舉人署教諭行誼敦篤提學蔡霞山每以白賢稱之（熊志）

朱瓚號墨泉江西新淦舉人署教諭誘掖不倦築義隄建文

星塔東皋祠鳳臺書院陞教授祀名宦熊志 江西通志朱費字克獻新淦人嘉靖舉人由雎甯教諭補武昌令調麻陽 明統志及湖南通志均載費知麻陽縣有善政及卒民立懷忠祠祀之則費蓋由武昌知縣調麻陽熊邵志均不載疑有脫誤

張子翼廣東瓊山舉人署教諭有史才品藻人倫學者多宗仰之嘗修縣志署知縣越月卻常例修義隄至今德之熊志

薛士傑河南孟縣貢生任教諭表率人倫獎拔士類閉齋清課自朔望以外罕與縣官接見熊志

王家錄字愧修號鷄洲黃州府黃岡會副初署教諭師範端恪崇禎庚午應聘四川棘闈所得多佳士陞北雍學錄轉刑部主事壬午改戸部進員外郎出督延綏軍儲癸未六月陞陝西關南兵備僉事候代未行適闖賊率眾攻榆林度力竭難支遂引佩刀自刎於南城樓上氣猶未絕命紙筆濺染頸血大書忠義字且數百城陷遂伏几死巡方監軍交章題請詔贈光祿寺少卿廕一子入監讀書給賜祭葬建祠旌表後其子庠生源發拔貢源復啟柩回籍面目猶凜凜如生云王志稿 案明史家錄與都任同傳 以上教諭

朱紹勳江西吉水人任訓導文學優長行誼峻潔熊志

徐紀江西金谿人任訓導淳朴之性敦實之學後進多所楷模熊志

嚴文彥雲南陸涼人任訓導勵志清廉一介不苟講經義辨晰精微亹亹忘倦卒於官祀名宦熊志

李岐四川合州人任訓導正己率物八年不倦祀名宦熊志

游吉字子修黃州府廣濟人歲貢任訓導時知縣去任吉守之淮西大賈詐入私引鹽百萬貨邑中益求他奇繒物爲奸利私有獻遺吉察其奸將治之其人惶恐夜逃去會教諭又去任吉又代之有汪生楚貴人通家子以賄取入學其仇家上書御史府中詞連吉事下府知府核汪生如法並窮治前爲汪生友者某生知吉素操置不問吉請獨自抵罪知府勸諭之吉即治裝歸廣濟縣志 以上訓導

崔文榮海甯人崇禎中歷官武昌參將張獻忠犯漢陽文榮潛師渡江擊斬六百餘級漢陽陷文榮議守城不如守江團風煤炭鴨蛋諸洲水甚淺不宜縱之飛渡當事不從賊果由團風渡江陷武昌縣文榮戰死同時巡江都司朱士鼎城陷被執賊喜其勇敢欲用之戟手大罵賊斷其右手乃以左手染血灑賊賊又斷之不死賊退令人縛筆於臂能作楷字招集舊卒訓練如常明史忠義傳 乾隆四十一年

賜謚忠烈勝朝殉難諸臣錄 以上武職

國朝

鹿兆圖山東貢士順治知縣值兵燹之餘招墾田地撫集流亡凡催科折獄不尚嚴峻民皆化之清介自守而葺學宮課士子則捐俸不惜陞汾州同知行李蕭然民爲之歌曰做官不要錢起身無盤纏祀名宦邵志

張仲選字龍城湖南沅州諸生順治六年鄭王檄委署任有惠政撫按交章薦其才授濬縣復任黃巖縣皆潔己愛民民多思慕之繼仲選者爲徐翀直隸宛平進士有去思碑邵志

張春枝字元萼江西泰興貢生嘗以計禽盜四境以安學宮毀於兵春枝捐俸二百金爲之創始次第修復但政多苛察時易淳而澆卒褫職去又有杜旭江西豐城舉人和平端潔

改補四州梓潼縣去任熊志

熊登字仲升號定濤江西南昌貢生潔己愛民百廢俱舉重建庾樓松風閣諸勝修築水涇隄慇心規畫又修縣志成書文獻賴有徵焉邵志

王之紀字燕朋遼東瀋陽廕生戶部筆帖式康熙知縣剛正廉明黠猾斂跡陞彝陵知州邵志

歐陽偉業廣西融縣歲貢質性愷悌接吏民如家人而聽斷明決人不敢以纖毫欺以內艱去邵志

尙璠山東金鄉例貢有吏治才里民陳天賢謀殺誣陷前署任吳案吳佚其名暨前任歐陽偉業審訊累年幾失出璠蒞任反覆推鞫始得實抵罪一邑稱快以內艱去邵志

張慄號誠菴陝西華陰舉人勤於吏治每聽斷曲直務反覆

開諭使訟者自悔而後已興修民利山蘇水茨一一爲之規畫修葺學宮特開講堂一遵白鹿規制以疾終於任邵志

黃詠字陶斯直隸大興進士讞決平允上官稱爲能員擢沔陽州知州請以沔陽米運北漕武昌米解南糧換兌四千二百石兩地稱便邵志

楊河字負圖湖南新化舉人親民禮士馭胥吏嚴而不苛聽獄務委曲盡情每山林藪澤互爭之案雖沍寒酷暑必單騎往勘期年以內艱歸邵志

邵遐齡浙江仁和舉人重修縣志有廢必舉人稱如明知縣熊登新纂

會衍東字七如山東曲阜舉人負才性欹崎不羈嘉慶中署任僅七日先是有陋規責居者供縣廚肉食膳夫與吏役因緣爲奸久益苦之衍東至聞之笑曰是眞可謂肉食者鄙矣首禁革之俄去職縣人咸太息以爲未竟其用也爲位祀之後以奉檄查某縣倉卻饋賂發其事反爲所中戍溫州以終王志稿

周向青字仲廉號蘇門浙江錢塘舉人讞獄明敏判斷如流有嚴甲與某乙爭湖械鬭其父受傷未殊甲因而弒之以鬭死訟莫不定讞向青至禱於城隍神夜即廟中聽其獄集甲與其妻及兩弟弟婦跪階下束芻爲甲父像衣以生時衣令吏唱名牽以入向青坐堂皇若親與酬對觀者悚然甲色變其弟婦先吐實證甲甲不能置辨遂具服論如法縣稱神君踰年去任後十餘年終漢陽縣知縣其後有雲南進士保先烈者讞斷明決人多憚之王志稿

林芳字茁生浙江玉環進士英敏有幹才猾吏屛息治盜嚴而實與民不苛也縣舊無考棚就縣署局試應試者自負几案遇雨則濡首芳甫下車即勸捐創建校士館士咸德之王志稿

王克勤號儉齋直隸例貢履任卽舉童子試拔胡之傑冠軍與前署任知州沈照交代沈覬是缺且窺克勤拘乃以前任林芳庫款虧近萬不可受猾之克勤疑慮不能決遂發狂以匕首自刺腹未殊乃告病去沈復署縣事旋以私糶倉儲褫職王志稿

李錦源字仲岷號蓉艭四川犍爲人進士卽用知縣歷任竹溪雲夢黃岡等縣道光十一年大水錦源在黃岡請平糶倉穀以活民得請卽行之及民心已定上官乃以爲罪改簡調

武昌甲午科鄉試舉行賓興禮修廢興也愛才如命不啻口出十五年歲旱禱雨感疾治少愈猶未能起也以屆萬壽節急欲起祝嘏驟進蔘劑暴卒王志稿

張曜孫字仲遠江蘇陽湖舉人多惠政尤善接士講學課藝精搜名理時詣壽昌書院進諸生講論獎賚甚厚善醫有疾者欣然診之時麥穗兩歧乃建瑞麥亭於九曲亭左陞漢陽府同知去任以軍功累官湖北督糧道同治初卒於上海王志稿

何開泰字梅生安徽鳳陽進士咸豐四年隨同克復省城晋於湖北差遣四年選授武昌縣知縣未赴任是年髮逆犯省城開泰守漢陽門擊賊有功加同知銜六月賊擾塘角等處官軍潰省城陷巷戰死之七年

卹贈道銜世襲雲騎尉並建專祠國史臣工列傳 鳳陽縣志

林之華字棣園福建羅源舉人宜都知縣兼署通城興國等州縣咸豐四年署任逾年賊上竄縣城不守之華走金牛鎮聯鄉團據險與相持賊不敢犯時邑人余雲龍有衆百數十人自成一隊號武勇雖衂於嘉蒲咸武間去來若風雨賊畏之之華厚與之結且招之與襲賊於金牛鎮破之殲其魁之華爲告捷於巡撫胡林翼且薦之因召雲龍至大營益其衆令與之華扼白楊橋斷省城接濟六年五月同知蔣益澧率六營精銳勦踞葛店之賊因飭之華與雲龍率武勇爲鄉導連戰大捷至於樊口六月遂克復縣城及省城三復乃入治之之華以兵燹之餘務以寬政息民吏蠹役奸一切斂跡兩頌聲四起矣陞補荊門直隸州知州去任王志稿

錢炳熙字穎瀾浙江歸安附貢咸豐辛酉賊陷黃州府城炳熙任知縣方病聞之增劇卒於任其初下車也采輿論修校士館起梯雲閣人皆稱之及衆議修儒學有成議已聞於大府炳熙密稟以爲不便將中止總督官文切責之乃復聚衆議先修

崇聖宮焉王志稿

張炅號煦棠四川成都監生明敏有吏才縣濱江地勢下江水溢入湖田廬多漂沒炅至督民大築隄建閘數十處烈日雷雨徒步泥淖中寒暑無間重修學宮書院及縣署皆落成規畫有方民不知勞調署漢陽縣知縣復回任因事鐫職去任新纂

宗景藩字子城浙江錢塘舉人學術純粹以循吏自期先令

蒲圻即以蠶桑爲首務湖北故産荊桑葉薄而不澤民多耕而不蠶景藩到任即捐俸遣人赴浙購魯桑十萬株分給民間雇浙人之善蠶者攜器具至刻蠶桑說畧以教導之數年織爲綢民稱之曰宗公綢攝武昌亦然年餘即去任民甚惜之景藩令襄陽以其地不宜桑爲種茶有種茶說畧并傳於世新纂

劉篤慶字季蒓陝西長安監生光緒二年署武昌縣事質性愷悌與人接藹然和霽凡催科折獄不尙嚴峻前知縣張炅捐給文童試卷不及武童篤慶並捐之縣城隍廟毀於兵創捐修復去任民立去思碑蓋今日之宰官有纖毫之惠政而民亦思之而不忘也新纂 以上知縣

張仲經字綸季黃州府黃岡舉人夙穎異能文章篤於內行

任教諭表率士子以經世學扶持風化捐俸修學宮置門廡奎文樓規制乃備學田歲入租支給多不實仲經量給諸貧士有等差人稱其公康熙二十七年夏逆逢龍索餉譁變犯黃州縣城陷仲經與知縣喬文錦集精壯擒戮偽弁復縣城逢龍尋就禽四十一年擢欒城知縣有惠政任三年卒生時樂武昌風土子孫因歸葬於洪道鄉傳家嶺遂家焉邵志

張光庭黃州府黃梅舉人署教諭和平端直課士謹嚴邑咸慕之以疾卒祀名宦邵志

朱貞玫施南府建始舉人任教諭性厚氣和終日凝坐道貌睟然接士以誠脩脯之贄未嘗計厚薄道光八年卒於官自見輿從盈庭視日蚤暮曰可以行矣端坐而逝王志稿

田玉本名書田字樹人黃州府蘄州舉人任教諭性質直豪

於文少事同里工部主事陳詩詩以淹雅名於時而玉為其高足弟子至武昌則以品學勵士小失禮輒呵叱知過亦改容禮之玉事上官近簡傲詿計典去職王志稿　案蘄州志縣學水圯王重修之邑人士頌以模範可風扁額

程炳字午亭黃州府羅田舉人任教諭質厚和平教士以正口不言錢士以脩脯贄者未嘗卻亦未嘗校也司鐸二十年英才多所成就咸豐初粵逆陷城學宮在城外又經己酉大水蕪圮廢不可守將詣軍命子開炯懷印攜僕鄭新以從至樊口遇賊悉投水炳獨遇救不得死賊去大府廉得其狀不之咎也請重鑄印頒之八年炳集同志議修學宮會送試省城卒王志稿　以上教諭

張受先漢陽府漢川例貢任訓導縣學原額十五名受先遵例詳請得二十名熊志

張葆淳字小如黃州府黃安縣廩貢生任訓導工書能文有知人鑒接士以禮喜培植後進父錦珩進士官南安知府解組後就養學署或徒步行市中就耆宿談葆淳及其子諸生承庥執几杖以從時人榮之陞安徽桐城縣丞去任久之卒於官承庥字蔭堂官訓導王志稿　以上訓導

王軨任城守營把總祖伏廷原任廣東瓊州守備戰歿題載史館忠勇傳軨分防縣汎勤訓練時簡閱雍正十年於三江口獲巨盜解省治如法十三年漢沔流民擾神山鄉軨星夜往驅之鄉民乃安乾隆二年西陽畈蝗食禾軨率兵役捕之蝗不為災三年江南米價騰貴民禁搬運客商與里民鬬傷里民時令丞俱調闈差典史祖商幾激變軨為判曲直民始

帖然尋卒於任子萬年等遂家焉邵志

胡起太江夏人武昌縣城守營把總陞蒲圻縣千總咸豐二年粵賊陷蒲圻同知縣周和祥戰死有犬守其屍數日不去犬亦餓死王志稿

楊新福江夏人與父正鼎先後為武昌縣城守營把總咸豐二年省城陷憤不能禦賊以巾蒙面投水死之王志稿　以上武職

武昌縣志卷十二

武昌縣志卷十三

選舉

制舉

晉

辟薦

郭翻 有傳

孟嘉 有傳

孟陋 有傳

南宋

郭希林 有傳

郭蒙 希林子附希林傳

明

洪武

周明善 舉賢良方正官定遠知縣

李楧 薦除海門廳附李舉紺傳

孟紹舉 舉明經

劉任 一名仁有傳

邵楚賢 本名蘴生有傳

蔡哲 有傳

羅遠 薦任知縣案邵志貢江西僉事

王懋 薦任南直隸寧國知縣邵志作同知今從嘉慶通志

萬鍾 薦任國子監助教

蔡潤 薦任北直隸真定知府

汪瑄 薦任知縣案嘉慶通志作知府

陳渥 薦任福建尤溪知縣

王文玉 薦任南直隸蘇州府知府案嘉慶通志作王玉文誤

李明德 薦任南直隸揚州知府

張任 薦任四川重慶知府嘉慶通志作同知誤

張銘 薦任河南陽武知縣

汪朝宗 薦任河南開封知府

毛楚西 薦任湖南善化教諭

黃勝一 薦任太常寺博士

黃勝二 薦任大理寺評事

永樂

伍朝宗 薦任廣東雷州同知

成化

王哲 薦任鴻臚寺主簿

孟履吉 由諸生薦任欽天監博士

鄔明著 由諸生薦任欽天監博士

周有賚 薦任黃州府黃岡訓導

進士

唐

孟雲卿

宋

進士

嘉熙元年丁酉

嘉熙二年戊戌 邵應豹 與周坦同榜有傳

景定三年壬戌 張山翁 有傳

咸淳 張謣 有傳

元

元貞 姜順三 江西袁州府知府戶部侍郎

鄉貢

邵應豹 見進士

貢生

按邵氏譜有邵公侃有傳邵萍生公侃子署本縣學事邵定子授淳安壽昌學正皆明經邵德孫鄉舉進士年分均不詳

延祐元年甲寅		邱堂見進士	
延祐二年乙卯	邱堂張起巖榜有傳案邵志作甲寅誤		
至治三年癸亥		姜妙富巡城御史兵部指揮案邵志是科有王廷揚爲蒲圻人今刪詳文苑李瑾傳	
泰定三年丙寅		李瑾有傳案熊志是科有聶炳丁卯進士考元史忠義傳聶炳江夏人嘉慶通志均同又有汪存禮爲蒲圻人今並刪詳文苑李瑾傳	
至正元年辛巳		邵公任見進士案胡	

		文壽至元鄉貢科分未詳有傳	
至正二年壬午	邵公任陳仁祖榜有傳案邵志作元統壬午嘉慶通志作邵公陞並誤	劉保滋仲廉祖案原缺今從劉氏譜補入	孟漢湖南祁陽知縣 洪朝宗
至元十年庚寅		衛士貞石鼓書院山長	
明	進士	舉人	貢生
洪武十七年甲子		劉仲廉解元泰進 李盛均見進士	邵楚賓有傳
洪武十八年乙丑	劉仲廉丁顯榜有傳		王添福歲貢陝西道御史
洪武二十一年戊辰	李盛任亨泰榜案李氏譜李氏元季由興國遷武昌縣		胡思文歲貢廣東道御史

	洪道鄉之葛山三傳至盛盛登洪武乙丑科進士孫友承應芳皆歲貢生題名碑戊辰科作江夏人嘉慶通志又有乙丑科進士李盛武昌人		
洪武二十三年庚午		易文政江蘇徐州學州解元賀守貞	
洪武二十六年癸酉		張義二官兵部侍郎解元楊繼本案嘉慶通志無從張氏譜補	羅達案邵志尚有洪武間貢陳文蔚羅達江西僉事蔡洙廬陵主簿劉漢章吳縣縣丞方原盩厔縣丞鄧公明貢年未詳附載於此
洪武二十九年		唐音有傳解元鄭璧	

丙子		何誠石泉知縣	
洪武三十年丁丑			王思忠歲貢工科給事中
建文四年壬午永樂元年補行		黃仲德武陽教諭 李英官河南羅山縣教諭解元劉文斌	
永樂二年甲申			李友承歲貢盛孫案李氏譜盛孫長永芳處士次友承歲貢任上元知縣次應芳歲貢今應芳已失載矣
永樂三年乙酉		朱勳官交阯交州府同知解元熊傑 王宗賢廣西灌陽縣訓	

		導 王辛 山東張邱縣丞 孟祐 有傳	
永樂五年丁亥			何文煥 歲貢刑部侍郎
永樂六年戊子			嚴斌 歲貢廣西恭城縣主簿
永樂七年己丑			柳文 歲貢鴻臚寺序班
永樂八年庚寅			汪士銘 歲貢廣東道監察御史謫知長洲縣
永樂九年辛卯			李衡 歲貢廣東廣州衛吏目
永樂十年壬辰			姚文彧 歲貢江西金谿知縣
永樂十一年癸巳			劉魁 歲貢廣東四會知縣
永樂十二年甲午		童禧 官安徽欽縣知縣解元賀獻 詹文升 福建長汀知縣 案嘉慶通志作昇誤 邵珪 有傳 黃敏 案嘉慶通志永樂十五年丁酉科有劉源崔謙武昌人考均係江夏通志誤	王觀 歲貢南直上元縣丞
永樂十七年己亥			孟仕恭 歲貢
永樂十八年庚		田濟 字汝霖解元高信北	

子		直河間府同知	
宣德元年丙午		甯勝先 官四川遂甯知縣解元 黃秉忠	
宣德二年丁未			余仲信 歲貢山東繁峙知縣
宣德三年戊申			熊友信 歲貢有傳
宣德四年己酉			張希智 歲貢滑縣丞
宣德五年庚戌			李海 歲貢
宣德六年辛亥			謝志高 歲貢石阡府推官
宣德八年癸丑			黎忠 歲貢有傳
宣德九年甲寅			李琥 歲貢有傳
宣德十年乙卯			華文富 歲貢
正統元年丙辰			汪廣 歲貢
正統三年戊午			李純 歲貢山東德州衛經歷 案李氏譜作嘉靖三十三年戊午貢
正統五年庚申			周仕公 歲貢北直定州通判
		案嘉慶通志正統六年辛酉科辛浩解元武昌人考係江夏通志誤	
正統七年壬戌			易恭 歲貢西城兵馬司指揮
正統九年甲子			孟仕遜 歲貢山東東阿縣丞
正統十一年丙寅			王齡 恩貢武隆知縣 李昱 恩貢廣西東安縣丞 魯謐 恩貢雲南布政司經歷 趙鼎 恩貢

正統十二年丁卯		孫熙 官河南汝寧府推官；解元 楊麟	孟思賢 歲貢四川華陽知縣
景泰元年庚午		劉教 解元有傳；周源 縮孫廣西參政有傳；方進 有傳	孟思誠 恩貢寧州衛經歷；張斌 歲貢
景泰二年辛未			朱泰 歲貢
景泰四年癸酉		李顯 盛元孫官北直順天府通判解元；劉餘慶；張敏 江西知縣 案嘉慶通志作江夏人	姚志誠 歲貢
景泰五年甲戌			高鏞 歲貢
景泰六年乙亥			蕭瑄 歲貢江西上高知縣
景泰七年丙子			易仕廉 歲貢四川綦江知縣
天順二年戊寅			熊思文 歲貢
天順三年己卯		姜輔 官刑部員外郎解元；余本政 案熊志姜學周傳學周先世有順三公起家守郡順之孫輔官南京刑部員外郎	梁成 歲貢廣東番禺縣主簿
天順四年庚辰			嚴俊 歲貢四川青神知縣
天順五年辛巳			嚴誠 歲貢
天順六年壬午			邵欽 歲貢；蘇潤 恩貢鴻臚寺序班；曾輝 恩貢貴州龍泉縣主簿；易觀 恩貢雲南鶴慶州檢校

			胡琦 恩貢江西南昌縣主簿；唐瓚 恩貢北直慶雲知縣；伍聰 恩貢大昌知縣
天順八年甲申			胡卿 歲貢四川江安縣丞
成化元年乙酉			周模 拔貢源孫
成化二年丙戌			易榮 歲貢浙江台州衛經歷
成化三年丁亥			張鏞 歲貢知縣
		案嘉慶通志成化四年戊子科有余鑑武昌人考係江夏通志誤	
成化五年己丑			賀膺 歲貢廣西蒼梧知縣有傳
成化七年辛卯			龔政 歲貢河南密縣訓導
成化九年癸巳			劉偉 歲貢
成化十一年乙未			徐達 歲貢江蘇金山衛經歷
成化十三年丁酉		張鏞 官浙江嘉興知縣解元；汪洪	邵鎰 歲貢有傳
成化十五年己亥			郭經 歲貢
成化十七年辛丑			陳璽 有傳
成化十九年癸卯			田良 歲貢黔州訓導
成化二十一年			王瓚 歲貢蜀府紀善

乙巳			
弘治元年戊申			葉廣 歲貢
弘治二年己酉		案邵志是科有徐鈺考明史趙佑傳作江夏人興國州志又以為興國人今删鈺登弘治九年進士邵志作三年誤又案嘉慶通志是科有劉績黃寀嚴傑武昌人攻均係江夏嚴傑江夏縣志作嚴傑應通志誤	王文 歲貢廣東崖州吏目
弘治五年壬子		案嘉慶通志是科有鄒彥魁寇仲芳吳廷璋武昌人攻均係江夏通志誤	邵淮 歲貢 有傳
弘治七年甲寅			朱昕 歲貢淮府典寶
弘治八年乙卯		汪淳 有傳 解元陶寶 案嘉慶通志是科有趙遷李鵬徐馨攻均係江夏通志誤	
弘治九年丙辰			熊清 歲貢附友信傳
弘治十年丁巳			吳汝霖 歲貢甘肅西寧衛知事
弘治十一年戊午		張鍾靈 欽孫 解元 有傳；李廷蕙 見進士；熊泰 見進士；張佐 有傳 案嘉慶通志是科有沈貢楊瑞林本張璞羅鐙黃釜武昌人攻均係江夏通	孟廷梅 歲貢兗州府同知

弘治十二年己未	李廷蕙 顯子 倫文敘榜 有傳	志誤	陳雲漢 歲貢 有傳
弘治十四年辛酉		胡椿 見進士 解元廖珊；胡裕 有傳；賀爵 詹子 有傳；李廷英 安順知州原缺今從李氏譜補入世系詳李廷蕙傳 案嘉慶通志是科有安節嚴時泰陳輔武昌人攻均係江夏通志誤	王吉 歲貢廣東提舉司副提舉
弘治十六年癸亥			嚴儆 歲貢
弘治十七年甲子		孟廷柯 見進士 解元王之相；周楫 源孫 有傳；嚴傑 有傳 案嘉慶通志是科有林一鳳胡康田嘉和劉綸武昌人攻均係江夏田嘉和作禾通志誤	
弘治十八年乙丑	熊泰 顧鼎臣榜 有傳		毛倫 歲貢烏蒙府經歷
正德元年丙寅			周儲 歲貢
正德二年丁卯		周楷 亞元 解元李中楷源	徐文高 副貢

		孫[illegible]案嘉慶通志是科有吳宜卯瑺許琡濟武昌人攷均係江夏通志誤	孟廷梧副貢
正德三年戊辰	胡椿呂柟榜有傳		卓智歲貢廣西蒼梧縣丞
正德五年庚午		案嘉慶通志是科有牟盛武昌人攷係江夏通志誤	余槐歲貢有傳案嘉慶通志作金槐誤
正德六年辛未	孟廷柯楊慎榜有傳		
正德七年壬申			李芳歲貢
		案嘉慶通志正德八年癸酉科有周鉞王鑑李珍李梓然王洪李璋武昌人攷均係江夏通志誤	
正德九年甲戌			何偉歲貢有傳
正德十年乙亥			熊鋏優貢
正德十一年丙子		陳鑾官廣西靈川知縣解元羅星案嘉慶通志是科有吳拱辰武昌人攷係江夏通志誤	劉瀾歲貢有傳
正德十三年戊寅			方環歲貢河南都司經歷
正德十四年己卯		張珩補案嘉慶通志是科有馮世雍詹文光詹文慶詹乾鄧材武昌人攷均係江夏通志誤	

正德十五年庚辰			姜直歲貢南直太倉州同 姜舜彝歲貢有傳 案周氏譜正德間有周儒龍陽教諭周榻貢年均未詳
嘉靖元年壬午		案嘉慶通志是科有吳光祖吳旻王瑞武昌人攷均係江夏通志誤	李文端歲貢南直吳江縣丞
嘉靖三年甲申			李儀歲貢會川衛經歷
嘉靖四年乙酉		案嘉慶通志是科有李萃劉管劉珊武昌人攷均係江夏通志誤	孟紹曾歲貢
嘉靖五年丙戌			胡禟歲貢山東章邱縣丞
嘉靖七年戊子		李維見進士解元曠宗舜案嘉慶通志是科有張札主事趙維順境蕭溥武昌人邵志張札上饒知縣攷均係江夏通志邵志並誤	黃朝用歲貢有傳
嘉靖八年己丑			張廷槐恩貢 邵元彬歲貢有傳邵志作光彬誤案熊志作嘉靖九年歲貢邵氏譜云嘉靖己丑貢入南監則八年也今從邵氏譜邵志傳作萬曆己丑考邵氏譜元彬卒於嘉靖十年邵志姝誤
嘉靖九年庚寅			姜堅歲貢

嘉靖十年辛卯			陳繼芳歲貢附陳壐傳
嘉靖十一年壬辰	李維林大欽榜官江南布政司參議 案題名碑是科有趙維武昌府長史司官籍嘉慶通志趙維是江夏人無李維名又江夏縣志趙維一姓李四川參政無鄉試科分今從葛山李氏譜		邵浹歲貢有傳
嘉靖十三年甲午		案嘉慶通志是科有張桃歐陽梧劉箐通判武昌人攷均係江夏通志誤	姜璽歲貢舜夔子雲南臨安府教授
嘉靖十五年丙申		案嘉慶通志嘉靖十六年丁酉科有彭冀衡牟舉徐直之陳仁余芳武昌人攷均係江夏通志誤	周時舉選貢楷子有傳案三楚文獻錄作選舉
嘉靖十七年戊戌			胡桂歲貢雲南右衛知事
嘉靖十八年己亥			周鼎歲貢
嘉靖十九年庚子		案嘉慶通志是科有王守成張樞武昌人攷均係江夏通志誤	方珂歲貢河南汝陽縣訓導
嘉靖二十年辛丑			王蕃歲貢浙江嘉定縣主簿

嘉靖二十一年壬寅			周梧歲貢廣東德慶州判
嘉靖二十二年癸卯			張楫歲貢
嘉靖二十三年甲辰	朱寵秦雷鳴榜鄉舉科分失攷 案題名碑武昌衛後千戶所官籍嘉慶通志作御史武昌人		
嘉靖二十五年丙午			田世祿歲貢 孟徵副貢
嘉靖二十七年戊申			周之京選貢縉五世孫有傳
嘉靖二十八年己酉		熊桴有傳解元吳國倫 案通志熊邵志均作癸卯科誤 李緒有傳	劉材拔貢有傳
嘉靖二十九年庚戌	熊桴清子唐汝楫榜有傳		邵栴歲貢山東武定府照磨
嘉靖三十一年壬子		孟儆有傳解元王凝 案嘉慶通志是科有劉孜武昌人攷係江夏通志誤	
嘉靖三十二年癸丑			熊焯歲貢南直揚州府訓導
嘉靖三十三年			姜固德拔貢江西撫州府教授

甲寅			
嘉靖三十四年乙卯			曹涵 歲貢四川邛州訓導
嘉靖三十六年丁巳			姜璧 歲貢舜爺子南直高郵州訓導
嘉靖三十七年戊午			劉建功 拔貢有傳
嘉靖三十八年己未			嚴希旦 歲貢鹿邑訓導
嘉靖四十年辛酉			毛銳 歲貢
嘉靖四十二年癸亥			劉夢庚 歲貢四川巫山縣教諭
嘉靖四十四年乙丑			熊孟祥 歲貢江西鉛山縣丞
嘉靖四十五年丙寅			張子楫 歲貢江西上饒訓導南直無錫知縣 案嘉靖間周氏譜有周樸周栘洪氏譜有洪玉珠呂氏譜有呂楚恒洪同知縣貢年均未詳
隆慶元年丁卯		吳時泰 字文亨四川重慶府推官解元 李廷楫 案嘉慶通志作江夏人江夏志作府學馬湖推官	
隆慶二年戊辰			錢盛 歲貢廣西武緣知縣 案通志

			作嘉靖時人
隆慶三年己巳			孟紹序 恩貢有傳
隆慶四年庚午		孟紹慶 見進士 解元彭大用	黃惠 歲貢 周有典 歲貢荊州府石首縣訓導
隆慶六年壬申			方天旦 歲貢 案嘉慶通志隆慶間貢有余蔭易新朗尙庠張寬孫純金相涂行劉杭餘所載爲武昌貢者皆江夏歲貢也又熊鎰通志作貢生邵志作職監鄭府審理黎鉞通志作貢邵志作職監浮梁縣丞貢年未詳又各氏譜中有周時望周時瀚呂楚樊西安府同知貢年亦未詳
萬曆元年癸酉		周慶地 甲戌會副有傳 解元李登 方學詩 江西建昌知縣 丁應泰 見進士 案江夏志府學 陳鑒 案江夏志府學主事	周慶遠 恩貢之京子河南魯山縣丞 邵鍾美 歲貢北直永定衛訓導附元彬傳 黃冕 副貢己亥廷試貢元浙江仁和知縣
		案嘉慶通志萬曆丙子科有包萬象蕭時鳴武昌人攷均係江夏誤	
萬曆五年丁丑			孟敷 歲貢河南府教授
萬曆七年己卯		朱文卿 見進士 解元黃國 案江夏志府學又案嘉慶	

年份	進士	舉人	貢生
申		通志是科有楊敬榮武昌人攷係江夏通志誤	
萬曆八年庚辰	孟紹慶附傚傳		
萬曆九年辛巳			陳舜典歲貢訓導
萬曆十年壬午		劉廷柱解元陳良川案江夏志府學嘉慶通志是科有梅開先武昌人攷係江夏通志誤	
萬曆十一年癸未	丁應泰朱國祚榜案題名碑武昌右衛官籍江夏志官兵部主事		胡從韶歲貢知縣
萬曆十二年甲申			朱楠歲貢
萬曆十三年乙酉			陳兆泰歲貢 孟紹勲副貢附傚傳
萬曆十五年丁亥			胡萬賓歲貢教諭
萬曆十六年戊子		劉學周學純弟解元吳化 朱朝望浙江衢州府同知案嘉慶通志是科有郭正位辟應期常居安武昌人攷均係江夏通志誤	劉學純順天恩貢有傳
萬曆十七年己			楊燧歲貢黃岡訓導監利教諭[illegible]

年份	進士	舉人	貢生
丑			府教諭
萬曆十九年辛卯		柳東有傳解元汪元極	李自成歲貢訓導 蕭時元副貢 劉衡恩貢有傳
萬曆二十年壬辰	朱文卿翁正春榜江西廣信知府案題名碑作江夏人嘉慶通志作武昌人江夏志朱文卿字君甫號斗墟廣信知府 劉廷柱山東兗州知府案題名碑作江夏籍江西南昌縣人嘉慶通志作武昌人		吳之肅歲貢訓導
萬曆二十二年甲午		孟習孔亞元解元秦繼宗見進士案傳嘉慶通志是科有向于震武昌人攷江夏志震作宸江夏人通志誤	宋德盛歲貢四川重慶府推官有
萬曆二十三年乙未	孟習孔朱之蕃榜侊子有傳 劉學周有傳		
萬曆二十四年丙申			孟心孔歲貢習孔弟有傳
萬曆二十五年丁酉		王之楨解元熊廷弼 呂楚英 王守經有傳	

		周事一時舉孫有傳	
萬曆二十六年戊戌			周執衡歲貢 劉琪歲貢
萬曆二十八年庚子		案嘉慶通志是科有張維楨王宗臣孫志元艾棐張光先陳之清董暹劉彥武昌人攷均係江夏通志誤	楊璁歲貢廣西梧州府通判
萬曆三十年壬寅			孟紹望歲貢四川丹稜教諭
		案嘉慶通志萬曆癸卯科有楊大名通判武昌人攷係江夏通志誤	

武昌縣志卷十三　選舉　十九

萬曆三十二年甲辰			美俅歲貢
萬曆三十四年丙午		楊正奇見進士解元張本哲	孟紹時副貢
萬曆三十六年戊申			萬里歲貢黃州府麻城縣訓導 張林歲貢張氏譜補案
萬曆三十七年己酉		孟登紹慶仲子有傳解元王時化	
萬曆三十八年庚戌			章應鰲歲貢訓導
萬曆四十年壬子		袁梅芳官南直隸無錫知縣案嘉慶通志是科有易	楊維喬歲貢教諭 賀廷藩歲貢賀氏譜補案

		文明解元同知李呈芬武昌人攷均係江夏通志誤	
萬曆四十二年甲寅			李懋夫歲貢
萬曆四十四年丙辰	楊正奇軍籍燧子錢士升榜有傳案嘉慶通志作甲辰科誤		曹廷對歲貢有傳
萬曆四十五年丁巳			吳軌歲貢溆浦教諭
萬曆四十六年戊午		彭祖壽見進士解元陳君寵 胡勳景陵教諭滎澤知縣	孟謙吉副貢 張塤歲貢

武昌縣志卷十三　選舉　二十

		案嘉慶通志是科有劉民悅盧維先武昌人攷係江夏通志誤	
萬曆四十七年己未	彭祖壽莊際昌榜有傳		周慶厚歲貢案邵志萬曆間貢有蕭采鳳周宗召龍陽訓導汪大經知縣劉承敬資陽知縣萬汝濟嘉慶通志有余汝翼熊光璧許明恒貢年未詳餘所載爲武昌貢者皆江夏歲貢也
天啟元年辛酉		周有翼之京曾孫有傳解元卓萬合 周有紀事一子有傳 案嘉慶通志是科有常士顯馮	孟道宏歲貢心孔子有傳

天啟三年癸亥		奇武昌人攷均係江夏通志誤	孟鼎第歲貢有傳
天啟四年甲子		曹若參廷對子有傳解元劉近臣案嘉慶通志作珍誤	劉惺副貢學周子順天府通判
天啟五年乙丑			周有穀歲貢有傳 李周華恩貢有傳 周有馮選貢
天啟六年丙寅			孟晉第歲貢
天啟七年丁卯		蔡仕哲七世孫有傳解元譚元春	徐玉珊歲貢 周政一副貢有傳案嘉慶通志有天啟間貢劉成龍貢年無考餘所載爲

			武昌貢皆江夏歲貢也
崇禎元年戊辰			熊正南恩貢有傳
崇禎二年己巳			江之會歲貢
崇禎三年庚午			邵通字泰雍巨弟副貢
崇禎四年辛未			黃廷對歲貢兗子有傳
崇禎五年壬申			羅渾初拔貢案羅氏譜補
崇禎六年癸酉			童一開歲貢 吳如揆副貢有傳
崇禎七年甲戌			熊殿卿歲貢案熊氏譜補
崇禎八年乙亥			邵巨字細匯別號不二歲貢通兄蘄水訓導河陰教諭 李楚生拔貢有傳

			童心恪拔貢
崇禎九年丙子		胡公陳解元周壽明案通志補 鄔明昌見進士 朱盛浸	姜大艮字太濵歲貢漢陽府漢陽縣訓導遷鄖陽府竹溪教諭
崇禎十年丁丑	鄔明昌劉同升榜有傳案嘉慶通志作江夏人誤		彭文華歲貢 胡有忠歲貢 楊道壯歲貢浙江仁和縣訓導
崇禎十二年己卯		王元善解元曹應昌 張廷賓見進士 姜愃見進士案嘉慶通志是科有鄒振奇周家鼎黃鳴	劉漢清歲貢

		揚武昌人攷均係江夏又蒲圻志有鄒振奇通志誤	
崇禎十四年辛巳			熊浣初歲貢 吳正夫歲貢有傳
崇禎十五年壬午		嚴君化解元沈會霖 鄔汝楫見進士案嘉慶通志是科有朱盛浡朱容檳李以範劉敷仁武昌人攷均係江夏通志誤	劉光鑰字闇夫副貢國初授武昌府崇陽縣訓導
崇禎十七年甲申			孟敏歲貢德安府應城縣教諭 葉芳春歲貢案嘉慶通志崇禎間貢有李孚張光初孟道翼習孔子著丞

邵志作側監署正有傳又唐時泰會一約孟重第萬朝封邵志均作職監朱朝龍邵志作宋朝龍職監孟賜第邵志作職監華州州同唐開勳邵志作職監河南都司經歷貢年未詳房縣志有劉之紵歲貢順治年任教諭鄖西縣志有鄧致和歲貢順治間任教諭麻城縣志有陳堯前歲貢順治間任訓導又毛源深拔貢善化教諭潘思稷貢年均未詳附載於此

國朝	順治二年乙酉	順治三年丙戌
進士		
舉人		
貢生	李夫錫 恩貢	劉日襄 歲貢學周孫惺子有傳

		順治五年戊子	順治六年己丑	順治七年庚寅	順治八年辛卯
進士			張廷賓 劉子壯榜案題名碑作江夏縣人嘉慶通志作武昌人江夏志任黎城令		
舉人					李之驥 本姓柳蘄水籍河南甯陵教諭解元李奇生廷對子；黃道晃 有傳；劉過 官漢陽府漢川縣教
貢生	案章學誠湖北通志檢存稿作戊子恩貢	劉日永 拔貢學周孫惺子有傳；張臬謨 拔貢有傳		周有獻 歲貢事一子附有紀傳	陳諧 恩貢知縣；孟道明 歲貢

		順治九年壬辰	順治十一年甲午	順治十二年乙未	順治十三年丙申
進士				鄔汝楫 史大成榜會魁有傳案題名碑作江夏人嘉慶通志作武昌人；嚴翼王 山東滋陽知縣案嘉慶通志王作玉誤	
舉人	諭		孟道脈 習孔子江蘇婁縣知縣解元程雲飛；嚴翼王 見進士		
貢生		孟人吉 拔貢	孟易吉 歲貢有傳案四川通志作拔貢；孟人吉 副貢有傳	姚黃 歲貢有傳	孟安齊 府學歲貢習孔孫監利縣訓導澧州學正

		順治十四年丁酉	順治十五年戊戌	順治十六年己亥	順治十七年庚子
進士				姜愃 徐元文榜甘肅鞏昌推官長治知縣案通志作煊誤	
舉人		夏琮 有傳解元楊輝斗；葉自巖 有傳案通志作黃岡人江夏志作江夏人並誤			
貢生	周文光 歲貢漢陽府漢川縣訓導	葉蓁 副貢	閔才 歲貢湖南澧州學正		楊道臨 歲貢府學訓導；程珊 歲貢

康熙元年壬寅		案漢川縣志載漢川教諭有烏麥陽順治舉人武昌人科分未詳附載於此	鄔能炳 坡貢荆州府教諭 案邵志尚有順治間貢周有愛嘉慶通志有魯可遠夏克前支奇榮貢年未詳 孟醇儒 府學貢縣丞 恩 余繼善 縣丞 恩貢 周士賁 歲貢有傳 孟長民 歲貢慈利學訓導 涂宗尼 歲貢羅田籍鄖陽府鄖縣訓導
康熙二年癸卯		汪錞 有傳解元黄士煥	唐弓 歲貢州同
康熙三年甲辰			王心一 歲貢湖南龍陽縣訓導
康熙五年丙午		周之麟 見進士解元王永清	
康熙七年戊申			汪宗友 歲貢有傳
康熙九年庚戌	周之麟 蔡啟傳榜知縣 案題名碑作江夏人嘉慶通志作武昌人 汪錞 吏部郎中 案題名碑嘉慶通志均作江夏人通志作汪淳誤		周有開 恩貢黄州府麻城縣訓導 孟進 歲貢廷柯曾孫有傳
康熙十年辛亥			孟見齊 歲貢習孔孫道翼子有傳 張稷謨 歲貢皐謨弟有傳
康熙十一年壬子		周士皇 亞元見進士解元吳甫生	周主一 歲貢

康熙十二年癸丑	周士皇 有翼從子韓菼榜有傳	王渭鼎 有傳	呂之聲 歲貢
康熙十三年甲寅			周有易 歲貢有傳
康熙十五年丙辰			萬士鉅 歲貢
康熙十七年戊午		高俊 湖南武岡州學正有傳解元宋敏求	劉帶蕙 歲貢日襄子有傳 案帶蕙兄又蕙亦歲貢未詳年分有傳
康熙十九年庚申		王懋才 見進士	夏克柔 歲貢荆州府宜都縣訓導 恩貢 案 劉宗先 原缺從劉氏譜補入
康熙二十年辛酉		王懋德 見進士解元劉善錫 張謙 見進士有傳 孟立德 道宏子	姜維周 副貢鄖陽府教授 案黄岡志作康熙壬戌貢 鄔能璜 歲貢四川灌縣知縣 案通志作能熿誤貢年從鄔氏譜 張萃孳 歲貢通志作辛贊
康熙二十一年壬戌	王懋才 黄岡籍蔡升元榜江西新建知縣 王懋德 懋才兄江西寧都知縣 案嘉慶通志均作黄岡人題名碑作武昌縣人		
康熙二十三年甲子		周世仁 德安府隨州學正有傳解元宋知辰	楊振林 歲貢鄖陽府竹溪縣教諭

康熙二十五年丙寅			吳之遴 歲貢
康熙二十七年戊辰			呂音亮 歲貢
康熙二十八年己巳			柳璋 歲貢
康熙二十九年庚午		葉道復 見進士 解元陳大華 胡理 蘄水籍 王一導 見進士 孟醇 補	張應奎 歲貢
康熙三十年辛未			李正奇 恩貢 有傳

康熙三十一年壬申			黃玫 歲貢 廷對孫
康熙三十二年癸酉		汪澄 見進士 解元周士鉶 譚必春 補 劉時遠 帶蕙子 有傳	張應翥 歲貢 稷謨子
康熙三十三年甲戌	汪澄 鎔子 胡任輿榜 廣西案 江西巡撫題名碑作江夏人 嘉慶通志作武昌籍		徐宏仁 歲貢 教習 大冶縣籍 有傳
康熙三十五年丙子			吳道南 副貢 正藍旗教習 邵圭桓 歲貢
康熙三十六年丁丑	[illegible]之諒 從[illegible]弟 李蟠		

丁丑	榜 浙江寧紹台道 案嘉慶通志作黃岡人 題名碑作武昌人		
康熙三十七年戊寅			孟東儒 歲貢 人吉子
康熙三十八年己卯		李亨鼎 解元 彭源 王全才 見進士 劉維翰	王文燕 歲貢
康熙三十九年庚辰	楊可喬 汪繹榜 直隸鹽山知縣 案題名碑作林可喬 嘉慶通志作楊均 蘄州人 邵志鄉舉未載 張謙 中選子 有傳		陳賓亮 歲貢 案黃岡志作寅亮 康熙乙酉貢 嘉慶通志同

康熙四十年辛巳	葉道復 字見初 號陟岑 封子 浙江瑞安知縣 案葉氏譜自道復始占武昌籍		熊起璜 歲貢 案熊氏譜補
康熙四十一年壬午		劉祖陶 帶蕙子 有傳 解元朱和均 李士藩 補	胡贊南 歲貢
康熙四十四年乙酉		呂璜 有傳 解元夏慶譽	顧本恭 歲貢 黃岡籍 葉昌祚 副貢
康熙四十五年丙戌	王全才 王雲錦榜 廣東長寧知縣 案嘉慶通志作黃		

武昌縣志卷十三　選舉　三十九

	岡人題名碑作武昌人材均作才黃岡志亦作才		
康熙四十六年丁亥			龍傳封歲貢案黃岡志作武昌籍
康熙四十七年戊子		談必泰有傳解元李澍 袁之材廣東會同知縣案嘉慶通志材作貞 汪栴見進士案通志武昌籍嶽州人江夏志江南嶽州人	周有堂歲貢有藩兄 王漢副貢教諭有傳 孟周儒歲貢穀城訓導
康熙四十九年庚寅			周有灑歲貢有堂弟宜昌府巴東縣教諭有傳
康熙五十年辛卯		張日暄有傳解元李天桂案嘉慶通志是科有程材傳易之謙馬一案武昌人攷程材傳係蒲圻易之謙馬一宋均係江夏通志誤	
康熙五十一年壬辰	汪栴灌子王世琛榜湖南衡永道案題名碑作江夏縣人嘉慶通志作武昌籍		王銓歲貢
恩科　康熙五十二年癸巳案是科三月舉行鄉試八月舉行會	王游鄭鼎子王敬銘榜有傳	周士鋐有堂子有傳解元金相 李九凰本姓汪案嘉慶通志漢川人	葉德生歲貢

武昌縣志卷十三　選舉　四十

試		柳如權汴子有傳案邵志作辛巳誤從柳氏譜改 王涵有傳 王游見進士 黃楷補案嘉慶通志是科有張映辰武昌人攷係江夏通志誤	
康熙五十三年甲午		王如旦黃岡籍解元韓玉錫	周道歲貢
康熙五十四年乙未			夏忠賢歲貢案黃岡志作武昌籍
康熙五十五年丙申			賀桓歲貢襄陽府穀城縣訓導案穀城縣志作賀恒
康熙五十六年丁酉		宋嗣濂解元秦惟燦 張元鈺謙予有傳 胡從政	王封樂副貢
康熙五十七年戊戌			葉道生歲貢
康熙五十八年己亥			喻良才歲貢黃岡籍案黃岡志作良材
康熙五十九年庚子			周林歲貢 何其進府學歲貢
康熙六十一年壬寅			張之琦歲貢案邵志康熙間貢有楊士升官純滋朱澍有傳謝斌陳世蔭

			蕭之溥有傳何其通綏甯訓導張應說張應斗鄒祖嶧漢陽訓導朱瀚有傳貢年未詳又有洪世德黃梅教諭洪忠卿柯春奇辰州府訓導賀璋年均未詳又程一珍徐致大皆任荊門訓導亦未詳
雍正元年癸卯恩科鄉試		張大隆見進士解元周邦孚案通志作甲辰補癸卯鄉試誤　張元錄謙姪有傳　余世宗補　張正撰補案嘉慶通志是科有羅之璜李應明張啟	王鄧鼎恩貢有傳　蕭本奎拔貢有傳　周垣堂恩貢有從弟　魯家型歲貢有傳
		元朱連銓武昌人攷羅之璜朱連銓係江夏李應明係興國張啟元係大冶通志誤	
雍正二年甲辰	張大隆榜姓曹陳惪華榜有傳	程紀解元侯執信案此後南北分科	
雍正三年乙巳			周宗哲歲貢案嘉慶通志作拔貢
雍正四年丙午		吳傳政起鳳子經魁見進士解元郭孫俊　張紱	
雍正五年丁未			劉光奎歲貢帶蕙孫
雍正六年戊申			朱雲鵠歲貢有傳案雲鵠父名

			澍亦貢生鄖陽府竹溪縣訓導原缺今從朱氏譜補
雍正七年己酉		汪大醇見進士解元宋楚望	王江歲貢渭鼎兒子有傳　王宙炳副貢邵志作拔貢　周士鏊拔貢有瀍子　嚴琭副貢有傳
雍正八年庚戌	吳傳政周靄榜有傳		嚴習易歲貢德安府應城縣訓導
雍正九年辛亥			周墀歲貢垣弟
雍正十一年癸丑	汪大醇九凰子陳倓榜有傳		張崇德拔貢宜昌府巴東縣教諭
雍正十三年乙卯			尹如鎬歲貢有傳案嘉慶通志
			作魯如鎬
乾隆元年丙辰恩科鄉試		張其耀官施南府恩施縣教諭解元程英銘　張之洛日暄子浙江雲和知縣案嘉慶通志作劉之洛誤	吳起鳳恩貢傳政父有傳
乾隆二年丁巳			夏宏典歲貢漢陽府漢川縣訓導
乾隆三年戊午		黃在中荊門州學正解元郭維本　李廷煌字南明號希哲治詩經	周雲龍副貢見舉人　胡維鈐副貢
乾隆四年己未			陳達材歲貢

			彭紹緒歲貢鄖陽府竹山縣訓導案竹山志作教諭
乾隆五年庚申			會景範歲貢浙江臨海知縣
乾隆六年辛酉			謝其炳拔貢安徽鳳陽知府 朱雲鶴歲貢
乾隆八年癸亥			談有典歲貢見舉人
乾隆九年甲子		談有典必泰子有傳解元向來雨 周士銓有藩子有傳 尹恩深字通久號實齋如鎬子習詩經 王定璜施南府來鳳縣訓導 周雲龍有傳	孟銓歲貢 朱明道歲貢
乾隆十年乙丑			高大寬歲貢 胡封
乾隆十二年丁卯			孟世傑 孟楚儒
乾隆十三年戊辰			夏宏靖歲貢琮孫 孔育龍字聯夔號允齋歲貢
乾隆十四年己巳			嚴崇王有傳恩貢
乾隆十五年庚午			張西儲

乾隆十六年辛未			周宏功歲貢字麟臣號樾齋 葉德涵恩貢道復子有傳
乾隆十八年癸酉		陳宗謙亞元甲戌明通進士四川東鄉知縣劍州知州治詩經解元沈發孺 周雲鳳雲龍弟	劉子溪拔貢有傳 周廷魁歲貢有翼元孫訓導
乾隆二十年乙亥			王益輝府學歲貢渭鼎姪會孫 湯榮歲貢
乾隆二十一年丙子		紀士奎解元蕭學純教諭 金天相	朱廷魁副貢雲鶴姪孫字鼎元號梅岑治詩經
乾隆二十二年丁丑			熊山歲貢荆州府學訓導 田一成歲貢字子闇
乾隆二十四年己卯			湯士毅恩貢 柳樾烈 嚴景文
乾隆二十六年辛巳			李隆道歲貢
乾隆二十七年壬午			金起基 楊朝光 周際昌副貢荆門州學正
乾隆二十八年癸未			朱詒歲貢雲鶴姪鄖陽府鄖西縣教諭

武昌縣志卷十三　選舉　三十五

乾隆三十年乙酉			脅生健
[illegible]	[illegible]	[illegible]	楊容貴拔貢　傅達歲貢　吳傳任歲貢案嘉慶通志作恩貢　周全權歲貢　王國昭貢　恩
乾隆三十一年丙戌			高瀚龍歲貢案嘉慶通志作翰誤
乾隆三十三年戊子		潘德化解元蕭學春	柯瑞璣貢　恩
乾隆三十五年		金天松天相弟解元朱	朱詔字金門號槐亭習書經歲貢雲
庚寅恩科鄉試		正常	鵠子案嘉慶通志作恩貢誤
乾隆三十七年壬辰			姜學山歲貢　傅作梅字和昇號松村歲貢習春秋　呂基有歲貢有傳
乾隆三十九年甲午		徐世琳字德潤號南川治易經解元陳詩案嘉慶通志作士琳誤	陳鵠歲貢有傳
乾隆四十年乙未			艾如棟字南浦號石屏治詩經歲貢
乾隆四十一年丙申			熊明燭歲貢

武昌縣志卷十三　選舉　三十六

乾隆四十二年丁酉		趙鶴書解元孫謐　高元量字誠兆號青雲習書經黃州府蘄州學正	張城其耀子拔貢有傳　劉榮芬副貢有傳　黃璟歲貢有傳
乾隆四十四年己亥恩科鄉試		夏維翻順天榜廣西灌陽知縣解元井大源	
乾隆四十五年庚子	[illegible]		孟壽杞字齡章號雲峯歲貢治易經　李友杜正奇孫優貢有傳案李氏譜作庚子
乾隆四十八年癸卯			邱齊益優貢案嘉慶通志作齊盛福建龍溪縣華峯縣丞
乾隆五十年乙巳			陳邦昱貢　恩
乾隆五十一年丙午		陳中孚見進士解元李鈞簡	
乾隆五十二年丁未			周廷啟歲貢
乾隆五十三年戊申預行正科鄉試		張以讓見進士解元蕭鎮　羅彪有傳	楊一舉字懷忠號集峯歲貢
乾隆五十四年己酉恩科鄉試		田顥有傳解元吳海　余文誦字尹風號朗齋軍籍	
乾隆五十六年			程世彬歲貢有傳

辛亥			
乾隆五十七年壬子		秦士恢字戴六號璞山其先黃岡人解元蕭林案黃岡志作武昌籍	
乾隆五十八年癸丑			萬國寧歲貢有傳
乾隆五十九年甲寅		楊尙璜有傳解元王烜	
乾隆六十年乙卯恩科鄉試		張壽解元李之勷 萬希和字介臣號柳村河南汝州知州 余慶勇原名成田字種書號耐圃荊州府江陵縣訓導 李永堂通志作文堂字開文號星菴軍籍宜昌府巴東縣教諭 范開誠字百原一字錫公號一齋大挑分發湖南知縣	韓起芝歲貢案邵志有姜光斗閔之鵠李甸方嘉慶通志有柯可棟張本龍廣心又有高珩艾若蘭張之增穀城訓導伍福南漳訓導曾蕃彭竹山訓導朱純臣孝感訓導彭壽東黃陂教諭夏宏典漢川訓導貢年均未詳攷曾蕃彭江夏人竹山縣志誤
嘉慶元年丙辰			王顯達歲貢
嘉慶三年戊午			王卜熊恩貢有傳
嘉慶四年己未	陳中孚姚文田榜辛酉殿試顧皐榜有傳		余鐄字中音號育泉縣市人原籍大冶縣歲貢恩賜舉人 吳萬禔本名萬祉字照周號愼軒馬七里人傳政子歲貢案嘉慶通志作嘉慶閒貢王志稿作嘉慶己未歲貢

嘉慶五年庚申恩科鄉試		夏正笏見進士解元鄭永沆	
嘉慶六年辛酉恩科會試			陳中履拔貢中孚兄有傳 范廷鑑歲貢有傳
嘉慶七年壬戌			周全綬歲貢安陸府潛江縣訓導
嘉慶八年癸亥			陳邦亨歲貢案嘉慶通志作乾隆閒貢
嘉慶九年甲子		袁紹安見進士解元張文玘 柯澄相有傳	夏文瀚歲貢案嘉慶通志作乾隆閒貢
嘉慶十年乙丑	夏正笏彭浚榜山東知縣有傳		王養成字允功號寶亭祖籍黃岡歲貢
嘉慶十二年丁卯		朱文斗有傳解元劉學霨	李可均歲貢
嘉慶十三年戊辰恩科鄉試	張以謨吳信中榜知縣有傳江夏志亦載	陳用珩中履子有傳解元涂國用 嚴濤松本名星煥字明襄號潮菴襄陽府棗陽縣教諭	汪大棫歲貢
嘉慶十四年己巳	袁紹安洪瑩榜有傳		姜英歲貢
嘉慶十五年庚午		楊霖川解元見進士 胡柏材見進士	閔之奎字符六號星街副貢

		張邦棟見進士	
嘉慶十六年辛未			陳正蘭歲貢 吳又辰歲貢有傳
嘉慶十七年壬申			趙艮幹歲貢
嘉慶十八年癸酉		姜語曉芙子見進士解元周鈐	鄒夢蘭字眠鶴拔貢朝考一等分發山西知縣年二十七卒
嘉慶十九年甲戌	張邦棟之洛姪龍汝言榜有傳		
嘉慶二十一年丙子			魏瑛副貢有傳 吳中峙歲貢
嘉慶二十二年丁丑	姜語曉吳其濬榜有傳 胡柏材有傳 楊霖川有傳		
恩科 嘉慶二十三年戊寅鄉試		熊馭麟有傳解元趙磊	鄧永椿字茂久號壽山軍籍歲貢
嘉慶二十四年己卯		閻遇春字志和號古池教諭解元丁德泰	熊芬歲貢有傳
嘉慶二十五年庚辰			紀雲昂恩貢案嘉慶閒貢有嚴景上劉雲吉吳翼聖有傳石光漢貢年未詳
恩科 道光元年辛巳鄉試		朱浚有傳解元靖厚欽	陳文煥恩貢 謝大珙字共玉號月田歲貢能詩精篆隸之學

道光二年壬午		金毓蘭本名傳茲字省五號秋畹漢陽府漢川縣教諭解元黃經塾	陳用珏號合玉副貢中孚姪 熊慎典歲貢有傳
道光五年乙酉		吳逢吉見進士解元萬時喆	范陳鯉號素函拔貢廷鑑孫四川梓潼知縣 陳中升號蘭階府學拔貢中孚弟荆門州遠安縣訓導
道光六年丙戌			邱茂藩歲貢有傳
道光八年戊子			黃開澍號雨田副貢荆門州學正
道光九年己丑			熊慎修歲貢附慎典傳 羅珍歲貢有傳
恩科 道光十一年辛卯鄉試		廖華國號玉山軍籍施南府恩施縣教諭解元張烜	陳中益號友三恩貢 陳用珊號鐵舫優貢中孚姪
道光十二年壬辰		萬方來更名福來號琴舫大挑分發福建知縣直隸州同知順昌知縣解元羅宗義	袁作奎號雪亭歲貢
道光十三年癸巳			周學起歲貢訓導
道光十四年甲午			程天材歲貢
恩科 道光十五年乙未鄉試		魏荆川號海峯知縣有傳解元閔兆聯	吳大樑恩貢又辰子
道光十六年丙申			陳蘭歲貢

道光十七年丁酉
王家璧 拔貢見舉人
金漢蘭 副貢毓蘭弟有傳
王與職 歲貢
江宗元 拔貢寄籍陝西
唐正恩 拔貢見進士

道光十八年戊戌
余攀桂 歲貢

道光十九年己亥
黃守謙 經魁有傳解元林王
范先春 廷鑑子知縣有傳
王家璧 順天榜見進士
石應衡 號鑑秋副貢直隸州州判

解元沈際清

道光二十年庚子 恩科鄉試
柯茂枝 澄相子黃州府黃安縣教諭有論傳解元石意恭
唐正恩 四川榜見進士解元郭用成
陳抗希 本名中借號芝亭副貢敎
柯之琳 歲貢

道光二十一年辛丑
胡峻盛 歲貢

道光二十三年癸卯
金伯華 號小畹毓蘭子解元費楚玉
葉繼昌 副貢
解功深 歲貢

道光二十四年甲辰 恩科鄉試
王家璧 孫毓桂榜有傳
吳澍霖 號監唐經魁見進士解元孫玉田
吳傑 澍霖父有傳
陳用瑞 號輯五歲貢中履子

道光二十五年乙巳
嚴炳 恩貢

道光二十六年丙午
范氣鯉 經魁兄弟同榜見進士解元鄒崇漢
張裕釗 號廉卿以謨姪孫國子監學正內閣中書
紀以龍 號元卿
石志咸 號澤山應衡弟有傳
范羣鯉 見進士

道光二十七年丁未
吳佩陶 原名逢吉字學用號楊湖張之萬榜會魁襄陽府敎授
舒子溪 歲貢

道光二十九年己酉
周必森 經魁有傳解元張百揆
張官德 號次功有傳
賀錫祺 號壽臣福建同知
余上華 陝西榜見進士解元喬應甲
范志熙 副貢見舉人
陳用琛 歲貢見舉人
賀錫珍 拔貢有傳
范際鯉 本名鳴琨號可如府學拔貢廷鑑孫州判
柯南枝 原名一枝字煦吾歲貢訓導

道光三十年庚戌
唐正恩 號霈亭寄籍四川巴州陸增祥榜陝西臨潼知縣
夏肇庸 拔貢見舉人
談朗然 恩貢　案道光閒貢有閔大猷麻城訓導貢年未詳

年份	進士	舉人	貢生
咸豐元年辛亥恩科鄉試		胡毓鈞見進士解元周禾田 陳用琛知縣有傳	金法時恩貢 張雲錦副貢
咸豐二年壬子	范鳴璚原名羣鯉更名鳴龢號鶴生廷鑑孫章鋆榜會魁庶吉士吏部驗封司郎中官江西候補道署督糧道	葉祝茂號竹君大挑選黃州府廣濟教諭解元龔遙峯 金黼華號吉臣	余映奎恩貢候選復設教諭有傳 王家瓚號錦城副貢家璧弟荊門州遠安縣教諭 張善準歲貢裕釗父
咸豐三年癸丑			張慶甲歲貢訓導有傳
咸豐四年甲寅			呂鳳宣歲貢
咸豐五年乙卯			陳英恩貢號蘅伯
咸豐六年丙辰	余上華翁同龢榜官貴州遵義知府 范鳴珂原名氣鯉鳴璚兄有傳		
咸豐八年戊午案是年並補行乙卯科			洪大生號春池副貢官宜昌府長陽縣教諭 胡紹雲原名元焜副貢見舉人 胡紹書恩貢
咸豐九年己未恩科鄉試	胡毓鈞號介卿孫家鼐榜編修給事中浙江督糧道現官山西雁平道	胡紹雲號春舫知縣解元劉燀 李茂枝號玉卿	吳天秩號禮門歲貢傳政曾孫 閻夢筆號少白歲貢生見舉人 余飈歆歲貢 王錫冠卜熊孫種德子歲貢有傳
咸豐十年庚申			周丕承號偉人恩貢

武昌縣志卷十三　選舉　四三

年份	進士	舉人	貢生
咸豐十一年辛酉		范志熙號月槎開誠姪順天榜揚州府同知淮南監掣同知現官江甯候補道解元李敬亭 余上賢上華弟陝西榜解元張鑑堂	賀義行號素吾拔貢錫祺姪官江西知縣 朱錦標號得軒拔貢保康籍復州知州 余上富拔貢上華弟陝西平利籍
同治元年壬戌恩科鄉試並補行辛酉科	吳澍霖徐郙榜現官戶部廣東司員外郎	吳若枚原名在田號澍臣經魁大挑分發四川知縣解元王賡颺 石最清號松泉志咸兄 黎毓華字性根大挑河工知縣案毓華保歲貢年分未詳 張金洛號書城見進士 湯增翰原名信臣號召甯官德安府隨州學正 賀義粹字玉生義行兄鄖陽府竹山縣教諭 嚴煜勳號馨圃 林步青號瑞山見進士	周瑞堂號符卿恩貢
同治二年癸亥			賀常歲貢
同治三年甲子		周植蘭號湘畹教諭解元余雅祥 涂庯備號竹莊漢陽府	張裕鈞歲貢裕釗從弟

武昌縣志卷十三　選舉　四四

敎授

同治六年丁卯

沈炳彝 原名敦倫有傳

陳時夏 號常甫

賀啟清 號鏡湖四川榜

雲南提舉解元馮明王

夏肇庸 四川榜見進士

周祖庚 號炯齋河南中牟知縣江蘇候補道解元亢長青

余兆蓮 號孝卿更名覺達現官荊州府監利縣教諭

金步華

朱習觀 歲貢

葉潤 歲貢

胡蘭蠡 歲貢

楊楚璵 歲貢

同治七年戊辰

夏肇庸 洪鈞榜江西平陸知縣

同治八年庚午

夏燧 號書林解元

紀恩庸 號朗榆亞元見進士

劉鳳華 號海珊見進士

柯逢時 號巽菴見進士

陳福保 號子壽中牟孫內閣中書

涂椿齡 號仲勋見進士

李光晉 號古堂歲貢

同治十年辛未

涂椿年 原名椿齡席儒子梁耀樞榜刑部主事現官江

西候補道署鹽法道

同治十一年壬申

張地疆 貢 恩

同治十二年癸酉

陳協槿 號映瑄用珩孫大挑江蘇知縣解元閏會

葉延壽 號香圃潤子大挑浙江知縣

陳才芳 陝西榜見進士

解元黃萬魁

陳協楩 號稚樵拔貢用瑞孫協槿從兄七品小京官戶部主事

柯逢原 號文育優貢逢時弟

洪天申 號仲平副貢

徐家珪 號桐臣歲貢

陳沭之 號仲泉歲貢中牟姪孫現官荊州府江陵縣訓導

陳才芳 拔貢見舉人

同治十三年甲戌

劉鳳華 陸潤庠榜會魁知縣

陳才芳 編修現官甘肅涼州知府

光緒元年乙亥恩科鄉試

孟傳綸 原名履恆亞元

號栗菴解元王之瑞

袁明善 號葆初教習

阮佩蘭 號芝田見進士

范德鎔 號子蔭見進士

魏瑞楩 號伯南荊川子

閻夢筆 號少白歸州學正

范德楩 號叔柟志熙子

朱孔陽 歲貢

	進士	舉人	副貢
		德鎔弟順天榜現官內閣中書 解元張彭齡	
光緒二年丙子	張炳琳 原名金洛曹鴻勛榜現官江西道監察御史 阮佩蘭 現官安徽繁昌知縣	紀福阿 號子毅亞元恩庸從弟解元何煥章 朱夢春 號蕙生孔陽子更名郁春	紀坤生 副貢 黃肇封 副貢 黃澍森 副貢 劉楚彬 歲貢
光緒三年丁丑	林步青 王仁堪榜現官禮部精膳司郎中		周敬宣 號明仲歲貢必森兄
光緒四年戊寅			鄧作霖 歲貢
光緒五年己卯		紀燮元 號輯甫解元劉寅恭 嚴履壬 號吉堂	張允升 號餘菴歲貢 楊毓蘭 號芝田恩貢 張星燦 歲貢
		魏時鉅 號子題教習 王策範 號子疇見進士 朱子春 號香畹見進士 柯進治 號稚丞 余毓瑞 號信臣兆蓮從弟 羅煥景 號秋雲 周承綬 號聘三祖庚子	
光緒六年庚辰	紀夔 原名恩庸黃思永榜現官刑部主事 范德鎔 志熙子庶吉士現官戶部主事		

	進士	舉人	副貢
	王策範 現官陝西安塞知縣		
光緒七年辛巳			郭掄元 號健菴恩貢
光緒八年壬午		劉燦藜 號和卿解元張東煜 魏紹文 號幼雲時鉅從弟教習 賀時熙 號可卿 沈炳鋆 號錫九炳彝弟 熊元愷 號舜卿	呂承陽 號潤生優貢教習 李調琯 號漢圖歲貢
光緒九年癸未	朱子春 孔陽子郁春兄陳冕榜會魁現官陝西知縣 柯逢時 現官庶吉士		
光緒十年甲申			葉錫圭 號裔圖歲貢
光緒十一年乙酉		左宜之 號瑤琴解元石振鋆 李瑞蘭 號筱青 范龍光 號尹生陳鯉曾孫	胡宗琯 號幼卿拔貢毓筠子 張炳璜 號香泉優貢炳琳弟 羅振琳 號雪香

恩榜

	進士	舉人	副貢
嘉慶九年甲子		田起畝	
嘉慶十年乙丑	田起畝 官翰林院檢討		
嘉慶十二年丁卯		潘德符	

嘉慶十四年己巳	潘德符官翰林院檢討		
嘉慶十五年庚午		葉榮桓	秦廷魁 吳受之
嘉慶十八年癸酉		柳懋官	金昭耀
道光八年戊子		陳家瑞	劉必成
道光十七年丁酉		紀雲昂國子監學正	王魏
道光十九年己亥			劉穆堂 袁登書
道光二十年庚子			涂坦

武昌縣志卷十三 選舉 四十九

道光二十四年甲辰			陳璋 陳禹功
恩科 咸豐元年辛亥			夏炳煌
咸豐二年壬子			但學顯
咸豐八年戊午		夏炳煌	
同治元年壬戌 恩科		明錦	王鴻超
同治八年庚午			廖錦鏞
同治十二年癸酉		姜金鼇 阮茂南	洪英
光緒元年乙亥		劉日章	

恩科		袁維翰	
光緒二年丙子	袁維翰官翰林院檢討	張長松	
光緒三年丁丑	張長松官翰林院檢討		
光緒五年己卯			程錫源
制舉		孝廉方正	
咸豐元年辛亥		葉友瓊	
		范先春 陳用珵 陳炳南	
同治元年壬戌		王焱	
光緒元年乙亥		張南珏	
		趙必達	

武昌縣志卷十三 選舉 五十

武昌縣志卷十三

武昌縣志卷十四

年份	武進士	武舉
明		
萬曆十三年乙酉		吳時喬見進士
萬曆十四年丙戌	吳時喬有傳	
萬曆十九年辛卯		周仕一
萬曆二十八年庚子		汪如鏜有傳
萬曆四十六年戊午		周衛一解元浙江台州衛千總建州守備
		夏永清見進士
萬曆四十七年己未	吳漢才	
	夏永清三江口守備有傳	
		王定一官中軍本省巡撫費畫
		王守中案邵志王定一王守中列萬歷而無科分今綴萬歷後
天啟元年辛酉		唐鑾色
天啟四年甲子		張茂齡
天啟七年丁卯		吳繼武
		湯銘
		石補天有傳
崇禎三年庚午		夏平世
崇禎六年癸酉		袁定邦

年份	武進士	武舉
		張士璜有傳
崇禎十二年己卯		襲乘上
		呂望荊州參將陞湖南長沙提督
		徐豹變把總
崇禎十五年壬午		汪澄清
		毛欽明山東登萊守備有傳
		尹自勳案邵志毛欽明尹自勳無科分附後
國朝		
順治十一年甲午		李夢弼長淮衛千總
		方可從
順治十四年丁酉		周懋勳見進士
順治十五年戊戌	周懋勳寄籍江夏案邵志科分未詳	
順治十七年庚子		向文明
	沈岐儀	沈岐儀邵志科分未詳見進士
康熙二年癸卯		孫繼仲
		徐雲閣
康熙五年丙午		陳督宣
康熙八年己酉		汪輝然見進士
		吳仕瑤

		蘇廷浩 熊全寄籍沔陽 羅上選寄籍沔陽案沔陽州志補
康熙九年庚戌	汪煇然	
康熙十一年壬子		魏佐 葉有功 何士清
康熙十七年戊午		胡成咸寄籍沔陽
康熙二十六年丁卯		鄧淑亮
康熙三十年辛未	葉定邦江南蘇州守備案邵志無鄉試科分	
康熙三十二年癸酉		戴大賓復姓周四川提督守備
康熙三十五年丙子		葉最熉見進士 胡士英 黃正煌
康熙三十九年庚辰	葉最熉江南江甯協標右營守備	
康熙四十一年乙酉		程傚
康熙五十二年癸巳		艾奇雲本姓柳父如權同科文舉人

武昌縣志卷十四 武選舉 三

康熙五十三年甲午		胡如柏
康熙五十六年丁酉		嚴況累官至廣東羅定協都司署副將有傳
康熙五十九年庚子	葉澤世案會館題名碑康熙年進士無科分	蕭國珍
雍正元年癸卯		胡學周山東東昌衛千總陞守備 張之房
雍正四年丙午		胡如松
雍正七年己酉		陳應彪江南河南常州營千總
乾隆九年甲子		孟世魁有傳
乾隆十八年癸酉		范國勳
乾隆二十四年己卯		柳長茂
乾隆二十五年庚辰		田野治
乾隆三十三年戊子		衛際明衛守備
乾隆五十三年戊申		張先春衛守備
乾隆五十四年		張占鼇營守備

武昌縣志卷十四 武選舉 四

己酉		牛朝棟
乾隆五十七年壬子		佘學忠
		李傳統無科分
嘉慶三年戊午		吳定泰守備
嘉慶五年庚申		李會三
嘉慶六年辛酉		李青江夏志亦載
嘉慶十五年庚午		朱蓮仙馬六里人朱俊從堂兄
嘉慶二十三年戊寅		趙凌霄本省來鳳縣千總施南府守備陞都司
	田正華科分未詳案荊門州志進士嘉慶	徐永清科分未詳案荊門州志嘉慶十六

	二十一年任守備	年任千總
道光五年乙酉		涂聯奎本省荊州副將
道光八年戊子		葉德榜衛守備
道光十一年辛酉		田華國
道光十五年乙未		尹振南魁
道光十九年己亥		孫國麟字玉書以軍功保藍翎千總
		尹允阿科分未詳
		熊兆祥案竹谿縣志武舉道光間任千總
咸豐二年壬子		胡炳煌兵部差官以守備用署興國道士洑

		宜昌等營守備授德安營中軍守備
同治元年壬戌		張國柱見進士
		邵宏典分黃州中協郎補千總
同治三年甲子		嚴作兆黃州三左店汛把總
同治十年辛未	張國柱藍翎鄖陽鎮上龕汛守備	
同治十二年癸酉		姜陽春兵部差官
光緒五年己卯		張殿揚見進士
		熊鈞
		姜澍蘭見進士
光緒六年庚辰	張殿揚營守備	
	姜澍蘭兵部差官郎補守備	

光緒八年壬午		萬有勝

武昌縣志卷十四

武昌縣志卷十五

仕宦

宋

孟之經 策應使荊鄂都統制

賀滿一 雲南兵備副使

明

周佐 監生上林苑寺丞

田奭 監生江西撫州府金谿縣丞

胡禮 監生廣西平樂府經歷

孟教 監生廣西南寧府經歷

姜侍 襄陽外郎

鄔明俊 布政司外郎

陳浩 安徽六安州倉大使

方伯漢 監生山東濟南臨邑縣丞

毛羽翔 庠生員外郎

方伯澳 監生河南陳州衛經歷

汪珪 監生江西廣信府知事

孟廷栻 監生江西吉安萬安縣丞

姜舜皋 七品散官

熊世安 四川建昌衛倉大使

唐耜 監生四川重慶府涪州州判

唐悌 監生廣東瓊州府文昌知縣

張廷獻 監生累官斷事

李相 監生直隸廣平府清和縣丞

李興祿 四川定遠府峩眉典史

章燦 龍虎衛倉大使

吳瑾 四川都司斷事

蕭漢 四川長官吏目

徐斌 山西太原府太原縣丞

孟時華 山東泰安府長青縣丞

錢隆 浙江杭州府仁和縣丞

華瓚 四川雅州倉大使

余榮 蒲江雙巡檢

旦彌 廣東廉州府合浦縣典史

錢輔 柳溪巡檢

熊子春 湖北黃州府麻城知縣

吳禮 江西南康府司獄

袁鎬 廣西潯州府武宣縣巡檢

李萬 河南巨倉大使

殷敏 廣西護衛經歷

王犇 山西汾州府石樓縣丞

萬思敏 山東登州府寧海州同

蕭柯 戎縣典史

劉敬 順天府永清縣典史

傅弼 河南南陽府鄧州州同

徐樸 嘉定州驛丞

李珀 廣西南寧府橫州驛丞

朱國聘 崇仁縣典史

孟致 監生江西南康府知事

廖琛 浙江嘉興府嘉興縣典史

吳勝 四川綿州安縣縣丞

張寧 天城衛經歷

田大用 宣衛經歷

賀經 江西臨江府新淦典史

陳亮 江西袁州府萬載縣丞

詹成 江蘇松江府上海縣丞

熊極 江西袁州衛經歷

馬浹 貴州倉大使

王源 都督府經歷

毛文政 江西吉水縣典史

國朝

孟子模 由吏員考授典史

吳文獻 河南南陽府唐縣典史

曹一新 清遠衛經歷

吳茲 山東鄧州黃縣典史有傳

孟道翼 光祿寺署正

熊栻 南京龍驤衛經歷

柳啟明 武生寧南都司有傳

李芝蘭 江西吉安府吉水縣典史

周忠一 武生援儲將援遼守備

案邵志明職監有胡祿張檄盛德胡肇楚熊爊胡式楚胡望楚尹任陳文亨余光李時雍賀國楨又有胡文表熊國瑞李廷錫職官均未詳附載於此

熊永職 四川重慶知府

李英 貴州知州

吳寅 西池縣典史

周國一 直隸深州武強縣典史

孟儐 江蘇江寧府六合縣丞

邢位 洪武充荊州衛軍陣亡

何濟 利州衛經歷

孟虔吉 功加守備

周正元 四川平西營守備

周相 江西瑞安縣丞

王宣 廣東廉州府合浦縣典史

熊邦瑞 淮安鹽大使

熊楚瑞 河南光州息縣丞

彭聰 四川資州內江典史

孟子植 四川什邡縣典史

林開秀 武生襄陽府參將

萬新宇 水師營把總

孟紹鄉 把總

孟正儒 監生考授縣丞

周宏讜 監生考授縣丞

姜世篤 監生浙江吳興縣丞

王之棟 考授州同

余世奎 監生署湖南常德府沅江知縣

朱雲鵬 監生考授州同

李作樞 監生候補州同

袁啟京 監生候補主簿

鄭昱 候補經歷

諸大受 浙江嚴州府桐廬縣驛丞

楊[illegible] 考授縣丞

鄧元學 監生考授州同

張益讜 監生考授州同

萬大受 監生河道通判

鄒祖泗 考授州同

徐斌 庠生入監考授州同

胡垓 監生考授州同

秦廷英 監生考授州同

余世斗 監生候補主簿

湯開新 監生候補州同

吳林 州同

胡堯 考授典史

王宏毅 南城典史

張應齡 監生考授州同

劉健 監生考授州同

王治 監生考授州同

汪銓 監生議叙州同

朱喬 考授縣丞

周廷棟 監生候補州同

丁道典 監生候補縣丞

周士澧 監生候補縣丞

孟煜 郎元周府經歷有傳

金榮 考授典史

萬竺 考授典史

高溥榮 考授典史

萬松 江南揚州府泰州西溪巡檢
程元熊 考授典史
周士元 考授巡檢
艾志道 考授巡檢
周晃 考授吏目
熊佳麟 候補千總

秦廷賢 考授典史
程士文 候補州同
柯朝俊 考授典史
鄧啟 考授吏目
方美 考授經歷
周岐鳳 考授巡檢

彭聯芳 考授典史
艾青雲 考授巡檢
潘懷南 考授吏目
劉定邦 考授巡檢
孫正國 江南寶應汎把總

案邵志有姜世祥在斯濟周賢達陳性舒職官未詳附載於此

吳敔亮 寄籍四川遂寧縣升用道分發雲南儘先補用知府歷任雲南順寧府定遠知縣鎮雄鶴慶知州廣西騰越廳
吳萬涵 寄籍四川藍翎知州
王開甲 甘肅金縣知縣同知銜

賀鏡如 監生江蘇直隸州藍翎
胡惠澤 廩貢江西知縣同知銜
吳光杰 貴州縣丞
賀愼儀 湖南同知
涂松齡 附生南河同知知府用

毛承基 監生安徽府經歷
衛肇文 監生安徽知縣
吳鎣 寄籍四川雲南知縣藍翎
楊兆文 通判安徽知州
張大純 山東知縣改分廣東

駱國賓 藍翎甘肅知縣陣亡有傳
魏畊 庠生保六品
周郁文 從九殉難有傳
黃葆謙 增生訓導鹽提舉銜
毛鴻賓 監生保舉花翎鹽提舉
李嘉瑞 江西義寧州知州陞知府
陳潤之 附生訓導國子監學正
鄒炳奎 附貢縣丞
李爕文 附貢縣丞
黃孚惠 府經歷
黃孚誠 縣丞六品銜
范隆文 花翎安徽安慶都司

高炬森 甘肅奇臺知縣花翎知府
李葆初 藍翎州同五品銜
范壽徵 道庫大使
蘇耀眉 監生府經歷六品銜
胡振斗 附貢訓導
胡毓鳳 增貢保免補縣丞知縣用
黃正松 縣丞六品銜
嚴會泰 廩生訓導
胡宗琨 由附貢保知縣
姜楚材 花翎五品銜縣丞
黃椿壽 監生布政司照磨六品銜
羅光興 陝西麻地溝守備藍翎

喻志剛 縣丞
陳兆和 藍翎從九
李炳南 藍翎縣丞
曹鎔 縣丞加五品銜
周丕欽 廩生訓導
江映青 訓導知縣同知用
陳昶 廩生訓導五品銜
吳振賓 附貢縣丞
王錫孚 按察司照磨經歷銜
江聯青 貢生保六品銜
陳壽昌 藍翎直隸州知州
吳澤霖 縣丞

馬承恩 武生花翎總兵銜
江得勝 花翎副將有傳
喻文林 甘肅花翎副將
朱敔發 甘肅花翎參將
余雲龍 累保副將有傳
嚴定祥 武生藍翎把總
翁榮華 花翎參將銜
陳長春 本姓程花翎副將
喻東南 花翎守備
楊承春 藍翎安陸營千總守備銜
洪德兆 武生藍翎把總
袁戴貴 江南守備花翎都司銜

吳國清 花翎新彊協鎮
周炳堃 花翎守備都司銜
袁復清 花翎提督四川總兵
曹衍茂 花翎參將
汪世第 花翎副將資勇巴圖魯
張澍霖 湖南岳州營副將
楊貫玉 花翎浙江金華海寧都司
胡毓文 武生花翎伊犁千總
毛得有 藍翎守備
張玉才 藍翎千總
徐有賜 花翎參將
袁戴富 花翎參將銜儘先遊擊

陳金彪 藍翎守備都司銜
張占鼇 藍翎把總
吳金龍 花翎都司
范炳文 武生藍翎千總
宋學成 花翎副將總兵銜
金德穩 花翎游擊參將銜
汪成仁 花翎湖廣督標參將
潘承恩 花翎游擊副將銜
毛鴻安 藍翎千總即補守備
李洪春 副將銳勇巴圖魯總兵銜陣亡
袁戴萬 花翎守備都司銜

袁復宗 本省游擊花翎副將銜
金勝廷 藍翎把總
張鳳翔 藍翎儘先守備
張彪 游擊
胡鳳藻 把總
閔學濬 都司陣亡有傳
廖祖綿 甘肅參將陣亡
徐步瀛 武生藍翎千總
衛弼臣 武生守備
盛萬年 山東濟寧州協鎮
萬聯陞 把總
曹春海 千總

楊德隆 花翎副將甘肅橫城都司
胡玉祿 花翎游擊銜都司
張松林 藍翎千總守備銜
王興貴 浙江溫州都司
蕭國鼎 武生把總
劉應桂 花翎浙江紹興協都司
劉宏發 甘肅副將陣亡
高祥森 把總守備銜
周斌 花翎四川都司游擊銜
曹宏順 千總
程禮山 衛守備
曹殿揚 武生總兵長勇巴圖魯

秦占魁 藍翎把總
曹殿甲 藍翎衛守備
賀庠榜 陝西涇州守備藍翎
張榮德 花翎守備
袁佐廷 藍翎千總
程萬濬 花翎游擊參將銜
楊開榜 把總陣亡
張龍海 游擊
程長泰 游擊
王家瑋 守備
曹得元 千總
胡定魁 游擊

嚴連陞 花翎甘肅守備陣亡有傳
邵希煒 藍翎安徽千總殉難有傳
周文藻 監生衛千總陣亡有傳
孟光虎 甘肅花馬池參將有傳
胡躬春 藍翎千總
楊光開 武生把總
徐全福 守備
賀楨儀 湖南同知
劉麟 河南懷慶府內鄉知縣
劉乙照 湖南辰州府辰谿知縣
陳汝霖 員外郎
閔育琯 陝西西安富平縣丞有傳

李起鳳 花翎提督強勇巴圖魯
李玉璽 提督銜總兵果勇巴圖魯
李金元 武生官督標右營都司
李登甲 漢陽協嵩城都司
張天才 把總
徐金彪 藍翎把總
萬邦和 把總
張霖 雲南同知籍四川
范鴻遂 四川通判官泰寧南江知縣知縣
水子元 江西知縣
陳兆霖 工部營繕司郎中
朱金題 廣西按司獄典史署百色直隸廳縣丞

嚴東南 花翎守備
賈銘 江南都司陣亡有傳
毛鴻安 藍翎守備
廖全盛 副將
夏家棠 千總
曹廷貴 把總
以上保舉
萬壽 福建汀州府經歷邵武府
謝廷庸 甘肅撫彝通判
謝廷贈 江西南昌府進賢縣

胡愷 陝西延安府甘泉縣丞
楊蔭南 河南典史澠池縣丞
紀樹茂 湖南府經歷
陳錫疇 湖南寶慶府隆回巡檢
熊錦雲 浙江巡檢
吳鳳來 現官江西贛州府觀音閣
通判
吳兆廷 安徽鳳陽府經歷
毛鴻 安徽寧國府宣城主簿寧國府
經歷
李錫鑾 安徽府照磨
賀樹滋 湖南縣丞

百色司巡檢
陳沅之 廣東潮州府大埔縣三河巡檢澄海縣樟木巡檢
熊秉鈞 安徽廬州府龍司無爲州奧龍巡檢
巡檢
張元溥 安徽泗州盱眙縣典史
王世騵 工部營繕司主事
陳鴻之 河南南陽府鎮平縣丞
范德勛 詹事府主簿
童先順 衍聖宮伴官
紀春年 廣東鹽知事
陳紫綬 兩淮鹽經曆

楊貽增 浙江嘉興府嘉興縣主簿杭州府富陽縣丞
盛森堯 湖南常德府武陵大
楊白先 廣東晉江司巡檢
劉德鉷 江西吉安府永豐縣眉山司巡檢
范鴻遷 兩淮鹽大使
李鴻恩 浙江巡檢
李大雲 江蘇淮安府阜寧楊州府興化典史
劉澍森 甘肅州判

劉銘仁 河南巡檢
水子交 湖南縣丞
賀純熙 江西巡檢
劉錫光 兩淮鹽大使
水守箴 江西巡檢
胡福厚 安徽巡檢
袁丙鈞 江蘇運糧千總
陳中豫 廩貢襄陽南漳教諭荊州府教授
陳用璟 廩貢授漢陽黃陂縣訓導
范淩玉 廩貢安陸京山荊門當陽黃州黃安訓導漢陽府教授襄陽棗陽縣

陳紹基 湖南縣丞
柳丙南 庠生江蘇縣丞
紀麟書 浙江縣丞
周宗盟 兩淮鹽大使
吳元吉 江蘇縣丞
胡先沆 安徽巡檢
范酉 國史館謄錄府經歷
范開桂 廩貢鄖陽房縣荊州石首教諭襄陽府教授重游泮水
陳用瑆 附貢光祿寺署正
袁戴勳 增貢荊州監利訓導
陳滙之 用珩子附貢訓導

紀鸞 安徽縣丞
金傑華 江西巡檢
高樹棠 河南典史
萬象春 江西從九
嚴汝翼 江蘇通判
范德培 兩淮鹽大使
以上例選
姜祚昌 廩貢授安徽徽州績溪縣知縣
陳用珪 增貢府經歷重游泮水
周敬堂 增貢監知事

教諭
朱琢章 附貢襄陽穀城黃州羅田訓導漢陽府漢陽縣教諭布理問銜
范希中 附貢漢陽沔陽訓導
賀昇平 附貢襄陽南漳教諭
紀柏祥 附貢德安應山訓導
紀以鳳 附貢荊門遠安訓導安陸京山教諭荊州府教授孔目銜
朱用賓 廩貢授荊州公安訓導
汪澐 附貢訓導
陳灝之 附貢中書科中書
胡毓英 附貢教習荊門當陽訓導

范雙鯉 附貢襄陽均州學正荊州監利訓導
范淩陶 附貢同知銜
胡縯宗 附貢襄陽棗陽黃州蘄水訓導德安隨州學正
紀常 增貢黃州黃梅教諭
陳溱之 附貢黃州黃梅鄖陽竹山訓導荊州府教授
陳法之 增貢巡檢
陳沛之 附貢荊門遠安訓導
紀以修 廩貢訓導
姚兆書 附貢中書科中書

汪灤 廩貢荊州松滋訓導
陳鼇 貢生黃州麻城訓導德安隨州學正
賀鳳儀 附貢訓導
賀錫祥 附貢荊州監利訓導
吳挺芝 增貢石首教諭
紀以成 附貢黃州麻城訓導德安隨州學正鹽提舉銜
朱瑛章 貢生漢陽府孝感縣訓導
陳淦之 廩貢訓導
陳澡之 附貢監經歷

賀錫朋 附貢湖南郴州興寧淮東知縣陞直隸州知州知府用
陳協棻 協棆兄廩貢授宜昌興山教諭兼巴東教諭
高鳴鳳 附貢福建縣丞
周履祥 附貢訓導
吳正冠 附貢國史館謄錄
范先英 廩貢訓導
范國梁 附貢
陳宗銘 增貢
陳中謙 增貢
楊宏泰 附貢

鄭克純 附貢中書科中書
吳長春 附貢訓導
水子嘉 廩貢訓導
袁子清 廩貢訓導
汪永屋 附貢訓導
張惠溥 附貢中書科中書
范希霖 附貢國子監典簿
曾生鎬 家型子附貢
孟銓 增貢
范先恩 附貢
陳用瑀 增貢
柳程奭 附貢

胡書田 附貢荊門當陽教諭黃州蘄水訓導孔目銜
陳慶保 中孚孫附貢分部主事員外郎四品銜
賀義正 廩貢黃州羅田教諭
陳浚之 廩貢訓導
呂言鼎 附貢德安應山訓導
李蔭華 附貢縣丞
熊佳瑞 附貢
殷士睿 附貢
周漢章 附貢
范先賡 附貢

汪泓 附貢
范凌甡 附貢
閔黎光 附貢
張繼尹 附貢
牛映奎 廩貢
傅兆椿 附貢
熊作霖 附貢

江朝宗 附貢
萬里鵬 附貢
夏成之 附貢
王世瀛 附貢
李毓英 附貢
范希逵 附貢
毛鼎榮 附貢

楊鑑藻 廩貢
周景濂 附貢
金殿勳 附貢
張肇 附貢
龔鳳藻 附貢
張廷瑞 增生中書科中書
秦廷楓 附貢
以上廩增附貢

封廕

明

封鎮國將軍秦百川

贈濟南郡公蔡夢帙 子哲

授徵仕郎濟陽衛經歷曾諡

贈奉政大夫戶部郎中邵炫文 子珪

封中憲大夫揚州知府庠生周璥 子源

贈奉政大夫監察御史方子英 子進

封承德郎順天府通判李淮 子顯

封承德郎戶部主事胡淳 子椿

封承德郎順天府通判胡璉 子裕

贈文林郎大理寺評事孟芸 子廷柯

贈通奉大夫廣東巡撫副都御史南海縣丞熊清 子梓

封文林郎右軍都督府都事熊臧 子履彻

贈文林郎四川資陽知縣汝陽縣丞劉瑛 子承敬

封承德郎贈中大夫雲南按察使孟倣 子紹慶

授中大夫雲南按察使孟紹慶

贈中大夫河南布政司右參政孟子仲 孫習孔

封中大夫河南布政司右參政孟佻 子習孔

贈奉政大夫兵部郎中濟南教授楊燧 子正奇

贈奉政大夫兵科給事中庠生彭文元 子祖壽

贈文林郎四川犍爲知縣周時翰 子慶地

封承德郎光祿寺署正河南布政司右參政孟習孔 子道翼

授承德郎光祿寺署正孟道翼

封文林郎四川保寧府推官庠生周混一 子有翼

授文林郎四川保寧府推官周有翼

贈文林郎直隸大名知縣熊信 子正南

授文林郎直隸大名知縣熊正南

封奉議大夫唐有仲

國朝

封承德郎江西瑞川府通判庠生劉愷 子日永

授承德郎江西瑞州府通判劉日永

授奉政大夫廣西布政司右參議劉日襄

封奉政大夫雲南曲靖軍民府同知庠生張琦 子皋謨

授奉政大夫雲南曲靖軍民府同知張皋謨

封文林郎河南泌陽知縣孟光第 子八吉

授文林郎河南泌陽知縣孟八吉

贈文林郎掌浙江道事陝西道監察御史庠生周有行 子士皇

授文林郎掌浙江道事陝西道監察御史周士皇

貤贈奉直大夫陝西寧羌知州王振倫 孫渭鼎

封文林郎晉贈奉直大夫陝西寧羌知州恩貢王起明 子渭鼎

授奉直大夫陝西寧羌知州王渭鼎

贈通議大夫雲南按察使銅仁道張楚珩 孫謙

贈通議大夫雲南按察使知縣張中選 子謙

授資政大夫貴州巡撫張謙

封文林郎直隸阜城知縣恩貢王鄷鼎 子游

授文林郎直隸阜城知縣王游

贈儒林郎高郵州同知萬元 子大受

授儒林郎高郵州同知萬大受

貤贈修職郎應城縣教諭歲貢生周有堂 子士鉉

貤贈修職郎耒陽教諭庠生柳汁 子如權

貤贈修職郎荆門州學正張有仲 子日瞻

貤贈修職郎雲南東川府經歷蕭智溥 子本奎

贈文林郎四川東鄉知縣陳虞昭 孫宗謙

封文林郎四川東鄉知縣陳性舒 子宗謙

封修職郎貴州遵義府經歷庠生謝之艮 子其炳　邵志止此

贈資政大夫四川按察使司晉贈榮祿大夫漕運總督貢生陳錫祚 曾孫中孚

貤贈文林郎翰林院庶吉士贈奉政大夫監察御史贈中憲大夫浙江寧紹台道贈資政大夫四川按察使司晉贈榮祿大夫漕運總督監生陳鳳 孫中孚

封文林郎翰林院庶吉士封奉政大夫監察御史晉贈中憲大夫浙江寧紹台道贈資政大夫四川按察使司晉贈榮祿大夫漕運總督庠生陳光朝 子中孚

授榮祿大夫漕運總督提督八省軍門陳中孚

貤贈朝議大夫兵部主事加三級晉贈資政大夫大理寺少卿加四級王養恕 孫家璧

貤贈奉直大夫兵部主事晉贈中憲大夫主事加五級贈中議大夫大理寺少卿贈資政大夫順天府府丞王子奇 姪家璧

封奉直大夫兵部主事晉贈資政大夫大理寺少卿加四級王芝異 子家璧

貤封奉政大夫兵部主事晉封朝議大夫兵部員外郎加五級封通奉大夫大理寺少卿封資政大夫大理寺少卿加四級王家璐 弟家璧

贈資政大夫按察使銜浙江督糧道庠生胡如冤 曾孫毓筠

贈儒林郎翰林院庶吉士贈奉政大夫監察御史贈朝議大夫吏

科掌印給事中贈資政大夫按察使銜浙江督糧道縣丞胡
顧煥孫鍼鈞
封儒林郎翰林院庶吉士封奉政大夫監察御史封朝議大夫吏
科掌印給事中封資政大夫按察使銜浙江督糧道監生從
九胡承垂子鍼鈞
貤贈資政大夫二品頂戴山西兵備道當陽縣訓導胡鍼英弟鍼鈞
貤贈資政大夫浙江督糧道加三級夏武思甥胡鍼鈞
貤贈資政大夫浙江督糧道加三級附貢生金殿勷壻胡鍼鈞
貤贈資政大夫刑部郎中加五級林尊仕孫步青
封資政大夫刑部郎中加五級林萊芳子步青
貤封資政大夫刑部郎中加五級林蔚青弟步青
貤封資政大夫刑部郎中加五級林長青弟步青

貤贈通奉大夫大理寺少卿加三級王養忠姪孫家璧
貤贈修職郎晉贈通奉大夫江西候補道加三級范國柱曾孫鳴龢
贈徵仕郎翰林院庶吉士晉贈奉政大夫內閣中書加五級贈中
憲大夫吏部文選司主事加四級贈通奉大夫江西候補道
加三級安陸府學訓導歲貢生范廷鑑孫鳴龢
封徵仕郎翰林院庶吉士晉贈奉政大夫工部主事贈中憲大夫
宗人府主事加四級贈通奉大夫江西候補道加三級范先
登子鳴珂鳴龢
貤封奉直大夫內閣中書加四級晉封中憲大夫宗人府主事加
四級封通奉大夫江西候補道加三級范先恩姪鳴龢
授通奉大夫江西候補道加三級范鳴龢
貤贈通奉大夫江南候補道加三級范元鼇曾孫志熙

贈通奉大夫三品銜江南候補道加三級范仁安孫志熙
贈通奉大夫三品銜江南候補道加三級范開椿子志熙
授通奉大夫三品銜江南候補道加三級范志熙
貤贈朝議大夫湖南興寧知縣知州用晉贈通奉大夫湖南桂東
知縣特用府加三級賀藝林孫錫朋
封朝議大夫湖南興寧知縣知州用晉封通奉大夫湖南桂東知
縣特用府加三級鹽提舉賀杰然子錫朋
授通奉大夫湖南桂東知縣補用府加五級賀錫朋
貤贈朝議大夫晉封通議大夫江南候補道范開柱姪志熙
貤贈通議大夫河南中牟知縣江蘇候補道周繼益曾孫祖庚
貤贈通議大夫河南中牟知縣江蘇候補道周世幹嗣孫祖庚
封奉政大夫贈通議大夫河南中牟知縣江蘇候補道周世泮孫祖

庚
封通議大夫河南中牟知縣江蘇候補道周方九子祖庚
封通議大夫河南中牟知縣江蘇候補道周君重嗣子祖庚
貤封中憲大夫浙江寗紹台兵備道陳光斗姪中孚
貤贈中憲大夫工部郎中加二級陳其亮姪孫兆霖
授中憲大夫工部郎中加二級陳兆霖
贈中憲大夫廣西鬱林府知府閔宗孟孫之鵠
封中憲大夫廣西鬱林府知府閔鶱萬子之鵠
晉贈中憲大夫吏部文選司主事工部主事范鳴珂弟鳴龢
封中憲大夫戶部主事加四級揀選知縣吳傑子澍霖
貤贈中憲大夫戶部主事加四級吳成沚姪澍霖
授中憲大夫戶部主事加四級吳澍霖

貤贈中憲大夫禮科給事中加三級胡顧謙姪孫鑅鈞
授中憲大夫刑部主事加四級袁紹安
貤封中憲大夫刑部郎中加三級吳玉英甥林步青
貤封中憲大夫兵部主事加四級王懷方外孫王家璧
貤贈中憲大夫刑部主事加四級涂聲揚孫椿齡
贈中憲大夫江西義甯州知州李方周曾孫嘉瑞
贈中憲大夫江西浮梁知縣李如山孫嘉瑞
贈中憲大夫江西浮梁知縣李友益子嘉瑞
贈奉政大夫晉贈中憲大夫刑部主事加四級紀開元孫燮
贈奉政大夫晉贈中憲大夫刑部主事加四級紀文藻子燮
貤封中憲大夫刑部主事加四級紀樹藩姪嘉燮
貤封中憲大夫江西建昌知縣李嘉浩弟嘉瑞

授文林郎晉封中憲大夫刑部主事加四級舉人涂庽儒子椿齡
封中憲大夫工部主事加四級大理寺少卿王家璧子世驤
貤贈中憲大夫工部主事加四級王家瑀姪世驤
贈朝議大夫刑部主事加三級袁中宏子紹安
貤封朝議大夫刑部主事加三級庠生袁翼安弟紹安
贈朝議大夫太原府知府楊立中孫霖川
贈奉直大夫晉贈朝議大夫太原府知府楊隨龍子霖川
貤封朝議大夫刑部主事加三級涂淑儒姪春齡
貤封朝議大夫刑部主事加三級涂芝齡弟椿齡
貤贈朝議大夫戶部主事加三級庠生吳大岳孫樹霖
貤贈朝議大夫戶部主事加三級歲貢生陳用瑞孫協楔
封朝議大夫戶部主事加三級訓導陳澗之子協楔

授朝議大夫戶部主事加三級陳協楔
貤贈朝議大夫刑部郎中加二級林能英曾孫步青
貤贈朝議大夫刑部郎中加二級林慎修姪步青
贈朝議大夫福建同知加一級訓導賀階平子錫祺
授朝議大夫福建同知加一級賀錫祺
貤贈朝議大夫運同銜同知直隸州用京山教諭黃啟芳孫守謙
贈朝議大夫運同銜同知直隸州用京山教諭黃學文子守謙
封朝議大夫同知銜江西知縣加一級胡大生子惠澤
授朝議大夫同知銜江西知縣加一級胡惠澤
貤贈朝議大夫工部主事加三級王家璵姪世驤
封朝議大夫四川通判加三級沔陽州訓導范希中子鴻遂
貤贈朝議大夫四川通判加三級范鴻運弟鴻遂

授朝議大夫安徽太平徽州同知特用府加三級賀錫珍
贈奉政大夫浙江嘉善知縣同知銜張盈樹子邦棟
授文林郎晉授奉政大夫浙江嘉善知縣同知銜張邦棟
贈奉政大夫刑部主事袁欽明弟紹安
贈徵仕郎內閣中書晉贈奉政大夫翰林院編修加三級張維盛
孫炳琳
贈徵仕郎內閣中書晉贈奉政大夫翰林院編修加三級張閏壽
子炳琳
贈徵仕郎內閣中書晉贈奉政大夫翰林院編修加三級張錫綺
姪炳琳
貤贈奉政大夫翰林院編修加三級張閏才姪炳琳
貤贈奉政大夫翰林院編修加三級張閏富姪炳琳

貤贈奉政大夫宗人府主事加二級范先英姪鳴龢
封奉政大夫安徽知州楊正煇子兆文
貤封奉政大夫安徽知州楊兆瓊弟兆文
貤封奉政大夫翰林院編修加三級胡齡九姪孫毓鈞
貤封修職郎枝江教諭贈文林郎四川梓潼知縣晉封奉政大夫
同知銜范先榮子陳鯉
貤封奉政大夫內閣中書加五級范先賡姪鳴龢
授奉政大夫四川梓潼知縣同知銜范陳鯉
贈奉政大夫直隸贊皇知縣黎昌言孫毓華
贈奉政大夫直隸贊皇知縣黎平秩子毓華
貤贈奉政大夫同知銜銓選知縣劉國本孫鳳華
封奉政大夫同知銜銓選知縣劉相發子鳳華

封奉政大夫同知銜江西知縣州同賀錫誠子義行
貤贈奉政大夫同知銜江西知縣舉人竹山教諭賀義粹弟義行
贈奉政大夫鹽提舉銜麻城訓導衛千總紀輔國子以成
授奉政大夫鹽提舉銜麻城訓導紀以成
贈奉政大夫內閣中書加四級張以詁孫裕釗
贈奉政大夫內閣中書加四級歲貢生張善準子裕釗
貤贈奉政大夫江西觀音閣通判吳傳連孫鳳來
封奉政大夫江西觀音閣通判吳懋周子鳳來
貤封奉政大夫江西觀音閣通判吳懋坤姪鳳來
貤贈奉直大夫內閣中書加三級袁芝三孫紹安
貤贈奉直大夫內閣中書加三級袁英明弟紹安
貤贈奉直大夫山西陽曲知縣楊震川弟霖川

貤贈奉直大夫刑部主事加一級胡儴五孫柏材
貤贈奉直大夫刑部主事加一級胡雯子柏材
授奉直大夫刑部主事加一級胡柏材
授修職郎晉贈文林郎江蘇無錫知縣贈奉直大夫知州銜加一
級拔貢襄陽訓導陳中履子用珩
授奉直大夫江蘇無錫知縣知州銜陳用珩
贈奉直大夫翰林院庶吉士加三級范凌旭子德鎔
貤贈奉直大夫戶部七品小京官加三級陳溆之姪協櫰
贈修職郎晉贈奉直大夫鹽提舉銜黃安教諭柯瑞紹孫茂枝
贈奉直大夫鹽提舉銜黃安教諭舉人柯灘湘子茂枝
授奉直大夫鹽提舉銜黃安教諭柯茂枝
封奉直大夫同知銜保舉知縣胡炳子紹雲

授奉直大夫五品銜羅田訓導朱琢章
貤封奉直大夫翰林院編修加三級夏正外孫胡毓鈞
貤贈承德郎翰林院編修胡炳焱姪毓鈞
封承德郎石首訓導吳振英子挺之
贈承德郎長陽教諭六品銜洪正煌子大生
貤贈儒林郎漢陽教諭朱殿元孫琢章
貤贈修職郎孝感訓導贈儒林郎羅田訓導朱名軒子瓛章琢章
授儒林郎公安訓導朱用賓
贈文林郎直隸清河知縣武進士夏承清子琮
授文林郎直隸清河知縣夏琮
授文林郎浙江雲和知縣張之洛
贈文林郎山西長治知縣姜學周子愷

封文林郎福建寧化知縣歲貢生姜英子語曉
贈文林郎福建寧化知縣姜思恆嗣子語曉
授文林郎四川灌縣知縣鄔能璜
貤贈文林郎福建順昌知縣萬懋誠孫福來
貤贈文林郎福建順昌知縣萬道元子福來
貤贈修職郎黃陂縣訓導贈文林郎江蘇無錫知縣增貢生陳中謙姪用珩洌璟
授修職郎封文林郎江蘇無錫知縣廩貢訓導陳中豫姪用珩
貤封文林郎四川梓潼知縣舉人范先春姪陳鯉
貤封文林郎國子監助教加一級范淩書姪志熙
貤封修職郎宜都教諭歲貢夏瓚子克柔
授修職郎漢川教諭夏宏典

授修職郎巴東教諭王漢
貤封修職郎蘄州學正增生高學光子元暈
貤贈修職郎東湖教諭王周鼎姪涵
授修職郎歸州教諭王涵
封修職郎京山訓導郎元鵬子益薺
貤封修職郎襄陽訓導陳光宗姪中履
貤贈登仕郎廣西按察司獄贈修職郎公安訓導朱廷瑞子文斗
貤封修職郎黃安教諭庠生柯道炳弟茂枝
貤贈修職郎遠安訓導絕萬泰子以鳳
授修職郎京山教諭絕以鳳
授修職郎江南徽州府經歷姜祚昌
貤贈修職郎恩施教諭廖靜安子華國

貤贈修職郎公安訓導朱貢珍子用賓
授修職郎孝感訓導朱璵章
貤封修職郎沔陽訓導范德冠姪希中
貤封修職郎沔陽訓導范德冕姪希中
授修職郎興山縣教諭陳協棻
貤封修職佐郎遠安訓導庠生陳用璵姪沛之
貤封登仕郎陝西富平典史閔之鵾子育琯
貤封登仕郎廣東揭揚典史楊御選子白先
授登仕郎湖南邵陽隆回司巡檢陳錫疇

以上文職

封武德郎嚴希曾嗣子況
贈武信郎嚴自治子況
授武德郎江南徐州衛守備嚴況

封武信郎陳應彪子悅皋

邵志止此

封武顯大夫袁啓周子復清
授武顯大夫花翎提督袁復清
贈武功大夫喻日福孫文林
贈武功大夫喻中義子文林
授武功大夫花翎副將喻文林
貤贈武功大夫朱文曾孫啓發
贈武功大夫朱虎孫啓發
贈武功大夫朱之心子啓發
貤贈武功大夫張效聖曾孫澍霖
贈武功大夫張芳棟孫澍霖
贈武功大夫張國啓子澍霖

授武功大夫漢陽牌洲營都司張澍霖
貤贈武義大夫翁啓富曾孫榮華
贈武義大夫翁光秀孫榮華
封武義大夫翁先煜子榮華
貤贈武翼大夫劉麟書曾孫應柱
贈武翼大夫劉克諧孫應柱
贈武翼大夫劉安道子應柱
授武翼大夫花翎浙江紹興都司劉應柱
贈武德郎晉贈武翼大夫孟正儒孫世魁
封武德郎晉封武翼大夫孟壽相子世魁
授武翼大夫四川成都府游擊孟世魁
封昭武大夫胡繩齋子炳煌

授昭武大夫德安營中軍守備胡炳煌
贈昭武大夫姜炳文孫澍蘭
封昭武大夫貢生姜鴻儀子澍蘭
貤贈武德郎張爻吉孫國柱
封武德郎張欽夫子國柱
貤贈武德郎張克均孫殿揚
封武德郎張明福子殿揚
贈武德郎胡盛德孫炳煌
貤封武德郎胡願輔姪炳煌
貤封武德郎胡願鈞姪炳煌
貤封武德郎胡願堯姪炳煌
封武德郎姜植萬子春陽

貤封武德郎姜植喬姪春陽
贈武德郎周文藻子大鯉
貤贈武德郎周邦俊姪大鯉
貤封武德郎周必第姪大鯉
貤贈武畧郎胡東淮曾孫炳煌
貤贈武畧郎張思浚孫先春
封武畧郎張啓緒子先春
貤封武畧郎張志仁弟先春
封武信郎涂世凝子聯奎
貤封武信郎涂聯芳弟聯奎
貤贈武信郎劉相榮子國玉 以上武職
晉贈通奉大夫原任工部郎中陳兆霖子慶保 以下保授例請封故別具

贈資政大夫晉贈通奉大夫原選用郎中陳汝霖嗣子慶保
授通奉大夫四品升銜員外郎陳慶保
貤贈中憲大夫袁紹言孫祥齡
封中憲大夫袁坤山子祥齡
封中憲大夫水雲芳子心如
授中憲大夫同知加三級水心如
貤贈中憲大夫紀攀雲孫中揆
贈中憲大夫紀映川子中揆
貤贈朝議大夫賀謨臣孫榮青
封朝議大夫南漳教諭賀昇平子榮青
封朝議大夫金可亭子福基
授朝議大夫同知加一級金福基

貤封朝議大夫劉御爵 孫繼廣
封朝議大夫劉金柱 子繼廣
封朝議大夫劉集賢 子炳照
授朝議大夫光祿寺署正加三級劉炳照
封朝議大夫張沅三
封朝議大夫張金烈
封朝議大夫張鳳安
贈奉政大夫監生陳用琛 子灝之
授奉政大夫中書科中書附貢生陳灝之
貤封奉政大夫饒萬臨 曾孫守仁
封奉政大夫饒上珍 子守仁
封奉政大夫饒佐廷 子守仁

貤封奉政大夫盧子耕 孫桂森
封奉政大夫盧澍田 子桂森
封奉政大夫吳聯芳 子國鈺
貤封奉政大夫朱炳清 孫蘭芳
封奉政大夫朱杏村 子蘭芳
授奉政大夫同知范凌濤
貤封奉政大夫水和萬 曾孫心如
封奉政大夫水廷烈 孫心如
封奉政大夫徐星平 子輝南
貤封奉政大夫徐化南 弟輝南
誥贈奉政大夫胡毓秀 子宗璐
貤贈奉政大夫胡毓彤 姪宗璐

貤贈奉政大夫胡錦輝 孫開泰
贈奉政大夫胡有昇 子開泰
贈奉政大夫姜謹亭 孫運昌
贈奉政大夫武生把總銜姜瑞林 子運昌
貤贈奉政大夫吳學渼 孫鳳儀
贈奉政大夫吳大棠 子鳳儀
貤贈奉直大夫施金魁 孫國華
贈奉直大夫施開霖 嗣子國華
贈奉直大夫施開棟 子國華
贈奉直大夫庠生萬里鵬 子年樹
貤贈奉直大夫萬年青 弟年樹
贈奉直大夫王家琀 子世鋼

貤贈奉直大夫朱在梧 孫榮榜
贈奉直大夫朱魁雄 子榮榜
贈奉直大夫汪浩洋 子萬青
授奉直大夫州同加二級汪萬青
封奉直大夫施華藻 子溥
貤封奉直大夫施國英 弟溥
貤贈奉直大夫賀與權 孫高詹
贈奉直大夫賀舜登 子高詹
封奉直大夫賀蔚然 子錫純
授奉直大夫州同加二級陳中乾
封奉直大夫賀謨臣 子敬五
授奉直大夫鹽提舉賀敬五

封奉直大夫紀朝元 子鴻
授奉直大夫布政司理問加二級紀鴻
贈奉直大夫紀忠勲 子樹棠
授奉直大夫州同加二級紀樹棠
貤奉直大夫陳輝先 子鎭瀾
授奉直大夫布政司理問加二級陳鎭瀾
封奉直大夫柯逢澤 子春榮
授奉直大夫布政司理問加二級柯春榮
封奉直大夫蕭恩餘 子映亭
贈奉直大夫朱立繁 子慶春
授奉直大夫州同加二級朱慶春
貤贈奉直大夫盛玉林 孫森堯

封奉直大夫盛翰周 子森堯
封奉直大夫顧品烈 子輝先
授奉直大夫同知顧輝先
封奉直大夫胡大猷 嗣子瑞雲
貤贈奉直大夫胡大鏞 子瑞雲
貤贈奉直大夫周秉衡 孫光祖
封奉直大夫周際泰 子光祖
封奉直大夫水藻齋 子澍霖
授奉直大夫布政司理問銜加二級水澍霖
封奉直大夫增貢生陳用璊 子鼎元
授奉直大夫州同加二級陳鼎元
贈奉直大夫范凌川 子德禧

授奉直大夫州同加二級范德禧
貤贈奉直大夫魏宏清 孫履謙
封奉直大夫魏起司 子履謙
貤贈奉直大夫喻樸山 孫鳴鸞
封奉直大夫喻正謙 子鳴鸞
貤贈奉直大夫范德修 孫宏霖
封奉直大夫范慶璋 子宏霖
封奉直大夫紀柏祥
贈奉直大夫陳炳南
貤贈奉直大夫張正順
封奉直大夫張毓慶
封奉直大夫劉寶玉

封奉直大夫劉應熙
贈奉直大夫張宗岷 孫鵬
贈奉直大夫張德高 子鵬
貤贈承德郎孟明遠 孫履謙
贈承德郎孟克美 子履謙
貤贈承德郎郭藏堯 孫守謨
封承德郎歲貢生郭掄元 子守謨
封承德郎朱桂芳 子俊
貤封承德郎朱裕昇 姪俊
封承德郎張東曙
封承德郎張秀春
貤贈儒林郎賀振元 孫曾玉

封儒林郎賀任大子曾玉
貤封儒林郎劉獻廷
封儒林郎劉步青
貤贈儒林郎吳宗謨孫杜
封儒林郎吳傳泰子杜
封儒林郎盧鳳池子棐觀
贈儒林郎周錫齡子念蒸
授儒林郎布政司經歷周念蒸
封儒林郎周會清子國楨
授儒林郎州同周國楨
封儒林郎葉竹谿子長青
授儒林郎州同葉長青

贈儒林郎周萬青子光典
贈儒林郎周德求子善述
貤封儒林郎水心田姪子超
貤封儒林郎朱有厚孫耀奎
贈儒林郎朱定海子耀奎
貤贈儒林郎佘錫純孫文清
封儒林郎佘振琳子文清
貤贈儒林郎鄭朝斌孫履中
贈儒林郎鄭林華子履中
贈儒林郎附貢訓導胡書田子燿南
封文林郎童奉書子先順
授文林郎衍聖宮佾官童先順

封徵仕郎吳臨川子登雲
貤贈徵仕郎王義光孫家耀
贈徵仕郎王植柏子家耀
貤贈修職佐郎汪履泰子澐
封登仕郎周大鉅子南　以上文職
封宣武大夫周之瀚子紹謙
貤封宣武大夫周寶善弟紹謙
贈武德騎尉紀榮高子國韡
贈武畧郎鄭林榮子秉國　以上武職

廕襲

明

蔡滂以父哲廕慶符知縣

蔡槼洪武癸未恩廕墊縣主簿
李漢天順戊寅恩廕趙州知州
邢賢兒以父位廕補役升授總旗
邢政襲百戶世職
邢暹襲百戶升千戶
邢敬襲百戶
邢琰襲百戶
邢時相襲百戶雲南都司大理衛中左千司

國朝

劉先蕙以父日襄廕授山西徐溝知縣有傳
張紹樂以祖葵陣亡襲雲騎尉
劉如杞以祖日襄陣亡襲雲騎尉

劉瑞興　國玉子日襃十世孫襲恩
周大鯉　以父文藻陣亡襲雲騎尉
周德師　大鯉子襲雲騎尉
周大樹　以父郁文陣亡襲雲騎尉
嚴承志　以父連陞陣亡襲雲騎尉
楊開甲　以兄開榜陣亡襲恩騎尉
潘宗善　以父承恩陣亡襲恩騎尉
夏家順　以父開國陣亡襲恩騎尉
夏建奎　家順子襲恩騎尉
張占鼇　總兵陣亡贈提督銜予恩騎尉世職
鄔光烈　參將陣亡予恩騎尉世職
吳明勝　參將陣亡予恩騎尉世職

邵希　千總陣亡予恩騎尉世職
閔景星　以父學濬陣亡襲雲騎尉
張濤　恩監五品廕生
王出選　以祖家璧廕

職銜附

陳慶雲　主事
賀錫誠　中書科中書
陳沂之　監生太常寺博士
劉佩華　府經歷
施國華　縣丞同知銜
姜運昌　監生同知銜
朱榮榜　監生同知銜
熊嵐永　翰林院待詔
張鴻賓　道庫大使
王大雲　布政司理問銜
陳曉青　監生布政司
陳澤溥　府經歷
萬年樹　監生同知銜
王世鋼　布政司理問銜
陳壽禧　監生詹事府主簿
陳慶文　中書科中書
胡耀南　監生布政司理問
劉駿翔　監生布政司理問銜
施國瑞　光祿寺署正
王世鈞　布政司照磨銜
張壽祺　府經歷

傅善芝　監生翰林院待詔
范紹文　布政司理問銜
牛國琪　衍聖宮詩禮堂啓事
何其仁　同知銜
袁祥齡　貢生鹽提舉銜
紀映川　州同銜五品藍翎
紀應昌　布政司理問
周方九　同知銜
饒守仁　光祿寺署正同知銜
吳輝遠　同知銜
盧斐觀　布政司理問銜
吳國鈺　布政司經歷同知
王世嶟　翰林院待詔
汪澤鑑　布政司經歷銜
喬芬　衍聖宮詩禮堂啓事
柯春榮　布政司理問銜
葉廷珍　府經歷
饒志仁　布政司理問銜
吳觀泰　布政司理問銜
張雄　布政司理問銜
吳高翥　府經歷銜
吳登雲　州判銜
朱蘭芳　州同加同知銜
胡宗瑢　光祿寺署正
賀璋　光祿寺署正銜
張鵬　布政司理問
汪光柏　府經歷銜
周益泰　府經歷銜
紀忠勳　布政司理問銜
劉炳照　光祿寺署正
周南　布政司理問銜
金福基　同知銜
蕭映亭　同知銜
朱俊　布政司經歷
盧桂森　同知銜
徐輝南　同知銜

胡毓惠　中書科中書
張會林　府經歷
胡柏年　同知銜
賀時清　翰林院待詔
姜賢輔　監生縣丞
姜世勳　貢生縣丞
周學炬　州同有傳
陳中選　州同
秦履厚　布政司理問
陳用璇　州同銜
范凌川　三班巡檢
范凌奎　三班巡檢
嚴希陵　林廟衛守備四品銜
紀輔國　守禦所千總
張昌照　府經歷
魏世篤　監生州同
陳中乾　州同
嚴景忠　州同
嚴世熾　州同
陳壽祺　府照磨
秦履亨　州同
陳用忠　縣丞
范廷珍　三班巡檢
陳渡之　縣丞
楊兆祺　翰林院待詔
胡福田　提舉
水心田　同知銜
賀敬五　鹽提舉
賀烝然　鹽提舉
賀錫純　州同
賀錫誠　州同
賀錫珪　宣課司大使
范鳴瑜　三班典吏
范鳴璞　鹽大使
范希震　縣丞
柳佐猷　三班從九

陳其英 州判
范蔚鯉 州同銜
范德冕 州同銜
范德禧 州同銜
范德祺 從九五品銜
魏履謙 州同銜
劉治熙 州同銜
王定邦 三班巡檢
鄭履中 縣丞
姜履亨 監生縣丞
胡傳儉 州同銜
胡齡九 州同銜

陳鼎元 州同
熊毓蘭 縣丞
童佑艮 奎文閣典籍
王國藩 奎文閣典籍
李萬春 州同銜
劉冕 布政司理問
陳清之 按察司照磨
張大發 議敘七品
涂慶琦 方畧館供事議敘九品
秦繼三 州同
葛金麟 州同
孟履謙 州同銜

黃桂芬 三班巡檢
吳鳳儀 同知銜
李光升 州同銜
李郁文 州同銜
劉彬華 州同銜
周萬青 從九議敘八品
邱金榜 庠生從九
汪萬青 通判州同
朱耀奎 州同
王家耀 監生州判銜
劉乙燃 州同
胡樹蘭 監生縣丞

劉馭翔 監生州同銜
熊吉祥 州同銜
張際清 州同銜
吳其珍 州同銜
張錦芳 州同銜
張錦秀 州同銜
范德純 州同銜
范炘 州同銜
范毓楠 州同銜
袁鳳儀 州同銜
袁炳堃 州同銜
程義山 州同銜

鄭景祥 監生從九
王世綸 州同銜
張入珂 州同
賀錫璠 翰林院待詔銜
佘繼坤 州同銜
喻鳴鸞 州同銜
陳演之 按察司照磨
陳澍之 從九六品銜
陳鍇 中書科中書
袁玉華 縣丞銜
袁瑞華 縣丞銜
郭守模 州同銜

余文清 州同銜
施溥 州同銜
周遠煐 監生三班從九
賀高詹 州判
賀榮青 通判
陳曜聲 州同
張毓華 州同
范宏霖 州同銜
熊輔文 按察司照磨
張克俊 奎文閣典籍
高映斗 州同
李德楨 從九同知銜

程樹松 州同銜
程炳蘭 縣丞銜
熊協恭 州同銜
紀榮高 州同銜
紀萬泰 州同銜
紀志仁 州同
吳文柱 州同銜
吳柱 州同銜
吳履中 縣丞銜
紀中揆 同知銜
賀錫禧 同知銜
廖濟川 州同銜

周善琎 州同銜
周青庭 按察司照磨
陳鎮蘭 布政司理問銜
顧輝先 同知銜
紀鴻 理問銜
吳仲瑜 縣丞銜
吳象賢 縣丞銜
周鴻賓 按照磨銜
黃紹香 州同
劉繼廣 州同銜
黃瑞蓀 縣丞銜
夏惠龢 縣丞

蘇建中 理問
紀樹棠 州同銜
賀魯王 州同
葉長青 州同銜
胡福炳 州同銜
嚴繼陵 文廟典籍
孟兆蘭 武生五品銜把總
孟鴻圖 監生營千總
姜桂林 武監衛千總
佘啓運 藍翎五品軍功
鄭秉國 監生衛千總銜
張國麟 五品藍翎

嚴作霖 縣丞
賀樹楠 詹事府主簿
胡耀祖 奎文閣典籍
廖煥章 州同
黃肇永 縣丞
盧子耕 衛守備
張峻德 把總千總銜
周念燕 布政司理問銜
胡瑞雲 布政司理問銜
紀以雲 鹽知事

湯聘 州同
胡永孚 奎文閣典籍
姜瑞林 武生把總銜
范宏弼 營用千總銜
胡福昆 翰林院待詔
胡開泰 同知銜
胡兆蘭 鹽提舉銜
范承志 議敘八品
嚴樹勳 同知銜
范垚 州同銜

周兆謙 衛守備
陳家元 監生衛守備銜
姚德泰 監生衛千總銜
胡綱宗 從九同知銜
周國楨 州同銜
周光琠 布政司理問銜
張定鏕 三班從九
劉春山 奎文閣典籍
嚴載安 千總
周光祖 布政司理問銜

程樹松州同銜
程炳蘭縣丞銜
熊協泰州同銜
紀榮高州同銜
紀萬泰州同銜
紀志仁州同
吳文柱州同銜
吳柱州同銜
吳履中縣丞銜
紀中揆同知銜
賀錫禧同知銜
廖濟川州同銜

周善逊州同銜
周青庭按察司照磨
陳鎮蘭布政司理問銜
碩輝先同知銜
紀鴻理問銜
吳仲瑜縣丞銜
吳象賢縣丞銜
周鴻賓按照磨銜
黃紹香州同
劉繼廣州同銜
黃瑞蓀縣丞銜
夏惠龢縣丞

蘇建中理問
紀樹棠州同銜
賀魯至州同
葉長青州同銜
胡福炳州同銜
嚴繼陵文廟典籍
孟兆蘭武生五品銜把總
孟鴻圖監生營千總
姜桂林武監衛千總
佘啓運藍翎五品軍功
鄭秉國監生衛千總銜
張國麟五品藍翎

嚴作霖縣丞
賀樹楠詹事府主簿
胡耀祖奎文閣典籍
廖煥章州同
黃肇永縣丞
盧子耕衛守備
張峻德把總千總銜
周念慈布政司理問銜
胡瑞雲布政司理問銜
紀以雲鹽知事
張炳南花翎同知銜
徐掄杰翰林院待詔

湯聘州同
胡永孚奎文閣典籍
姜瑞林武生把總銜
范宏弼武生營用千總銜
胡福昆翰林院待詔
胡開泰同知銜
胡兆蘭鹽提舉銜
范承志議敘八品
嚴樹勳同知銜
范垚州同銜
張榮埊知府銜
李金蘭縣丞

周紹謙衛守備
陳家元監生衛守備銜
姚德泰監生衛千總銜
胡綱宗從九同知銜
周國楨州同銜
周光琠布政司理問銜
張定鑣三班從九
劉春山奎文閣典籍
嚴載安千總
周光祖布政司理問銜
朱麟聖廟詩禮堂啓事暨賛奏廳
湯錫爵監生保舉八品

喻開仕藍翎千總
姜金彪花翎參將
周益元藍翎都司
嚴受昶奎文閣典籍

喻致鴻藍翎千總
姜益魁藍翎千總
盛時和花翎五品銜府經歷
嚴礪金州同

姜慶雲武生藍翎把總
金林山新疆花翎副將
張鳴珂布政司理問銜

武昌縣志卷十六

人物 仕蹟

宋

孟宗政字德夫其先曲沃人徙居武昌康熙府志 案宋史本傳宗政絳州人父林從岳飛至隨州因家焉孟珙傳珙隨州棗陽人則未徙武昌也而府志熊邵志皆云從武昌未知何據今縣屬孟氏皆祖宗政而名志載其父子賜葬地均在縣境故仍存之金人犯襄陽宗政與統制扈再興陳祥分爲三軍設伏三所喋血以戰金兵敗走尋報棗陽圍急宗政馳突如神金人大駭宵遁差權棗陽軍初眡事一愛僕犯新令立斬之軍民股栗築堤治城堞簡閱軍士金帥完顔賽不圍城宗政與再興合兵角敵歷三月大小七十餘戰身先士卒金人自是不敢復窺襄漢棗陽代許國爲荊鄂都統制仍知棗陽遺民來歸者以萬數發廩贍之籍其勇壯號忠順軍俾出沒唐鄧間威振境外金人呼爲孟爺爺俄病疽卒轉右武大夫團練使防禦使宋史本傳累官太師封永國公謚忠毅諭葬武昌之清水潭奉祠崇福寺崇祀鄉賢子珙有傳邵志

孟珙字璞玉父宗政招唐鄧蔡壯士二萬餘人號忠順軍命江海總之不安制置司以珙代海珙分其軍爲三衆乃帖然剏平堰於棗陽水跨九阜建通天槽漑田十萬頃攻武仙破走之端平二年授主管侍衛馬軍司公事時暫黃州駐劄朝辭上曰卿名將之子忠勤體國破蔡滅金功績昭著帝問和議對曰臣介冑之士當言戰不當言和賜賚甚厚兼知光州又兼知黃州嘉熙元年封隨縣男四年進封子漢東郡侯兼京湖安撫制置使詔分兵三千備齊安珙言黃州與壽昌三江口隔一水耳須兵急度何必預遣先一日則有一日之費非計之得也珙鎮江陵兄璟帥武昌故事無兄弟同處一路者乞歸田不允病革乞休致授檢校少師寧武軍節度使致仕終於江陵訃至帝震悼輟朝賻銀絹各千特贈少師三贈至太師吉國公謚忠襄廟曰威愛珙忠君體國之念可貫金石在軍中參佐部曲論事言人人異珙徐以片語折衷衆志皆愜名位雖重惟建旗鼓臨將吏面色凜然退則焚香隱几蕭然事外邃於易六十四卦各繫四句名警心自號無菴居士弟瑛璋子之經宋史本傳諭葬賢庾鄉金紫山奉祠蓼儀寺崇祀鄉賢康熙府志 熊志 邵志

張諤性好學能議論嘗自約仕至縣令則致仕而歸後登進士第除中允諤於所居營一舍榜爲中允亭以誌素約也後諤稍稍進用數年間爲集賢校理直舍人院檢正中書五房公事判司農寺皆要官權任漸重無何坐事奪數官歸武昌未幾捐館遂終於太子中允豈非前定夢溪筆談 案東軒筆錄張諤檢正書五房公事判司農上言天下祠廟歲時有燒利乞依河渡坊場名人買折王荊公秉政多主諤言故凡司農啟請往往中書即自施行不由中覆賣廟勑既下而天下祠廟各以緊慢價直有差南京有高辛廟平日絕無祈祭縣吏抑勒祝史僅能酬十千是時張方平留守南京因抗疏言朝廷生財當自有理豈可以古先帝王祠宇賣與百姓以規十千之利上覽疏大駭遂窮問其由乃知由張諤建言而中書未嘗覆奏自是有旨臣僚啟請必須奏稟方得施行賣廟事尋罷又云張諤判司農寺吏人盜用公使庫錢事發下開封府鞫劾久之未決諤尋以東禱知府陳繹俾勿支蔓繹遂滅裂其事上頗聞之遂令移獄窮治盡得諤請求之迹獄具落諤直舍人院追兩官勒停落繹翰林學士降授祕書監知滁州

明

黃琛本名寶武昌人以帳前參隨舍人擢兵馬副指揮太祖愛其謹厚配以蒙城王女慶陽公主累從征討積功至龍江

翼守禦千戸洪武元年冊王女爲公主授琛爲駙馬都尉遷淮安衛指揮使四年擢中都留守卒官子鉉都督僉事明史公主傳 案邵志授驃騎將軍卒賜葬鳳陽崇祀鄉賢

劉任武昌人元四川行省參政案四川通志載任以善政聞 洪武初召爲兵部尚書出爲廣東行省參政以善政聞東莞伯何眞降附任處之得宜召爲應天府尹明統志 崇祀鄉賢邵志

周縉字伯紳武昌人以貢案邵志作歲貢 入太學授永清典史攝令事成祖舉兵守令相率迎降永清地尤近縉獨爲守禦計案忠節錄縉攝令事極力拒守慮其民寡弱爭先逃散 已度不可爲懷印南奔道聞母卒歸終喪燕兵已迫糾義旅勤王聞京師不守乃走匿吏部言前北平所屬州縣官朱寧等二百九十人當皇上靖難俱棄職逃亡宜寘諸法詔令入粟贖罪遣戍興州有司遂捕縉械送戍所居數歲子代還年八十而沒明史本傳 以正統八年五月二十四日終葬於邑洪道鄉眠牛石之南孫源以監察御史擢知揚州府賢而有惠政匏翁家藏集 縉所著有明德圖說明德要義攝生圖說攝生要義周氏家規皆精當可傳周氏譜 崇祀鄉賢邵志

蔡哲字思賢武昌人洪武初任江西行省理問陞右司郎中承命贛州招撫熊天瑞等遂令遣子入朝上嘉之擢中書累遷福建參政廉介自持居官以正風俗合民心爲要民愛慕之四川明玉珍死子昇立遣使奉貢上命哲往宣諭哲挾畫史偕行圖山川險易以獻後伐蜀取道多用之累官侍御史浙江行省參知政事追封濟陽王崇祀鄉賢分省人物考福建通志康熙府志 邵志 案熊志哲父夏怯追封濟陽郡公丁鶴年集有寄濟陽公五律一首邵志作封王疑誤

唐音字仲節洪武舉人授江西建昌教諭遷杭州府學教授嶽門受業之士魏驥等二十人皆登津要音若無與焉陞唐府長史先是儀衛軍舍有領資本貿易者多折閱卒鬻子女以償音啓曰子女府中人口豈可輕之而重錢帛王嘉納之轉敘州同知致仕歸與丁鶴年往來唱和足不至公庭以壽終弟言字方平工詩有文譽康熙府志 邵志

劉仲廉字行儉先世居彭城曾祖受四郡廩膳生因亂渡鄱陽而西道經武昌愛其山水清幽占籍市東里仲廉登洪武乙丑進士授吏部主事解縉少司空劉公傳 知浙江處州廉謹有爲政尚寬平深得牧民之體尤以興學校爲急務浙江通志 永樂中累官工部侍郎有忌者強以難事仲廉慷慨任之性剛直不事權貴嫉惡如仇凡事羅織者弗與往來家居重然諾歲歉損穀千石不以聞也解傳

王仕忠武昌人洪武中知宜山縣慈祥豈弟深得民心田里之間安靜無擾三載擢知壽州民不忍其去廣西通志

吳拳武昌人洪武二年知廣東新會縣政尚平易民皆以爲便暇則經理縣治學校及壇祠坊巷多所繕治財不費而民不勞五年卒於官無老稚咸哀之廣東通志

夏則中武昌人洪武二十三年以監生知興寧縣值寇周三之亂招撫流亡時官田重稅莫肯承籍則中請以官田減同民產定賦從之遂以安業廣東通志

王淵武昌人洪武初舉明經爲廣東遂溪令安集流移編籍定賦闢草萊課耕耨修築塘堰以灌溉田畝民咸利之廣東通志

陳遲洪武間以貢任元溪知縣多遺愛祀名宦康熙府志

沙玉字子明武昌人永樂初知涉縣慮民無恆產乃設酒餼、
召富民親爲立券借貸買牛具以給貧乏者令民每丁種蔬
一畝以備饑饉民遂足食嘗值禾稼方熟督民晝夜收穫未
畢飛蝗大至鄰邑被災而涉獨免河南通志
邵珪字廷璧應豹七世孫曾祖公侃元播州學正祖苹生字
楚賓明太祖吳元年詔署本縣學事父炫文贈郎中邵氏譜珪
幼穎異有偉度中永樂舉人宣德五年授工部主事居官清
愼蒞事敏約差督山東直隸通州倉儲勤勞練達經制有方
轉戶部陜西司郎中邑舊有織機局歲解色段絲劣必市諸
蜀民甚苦之珪爲奏革民甚感焉景泰時致仕歸里中不能
婚葬者以貲佐之卒祀鄉賢邵志
熊友信字以泰宣德歲貢授知成都府安縣案成都府無安縣誤先是

縣苦苗且無公廨友信至構草堂二間左縣署右祀城隍苗
至則禱於神率民兵攻之戰無不捷苗遂不敢爲害在任九
年士庶詣撫案乞留之加知州俸又九年乃致仕子鐩孫清
有傳邵志
熊清武昌人正德中以歲貢來丞南海稟性端慤善治繁劇
民有訟咸願質成復能執法不阿按察張僉事無罪殺人御
史屬清覈核爲白其究方士莫文憲以黃白術掩騙不貲清
詗執之莫餽以奇貨清不納卒正法丞司錢穀或教以嚴可
獲羨者清曰予性恥言利况敦朴以聚之乎令每缺必以清
署其見信上官如此秩滿未及遷病卒於任囊無餘物士民
傷之子桴復舉進士爲都御史撫廣有平寇功南海縣志案康熙府志
邵志弘治間清由監生授南海縣丞有梁少傅公子求造海
船不許卒於官祀鄉賢子極栻桴自餘政績皆不著先正事

蹟湮沒多矣
黎忠字行恕宣德歲貢正統中任建昌府推官時福建巨盜
鄧茂七侵偪南豐諸縣悍賊鄧秉行等蜂起劫掠忠選練驍
勇屢出奇兵催賊鋒巡撫楊寧上其功授福州知府致仕邵志
案康熙府志作江夏人
孟祐字元吉永樂舉人幼慧讀書目十行下授廣東香山知
縣香地雜猺夷煩囂難治又土產珠玉官是土者率多墨祐
冰蘖自持三年報最陞太原府同知駐代州倣趙武安君守
代之法宋劉舜卿備邊之制起句注山夏屋山增障設險條
便宜十事上之巡撫然其議頒行各堡砦自是邊鄙得安邵志
案府志祐誤作祜
張嘉會武昌人宣德中以御史謫封川典史署開建縣事廉

幹有爲恩威並施在縣一年建學校招撫流民百廢具舉士
民悅服廣東通志
李觀字廷賓武昌人正統八年知建平縣建文廟築陂塘創
預備倉及壇壝郵舍江南通志
周源字本清由舉人授貴州道御史獨持風裁清理河南軍
政究韓銘之替役王仁之代伍而存心寬厚不事險刻巡按
貴州奏增鄉舉額有金鐸者亂政擾民源發其奸時稱神明
賑順天饑活軍民以萬計擢知揚州府初下車歲饑措置有
方事辦而民安堵時有韓祥以利財殺曹圯而誤繫俊張誠
以通姦殺朱普而誤周垣獄已具源咸平反之尋丁內艱起
補廣信時陳友信奏給事中王姓問擬如律李浴用奏按察
使劉旺案康熙府志作盱等連及萬人源會問剖决如流多爲洗雪

衆懽呼而出成化間陞廣西參政柳州指揮王英貪暴士卒
幾激變源馳至諭以禍福遣歸營且劾英罪上下咸服致仕
卒於家祀鄉賢子佐側監上林苑署丞孫楷舉人虞城知縣
模拔貢生案邵志表作歲貢楫經魁惠州府推官棁諸生邵志廣西通志
方進字秉善案邵志作兼善今從府志熊志景泰舉人爲國子監學正有文
譽陞南都理刑半年擢御史成化中遷雲南僉事撫馭民
蠻皆有方磨巨猾郭景茂等負固集黨掠劫爲雄進設計擒
之其寶物悉籍輸公帑所獲人口皆給遣完聚滇人德之康熙
府志邵志
劉毅武昌人成化中知雅州事居官廉介祀名宦祠四川通志案
江夏志毅府學景泰庚午舉人
邵淮字漢英弘治歲貢祖珪父鎬淮任北直清豐縣丞勞心

撫字因旱禱雨中暑卒於官民德之請祀名宦邵氏譜
邵鎡字時用案邵志作時雍從邵氏譜生而穎異以孝聞成化中由歲貢
授袁州府經歷贊政公勤民懷其德以禮致仕弘治十六年
卒年七十祀鄉賢邵志邵氏譜
汪渟字宗程弘治舉人初知漳平縣以才擢南京戶部主事
善於其職陞雲南尋甸軍民府尤得夷情以病致仕邵志
張佐字良臣弘治舉人純粹開豁與物無忤選授西充知縣
解雲南河西時河西屢困於寇斷扼上流水泉告竭民不聊
生佐計殄卒賊禱啟湮泉築龍池以溉四境海田多雨則澇
案滇人稱瀦水之澤曰海府志作近海之田誤開通渠以泄之居民足食夜得安枕
尋晉路南州事平十八寨監築州城正德間任彌勒州持躬
廉介政平不擾致仕以壽終邵志雲南通志

李廷憲字秀卿弘治進士授刑部主事勤愼自持舉動僚寀
卒於官邵志
周樹字巨川參政源之季孫有幹濟才弘治中由舉人授惠
州推官惠州故多山嶮群蠻逼處嚴武備時御史案郡講閱
令官屬善射者各試射樹連發七矢皆命中御史奇之薦剿
大茅山嵩賊樹自當中堅指揮所部翼以進潛以奇兵邀其
後盡殲之積尸枕藉山谷間樹慨然曰此亦天地所生乃至
此馬服君李北平何如哉吾累子孫矣遂告病歸後徵補御
史不就優游林下以壽終康熙府志邵志
嚴傑字秀夫弘治舉人授四川營山知縣心公政平撫字不
倦雖工役殷沸衆無怨言調貲縣政益練達龍山珠圍時報
瑞粟致事歸不私謁公門所著有丹崖淡墨邵志案傑嘉靖初嘗纂修縣

志見熊桴序
周楷字式之居親喪哀毀結廬墓側有烏安集一卷由舉人
授虞城知縣絕奔競疏積牘常曰居官以愛民爲本與其斂
於民何若拂乎上士民德之卒於官祀鄉賢邵志
胡倚字永齡穎異通敏少有大志正德間以進士知江西新
昌縣陞戶部主事權員外郎綜理會計老吏不如僚寀推能
事焉卒於官祀鄉賢邵志
胡裕字天宏弘治舉人知內鄉縣毀淫祠三百所招徠流民
千餘家緩征均徭時有八異之歌三載報最陞潮州府通判
有惠政致政歸篤學修行至老不倦祀鄉賢康熙府志邵志
賀睿字以政由恩貢任廣西富川知縣調蒼梧潔己愛民興
利除弊裁決如流廉明備至卒於官民巷哭立廟以祀及奠

櫬歸里僅圖書數卷子爵字龍湫聞訃哀毀骨立扶櫬歸葬
三年獨居食粥麤衰服闋舉於鄉授四川內江知縣有父風
焉邵志
孟廷柯案一作珂誤字培之正德進士授大理寺少卿武宗南巡
上疏極諫忤旨謫戶部照磨嘉靖初擢四川僉事歷四道
轉陝西參議備兵商洛尋陞雲南參政去商之日老幼泣留
肖像祀之時剌獼賊起官軍勦捕倉無見儲轉運千里餉不
告乏遷雲南按察使致政歸祟祀鄉賢子倣阮元雲南通志分省人物考
邵志
陳雲漢字天章有文譽由弘治歲貢授許州訓導善於誨人
寒暑不倦卒於官邵志
佘槐字公甫由正德歲貢授江油知縣有善政士民刻石頌

之熊志
何偉字子大質聰思邃洞究理學待人接物惟義與禮不可
犯也由歲貢授貴州永祟知縣邑無公宇僑治於黎平府乃
譯其來者諭以禮敎加冠服親郎其所撫綏而變易之遠近
咸向風焉邵志
劉瀾字宗海生而純粹爲時聞人與物無忤正德中由歲貢
授四川雅州州判有政聲卒於官熊志
姜舜彝字咨政篤實醇謹邃於理學由正德歲貢授江西布
政使司經歷丕著政聲委監南贛鹽稅勢家顗脫稅宗藩屬
留徭者悉裁以法革南新里胥之獘處寗府廢沒之基皆切
中事宜致政歸以壽終子三壘埜臺俱歲貢生邵志
劉瀾字南樓正德歲貢授四川雅州州判攝州篆蠻民不勸

耕作多搶劫好爭訟瀾多方曉諭督民墾地自是民務耕種
每里舉鄉耆一人使轉相勸導月朔考校善否示以勸懲卒
於官百姓如失父母章學誠湖北通志檢存稿
熊桴字元乘曾祖友信祖鐩父清友信與淸自有傳桴生郎
剛峭稍長彊記誦善屬文事親孝處兄弟友愛嘗讀書西山
寺中夜起有虎躑戶外桴叱曰熊元乘當爲忠孝死安能充
爾腹耶虎垂首去登嘉靖進士授太倉州知州首革庫役諸
費禁吏民爲奸興學勸士州遂大治癸丑倭寇薄城時吳中
久不知兵御史蔡克廉行部至太倉見寇至急奔去桴城守
甚力登陴枹鼓命多張旗幟以疑之寇不敢近御史某劾桴
不能斬敵竟論罷太倉父老走闕下上書訟冤得仍留明年
寇復至桴以舟師逆擊賊善泅而鑿人船桴製木長丈許而

扁其形著鐵齒橫於端令人橫施水中遇泅者輒爲所傷賊
大敗轉蘇州府同知歷河南僉事晉蘇松兵備道島寇益張
每戰輒出奇勝之南沙寶山皆大捷擒賊首王直等捷聞賜
金幣進副使金山軍亂桴單騎召諸將吏笞之殲其渠旋定
在吳十二年大小三十餘戰斬首三千四百建崇明福山洲
沙柘林吳淞五城開楊林瓦浦虹江白茆四渠增太倉瀏海
等田賦二千二百有奇吳中平謡郡縣皆立廟祀之擢雲南
參政會土司女官素儀反久不克桴錫以冠帶令攝郡遂降
定土官安九齡之亂轉陝西按察使前御史中以大計左遷
山東參政會河湮徐沛與工部尙書朱衡議以三河口爲新
河要地鑿沙石成渠築長隄石壩分導之擢按察使錄河功
進秩正二品尋授浙江布政使未赴適海盜曾一本作亂擢

桴右僉都御史巡撫廣東時一本方圍南雄聞桴至遁去桴上平寇四策拊循士民行鄉約保甲團練法於閩廣造戰艦百有六十罷久逋魚鹽課區畫具備乃興師平嶺西新會藤洞諸盜擊一本於虎頭門及潮海四敗之遣安南夷目還國又檄其都統使備境上防一本南一本又誘日本神王兵古所入寇惠城桴親入惠爲城守偪把總周雲翔叛殺參將攻城甚急桴擊敗走乃以計獲雲翔誅之遂進兵擊古所執之斬首級一千五百遣還士女八百又賜金幣者再建長寧永安二縣以控山寇力疾親入惠潮擊一本三戰皆捷擒一本於蓮澳伏誅桴積勞病劇猶日理兵事絕口不言後事遂薨於軍中廣民思慕之廟祀如吳中上聞震悼有以死勤事之旨以平寇功進副都御史贈兵部左侍郎使祀之少牢臨其

葬廕子入太學歷官省分俱建祠祀鄉賢所著有鏡湖集水陸事宜撫粵疏議鄉約諸書行於世桴平居恂恂不出口遇大事霆決斧斷治務鉅體不爲苛細而其任人即凡屐必稱盛夏出兵士若負霜雪而片言之拊循冬則挾纊雖久歷外任而清介如寒士卒之日幾無以斂子熾有傳粵大記　分省人物考　三楚文獻錄　弇州山人四部稿　王封瀠華寶集　邵志

李緒字怡亭嘉靖舉人授洛陽教官課士有法擢四川潼川府安居知縣案隋安居縣在今遂寧縣西南今省爲安居鄉有學額在任五年政和訟平保陞九江同知卒於官李氏譜

黃朝用字汝賢嘉靖歲貢授元城縣丞以賢能擢太平知縣丁內艱起補屯留時歲凶負租至三十餘萬朝用洞知民隱不忍催科遂告歸父老遮道乞留歸以壽終康熙府志　邵志

周時舉字蟠磎楷子性穎慧有異才家杯湖讀書自適工詩賦與吳國倫文徵明齊名嘉靖中由選貢判華州事適鄉御史家變有暮夜賂金求解者時舉笞而遣之擢阿迷州同知堅不赴任灌園郭外陶詠性情善畫晚年益工有蟠磎草行於世三楚文獻錄　邵志

周之京字鳳山性孤潔以儒術爲己任由嘉靖選貢授雲南嵋峨縣丞上官知其廉陞知縣不赴歸邵志　案之京嘉靖初嘗纂緝縣志見熊桴序

孟儆字思哲廷柯子居父喪哀毀逾禮由嘉靖舉人授興安知縣獨溢羨千金豬舊無弟子員儆請之督學卷面得書豬字取附於庠以陰易其俗邑偶旱借溉河水有大姓爲梗儆諭衆以值償之仍貸其賦遂濬渠得溉數萬頃士民感悅號

所濬渠爲孟公塘擢貴州鎮寧知州不就歸年七十餘卒祀鄉賢子紹慶字穀餘進士除戶部郎多殊績歷建昌知府陞雲南右參政以征緬甸功轉按察使致政歸紹席恩貢江西彭澤知縣紹勳號中沙副貢授江西袁州府教授乞歸牓其門曰鹿莊邵志

劉瑛字西野任汝陽縣丞有清惠名歸居樊湖之西吟釣自適人比之烟波釣徒子承敬四川資陽知縣邵志

張啟明武昌人萬曆初重慶府通判廉幹勤慎趙司馬方立重修瀨壺啓明爲之記四川通志

周慶坻字念山萬曆舉人署四川遂寧教諭澤洽多士任滿陞犍爲知縣在任六年乞歸年九十卒蜀人稱其清惠焉邵志

孟習孔字魯難萬曆進士授廣東香山知縣明察善聽斷香

山夷漢互市動啟釁端習孔諭以禮義人咸服之調吳縣時
織造閹横於吳民欲兵之習孔爲調諭事乃寢以母喪去職
起任山東曹縣曹糧多難稽巨室與奸吏飛詭習孔用法均
之請於上官民困乃蘇以漕河工竣陞工部主事轉兵部皆
有政聲尋知開封府案無留牘值寇起大名固原間兩擢兵
備道遂州邑雋日課之多掇科名以去以輸輓功晉太僕寺
卿值楊漣爲忠賢所陷習孔卒同官上章訟漣忠賢怒嗾私
人車邇劾習孔間住及忠賢敗以恩詔復官習孔不出年七
十六卒祀鄉賢一統志　三楚文獻錄　畿輔通志　譚元春孟習孔墓誌銘
吳時喬字鳳洲神三里人初以江夏籍補諸生棄去就武萬
曆中聯捷成進士任靖州守備陞四川都司值土酋楊應龍
犯順時喬奉檄援剿散家財募奇兵千餘躬先士卒斬賊魁

十五人監軍上其功於兵部而時喬以積勞卒於軍事平論
功蔭襲武昌衛指揮康熙府志
周事一號括蒼宗道子萬曆舉人任鄧州知州廉簡有惠政
鋤抑勢豪所轄三縣咸願質成焉大盜劉六聚黨百餘肆劫
掠鄧民苦之事一計擒其魁治如法餘黨解散捐俸修學公
暇輒聚諸生講論文教日起未幾卒於官士民痛惜郡志
劉衡字伯安由萬曆恩貢授成都通判廉謹慈惠甚得夷情
未幾解綬歸杜門卻埽清介自持同時有宋德盛字震岳亦
以歲貢授都勻府經歷任滿陞廣東咸恩縣知縣朞年大治
以忤太守左遷丹陽教諭陞重慶通判郡志
孟心孔字鄒難萬曆歲貢授寧海州判署州事旋攝文登知
縣值歲旱備求荒政活者數萬人擢瑞州府通判清釐積年

逋賦不逾月而蔵事父侁訃至嘔血擗踊竟以哀毀卒所著
有後鳴草義陵張冲嘗爲之傳且贊曰函牛之鼎而以烹雞
千里之駿而以逐貍蓋惜其才高位卑云郡志
劉學周字翊成一字南凝號郁寰萬曆進士除江寧知縣值
歲飢民相劫奪學周發粟以賑招來流民外艱服闋補南陵
有疑獄前官受賄入人罪學周廉其冤釋無辜三人調江陰
來迎者數千人南陵恐學周去實土城門中以拒迎者至擁
刃相持數日乃罷事聞於朝有旨留原任以母艱歸起補宜
城宜城多盜學周卒兵擒治羣盜望風遁跡有民婦爲豪迫
脅不屈赴水死事久寢學周下車訪聞表其烈所至民立生
祠遷文選司主事晉郎中卒於官崇祀鄉賢子惺有傳章學誠湖北通志檢存稿　郡志

楊正奇字晝始父燧歲貢生累官山東濟南府教授精於易
理所至獎勵後進正奇登萬曆進士授南中兵部以外艱歸
起復補北兵部武選司主事尋以管理清黃擢本部選郎轉
四川分守川北道副使晉山西汾陽參政文章政事俱爲時
所推重郡志
夏永清原名一元與兄一奇俱以文章名海內稱楚中二夏
後更名考武萬曆中聯捷成武進士任江西南贛團操閫帥
丁母艱去起任三江口守備熊志
王如春武昌人萬曆四十六年以進士案題名碑萬曆四十四年丙辰科有王如春浙江臺州府黃巖縣竈籍未知是一人否知廣東香山縣有兼人才甫下車即
召諸吏試以律算小有紕繆必立擿之已試諸醫及堪輿家
術不精者悉驅出境曰無令此曹誤吾民也捕險健訟民皆

之法下令曰凡訟必以情涉僞者先治其誣然後視事曲直
由是無敢欺者一時稱爲能吏廣東通志
泰百川永一里人世居泰廖明灣官至兵部侍郎嘉靖時屢
有戰功封鎮國將軍歿葬神山鄉八角山旌其墓曰忠貞赫
弈泰氏譜
彭祖壽字山公父文元諸生力學端潔爲一庠式祖壽年十
歲能文父訓之嚴十六補諸生萬曆中聯捷成進士神宗見
題名榜喜其名御筆識之擬予狀頭以不謁執政抑置三甲
第一案原作二甲第一考題名碑是科傳臚爲周應期祖壽爲三甲第一授中書舍人天啟中
魏璫竊柄人爭趨事祖壽視之若浼也丁卯鄉試璫以私人
子弟屬授諸同考官令取中祖壽奮然曰此朝廷重典豈可
爲閹宦市惠哉揭曉祖壽所取皆知名士晉兵科給事中彈

劾無所畏一時權要咸斂手避之以疾卒於京子嵋諸生邵志
孟登字誕先讀書強識倜儻負奇氣由舉人署蘭陽教諭授
雲南騰越州知州時流賊數十人持兵假官軍入州署登陷
以酒食悉擒殺之上官疑其事反坐斥尋授王府長史致仕
登善古文詞與艾南英劉侗譚元春諸人齊名所著有詩經
匡說史綱韻語壯心草諸書行世康熙湖廣通志湖北通志檢存稿章學誠邵志
周有翼字翽公天啟舉人崇禎會試副榜選授保甯推官單
車赴任案牘山積判斷如流每審錄罪囚句思宇泣反覆以
求其生又地當西蜀孔道值兵賊交訌有翼所至調劑兵民
具備留遠哨望居民恃以無恐擢知巴州巡行鄉里賊突至
城守戒嚴有翼聞報率師救援城得不陷巴人建祠以祀遷
江南江防同知尋擢廬州知府廬城環四十里爲賊所燬有

翼爲築完之授安廬道兵備副使遽乞歸值里中歲饑出金
以賑多所全活兄有受字爾霖兩中副車
國朝順治貢生授黃岡訓導遷祁陽教諭以道遠乞歸與有翼
友愛極篤兄弟皆臻上壽焉雍正湖廣通志周氏譜邵志
周有紀字五止天啟舉人署當陽教諭聚當陽俊士於仲宣
樓朝夕講藝其中擢浙江臨安知縣凡耗羨皆革除之邑有
天目山橫亘城西冠蓋來游者應接不暇有紀執法嚴多失
貴人歡吏胥乘間嗾之有紀奮然曰吾知愛吾民耳遑惜其
他尋卒於官邵志
晉若參字漢臣家世以文章顯若參少有國士之目由天啟
舉人授樊陵學正轉北雍學博皆有聲譽陞戶部陝西司主
事督餉保定值闖獻肆虐羅掘靡遺若參籌畫有方源源不

絕士飽馬騰多其力也乞養歸卒邵志
蔡仕字士田濟陽王哲七世孫爲諸生與同縣孟登李楚生
唐吉劉日襄輩皆有名復社天啟七年中譚元春榜舉人主
司奇其才曰蔡譚並錄瑜亮同時選江陵教諭巡撫薦其才
堪石渠天祿之選時以寇賊充斥特重保障遷陝西朝邑知
縣修城堡儲糗糧治武備留意搜求將材而兵戈倥偬中仍
集人士講藝不輟值闖賊煽逆棄官歸隱終其身章學誠湖北通志檢存稿復社名士傳邵志
孟道弘字能儒由天啟歲貢授甯國通判以內艱歸起補袁
州通判遷西安府同知攝三原知縣惠愛清儉下車三月民
以召杜稱之建祠肖像歲時祀焉後復監紀秦軍捕流寇有
功總督鄖陽陳良訓題補關南道僉事以病乞歸優游林壑

者三十餘年有欬山雲卿之風年八十四卒子三立德舉人康熙府志邵志

熊正南字乾先崇禎恩貢授北直大名知縣値歲饑請於當道開倉賑貸又捐俸益之存活者眾在任二年多惡政丁內艱歸大名人攀轅路哭

國朝授高郵知州以疾辭邵志

毛欽明崇禎時武科授登萊守備登萊踞海中倭人出没無常欽明獨當一面地方以安久之以年老辭歸康熙府志

鄖明昌號峒菴崇禎進士授浙江錢塘知縣踰年奉其祖百歲翁必信喪歸遂不出

國朝順治三年總督江禹緒題薦九年巡按御史李敬復題薦皆固辭不起明昌擅詩古文詞著作今不傳邵志

國朝

李周華字白先父雙池家貧事母孝周華嗜學以天啟恩貢任順德府經歷遷武功知縣

國朝授大名府濬縣教諭隨轉北雍學正謹案欽定國子監志官師表學正李周華順治三年任晉戸部司務歷刑部員外擢江西贑州知府八閱月乞歸歷官三十年囊橐蕭然無尺椽之庇焉邵志

葉自巖字魯瞻順治舉人授黃岡教諭知府蘇良嗣重其才令攝縣事案無留牘以明允稱又舊莊代民完逋賦改銅鼓衛學正地鄰苗疆諭以禮讓風俗一變擢衡州教授卒黃岡縣志

劉日永字怡亭幼穎悟過人著有待月軒集順治充拔貢授瑞州府通判攝南昌縣事縣民陳楷與王某夙怨王犯盜誣陳下獄日永廉其冤釋之攝新建縣縣多差繇日永捐俸集

事民無困者巡撫舉治行第一浮梁土寇蹂躪民心驚擾上官檄日永鎮之日永單車就道置腹推誠多方招徠人心遂固遷直隸永平同知擒巨盜馮虎搜剔餘黨一方以寧晉通薊道通州大旱日永命發粟數萬親赴各鄉民咸歌之調霸昌道有下僚餽以玉瓶日永曰若小吏從何得此卻之署按察使卒於官章學誠湖北通志檢存稿

周有猷字仁瑞順治歲貢授光化訓導訓飭謹嚴士風以振遷湖南寧遠教諭以年老辭不赴有猷博學高行明天啟元年與兄有巽有紀同中式揭曉主試者遠嫌獨擯之性好施與見人有急嘗鬻產應之有見負者焚劵不責償年七十一遘疾召子弟曰吾素慕陳太邱王逸少雖不能至然恪以持己讓以待人或庶幾焉言訖卒門人遂私謚曰恪讓先生子士扙諸生道隆廩膳生孫曾多列庠序者邵志

劉先蕙字原蓀由廕生任太常博士改授山西徐溝知縣下車治劇盜與民除害歲飢捐金遣人赴鄰縣買粟以賑多全活學舍燬於兵招士子修葺之復購書史置其中延名儒主講文風丕振以病歸父老泣送千里外章學誠湖北通志檢存稿

劉帶蕙字衣荷歲貢生任湖南宜章訓導宜章僻兵燹後益荒落帶蕙與同官捐葺廟學置祭器購經史貯之縣諸生百餘年無舉於鄉者帶蕙資膏火並示以作文之法値大比偕之北渡入闈文教漸興又葺宜章志及郴總志皆成書案湖南通志入名宦傳尋授山西靈石知縣案郡志作縣丞今從章稿夢神人乞棲止地次日一僧訴火燬廟址久爲土豪占累控不得歸帶蕙懲强梗平反之靈石多深山流匪數千逋其中數掠居民或請勦

之帶蕙持不可單騎入箐谷曉譬利害餉時解散民慶安堵年八十一卒章學誠湖北通志檢存稿　邵志

張皐謨字汝士順治拔貢授雲南昆州知州昆與彌勒接壤皐謨從會祖佐嘗牧彌勒治化洽民民思之不忘皐謨治昆興利祛弊一如之轉曲靖府同知時平西親王暨總督卞巡撫袁交章題薦遷直隸眞定知府禁革火耗修葺橋梁道路躬課學校勸農桑燕趙舊俗爲之一變治每報最年七十卒於任子應斗貢生司務邵志

孟易吉順治十八年由拔貢案邵志作歲貢知纂江縣修城建學作士愛民時值遷移會剿勞心拮据善政孔多四川通志

周士皐字偉臣市二里人康熙進士除扶溝知縣修學減役善剖疑獄行取戶部雲南司主事轉江西司員外郎遷陝西

道御史凡所疏奏必關國計民生如懇請留

駕北征疏會議各出己見疏積貯天下本計疏俱邀

俞旨以外艱歸服闋督直隸長蘆鹽課釐弊剔奸商民稱便掌京畿河南二道暨登聞院事不畏強禦名震一時陞通政參議充丁丑

殿試讀卷官年六十有四卒所著有裁雲閣坡亭等集雍正湖廣通志　邵志　周氏譜

王渭鼎字呂倩康熙舉人授衡山教諭兵燹後修葺學宮置書院親爲講授自是諸生列科名者踵相接擢河南澠池知縣以內艱歸起補江寧興化知縣值河決蠲賑以蘇民困省高郵漕兌之擾修海溝河防著有成績壬午分校南闈所得悉知名士遷陝西寧羌州知州州有虎患禱於神虎遁去旱祈輒應捐修南棧諸險道攝沔縣卒年六十有九子涵舉人東湖縣教諭康熙湖廣通志　陝西通志　興化縣志　邵志

張謙字子吉康熙進士除四川珙縣知縣珙故民苗錯居前令與土豪何姓爲仇虛報隱糧故珙賦較他縣獨重田入不足供又官給酒米悉取諸民吏緣爲奸民多逋竄謙革諸供應勸民墾荒田約歲入十與佃二供賦民乃復業珙由羅星河達敘之大江有歐趙二灘水石險惡謙捐貲募工㸑鑿之行旅稱便時穀賤鹽貴謙請民得以穀易鹽於是民得其利益事開墾建官廨立倉厫暇日課士示以文體縣人始知嚮學撫苗夷以誠信期會風雨必以虎豹之皮鹿茸綫錦之屬獻則卻之任七載苗咸帖服時巡撫議令各縣加賦謙極言珙地瘠民貧獨得免行取刑部主事歷郎中精律例部事多

倚辦念年六十以上充軍者多道死請得以贖論

報可丁酉典試貴州所得皆知名士庚子督學雲南除寬籍替考諸積弊雍正元年擢雲南按察使司嚴懲賭博驅土娼民翕然嚮化晉大理寺左少卿奏對稱

旨

賜御書雀舌茶有疾遣醫診視溫慰有加未幾巡撫貴州卒於沅州驛舍年六十有九署貴州巡撫石禮哈委員經理其喪奏

奉

上諭朕覽石禮哈所奏不禁淒然張謙歷任廉潔想家道艱難靈柩回籍着賞銀一千兩

賜祭葬崇祀鄉賢子元鈺舉人正安州知州歷台拱同知一統志　雍正湖廣通志　邵志

劉時遠字馭侯童年孰二十一史弱冠中康熙舉人授四川
蘆山知縣單車赴任微服入境詢知小民貿易者日輸錢於
官歲致千金即諭免之民楊姓者居廬產久爲豪右所奪時
遠追給其主有劇盜數千盤踞山谷爲商旅害時遠設方畧
率吏民補治之有高楊兩土司毆死縣民時遠擒殺無赦苗
長恐使人三餽時遠三反之土司有女酋者違制造五鳳樓
檄時遠往勘將抵罪女酋俯伏道謁時遠厲聲詰之曰劍非
供奉
聖牌何敢僭妄至此酋愉意輒先馳去其至則
萬歲牌在焉時遠白其愚無知請釋之蘆山建祠以祀擢成都知
府未任以病乞休囊橐蕭然留滞者久之附友人便舟以歸
家居十餘年敝屋數椽風雪中手一編吟詠不輟子鳳起諸

生一統志章學誠湖北通志檢存稿邵志
談必泰字子開康熙舉人授湖南靖州學正修建學宮課諸
生嚴靖州邊蠻繆衝峒苗數出劫掠知州王鳴琦議立關峒
口設兵防恐激變必泰往諭苗皆羅拜請服遂罷戍民害以
除靖民有趙聯會者妻鄧氏歸鄧時趙已臥病鄧侍湯藥三
月趙卒鄧自經以殉越三十年趙鄧無爲後者必泰詳請旌
牒六七上始如所詳並徵詩文刻以傳之以老歸卒所著有
謙齋制藝焚餘詩集十數卷子有經增生有典舉人自有傳
有謨諸生邵志新纂
呂璜字麗南康熙舉人執親喪與兄璧食粥寢苦者三年任
漢陽府黃陂教諭先行後文課諸生嚴立二程脅臺書院教
條學者宗之乞歸卒邵志

周士鋐字應如康熙舉人任德安府應城訓導貧士執脩脯
來謁者卻之月課士於明倫堂典衣具餐有丁艾二姓女孤
貧守節士鋐不時周䘏之爲請
旌表致仕歸子世冲諸生邵志
孟人吉字翼仲順治拔貢任河南泌陽知縣興利除弊尤善
聽斷盜發明大學士焦芳冢攫其頭顱去捕盜莫獲吉書姓
氏立杓銅盆祝卜所指夜半杓倒擊盆有聲燭之杓指季姓
三試皆然乃諜知棗陽有季姓者掘榆皮常來此捕而詰之
夜半人吉於燭光中作迎送焦芳狀季驚悸乃稱父患頭風
須貴人頭骨療治所掘焦頭尚存其半取驗恰合獄始定又
佃民陳姓與田主同阜畜牛虎傷其一田主指生者爲己牛
致訟人吉令牽牛至諭以入官犒軍先令佃招牛屠佃逡巡

不應命轉以令田主唯而起屠至人吉笑曰吾姑試耳牛屬
佃不屬汝矣擢北城兵馬司正指揮方捕奸細東城獲暗道
人胸挂布旛書出遊來歷嚴訊無狀都憲委人吉勘人吉憶
方書喑啞者無嚏乃燒牙皁吹試道人鼻鼻嚏詰之道人
乃吐詞推鞫果西域細作遷戶部主事卒子東偏歲貢生邵志
張稷謨字汝穀康熙歲貢考授知縣任雲南順寧府通判遷
黑鹽井提舉司清釐弊村私竇遠包苴軫䘏竈丁飭諭商戶
便民足課上下悅服子應翥歲貢生應說貢生荆門州學正
孫世安諸生世治廩膳生邵志
蕭本奎雍正拔貢授直隸州州判揀發雲南授東川府經歷
駐巧家營地在東川西百餘里極邊界苗疆難治所轄涼山
谿峒險遠野苗負固數擾居民行旅乾隆四年雲南貴州四

川三省議合兵圍剿府檄至本奎恐重兵激變請先行勸諭視彼從違爲我進退乃單騎領吏役能譯苗語者二人入深箐集峒酋二十餘人諭以利害酋衆羅拜請服遂率之來營詳請改土歸流不勞一卒而夷漢均安論功
賜緞二疋加軍功一級六年開金沙江當事議將一應薪米派民供給本奎詳請豁免從之又於營城設立文武義學延師訓課撥田資給膏火捐俸平治道塗民立祠祀之遷廣西陸川縣知縣引疾歸卒邵志

孟進字功可善屬文工詩康熙歲貢授長沙府訓導振興學校聲名藉甚解組歸年八十六卒邵志

柳如權字傳世康熙舉人雍正十三年選湖南耒陽教諭捐俸制祭器課士不倦委護耒陽縣事瘞印土中以田宅契乞

印者厲色卻之而倉庫岸獄晝夜巡視不懈也新令謝至見印有土痕服其廉介卒於官士子無不流涕子二長奇雲同中癸巳武舉次奇勳諸生邵志

張元鈺字章侯康熙舉人雍正八年湖北巡撫王士俊薦其才引見
上諭知爲前廣西巡撫張謙子溫語褒嘉授貴州遵義府通判府舊有額稅元鈺併其羨悉解之上官知其廉遷正安州知州元鈺除供奉之派免雜貨之稅歲減去二千餘金案無留牘民苗悅服進台拱同知從征苗疾作卒於官論功廕一子濤入監讀書邵志

周有易字乾若康熙歲貢授湖南長沙縣訓導振興學校課士維嚴士論歸焉乞歸年九十餘卒子士渭諸生邵志

李正奇號思堂神三里人潛心濂洛關閩之學每有會心輒廢寢食簞瓢屢空宴如也著有四書廓如解思堂詩文制義雍正元年由
恩貢任鄖陽府竹溪教諭竹溪故僻邑正奇訓率有方士風丕變以繼母老乞養歸竹溪士子爲勒去思碑正奇奉母依依孺慕與修雍正通志考据詳確當道稱之年八十卒子師沆諸生孫友杜優貢生邵志

鄒祖嶧字望嶤康熙貢生授荊門州訓導勤於督課遷漢陽縣教諭振興文教學宮圮捐俸修葺任滿多士爭乞留之歷官二十一載乞歸卒子大倫大儀大俊俱諸生邵志

王漢字安章永二里人康熙拔貢旋舉副貢文名藉甚羔雁不絕雍正元年授宜昌府巴東教諭巴東故僻邑士習簡樸

漢訓飭有方士風丕變與修通志子植僑增廣生邵志

王涵字安敬永二里人好施與康熙四十七年夏麥無秋涵傾倉以濟之歲豐不責償也五十二年舉於鄉雍正初佃逋租數百涵憐其貧悉免之父老以行端尙義聞於縣知縣張慄舉鄉飲酒禮賓之七年布政使司徐鼎例試在籍舉人調入陝西充鄉試同考官涵以母老陳情得不赴授東湖教諭有知人鑑武生石金在家貧力學涵資養之使應文試金後充拔貢生廩生魯夢元耄而好學涵爲督課果獲鄉薦署歸州學正修三閭大夫祠墓先是學使凌如煥按部訪求屈氏後得其七十二代孫孤忠給祠生守祠墓久之復廢涵請於當道復給祠生使奉祀尋卒於任櫬歸焚香於道者數十里不絕子植經增廣生孫正國武生寶應汎把總邵志

王游字安麒康熙五十二年聯捷成進士除直隸阜城知縣民立碑祀其德直隸有賑務上官必檄游察舉之經調清苑經理京南一帶營田軍民安謐清苑地當孔道差使絡繹有踰例索夫馬者皆不應授大名知府以挪移款項詿吏議落職旋
命修理龍虎山上清宮三載告成乾隆二年補廣東肇慶府同知疑獄重案悉資判決署高州府事正己率屬百廢具興時越南歲飢華民在越者流入府境游悉資遣之所屬茂名縣有高涼登樓江口鄭山四堡上官令民墾荒納賦地瀕海田爲潮沙覆沒賦未蠲游力陳其弊免之移署高廉道旋署惠州府五年廣州佛山海水溢衝民田游汎粟減糶饑民安輯調署雷瓊道兼攝瓊州府事閩崖感二屬饑遂發倉運賑撫綏

倍至卒於道署官橐蕭然上官佽助之櫬始歸吏民送者數百里邵志

萬大受字君可監生宣力河工保授山陽縣內河主簿遷高郵州同知興利除害殫心綏理州俗産女多不舉大受詳請嚴禁俗遂革人稱爲慈父總河陳鵬年薦之隨大學士張鵬翮散賑河南親按戶口里胥不能爲奸民沾實惠陞山盱通判以年老乞歸卒子一長松江南泰州西溪司巡檢邵志

吳傳政字拱辰雍正進士陝西知縣乾隆壬子充鄉試同考官所拔皆知名士與修陝西通志授城固知縣釐弊除奸興養立教卓有政聲以勞勩卒於官時年三十二邵志

朱澍字霖溥貢生竹溪訓導進諸生講道談經砥勵名節士習大振以親老乞歸卒邵志

蕭芝溥字蘭友貢生任湖南辰溪訓導辰溪地雜苗猺士習獷野芝溥進諸生諭以敦品勵學每季課試劾優劣諸生始知嚮學士風丕振歷攝瀘溪漵浦諸學事所至率以文行爲教引疾歸邵志

汪大醇字伯厚雍正進士任山西澤州府沁水知縣沁水瘠而當衝要醇下車修理城垣愼固關隘汰一切陋規愛民禮士人咸德之以母老乞養歸邵志

張日暄字暘谷康熙舉人授荆門州學正振興學校宏奬儒風以繼母憂歸士子送之數十里外依依不忍別起補應城教諭葺文廟建義學捐俸不足稱貸繼之諸生來謁者娓娓勸學終日不倦致仕歸樂黃陂魯臺風景遂寓居焉子之洛舉人孫邦棟進士邵志

張大隆字丹郁神五里人雍正進士授山東長青知縣調泰安弭盜摘奸强豪斂跡山石硉矹行人苦之大隆捐資鑿石開通至今道平如砥新纂

閔之鵠字靜菴靈四里人由歲貢授廣西雒容知縣調桂林遷鬱林知州有富民嫌壻家貧賂金三百乞離異之鵠讞令給壻金五百富民許之之鵠問當擇何壻對以千金之子之鵠曰此已具其半并前賂金三百吾如數足成之可擇吉送女于歸矣除知柳州府事數月卒於官新纂

孟世魁字希文乾隆武舉選山東濟寧衛千總調江南鎮海衛領運千總漕艘渡黃値大風舟幾覆世魁具衣冠祝禱風始平旋授四川守備擢重慶遊擊攝龍安參將時外委易駿者與啯嚕亂黨通世魁偵知之按以法軍民慴服移署漳臘

查倉儲糧額皆虛報檄三十七洞土司責以抗糧不十日而畢輸遷建昌遊擊兼攝會川參將廉介自持寮屬無敢干以私平金畬亂有功以父喪歸不復出年七十九卒（新纂）

閔育瑄字玉亭靈四里人任陝西安塞縣丞安塞枕山而城溪水漲溢育瑄率諸囚出囚感其恩無逸者遷富平旋攝縣事富平人多屠牛官禁之不止育瑄夜夢白首黃衣人伏地乞命明日道遇牛果符所夢詢牽牛者以屠對乃以金贖而畜之復親詣屠所多方勸諭後遂無屠牛者乞養歸卒（新纂）

張城字介藩神五里人乾隆拔貢有同年生蕭文選舉人趙鶴書沒於京城爲殯殮擕櫬歸昏夜迷路有火光突出林中同行者異之授河南直隸州州同值歲旱上官檄散賑開封陳州等處城案里編戶口除蠹役中飽全活者眾布政使姜

口口知其能以勤慎廉明興利除弊登上考未幾丁憂歸卒（新纂）

劉榮芬字芝田市二里人治詩經由副貢任德安府應山教諭以敦孝弟飭廉隅課士士風丕變致仕歸（新纂）

楊尚璸字他山神四里人乾隆舉人大挑一等授廣西來賓縣知縣縣苦旱甫下車禱求輒應在官三載廉潔有政聲（新纂）

陳中孚（字心畬）嘉慶六年進士改翰林院庶吉士七年散館授編修十三年授山西道監察御史十四年五月奏稱戶工兩部各庫向派兵丁巡邏值宿以重庫藏其該班之筆帖式庫使等員在庫值宿立法本爲周密無如日久弊生屢經奏辦偷竊案件總由該班等員品秩較卑易與兵丁串通滋弊實非詳慎辦公之道請令該庫郎中員外司庫各員案日值宿所有在庫兵丁由該員等實力稽查以杜包班頂替之弊

上允之七月奏言捐納人員各上司往往濫行薦舉如侵蝕賑銀之革員單福昌謀毒職官之革員王伸漢及已革知府王轂皆由捐納佐雜出身遞邀薦拔該員等不識詩書罔知大義不過以朘削民膏鑽營上官爲事請嗣後將濫行保薦之該管各上司照尋常濫保例加倍嚴議

諭曰國家登進用人原不能竟拘資格各直省州縣中由捐納出身者固有不肖之徒即正途出身各員其簠簋不飭逢迎大吏者亦不能保其必無全在該管各上司平日留心訪察秉公覈實必係循聲確著之員方予保薦庶可遴拔眞才若將夤緣鑽刺之劣員濫邀保薦一經發覺該上司處分定例綦嚴即如王轂王伸漢單福昌等之殘忍貪婪現在俱已審明定讞其該管

上司重者已革職遣戍輕者降黜示懲並未稍從寬假若因此追溯從前濫保之各上司查明倍加嚴議則未免過甚嗣後各督撫於薦舉各員惟當倍加慎重以保薦王伸漢等劣員爲戒倘再有似此濫保致干憲典者必將該上司從重懲治亦不在多設科條也八月轉掌山東道監察御史十二月疏言科場防弊各條一試差進呈名單宜禁止洩漏一各鄉試調派內簾宜加慎重一禁止闈員饋送士子以防傳遞之弊一隨帶家人書吏代爲士子夾帶宜嚴加搜檢一各省士子交通謄錄宜行申禁請飭令各督撫嚴禁並責成謄錄所官實力懲究

諭曰毎次考差外間即有如此傳聞及加以根究又不能確爲指實將憑何辦理嗣後閱卷大臣惟當守口如瓶各加愧勵倍加慎密以息物議有則痛改無則加勉以全朕用人之苦衷至於

外省調派內簾應用科甲出身人員聞各省士子往往有豫先拜謁交通關節之事該督撫等尤應慎選素行端方學問優長方行檄派毋得濫行調取致啟鑽營之端此外如鄉會試入闈各員於熟識士子致送薪水食物至號口接談代改詩文查取題目及隨帶家人書吏代爲夾帶交通謄錄找尋試卷諸弊皆應嚴行查禁嗣後著派出之知貢舉監臨及各省督撫等實力稽查有犯必懲以期仰副甄拔賢才之至意十五年遷兵科掌印給事中十八年授山西河東道二十年丁父憂二十二年服闋補浙江寧紹台道道光元年四月補福建臺灣道六月擢四川按察使十月調廣東按察使二年閏五月遷布政使六月調河南布政使十二月擢廣東巡撫三年因秋審人犯原擬情實經刑部改緩部議降一級調用

上加恩改爲降二級留任五年八月授漕運總督十一月奏言各省漕糧令旗丁由水次長運抵通溯自會通河成以後迄今數百年來凡河治之時漕無不治上年堰圩掣隄洪湖瀦蓄殆盡清口淤塞本年漕糧現雖悉數抵通實已大費周章所有來歲新漕除試行海運一百五十萬石外尚有二百四十餘萬石仍由河運前經兩江督臣琦善會同江南河臣嚴烺暨前署漕臣穆彰阿酌定提用本年首二進空船接運盤壩章程奏蒙

允准臣思海運僅可暫試盤壩亦屬權宜誠不若專循舊制設法蓄清敵黃俾禦壩早開庶運道通而漕可無阻抑臣更有請者漕宜速而先在恤丁力本年運河淺滯旗丁之倒貸折本矣盤壩拋散旗丁之耗米無餘矣重空住守多日現又不能歸次旗丁食用一切則無不浩繁矣臣愚以爲方今時事之艱鉅莫有大於此者必應通籌大局未可稍存遷就一時之見葢治河非專爲利運而利運必須治河年來堅守禦黃壩專爲治河而設然但議隄防未求疏濬通計全河利害口門不能宣暢恐他致虞已屬可暫而不可久即以漕務一端而論堅守禦黃壩在來年春夏之交則可倘秋間不開則漕務種種掣肘丁力日疲糜費滋甚實屬無從經理再查本年山東微湖啟放過多現僅存底水八尺餘寸該湖向來存水六尺即難外注以二尺餘寸之水運濟二百四五十萬石之糧其艱鉅情形不問可知亦宜先期籌備設法瀦蓄

諭曰來歲新漕除海運外尚有二百四十餘萬石提用首二進軍船接運此係一時權宜自不如仍循蓄清敵黃舊章俾禦壩早

開全漕無阻至堅守禦黃壩原爲治河前會降旨令琦善等會籌疏濬若但議隄防不求刷滌口門不能宣暢必致他虞著陳中孚商同琦善嚴烺趁此水落歸漕迅速相度機宜悉心妥議應如何設法疏濬俾河流通暢清水得以蓄足刷黃治河利漕漸復舊規該漕督等於艱阻之候力求救弊之方務須和衷商推計出萬全方爲不負委任六年七月調署山東巡撫十一月卒

諭曰署理山東巡撫漕運總督陳中孚嘉慶年間由翰林科道外用道員經厯擢授巡撫漕督並命署理山東巡撫辦事實心克勤厥職伊年力尚強方資倚畀茲因病溘逝殊堪軫惜著照例賜卹所有任內一切去分悉予開復應得卹典該部察例具奏

尋

賜祭葬國史臣工列傳

陳中履字素初神四里人爲文鯨鏗美麗九試冠軍嘉慶拔
貢
廷試一等除知縣改教諭借補襄陽縣訓導蒞任十年修文廟
興學校百廢俱舉時白蓮教匪甫平士之染舊污者膘以文
仍詞其實而理之士風肅然召秀異者勗以經世之學大學
士鼂文恪懋謙兄弟皆當時高才生也大計保薦卓異候陞
子用珩舉人江蘇無錫縣知縣用瑞歲貢用瑀天文生用璪
監生新纂

袁紹安字稚山靈二里人嘉慶進士授内閣中書遷刑部主
事嘗曰斷獄惟在於平情平情惟在於積學紹安總辦秋審
兼閱朝審節畧平反者不少陞員外郎嘉慶十四年恭逢

萬壽聖節紹安進上下平全韻詩三十章奉
旨嘉獎特賞大卷五絲緞二疋筆墨硯方紙各一事道光三年充
會試同考官薦拔得人如湯鵬等皆知名士以疾卒於官新纂

姜語曉字際喬永福鄉人五世祖愃進士父英歲貢自幼孤
露依祖母靖氏鞠養嘗主講壽昌書院語曉嘉慶成進士選
福建寧化知縣課士訓農與民興利未幾去任子二長逵次
遠孫統善合善敦善俱諸生新纂

柯潀相號沙隄靈三里人少凝重好學不苟訾笑家貧攻苦
幾廢寢食嘉慶舉於鄉高郵王尙書引之闈中得其卷再四
擊節歎其賅洽大挑借補荆州府松滋訓導以課最題保知
縣松滋濱水道光十一年楚大水荆州七邑被災者十室而
九知縣爲銅仁王某匿不以聞而以邑人所醵數千金全解
府接濟江陵冀以媚上潀相悲憤與之爭不得乃倡捐以風
邑之富者得粟數千餘石全活者萬人設粥廠城東必嘗食
然後給散自冬徂春就食者日益衆不可支有司積不能平
掣其肘晨夕憂勞以疾卒於官卒之日民相率哭於衢巷邑
有病狂者言適見騶從甚盛迎教官去矣新纂

張邦棟字松生符二里人祖日暄舉人歷官荆門州學正應
城縣教諭解組後寓居黄陂縣邦棟登進士任浙江嘉善知
縣甫下車創建魏唐書院一時登巍科擢高第者悉出其門
遷新昌修建
萬壽宫暨考棚並左右兩祠勸捐義渡義塚以濟行人澤枯骨值
歲饑捐廉助買穀二萬三千八百餘石自春徂秋照市價平
糶活人無算旋遷蕭山催山會協濟塘工以防水患及攝寧

海篆重濬回浦農田利賴上游悉倚重焉老乞歸著有惜陰
文藁行於世新纂

楊霖川字仲濟馬四里人嘉慶進士任山西寧鄉知縣遷平
遙陽曲所至有聲任陽曲時文水縣民與鄰邑爭汾河械鬭
勢甚洶洶兩縣令以叛聞大吏將臨以兵霖川請單騎諭之
旣至有發鎗擊者隸呼曰此楊青天也衆棄兵羅拜曰公活
我霖川爲區定其界而歸某甲產一子妻妾爭其所出事久
不決訟之官霖川坐明倫堂令某甲攜妻妾至飭役縛其子
投泮池妾倉皇往救其妻尙逡巡也判爲妾子衆服其神遷
忻州知州進朔平知府調太平護冀寧道篆卒於官著有金
陰書屋詩文集子梓河南巡檢新纂

陳用珩字行玉神四里人嘉慶舉人大挑分發江蘇知縣歷

署鎮洋新陽震澤吳江青浦等縣事疊辦賑務彌補前令鉅
虧總督陶文毅澍以勤慎安詳稱之授無錫知縣挑濬徙陽
運河賠累鉅萬在任五年畱心撫字戢豪强捕積猾釐剔歛
糧鞫結積案捐廟學橋梁歲修經費增書院月課膏火移江
都乞養歸遂不復出年七十有五卒子滙之淦之俱候選訓
導孫協棻與山教諭協楨鹽經歷協樫舉人大挑分發江蘇
知縣行署

魏瑛原名興鑑字德成市一里人嘉慶副貢攝廣濟教諭捐
俸修葺學宮有某生因事株累知縣擬坐以罪瑛爲白其寃
歷署襄陽隨州安陸諸府學事所至卒巳課士勤於其職(新纂)

朱俊本名時俊字見三馬六里人父盛銓諸生俊中道光舉
人選荆州府監利教諭咸豐初賊擾監利俊公服坐明倫堂

賊至叱之出俊詫曰此吾地也吾死亦當在此汝宜出顧欲
吾出耶賊以爲迂笑而去之致仕歸(王志稿)

余雲龍字漢溪神五里人咸豐初粵賊上竄省城再陷雲龍
起閭里集百數十人投武昌府知府多山及省城三陷巡撫
陶恩培多山並死之雲龍衆無所依乃鵰勦武昌大冶咸甯
蒲圻山中偵賊擾鄉村出不意撲之獻馘大營得賞需以犒
衆除獲賊所擄掠外鄉民亦樂以壺漿餉之六年巡撫胡林
翼及羅李蔣軍圍賊省城苦賊陰出擄掠接濟不能斷王主
事家壁時在林翼軍薦雲龍可用林翼令集三百人守白楊
橋斷賊接濟有短之者時楊總兵載福方督水師乃掉舢板
至其處知雲龍所守近二十里許乃拊其衆曰我亦自徽弁
起好助汝營主出力將舉用汝曹也衆益奮言於林翼益嘉

賚之省城三復林翼令集五百人隨按察使李續賓軍攻九
江九江克復犒師楊呼曰孰先登衆曰某旗雲龍曰同時登
也楊拊之曰前後左右皆湘軍君以一營立衆中衆不忌不
易也九江未復時嘗奉令助張家塝軍時塝軍方與賊戰不
勝將退雲龍軍從麓出大呼自九江來前軍返旆夾擊之大
勝三河之役雲龍方養病桐城潰軍上賊且尾之雲龍力疾
起遮總督官文奏起復胡林翼及李續宜收集潰軍於黃州
雲龍軍獨完賊謀襲續宜營林翼令副將張及雲龍截於路
張先期敗雲龍力疾後至轉勝奪所失還張營謁林翼拒不
見歸營嘔血卧張營勇白於林翼曰余軍救我林翼乃撝人
復登雲龍牀拊之且曰吾幾失君雲龍起謝及賊退雲龍謝
病歸十年二月卒於家林翼厚賻之雲龍治軍常紮前敵登

城每卒先嘗曰後隊衆易懈脫有失人不知前敵衆知警懼
易約束且衆營屬耳目焉設有危急衆必救之人問駐營能
不擾何也曰軍行例有長夫銀駐營或可節郎以所節市薪
炭供造飯則軍士不至伐人樹木撤人屋矣故其所駐守民
皆安之積功至參將加副將銜弟炳章從九品死桐城之戰
卹給世職如例無子以雲龍子爲子襲職(新纂)

江得勝字朗齋永一里人咸豐初粵逆下竄集壯士與賊野
戰於武漢間多所擒獲旋敗賊於省城外塘角知府多山登
陴見之招入城令成軍城陷按察使李孟羣招爲前隊旋隸
總督官文軍戰輒捷賊憚之以功累保都司賞花翎加游擊
銜駐軍沙沔蔡甸間知縣林之華請畱駐縣城數年資保障
焉復從甘肅軍有功遷協鎮賞給勇號年六十卒於家(新纂)

馬承恩永一里人以武生從江得勝軍巡撫胡林翼保給五
品藍翎率隊攻剿累有斬獲將軍多隆阿奇其能累保至副
將賞換花翎自統一軍歷著戰績大學士曾國藩保陞總兵
積勞成疾乞歸卒於家新纂
王家璧字孝鳳市二里人道光二十四年進士授兵部職方
司主事咸豐初粵匪犯湖北家璧爲少卿雷以諴畫江防扼
要策以諴奏上之復丁母憂歸率鄉里集資餉軍侍郎曾國
藩巡撫胡林翼皆倚重之先後保以郎中用加四品銜同治
二年從國藩軍安徽多所贊畫國藩疏薦以五品京堂候補
疏言廣東巡撫蔣益澧吏事是其所短將畧是其所長侍衛
陳國瑞鷙將也可練軍禦賊後兩人皆如其言又奏密籌根
本重計得

旨嘉納從少卿左宗棠軍直隸委辦南皮東光寧津慶雲諸縣團
練宗棠累疏薦以四品京堂補用復從宗棠入陝甘主講關
中書院關中漢回雜處動輒滋事家璧集陝甘人士與回之
嚮學者日宣威德諭以邪正順逆剴切講誦弗少輟回之在
城中者無與賊通尋擢太常寺少卿十年轉大理寺少卿回
京供職見天津饑民就食者衆奏請以己俸助賑疏言疏黃
濟運一時之見圖墾田近畿萬世之長策南漕歲四百萬石
如畿輔有二萬頃田即敷所運請
旨試行御史吳可讀疏劾提督成祿被議家璧奏其措詞激切出
於公憤請
曲示包容又疏舉立功後退處諸臣曾國荃蔣益澧楊岳斌等光
緒元年與議海防家璧言制敵以人不以器兼用西法無專
恃西法水雷三層兵輪船鐵甲船蚊子船舉無事購造以杜
浮冒之門而留急需之餉第就我所能辦之礮臺輪船洋槍
洋礮參以常用之艇船舢板快蟹長龍劈山礮子母礮鳥槍
刀矛及易得之銅鐵礮勤加訓練水陸互援即足以固江海
之防且敵所畏者民心我所恃者亦民心機器之出愈奇民
或逐彼淫巧慮非本計之得者二年補順天府丞三年調
奉天兼學政以奉天自將軍崇實撫綏後漸就乂安吉林黑
龍江與奉天脣齒相依宜加意籌畫揀金徒衆非重兵控馭
恩威並用未易化莠爲良又以黑龍江自金徒馬賊游民習
於鬬狠宜增設學校弭患未然五年以事降級七年補鴻臚
寺少卿轉光祿寺八年疏言聖學以正心誠意爲本此言雖
簡其施甚大年七十疾卒家璧生有至性艱苦困阨無所避

父芝興爲人搆陷成獄戍雲南家璧甫齠年牽衣請隨行父
不許父去志雪父冤奮勉爲學成名後兩次裹糧萬里覲父
後父以赦歸家璧感
恩泣下思竭忠讜以報凡所陳畫皆切時宜不爲權譎功利之說
著有狄雲行館偶刊詩文集又有周易集注洪範通易說老
子注南華經注奏議雜文各稿子二長世驤員外郎銜工部
主事次世嶟翰林院待詔新纂
石志咸號滭山馬四里人道光舉人主講壽昌書院同治十
年大挑攝江西萍鄉知縣性剛直不畏權貴折獄必以情甫
兩月卒於官新纂
賀錫朋字葆丞靈一里人由附貢署均州學正咸豐四年湖
南巡撫駱秉章檄監造船礮軍械保陞知縣平貴州銅仁苗

有功加知州銜攝興寗知縣興寗苗峒雜處地當豫粵之衝素號難治錫朋除積匪興學校修葺城池粵匪犯境募勇進勦獲匪首三人匪衆潰僞翼王石達開上窺陷諸郡邑逼興寗錫朋集鄉團部署各軍數戰皆捷援至乘勝斬馘尤多歲疫請蠲緩上官不許乞歸總督張亮基奏准調援川軍克敘州論功進同知直隸州攝湖南桂東知縣多決疑獄郴州知縣郭某勒民捐米幾激變錫朋單騎往諭之擢知府乞養歸卒子義正羅田教諭義明義英俱諸生新纂

賀錫珍字聘臣靈一里人道光拔貢署漢陽府訓導補內閣中書授安徽太平府同知值兵燹後撫恤瘡痍賑荒勸農百廢具舉民立主祀之攝太平知府護理徽寗池太廣兵備道篆調徽州同知所至汰陋規凡有義舉捐俸成之卒於官著有紫薇仙館詩集子義符諸生新纂

武昌縣志卷十六終

武昌縣志卷十七

人物忠義

晉

郭察武昌人永嘉中爲安成太守時盜梁沈寇破零桂諸郡進逼安成察力戰死之江西通志案晉書隱逸傳郭翻父察安成太守又詳兵事

明

邢位洪武元年充荊州衛軍克朵石太平溧陽溧水鎮江堂州等處屢建奇功斬獲甚衆三年征川西與賊接戰力竭陣亡世襲百戶邢氏譜

李琥本名道蓮字崇儒洪鄉白蓮堡人生而穎毅宣德間由貢案邵志作歲貢熊志無歲字李氏譜作宣德九年選貢授左軍都督府都事正統乙巳土木之變隨駕北狩職索館扞牧圉日侍左右冰天氈蓐備經艱苦矢志不渝卒死其難案康熙府志後略鍾劉之難以身殉之熊志亦云天順初追錄其忠崇祀忠臣祠廕子漢入監琥娶永清典史周縉女生子六人伯寬伯和伯全伯良伯達伯吉漢卽伯寬字欽厚仕至趙州知州一統志王志稿

周琳字尙貢武昌人父縉永清縣典史燕兵起縉佩印南奔糾義旅勤王事泄械赴京師得末減謫戍興州生二子琨琋將家焉後大發兵入沙漠縉名在征調中遺書與子議一人代戍兄瓛弟珣瑀爭往琳曰兄老矣弟未有子我當往竟代父還是年戰死鷂兒嶺文人汪姓者收其骨葬之妻何氏誓死撫二子溥滋成立一統志康熙湖廣通志

吳玆案康熙府志邵志嘉慶通志俱作玆明訛懷宗時由椽吏爲山東黃縣典史崇禎五年李九成等陷城死之乾隆四十一年

予祀忠義祠一統志、勝朝殉節諸臣錄　邵志　案勝朝殉節諸臣錄乾隆四十一年將建文時及明季殉節諸臣分別專謚通謚令所在案式成造木牌填書某官姓名謚字懸諸忠義祠內其有後裔願於祠墓自立碑者聽

劉承漢字心五爲諸生三十年居恆以忠藎自許崇禎十六年獻賊陷武昌入湖至東港執之令跪厲聲叱曰鼠輩我豈拜汝哉賊怒截其舌卽噀血唾賊面扼吭而死乾隆四十一年

予祀忠義祠　欽定古今圖書集成忠烈部名臣列傳　勝朝殉節諸臣錄

程天一諸生崇禎十六年獻忠破黃州五月五日遂渡江陷武昌居之蘄黃等二十一州悉附於是白雲寨長易道三監軍道王蹟洒陽知州章曠武昌生員程天一起兵討賊蘄黃漢陽三州府皆返正　明史流賊傳

李藎臣武昌人贛州知府周華次子遇賊死之妻熊氏亦自

武昌縣志卷十七　忠義　二

縊乾隆四十一年

予祀忠義祠熊氏入明史列女傳　勝朝殉節諸臣錄

王起元字長入明諸生處士振宇長子其弟起孝亦諸生起元英毅能文孝友直方有鄉望明季遭流賊亂全家避湖中賊入湖見起元兄弟狀貌知非庸人欲生降之起元握拳叱曰吾不能爲國家殺賊恐從賊耶賊怒毒仗之起孝願代賊不許起元體無完膚罵不絕口死三子同時遇害起孝亦不降賊仗之氣絕半日賊去復蘇　王志稿

吳孟長馬七里人有弟七人正宸君水復雅如駒如陵士昌士樸皆以氣絕重崇禎末寇起孟長兄弟相謂曰大丈夫生當報國寧能苟活耶遂散貲練勇爲備適知縣兵敗孟長轉戰陷賊中君水復雅來援被執猶取囊中石擊之罵不絕口時死者數十人正宸如駒持監軍檄促柯姓勇會勦時柯姓方襲士卒賊突至正宸與接戰柯勇潰正宸如駒死之乙酉闖賊肆掠士昌偕如陵如樸率眾堵禦戰捷賊復由保安來襲士昌偵知之乃折橋水漲賊不前遂退詰朝賊巡哨至鄉兵追之士昌爲後援及黃龍橋賊齊至士昌力戰殺賊無數知眾寡不敵與如陵士樸投水死　新纂

邵邦淋洪一里人明戶部郎中珪孫崇禎末土寇呂聚眾掠鄉閭邦淋結團自固一日率勇百數十人與賊遇賊卻退邦淋率眾追至大冶縣白雉山下賊窘甚反戈格鬭遂遇害眾哀其死義爲奪屍斂之葬於尹家窩　新纂

張錦還馬四里人性亢直膽畧過人崇禎十年攜其孫齡度肄業龍泉寺寺僧精技勇齡度從之學劍是年馬蹟鄉土賊

武昌縣志卷十七　忠義　三

李華起峽山索糧於張錦還義不附堅持不與且約期相鬭賊僞許之乘不備先期至錦還與齡度皆遇害後數月兵備副使包鳳起及知縣鄒逢吉勦平之　新纂

柳啟銘字開先明季由武生累官至嶺南都司乙酉殉節死　新纂

陳廷璽諸生侃直英偉頗嫻謀畧應本省撫軍募授左營守備非所好也供職十餘年數著勞績以老疾告歸值闖獻縱橫每撫膺自歎曰膂力既衰不能爲國家殺賊上報恩遇奈何迄京師失守痛哭數日不食子弟爲勸餐乃間進一溢米尋聞

國朝定鼎乃泣歎曰天下自茲定顧予前代遺老不復能爲大平民矣遂絕粒死聞者悲之子世德諸生果毅有父風順治

閶知縣張春枝承檄捕盜世德爲賛畫之盜以寢息王志稿
賀昌明字宸極諸生磊落奇偉以忠義自許崇禎十六年夏
獻賊陷武昌聞其名徵之昌明自設靈輀於堂走匿山間得
免甲申三月闖賊破京師痛莊烈帝殉國乃散家貲爲設主
哭奠遠近聞而相赴弔哭臨者萬餘人昌明披麻執杖如喪
考妣遂發狂疾卒一統志 邵志
張士璜字毓靈神山鄉人崇禎癸酉武舉官都司從戍四川
以戰功陞安慶參將以疾歸及明鼎革士璜自病中聞之遽
起擐甲冑執大刀雲揮風舞如臨大敵自堂徂庭莫之敢攖
大聲疾呼牆壁爲震撼俄棄刀立命其子準爲僧竟以憤卒
王志稿
蕭曠武昌諸生爲劉承胤坐營參將何騰蛟題爲總兵官管

黎平參將事
國朝順治四年大兵攻黎平承胤降令降將陳友龍招曠曠不
從已而城破死之友龍遂盡刦騰蛟眷屬以去乾隆四十一
年
予諡忠愍明史何騰蛟傳 勝朝殉節諸臣錄
萬新宇明水師營把總崇禎十六年流寇張獻忠自襄陽東
竄撫軍先期分布水師防護大江南岸新宇隨營領兵一隊
駐邑東大橋迄獻賊屠滅鄂城據省僭號令賊黨徇屬縣至
武昌羣賊蟻趍江岸牛集五丈港口新宇領隊力拒而衆寡
不敵官兵戰死畧盡新宇知勢不可爲躍入橋下死賊衆遂
入東闕殺掠一空而去時新宇妻田氏避兵神山鄉母家子
泰交方三歲聞夫殉難攜其子奔赴橋邊號呼求其尸越兩

晝夜浮起面色如生刀猶在手觀者驚歎以爲義勇貞誠所
感乃殮葬於樊山萬氏祖塋側孫永祜年清俱監生曾孫錦
元邵志
國朝
劉日襄字放雲案復祉姓氏錄字天孫 髫齡能文順治初由歲貢授廣
西賓州知州賓固嚴疆控扼諸蠻洞九年日襄治賓方一載
撫降猺酋格錄十八寨土寇來攻詰者問計何出答曰吾知
城亡與亡而已城陷不屈死事
聞贈廣西布政司右參議
賜祭一壇廕子先蕙入監祀忠義祠先蕙以廕監考授山西徐溝
知縣嘉慶六年補給恩騎尉世職邵志 嘉慶通志 廣西通志
柯啓智靈溪鄉人順治五年知縣鹿兆圖親詣鄉撫集招墾

至江家里巷土寇起圍至圖兆圖啓智率壯士急馳入大呼
曰勿傷我賢父母力擊破其衆且焚巢穴殲賊酋餘遁去兆
圖贈以額曰兩朝遺老後任張中選表其閭曰擊鼓崇德兩
扁尚存新纂
柯隆請字德祈靈四里人髫齡多力十歲隨族人賈於鄖陽
遂不復家居長而狀貌魁奇益武勇自喜酒酣耳熱輒弄刀
槊好道他人不平事性落拓不事生產游陝西鎮安縣會白
蓮賊起郡邑震動所過皆遭俘掠隆請募鄉勇千餘人約束
而訓練之屢伺賊隙尾追截擊凡數戰皆勝獲其魁數人獻
之官給以軍功七品頂戴尋以外委拔補追賊次於摸溝賊
乘夜襲之遂遇害年二十七無子賊退族人跡其尸葬之摸
溝刻石以誌焉柯茂枝德祈公傳

孟光虎字桓士武昌人勇力絶倫咸豐初從軍江南手持鐵杖長八尺嘗匹馬陷陣當者皆靡軍中呼爲孟鐵杖積功至都司三年粤匪陷潁州光虎率兵偕知府陸希湜攻復之又敗賊於洄溜集平巨捻陳玉李士林擢署宿州游擊遷甘肅花馬池參將調攻烏江賊巢克之五年率兵駐香泉鎮由石跋河勦賊手刃三十餘人與都司王縉蔡家珍攻破駐馬河三壘陣亡事

聞贈卹如例安徽通志

賈銘字鼎卿武昌人咸豐三年粤匪圍六合銘以外委偕知縣溫紹原禦賊龍池敗之於南關斬首五十餘級四年領兵焚賊木簰於八卦洲復攻破九洑洲賊壘論功遷把總後從鮑超攻克安慶城先登進都司同治三年調攻三河銘以百

人陷陣馬蹶被擒誘之降不屈以刃脅之罵曰我生已辦死來矣誓不與梟獍同羣可趣殺我賊怒剜其腹罵益厲以其腸塞口銘且嚼且罵以沫唾其面一噴而死安徽通志

張葵起自戎行嘉慶五年陝西賊變葵督鄉勇屢戰勝賊銜之伏土穴中另股於河干誘戰陷於阱中力竭被擒賊授以僞職葵怒叱之曰取義成仁自足千古賊知不可奪臠割之罵不絶口數日死事

聞賜志士仁人扁額給雲騎尉世職孫邵樂承襲新纂

周文藻原名必昌字衮臣城南人由監生援例以衛千總候選任俠尚氣家故饒道光辛卯壬辰大水游至繼以大疫歲租不入又以牛種貸人累千餘金人不能償遂折券棄之家中落而氣不衰咸豐二年粤匪竄楚勢張甚文藻同弟必學集鄉丁投撫標助守禦十二月初四日省城陷文藻方率十餘人巡徼後府街遇賊與巷戰斃數人賊來益衆度勢不敵乃自刎未殊死賊攢刃戕之棄尸江水中必學同時遇害丁巳巡撫胡林翼爲請

卹得議給祭葬如例

予雲騎尉世職祀忠義孝弟祠子大經承襲王志稿

周郁文原名濂字藥農保用從九品衔生五歲而孤稍長事母劉恭謹母病篤郁文刲股肉和粥糜以進疾乃瘳咸豐六年冬粤逆下竄郁文投筆從戎適李忠武續賓督楚師余參將雲龍隸焉知郁文至使典軍事續賓率軍東下雲龍隨復九江潛太舒桐諸郡縣郁文著有勞績八年三河潰卒奔桐城雲龍方卧病郁文殉焉時十月十九日也巡撫胡文忠林

翼以聞於

朝得

恩旨照縣丞例議卹

予雲騎尉世職入祀忠義孝弟祠並附祀李忠武專祠妻張氏有賢聲聞訃慟幾絶卒以毁成疾後九月卒子大樹襲世職新纂

孟廷梅僎生篤學尚氣節與兄廷杞居省城筆耕自給咸豐二年城陷廷梅兄弟義不辱閉門泣曰我輩生平力學正在今日耳廷杞自經死廷梅率妻任氏子光烝光熊女四姑五姑同縊死新纂

夏開國求一里人通城縣汛把總咸豐三年粤逆上竄土匪羅甚仁聚衆蠢動開國率兵往勦至朗橋偵報匪勢已熾將外無援兵匪擁前攻撲兵勇不敵力竭陣亡事

聞褎
優郵如例并給雲騎尉世職子家順承襲新纂
張顯灝字若梁洪一里文童性友愛咸豐三年粵賊上竄掠
鄉里顯灝弟顯亮與賊遇被執欲刃之灝往救奪刀砍賊賊
以手格怒殺之身被九創至死罵不絕口妻張氏時避他村
聞變歸枕尸哭刀猶在側欲持以殉因救得免以姪應鏗爲
子敎之成立逾數年卒得
旌新纂
紀士澍靈三里張畫莊人咸豐三年十二月賊擾其鄉集衆
堵禦不敵被執不少屈賊怒殺之年七十八子文杰往救與
賊鬭被刃傷越十餘日死王志稿
朱立繁議叙從九品符石鄉長嶺人穀城縣教諭琢章子咸

豐五年集團禦賊賊至圍其宅將執之義不受辱自刎死賊
大掠其家貲去七年知縣林之華詳請
優郵新纂
張致中神山鄉人爲縣吏書咸豐三年粵賊陷城毁廨署致
中年已七十三矣急往科房護持册籍賊至罵賊不絕口賊
怒以刃交頸致中奮不顧身受創斃册籍賴之以存署知縣
林之華爲立傳並詳請
郵典子履謙新纂
江宗瀚洪道鄉人少遊四川任俠好武咸豐四年粵逆上竄
甯遠知府周東渠檄勇爲備稔宗瀚能命率鹽源縣勇爲前
隊得精鋭數百躬冒矢石毅然直前至白草坪四面皆賊衆
寡不敵猶手刃數賊力竭陣亡事

聞奉
旨准入忠義祠其妻柳氏殉焉新纂
江映青字序臣諸生市二里人倜儻好學有經世志咸豐十
一年詣江甯上統帥曾國荃書留營襄辦軍務累功保直隸
州知州時同縣諸生賀夢龍亦在軍中夢龍字小坪靈一里
人國荃並深器之以性情純謹智畧深沈列之剳章會江甯
城久不下軍書旁午映青夢龍皆以積勞卒國荃上其事奉
旨優郵如例夢龍妻胡氏矢志撫姪義溥爲嗣新纂
張占鼇同治初從軍陝西積功至總兵四年戰於金積堡身
受重創歿於陣事
聞加贈提督銜
賜祭葬給予世職祀昭忠祠新纂

鄔光烈吳明勝並從軍陝甘積功至參將同治間勦賊於甘
肅陣亡事
聞加贈副將銜郵銀六百兩給予世職祀昭忠祠新纂
潘承恩神二里人從軍江蘇積功至副將同治三年三月勦
賊至常州陣亡
贈總兵銜郵銀七百兩給予世職祀昭忠祠新纂
閔學濬永一里人由武童從軍積功至都司同治六年防堵
舊口永灃河蘭溪蘄水等處髮捻竄至分兵戰守衆寡不敵
陣亡同時有楊國榜永二里人以軍功保至把總是年勦賊
至孝感縣之東陽岡力戰死湖廣總督李鴻章並上其事奉
旨優郵有差給予世職新纂
駱國賓號步陞賢一里人嚴連陞縣市人從軍伊犁國賓積

功至知縣加五品銜賞戴藍翎連陞累保花翎守備光緒二
年進勦瑪納斯連陞身先士卒執旗以登受重創顛遂殞國
賓力衛鋒賊潰追至乾河風沙障天賊乘勢轉戰國賓中礮
洞背卒事
聞並
賜䘏銀入祀昭忠祠給予世職新纂
邵希煒累功保藍翎千總同治五年在安徽鳳臺縣斜石山
因公溺斃
詔給䘏銀二百兩贈守禦所千總銜予世職湖北忠義錄新纂
張輝和市三里人咸豐四年積勞保軍功八年參將余雲龍
檄守桐城會三河卒潰雲龍禦之賊麕集輝和困陣中猶殺
數賊創甚僕地彊起拔短兵接仗力竭陣亡弟輝書往收其

遺骸歸葬白龍池側附祀懷忠祠新纂
包萬年永三里人充本邑城守營守兵駐防趙家磯塘汛咸
豐三年冬粵逆竄踞黃州城守方寅山遣萬年偵探屢冒危
險十二月二十四日賊設卡巴鋪萬年陷入被縛賊以火灼
手指至焦不少屈歷兩晝夜罵不輟二十六日賊怒殺之而
懸其首居人潛瘞之時年三十九新纂
朱萬章縣市太平橋人灌園爲生咸豐三年正月初五日在
城遇賊强之迸行囊萬章曰我是
大清百姓豈爲逆賊服役耶賊以刀背砍之遂罵不絕口死王志稿
鄒明海金牛鎮人咸豐三年十月初一日賊由樊口竄金牛
鎮團團練局明海時爲鄉勇出禦賊眾寡不敵力竭被賊攢
殺死之王志稿

楊世則縣市大西門人咸豐三年正月初四日在城遇賊賊
欲擄之去世則時年六十詬之曰吾老矣能白頭作賊乎賊
怒殺之王志稿
陳承蓉字會川精岐俞術咸豐十年粵賊竄縣境承蓉被禽
賊知其醫也優禮之承蓉罵曰賊汝以某爲何如人甯從犬
豺中覓生活者必速殺我賊憐之與之騎不受徒步奮罵不
絕口越十餘日至贛州卒不屈賊怒攢刃斷脰死死時兩目
忽張口中喃喃猶拳其手作撲賊狀無子王隆相云新纂
余炳章神山鄉人雲龍弟隨雲龍營專理營務兼著戰功或
以炳章勞宜上雲龍愕然曰此我眾之力也弟何能僅保從
九戊午三河之役潰卒奔桐城賊尾之而上雲龍起病中率
眾追勦方力戰炳章陷陣中殉焉事

聞賜䘏給世襲如例炳章無子以雲龍子爲子承襲新纂
邵本機市一八咸豐二年粵匪竄境擄至巴河罵賊被殺新纂
劉先楷洪一八咸豐三年粵匪陷武昌被執不屈遇害新纂
粵捻之亂被難捐軀者何可勝紀其載於節義錄各府州縣
志及得自采訪無事實可記者藍棻志之咸豐七年陣亡官
紳於縣屬有把總李克怡傷重歿於營次者藍翎把總程正
鳳八年於桐城有外委談運華曹正乾濟長林舒德太廖長
勝張正林六品軍功吳高發十一年於黃梅有軍功殷邦明
同治元年於陜西興安有四品封職余輝遠於安徽有把總
杜開玉外委嚴德穩於省城有外委程先林三年於桐城有
藍翎把總金勝廷守備毛鴻安神二里人於甘肅有武生趙
楊斌神五里人五年於黃岡有把總彭良弼七年於甘肅有

游擊劉宏發魯開貴千總劉春和周德勝藍翎把總廖立成
於黃梅有都司胡啟文於陝西有千總吳佐友九年於懷遠
有千總余炳元於山東有千總胥恩銘光緒元年於甘肅有
外委譚春華二年於綏來有參將廖祖綿副將廖全盛三年
於陝西遇害者有監生余高照陣亡勇丁則有楊洪太吳海
映侯長升呂興於咸豐四年陣亡於縣屬五年於蘄州有張
同興晏大樹於江夏有劉正興六年於漢陽有陳才大范大
張克太王之濱劉小南吳藻並子明善於縣屬有廖光德曾
道生謝占鼇七年於光化有胡安倫何道寶周宗泉朱明意
陳文海於蘄州有呂文英一云姓吳八年於桐城有王有餘方萬
勝張紹雄楊文富蘇占鼇鄭全盛李大才江大勝余家樂張
全大劉啟發逢年玉萬興勝柯大貴王仁傑謝得志郭正魁

陳福元方正大鄧得勝蔡成忠蔡忠元一云姓蕭王義興沈興發
謝興太陳正旅熊金彪周祥太盧道貴李四保許長林於三
河有李德友十一年於安徽有左克儉閔學珠於興國州有
王祥勝盛世佐吳德楊芝龍江永升江之恬於蘄水有王萬
青於縣屬有劉連泉同治元年於安陸府有馬連升高永勝
鄭文友吳得勝高雨清余清慍陳君波二年於陝西有嚴太
順喻達陞陳啟發於潁西有李勝發於麻城有廖長福於廣
濟有鍾有望牛萬勝駱得勝於蘄水有陳延萬三年於麻城
有毛紹彩朱元龍於廣濟有葉洪發熊福太劉得訓於安陸
府有胡興發於黃岡有胡學忠周占元於蘄水有吳志漢周
粟清李克有張大興辛才元徐有興於襄陽有盛國林吳本
祥徐克默傅興發劉德茂張復興於河南有宋可均徐廷美

於江南有尤文相於鄧州有雷素山劉世清則亡其地四年
於黃岡有劉元祥五年於天門有華萬鎰袁國華姜成美宋
正雄陳九如金玉山王峯疊杜昆明六年於陝西有楊新虎
於興平有趙錫慶又有張貴富亦亡其地七年於潁州府有
陳玉升九年於金積堡有楊壽齡趙德順十年於甘肅有樊
正元十一年於靖邊縣有蘇東興又有丁克昌劉成禮則同
治間陣亡於徐州者也殉難民人咸豐二年在省城者有尹
大富胡明安孟義善縣市人沈開茂洪道鄉人鄒逢寅馬蹟
鄉人劉俊泰及其弟俊鎔神四里人三年有余上香符三里
人鄒禱金牛鎮人胡道大陳開口嚴延福易士薪葉肇祥陳
萬春程輝福一姓南方明洪並縣市人周光藻趙大流文童李
錫璜李正穀並洪道鄉人皆遇賊不屈死四年於大冶有夏

兆北於沔陽有熊昌德於縣境有衛國發於黃岡有衛國和
市二里人五年於沔陽有徐光家徐義文於江夏有胡光盛
孫世錡永福鄉人又有賣藥人不知其姓名賊疑為偵探亦
遇害十一年於縣屬有何有和縣市人陳恒春靈溪鄉人湯
大敘永福鄉人同治三年於鄖西有劉立奎劉立鈞並子雙
貴成繼其他省外縣在縣屬與難者咸豐三年郭總兵仁布
駐縣城西北郎亭山與賊對仗眾寡不敵死者二十餘人亡
其姓名惟有勇丁張姓亡其名又有楊立海及楊亡其名並大冶
縣人四年有呂發興佐山協營人高定魁黃岡人六年有劉
光炳黃岡人又有把總晏光明湖南湘潭人十一年有劉興
樹大冶人又有荊州藍翎守備黃家驥鍾祥人新纂

武昌縣志卷十七

武昌縣志卷十八

人物志　孝友

宋

邵公侃字德和應豹曾孫年十四舉茂異由明經任四川播州學正解組歸喜施與樂恬靜性友愛居恆與諸兄弟飲酒賦詩寢則共被出則並轡優游數十年伯仲俱登上壽子二萍生明經詔署本縣學事次臺生薦辟任福建安溪縣知縣邵氏譜

元

胡亨政字端叔五歲喪父七歲喪母值世亂零丁孤苦險阻備嘗元定鼎後追感哭奠廬墓終喪當事舉孝廉以疾辭熊志

明

吳綬武昌人父喪廬墓虎至不爲害景泰中旌表康熙湖廣通志

陳璽字子珍持身耿介有古人風居近學宮從遊者衆母王遘疾焚香祝天割股以進疾遂瘳由成化歲貢授棠化經歷有政聲卒於官江南巡撫汪元錫侍父璽宰縣時偕姪汝生受業於其門孫繼芳字世爵事母孝由嘉靖歲貢授遂溪縣主簿恥有司屈折就荆王府教授繼芳子善諸生熊志邵志

李相字樊濱嘉靖附監生少孤力學前母兄四人相任南直隸清河縣丞祿入悉均之累舉鄉飲賓邵志

程忠昆保安鎮人八歲喪父母薛苦節撫忠昆及長娶婦劉逆姑命出之遂孝養終身不復娶鄉人以母節子孝舉得旌熊志

孟道翼字高是太僕卿習孔長子少隨父任留心經世務及習孔倡同寺抗疏救楊漣忤魏璫歸遂不復出道翼由兩淮鹽運判晉光祿署正遂告歸侍養道翼次子見齊生習孔使妾之無子者師氏養之習孔年六十餘妾黃氏生道脈師氏愛見齊請以家產參分之道翼固辭曰是敎兒貪利而與叔父並尊也不可生母何早卒嫡母周字之如己子周故仕族中落不能自振道翼爲之置室廬完婚嫁凡所爲厚渭陽者不先令母知也母沒哀動鄰里人尤稱之撫幼弟道脈敎養兼至人無間言崇禎十一年副使包鳳起鎭武昌討峽山土賊李華居民多轉徙軍乏食道翼損貲爲倡且參贊方略賊以平十三年大饑且有譽道翼變產得三千金告糴荆襄與貧民約每月三六九日分赴崇文書院報恩寺寒溪寺散給之行之歲餘全活者甚衆及流賊破商固蘄黃得脫者多割

鼻斷手道翼尤憫而恤之十五年賜詔旌獎明亡自廢國朝順治四年卒庶母黃妻胡氏皆死節有傳子齊安澧州學正見齊歲貢生邵志王志稿

汪廷材字永案邵志作承用洪二里人諸生父濟字普濟景泰末大冶籍貢生官廣東肇慶知府廷材幼以孝聞愉色婉容必誠必信兄弟六人父歿廬墓三年母劉歿亦如之精誠所感白鹿案康熙湖廣通志作白兔誤游墓下墓旁有銀杏槁已久一朝生華知縣以狀聞崇祀孝子祠熊志

周混一字太涵事親孝旦夕必衣冠定省母孟沒號慟水漿不入口者七日歐血幾死爲諸生恭儉愼交遊口不言人過取與不苟子有受祁陽訓導有翼安廬兵備道副使邵志

柳寵字皇序神山鄉人父永清案原作父嘉甫考柳氏譜父永清字吉甫嘉甫則其伯父

也今改從之死於賊母李病寵方十三歲割股救母旣壯且艾母未食不敢食母未寢不敢寢事必跪稟然後行數十年如一日熊志

周之一字重儒少孤爲族人所淩以孝謹戰兢自持久之家禍解年十八補諸生侍母溫凊不少衰出入必告先母卒子有孚有世俱諸生有易長沙訓導熊志

胡懋學號二濵諸生母早歿繼母劉撫之如己出懋學事劉謹怡怡養志終身不少衰邵志

周士俊字宅三嗜學篤行口不言人過父有翼歿哀毀骨立未而月卒疾亟戒諸子曰余爲人子不能終三年喪愼無彩服殮我人咸哀之邵志

孟紹舉字達餘母病嘗糞居父喪哀毀盛暑不釋衰絰宿柩

側凡五年後舉明經未仕卒祀孝子祠熊志

柯春早字梅實諸生母卒每哭輒歐血數升竟以哀毀卒邵志

潘玉華字元素性至孝每讀論語至父母之年輒嗚咽流涕年十八母張得疾法在不治玉華寢食俱廢凡江黃間名醫無不爾足求之久不愈乃日夜籲天願以身代禱於夒衆間覺異香滿室似有神人告語者玉華心異之起而調藥以進沈痾頓起知縣陳治安以其事聞旌其閭曰仁孝全親江夏熊襄愍廷弼書額以贈曰冲齡至孝熊志

楊應元洪二里人性篤孝十三歲父模老且病值歲歉遂廢學嘗負米百里外以資奉養嫡母陳目瞽應元夜禮北斗蔬素二年母目忽明萬曆間署知縣以額旌其閭免其徭役居父喪哀毀骨立崇禎十三年奉母避亂山中賊猝至生母曾被害應元呼天搶地死而復甦者三嫡母歿廬墓三年邵志

國朝

孟光第字仲發父紹勳任袁州教授多隱德夜焚香祝天願生忠厚子不必富貴也光第生而岸異隆額豐耳甚愛之未幾父卒七歲就外傅母劉告以祝天事輒對書泣鄉人比之范顧稍長補諸生遵母訓誡唯謹族子有見侮侵者每割腴田宅讓之不與校嘗爲母吮疽禱以身代患尋瘳崇禎十六年爲左良玉軍所掠義不少屈賊壯之知其姓因問教授君狀答曰我卽孟中沙子也賊驚拜而去闖逆之變買舟避南湖尾及城陷渡絕光第挈妻子岸立解舟濟後奔者所活男婦無算里有余氏鬻子婦償逋者代贖券子之家人亦莫知後其人自言之光第反踧踖不自安若負愧狀著有必鏡錄問難崇引里人稱孝靜先生界舉鄉飲賓年八十有一卒崇

祀鄉賢子人吉有傳邵志

劉祖陶字思勳一字康衢甫成童補諸生繼伯父歲貢生又蕙爲嗣事生父帶蕙母楊竝以孝稱兒時遠官錢有缺祖陶鬻產助之有族人逋賦不能償以其田質金祖陶受田而別藏其租入三年并券歸之祖陶貌魁梧鬚長尺餘穎敏博覽經籍康熙壬午舉於鄉雍正甲辰會試明通當除官聞生母訃奔歸哀毀卒章學誠湖北通志檢存稿子光軫光斐俱諸生邵志

孟見齊一名耀祖字開東康熙歲貢考授訓導初見齊侍嫡母胡避流賊於大冶換絲橋胡外家也賊至胡與見齊相失賊得侍婢所持金珠窮搜得胡胡磨笄將自殺賊異其毅也持之不得死令治餁乃大罵誠殉節賊去見齊不食者已數

日尋得母尸伏草間嗚咽土人憐之爲貰棺以葬逮父道巽南遊還乃得改葬見齊爲文長於叙事情文相生觀者動色與從兄振祖先服齊名兄安齊府學歲貢澧州學正兄弟友愛無間言王志稿

姚黄字爾實順治歲貢祖文彧官金谿知縣父早逝母孟督課甚嚴黄誦讀不輟菽水養志舅氏彧憐而周之輒耳頳不敢受也年三十母卒卧甴至小祥齒髮脱落殆盡晚遘奇荒不出戸千人空領單卷以自老云熊志案領蓋衣之端卷蓋冠之武也音棬又小兒帽曰㡌亦音棬

夏克咸字子衢廩膳生父宗清河知縣克咸制行清粹工詩古文詞善書性至孝母病劇湯藥必親嘗衣衾穢濁躬爲澣濯並嘗糞以驗病勢籲天求代母疾果瘳年七十卒子宏靖

歲貢生宏壽諸生邵志

王之棟字端彌二歲而父歿又三年母病思鮮棗之棟匍匐林下求之不得忽羣鳥啄樹杪墮熟棗數顆拾歸奉母母食之病頓愈越四月而母歿之棟哀號絶粒殆斃旣葬時往墓旁泣廢寢食者數載祖母徐强攜之歸年十二應童子試至縣忽晨起念祖母束裝返遂不復應試凡寢膳問視疴養抑搔每爲諸父先祖母歿哀毁如喪母又以幼失父母方扞葬與新婦追三年服每祭必哭奠之叔祖涓鼎嘉其孝悲其懷才自廢令以例貢考授州同子益煇歲貢生益煌孫城俱諸生邵志

蔣世逵府學諸生父疾割股以進父歿廬墓三年世逵尊遘疾以母在戒妻劉殮以緇絰劉事姑亦以孝聞姑有疾侍湯藥至於嘗溺姑歿亦攜子廬墓側致哀慕馬子熉諸生邵志

汪一寗字坤先少孤舅奪母志及長迎母歸温凊定省出入必告母年逾九十猶健飯時一寗已七十三矣先母卒母年居百歲而歿一寗子廷秀諸生廷試廩膳生邵志

汪泌字長溪洪道鄉人父宗友歲貢生赴鄰村讌夜歸距家半里許燭滅適有虎當門嘯舉家失措泌獨持火出迎父歸迫歸虎始咆哮去偶在塾心動急歸適父來路於道扶歸得無恙居父喪時年五十三寢苫枕甴三年不脱衰絰不入内寢居繼母喪亦如之不敢以老廢禮督學吳家騏表其閭新纂

孟元周生七月而母歿祖母嚴撫之及長事祖父母與父以孝聞祖母老嬰篤疾者三年元周與妻伍氏晝夜扶持卒以壽終父歿哀毁事繼母朱先意承志朱前有子貧常有隱憂

元周爲置宅授室母心始安子鐸銑俱諸生鐸以父喪哀毁卒妻陳氏苦節事姑以孝聞新纂

周宏璧字武尊明孝子琳裔孫家貧廢學力耕以事親事繼母劉如所生繼母有前夫子二攜以來友愛無異同産夜有虎突至山村父母驚踣地虎磨牙將噬之宏璧急持梃奮擊虎騰墮水中父母逸虎旋起攫宏璧梃折乃徒搏之爲虎傷虎亦斃已父母以噬創不治相繼歿宏璧哀慟踰年亦卒邵志

光緒六年

旌新纂

蕭玉聲字輝山父良宏八品冠帶以醫致饒裕玉聲自幼婉順勤學後母易生子國珍父惑於讒逐玉聲及婦張氏出居於外不得持一錢菜色鶉衣非人所堪玉聲晨昏定省歲時

必偕入拜牀下父母或拒不與言言且呵之旁觀不能忍玉
聲夫婦安之怡然玉聲既補諸生仍傭書自給張紡績縫紉
佐之族戚每爲慨歎不平玉聲輒以爲不能得父母歡自引
咎國珍中康熙武舉玉聲夫婦入賀易大言曰吾兒英武未
可量何屑與腐儒等遽揮之出默然退已而國珍亡妻周亦
他適父歿家日貧易乃感悟命之同居數年玉聲卒子達兒
又天易老病且死婦張謹奉之以終邵志
吳立柱字俞立性至孝治家有法同居七世子孫百人道光
五年始析爨焉新纂
張文次符石鄉人性篤孝母患足痺文次侍湯藥常負之以
行母歿泣血三年未嘗見齒乾隆十八年捐八刀湖橋其宗
祠特置木主以祀之子維滄字淩傲事父以孝聞八刀湖橋

圯捐貲重修之孫本廪膳生邵志
金方琳馬一里人事繼母范婉順色養睦族恤鄰平爭息訟
里閈服之邵志
王周鼎字姬倩監生永福鄉人廪膳生起明子工詩文事親
孝弟盛羌知州渭鼎恩貢生酆皆極友愛性好施予遠邇老
稚多所賙恤乞匄叩門予之薪米無叱咤聲也子四泓溶俱
諸生治附監生考授州同江歲貢生邵志
陳悅皋幼喪父哭之歐血事母孝母喪哀毀柴瘠三年未嘗
見齒乾隆十五年
恩賜肉帛年九十四卒子應龍諸生應彪雍正武舉江南常州營
千總孫璉琮俱諸生邵志
劉啟智字倫鑑少孤母勤紡績以育之啟智念母貞苦三弟

幼晝夜勤勞家漸饒裕啟智愉愉色養處兄弟以和娣姒亦
無間言母沒哀毀盡禮同居者五十餘人生平尚義凡指囷
焚券濟貧救喪皆樂助之邵志
范學曾質樸渾厚以孝友訓子孫子三元鳳元鵬元鼇元鼇
能承父志尤篤愛之晚年患廢疾惟鼇侍奉九載無倦容彌
留時猶以積善勖之元鼇終身奉行尤厚於師友好施與凡
指囷焚券減糶賑荒皆竭力以助鄰有鬻子者贖而收卹之
學曾孫國梁貢生國勳武舉國輔諸生邵志
朱雲路字天逵諸生父文煊染沈痾雲路衣不解帶者經年
及父歿喪葬盡禮母秦賢而知書事皆稟命而行母歿值嚴
冬雲路時年五十餘猶露宿墓次子説府學增生詒歲貢生
孫廷魁舉人邵志

田見龍字鏡若諸生父祿平母李性好施與見龍每歲束脩
所入必以奉親分給里閈貧乏者父患癰勢甚危見龍夜禱
願身代日以口吮毒盡癰平子一成歲貢生孫起畝諸生邵志
王國旦府學諸生父仕文病噎國旦年十四亦不食病日劇
泣禱割股以進越三月而父歿侍柩側者三年哀毀骨立既
葬泣告母曰兒兄弟四人以三子奉母一子從父地下母可
無悲遂卒時年十七邵志
孟耀吉字天羽兄弟五人耀吉年最少諸兄各析爨耀吉獨
養父母父奎明八十有一病痿痹耀吉侍左右者三年便溺
櫛沐皆身任之母張年九十筋骨痺痛耀吉事之如父又十
年執親喪哀毀尤甚凡敬祖收族諸義舉所費不貲一無少
吝子季毓諸生邵志

王植經字廷綸諸生父涵官東湖教諭植經隨侍左右父有
疾植經晝夜調湯藥目不交睫者二十餘日竟以憂勞成疾
卒年三十五子德炳諸生邵志
孟自修諸生事父母及兩庶母均以色養聞執親喪哀毁逾
恆一門友愛恩義洽如邵志
秦廷英字殿勳候選州同年十五母病侍湯藥衣不解帶者
累月泣禱於神願以身代母歿後母患疽以口舐之疽平子
有義監生邵志
張元錄字叔侯雍正舉人父臨次諸生性嚴肅元錄奉之惟
謹父歿事母陳依依色養母年七十元錄與兄諸生元錦俱
澹於榮利不敢遠遊子濬諸生邵志
虞宗舜字禹承家貧力學補諸生少而母歿事父孝竭力以

致甘旨課弟勇亦補諸生弟歿孤寡皆善視之子濬諸生邵志
周士人字肇寅府學廩膳生父有訥諸生早逝士人率弟士
文士天事母萬色養倍至扶持抑搔爭先趨事督弟課甚嚴
不如程則詞色俱厲弟亦懍懍祇受暇則怡怡然笑語莫逆
也每夜讀後具酒蔌集母室共飲以爲樂或衆婦先侍母側
則移尊書室論文談經兼及持身涉世之道至夜分乃罷年
衰不能書小字遽欲告給冠帶或以其積餘且及貢止之則
答曰
朝廷豈可欺哉竟投牒年七十三卒子煥諸生王志稿
周士渭諸生父有易長沙訓導士渭善體父志先意承歡母
病籲天請代事繼母如所生無忤言急色周貧拯急所費尤
不貲子世林監生邵志

周懷九其先安徽人父引年居縣市遂家焉引年早世家貧
母陳撫懷九仰給十指者三十年懷九既授室生孫之茂之
貴而陳老且病懷九夜禱於神割股和湯以進母病頓愈時
又有市西里李廷楠十歲割股救母後補諸生市東嚴逢泰
刲股救父知縣黄詠俱旌以額蓋皆乾隆十年事也邵志
柯禮字在復先世興國州人父庭柱明季避地武昌子孫因
家焉禮既占籍縣市以文行知名事親孝祖患廱禮年尚幼
以口吮之補諸生乾隆間與談有典同修縣志既卒事而禮
卒板藏禮家兵燹三經子孫守而勿失雍正壬子癸丑間修
葺儒學自大成講堂射圃及齋舍庖湢之屬胥更新之學使
淩如煥記謂其秉公務實不苟於利誠孅之也求放心齋文集案柯禮
應入文苑考邵志凡例云今所報孝行如生員柯禮之幼吮
祖廱里民萬廷本之老奉繼母朱百魁夫婦各私割股以愈
母病俱以生不立傳以俟後來續志補入柯禮軼事尙有
可考萬廷本朱百魁竟爾遺軼良可喟然因并附於此

向氏三孝子長元之次平之次清之其先黄梅人隨父客江
湖父死奉母吳居武昌縣貧無以爲生請其業於母母曰我
聞天下惟非義辱親者不可爲若資生雖賤技無不可者三
子謹受教各執藝以養母友愛承歡母竟忘其貧母病醫什
物貧醫藥母病革遺命曰我若死汝兄弟當和好如初愼勿
析居乞哀他人辱汝父三子涕泣受誡及卒無以爲殮貸棺
於市之富人市人哀其誠勸富人貸以棺力能致者畢具焉
水米不入口者三四日其家貓犬亦不食楚俗新喪多作佛
事三子謂眞可以益母亦力爲之市人憐其貧能盡孝多集
資以助前貸棺富人疑其過禮不儉且將逋負他徙也索債
急或有爲謀典屋以償者三子泣請曰吾母沒未久魂魄當

安於此何忍遽典以棄先壟請寬我數月鬻技以償之不然雖治以官法甘心焉若誠德及父母矣雖詬詈其奚辭衆助之請其人感而從之胡之太易儉齋文集

向宏材字廣文平之子也居縣城西市年十四平之死家貧不能就外傅貸徵資趁羨以養母母安之温凊定省孝子之節躬修之有益其資遽與行賈者辭曰母待我朝夕我安敢遠離年三十里有葉翁奇其孝娶以女宏材自幼榻母側母有聲息動作輒起候之夏夜竊扇其旁冬寒則先興以己衣覆母躬著母衣寂然依牀辨間候母起進之或他出則命婦代婦亦習以爲常無間也母既篤老目眊苦不能翕張宏材晨伏枕畔以口舐之乃請醫母齒豁不能粉物食必爛熟而後進甚則反哺之母嘗患癰吮之愈又嘗患便秘醫久不效

宏材計窮乃夜禱神願以身代每禱祈後母病亦瘥母年九十四卒宏材水漿不入口幼子錫政方五齡偕其諸兄跪而哭以請乃日一進粥三年中麻衣草絰不去體初殯南壇寺側廬殯所者二年及葬西山東麓復廬墓數年乃歸年七十二卒乾隆三十三年奉

旨旌表建坊入祠從湖廣總督定長請也坊在市二里太平橋西子四錫敏錫敔錫敦錫政幼習其父之苦孝耳濡目染兄弟間相漸以孝錫敦尤讀書力學思顯揚其親未遂也乾隆十五年漢陽彭湘懷客湖北鹽道署中聞縣人蕭玉文稱宏材孝慨然曰孝無貴賤皆得自盡而能盡者少幸而出於貧薄細民若使其事不傳於孝子何傷吾恐後世性分之學愈邈也遂爲書其事一時歌詠之者甚衆里人彙刻之爲苦孝錄

督學溧陽陳大諭表其閭曰穎谷遺風而

旌典猶闕錫敦時年未冠皇皇如有失一日告父出遊學私攜苦孝錄數十册以行一蓋一笠孑身走京師徧謁公卿之有時名者出錄以示向孝子名一時噪都下鉅公若陳世倌蔣溥汪由敦陳兆崙劉綸鄒一桂金德英等爲詩歌以贈者三十餘人且資之歸錫敦歸以爲父壽宏材責之曰兒良苦亦誠近名矣日用庸行吾方愧爲小孝兒使聞於天下不滋吾愧耶錫敦長跪謝不敏兄弟皆跪爲解而賓客來覰者咸以爲孝子有子也是年歲在乙亥又五年縣人劉于溪重編苦孝錄以日下詩列卷首三十三年宏材乃獲

旌於朝已前卒矣次年建坊錫敦兄弟竭力營辦鄉人亦樂助之王志稿

劉尙寬字仁度神四里人父亮遂多善行事親孝嘗曰吾聞以善養未聞以富養也尙寬生庭有異香九歲而孤哀毀如成人常哭於墓側母病焚香籲天請代寢食俱廢見者或不能識母沒廬墓側麻衣不易不沐浴者三年風雨之夕以手拊塋以額搶地哭聲震林谷聞者悲感終喪忽忽如有所失每食見親所嗜輒哽咽不能食家人遂不敢復進乾隆三十四年尙寬已六十矣族人將上其事於大府以爲之壽尙寬潛行別室設父母木主深衣而練冠長跪哀號諸子請於親友往慰之哀愈甚皆嘆息而去自此恫恍如見父母於前假寐語諵諵不絕如是者八年鄉人皆稱爲劉孝子多紀以詩玄孫鳳華進士新纂

陳儒文神山鄉人性至孝父沒廬墓三年母沒弟龍文亦如

之新纂

陳從瑞神山鄉人事繼母孝母疾刲股和藥以進疾遂瘳新纂

張萬九諸生神五里人父課讀嚴萬九幼課必中程稍長先意承志與弟萬杰終日聚首如對賓客敬愛之忱至老彌篤族中貧乏者貸以牛種老幼孤獨時賙恤之新纂

王卜熊原名益熙字飛渭永福鄉人嘉慶　恩貢生選襄陽府南漳縣教諭在任五十餘年多所造就母姜晚年患風痺卜熊侍湯藥滌濯扶持三年如一日母齒豁嗜蜜飴頤沾餘沫卜熊搔取食之母輒昏聵不識人見卜熊則呼其名曰爾孝子母年八十有八無疾卒邑宰有事莫決倚一言爲重家瀕南積兩湖間乾隆時衆姓爭控禁水草陰賂以金力拒之知縣裘行恕如其言免湖課所著有瓣香文集二卷卜熊卒

同里進士姜語曉以其行誼上之學使王贈芳表其閭子種德諸生孫錫路武生錫冠歲貢生錫冕諸生錫鈺早世鈺妻姜氏守節新纂

洪作相原名杞字毓南監生生一歲而孤母周持節教誨洪故士族作相礽與兄伯仲皆習儒者業後以食指多屢空習負販以供甘旨作相幼侍母榻前每覘聲息便起而扶持之授室後溫凊如常乾隆五十年歲饑率家人茹粗糲甚乃食糠覈稱貸以養母洗腆用酒母突見之泣下不食作相亦泣柔色婉言侯母食而後退母老患痺作相窺母意所之輒舁以行母病目晨起多垢眵作相舐之母疾篤晝夜侍巾幂厠牏醫治之無驗乃跪籲請代母疾果愈道光七年督學王贈芳表其閭十年得

旌子三正煌正炘俱諸生孫大生副貢長陽縣教諭易本烺一粟齋遺編王志稿

張磨天諸生馬四里人諸生元儲子母早卒甫成童復喪父繼母性嚴而善怒磨天曲意承順遇怒輒引咎跪謝有所命雖極勞苦不敢稍違數十年卒致其歡心壯年喪偶有子不再娶恆與弟三人同臥起敎之皆成立弟卒復鞠育諸姪分財與共之九族感其孝友咸雍睦可風咸豐二年

旌王志稿

王岱字松吾縣市宣化坊人家貧父業縫紉然喜從儒者遊遣岱就塾尊禮師傅過士大夫岱穎悟好學尤篤內行二十補諸生見父所交遊及同業雖微賤必敬事之故家飲父沒涓滴不入口事母必豐腆母雅能飲岱力爲致醇醪雖身饑

寒不顧也鹽商某嘗延之舟課子會大雷雨岱手周易讀之神氣自若而雷火焚其舟已過半矣久之以思母辭歸善書求書者必先以酒親友或招之飲視母所酒無缺然後赴否則辭不赴也處弟與從子一以仁讓母沒哀毀骨立道光間歲洊饑門生故人鮮能周之者岱亦不干人竟窮餓以死年六十同治四年

旌王志稿

徐全福字松山神山鄉人母周患癱瘓時口吮之瘉又患瘵醫者咸束手私刲股進病若失母夜夢衣冠人曰帝監汝子孝延汝十齡後十年果無疾終督學孫家鼐表其閭新纂

楊春芳馬四里人少喪父家貧力穡以養母左右奉事唯謹母沒夜宿墓側者三年風雨罔間光緒三年

旌新纂

湯邦貴馬五里人父百世貿漢陽邦貴隨侍粵逆之亂父命護眷避南鄉俄城陷傳其父被害邦貴慟不欲生屢冒死欲入城收父骨不得入遂扮貿菜傭以進未獲父屍死之光緒六年旌新纂

但楚揚賢一里人父建貴臥病三年楚揚左右侍醫藥禱祈不少懈母沒倚墓露宿晨昏跪墓前如定省儀進飲食亦如之光緒六年旌新纂

孟金淮神山鄉胡西涇圖村人父世瑤賈江漢間久不歸淮幼覓父所在聞人言輒取瓦子代杯珓西向祝曰願父早歸長老咸異之長業縫紉母病汙衾裯躬自澣濯父歸而母沒旣葬父以中饋乏人命之妻固俟終喪又慮父獨處乃不出入多抱布就之服除乃娶婦每歲時祭母金淮泣婦亦泣父病不能寢食已十餘日矣諸醫皆束手金淮焚香露禱刲股以進越日卽愈人皆異之素訥於言里有曲直每待其言而決焉王志稿

王宗玉馬二里人家貧耕山以養母母患心疾醫罔效倉皇往禱於九宮山以除夕行值大雪道經伍源山迷失路脫革履置崖石間泥塗匍匐忘其遠近旣至焚香禱祈而返復過伍源則雙履在焉次日還一夕往返三百餘里母頓愈後詣九宮山謝忽風吹紅錦丈餘繞其身人以爲神旌其孝云新纂

李學海符三里人母畏雷每雷作學海必奔侍母雖夜必興

母沒聞雷聲卽趨墓前跪而泣曰兒在此母無怖久而不衰新纂

彭惟珠神四里人年七齡喪父號泣於外恐母聞心傷長事母孝病革割股和藥以進沒水漿不入口者數日葬廬墓側三年歸刻木於堂事無異生歲值生忌日朝奠以哭終身供奉無稍懈卒年八十有八宅前建節孝合坊新纂

李淩霄字芳園諸生父萬春破產助建南湖隄閘因勞致疾淩霄侍湯藥兩越月禱神求代不應割左股和羹以進父稍瘳逾月而病復作則又割股進之父竟沒子杜諸生新纂

李侍英洪三里人侍母不離左右冬夜以身溫被旦著母衣母起以衣進中年喪偶遂不再娶每外出期而未歸母怒杖之侍英欣然身受母年逾八十常在床褥浣滌之事不假手於人終身孺慕不衰新纂

余文造符三里人幼孤事母孝膳羞浣洗必躬親母患目疾朝夕舐之目復明新纂

何鼎益符一里人母沒廬墓側者三年髮垂尺許矣新纂

謝大珍年十四割股瘳母疾父廷誥病大珍亦割股以愈之新纂

王情興靈三里人六歲而孤兄已授室析爨居情興獨養母母老畏寒情興夜抱母足踡曲而臥出爲人傭主人有所遺卽以奉母新纂

柯勝太符一里人母患痺勝太朝夕親進食和氣柔聲數十年不懈新纂

姜樹棠靈六里人事親孝朝夕侍立不倦父病哽噎必父食

而後食三旬常得九食之新纂

王錫冠字晉賢永福鄉歲貢生事繼母以孝聞年六十餘猶日視寢膳繼母有疾廢寢食錫冠亦不寢不食道光間歲大祲居民賤售田以供朝夕錫冠曰百畝者八口之性命也乘危而貪其利不義然吾不忍視人之殍而不之救將稱貸以益之其令各質田以給食俟豐年則彼贖田而吾償負計不兩得乎粵匪之亂友人避地而來者皆飲食而居處之著有聞窗詩草四卷種竹齋雜集二卷子用三孫秀丹俱諸生新纂

方拱辰神二里人父患泄瀉侍湯藥浣洗必勤親受母杖怡然委曲承順必得歡心而後已與弟析爨弟疑產不均互易者三弟亦感化既耄常稱之而自咎焉拱辰子克猷諸生新纂

萬孝子永福鄉人父天傹早世值歲飢家貧無以爲養乃負母乞食於河南四年無倦容人稱爲孝子而不名故其名遂

佚新纂

胡希文靈二里人有子二長利見次萬里嘗勗以親愛毋析居孫鋒露補諸生内外和睦百四十年同居百餘口道光間歲屢飢捐穀以濟族人歲暮以米肉賙之族有糶者必減其價粵匪犯境希文曾孫炳捐貲助丁壯禦賊斬賊酋三賊稍卻突擁衆至焚其室族人道大死之玄孫紹雲舉人從曾文正國藩軍與有勞保知縣其族又有名周相者以孝友稱子三仲愷士於北山寺鑄一磬質諸神明誓不分居同居亦百餘年嗣息繁衍亦如之仲立孫陛復五世同堂族人慕之多取法焉新纂

徐爲楝字雲浦縣市諸生嘗隨父漢勳赴省試遭風一舟皆溺他舟往拯之爲楝呼曰先救吾父否則吾不起也從之父子俱得生持家有法五世同居共爨者八十餘人一室雍如也孫家珪歲貢生新纂

李灼華字昂若縣市諸生居親喪哀毁歐血弟騏早世遺孤三男一女皆撫之成立完婚嫁授徒四十餘年敎子弟必以孝弟成就甚多子明紳諸生新纂

江廷澄洪一里人少孤事母汪暑夜必揮扇達旦冬則溫衾裯以待早起著母衣令暖而後奉母母患病割股以療之嘉慶間學使表其閭五世同居百有八人人皆和順蓋孝友所感云新纂

魏永旭縣市人少孤事母孝事兄敬其兄以食指繁析居洎兄二子沒復招其孫齡融同居爲之娶婦生子分己產之半與之齡融相繼卒又爲延師課其子並營葬其數喪督學許

獎給内行純備扁表其閭年五十三始生子荆川中道光舉人孫瑞梗光緒舉人新纂

鄒光采號賓臣因親老棄儒力耕以養親親沒哭泣不絕聲旣葬廬於墓側以衣裹土築墓遇虎過樵者隔嶺望之駭然光采無所見年三十二失偶不復娶敎二子耕且讀焉新纂

范先春號曉林神四里人道光舉人性孝友和厚父母皆亨上壽孺慕終其身人有求者不與心不安兄弟怡然相樂鄉里以曲直就質者得其言莫不帖然服也咸豐初

詔舉孝廉方正

鄉人以他舉有不當意者醵錢爲舉先春以會試在京未與考王志稿

潘大拱神一里人父維和病篤割股以進母疾入廟書疏乞代葬廬墓側不薙髮者三年新纂

楊玉城永二里人父廷燦早卒事母崔孝母折足朝夕扶持澣洗污穢不假人手母没遺榻猶存事如生玉城病革時命必附葬母塋側光緒六年旌城子利川監生孫焱諸生

案采訪冊載紀麟書靈三里人方五尊毛利川神一里人畢顯光洪一里人柯進榮靈一里人皆爲父割股周大略衛守備周紹謙吳光登陳全滿均市二里人金德綿余利賓生員陳鱗均符二里人黄斯壽符一里人賀銘旂靈一里人柯文元賢三里人繆宏廉袁戴麟均洪二里人周德志洪三里人張以瓚符二里人胡傳磚永一里人王體愛神四里人爵崇珍永三里人皆爲母割股明邦謀馬一里人爲祖母割股又有嚴上承神三里人爲父割股並爲弟割股

補遺

葉鎮字恒州靈六里人生三歲而孤敦敏嗜學長補弟子員

事母曲盡所安己亥鄉闈聞母跌傷足悲泣匍匐歸調治就痊遂絶意進取從容侍養與諸子講父母在之年諸章輒嗚咽流涕母歿哀毀幾絶廬墓終喪每歲時追感哭泣如初喪時暮年孫曾以下雍雍几杖間五世一堂咸以爲孝德感召云新纂

盧曰明馬蹟諸生性至孝母病劇[illegible]翁子術曰明焚香禱竈前刲股和藥飲之病頓愈子優庠生友白亦刲股以療母疾其後有孫婦樊氏迫姑病手刺股調羹湯姪孫振新侍父疾亦如之皆效一門內三代四人急其親忘其身以無失所性可謂難哉新纂

劉秉鈞字模田永二里監生有學行母早卒父從舜壽百有一歲秉鈞繞膝承歡常爲孺子歡每夏必執扇以從冬則抱足而眠達旦粵逆之亂鄉無賴子勾結賊眾擁從舜至叢林中要脅家貲臨以刃時從舜年已期頤矣秉鈞奮前奪刃乞以身代并罄家所有贖之遂得免移居濱江倡義建修張北湖石隄鄉人至今稱利賴居恒教授里閭不責脩脯遇孤貧賑卹弗稍懈常欲貲助學校未果而疾作臨卒猶遺命拳拳子瑞麟貢生光緒十一年捐田以成其志孫嵩森訓導嶽森諸生新纂

黄尚德號敬亭永三里人幼貧以小貿厚養親親没哭踊踰節比葬兄尚秀專身廬墓三年以生理委任之家漸饒能忍讓好施與道光壬辰歲歉出小麥二百餘石濟近鄰於睦婣加厚創鐫族譜並損助建考棚尤隆師貽教道光丙戌歲學憲王霞九以孝友端方敦行垂裕表其實年七十七卒子大

柱諸生開第武生開尉副貢荆門直隸州訓導孫楚材廷政驄楚楨志洵承裕中友俱諸生福泰福謙俱上庠生曾孫肇敏肇鼎俱從九肇封副貢肇永縣丞銜家玨龍章俱監生森直廣膳生鶴年鴻章俱諸生鳳藻鳳章俱武生新纂

武昌縣志卷十八

武昌縣志卷十九

儒林

晉

孟陋字少孤武昌人吳司空宗之曾孫兄嘉桓溫征西長史案嘉字萬年劉義慶世說新語萬年游宦有盛名當世少孤未嘗出京邑人士思欲見之乃遣信報少孤之兄病篤狼狽至都時賢見之者莫不嗟重因相謂云少孤如此萬年可死陋少而貞立清操絕倫布衣蔬食以文籍自娛口不及世事未曾交游時或弋釣孤興獨歸雖家人亦不知其所之也喪母毀瘠殆於滅性不飲酒食肉十有餘年親族迭謂之曰聖人制禮令賢者俯就不肖企及若使毀性無嗣更爲不孝也陋感此言然後從吉由是名著海內簡文帝輔政命爲參軍稱疾不起桓溫躬往造焉或謂溫曰孟陋高行學爲儒宗宜引在府以和鼎味溫歎曰會

稽王尚不能屈非敢擬議也陋聞之曰桓公正當以我不往故耳億兆之人無官者十居其九豈皆高士哉我疾病不堪相王之命非弘敢爲高也案袁弘孟處士銘稱疾不至相府歷年虛位而澹然無悶畢不降志由是名稱益重博學多通長於三禮註論語行於世卒以壽終晉書隱逸傳　案晉書列孟陋於隱逸康熙府志列儒林今從府志又府志稱陋爲江夏人晉書以陋爲武昌人太平寰宇記輿地紀勝均同袁弘劉義慶皆以爲武昌陽新縣人蓋孫吳析漢下雉鄂縣地置陽新縣其治所在今興國州境四至則武昌大冶興國通山並有其地今興國有陽辛里辛即新之訛也餘詳文苑孟嘉傳

宋

邵應豹字起南號菊逸先世淳安人祖揩父如虎以曾祖寅鄉縣丞倘志歷官湘漢間樂武昌風土家焉至應豹登嘉熙二年進士初任玉沙案今沔陽簿尉調常德司戶轉知江夏母老辭祿侍養時同年丁大全賈似道當路薰灼應豹獨絕之自幼篤孝母病醫須鵲肉和藥應豹默禱有鵲夜自投其室疾尋愈後兩淮制置大使李庭芝辟知寶應縣又辟主管機宜文字庭芝調京西京湖皆參軍事多所贊畫咸淳十年除淮東制置大使司參謀主管官辭免轉知潯州軍州事皆有惠政德祐二年帝㬎北行庭芝擣瓜州將奪兩宮還不克阿珠請太后及帝諭降庭芝不受詔死之應豹聞之棄官還武昌杜門謝客遂不復出宋世歷階中奉大夫兼管內勸農營田使節制軍馬賜紫金魚袋爵淳安縣開國男食邑三百戶其出處進退皆能守禮度義生於寧宗嘉定四年卒於元成宗大德九年年九十五卒之歲以畫像寄從孫桂子自贊曰吾貌固如此吾衰已久矣壽如衛武公爵德非敢擬一言可終身不愧屋漏耳知我者其誰元同老孫子桂子字德芳淳安

人咸淳七年進士處州學教授德祐末辭官郡守方洪倪澄余應中憲使趙與櫝鍾秀五交薦不起家居釣書院曰古香齋曰元同堂曰樂壽方回何夢桂戴春元各爲之記大德丁未作玄宅志擬挽詩卒於元武宗時蓋亦宋之遺民元之高士也一統志　邵氏譜　邵志　案熊邵志均列仕蹟今從府志入儒林又明統志嚴州府人物以應豹爲淳安進士僉判漢陽軍知昭州致仕邵拱孫孜邵氏譜拱乃應豹之從祖也明統志誤

張山翁字君壽其先普州人案府志作晉州誤宋理宗景定三年進士爲荊湖宣撫司幹官度宗咸淳十年冬案府志作德祐元年誤蓋恭帝既立明年乃改元也鄂州降元巴延使行省右丞阿爾哈雅成鄂遂引兵東下鄂恃漢陽爲蔽及京湖之援朱禩孫既遁漢陽復失鄂勢遂孤呂文煥列兵城下招諭權守張晏然與都統程鵬飛度不能守議納款時山翁爲幕僚以書讓之晏然既降山翁

獨不屈元諸將請殺之丞相伯顏曰義士也釋之案通志作巴延曰義士也府志作行省官賈思貞義之貸不殺後居黃鵠山聚徒教授有南紀緇林案此取孔子游緇帷之林弟子讀書語云藏雲山相鋤諸編其永州路學祭器記曰樊明甫案樊名炳字明甫刺永之三年毀淫祠崇明祀治教一新顧禮器苦窳弗稱乃募工於廬陵市買餘於九牧案博古款識躬行考訂俾郡博士黃霖龍董其事範尊罍豆洗爵坫簠簋二百四十有二籩俎篚冪亦一新之麋楮鏹二千五百緡有奇既成博士貽書武昌請記其實將勒石以詔無窮惟仲尼述虞夏商周之道軌範萬世則備物之饗以象其德當用四代之器泰有虞氏之尊也山罍夏后之尊也著殷尊也犧象周尊也爵籩豆俎皆從周龍勺夏也歷世帝王文質之宜先儒中一作中言之舊已獨犧象之制有可疑者泰無識著無禁

罍圖山雲於腹則犧象之圖形正也自王肅得金牛金象於墓中以明器準祭器遂啓後世之疑然言犧象負尊今諸郡置酒於犧象之腹中則又失王肅之旨矣故有龍勺大尊罍小之譏嗚呼明器鬼器也祭器人器也仲尼以萬世爲一朝則仲尼萬世如生奈何以明器享之乎此余以圖山雲犧象於尊腹者爲正也雖然仲尼嘗曰吾食於少施氏而飽少施氏食我以禮禮有本有文器禮之文也敬禮之本也至敬無文二簋可用享而況四代之器參錯陳前耶樊侯在湖湘爲眞二千石而春秋丁巳一作祀爲朝廷重典侯暨乃僚我將之心無未灌既灌之分博士諸生各執其事交乎戶階覩少施氏不既多乎洞洞乎其敬也屬屬乎其忠也勿勿乎其欲其饗之也忠敬在我享之在神君子盡其在我而已心之精神是謂聖人仲尼之精神昭回於天森布於地粲然著見於六經萬世一日焉知其不饗之乎不獨仲尼有精神也人皆有之慢則散敬則聚行祀事者本敬以聚之則吾心之精神貫通無間仲尼之飽將如少施氏禮器爲不虛作矣宋史瀛國公紀康熙湖廣通志　案康熙府志嘉慶通志山翁入江夏流寓邵志以爲縣人入選舉表不知何據又通志以明甫爲明府以款識爲多識以泰無識爲無識不知無識之識卽謂款識也此皆校讐者之失也

明

柳東字寅賓神山鄉人五世祖文煥高祖萌曾祖志智俱諸生祖鏜廩膳生父郡諸生家傳詩禮而自鏜以來尤潛心理學東幼穎敏鏜督之嚴母彭早世事祖若父及後母呂孝謹及長補諸生試輒高等其時常德蔣信字卿實嘗從王守仁遊後從湛若水遊最久自貴州提學副使歸集髦士講學鏜

命東往從之遊歸而述所聞祖若父皆喜其學有進也萬曆十九年舉於鄉鏜年已九十六矣東再試禮部不第謁選授四川渠縣知縣考滿膺薦丁父艱歸服闋得陝西神木知縣所至集諸生講學士風不變而吏猾民奸亦每於講席中得其實悉案如法民皆悅服嘗揭明倫堂教諸生曰先師道林蔣先生甘泉湛先生門人也其教人宗旨以爲孔門之學只在求仁仁者以天地萬物爲一體世人從形骸上起念所以隔了許多藩籬今欲復之從何入蓋知天地萬物爲一體方能以天地萬物爲一體學者須收拾亥子之中澄然靜坐忘助兩無順其自然有一點己私起卽於幾上迅埽之如將克敵以默識本來大公本體識得後時時刻刻愼獨而緝熙之由此日就月將漸入熟處恍然見宇宙一身工夫卽本體矣

如此方是知止方是默識方是默成方是博約同功敬義一齊俱到視民如傷老安少懷中和位育實用從此流出合內外而一之與天地合德者也舍乎此則二氏矣何也蓋吾儒之覺體萬物以爲公二氏之覺外一身而守寂其公私大小不同故耳太極定性西銘等書備言此意白沙陽明甘泉諸先生言雖不同總是一旨學者口耳魯論不達此義不知欲立立人欲達達人孔子已眞切示人他如車裘共敝願無伐善施勞與夫一貫忠恕修己安人之說無非發明一體之義吾師超然神悟舉其自得宗旨以示門人愧不肖至今負之竊思孟子謂人之所以異於禽獸者幾希又曰放其心而不知求哀哉吾人安可不惕然猛省況此學一明發之文章則爲道藝措之事業則爲德行可以繼往開來至易至簡何憚

而不爲哉不肖白首尚期與同志共勉焉幸人各識其心而愼獨以造其極庶學術不差矣康熙府志後以疾乞歸道卒壽七十五子扶櫬歸宦橐惟琴一張書數車而已弟三采諸生果不遇其孫皇序以孝稱自有傳梁亦諸生子二咎陽復陽俱庠生孫五煒熤燧引虹炳煒引虹庠生王志稿　案邵志者碩柳鐙傳以東爲鐙子考柳氏譜東爲柳郡子實鐙孫也邵志云鐙號月池東鄉薦時鐙年已九十六譜則稱鐙號竹溪郡字一峯號月池壽九十九不紀鐙年且載縣志鐙傳易鐙名爲郡而全錄原文竊疑鐙傳誤記郡號課子東甚嚴句當爲課子郡郡孫東甚嚴而脫郡孫二字柳氏子孫以鐙至東中脫一世疑志誤以郡爲鐙而不察九十六爲鐙祖見孫舉之年則亦誤矣譜載王遊補撰東傳亦多失考而府志載東文實體驗有得之言有功正學故備錄之

國朝

汪宗友字文子洪道鄉人其地有水月菴因自號月菴明萬曆四十四年丙辰有羣鶴數百巢於其林里人異之宗友以是歲生幼穎敏讀書一過卽成誦甫成童博通經史尤篤內行學以程朱爲宗文以周秦兩漢爲法嘗曰讀聖賢書而行實悖之不讀書可也弱冠補諸生食餼事親孝養無違居喪哀毀兄弟五人宗友年三十餘有一兄兩弟之喪期服除猶悲哀幼弟婚畢將析居勸之不聽乃多割膏腴産予之歲儉助之金粟久益不振復招之同居曰人苟薄於同氣讀書萬卷奚益族繁散居武昌大冶兩縣境宗友刻期歲一再會省祖墓肅家規欲倣范氏義田法而力未逮也外舅趙翁富而無子置産以宗友名署契付之孰蓋已授之矣及趙翁歿宗友召其族子曰此汝趙氏物我何用爲悉舉以歸之一日晨起讀書有蛇墮肩上不驚蛇徐墮地去又嘗讀書夜半聞推門有聲宗友疑館童求火啓戶視之則虎也笑曰汝從何來

汝來何意虎聞之遽去徐闔戶了無怖意族子某薄暮過神廟忽踣地語喃喃不可辨問之不應踰時忽言曰月菴叔至神當貸我宗友聞之往禱立蘇時人爲之語曰汪公學道一歲三異馴毒服猛鬼神辟易時順治十三年也爲諸生數十年一字不入公門知縣熊登拔其子泌冠童子軍嘗造其廬與談經宿而別歎曰眞君子人也吳三桂叛人心惶懼毅然斷其無成卒如其言夏逢龍之變縣城陷人思遠徙宗友屹然不動後知縣喬文錦以洪道鄉兵復城宗友有力焉事後人服其先見宗友曰人苟讀書明理事至物來自不忙亂耳生平方正易直喜揚人善亦不容人過小善必錄小過必斥斥已不留芥蒂於胸雖盛怒之下旋諷誦如平時每出人望其道貌莫不加敬薰其德而善良者衆矣應舉十餘次不過

絶無怨尤曰命也康熙七年戊申歲貢後當得官以年老不求仕課孫自樂三十二年癸酉堂產白燕笑曰此何祥也作詩記之年踰八十精力康强猶好學不倦如少時三十七年戊寅卒壽八十三妻趙氏事孀姑以孝稱子泌自有傳孫鶴年嵩年咸孝謹有家風云王志稿

張官德字次功馬四里人幼而嚮學年十六見劉宗周人譜類記瞿然曰學也者學爲人期至於聖賢也豈第弋科名哉於是發憤攻苦立省過簿凡旦晝所爲與意念之所動夜坐靜思偶有不合必記之不使復萌而後快蓋其爲學以克己爲先以力行爲本成童時已如此母徐嬰篤疾晝夜侍不稍懈母喉糜艱食飲官德爇香自刺其舌亦不食母没擗踊號泣終身罹目疾攜季弟同苫塊啜粥水十有三月喪葬如禮

既補弟子員從麻城袁銑遊乃益窮究經義沈潛玩索雖一句一字不肯輕忽學有心得爲劄記名自醒語錄道光十五年湖北大旱有劇盜萬四保嘯聚數百人踞武昌咸甯界肆行刦掠官德集兩邑毘連諸里壯丁合爲團衆推官德總其事立擒四保及其羽黨解省伏法餘匪逃散二十八年大水歲歉江夏縣所屬之法泗洲涵湖一帶有賊舟刦行旅官德請有司密擒殲之二十九年己酉舉於鄉粵寇至避地陝西興安州關南人士聞官德至羣執贄門下請主講安康興賢學舍千里而內負笈從遊者數百人踵相接至舍不能容多旅居外館者官德教人先端其趨向使知立身之要於羣經外以朱子小學近思錄令其熟讀玩味每講說聖賢義理必向淺近處反覆譬喻使從日用倫常中體會尤切究者則易傳西銘格物論定性篇識仁說好學論義利辨學者奉爲宗主故無歧途之惑同治元年冬粵匪竄鄖陽興安城陷時湖北賊退乃攜家返里葺祖祠修譜牒勸族中之有力者合捐鉅款置莊田百餘畝爲義產凡族中鰥寡老弱無食貧不能讀賦稅無着者皆取給焉知縣凌心垣以采訪邑中節烈貞孝婦女事諉官德時年已七十餘扶杖經行嚴霜烈日中窮鄉僻壤無不至胥吏感化無取規費者數年得千餘人上有司請於

朝得

旨旌表建坊入祠如例湖北巡撫胡林翼陝西巡撫譚廷襄兩廣總督英翰安徽布政使吳坤修江西巡撫李文敏先後聘延諮訪時政皆不至乃取自醒語錄分類編次更名學思錄

三卷復取課徒所授宋儒精要諸篇爲五子會要一卷又著課蒙易曉一卷課士題解一卷六壬辨疑四卷畢法案錄二卷訓女庸言一卷晚年尤好易未嘗釋手以談易家專主錯綜不免支離穿鑿有戾聖言遵

御纂折中程傳本義復采諸儒言理言象深合四聖之旨者爲易經集注六卷學易門徑一卷周易補注一卷以禮記多漢儒謟說删其謬戾繁冗爲禮記選約六卷光緒八年主講南漳縣鳳山書院以疾卒年七十有八子元溥安徽候補巡檢署盱眙縣典史卒於任善溥諸生惠溥中書科中書新集

武昌縣志卷十九

武昌縣志卷二十

人物 文苑

晉

孟嘉字萬年（案陶淵明征西大將軍長史孟府君傳作江夏鄳人晉書作江夏鄳人考晉書地理志江夏郡無鄳縣而武昌郡有之則陶集或係刊本之誤也世說新語作武昌人又嘉弟陋爲陽新人詳儒林傳而陶集叙占籍之由尤爲明悉嘉爲淵明外祖其傳可憑故不復依晉書也）曾祖宗一名仁以孝行稱仕吳司空祖父揖（案邵志作父緝誤）晉元康中爲廬陵太守宗葬武昌陽新縣子孫家焉遂爲縣人也嘉少失父奉母二弟居娶大司馬陶侃第十女閨門孝友鄉閭稱之沖默有遠量弱冠儔類咸敬之太尉庾亮鎮武昌並領江州辟部廬陵從事下郡還都亮引問風俗得失對曰不知還傳當問從吏亮以麈尾掩口而笑語弟翼曰孟嘉固是盛德人時亮崇修學校高選儒官以嘉望實故應尚之舉太傅褚裒有器識時爲豫章太守出朝宗（案世說新語作罷豫章還過武昌）亮正旦大會州府人士率多時彥嘉坐次甚遠裒問亮江州有孟嘉其人何在亮曰在坐卿但自覓裒歷觀指嘉曰此君小異將無是乎亮欣然而笑益器焉後爲征西大將軍桓温參軍温甚重之九月九日温游龍山參佐畢集有風吹嘉帽墮落温目左右及賓客勿言以觀其舉止嘉初不自覺良久如廁温令取以還之廷尉孫盛時在坐温命紙筆令嘲之嘉見請筆作答了不容思文辭超卓四座嗟歎轉從事郎中遷長史在朝隤然仗正順而已門無雜賓嘗會神悟獨得便超然命駕徑之龍山顧景酣宴造夕乃歸温從容謂嘉曰人不可無勢我乃能駕御卿後以疾卒年五十一（案晉書作年五十三）嘉行不苟合言不夸矜未嘗有喜愠之容好酣飲逾多不亂温嘗問嘉酒有何好而卿嗜之嘉笑曰明公但不得酒中趣爾又問聽妓絲不如竹竹不如肉答曰漸近自然奉使京師孝宗穆皇帝聞其名賜見東堂辭以腳疾詔使人扶入中散大夫桂陽羅含賦之曰孟生善酣不愆其意太常陶夔嘗問光祿大夫南陽劉耽嘉若在當已作公否答云此本是三司人爲時所重如此（陶淵明集　晉書桓温傳　案江夏志孟嘉傳庾亮領江州辟爲陽新令杜撰無據吳國倫甔甀洞稿中亦以爲陽新令蓋野老傳聞而未之審也）

藏凱之字慶預（一作豫）武昌人著竹譜一卷（晁公武郡齋讀書志）鄧琬遣凱之爲南康相世子攻之凱之戰敗遁走（宋書鄧琬傳）

唐

孟雲卿武昌人第進士擢校書郎與杜甫元結最相友善甫服其稽古有孟子論文更不疑之句（萬姓統譜　案唐詩紀事雲卿河南人元次山送孟校書往南海云雲卿與次山同州里　欽定全唐詩及姓譜皆以爲平昌人而袁郊甘澤謠稱陶峴開元中與樊口進士孟雲卿奏清商曲於江湖號水仙是雲卿爲武昌人矣）

宋

史醉武昌人有和蘇唐卿刻醉翁亭記詩爲時傳誦（厲鄂宋詩紀事）引篆書醉翁亭記石刻

元

邱堂延祐二年同茶陵陳誼高體陵馮福可試雲夢賦文詞贍麗與衡山何克明並擅名（案克明亦有雲夢賦則亦同試也）當時稱邱何（雍正湖廣通志）任平江判（邵志）

邵公任字誠之應豹兄應雷之曾孫祖闓孫荆門軍長林縣主簿父寍子未仕公任治尚書登至正二年進士授武岡路錄事有暘谷賦（邵氏譜）

李瑾泰定三年鄉舉與蒲圻江案熊志作存誤存禮王廷揚試大別山賦考官揭奚斯稱之廖道南楚紀　案蒲圻志王廷揚至治三年鄉貢試登瀛洲賦考官龍仁大夫加稱賞江存禮泰定三年中鄉試試大別山賦考官揭奚斯彭楚玉稱之考元文選有李瑾聶炳周鏜江存禮大別山賦熊志李瑾中泰定科第一聶炳第三江存禮第十八又云王廷揚至治舉人所著有登瀛賦蓋因李瑾而類及之也邵志遂概以爲縣人又于李瑾等名下皆加一中字殊誤廖道南爲蒲圻人其時去元不遠當不誤

明

胡文壽字仁夫高祖朝穎宋慶元中令武昌罷官後遂家於金牛鎮文壽生而穎敏篤志於學登元至正間鄉貢授龍川書院山長明授本縣訓導誘掖不倦著作多散逸存者惟譙樓上梁文西山寒溪諸作而已邵志

張鍾靈字白湖邑之白滸鎮人爲人孝敬高素慨風匡物先喆大儒居然自待蒼蒼見於詠歌表章之中而迫聲成響迫

志成聲有與先後文人往往而遇者領解後讀書力行絕意進取著有白湖詩文遺稿竟陵譚元春爲序刊行之孫維齡字武仲諸生邵志　張旋均湖北詩佩　王志稿

熊泰字元交聰慧純粹善屬文知縣聶賢每加優禮登弘治進士觀政而卒人咸惜之熊志

熊熾字可徵號心軒以文學承蔭生恬淡高潔父桴督師廣東熾從之桴卒幕府一介無所私所餘金錢十餘萬盡發藩司桴初至粵屬僚製有象牙牀諸珍物憚桴清峻不敢獻至是並賻賵陳之熾曰大中丞且清約若布素我布素安用之諸君意良厚熾敢以累府君清德乎並賻賵固卻之嶺南有清公子之譽歸後杜門著述以經笥自娛家無儋石晏如也以子履初貴封文林郎右軍都督府軍事年八十餘卒所著有衡岣子於於亭集若干卷熊志　王同執耳談

邵元彬字體中案邵志作體仲誤一號洪道珪曾孫淮子博學宏才蚤馳聞譽經史百家多所淹貫嘉靖八年貢入南監選入史館與修二十一史所著有史鑑考畧性理諸書考畧今逸不傳有洪道隨筆詩文集稿數卷子三人鍾美字靈仲學淹博尤精儀禮說文萬曆歲貢嘗與修縣志有文集孫八人鼒績嘉賢俱諸生邵志　邵氏譜

孟紹序號耕虞少博學弱冠以恩貢授彭澤令灑然自遠無意釐奸剔弊而奸弊自絕有訟者片言釋之民亦不樂訟未幾解組綬歸一邱背郭詩酒詠歌陶然自樂著有詩文行世詩多漢魏音邵志　三楚文獻錄

王守經字一以幼慧淹貫羣書揮毫千言立就爲文放縱浩

汗不拘繩尺萬曆二十五年應童子試學使者以軋茁屈之是年舉於鄉未仕而卒所著有夜行符犀提子等集行世邵志

鄔昶字稚晉父鳳岡諸生早逝昶稍長始折節讀書工詩古文詞好花木環堵優游歌聲若出金石不以貧輟子輝諸生邵志　案湖北詩佩鄔杲布衣與江夏朱盛燦郭昭封蒲圻李弘龔逢祥興國楊儒魯通山楊振烈皆以詩名

曹廷對號心葵博通經史工古文詞有茹納一世之概傳經江漢三十餘年生徒數百人不計其贄出門下者多知名士焉晚以歲貢游京國疾卒子若參戶部主事邵志

孟道一字萬生父心孔道一嘗爲母萬吮疽構韡韡軒攻苦墳典竟陵鍾惺譚元春稱其有秦漢羽儀提學馬人龍水信應推重之憤棄生計騁帆南游居西湖久而返宴雨花牛首之間欲窮海澨未果而歸卒里中私謚文直先生王一翥孟文直先生

碑

周慶延號川南之京子篤學不遇一時名俊爭師事之能詩文年八十卒易簀時語子孫曰吾生平佩服東平王爲善最樂蘧伯玉寡過未能未敢輟念爾曹其善爲之孫有翼自有傳 邵志

劉學純字合紘負才尚氣議論今古傾其坐人由恩貢任鄭陽縣教諭 章學誠湖北通志檢存稿

周有穀字貽孫歲貢豐軀偉幹聲若洪鐘嗜古力學爲文有奇氣考授知縣聞父喪擗踊哀痛終於旅次 邵志

唐吉字方平時泰子年十二督學葛屺瞻奇其文補弟子員屢試冠軍益折節讀書四方操文問字者戶外之屨常滿所交游皆一時名碩數奇不偶識者惜之 邵志 案復社姓氏錄唐方平名有成又有唐共再字小白縣志無考又郢雪初編孟立德有集唐小藏田舍覩稼詩是唐氏又有字小藏者今皆不可考矣或郎弓之別字取艮弓藏之義歟唐弓康熙歲貢

李楚生號善子 案復社姓氏錄作善小 清河縣丞相孫處士時春子崇禎拔貢宏才博學英姿卓邁弱齡補諸生每試冠軍食廩餼崇禎八年設乙亥特用科楚生得儁因朝議未定飢渴求之而積薪儲之楚生卒無所遇旋丁滄桑遂放廢以終子分翼分軫俱諸生 章學誠湖北通志檢存稿 邵志

劉惺字旦寅一字郁寰少倜儻構屋西郊立文社招致名流如董其昌譚元春鍾惺吳裕中諸人以文行相砥礪著有培荊集劉覲射集今不傳天啓四年歲飢惺出粟千石一方賴之又讓居宅爲新街行路稱便以副榜官順天府通判有賢聲卒於官 章學誠湖北通志檢存稿 案熊志惺父學周子日褎日永自有傳

孟道行字止符心孔少子年十五補諸生閉戶讀書著述甚富父母歿哭至歐血年二十七卒豫作遺令言身後事兒道一梓行其遺文無子女一適清河知縣夏琮 邵志 邵氏譜 案邵志劉惺孟道行傳均列國朝考劉孟氏譜皆卒于明今移此

孟鼎第字枝山生月餘喪父自號五慕志痛也幼聰穎嗜古力學以歲貢任清河知縣甫數月卽乞歸年八十猶誦讀不輟 邵志

尹昇武昌人嘗爲千戶慷慨豁達有俠氣好草書明四聲等字之學自著書已板行喜賓客尤喜接儒者所居直黃鶴樓之北面大別山江漢會其前鸚鵡洲帶其左治隙地四十畝爲園池作小亭其中雜植四時花卉爛然不絕而山川陰晴朝暮之景出於亭下者一望可數百里實據武昌勝處亭中嘉客無虛日 東里續集

陳撝字仲謙武昌人永樂中寫御容稱旨書宗趙文敏 書史會要

夏一奇字平平理學名儒文章宗匠海內稱爲大夏 以下闕 熊志 案一奇弟永清中萬曆己未武進士則一奇亦隆萬時人熊志永清傳云海內稱楚中二夏存此闕文以待考訂邵志雜入國朝諸傳非是

吳如揆字公一少孤母胡與庶母邱共撫之奮志攻苦年十九補諸生學使郭周王三試皆第一中副車崇禎十一年與同縣吳正夫大冶胡公鶴俱經撫院余□□題敘功貢命下未赴部遂不仕 熊志

吳正夫字淑甫崇禎十一年巡道包鳳起撫院余□□題敘功貢命下未赴部十七年提學堵□□委任湖南教諭亦未赴

國朝順治二年應額貢讓其次者熊志

孟繩祖字孫武心孔孫道一子幼聰慧就傅兩朞能誦五經及左國史漢諸書默記不遺年十二應童子試知縣鄒逢吉知府洪天擢皆奇其才爲督學高世泰所拔識後天擢巡縣招致之繩祖鍵戶下帷不就也天擢笑曰我竟不能致一童子哉熊志 邵志

國朝

鄔汝楫字夔陽順治進士安徽桐城知縣清約自好有詩文行於世熊志 康熙府志 案江南通志鄔汝楫江夏人順治十二年進士十五年除桐城知縣夙有盛名豪强爲之斂迹前令葉桂祖葺除里役汝楫踵行益力又均魚課本折解費延塾師於四門城樓貲之館粲俾敎民間子弟今考江夏志無鄔傳江南通志蓋誤

黃道晃字赤生順治舉人卓有文聲會試卒於塗熊志

唐有章字元明言從弟也篤學積行不矜名譽雅好汲引後學正己律人爲一鄉之善士工詩古文詞子弓字君一康熙初歲貢熊志 邵志

夏琮字方玉順治舉人任直隸清河縣知縣葉正則王守稱其詩幽微淡遠絕無一字猶人葉井叔封亦稱其律詩能不拘聲偶直以厚力抒其老氣難爲淺見者道也正則又謂方玉嘗自叙云苦吟下淚不令古人爲獨得今其詩文散軼仕蹟亦不傳矣王志稿 案大冶龔黃漢循嘗刊鄧雪初編載琮許頼道上詩云一帶寒光逐曉征遠山初日照霜明平沙漠漠吹驢背細草荒荒數雁聲頻上有田難買老許男無地可通盟從人識得荀龍里塔影梅花幾處生此外有子貢祠比干墓碑秋水秋田小孤山吳王廟等篇又見于黃岡王補菴一蕭智林村稿中者二首一爲與子雲先生感舊云萬感相思夜僧房哭暮秋著書窮可異洗墨醉爲愁野曠悽黃鵠江寒對白鷗殘鐙孤影瘦霜露滿衣裘一爲過巴水感王公子雲有序云王公嵇阮流名聲在海內五十年矣龍隱鳳衰神辱志伸忠勞孝孤大節井井昔在神廟間上書求表父忠十三年不報乃綸音甫下而先生舉孝廉矣家貴三黃流離世故放浪危言窮吟乞食殆廢中權者與先生亡二年予過巴水記屬予以墓銘必大書夫軼事緊郭碑而邑作重不愧乎斯人乃山陽之笛邈徙吳劍之長存道路行哀情悽乎感矣詩曰秋老殘林霜在枝江山重喚孝廉時千年屈宋曾無宅一代盧王獨有詩乞食好悲高韻冷墓書不定古人疑勞思肯負生平約慽草青知挂劍遲郎數詩求之所倘可知矣

周慶禎字久則父對周諸生善相人慶禎五歲出就傅時同學李周華熊正南齒相若對周謂傅曰諸年少俱貴吾兒差沈靜有完福父卒奉母維謹折節讀書苦貧每借友人書讀之記弗忘爲督學葛吧瞻所拔識後周華正南俱貴慶禎乃竟不得志鬱鬱卒子爥一篋一俱諸生孫有堂有灑有藩垣墀俱歲貢生有臺等俱諸生曾孫士鎡士鎮俱舉人士鏊拔貢生餘俱諸生邵志

張琦字茂祉早孤家漸落母氏楊撫育之稍長與從兄貢生

塤字伯濵者鍵戶習舉子業補諸生中副車者再 案中科年無考 七十未嘗一日廢書子四長皐謨拔貢累官真定知府次來章諸生次盐謨附監生考授州同次稷謨官雲南黑鹽井提舉熊志 案熊梓縣志序琦嘉靖時曾與修縣志

劉又蕙字畹又歲貢生閉戶積學熟於春秋同縣知名士多出門下章學誠湖北通志檢存稿

周士貴字先秦康熙歲貢生博通書史爲文清遒峭刻應童子試冠軍年十三補弟子員是時朝廷重射試畢學使者較射士貴連中九矢揭曉文居第二射居第一性至孝侍父有巽官遊吳蜀父疾禱天願以身代後居父喪弟士俊以毀卒士貴皇然若有所失遂伏几而卒邵志 案邵志文苑孝友兩傳並存今去彼存此

王起明字晉象廩膳生幼失怙奉母吳以孝聞嘗讀書山中

一夕夢母疾心驚悸趨歸母果疾衣不解帶者旬餘母尋愈與伯兄起鳳季弟起龍相友愛俱爲名諸生督學王發祥極賞其文子渭鼎盜羌州知州鄧鼎貢生孫江漢涵游皆顯貴邵志

栁星生字子宿幼穎異弱冠補諸生受學於天門譚元春喜讀古書嘗曰秦漢以下皆前人注脚耳性正直足不入公門鄉里慶弔皆不赴論文每出人意表學者稱之邵志

葉天培字雋生簞瓢蔬食誦讀不少懈爲名諸生學官頹落哲廡諸賢木主多暴露天培首捐束脩葺之從游問字者多知名士子令諸生邵志

廖正常字興民爲諸生四十餘載家貧閉戸讀書授徒自給未嘗以竿牘干人耿介之風里人能道之邵志

姜世美字暉遠廩膳生弱冠有文名父愷理刑鞏昌家政皆世美董之而持身涉世纖毫悉準於法邵志

呂大建字子可諸生忠誠渾樸有古人風鍵戸讀書不與外事名儒碩彥每以肝鬲相酬和坐中之客常滿子言鼎諸生能世其家學熊志

呂大夔字調三諸生其先李氏出唐西平王子憲之後曾祖雙塘爲舅呂仲奇後因氏焉大夔生三月而孤母姜苦節撫之大夔性至孝少就傅於外五七日一歸省見母必泣性亢直敏決爲文悉有法度所讀書多手抄明末獻賊開僞科匿不應命築別業終身毋膝前菽水承歡園中老柏有雙白鶴巢其上馴食階除客至則先期鳴楊大魯爲作鶴巢吟嘗撫柏歎曰時異而節不改其吾師乎庭前置竹梅蘭菊荷呼爲五友所著有焚餘集四卷讀書隨筆六卷知縣王之紀法令嚴肅行鄉飲禮舉介賓固請乃成禮至以郭有道陳太邱目之年七十三卒子四長師端廩膳生有傳王承烈呂拙菴傳

賀璋字雲章自幼爲名諸生爲文樸茂屢試高等食餼恂恂門內不履公庭其學根極理要後學經其指授類能有所成就子桓歲貢生穀城訓導孫煒諸生邵志 案康熙府志賀璋嘗與修府志

張臨字子治博學爲名諸生父中選浙江黃巖知縣有疾臨衣不解帶執親喪哀毀課兩弟巖弟謙仕至貴州巡撫文章治績多其所成就季弟咸廩膳生豪爽雄辨對伯兄則恂恂如孺子臨夙簡亢井里間鮮所交接雅好爲名山遊每扁舟吳會所在名士皆倒屣晚年閒居以書史自娛子元錦增廣生元錄舉人知縣孫濬諸生邵志 案康熙府志臨嘗與修府志

呂師端字憲子一字孩人大夔子九歲能文補廩膳生杜于皇見其詩服其婉轉清便非時下所能知縣劉五雲爲構別業於西山九曲間嘗與梅城周峙銘西陵楊又人窮究性命之理講學於黃山裁雲閣教人靜坐養心去其粗豪淺陋之習然後與之談理示以作文之法窮經考義宣幽達微悉宗白鹿洞遺規居母喪哀毀成疾卒年四十有七所著有裁雲閣制義種愁園詩古文集手訂五經講義及警心錄若干卷子璧諸生璜舉人黃陂教諭彭維新呂孩人傳

呂希誨歲貢生音亮之子弱冠有聲庠序篤內行樂施與父疾侍湯藥惟謹族貧不能婚喪者助之無德色同人中或售田產于希誨希誨勉其力學還其產不索值如是者凡三歲祲減價出糶有道殣輒瘞之嚴寒無衣者解衣衣之嘉惠來

學門下多知名士子心傳朝彥聖傳敬傳俱諸生敬傳尤推
馬氏季常云 邵志

王鄷鼎字文倩
恩貢生生而敦篤爲文力追秦漢試輒冠曹衡永道董廷恩見
其文歎爲宿儒延課子弟多所成就家庭內無間言督子姪
嚴雖顛白者見之亦悚然每元日拜慶畢必率入塾讀書曰
分陰當惜也性甘淡泊布素不改其度三子服官迎養不赴
曰吾猶健計資斧不易備此助汝清操耳遇鄉黨無老幼必
以禮年八十一卒子漢拔貢生巴東教諭游進士大名知府
孫植爵增廣生植屏諸生 邵志

呂大章字賡唐永福鄉人父堯年老卧病大章侍湯藥衣不
解帶者累月性聰慧讀書目十行下著作精邃積草盈尺評

者有高華博通之目妻胡氏有賢聲子師讓字文子累舉賓
筵娶婦湯氏以孝聞師烈諸生 邵志

柳汁字染公年十六補諸生父砥中早逝汁事母孝事叔母
及庶母愛敬倍至友于兄弟尤以拯卹孤寡爲念教授生徒
成名者不下百數皆以敦實行爲先或有佻薄者文雖工必
切責之子如權舉人孫奇雲武舉奇動奇志俱諸生 邵志

姜有九字虞賡貢生考授州同 案邵志明經表無有九名 父世畧有隱德
嚴於課讀有九善體父志克篤內行事繼母敬養曲摯伯姊
貧困爲置田產歿爲葬之濟急扶危發於天性子實諸生 邵志

魯家型字孚萬歲貢生父一煥諸生家型年十四補弟子員
十七食餼詩古文詞皆自成家尤肆力于制藝每得題輒口
誦手揮千言立就及細案之則精微之蘊不差桼黍覽者奇
之選均州訓導莅任後甄別多士各有指歸捐俸葺廟學三
年卒於官江夏王一寧選其文入楚國人文寶善集子生鎬
貢生 邵志 案邵志原列仕蹟

徐宏仁歲貢生先世大冶人侍御立朝孫諸生大成之子生
而穎敏詩古文辭皆擅長弱冠時慕西山南湖之勝遂家焉
補縣學生食餼與同志論文賦詩視一切紛囂泊如也著有
怡雲堂集 邵志 案邵志原載宏仁子四麟監生斌優廌考授州同侁爽耿直以孝友稱敕拔貢生敎習孫鏈乾選舉廣東吳川知縣鍾鼎廪生本豫監生鍾恒優庠生旅歲貢生鍾觀庠生鍾益舉人鍾晉及曾孫光瀾庠生嘉慶通志鍾益亦列武昌而大冶志以爲通志誤入並斌敕皆以爲大冶人或宏仁居武昌而子孫仍籍大冶歟今自宏仁以外舉貢表並刪而附記于此

周雲龍字凌霄乾隆舉人精研六籍孝友性成家貧鞠養弟
妹恩義備至弟雲鳳亦舉於鄉著作甚富詩古文詞皆能自

出機杼年四十卒 邵志

周有邏歲貢生父爆一諸生有邏嗜學博涉羣書旁通諸子
作文以古大家爲程性至孝深得父母歡著有雲樓詩集子
士鎬士鈞諸生士鏊拔貢生孫澍世濯俱諸生 邵志

朱文煊字右鄰父陛良諸生文煊少孤聰穎嗜學謹有家
風兄濂洛俱有聲庠序文煊攻苦一堂昕夕無間弱冠後爲
名諸生博極羣書淹通經史所著有大易經解年四十七卒
子四雲路廪貢生雲鳳廪膳生雲鶴歲貢生雲霞增廣生孫
說謨俱諸生詒歲貢生曾孫廷魁副貢生 邵志

孟壽湄字秋水父醉儒貢生祖履吉中書舍人 案邵志選舉志無履吉名康熙通志載明崇禎貢生 壽湄生而穎異年十四補諸生好讀書喜遊眺
山水詩酒自娛中年患足疾閉門不涉外事知縣造廬請見

辭弗與通有問業者無不樂爲告語著有捲雨樓詩文集子
世熙孫登榜俱諸生邵志　案康熙府志壽湄曾與修府志
周宏謨字西文祖有翼父士俊以孝聞宏謨襟期豁達幼擅
文譽試輒冠軍補諸生著有春秋講義康熙初以貢生考授
縣丞事親孝父病侍湯藥衣不解帶父歿哀毁成疾至虞尚
哭泣不輟三年弗離喪次嘗分纂邑志捐葺學宮子全口全
錫孫延對延魁曾孫學易際隆學詩俱諸生延魁爲乾隆歲
貢生邵志
吳起鳳字鳴岐廪膳生幼擅文譽性篤厚而方嚴世習詩書
起鳳尤敦行不倦累舉優行以
恩貢就教諭職子傳政進士城固知縣自有傳傳人傳綸傳珍
俱諸生邵志

王江字安瀾歲貢生永福鄉人博極羣書不阿俗好設教族
黨成就甚多著述不自存檢散佚盡矣子植綱諸生邵志
尹如鎬歲貢生神山鄉人孝友敦睦發爲正聲顧不欲以此
自鳴嘗教其子曰讀書以明理爲要實踐爲先務華鮮實奘
行儉所以識王楊盧駱也子三思深舉人思濯思渟俱諸生
邵志
嚴崇王字甯風
恩貢生穎悟嗜學文行相符家貧事父必備甘旨諸兄相繼逝
訓姪及姪孫輩多列膠庠及門成名者幾二百餘人著有杏
秋纂要杏齋詩文十數卷年八十卒子國霖諸生邵志
葉德涵字學海
恩貢生其先浙江嘉興人祖封寓武昌樊湖家焉詳流寓父道復
康熙庚辰進士瑞安知縣德涵幼穎異好學家多藏書肆力
其間著作淹雅薦紳爭延以訓子弟秉性孤峻執師禮甚嚴
居停偶有失節則拂衣徑歸所居環堵每于敗瓦頹垣淒風
朔雪中手一編不輟家屢空晏如也平時吶吶不能言酒酣
耳熱則議論縱橫上下古今人怪其僻仍服其長也邵志
周士鉝字卓如市二里人祖篪一諸生父有藩興國州歲貢
生荊州府學訓導士鉝早喪母事繼母如所生伯兄士鑑歿
無子禮嫡嫂終身無間閉門授徒多士矜式子世澐增廣生
邵志
劉有銓字司衡弟有錦字司章俱諸生性孝謹父上庸舉耆
賓庭訓嚴肅宅西舊有小齋銓錦自寢門問視外即課誦不
輟家世治詩乃取漢唐諸儒箋疏與朱子註相參定自扃朝

房中樂歌音義及鳥獸草木名狀考核辨析勒爲一書兄弟
互相師友時人比之二陸父老患痺侍左右不離浣滌中帬
厠牏衣不解帶者八載父歿哀毁骨立兄弟相繼卒有銓子
子溪拔貢生有錦子子洒廪膳生邵志
嚴琢字文彬副貢生博涉羣書務極理奥有松齋詩文六卷
經義說藏於家邵志
呂敬傳字惺旃諸生有祖塋在馬橋側鄰縣軍丁鑿隙地餘
址無幾敬傳泣止不得乃售產百金贖之平生稱取與樂成
就後進好學至老不倦著有省惕堂詩集藏於家子基有歲
貢生蘄水訓導有傳邵志　案邵志止此
李友杜字芊青神三里人優貢生聰穎好學以讀書論著爲
事詩古文詞甚富家貧未刊燬于兵新纂

余自奎字光斗神二里人諸生歲授徒數十人一時知名士多出門下著有經傳類編存心堂稿門人陳中孚選刊行世新纂

陳鵠字縠立神四里人歲貢生文名噪一時嘗曰章句之末特古人糟粕耳必抉其精乃為善讀書者教授生徒多所成就新纂

談有典字栗軒符二里人靖州學正必泰子幼習詩經學有本原兄弟相師友風雨晦明不倦游江漢書院受業於張用名侍講學養莁遂詩古文詞皆足名家而制藝尤淵博古茂乾隆九年舉於鄉座主沈詹事德潛得有典卷亟稱之金壇王太史步青謂所見程墨此為愜心晚歲主講壽昌書院修輯縣志多出門人手著有栗軒制藝雜著行於世子餘祥新纂

劉子溪字道川乾隆拔貢生廷試二等得教諭詩古文詞飄然有逸氣其書遶法二王近兼董思白醉後草書不減張顛脫帽時也與修縣志主講壽昌書院裁成多士子榮芬副貢生應山教諭新纂

洪作霖字雲峯縣市崇儒坊人諸生先是楚中學者為詩文好為高論不屑研聲病字體亦多譌誤南滙吳白華省欽泉之省蘭先後督學刻延陵家模以正之而信從者猶寡作霖遂究心小學凡說文汗簡廣韻玉篇篆籀正隸諸書討論源流以誨生徒學者翕然宗之著有雲峯文稿未刻子正然早慧經訓淹貫年十三補諸生二十餘卒著有藜閣文稿婦龔氏自有傳王志稿

田穎原名興庠字更五神四里人乾隆舉人邃於經學主講壽昌書院及黃州河東書院成就多知名士同縣陳中孚除山東河東道創建宏運書院延請主講士如林立病歸卒學者猶心喪三年焉新纂

羅彪字楓林神五里人乾隆舉人家居侍養供甘旨無稍缺有勸赴試者曰天倫中有至樂一日之養三公不易也晚年講學壽昌書院矩矱嶷然而即之和藹學者宗焉新纂

張以謨字會安符石鄉人父本歲貢生任廣濟訓導著有五經摘要讀史闡秘行餘堂文集以謨登嘉慶十三年進士性磊落無城府工詩歌古文同邑陳中孚推重其文謂為尹師魯梅聖俞之亞著有詩文若干卷未梓行王志稿

余夢勇字耐圃嘉慶舉人性質樸為文淵博古茂邑名宿多出其門授施南教授施南固無陋夢勇至集諸生講解經義

士風丕變郡人至今德之卒年七十餘著有遜志齋文稿新纂

吳天秩字禮門馬七里人負不羈才弱冠為名諸生試輒冠曹儕房薦七擬元二均不售年七十六卒著有樹蘐軒詩文稿家貧不能付梓傳鈔遍一時焉新纂

黃璟神四里人歲貢生善書著作甚多燬於兵尺幅寸楮人猶珍之新纂

夏正笏字端居丞二里人父文琮諸生家貧好學教子嚴嘗除夕無以度歲呼正笏及其弟正箋拈題為科舉文已亦同作文成評隲諷誦達旦怡然相樂曰此自有味何事飲屠蘇饜粱肉作歲朝蔬果圖也正笏成進士主講壽昌書院者數年每聞人有異書輒借觀徹夜次日即還或摘書中事問之無不答如書且為辨其疑義聞者服其神解年三十餘卒娶

同里湯必壽女無子性孤峭不能容物躬自作苦守節以終
正紛卒後文琮乃充歲貢生正箋亦諸生正箏附生正篠從
九品職銜篠子燧同治間舉鄉試第一王志稿
朱文斗字指辰符石鄉人年十四補諸生旋食餼為文經經
緯史義理粹如嘉慶間由舉人選漢陽府漢川縣教諭其地
苦於水士習疲文斗莅任興廉恥勸化導學校丕振初文斗
兄金題宦廣西文斗甫弱冠為之送資斧及眷屬往還萬餘
里積誠所至履險如夷至分賑救荒建祠修講諸懿行靡不
總理精密鄉族猶稱道弗衰子二長鎮諸生次鐸章議敘八
品銜新纂
胡柏材原名大燦字韻山金牛鎮人始祖朝穎宋紹熙進士
令武昌任滿留不去數傳至文壽自有傳柏材讀書諭古有

卓識嘉慶成進士改刑部主事乞養歸遂不出居家孝友善
書喜吟詠凡邑有興革縣官過訪直陳利弊晚尤好學著春
秋左傳題解策學舉隅詩法觀瀾晚翠樓制藝古今體詩草
年八十餘卒子纘宗訓導新纂
張世治號碧泉廩膳生縣市人性耿介有清操家貧苦志進
修授經鄉里所著文集已刻行世詩集若干卷佚矣王志稿
吳翼聖號超園歲貢生縣市人早歲攻苦志以功名奮人之
無所試教授生徒口講手畫不倦喜為詩每春秋佳日放情
山水與二三子尋前賢遺蹟賞詠終日而歸晚自號雨田山
傭著燕如草堂半窗吟一卷雨田山傭半鋤草四卷新纂
王尚賓字孚若洪道鄉人性穎敏勤學好問少與同縣陳中
孚善弱冠同補諸生陳冠軍而尚賓次之督學王懿修覽其

文曰陳生紳佩器也王生其將為老名宿乎兩生聞之各自
得也已入困諸生籍中生平廉介直方意所不予義形於色
人以曲直正者不稍假借里黨有不平事輒公言雪之每談
古事如身當其時喜則真喜怒則真怒旁觀驚詫不顧也應
鄉舉者二十有二科晚節溫九經猶歲一過子史亦時披覽
顓精四書義直性命覩之水災兵燹著作亡逸盡矣所與往
還商定文章者惟老友吳五峯大岳閔星衢之奎王松吾岱
洪濟蓍作霖柏聚五聯奎皆邑中耆宿也王志稿
熊芬字杏林靈溪鄉人歲貢生體幹修偉豪儻善談論詩文
氣體高闊試輒居首選每以古名元自命伴包揣稱出闈輒
持稿示人或自誦聲琅琅震屋瓦朋輩雖詫其狂然心折之
轉相傾慕天門熊學博士鵬嘗評其文如龍門之桐高百尺

而無枝吾家芝岡先生而後復見此人其為耆舊推許如此
嘗夜行望前路虎目如炬僮股栗芬曰無恐汝不聞吾家元
乘都堂西山叱虎事乎遂平步過之虎不敢逼僮亦無恙性
好遊所至率有題詠嘗登黃鶴樓四顧茫然有不可一世之
概向道人索紙筆題楹聯畢橫笛作三弄而去晚歲不達其
興致未嘗少衰卒無子著述散佚所粹詩亦尠有存者王志稿
吳又辰號草堂神四里人歲貢生性沈靜寡言笑博極羣書
箪瓢屢空晏如也市北有瓦屋數椽蒔花種竹以自娛著有
草堂文集精醫術求診者踵弗絕子三大樑亦歲貢生新纂
熊馭麟神五里人嘉慶舉人家貧好經術能文章介立有特
操不輕假人詞色鄉人敬畏之選漢陽府沔陽州學正未赴
任卒新纂

熊慎與神五里人歲貢生治春秋研精禮學著有春秋三傳通說儀禮綱目弟慎修字省齋亦歲貢生與兄齊名新纂

王玉書字酉山諸生神四里人有文名下筆浩瀚動數萬言與同里陳中履中孚田穎講學一室暇談忠孝節義輒鼓掌不倦著作甚富燹於兵新纂

魏荊川字海峯縣市人道光舉人篤學敦行父沒荊川廬墓以居爲文戛戛獨造每成一藝爭相傳誦鄉民佃田者常減其租有負而不能償者輒焚券戊申大水堤潰時早稻已熟田主欲徵租荊川曰吾無此租不至餓死佃無之何以爲生遂首蠲之於是闔者皆蠲佃民賴以全活子瑞楩舉人新纂

萬國寍號寅菴歲貢生篤學通經史爲文敏捷蠶薈試輒冠曹偶選鄖陽府鄖縣訓導時年已七十八矣猶以振興文教

爲己任逾年卒於官子嵩齡孫席儒曾孫里鵬俱諸生新纂

余映奎號星菴恩貢生市二里人少穎敏篤敬居近三閭大夫廟每過廟必致敬嘗師事吳超園冀聖哀雪亭作奎孝親恭兄愛敬兼至王少卿家璧兄弟常從之遊授以古文法及吳超園詩法映奎應酬之文不多作作亦隨手散去然所授法雖哲匠不能過也晚歲名德益高冲淵和粹二三耆碩以及村氓販豎油油與偕也子兆經諸生新纂

金漢蘭字季香馬一里人道光副貢明眸高鼻頎然而清英氣逼人少爲文思力精銳以千秋自命自爲諸生屢甲曹偶學使者梓其文人爭誦之遊江城謙客黃鵠磯頭橫笛賦詩翛然有霞舉之想所交皆一時名流於俗子蔑如也心所予者雖齒少分卑必推而上之粵賊起以憂憤遘疾卒新纂

張鼎神五里人諸生經術湛深爲文有根柢言動悉遵矩矱從遊者衆著有純古堂文集新纂

牛星煥號秋渚神五里人廩膳生與同里增生熊復錫肄業江漢書院時主講爲麻城袁銑深器之屢拔以冠多士力學敦行老而彌篤學者從之如市集焉新纂

鄒學標字愚軒金牛鎮人篤學多聞試郡邑有聲以書劣不售嘗院試每題爲文二首滂沛陸離幾萬言學使大嗟異卒以不合例置之既屢蹶益研究六籍同時士大夫推爲經笥所著有四書握要六卷周易握要二十四卷未及梓行以族某醉爇於火執親之喪廬墓三年未嘗飲酒食肉蓋蹟禮君子也張耀孫愚軒傳略

羅珍字海帆神五里人歲貢生經史淹通爲文力追隆萬侍郎彭久餘進士魏漢章舉人夏禮皆嘗從之游新纂

黃守譓字虛舟馬五里人道光舉人考取教習選安陸府京山縣訓導咸豐六年巡撫胡文忠林翼以守譓助余雲龍集團殺賊功保舉知縣省城克復保升同知加鹽運同銜旋調辦光化縣老河口釐務十年賊擾光化守譓疾甚至漢口卒守譓有文學工書遇事綜理精密有治事才不竟其用識者惜之弟葆譓諸生保用訓導子孚敬諸生亦好學工書以哀毀卒王志稿

羅奕秦字樸園神五里人增廣生爲文力追左國於六經諸子考核尤爲明晰新纂

吳傑字雲鴻神四里人爲學務究根柢不事華藻其教人以

德行爲先成就皆偉士道光二十四年同子澍霖舉於鄉澍霖成進士次澤霖縣丞新纂

范鳴珂字紫函神四里人幼穎悟目十行下天才博贍詩文獨步一時道光二十六年同弟鳴龢舉於鄉丙子成進士官工部虞衡司主事卒於京邸新纂

柯茂枝字根臣松滋教諭澼相次子性孝友力學甫成童知縣李錦源拔以冠軍院試經古正場皆第一時有天才之目旋舉於鄉主講壽昌書院門下士翕然向風與王少卿家璧講求經世之學粵匪竄楚學使青麐攝巡撫篆率軍追戰茂枝爲決策以嚴軍政散匪黨固人心爲急務又爲團練通行事宜議事皆可行巡撫胡文忠林翼圍攻江漢茂枝密陳機宜並爲檄招諭賊黨準其投誠免死林翼虛衷博訪茂枝亦

得盡言以籌餉督團功奏保教諭加鹽課司提舉銜道員羅澤南督師至金牛鎮與茂枝論時事竟日極韙其言時度支告絀部議行使大錢自當十至當千不等成本既輕遂多盜鑄茂枝議宜用較貴銅色式樣務極精工自當十至當百而止官俸兵餉酌量成數搭放民間完納糧稅及各省指輸牙釐均照數搭收庶幾利多而弊少又逆匪竄踞江南禀鹽新章不行江西湖北等處食鹽皆係民間小船販賣無稅課故鹽極賤每斤纔三十錢賊退後官收鹽稅每石至錢千六百五十又定章必先至漢口鹽卡驗明始準發賣取稅既重又往返稽延商販裹足幾於淡食茂枝議權宜之法宜從寬大而示[illegible]設卡巡查收稅報解爲定章程當道皆採納施行[illegible]之其爲學宗旨得之麻城袁銑以辨義利爲先慨

世俗澆漓作時論上下篇其略云日至午而中天而陰慝生焉道至孔孟而大彰而異端乃出於其間焉古之異端僻而堅今之異端鄙而詐一言以蔽之曰利而已矣又曰利者義之反害之因也義重於利則人尙義利輕於害則人遠害是故義以勸之而害以懲之宜罷鬻官之例而後可以明勸懲勸懲明而後可以抑利而已亂皆救時之要論也茂枝既不得志於時乃發憤著書有求放心齋詩古文詞於地勢人材之際俛仰古今幾微見意又於忠孝節義甄錄尤多嘗與修縣志力爲考訂未及成書選黃州府黃安縣教諭赴任後以作育人材爲己任申明約束學者宗之子進琦諸生新纂

邱茂藩字介夫歲貢生市三里人父亮儒監生早世母程遺腹生茂藩茂藩生而穎異精於文律所作多精詣屢試優等

主講壽昌書院幾二十年懃勤訓課人人自喜能得師也新纂

呂鳳宣字象山歲貢生永二里人生而沈篤留心理學尤長左史傳記閉戶授徒多成就晚年詩酒自娛性孤潔與人飲雖諧謔歌嘯自如而人不敢犯新纂

張慶甲號詞峯市東繡衣坊人父學易生四子慶甲其仲也命之學而命諸子賈家漸裕食[illegible]後猶日從名師遊爲學益力以歲貢就職訓導主講壽昌書院經其指授多獲雋以去篤於內行執父喪哀毀弗勝兄嫂没出錙穀殮葬之友愛諸弟待諸子如己子子德純諸生新纂

周必森號柏香市一里人祖萬青父兆吉皆有學行必森十齡母朱督之嚴必森天資忠孝有經世志至是益感奮力追先正試輒冠儕偶道光間由舉人考取教習與同邑舉人張

官德同講求宋儒身心性命之學恍然有悟入處自是言動不苟小有過必書册以自警咸豐初元舉辦旌表貞孝節烈婦女必森晝訪夜蒐往來風雨中者有年事甫竣而粤寇至必森忠憤填膺時於詩中發之六年會試不第歸竟以疾卒官德為之傳曰柏香心企古人憂在天下而拳拳於正學日以忠孝大節與人相淬厲齎志以沒豈不惜哉著有養𦒸草堂詩集（新纂）

吳振之字又唐馬二里人諸生為文有義法家素封好施與姻族待以舉火者數十家每佃納租振之視族中貧乏者均與之善醫求診者雖深夜必赴咸豐間粤匪竄鄂其族人漢壽漢貴素嫻法紏死黨數十人橫行鄉里振之募勇士置於法鄉人德之益練團勇自固地方以安藏書甚富亂後多散失矣子煜文諸生善為詞賦亦才士也（新纂）

熊煜奎字吉臣諸生靈一里人父昌秀增廣生煜奎自少即潛心正學期於有用著訓典彙要八卷續編五卷皆古人格言督學孫家鼐為序以行生逢多難鬱鬱無所表見著經世新書二卷壽世文約二卷中興聞見錄八卷家傳醫學煜奎益銳稽靈素宗法長沙著寒熱條辨合纂八卷巡撫潘霨亟稱之又有儒門醫宗二卷方藥類編二卷救急良方一卷里鄰有求醫者無寒暑早夜必至或給以藥餌有善舉必佽成之生平寡交遊惟與處士鄒聯甲善晚年益貧而好學之志乃益篤焉（新纂） 案煜奎所著書惟聞見錄係稿本餘皆刊行因采訪稽遲故藝文志甄錄未備而所載成人寶鑑蒙養金鍼又出於采訪之外今並附載於此所著詩文則大半遺佚矣

吳挺芝號稱仙馬七里人諸生幼穎悟善屬文自總督以下

皆器之嘗歎曰士不立本徒博功名不能為世擔當稱奇男子奚貴哉善書能詩同治間巡撫胡文忠林翼保舉訓導累署襄陽石首等縣訓導兼荊州府學年七十有八卒（新纂）

程世彬號翠崖歲貢生家貧嗜學每試輒冠其曹性方直端嚴動必以禮家於靈泉壽井之間從遊者眾（新纂）

劉兆蘭字曉堂馬二里人諸生家貧力學尤致力於史漢諸書斗室中纍榻交橫而書聲琅琅終夜弗輟為文得班馬義法淵懿樸茂為數百年來所未有巡撫胡文忠林翼觀楚風拔以冠多士厚給膏火極力推獎以攻苦致疾年僅三十無子稿多散佚（新纂）

賀錫祺號壽臣靈一里人道光舉人咸豐三年粤逆東竄省城戒嚴錫祺挾五千金縋入城餉軍當道為請獎辭不受四年從羅忠節澤南軍參贊戎機多奇中總督官文恭文巡撫胡文忠林翼檄辦鄉團奏保福建同知在福建讞局決大獄者三疆吏奇其才令攝臺灣廳事臺灣故煙瘴地又僻處海南艱於迎養改官郎中旋歸終身不復出著有退思軒文集子六義宜府學廩膳生孫方來諸生（新纂）

程紀椿號雲巢廩膳生洪一里人肄業江漢書院時主講為沔陽進士陸建瀛深器之授徒於鄉多所成就及卒門人思其行誼刻石表之（新纂）

沈炳奎原名敦倫號超亭市一里人同治舉人生有至性孝親友弟人無間言力學善屬文當道交稱其賢延之教讀主講壽昌書院講明義法學者多所稗益門下士題壽昌山斗扁懸於崇文堂生平束身圭璧不染塵氛翛然自遠非人所

易及新纂

周敬宣號明仲縣市歲貢生曾祖萬青有傳敬宣性至孝尤加意敬宗收族同治四年議修學宮敬宣董其事十二年工始竣始終皆敬謹邑中修建廨署倉儲及考棚書院隄防賑捐等盛舉敬宣必與焉弟必森有傳曾與舉人張官德采訪貞孝節烈婦女彙請

旌表必森卒敬宣踵行之光緒十一年重修縣志敬宣年已六十有二多病猶思搜揚苦節宏闡幽貞寒暑胥晰編輯不輟以五月卒所著有嗜古齋文集二卷敦行堂詩集二卷南湖雜錄一卷敬宣於縣志之役兢兢致意采錄傳記至老不衰乃書成而已不及見也惜哉新纂

武昌縣志卷二十

武昌縣志卷二十一

人物　義行

周

江上丈人者楚人也楚平王以費無忌之讒殺伍奢奢子員亡將奔吳至江上欲渡無舟而楚人購員甚急自恐不脫見丈人得渡因解所佩劍以與丈人曰此千金之劍也願獻之丈人不受曰楚國之法得伍員者爵執珪金千鎰吾尚不取何用劍為不受而別莫知其誰員至吳為相求丈人不能得每食輒祭之曰名可得聞而不可得見其唯江上丈人乎皇甫謐高士傳

明

劉至德字樹滋年十七補諸生潛心求學言行不苟置田一

區租入以濟貧乏嘗見路有暴骸脫己衣殮買棺瘞之子昱昊昊自有傳孫仲淵字翠谷廩生築室得藏金不自私呼四鄰分之有里人貧而為竊為家人縛仲淵釋之贈錢一萬其人由是力善治生仲淵死其人立祠祀之仲淵子材字揚泉甫成童補廩膳生嘗見人自縊樹下材救甦詰其故則舉家被焚無以為生材厚贈之有兄弟坐誣獄或告材究材憐助數百金贖其罪鄉人德之嘉靖己酉拔貢授司經局正字擢中書舍人尋棄官歸材子建功字新衢弱冠食餼有聲學校為人直而好義其友趙某貧甚建功時周之趙死託其妻子即分田以食里有父死無棺質女得銀被竊去建功為助葬嘉靖戊午拔貢著有三餘集六朝人物記燬於兵建功子養和字仰衢早補諸生淡於仕進里有彭某數橫逆養和下之

又侵其產養和讓之其家惡之縛彭訟官養和曰此愚人請釋之其人始悔愧湖北通志檢存稿案養和子學周學純

李顒字德孚正統間大旱二載捐米穀數百石以賑之又出貲修葺學宮及賽嵩橋子廷英舉人貴州安順知州廷節正德例貢孫公己公明俱諸生公道封參議純歲貢德州經歷緒嘉靖舉人有傳維嘉靖進士江南布政司參議李氏譜

周獻方良羅詔謙饒世祿正統六年各輸米千石賑飢賜諭嘉獎勞以羊酒建尚義坊旌為義民免其家徭役三年又有胡伯剛泰昇天天順間並輸米四百石嘉獎亦如之邵志案邵志列義官門

胡來晉號九山敦義嗜書施予自好鄉里貧乏者資給之無恡色族人有鬻身者捐金贖之更為娶婦獲盜於家不播其

名但扶出而已孫勷登萬曆戊午鄉薦欽定古今圖書集成篤行名賢傳引武昌府志

汪如鏜字海寧倜儻英毅精於騎射中萬曆武舉喜交游仗義值歲歉鬻產以周族人生平多隱德未仕卒邵志

孟侊號蓮湖少孤撫於祖父豪爽高適不樂仕進祖父見背事繼祖母以孝聞庚申己丑歲饑殍殣藉道侊罄產賑濟所活數萬人邑西有西竺寒溪東有報恩寺侊檀布重修俱成偉剎橋梁道路所在繕理子孫貴顯而侊仍蕭然布素出入不乘輿張蓋年八十餘猶軒舉矍鑠邑人嘗誦之曰生平無一皺眉事有完福不觸一三尺童子有完德不染一疢含笑而終有完壽舉賓筵十數次崇祀鄉賢子習孔心孔孫道翼道宏道一道行各有傳欽定古今圖書集成篤行名賢傳

周忠一字葵陽案邵志作蔡陽誤號泰宇事一兄學書不成去而學劍兵部署爲遼衛參戎適遘病辭不赴官生平取與嚴一介忠信不欺童子性好施舍常出金數百修寒谿西山法幢年逾六十始生三子邑人孟太僕習孔贈以詩曰至誠肯信童羊角陰德能生老蚌珠足盡其生平矣熊志

周唯一字魯得諸生好施予每歲祲倉箱輒罄三舉鄉飲大賓子有行諸生孫士皇進士自有傳邵志

李時春號際陽父相清河縣丞時春孝友謹厚好義樂施以省祭冠帶兩舉大賓子楚生拔貢孫分翼諸生邵志

周宗道字弘軒諸生栖真樂道誠信不欺伯叔貧窶則割產以周里人有急㷰㷰然濟之有善好之不啻已出子事一舉人邵志謹案欽定古今圖書集成入篤行名賢傳

曹子忠字龍山諸生好施予重然諾家產逾萬盡以周人之急終身無悔志晚游方外結廬朱陵之南足不及市闤邵志謹案欽定古今圖書集成入篤行名賢傳

紀茂楝靈一里人家素封儉樸如窶人子而竭貲平道成梁賑濟饑寒無吝色嘗寓漢口鎮聞主家聚哭甚哀詢知乃泣出其妻償負者惻然傾囊金助之事聞於朝楚王曰是率民而同出於善行也從而爵之不受因賜號芸軒子曰少軒其姪世臣亦賜號荊山紀氏譜

李道遠字崇潔兄琥有傳性慷慨內行敦飭歲製寒衣以施貧乏居喪柴立號泣如孺子師諸生胡邦彥邦彥貧生養死葬道遠力任之爲邦彥子娶婦知縣鍾振表其閭曰一鄉善士李氏譜

李華山馬蹟鄉氏劉守愚之僕崇禎間闖賊領羣賊由保安窠金牛肆行殘掠華山護其幼主人崑溟避林中賊搜林獲崑溟欲兵之華山挺身扣馬痛哭陳詞云吾主人單傳七世僅遺藐孤一綫請以身代死且不朽賊感其義截其左耳釋之主僕俱全無害劉宗至今繁衍云邵志

國朝

方新字誕生李裔晟字白璧俱諸生爲人伉爽仗義有古烈士風順治十四年滋陽知縣嚴翼王禍起戚友率畏避莫敢援新與裔晟集諸生具詞行臺爲嚴營救以是忤直指意遂下獄嚴刑審訊備極慘酷衆股栗不能言兩生抗色直陳以明嚴之無辜血肉淋漓以死無一語乞憐者楚中人士咸韙之熊志

周有行字育五諸生年十二喪父獻賊亂奉母避深山中力致甘旨鄉人有鬻獨子者傾囊贖之嘗買妾聞已字人立還之不索值且戒家人勿暴其姓名子士皇成進士人謂陰德所致有行曰好事讀書人所應爲科名讀書人所應得報施之說非吾所知也士皇宰扶溝歲饑委曲賑濟後官御史上積除本計疏皆有行之教卒祀鄉賢邵志

鄧大鵬諸生嘗捐三百金立雙元二橋里有謝阜渡春夏水漲人多病涉大鵬與同里柯惟伯捐重貲設義渡置田以贍舟子搆亭三楹於水濱爲憩息所築長隄十餘丈以免泥淖惟伯之力居多雍正四五年間疊值水災大鵬出錢穀以濟鄉里人咸德之邵志

嚴謹字可言諸生事親孝家庭怡怡族有湖歲收其課而分用之謹與族中約請捐爲族中士子膏火即首捐以爲之創衆皆樂從每歲暮出米穀以施貧乏貸金力不能償者輒焚其券有呂姓與張約婚呂孤苦張攜女北去十餘年無音問謹懷金以訪得完婚乃授宅居之又捐修龍王橋建社倉知縣張旌其閭邵志

劉光婁字魯躔年十六記二十一史爲名諸生雍正初海運倉監督江夏王開銓見而異之贅其長女光婁因居江夏入市糴貨商者忘取價去光婁訪店與之有遺金雪地光婁拾之還其主曰感先生盛德請留姓氏光婁不答河南衛輝知府金樹屏聘閱試卷有懷白金賄光婁正色卻之聞於督學劉湘亦聘光婁辭不就晚歸杜門著凌雲堂集年六十八卒章學誠湖北通志檢存稿

周世榮字永耀父士進諸生家故仕族至世榮時中落世榮以勤儉致饒裕母邵早逝世榮偕其妻金竭力養父並以孝稱性篤厚好義嘗於黃梅道中遇小沙彌詢之則同宗子也爲贖歸授室以延其祀更割產與之且爲其子若孫娶婦焉雍正五六年間水旱頻仍穀價騰貴世榮出穀千餘石減價糶之生平躬自刻苦所食纔脫粟飯一盂所衣藍縷一袍累數十年而利物濟人所施不少吝年七十八卒子全德字慄懷遵父遺命首修大橋於洋瀾湖築長隄建涼亭耕者資其宣洩備旱潦行者無病涉且甃以石水達江濱暑雨祁寒得所止焉次修周樸吾立石背三橋及小東門外街衢大東門外清忠橋隄甃石東南達鳳皇臺又平道路於孟家嶺置義渡於石背湖動費數千金其他義舉不可勝紀乾隆八年以

後米穀數騰貴全德前後復出穀七千餘石減價糶之子五長廷策善承先志凡賑濟饑寒率先諸弟行之雍正六年大疫施棺以殮且躬親掩埋人以爲難次廷獻廷詔廷舉俱監生廷棟授職州同廷詔字帝諭洪道鄉有蒲塘湖夏漲冬淖行人苦焉廷詔捐金築隄二里許中建三橋以通舟楫躬督其役三年乃竣費白金二千有奇又修洪道鄉路自司徒廟至馬家塹凡七里許皆甃以石議修西馬橋官道運石數艘工將興而疾篤時廷詔尚未有子呼天且告家人曰倘得生子必成此橋兒長可以吾言告之廷詔沒月餘遺腹生子學烜廷舉字登賢縣城東街石道半其所經營也大東門以內自繡衣坊西歷濠口清風樓達方井頭北而南至八卦石大東門以外自漕倉前橫街過溝口小街轉石馬巷東至於舂

廠凡五處共三里許皆廷舉捐金甃石鱗次櫛比矢直砥平履者頌之城北江心蟠龍磯故有觀音閣歲久就圮廷舉葺新之且構亭其間其他完族孫婚佽助鄰里緩急指囷焚券如其祖父子漢章諸生知縣林曰焆張慄馮德馨黃詠宮大鵬楊玉麟皆嘗旌其閭 邵志

劉東華馬一里人徙居澤林嵛武昌大冶交界地也東華性質樸尚義自縣城小南關外官路橋梁直至澤林嵛地二十里許皆東華捐貲修築費逾二千金大冶有鮎魚石隄亦捐修之周貧濟急資婚助喪無所吝戚友有負逋者即取券還之子光裕監生 邵志

張啟化神五里人天資孝義六歲父祥珍目瞽啟化以舌餂之目得復明父沒人有負銀穀未償者稟於母悉火其券里有貧民陳姓鬻其三歲女於啟化女成人爲擇配良家子製衣飾遣嫁之弟張星諸生早逝撫孤姪如己出訖於成立子之屏諸生好施濟有父風 邵志

殷亮臣馬七里人敦篤好義雍正五年歲大祲亮臣捐穀百餘石以賑又修殷家溝石橋費百餘金復造義渡以濟行人里有貧之不能殯葬者助之至老不輟子士膺貢生孫必玲必珖俱諸生 邵志

梁以憲洪一里人比鄰有譚姓兄弟傭工奉母長忽發狂疾次鬻身以償逋負母老將缺養以憲與弟以懋各出金贖歸又覃姓者以歲饑鬻童婚息以憲與弟助銀以全婚復捐修洋瀾湖小橋人免病涉以懋妻朱氏事舅姑以孝聞朱病篤以懋子監生龍生割股以療母疾 梁氏譜

劉啟鳳字文瑞乾隆十四年及十八年穀價騰貴啟鳳出穀四千餘石減價糶之鄉黨宗族間解囊息訟濟貧恤孤不吝吝 劉氏譜

金漢一符二里人里中有小路口水陸四達漢一首捐二百餘金造渡船二復置田以飼舟子雍正四五年間疊值水災近湖居民饑寒尤甚漢一於歲暮計口給糧賴以生活者眾符石鄉太白港橋南通與冶北達江黃水齧殆盡漢一復首捐百餘金修築乾隆四年蛟水衝圮漢一重修之八年又圮漢一子金榮輯侯世珍捐三百餘金盡甃以石又助建社倉願多捐以成善舉知縣張慄以額旌之 邵志

余濟蒼符三里人所居地名鋪嵛澒湖濟蒼捐造渡船並田地房屋以飼舟子 邵志

劉紹德字鄰勳從弟從龍字元勳俱諸生撫幼弟紹植極友愛皆從貢生邵之淸游之淸卒子貧困無以自存紹德兄弟時時周給雍正五年大水紹德兄弟各出積穀二千石以食飢民又減食穀百餘石以益之紹德子世淸孫桂從龍子世裕俱諸生次世佐紹植子世隆俱監生邵志

魯一煥字艮伯諸生事繼母陳以孝聞撫姪輝恩勤倍至康熙二十九年歲大祲一煥捐穀百二十石賑之所居瀕梁子湖渡口造渡船以濟行人子家型歲貢均則訓導家睦邇姪輝俱諸生邵志

汪經國字爕勳監生永福鄉人鄰有陳二宜其妹寡婪詎大冶黃姓娶之黃以年及艾欲退婚恐聘錢之不償也乃誘二宜雇船以載貨船至因挾以償錢錢爲媒賺二宜無所出舟

子久羈拚以死經國出十金贖之諸嫌皆釋又汪錦庸女已許趙有足疾父死家貧母以女歸趙趙以廢疾棄經國收養之爲醫治疾旋愈乃備衣飾與完婚王敬伯買韓姓田田舊爲何族產何族葬者百敬伯欲廢其祀訟之官誣何冒占何微不能直經國爲左右之三載而訟平雍正十一年出穀二百餘石以賑饑生平於布施無靳情無德色知縣張摽旌其門邵志

方日允字信榑父艮舉有隱德歲儉嘗自食菱藤餘穀以周族黨日允踵父志自奉約而施濟不倦與族人方華颺出貲購田一石以爲義產子二士礜士謙俱諸生邵志

方日浩字亨咸諸生江夏縣屬南北嘴渡口爲通衢有夏姓者龍斷以爲利日浩乃出貲造渡船醵金買田二石以資修理焉邵志

何崇榮洪道鄉人繼母李病浣濯必親三年而不懈弟早世遺二孤子不能克家廢先業無以自存崇榮養之爲授室仍劃產與之値歲歉減價以糶穀里有郭家橋爲四達之區久圮崇榮出貲修築甃路以石又造義渡於走馬石湖乾隆元年年九十三

恩授八品冠帶邵志

謝之艮諸生事親孝多義舉修橋梁賙貧乏人有爭者得一言立釋子其炳拔貢生普定縣知縣淸勤盡職得於庭訓者爲多邵志

楊澄一字若耶市東里人生有至性讀書能明大義嘗自以家儒素未能推解姻友敬宗贍族自歿子崐方髫齡而澄一

卒妻曹氏苦節撫孤壽至七旬戶鄰顏其堂曰貞母宜齡崐子宏泰貢生經紀其族公產愼出入營運積千金建祠置產具祭器又自捐百餘金買田西郊爲香火灑掃貲隨時推解以成先志邵志

朱光玉字石庭性慷慨家素封姻友間告乏者指囷焚劵無少吝精於醫每丸藥以施病者全活甚衆亢爽不阿里中不法者不敢以姓名通嘗自署其書室曰讓菴子滇南廩膳生邵志

熊之奇監生少負不羈才好書史不妄交游不干名譽濟人利物見稱里閭邵志

熊聖武洪道鄉人事母孝曾割股以療兄疾家有薄田數畝粗自給而好施濟有丐裸而號於門天寒解所衣衣之羣匄

畢集多方以應之自是歲製緜衣散給以爲常數年費幾二百金邵志

朱瀚字崑來貢生嘗出百餘金以修祖祠又助葺學宮除道成梁所費皆不惜雍正五年夏大水減價糶穀孫謙諸生邵志

蕭本熹字儒宗監生父芝溥湖南辰溪訓導雍正五年本熹出多金修棠棣橋及南郷小橋乾隆十八年遷居縣市乃修市路自東岳廟前至鄔家巷口凡三十餘丈五里墩路中有亭可憩行人洪一塘角頭邊歲施茶皆本熹爲之也邵志

柳文起字若谷諸生柳煥子父母皆登上壽文起依依孺慕老而不衰竭力出多金助建祖祠又祖墓多鼪鼠文起與其姪諸生奇勳捐金甃以石雍正四年大水乾隆四年旱稱貸者衆次年水亦如之文起並焚其券年八十有八卒邵志

趙汝衡洪道郷人雍正六年夏歲饑出穀三百餘石以濟郷鄰邵志

何本懷字光德監生質樸敦內行與弟本耀相友愛顏所居曰敦本堂家貲頗裕身食脫粟布衣若寠士而修橋梁建宗祠神廟捐重貲不吝乾隆五十年旱族鄰空乏不舉火者計口賙給之子孫繁衍人以爲好善之報王志稿

徐光鈿字士英神五里人家貧服賈望江逆旅主人負客錢訴於官責之窘將鬻妻以償光鈿夜聞泣聲詢其故慨然出貲償之吏代謀生理既歸舟泊鸚鵡洲夜半聞空中語曰西南風也遽醒解纜乘風去十數武而洲圮他舟悉沉子世琳舉人新纂

胡世鑑家饒而勇於好善睦宗族置義產乾隆戊戌歲歉捐衣食以濟饑寒乙巳丙午間大疫施藥餌棺木無倦容里有引龍橋傾廢捐貲修葺橋西有通衢亦捐千金修之里人爲勒碑道左嘉慶通志

紀東山明義士芸軒八世孫乾隆時人事親養志承歡性倘義族有孤貧名章發者能善事其母東山時周給之家中落鬻田持金易錢錢肆多與錢劵二百四十千歸月餘始覺力疾親往還之新纂

王養恕字心泰其先黃岡人七世祖濟參政贈侍郎六世祖廷瞻尚書五世祖同觀明季始避地武昌有子十人俱以文行知名高祖追騄

國朝順治舉人刑部主事曾祖一卓諸生祖封燕父如茂養恕生而孝謹豪飲好客所交多賢豪長者嘗訓二子曰人有小

善不可忽過人有隱惡不可道破其宅心忠厚若此城東方家塘宅有狸怪人不敢居養恕夜飲手鐵叉往怪挾風沙來如虎勢攫人力禦之怪遂絕人稱其力恕笑曰我不勤心耳同里諸生王岱曰君以德勝妖其言乃似孟施舍長子子奇有傳次子芝異行畧

賀階平號伯星盬一里人廩貢生家故素封生平見義必爲凡學宮試院賑卹諸務俱力爲之又捐錢萬緡爲士子鄉會試賓興費至今士人德之自營一室而讓舊宅與族人居敬宗睦族培植寒畯修橋梁道路善行不可枚舉郡人欲舉賢良方正辭不就知縣潘克溥爲表其閭年七十卒子錫祺自有傳錫誠州同錫祥監利訓導錫誠中書孫義粹舉人竹山教諭義行拔貢江西知縣義立諸生義宣郡廩膳生義彰增

廩生曾孫方來方焜方輿方定俱諸生新纂

饒佐廷監生馬五里人嘗設義學於族中延師課讀立育嬰堂戒溺女刊有拯嬰集所費不下千緡子守仁同知銜次志仁布政司理問銜新纂

胡從仁字依齋諸生攻書能文章前明黃劉二縣令捐置學田及學宮餘址歲久並爲豪强侵沒從仁與諸生柏聯奎等訴於上官始得還邑人立碑賓興館以頌之弟從義亦諸生家貧力學知縣劉貽孫過其門值雪夜聞書聲烜烜乃登堂相與講經達旦自後始定凡生員家不值更自從義始也新纂

紀榮高號玉峯州同靈三里人性剛直不畏强禦生平慷慨好義嘗捐修宗祠姻戚有乏嗣者爲置田產以續其祀歲歉出穀千石濟鄰里若修橋建廟諸善事不可枚舉年七十六

卒子輔國武生守禦所千總辦理賑務修葺考棚於里中設義學施棺以與貧者萬蔡州同忠勤布理問孫以龍舉人以成隨州學正以鳳荊州教授樹茂府經歷以修訓導樹棠州同銜以王鹽知事銜樹鈞以麟俱諸生新纂

賀瑾懷號風軒監生靈五里人性端方好讀書至老不倦生平多隱德道光十一年歲祲有二病丐食之踰月斃買棺瘞之且囑家人累以石毋沒焉咸豐二年粵逆陷會垣歲且不熟鄉里震動散穀數百石撫之年八十三無疾卒子樹準諸生孫時熙舉人亮熙澄熙俱諸生新纂

柏聯奎字聚五諸生其祖父多義舉聯奎負才畧能任事道光四年重修書院自起工至蕆事勤事不懈縣有義田曰黃公莊爲强悍侵奪聯奎率里人訴之上官八年卒復之新纂

朱池諸生符三里人道光十一年大水倡捐助賑議敘從八品給樂善好施額旌其閭凡學宮縣署皆極力捐葺十五年黃柏山沿江隄潰池與訓導范淩玉監生劉開陽及大冶監生朱立本捐金四千餘修補之知縣李錦源議請獎辭不受新纂

吳載陽字和菴馬七里人賈於安徽英霍間家饒裕兄弟析箸乃讓而受其十之三設義渡於英山置義地於霍山所費甚鉅新纂

王子奇號靜菴城東繡衣坊人年數歲凡衣履冠帶推新與弟芝巽而自服其故弟讀書賢廩鄉子奇思之輒攜膏火資日行百里視之以爲常嘗充戶曹椽鄉里安其廉平弟以事戍雲南父老子弟送之有泣下者子奇慷慨數語而別別後

益購書置家塾延師課姪家璧兄弟讀敎養倍至家璧成進士子奇聞捷曰吾非喜兒成名幸耆耆者明吾弟無罪耳毋疾醫言得阿魏疾當起乃致書於雲南購得之疾遂愈强飯十餘年年八十七乃沒子奇力疾營葬畢亦於是冬卒族黨待以舉火者咸哀思之子家璐自有傳次家瓚副貢生署遠安敎諭孫世瀛附貢生世綸州同銜世銘諸生世釧布政司理問銜世鈞布政司經歷銜行署

周萬青號銓齋天性孝友理家政三十餘年置祭田聚族復古居恒不問生產而心存利濟嘗與舟子五百金舟子遺之訴之官罪坐遺者萬青白免之道光十一年大水災民聚衆乞賑致毀縣署知縣怒請案治萬青委曲調護諸生宋功謙代擬稟牘情詞悱惻上官爲感動遂得薄其懲而卹其災因

與策救荒事宜全活甚眾其後戊申己酉水災游至功謙力
任救荒拯濟事活人又無算鄉有爭端往往造萬青廬就質
輒以數語釋之雖頑梗黠猾亦感悟至其培學宮修書院增
膏火葺試館造橋梁祠宇諸善舉均力肩其任工得速成以
急功議敘從八品督學王贈芳以孝友端方表其閭孫敬宣
歲貢訓導必森舉人教習曾孫葆中廩膳生協中武生葆初
諸生新纂

涂華耀號聲揚洪道鄉人遷居縣市嘗晨啟戶見塗有遺金
因拾之坐而候其人至舉以歸其人稱謝華耀愕然曰行吾
心所安耳何謝爲好儒術不治生產命子從名師游具修脯
必豐而自奉乃極約喜讀小學好與人談古今忠孝事嘗曰
名教中眞有樂地彼營營於利欲者何齷齪也蒲圻有士人

張德純流寓於縣家貧不得歸華耀稱貸以贈並醵金助之
子淑儒監生有傳席儒舉人漢陽教授孫芝年監生祺年附
貢南河同知椿年進士江西候補道署鹽法道崧年榕年俱
諸生新纂

周輯五本名學瑞字靄亭監生少端重佐仲兄懋遷事無鉅
細必請而後行居市不欺日中市罷輒相聚膝下怡怡如也
生平無非禮事顰笑不苟暇則默坐而已嘗爲友人黃岡李
甲貸三百金修隄届歲歉不能償竟代償之遇李如故又嘗
遣傭保吳循祿市物巴河吳以百餘金付舟子藏舟中守懈
忘其金吳惶恐責舟子急舟子號泣將以母棺償輯五察其
非自盜遂置不問王志稿

胡朝椿市二里人少孤依姨家陳氏陳之弟某子之爲娶婦
生子啟崙啟崑已而歸宗懋遷於蜀啟崙一名士源幼就塾
穎敏塾師諸生王之翰器之娶以女甫婚念父遠出母亦前
卒不忍安處婦爲具糗脯遂入蜀父賈不得息請偕歸不許
居久之會同賈興國某甲病且死積金數百謂朝椿曰妻子
遠公卽吾親故也勞公爲營葬餘金可自取朝椿强應之及
某甲卒爲營葬畢遣啟崙歸至興國訪某甲妻子悉以餘金
授之某甲妻子請以其半爲謝啟崙亦不受也啟崙以道中
積勞歸逾年卒婦王撫遺腹子大武成立朝椿晚歲自蜀歸
貧如故王力女紅助啟崑孝養者十有四年大武子望楚之
傑並諸生王志稿

陳萬宏字茂廷少孤爲祖父母所養以孝謹聞母適他氏而
病巫者言前夫爲祟其家爲厭勝法象其形釘置壁間萬宏

方髫齡省母聞之飲泣爲潛移他所又爲之則又移之稍長
力儉勤家漸起嘗買僮已爲娶婦僮有去志遂折券並其婦
資遣之族有貧者屢分升斗贍之不吝然諾必踐無少長皆
遇以禮人未嘗見其疾言倨色也年八十餘卒子曉青布政
司理問銜王志稿

賀高甲字樸貞天姿剛毅質實人也居靈溪鄉行五人稱之
戇五翁以鐵冶起家嘗賈於江南患市獪卒狡桀射利無衷
言龍斷不處人餘地思矯而化之貨無僞價不欺市人與語
小不合卽拒不與互市人初怪其不情久乃服之信之以是
故累致數千金然雖以居積致富饒有所當施予立應之無
吝色無諾責也事親孝雖懋遷遠道恆致甘脆輕煖於親未
嘗不得其歡或與人牾見親卽改容親詰責之唯唯聽命謙

客以盡食為度否則責中饋治饌不能當客意嫉惡嚴面折人過失不稍為之隱以此或見尤然於兄弟族人悌恭不失也妻紀氏性和靜贊其美諫其失高甲雖戇而得免於禍患者內助之力為多王志稿

李正華市二里太平橋人為封職王子奇壻子奇弟芝異戍雲南正華往省之芝異遣幼子家琠歸[illegible]學琠方六歲正華以籃輿舁家琠已徒步導從之復偕芝異中子家瑋往省親兩年中往還二萬餘里不知其險且遠也子大雲江西主簿王志稿

陳兆霖字海恬中孚長子貢生工部營繕司郎中道光二十八年同弟汝霖遵父遺命於京師創捐會館為合縣應禮部試及候選之所邑人士咸利賴之又捐置義田歲納租二百

有奇贍濟族中貧乏蓋有范文正公遺意云子二長慶保附貢生四品升銜選用員外郎為弟汝霖後次福保舉人內閣中書新纂

周學炬字竹村監生洪三里人候選直隸州州同廷棟子性孝謹見義必為費千金築水逕隄一鄉利賴修橋路施棺木賑貧乏歲以為常遇儉歲穀米騰貴則減價出糶乾隆四十九年知縣王案是年任知縣為瞿丞鏞志稿疑誤嘉獎力行善事扁額王志稿

呂基有字應尊乾隆歲貢生平好善樂施力行不倦鄉邑有盛舉必倚重焉授黃州府蘄水訓導著有省惕堂文稿子其常監生有父風王志稿

周敬堂字春坪府學增廣生洪三里人候選訓導履祥子性慷慨好義修黃柏山隄及楊溪山下橋又助建考棚增書院膏火費數千金議敘鹽知事每歲備棺收浮骸葬之於城東門外購屋為存棺地又於雨臺山下買義地所費甚鉅新纂

潘際雲號風軒貢生神一里人居濱湖歲饑出數百金賑之撫宗子文列文質成立為娶妻並代營生理焉新纂

田若華神五里人武生有膽畧咸豐六年粵逆困省城偽檢點古隆賢率匪眾往援紫葛店余雲龍以兵數百破賊萬賊雖敗而鋒尚銳偵知兵少欲轉戰若華約武生葉占魁監生張斌耆民劉相魁等誑賊以大軍在後賊以刃加若華頸若華立辨釋之粵逆遁雲龍欲乘勢逐北若華等恐眾寡不敵止之是役也我軍獲全勝若華等與有力焉新纂

張英字仁山神五里人武生性骯髒不阿俗里人畏服咸豐二年粵逆下竄土匪乘機劫掠張族大英以眾威之匪徒皆

歛迹新纂

陳用琛號又辛神四里人咸豐舉人會試不第遂家居侍養順志承歡生平正直與人交不欺然諾遇戚里貧乏周給無德色終其身足迹未嘗履公庭新纂

嚴和清字素臣諸生神三里人道光二十一年知縣潘克溥舉和清督修黃柏山隄酷暑風雨不蔽工得速成且完固節婦羅彭氏貧苦守貞匪人覬其產強嫁之節婦抵死不從數日矣節婦將死和清售產贖節婦以歸新纂

王家璐字蓮浦監生性孝友弱冠棄舉子業理家政儆弟家璧得壹志於詩書同居食指百餘人分衣遞食內外肅穆無閒言生平無欺人語戚友有爭端得片言立釋之居恆布衣蔬食倐然自得視富貴淡如也邑中修葺書院學宮凡有關

於名教者前後縣令皆浼爲經理咸稱其能子世瀛附貢生世綸州同銜新纂

涂淑儒字倣魯監生善事親兄弟白首相友愛督理家政俾弟庶儒從事於學性戇直是非無所假借有以緩急告者必佽助之邑中修葺文昌閣城隍廟韓公祠淑儒始終經理之不辭勞怨事賴以舉新纂

范開椿字步青少孤力學兄開桂之廣文任開椿侍母家居母八十餘卒遂絕意進取貲故不饒然好緩急人所爲多盛德事焚券捐金恤嫠助賑意廓如也里中有疑事必走質詢爭者得一言立定久之里無爭者好面折人過改則復初或侵其田宅家人不能忍開椿曰有田宅受人侵不愈於無田宅乎遂推與之母八十初度時夜分客散入室猝遇賊火之

則里中無賴子某開椿給貲令速徙業其人感泣去卒改行年六十有四卒子志熙舉人江寧候補道孫德鎔庶吉士戶部主事德楩舉人內閣中書黃雲鵠范公家傳

金玆紺監生馬一里人所居近秦家畈係與國通山通衢天雨人行泥淖中以爲苦嘉慶十四年玆紺出金數百葺石修之計五里許凡遇水旱偏災有貸者多不責償新纂

余德畏字端人諸生賢一里人性倜儻喜施與歲饑出粟活人無算年逾八十未嘗有疾言遽色鄉里咸以善人目之子迪光覲光均能繼志孫子彥心田俱諸生曾孫覺達毓瑞俱舉人兆蓉諸生新纂

郭璉山字靜軒天性肫篤處兄弟友愛析爨後撫仲兄遺孤如己出戚族有不能婚葬者佽助之道光辛卯己酉水災出粟數百石以濟鄉有嫠婦者分金與之俾完婚至修廟建橋助賑不一而足新纂

劉春華字芳村永二里人監生家貧多善行鄉濱江隄七均潰請於知縣張昃修復並捐助南湖磧磯湖閘鄉人贈一鄉善士額新纂

夏振祥永二里人監生道光辛丑歲大饑出穀數百石以賑貧者知縣潘克溥給善行共仰扁己酉歲亦如之新纂

鄭林榮號春圃例貢生早孤事祖母水母氏董皆能竭力工計然術誠樸不欺人以勤儉致饒裕睦姻任恤敦於宗族初與弟析爨弟卒子幼家貧林榮復與同居其後財產皆均之性嗜詩書培植文教嘗首捐田五百畝爲縣市三里賓興經費又捐租八百斛爲縣公車北上經費又捐田百餘畝爲青

昌書院膏火年六十三卒子秉國守禦所千總克純附貢生中書科中書孫鍾麟瑞麟綬麟俱優附生新纂

武昌縣志卷二十一

武昌縣志卷二十二

人物 耆壽

明

邵楚賢本名薹生應豹元孫應豹壽九十五自有傳其高祖
伸字子直壽九十六楚賢洪武初薦舉任安溪知縣致政歸
性澹泊與人無競壽百歲子五人以東西南北中五臯為號
康熙府志

邵浹字于中應豹九世孫嘉靖歲貢官奉化縣丞致仕歸清
白自持手不釋卷壽九十八與鄉飲大賓者十六次有司屢
致肉帛存問子五人木禾朮米柰禾字秀卿壽九十九孫九
人龍光一名餘字季龍諸生壽八十 邵氏譜

邬必信 案鴻寶應本作必强據三楚文獻錄改 字廷實生有至性少以母病求

醫至江滸風濤厲作榜人不肯渡必信自前刺舟中流舟覆
恍忽有人持之得濟竟迎醫歸母病尋愈母沒哀毀逾常於
兄弟撮幼及析箸數千金悉推與諸兄多隱德不與人言一
日酒酣自言先年道逢一士為豪所持陷獄心哀之為營救
良久得解語已忽大悔詐曰吾饒舌或更容之即曰亡是事
適醉妄言耳性好施不市義名少好學於書無所不窺既而
棄去特喜莊列鶡冠關尹諸子言既亦棄之而攻梵典生嘉
靖十七年至崇禎十年孫明昌成進士上言臣大父必信積
學行義已及百年伏惟陛下清剛之氣降鍾山川悠遠之徵
漸被黎老夫上有升恆之福則下有難老之人臣昧死謹具
狀聞天子覽書甚悅詔賜冠帶粟肉又使所司表石其閭已
而明昌謁選授錢塘令必信就養於官嘗曰為好官無取赫
赫名居一年無疾而卒凡歷六朝壽百有一歲子二珠瑞 倪元璐百歲翁墓誌銘

姜學周字起予以孝友聞於鄉教子傳經門無二尙子愃中
崇禎舉人郡邑循故事鐫禊樹幟以光其閭學周出視衣履
故常少年有請更衣者學周正色曰兒輩解讀書自分內事
老人方欲導之廉謹可自失其故步耶愃後成進士服官所
至輒有聲學周生平無城府貌如其心有不直者言出立解
鄉人有季允彭翕之目 熊志

嚴漢節字方塘王府典膳 新纂 壽百歲子年八十居喪哀痛孺
慕劉仲叔書其閭曰百歲老翁天下少八旬孝子世間稀 康熙府志 案嘉靖戊申喬世寧懷坡亭記推官劉起宗議復亭嚴漢節出貲佐之隆慶庚午李有朋重修懷坡亭記謂不三十年亭已零落山阿時嚴尙期頤無恙延而致逾時亭就又嘉靖二十年朱贊築學隄建文星塔記云始終與有力者嚴

方塘也李有朋重建正衙記云邑人王官嚴漢節以門屋若干椽來助考熊志例科表有嚴漢節王府典膳邵志刪例科表遂逸其名喬李諸記皆名而不字朱記則字而不名邵志者碩傳以字為名然李記稱漢節尙期頤無恙者碩傳則方塘外無兩百歲翁也漢節為方塘之名無疑又案喬李二記兩次修九曲亭者皆漢節也熊志古蹟九曲亭下有其名邵志則書劉李名而除嚴名不考碑記之過也

水映梧字文泉曾祖皞知醫年八十餘映梧淳厚好義萬曆
初知縣李有朋創建鳳凰臺塔映梧出貲助焉年九十卒又
有水映柯萬曆時壽官 水氏譜

柳鏜號竹溪其子郡字一峯神山鄉人鏜年十三補弟子員
十六食餼潛心理學課子郡孫東甚嚴萬曆十九年東領鄉
薦時鏜年九十六矣 邵志 王志稿 案柳氏譜系詳儒林柳東傳

呂羹字雲岑端方誠信以詩禮世其家舉賓筵者三年九十
三卒子大受大奇大建大章孫師謨言鼎曾孫瓚謙光俱諸

生邵志

盛子倣號繼軒縣市宣化坊人生平無詐僞率性直行以家政付子諸生友靖而日與老友游棋聲丁丁雖不三號不止蕭曠夷猶不知老之將至年九十卒邵志

汪毓星字子魁恭儉正直不阿時好萬曆間初行丈量衆議莫決毓星條陳以應事竣悉如所議治家嚴肅族黨中有不義者輒溫語化導之工於詞賦晚歲名德益高以冠帶三舉鄉飲賓年八十四卒邵志

夏時行號義庵性孝友萬曆十七年傾廩濟飢存活者數百人年八十九卒熊志

程壘字貞白府學廩膳生貧而力學淹貫經史屢試高等崇禎十六年獻逆陷省城開僞科錄士壘大怒曰鼠賊敢爾辱

我庠序耶遂解儒服混迹羽流卧雲漱石几榻蕭然年八十二無疾而卒康熙府志

周球一洪三里人年百歲又有黃廷對知縣黃冕子舉人道冕父年九十二卒邵志

國朝

潘國相字廷爾監生考授州同事母孝母年九十四問寢視膳無時或怠居濱水設義渡造橋梁值歲歉傾廩救饑存活者衆年九十二卒子志龍志鵬孫如岐如嵩俱諸生邵志

陳虞昭號晦泉父世德諸生虞昭通達博覽有所見聞皆疏記所著有晦泉詩文集兼通形家言著有羅經指南解年八十餘猶手不釋卷飲酒賦詩無疾而卒子其詩廩膳生其情號實齋監生性至孝多義行年八十餘卒孫宗虞諸生宗銘歲貢宗謙舉人四川東鄉知縣曾孫邦勳杰昌俱諸生邦昱廩膳生靖道讓陳氏父子合傳

潘普占神二里人常出貲修建宗祠族人推爲宗長僑居縣市凡貧乏求助者隨時推解無吝色年八十卒子懷南職員善體父志孝義克敦孫聯芳聯魁諸生聯奎典史邵志

胡屏任靈四里人幼失怙恃乳母張撫養成立屏任感之生養死葬恩誼綦篤性好施予凡橋梁寺觀時助與修歲饑則竭力賑卹年八十餘卒邵志

殷雲翼馬七里人少孤事母孝事兄謹生平好施予嘗出百五十金與兄合修殷家溝石橋三甕里黨貧不能婚喪者必力爲之助乾隆初舉鄉耆邵志

張拱北符四里人里有太白港橋爲四達之衢歲久圮拱北出百餘金修之乾隆初舉鄉耆邵志

柳榮字太元懿行範俗博極羣書年八十三卒邵志

王貞甫弱冠以文名旣棄舉子業則肆力於詩與同里進士王懋才多所唱和晚年嗜岐黃術以濟人爲心不責值親族有貧乏者割產與之舉鄉飲賓者二年九十二卒子國柱孫緒容亦精醫術玄孫本仁諸生邵志

胡仕朝字珂玲永福里人性敦本好義建宗祠置祭產修築橋梁喪無殮者施棺衾以葬鄰某負債將鬻妻償仕朝爲代償之年八十三卒孫從本諸生邵志

熊宗周字啓山監生高郵州知州正南孫專父雲上極婉順母林早世事兩繼母如所生里有貧者解囊以濟善書工詩年七十六卒邵志

朱正論字廷陳馬蹟鄉人性誠樸敦內行生平不欺然諾濟人緩急指囷焚券無吝色戶充運軍貧寡之丁值運年公費無所出正論捐田三石積穀以助舉鄉飲賓年七十四卒（邵志）

高之哲永福鄉人事母童孝年七十問視之禮不稍懈母年九十九卒哀感路人善醫多活人常施藥丸以濟貧病康熙三十二年歲歉道殣相望之哲鬻產施粥月餘年九十二蒙恩賜肉帛加冠帶至再子從奎孫大猷大偉大拱俱諸生大陶增廣生（邵志）

李冠六博覽經史施濟貧乏雍正二年捐修黃花橋乾隆二十一年舉鄉耆時年八十一子光義諸生劉象周乾隆二十一年出百金以賑飢二十五年舉鄉耆時年九十九鄭席珍馬一里人乾隆間捐修道路及汪軍橋二十一年舉鄉耆時年七十六（邵志　案邵志皆以生存而列傳卒年未詳故類次及之）

盧學錦字占文諸生康熙三十二年歲歉出穀以賑飢凡除道成梁周貧急難皆竭力為之年八十卒（邵志）

王希虞洪二里人歲歉隨力賑濟鄉里有不平事往就質曲直立剖或自慚不直則望廬而返雍正十年舉鄉耆給扁額冠帶者再年八十五卒子澤諸生（邵志）

柳煥字康侯諸生母詹早逝父子易諸生不再娶煥侍養三十年依依孺慕無少懈從竟陵譚元春游工詩古文詞年八十四卒子文正文起文矩俱諸生（邵志）

詹錫爵賢庾鄉人諸生康熙三十八年出三十金助修金牛鎮大橋雍正八年出穀助賑年八十卒子維柱諸生（邵志）

周士璉字維商縣市人父有罨諸生士璉與妻孫氏事親均以孝聞友于兄弟財物無少私親鄰有急隨時佽助力不能償則焚其券又修築東皋祠一帶石路官路隄橋及縣西馬橋知縣張慄為舉鄉耆與妻孫氏並年八十餘卒（邵志）

陳起潙字虞文馬蹟鄉人嗜古博學授徒五十餘年多所成就排紛解難表正鄉閭年八十一卒（邵志）

談時寵字廷眷符二里人以乾隆七年壬戌十二月初二日卯時生性嗜問學讀且耕能以節儉治其家先娶於黎無出妾周生子逢交後黎周相繼逝嘉慶十九年逢交病卒婦邱貞而孝無子念宗祏重數以繼姑為請時寵於是年七十三矣繼娶劉氏越年生子逢接道光三年生子逢禮十年逢接舉子景懷以為逢交後十二年復生子逢用小字九一以寵是年九十一也聰強如五六十許人晚節猶能背誦古文詩使子孫聽之每里社報賽推時寵為祭酒杖履婆娑必酬酢盡歡乃散二十一年鄉人士以狀聞教諭程炳訓導楊徵策贈以扁將申諸大府未果以道光二十二年壬寅三月初三日辰時卒是月朔忽自云有仙人招我至期命燂湯沐浴衣冠畢端坐而終壽百有一歲子婦邱在列女傳（王志稿）

劉從舜永福鄉人生於乾隆二十五年卒於咸豐十年壽百有一歲性樸厚力田鄉里稱為長者晚歲家小康以家人食指多命析居諸子分日迎養繫几為肩輿而孫輩爭舁之繞膝承歡老福逌厚道光三十年督學杜翰以齒德俱尊額旌其門（王志稿）

范廷鑑字朗玉號瑩塘神四里人任安陸府訓導勤於訓課士習遂端家素封歲饑輒煮粥活鄉里出重金助修文廟考

栅河隄各工性嚴正敎子弟有家法子若孫皆孝友入庠食
餼者十七人選優拔貢者三登賢書者四成進士者二壽八
十有六重遊泮水親見曾玄蒙
旌建坊表曰七葉衍祥孫鳴龢進士現官江西候補道贈如其官
新纂

范興堯號佩唐神四里人性正直不阿俗好鄉人敬憚之稱
范必直年百歲弟興得年九十三兄弟友愛老而彌篤居同
席出同行未嘗頃刻離妻萬氏年九十卒子傑亦年八十新纂

范開桂字端衢廩貢生神四里人任襄陽府訓導樂育人材
振興文敎嘉慶五年土匪蠢動開桂晝夜巡城總督保陞知
縣辭不受退居林下凡有功名敎及戚里困窮靡不竭力從
事著有閒過山房文稿年八十六卒新纂

賀杰然字季星靈一里人家故饒裕尙義好施邑中學宮試
院賓興諸盛舉皆以重金助之先後餉軍近鉅萬咸豐間江
夏彭某避寇主其家彭故士族食指繁食不能給杰然畀金
鴨腹以遺之善舉不可勝紀子錫朋官湖南知縣迎養至署
杰然手輯先賢名論可爲立身居官法者名曰集善寶訓年
八十卒子九人錫朋錫珍俱有傳新纂

姜語傳府學諸生進士語曉弟也七經騷漢俱能背誦不遺
授讀黃岡麻城間多所成就精天文學塔忠武齊布率師南
下與語傳語大悅後督師九江遣使徵之以年老辭年九十
四卒新纂

劉知希明尙書仲廉裔孫祖父皆貢明經弱冠屢取佾生年
八十復與是選越十八年
恩賜七品冠帶謝其柄劉知希傳畧 參王家璧劉廣峯壽序畧 廣峯先世自元始居武昌四世而始大牒載一世祖受四廩膳生二世祖保滋至元壬午舉人三世儒美諸生少司空仲廉當其四世五世思賢六世庭仁七世繼江並諸生廣峯高祖宗先康熙十九年恩貢曾祖知希壽九十有八祖乾齋八十有三祖妣嚴享百歲父斯可母氏徐年八十有六廣峯兄弟五人諸兄壽各七十八十廣峯最少存年八十賜七品冠帶妻雍氏並臻上壽子五人孫十三人曾孫三人

高之哲康熙間
恩給八品冠帶子從奎諸生何崇榮乾隆元年給八品冠帶李開
明
旌表建坊呂太山壽百歲增生秦英杰秦有益壽皆九十六歲
俱永一里人夏緇壽九十八歲湯大經壽九十六歲高朝玉
高開上壽皆九十七歲俱永三里人沈榮孝熊全義胡向青
呂樟壽皆九十六歲呂葆光現年九十六歲俱洪一里人儒

士汪書勳壽百有一歲洪二里人余師茂壽九十七歲何球
壽九十八歲俱洪三里人從九銜李培芳壽九十六歲方城
待壽九十七歲俱神一里人潘柏壽百歲神二里人尹廷權
壽九十八歲神三里人趙用世壽九十七歲貢生李福隆生
員李仁隆壽皆九十六歲俱神四里人羅文魁壽九十七歲
陳用德現年九十六歲俱神五里人監生五品封職紀瑜璋
壽九十七歲靈五里人殷珍魁壽百歲馬一里人路承富壽
九十六歲馬八里人孫敦孝壽百歲賢二里人段裕嘉壽百
歲賢三里人余上庠現年九十八歲符三里人談廷眷壽百
歲符四里人新纂

曾光祿壽八十七歲永一里人監生劉壁基現年八十七歲
永二里人王萬周壽八十四歲洪三里人張萬卷壽九十歲

神五里人光緒五年
旌表慶綿五葉劉玉堂壽九十歲靈一里人監生五品封職陳炳南現年九十四歲靈三里人黃愈昌壽八十六歲符一里人夏振禮壽八十八歲陳啓周壽九十二歲俱符四里人均五世同堂又夏浙豐年九十四歲五世同堂胡如漢現年九十八歲俱市二里人王定彩現年九十六歲賢四里人新纂

武昌縣志卷二十二

武昌縣志卷二十三

人物　隱逸

晉

郭翻字長翔武昌人伯父訥廣州刺史父察安城太守翻少有志操辭州郡辟及賢良之舉家於臨川不交世事以漁釣射獵爲娛非己耕不食非妻自織不衣居貧無業欲墾荒田先立表題經年無主然後乃作稻將熟有認者悉推與之縣令聞而詰之以稻還翻翻悉不受嘗以車獵去家百餘里道中逢病人以車送之徒步而歸其漁獵所得或從買者便與之而不取值亦不告姓名由是士庶咸敬貴焉與翟湯俱爲庾亮所薦公車博士徵不就咸康末乘小船暫歸武昌省墓安西將軍庾翼以帝舅之重躬往造翻欲强起之翻曰人性各有所短焉可强翼以翻船狹小欲引就大船翻曰使君不以民鄙賤而辱臨之此固鄙人之舟也翼俯屈入其船中終日而去卒於家遺令儉葬惟以兩卷老子示存道德晉書隱逸傳太平御覽引晉中興書郭緣生武昌先賢傳又引別傳

南宋

郭希林武昌人也曾祖翻晉世高尚不仕希林少守家業徵州主簿秀才衞參軍並不就元嘉初吏部尚書王敬弘奏曰聖明司契載德惟新垂鑑仄微表揚隱介默語仰風荒遐傾首前員外散騎常侍琅邪王弘之恬漠邱園放心居逸前衞將軍參軍武昌郭希林素履純潔嗣徽前武並擊壤聖朝未蒙表飭宜加旌聘賁於邱園以彰止遜之美以祛動求之累臣愚謂弘之可太子庶子希林可著作郎後又徵員外散騎

侍郎並不就十年卒時年四十七子蒙亦隱居不仕泰始中郢州刺史蔡興宗辟爲主簿不就(宋書隱逸傳)

元

嚴靜山字紹安號雲谷涉獵經史工詩與丁鶴年同學南湖書院耿介不阿隱而彌耀所居山水環抱故鶴年有出門便有好湖山之句年九十四終於家著有雲谷緒餘稿學者稱雲谷先生(雍正湖廣通志 熊志)

李肇緝字則仁號筠玉(案一作均玉)高祖祥蘄水人曾祖夢戈宋進士國子司業宋季避地大冶墓在武昌縣洪道鄉白蓮堡子孫家焉祖安子諸生父芳孫元延祐丁巳以歲貢充湖廣解元明年成進士提舉嶺北儒學蘄水籍實居武昌白蓮堡今猶稱李解元灣所著有梅軒集肇緝兄弟六人兄肇元以

子進士希白貴封文林郎奉父命分居武昌蘄水以守先世墓田元史旌德傳中蘄水李青七青八不屈於徐壽輝而死者即其仲兄則裕之子也肇緝生元季墓在洪道嶺下跳虎山碑書元大夫職今不可考丁鶴年有贈李筠玉隱居詩云萬里雲霄歛翼回掛冠高卧大江隈春深門巷先生柳雪後園林處士梅云云其推許至矣肇緝蓋亦家世仕元而不欲臣異代者故與鶴年有鍼芥之合也子二伸號東里學士賤履篤實石鼓書院山長衛士貞有弔李東里文佑仕爲蒲圻主簿仲子模字咸宜號孟東貌修偉尚氣節博極羣書才名藉甚陳友諒據武昌縣縣尉欲徙治保安模不可弗聽尋殲於兵(詳兵事)明太祖定鼎同鄉濟陽王蔡哲金吾將軍邢瑄以人才聞於朝除海門廳事時倭寇蹂躪竟不赴(李氏譜)

衛均執以字行隱居南山自號白雲老人(雍正湖廣通志)丁鶴年有寄武昌南山白雲老人詩(自注姓衛名均執先人時故舊家居未嘗入城市聞鶴年辛苦遠遣子弟問遺不絶謹奉詩少致謝)故人家住南山下心與白雲共瀟灑芝草遥賡黄綺歌蓮花近入宗雷社嗟予江海避風塵白首歸來失所親青眼相看如昔日只有南山與故人(海巢集 案鶴年又有寄武昌張倘本詩亦見本集)

明

邵楚賓字利用明經不仕吳元年詔署學事教育人材行春秋釋奠禮仍免其徭役(康熙府志)

劉應元字雲嶠(案熊志字長卿號筠喬)武昌金牛鎮人爲銅工聞蘄州顧問講學寒溪往聽悅之他日方鍛問形神合一之旨問奪椎擲地曰聞否對曰聞曰此是合一應元因棄家游久之門

徒數十所坐一牀觚棱盡滅(章學誠湖北通志檢存稿附三耿二顧張緒傳案學誠二顧傳顧問字子承嘉靖十七年進士浙江壽昌知縣累官至福建參政乞歸築崇正書院與羅洪先倡明理學海內比之伊川程氏壽八十一徵疾召武昌布衣劉筠喬至曰無他示子生死如是耳遂瞑)所著有洪範辨疑學易宗旨盛朝六典當世要務諸書王弇洲徐太室王荊石沈少林皆相與還往辨論年八十卒(熊志)

周仲彰通書達禮無意仕進性孤潔路行聞惡聲及見不潔之物必迂道而歸家庭之內禮度嚴肅有司屢以鄉賓延之

唐傑字伯魯工書善鼓琴深衣大帶不隨流俗鄉邦推重有子縉有傳(邵志)

薦之者辭不就年八十卒(武昌府志 熊志)

嚴秉端字崇正志行超美知縣聞其賢辟之不就居家孝友搆亭諷誦其中既老不倦年七十九卒有詩集傳於世(熊志 案

邵志載嚴介谿嵩常銘其居曰仕不屑意兮恥溷於流俗窮自晦兮惟志之求孝親悌友兮終以好修潭石淪漣兮我所釣游約取寡得兮人誰我尤嵩銘不足重以秉端集佚姑存之

熊燧字文哲爲人嚴正修身齊家皆可師法通經史尤邃於醫以濟人澤物爲心有種德堂杏林春盎卷有司屢以鄉賓延之與唐傑皆爲鄉評所重熊志

劉受三字應階江西南昌人父步雲元太學生受三亦早入太學元末避亂武昌遂占籍市南里性端謹沈靜不樂仕進所居在山水間蒔花種樹吟嘯自娛教子讀書著家規十則子至德自有傳孫昊案邵志長昱亦昊太學生章稿原作昊公今據邵志刪公字字天民弱冠補諸生旋棄去力農值天旱官求雨不應昊齋戒沐浴禱於天旋大澍雨知縣聞而異之往顧其門稱疾避焉章學誠湖北通志檢存稿　邵志　案章稿武昌劉氏皆受三裔也受三子至德至德子昊昊子仲瀾仲瀾子材材子建功建功子養和養和子學周學純學周子惺惺子日襄日永日永子先蕙帶蕙帶蕙子時遠祖陶祖陶子光妻俱有傳　又按仲廉祖爲受四亦自江西遷武昌詳仲廉傳

周政一字寰熙縣東里人少以文章馳譽就試南雍中天啓副貢慨然歸隱建一室曰圭竇菊松三徑非其類者拒不得入鍵戶數十年而終邵志

胡有恒號味南性情豪爽少精舉子業有超越一世之志婦家無嗣予以產介然弗取晚遊太學不屑仕進子勷萬曆舉人有傳康熙府志　邵志

蔡國祥字與之濟陽王哲六世孫濟陽仗劍歸順武功最著至國祥文譽始盛弱冠補廩膳生天性誠篤力學甘貧子仕天啓舉人有傳康熙府志

楊廷和號正軒幼穎慧孝友醇篤精於聲律琴操入妙知縣

李有朋建城時廷和請以石代磚至今完固澹於利祿絃誦自娛置義冢周貧窮人多德之子璁歲貢生官梧州通判康熙府志

周第一號心韋諸生參政源孫不得志於時遂甘肥遯知府周屢旌其閭子四有獻盌遠教諭餘俱諸生邵志

涂宗仁字愛夫善氣迎人見鄉鄰浮薄子弟必多方開導之知縣鄒逢吉稔其賢修城建樓之役倚爲經畫晚年詩酒自娛絕口不言世事子名元廩膳生熊志

汪楚瑞字鍾衡洪道鄉人能詩文不樂仕進教授生徒數百人讀書談道足不入市廛晚精於易爲人卜筮禍福響應年八十卒熊志

廖正國字懷見家貧事親甘旨不少缺與兄諸生正常白首相對友愛逾常尤喜延接士類以故交遊盡名賢所居與蟠龍石相望自號煙波逸叟每風清月白與客載酒艤舟賡酬倡和優游數十年卒子理府學廩膳生邵志

孟紹甲字武夫別號冝兔翁雲南按察使廷柯孫生三歲不言不啼笑忽一夕於燈下見其影禿大呼佛號數聲遂能言及長穎異過目不忘年二十因祖諫武宗南巡被笞幾死焚衿不仕隱居著書萬曆中數水旱賣產濟人道遇殍輒埋之喜游杯湖退谷因結廬其間種柳蒔花又自號花翁安陸知府劉體仁素嘉其賢餽錢十緡紹甲返之所編有忠孝傳四卷又著長夜燈三卷性嗜琴年八十四卒葬賢庾鄉八斗村村中人言秋風涼月時每聞冢上琴聲疑以爲花翁操也次子濟善屬文尤工詩著有四經禪燈佛談晨鐘倚竹吟等集

据韋克濟孟武夫傳 案傳載紹甲嘗作草堂壁聯云問多
奇字貧猶醉居未名山隱亦庸竟陵鍾惺嘗詣之不值書絕
句於案云野竹應藏避客身卻疑童子說山人春村
茗粥秋村酒月見西川雪入閣其爲名流推尙如此

姜埜經歷舜彝之子聰穎嗜學絕意仕進授經課子詩酒自
娛家無儋石晏如也子贊諸生孫俅歲貢生俁偉俱諸生曾
孫學疇廩膳生邵志

國朝

王振倫字冲寰少聰穎工詩文隱居教授以書史自娛環堵
蕭然有造訪者輒舉毛詩美刺相勸戒其教人以主敬克己
爲先與夏義庵姜起予輩講學數十年子起鳳諸生起明起
龍俱廩膳生邵志

周廷采字言載兵備道有翼玄孫諸生全名子全名病篤廷
采晨昏默禱願以身代與兄諸生廷對弟貢生廷魁怡怡如

也生平慷慨有大志謂士當有濟於時故於韜鈐水利讖緯
占候之學靡不講貫東游吳會北溯青兖冀有汲引之者久
之歸遂杜門不出年七十四卒子學詩增廣生邵志

武昌縣志卷二十三

武昌縣志卷二十四

人物 列女一

宋

張素英金牛鎮婦人嘉慶通志王師圍鄂遊騎於金牛鎮得一婦
人欲侵之厲聲曰我夫壻翁姑皆死目前未得即死又可受
辱邪速與我死遂貫之自稱梅溪主人張素英作歌詩數篇
以見志尋以疾卒於湖中得一路分妻一日以無夫選賜有
功軍人即以掌批其頰對今上大呼曰妾夫將千五百人扼
敵沅州妾命婦也豈可辱於是乞速賜死上矜其志賜之衣
糧使有司存恤之以俟其夫亦尋以疾卒又有漢陽教授之
妻爲一兵所掠義不受辱投於沙湖三人者僕親見之皆可
附韓希孟之義各爲賦詞以寓意云郝經臨川集郝經武昌詞三首巴陵女子韓

希孟梅溪主人張素英解作歌詩還死節不論傾國與傾城
烏鬼山頭鬧鼓鼙武昌恭人擒貔兒黃鬚回鶻便批頰義感
萬乘真英奇漢陽宜教延亥夫妾身未死緣事姑騎士朝來
強擁去抱石牛夜投沙湖 案郝經有巴陵女子行爲韓魏
公孫女希孟死節作

元

月娥西域人元武昌尹職馬祿丁女也少聰慧聽諸兄說經
史輒通大義長適蕪湖葛通甫事上撫下一秉禮法長姒盧
率諸婦女悉受其教明太祖渡江之六年僞漢兵自上游而
下盧曰太平有城郭且嚴兵守可恃使月娥挾諸婦女往避
之未幾寇至城陷月娥歎曰吾生詩禮家可失節於賊邪抱
幼女赴水死諸婦女相從投水者九人方盛暑屍七日不浮
面如生鄉人爲巨穴合葬之故居之南題曰十女墓娥弟丁
鶴年幼通經史皆娥口授也後通甫與盧皆死於寇明史列女傳

明

孝子周琳妻何氏永樂中琳代父從軍戰死鵝兒嶺（詳孝友）何聞訃哀痛幾死檢琳故衣具冠履招魂而葬之躬紡績扃戶教子不踰閫者四十年鄰不戒於火何端坐不出俄風轉火滅得無恙年七十沐浴更衣而逝祀貞節祠子二溥滋孫五倖德侯俱諸生（邵志）

國朝咸豐三年

旌（新纂）

廬陵主簿蔡洙妻馮氏年二十九洙卒於官蔡翦髮誓志攜子真童扶櫬還守節四十餘年正統間有司以聞詔旌其門蠲其徭役子真童（熊志）

熊鉠妻胡氏蘄州人縣州教授胡顯女適安縣尹熊友信子

鉠生子甫月而鉠卒友信將還武昌時胡顯已家縣州欲留之胡氏堅請扶櫬歸厲有危疾鉠弟鐩善醫將爲診視胡曰嫂叔不通問禮也吾未亡人安用藥爲年八十二卒知府鍾選勒其事於旌善亭孫棣婦嚴氏年二十棣卒亦矢志自守時稱雙節云（一統志邵志）

生員周子儉妻易氏年十九苦節正德中旌（邵志）

郭文妻龔氏年二十一而文卒舅姑欲奪其志龔誓死守勤紡績以供養歲歉恐饑知縣常賑給之（邵志）

張鑾妻胡氏年二十四鑾卒遺腹生子楷家貧苦節舅姑陰納鄭氏子聘胡聞之將自殺舅姑知不可奪乃以己女妻之胡全節以終（邵志）

生員邵柯妻唐氏早寡舅姑相繼歿唐矢志靡他知府王鑾巡縣有詩紀之（邵志）

黃琦妻黎氏年二十琦卒紡績奉姑年八十六卒知縣李宗暘有詩紀之子朝儒（邵志）

盛仕湝妻舒氏（案邵志作哲）年二十一夫故家貧矢志奉姑姑卒哀毀盡禮（熊志）

曹通妻李氏年十七通卒紡績爲生撫兩孤成立（邵志）

蕭相妻陳氏事姑孝姑性嚴鞭撻無完膚陳承順備至姑歿夫亦相繼卒陳喪葬如禮鄉人訓女者必曰如蕭家婦云（邵志）

生員吳維寰妻胡氏年十六適維寰生子如揆如揆生五歲而維寰亡妾邱氏年未二十同胡嫠居胡盡以所遺金上之舅舅老庶姑主內政胡性渾樸失堂上歡衣食常缺乏無慍色邱慧而剛撫如揆若已出慈不減胡而嚴常過之如揆憚

之過其母後補諸生萬曆中巡撫徐旌其門曰雙節里（据譚元春胡邱二氏傳）

袁州教授孟紹勳妻劉氏勳卒於官劉年二十六截髮誓志守節五十餘年有司旌其門子光第封承德郎（邵志）

生員宋景郊妻江氏早寡閉戶辟纑直指屢給衣帛旌異之子之愷府學諸生（邵志）

生員陳敬王（案熊志嘉慶通志均作王邵志作玉誤）妻朱氏敬王卒而子殤貧無所依弟生員朱陛艮士艮常周恤之守節五十六年終（邵志）

儒士吳如恒妻童氏年十八而如恒卒父母欲奪其志童截髮自誓撫子士貴成立士貴死婦改適童復撫孫大昌守節六十餘年（邵志）

生員田九嶷妻胡氏九嶷卒家貧伯茂禾饒於貲無子不之

恤且逼令他適胡矢志撫孤苦節五十餘年子一、麟諸生（邵志）

太僕卿孟習孔妾黄氏楊州人舉人婁縣知縣道脈母祟禎十五年夏獻逆竄江南從子間道走豫章趣粵東已而道脈歸理先人墓黄留寓潯陽突有掠其囊篋者並執黄黄怒駡曰死賊財賄恣所取我太僕家人豈可辱乎遽奪賊刀自刺其喉而死

國朝咸豐三年

旌（一統志 邵志 新纂）

生員張廷翼妻柳氏舉人柳東女年三十廷翼卒柳茹苦如飴性好施與守節四十二年子維鰲諸生（邵志）

儒士張肖月妻楊氏肖月早卒楊守節六十年子琦諸生孫四人長皋謨貞定知府次來章次益謨貢生考授州同次稷

謨雲南鹽提舉（邵志）

邵雲寰妻邵氏（一云趙氏）年二十三雲寰歿遺孤三值闖逆東奔挈子避賊於天宮井（案地在洪道鄉）賊至大索山谷幼子南依母不忍去遂同被執邵氏駡賊死賊釋南南匿母屍崖谷間後四月南入山尋視貌如生乃負歸葬焉（邵志）

國朝咸豐二年

旌（新纂）

王氏生員王家臣繼母家臣兄弟三人早歲失恃王氏鞠育倍於所生夫卒值闖逆蹂躪山谷被執駡賊死（邵志）

呂舜妻姜氏年十八而寡遺孤大夔甫三月宗老有不諒其志者使人微諷之姜厲聲曰禽獸之行不忍為也宗老恚之迫令改適姜攜孤以沈淵誓議始息又訟其父光宇誣以耗呂氏家財逮致於獄姜攜孤訴縣庭曰夔所不即從夫地下者為此一塊肉耳與老父何辜知縣嘉歎訟乃已歸遇雨行泥淖中盡四十里家中落嚴督奴婢勤耕織天祟間歲洊飢流亡載道姜百計支持食指二百餘卒保聚無恙祟禎十六年五月獻賊據楚府開科取士時大夔已補府學諸生友人强應偽科姜置酒款曲從容謝之會南王左良玉兵至搜偽榜治以從逆十六年闖賊據省城姜避賊於鴨兒湖命大夔移舟月山賊至湖中男女屠僇無遺而姜得全年八十六卒子大夔有傳孫師端廩膳生曾孫璧琬諸生璜舉人琛增廣生（鄭任鑰姜氏傳）

國朝雍正三年

旌（新纂）

武昌節婦某氏田家也生兩男而寡無姑與翁居張獻忠將至武昌人洶洶其翁買一舟載所有挈節婦並兩孫逃之湖湖距樊口十餘里葭葦蒹雜烟水渺瀰頗曠官縣人向所避亂處也節婦至見避亂者纍纍來抵暮而前後左右且萬舟節婦微語其翁曰來以逃寇今逃寇者萬舟是召寇也此不可處矣翁方戀其所載次且間婦大聲曰事急矣乃各抱一兒輾轉緣他舟以出另覓一小舟夜去孤泊港汊間無何寇至按舟殺在湖無一人免者而節婦家以孤泊獨存節婦有田數十畝亂後二子耕之以小康終其身（竹香齋古文 案節婦事與呂舜妻姜氏避亂事相類故彙紀之）

生員曾一唯妻吳氏（案舊邵志俱失一唯名今從馬七里吳氏譜吳正初撰八姐傳補）耆民吳幹女〻唯卒吳卧牀不食幹往寛之曰兒强飯但苦死有

耳吳瞠視曰父何言遂側身面壁餓五日死知縣旌表之將
合殯棺先行重不可舉先其夫乃行一統志 邵志
都司吳時喬妻潘氏時喬隨勦四川楊應龍散財結客身先
士卒搗平之潘親歷戎行脫簪珥以餉戰士時喬疾卒於軍
潘時年二十收骨歸里崎嶇萬狀年八十六終子如玠諸生
邵志
光祿寺署正孟道翼妻胡氏性至孝父病侍藥餌疾革脫簪
珥治喪葬闖賊突至執之罵賊而死天啓中封安人邵志
龔振宇妻王氏龔故里長時軍需旁午王佐以機杼事無廢
振宇卒撫孤乘上勛以詩禮又進以弓矢乘上中崇禎己卯
武舉直指汪旌其門曰玉節年八十四卒邵志
閔時舉妻胡氏年二十三時舉卒撫孤蔬食終身守節四十

七年邵志
謝王氏舉人王渭鼎之姑年十九夫故遺孤一歲殤家貧或
將奪其志輒引刀自誓守節五十九年邵志
生員孟世第妻周氏年十八而寡遺孤譕吉甫三歲周苦節
自甘教子成立邵志
孟道凝妻金氏道凝贅於金甫及朞墮水死金年方十七遺
腹生子輝祖甘貧守節四十餘年邵志
周實指妻黃氏適周一年實指卒遺腹生子八歲而殤煢然
孑立奉侍舅姑未嘗失禮年七十二卒邵志
劉奇期妻周氏家貧敬事舅姑勤儉有度生五子而寡兵火
頻仍撫諸孤備極勞瘁夫未殁時貸逋悉拮据以償年八十
餘有孫十人知縣給扁曰節堪厲俗邵志 謹案古今圖書集成入閨節傳

儒士熊晉妻楊氏家貧早寡無子女哲節三十餘年邵志
李藎臣妻熊氏武昌人大名知縣正南女藎臣父周華官贛
州知府藎臣從父之任留婦於家崇禎十六年武昌陷婦匿
林藪中為賊所得奪刀自刎賊去婦嫗救活之明年李自成
卒殘卒南奔婦隻身竄山谷有胡姓者欲為子娶之婦曰吾
頸可斷汝不聞前事乎已藎臣自江西歸遇賊被殺婦慟三
日自縊死明史列女傳
國朝咸豐三年
旌新纂
生員朱鵬妻孟氏清河知縣孟鼎第女事孀姑至孝年三十
鼎第卒守節四十年子正色諸生早世孫祖襄武生邵志 謹案古
今圖書集成入閨節傳

熊正茂妻胡氏家貧苦節五十餘年子大達邵志
魏夔一妻謝氏夔一早卒家貧遺一女謝年二十二值闖逆
之亂兵燹蔽野謝匿身巖穴中有虎眠其側竟不之害亂後
歲饑兄弟饋遺外不飲他人杯水竟餓死一統志 邵志
國朝咸豐三年
旌新纂 謹案古今圖書集成入閨節傳
徐宏軒妻柳氏生員柳尚賓女年十六適徐生一女踰年宏
軒卒遺腹生子柳撫之已生孫矣復俱夭窮無所歸乃依其
外孫卒年九十六一統志 邵志
耆民吳一堯妻衛氏早寡上奉孀姑下撫弱子為夫營葬皆
資辟纑守節四十餘年卒子啓彥諸生邵志 謹案古今圖書集成入閨節傳
生員吳自強妻高氏自強病高籲天割股願以身代卒不起

遺孤三值歲歉道殣相望高啜蔬飲水而延師訓子仍娶其
脩脯久之絕炊鄰有富人以百金爲其父英伯壽求聘爲繼
室高聞之告父曰餓死事小失節事大遂投於水救免知縣
鄒逢吉旌其門子士行士琦俱諸生 一統志 邵志
生員劉士奇妻胡氏夫亡遺腹生子篤公時舅姑年皆八十
餘胡生事死葬心力交瘁守節四十年篤公諸生 邵志 謹案古今圖
書集成人閨節傳
生員唐時夔妻吳氏生員吳正中女時夔卒事舅姑孝守節
四十餘年 邵志 謹案古今圖書集成人閨節傳
耆賓周慶年妻嚴氏年二十適周生子一而慶年卒族人或
欺凌之嚴外禦强侮內肅家政守節五十八年子之一諸生
邵志 謹案古今圖書集成明倫彙編吳一堯妻衛氏傳有耆民字此傳亦有耆賓字蓋老夫女妻象在易大過之九二

武昌縣志卷二十四 列女 八

矣
湯奉天妻盧氏奉天遠行遇盜死盧間關覔夫屍歸子任三
諸生 一統志 邵志 謹案古今圖書集成作馬八里湯氏婦据熊志也邵志云馬五里而有其夫與子名必有所据矣
魯劉氏魯古愚長子婦生員劉侷女早寡事嫡庶姑以孝稱
撫四子二女貧於辟纑年七十八卒 邵志 謹案古今圖書集成人閨節傳
石嚴氏生員石璽母璽幼而孤嚴延名儒訓之寒窗夜雨戒
之曰汝學不成吾無以對汝父母子相對泣苦節四十年 邵志 謹案古今圖書集成人閨節傳
生員曹大春妻汪氏戶部主事若參次子婦崇禎十六年春
獻賊掠舟南渡江指懷中嬰謂大春曰妾母子相爲存亡脫
有不虞妾義不負君五月賊猝入樊湖汪匿蘆葦中賊索之

知不免乃抱兒赴水死越七日屍浮淺渚時當炎熱面如生
猶兩手抱兒不可解遂並兒納棺中葬焉
國朝咸豐三年
旌 一統志 邵志 新纂
潘南嶽妻李氏生員潘心宇之子婦年二十五夫故父母欲
嫁之李刎頸見志乃止守節七十年子四華李文李構李榮
李俱諸生 邵志 謹案古今圖書集成人閨節傳
龔耀鄉妻高氏年二十夫故紡績以奉舅姑年七十餘終子
一 邵志 謹案古今圖書集成人閨節傳
易方起妻胡氏守節五十餘年明季兵燹備歷崎嶇年八十
五倘紡績度日子學孔 邵志 謹案古今圖書集成人閨節傳
生員孟崧妻楊氏綦江知縣孟易吉冢婦生員楊接公女易

武昌縣志卷二十四 列女 九

吉與接公相友善指腹爲婚崧早卒楊撫遺腹子克有成立
邵志 謹案古今圖書集成人閨節傳
生員彭嵋妻胡氏兵科給事中彭祖壽子婦嵋早卒無子或
諷之胡撫膺大慟曰我寧守吾貧不作失節婦遂以女紅自
給茹蔬終身 一統志 邵志 謹案古今圖書集成人閨節傳
生員舒化日妻鄭氏化日卒父母篤老鄭事之孝謹食貧教
子
國朝順治十三年
旌 邵志 謹案古今圖書集成人閨節傳
生員唐嗣音妻胡氏嗣音卒家中落荼苦撫子成立娶婦虞
氏生兩孫子又卒胡拊虞大慟曰我與汝同爲未亡人未知
天意如何能保此呱呱者否後姑婦並苦節以終 邵志 謹案古今圖

書集成人閨節傳
貢生胡公鶴妻吳氏嫡劉早卒吳茹苦課子佐以紡績公鶴
卒守節三十年子于野 邵志 謹案古今圖書集成入閨節傳
吳大來妻傅氏年二十而寡無子一女甫二齡傅苦節撫之
及笄適柯敬老亦二十而寡無子母女相依爲命 邵志 謹案古今圖
書集成人閨節傳
武生 案原作庠生 朱邦翰母陳氏亂離與夫相失邦翰甫二齡辛
苦撫之成立 邵志 謹案古今圖書集成入閨節傳
生員柯啓禎妻吳氏年十六生子鉞甫兩月而啓禎卒時祖
姑吳篤老姑張又多疾吳事之謹娣姒相聚無笑語聲苦節
三十年 邵志 謹案古今圖書集成入閨節傳
生員王思美妻嚴氏年二十二思美卒遺孤克家甫兩月父

母舅姑欲奪其志嚴抱子涕泣誓志事遂寢守節五十年 邵志
生員萬友吉妻嚴氏友吉年十三補諸生以應試卒於旅次
生子甫四月嚴聞訃絶粒幾死服闋猶泣失聲家貧紡績之
聲至雞鳴乃已每歸甯必告夫墓而後行舅諸生六維哀之
作孀閨錄黄岡舉人胡思樊爲詩歌以表之 邵志 謹案古今圖書集成入
閨節傳
周翊明妻方氏早寡值明季兵亂備嘗險阻守節五十五年
子有棟 邵志 謹案古今圖書集成入閨節傳
汪世通妻李氏茹苦守節年四十七卒格於例未旌大學士
余國柱爲作傳以紀其事孫廷槐模俱諸生 邵
王窈姑廩膳生王起明女幼字生員張扶上年十六值闖賊
之亂起明挈家避於神山鄉窈姑從而後遇羣盜於瓜圻坂

賊趣之上馬怒曰吾儒家女肯從賊耶賊擊之罵益厲遂遇
害 熊志
國朝咸豐三年
旌 新纂
文童張齡度妻吳氏馬四里人崇禎十六年歸齡度齡度嘗
隨其祖錦還肄業龍泉寺寺僧精技勇齡度從之學劍是年
馬蹟鄉土賊李華起峽山索糧於張氏錦還義不附賊堅持
不與且約期與闖賊陽許之乘其不備先期至錦還與齡度
皆遇害有從賊勢豪見吳少年擄之去逼之不從使人守之
至夜深守者懈自經死時年十七歲歸齡度不數月也後數
月兵備副使包鳳起及知縣鄒逢吉平賊勢豪亦殲焉
國朝咸豐三年

旌 張氏譜
崔盛所 案嘉慶通志作崔盛誤 妻李氏盛所勤學早卒李年二十撫孤
步雲成立步雲娶姜氏三載而步雲卒姜年二十二子維昌
方歲餘值明季兵亂疫癘流行姜扶老姑攜幼子轉徙山谷
間卒無恙尋爲維昌娶婦周氏甫一載而維昌又卒越三月
遺腹生子國順九月而周死李與姜同育國順及長爲娶廖
氏未幾而國順又卒遺孤大升僅五月廖年僅二十李守節
七十年姜苦節五十六年廖苦節四十餘年
國朝雍正年
旌 邵志
增廣生呂大奇妻湯氏年二十時李賊據武昌大奇練鄉兵
以衛地方衆寡不敵被執死湯冒刃救夫頸負重傷瀕死復

甦痛夫死於難誓死守節子師防諸生師防卒婦倪氏復守
節以課諸孫孫亦補諸生湯年九十八卒邵志 案倪氏據嘉慶通志補
唐氏汝陽陳旺妻隨其夫以歌舞逐食四方正德三年秋旺
攜妻及女環兒姪成兒至江夏九峯山有史聰者亦以傀儡
爲業見婦女皆豔麗而旺且老因紿旺至青山夜殺之明日
聰獨返攜其婦女幼姪入武昌山吳王祠利刃脅唐唐曰汝
殺吾夫吾不能殺汝以復讐忍從汝亂邪遂遇害賊裹以薦
置荊棘中明日徙裴衣園賊又迫環兒臨以刃環兒哭且詈
聲振林木賊亦殺之瘞糞壤中而去其年冬至賊被酒成兒
潛出告官禽於葛店市伏誅明史列女傳
投江女子不知何縣人爲亂兵所掠至潯陽江投水死尸逆
流四百里至武昌案邵志作武昌二洞間漁人收葬之髮間有小緘啓

視之則所作絕命詞也一統志 案邵志載其句云寄語雙親休惓念人江猶是女兒身云云
樊口女子不知姓氏年及笄未嫁左良玉卒東下過樊口掠
女馬上手爲女所嚙不得脫呼羣卒斷其首齒已入骨刓肉
出齒須臾卒亦死一統志 邵志

國朝

吳阿順副貢生吳如揆女年十四贅蘄水生員郭琯虞未三
月李賊於水次擄之不從刃其喉不死既痊而歸郭順治四
年遭蘄水四十八寨之變殺郭生擄阿順六置諸鞍而六嚙
之羣兇肆刃遂殺於郭生尸側越二日夫婦合瘞于郭氏花
園咸豐二年
旌邵志 黃州府志
葉芬妻胡氏年二十芬卒胡事姑及繼姑孝守節四十五年
子最熉武進士江寧守備康熙五十二年
旌邵志
柯士珩妻吳氏年二十士珩卒織紝以奉甘旨舅姑相繼殁
喪葬盡禮課子成立康熙五十三年
旌邵志
劉任妻艾氏年二十一任卒遺腹生子光煒事姑孝守節三
十餘年雍正間
旌邵志
孟憲第妻滕氏年二十一憲第卒事姑孝撫孤靄吉及其孤
姪皆居縣市以紛囂徙居永福鄉嘗有盜窺其垣值滕督靄
吉學且誦且泣盜爲感動而去族隣有欺侮者滕極力維持
守節二十四年靄吉後成諸生孫叔儒諸生曾孫壽杞歲貢

生壽松壽梓俱諸生邵志
趙琮璧妻江氏年二十四琮璧卒宗黨欲奪其志江日抱孺
子以泣議乃寢舅老而聵姑久患泄利江拮据萬狀藥餌無
闕五六年如一日壽八十一卒子翔鳳諸生邵志
胡四姑胡齋之女母夢神人予蘭一枝遂産女香氣經時不
散幼慧而靜許字張永泰未幾永泰祝髮爲僧尋卒女矢志
不移年八十餘卒邵志 咸豐三年
旌新纂
儒士喬鉽妻賀氏廩膳生賀璋女年二十三鉽卒族有欲奪
其志者賀私與老婢劉訣且以姑老子幼託之劉奔告姑事
乃已歲祲併日而食奉養不闕守節四十九年子英諸生邵志
朱羽仲妻王氏龍陽訓導王心一女年二十三羽仲卒遺孤

文選文綉王矢志奉養撫孤舅姑相繼逝備禮無闕時鄰家
不戒於火姑柩在堂王抱棺呼號忽反風滅火年八十一卒
子文選娶鄭氏年二十而文選又卒鄭事孀姑孝撫文綉子
若己出年八十三卒邵志
廩膳生孟乾德妻韋氏乾德爲婁縣知縣道脈長子以家難
罹法籍沒久困囹圄中度勢不得脫使人致詞絕婚韋誓以
死待更請於父兄出貲營救始得免韋年二十七始來歸甫
二載乾德卒家中落兩祖姑暨乾德喪俱未葬舅姑旅櫬寄
他鄉韋勤紡績十餘年舉三世五棺葬焉年七十餘卒邵志
何文炎妻嚴氏諸生嚴威女文炎卒姑張以哭子慟半月亦
卒嚴水漿不入口者七日母撫摩其胸得一鍼刺入肉寸許
遽拔出痛楚垂絕復少蘇竟不食以死時年十九距文炎死

纔二十六日邵志咸豐三年
旌新纂
生員朱元龍妻郭氏年二十五元龍卒時舅姑衰老甘旨醫
藥皆紡績所入課子讀漏三下始令就寢守節五十年子紹
孔孫大受俱諸生邵志
儒士萬本忠妻談氏姑性嚴厲談婉婉將順姑患沈疴扶持
浣滌不少懈及歿本忠以哀毀卒疾革時以弟妹屬之談勤
紡績爲二小姑備嫁奩爲叔本清完娶未幾本清夫婦相繼
卒談孑然獨居苦節六十二年邵志
李雲程妻郝氏年二十六雲程卒遺兩子一女舅老疾篤醫
禱無效乃刲股肉療之尋愈越二年舅歿家益窘有諷之改
適者郝斷左食指以見志茹蔬繡佛年八十卒案李氏譜作年九十七卒

孫定國壯國俱諸生邵志
儒士金天瑞妻周氏生員周士渭女年十三父病禱於神而
父頓愈十九歸於金踰年夫病篤割股救之卒不起乃閉戶
自經姑與母救之得不死遂不食旬日卒邵志咸豐三年
旌新纂
儒士何天休妻潘氏年二十天休卒天休弟天罷亦相繼卒
潘與天罷妻周氏同守節康熙二十七年夏逢龍之變縣亦
戒嚴時舅姑喪在殯潘與周撫棺號哭甘與俱燼卒無恙周
氏卒遺一孫潘撫恤倍摯年七十六卒子二澳永清俱諸生
雍正年
旌邵志
生員周士元妻劉氏舉人劉邁孫女年二十八士元卒遺孤

世龍甫三月附郭有菜圃一區督僕婢灌蔬爲生計鹽米數
絕以穅覈和野菫淡食之所居草廬不蔽風日極力操作得
贖田數畝築室數椽篝燈課子辟纑其側以督之世龍補府
學諸生劉守節五十年雍正初
旌邵志
張啓祜妻姜氏歸張踰年而寡遺腹產雙男苦節六十四年
子之聯之芳俱諸生乾隆三年
旌邵志
趙雲士妻尹氏年二十四而寡撫遺孤允大成立允大卒復
撫兩孫苦節四十八年孫翼昌諸生邵志
王元宰妻陳氏年二十九元宰卒陳紡績爲生兄欲嫁之擕
二子泣訴縣庭乃已年七十三卒邵志

姜恪妻張氏年二十四而恪卒撫孤世表值歲祲攜孤依母家課世表讀書苦節五十年乾隆元年

旌子世表諸生邵志

儒士柳宏訓妻梁氏生員梁值高女年二十八夫故梁事姑孝喪祭有禮課遺孤讀寒暑不輟族里擬上其事於有司梁力止乃已卒年七十子同日殞人咸惜之邵志

生員張星妻吳氏年二十七星卒撫孤苦節三十餘年邵志

生員周宏濟妻孟氏奉舅姑順志承顏凡子婦禮所爲靡不周摯年七十二卒子全本諸生全權廩膳生全本妻陳氏亦以孝聞乾隆年

旌邵志

儒士龍宗武妻李氏案邵志作龍希哲妻考龍氏譜希哲爲宗武字今改舉人李亨鼎

女年十六適龍龍故望族其先世可旌尙傳俱名進士案可旌尙傳俱黃岡籍宗武爲可旌孫時家中落李黽勉有無以相夫子踰年而宗武卒遺腹生子廣材李織紝以供事畜奉姑張三十年吸泣承顏自食糲糲而甘旨必具姑病奉湯藥維謹癹鬻釵裙以備禮課廣材讀甚嚴廣材娶婦童氏已生孫而廣材死童亦守節以事姑李年五十二卒乾隆十六年

旌喻宗聖李氏傳黃岡縣志

周士珩妻江氏年二十四而士珩卒無子撫姪世烈爲夫後士珩弟士琳妻楊氏年二十三而士琳卒遺孤世勳家貧矢志撫孤起居與偕紡績自給過廬者咸式之江年七十三卒楊年七十卒邵志咸豐三年

旌新纂

儒士傅華宇妻王氏年二十三而寡苦節自持祖姑卧病經年躬侍湯藥未嘗頃刻離舅姑亦竭力奉養爲諸叔畢婚撫二子成立邵志

儒士邱有瑜妻李氏有瑜病篤李禱於神願以身代復割股幾斃有瑜卒李年二十二家貧市宅有隙地可值多金或唱之雖飢寒不售也守節五十餘年不出閨闥不御縞紵子二元鳳元鵬邵志

儒士孟師熹妻王氏年二十六而寡撫孤家龍已娶婦援例入監早卒婦龔氏亦亡復撫二孫成立守節四十餘年邵志

儒士黃蜀雲妻謝氏年二十六而蜀雲卒奉孀姑孝撫孤應召娶婦胡氏生孫融章彌月而應召卒時胡年二十九婦姑均以苦節終謝卒年六十二胡卒年七十七應召子逵志增

廣生邵志

儒士夏和仲妻但氏和仲以好學致疾卒但時年二十二事姑孝撫孤禹金成立守節五十年孫文瀚廩膳生邵志

文童周士鑣妻柏氏市三里人年二十四士鑣卒養孤課子守節三十三年邵志咸豐三年

旌新纂

汪正衡妻楊氏進士鹽山知縣可喬孫女生員慰性女年二十八正衡卒孝事舅姑下撫諸孤成立守節三十餘年邵志

張其任妻熊氏年二十九而其任卒撫孤佐安補諸生佐安又早世婦寡孫孤貧苦尤甚守節四十餘年邵志

王封誠妻曾氏廩膳生嘉睦女舉人王一闊子婦年二十六而寡無嗣鬻奩具治喪如禮姑余以哭子致疾曾奉醫藥罔

孀姑逝購寒溪漂白灣合葬舅姑獨居二十餘載毋家屢召不往年五十始大歸奉舅姑及其夫木主祔入封誠高祖宮保祠堂祠在黃岡渡江至中流北風大作老僕與舟人俱恐魯奉主端坐忽返風頃刻達北岸入祠告祔成禮而歸次日哭於墓乃返母家守節三十餘年（邵志）

閔啓璞聘妻柯氏生員柯相宗孫女早失怙特依伯父鞠育成人年十八婚有期矣璞省試歸病死訃至女方績遽輟含泣不言諸姑伯姊以女素性貞慤恐其死殉也密防之稍懈乃以帶束衣裙潛出屋後深池溺死家人舉而出之面如生因與啓璞合葬焉（邵志）咸豐三年

旌（新纂）

儒士方士瑞妻詹氏生員詹錫爵女年二十二而士瑞卒勤

紡績以奉甘旨無子立姪錫璋爲嗣守節三十六年（邵志）

嚴士受妻李氏年十九而寡遺腹生子水若水若長爲娶婦舉五子而水若夫婦相繼死李又撫諸孫成立無何長孫燦南幼孫在衡又相繼死燦南婦李氏年二十一遺孤維新甫五月在衡婦柯氏年二十三遺孤景春甫周歲李泣謂兩孫婦曰未亡人撫兩世孤兒心力瘁矣今又撫三世孤語未畢輒大慟兩孫婦皆感動咸曰敬聞命矣敢有他志以辱我祖姑哉自是茹苦完貞一門三節風規肅然李持節六十七年孫婦李持節四十二年柯持節三十二年乾隆十八年

旌（邵志）

李紹曾妻陳氏年二十六紹曾卒遺兩女撫姪廷煌爲嗣既援室舉四子廷煌復卒婦亦亡陳復撫諸孫有姑年九十餘瞶眊常在牀褥陳口哺飲食澣滌污穢歷數年如一日守節五十餘年（邵志）

王封誥妻高氏封誥爲寗鄉教諭追駒孫桃源訓導一鄰子出爲叔父貢生一煌後高爲生員高白山次女年二十四而舅殁封誥旋卒遺一女撫姪如鸞爲嗣守節四十餘年如鸞爲生員封澍子封澍精楷書早卒妻董氏生三子而寡守節四十餘年（邵志　王氏譜）

生員姜鳳翥妻嚴氏年二十四而寡無子撫姪繩祖爲嗣守節四十餘年（邵志）

生員高選妻夏氏年二十四而選卒遺孤偉僅三歲夏仰事俯畜家政秩然守節五十餘年孫瀚龍歲貢生（邵志）

監生殷士清妻湯氏年二十八士清卒無子立姪必瑜爲嗣

事舅姑無缺禮撫子成立及長紡績所餘屬必瑜修理道路今畢家嶺尚有碑紀其事子必瑜監生（邵志）

儒士陳天麟妻顧氏年二十八而寡遺孤三舅姑皆篤老顧以事育自任偶鄰家不戒於火將及其廬顧抱舅姑及天麟木主號哭忽反風滅火守節五十四年長子國瑞亦至性過人嘗出爲伯父後伯父卒廬其墓至是復廬母墓案乾隆年

旌（邵志）

胡從昊（案嘉慶通志作從吳誤）妻余氏年二十四而寡事祖姑暨姑以孝聞守節三十四年乾隆二十八年

旌（邵志）

周全觀繼妻蘇氏年十九歸周未浹歲而寡全觀前妻汪遺子廷佑廷啓皆在懷抱蘇撫之如已出事舅姑敬養不衰卒

年五十九邵志咸豐三年
旌子廷啓諸生新纂

儒士周全善案嘉慶通志作劉全善妻郭氏年二十五全善卒伯氏常服賈於外嫂繼室不任家政郭力任之姑老且病侍奉牀褥間者九載姑以壽終撫子廷開苦節五十三年邵志咸豐三年
旌新纂

吳志明妻汪氏年十六適吳生子懷中甫二齡志明卒遺腹生子甫授室而夭婦黃氏亦守節完貞邵志

閔昌運案嘉慶通志作昌永妻熊氏年二十三昌運卒遺孤二家貧日以藜藿爲乳哺夜以藁秸相覆藉食無鹽衣無棉茹荼履冰守節五十一年孫正興諸生邵志

儒士嚴自達妻尹氏年十八歸嚴自達嬰錮疾八載而卒遺孤琳甫四齡尹以事畜爲己責年六十一卒孫景文貢生邵志

吳循南妻王氏案嘉慶通志作于氏誤年十九而循南卒遺腹生子傳儀事姑孝撫子訓以義方守節三十八年邵志

儒士柳如松妻楊氏年二十二而如松卒楊紡績養姑不以家貧廢甘旨而已與子饜藜藿而已姑卒售所居室以營葬里鄰不戒於火延及所居茅廬楊哭禱火旋滅苦節四十二年子永清邵志

宋時泰妻周氏年二十九時泰卒遺一子文明親老子幼事畜兼資乾隆二十八年周年七十有二守節四十三年邵志

趙秩臣妻汪氏年十七歸趙生子桂越二載秩臣卒汪勤苦事畜既而桂又夭因撫姪爲嗣守節二十九年邵志

儒士汪大鼇妻程氏年二十一大鼇卒遺一女家貧苦節三十餘年邵志

儒士柳永亨妻張氏年二十四而永亨卒張抱子居喪次三年朝夕啜泣奠恐傷翁姑心守節三十餘年邵志

姜右服妻朱氏竹谿訓導朱澍女年二十四適姜事繼姑以孝聞右服性友愛分己產與伯兄朱亦甘同貧窶右服以勤學遘疾卒時朱年二十七家貧朝夕不能舉火兄貢生雲鵠迎之大歸以成其志苦節三十八年邵志

生員傅之屏妻鄭氏年二十一之屏卒無子日常不舉火事舅姑竭力奉養撫姪紹哲爲嗣艱苦萬狀絕不稱貸間族有饋遺者輒婉謝之苦節五十二年邵志

孟停案嘉慶通志作渟誤儒妻詹氏年二十七而停儒卒遺孤壽仁甫兩月詹事舅姑養葬以禮壽仁補增廣生早卒孫世業在襁

褓詹與婦朱氏撫之成立苦節四十年邵志

儒士夏振芳妻謝氏年二十六振芳卒養老撫孤悉勤苦所經營守節三十餘年邵志

儒士艾祥雲妻朱氏年二十八而寡遺孤三皆幼朱紡績以鞠育之既而三子俱亡惟三子如楩妻杜氏守節事姑邵志

儒士林中蔚妻張氏生員張之楷女年二十二生子甲甫百日而中蔚卒張事衰姑撫幼子苦節三十餘年邵志

掾吏殷艮謀妻夏氏年二十三艮謀卒夏入室投繯姑救之越日始甦苦節三十二年邵志

監生林中鶚妻陳氏生員陳其憔女年二十五中鶚卒陳撫二子荼苦自甘守節三十餘年邵志

周世榮妻金氏逮事舅舅諸生士進不問家人生產家故貧

世榮常服賈於外以資洗腆舅老且多疾世榮逡巡未卽出
金語世榮曰君第相時出當無內顧憂自是操井臼持門戶
舅有所需每先事具舅疾革謂世榮曰我臥病七載婦勤苦
侍奉雖吾女未能若此願汝子孫孝敬亦如之世榮及子全
德在義行傳孫五廷策廷獻廷詔廷舉廷棟策詔舉亦在義
行傳廷獻業儒娶汪氏汪兆槐女生子學炳學煒而廷獻卒
汪依祖姑奉之終身咸豐三年
旌金年七十四卒汪守節二十三年卒學炳優增生邵志周氏譜
儒士王植幹妻高氏生員高從奎女植幹童試冠軍未取入
學憂鬱成疾卒高年二十七毀容誓志孝養舅姑苦節五十
餘年于萬年諸生邵志
儒士姜基妻萬氏年二十四基卒遺孤希謨甫二歲姑患瘵

疾萬侍奉有禮希謨既授室生子思封甫三歲而希謨卒婦
卽萬之女姪也時年二十一號慟欲絕姑諭之曰未亡人所
以不死以奉姑撫子尤難也汝亦無死理矣婦飲泣受命事
畜一循內則乾隆二十八年萬年七十二守節已四十八年
婦年五十苦節已二十九年矣邵志
談廷舉妻夏氏年十九歸談二年而廷舉卒夏奉姑撫嬰守
節四十五年廷聘妻李氏年二十六廷聘卒遺孤三守節三
十二年有榮妻金氏年二十而有榮卒事姑婉順鞠子恩勤
守節三十餘年時稱一門三節邵志
儒士王拱北案嘉慶通志作拱化誤妻姜氏年二十六而寡婦道母儀
一時取則苦節三十餘年邵志
儒士汪鈖案嘉慶通志作汪士珍誤妻嚴氏年二十五而寡遺子二長源

松四歲次源柏一歲矢志靡他以事育爲己任源柏早卒婦
萬氏立志守貞後十年源松卒婦王亦孀嫜共守荼苦同甘
冰雪之操萃於一門嚴守節四十三年邵志据汪氏譜考定
儒士金有衡妻柳氏武舉柳奇雲女年二十適金一載有衡
卒遺腹生子五歲而夭撫姪必拔爲嗣奉姑孝苦節三十餘
年邵志
州同鄒祖泗妻林氏年二十八祖泗卒林事姑孝養有禮教
子以詩書守節四十餘年子大典諸生邵志
儒士余應俊妻朱氏年二十二應俊卒朱孝於舅姑和於娣
姒守節五十三年邵志
劉經恢妻李氏年二十一歸劉六閱月而經恢卒無子撫同
宗子常述爲嗣邵志常述娶張氏年三十常述卒遺孤萬榮二

歲萬榮娶陳氏年二十三而萬榮卒遺腹生子齡接陳矢志
撫之事畜皆取資於紝織李守節三十一年張守節三十七
年陳守節四十八年光緒十一年彙
旌新纂
監生周士彤妻王氏歲貢王一煌女年二十六士彤卒無子
撫姪世權爲嗣守節四十年乾隆十四年
旌邵志
周國寶妻夏氏年二十九而寡遺孤文奎甫六歲國寶弟國
棟娶陳氏年二十六而寡遺孤文藪甫五歲家貧子幼娣姒
同居夏守節三十九年陳守節四十餘年邵志
儒士龔澄勃妻萬氏年二十七而寡遺孤二事舅姑孝未幾
次子殿邦卒婦邱氏侍姑亦如之萬年七十一卒守節四十

五年（郡志　案郡乾隆時人故郡志卒年闕焉）

儒上紀丞大繼妻趙氏年二十歸紀生子禎而丞大卒丞大前妻有子義甫六歲多病趙撫之如所生後二子又俱亡撫諸孫成立年八十二卒苦節六十二年乾隆十九年旌（郡志）

儒士湯飭彰妻易氏江夏舉人易之謙女年二十四飭彰卒遺孤士魁甫三歲及長娶咸甯生員鄭都女年十八而士魁又卒奉孤撫嗣資於十指易年五十八卒鄭年三十五卒（郡志）

儒士程燮妻張氏年二十四而燮卒張奉姑撫子行不出閨守節四十餘年子二（郡志）

儒士李雲淩妻張氏年二十三雲淩卒家貧事舅姑孝勖子勤學苦節四十餘年（郡志）

儒士謝其燦妻夏氏生員夏宏春女年二十二其燦卒遺孤二其燦兄其炳任貴州普定知縣夏竭力奉養以婦兼子職有疾子監生廷詰封股救之尋愈（郡志）

儒士李于鵾妻張氏年二十七于鵾卒遺孤斯光甫四齡舅姑諷使改適張斷髮誓志忍飢奉甘旨守節三十餘年（郡志）

儒士王緒容妻穆氏年二十六緒容卒遺腹生子德齡紡績事姑撫子成立守節四十二年孫本仁諸生（郡志）

儒士魯在漢妻方氏年二十二在漢卒無子在漢病革倚枕含涕若欲有言方齧中指誓以殉在漢止之屬以立嗣因泣受命終身茹蔬苦節三十餘年（郡志）

儒士張維鳳妻龍氏年二十四而維鳳卒無子撫姪爲嗣守節三十餘年（郡志）

儒士盛數五（案原作敷五今從采訪更正）妻劉氏年二十二而數五卒遺孤惟德甫周歲荼苦撫養守節三十餘年（郡志）

儒士張次夷妻熊氏年二十二而次夷卒遺孤綸音甫二歲家貧售物買棺以殮負土成墳紡織養姑苦節四十五年（郡志）

儒士李尊一（案尊一本姓黃嘉慶通志作姓王）妻李氏年二十四尊一卒姑老子幼孝慈兼盡守節三十餘年（郡志）

生員田豐妻張氏年二十二豐卒上有老姑下有弱子張刺血盟棺甘心茹苦子時琦娶閻氏閻年二十三而時琦卒遺孤二家貧無儋石之儲其兄以輕塵弱草之言諷之閻厲色以謝奉姑訓子如其姑教張守節三十一年閻守節三十餘年（郡志）

生員王溶妻盛氏年十七歸王生子植仁方七歲溶卒於其

叔渭鼎官署盛聞訃哀慟幾絕越三日復蘇子植義矢志守義足不出戶姑哭子成疾侍湯藥飲食爲娣姒先植仁娶蔡氏蔡年二十五植仁卒無子撫姪德昌爲嗣盛守節四十三年蔡守節四十餘年（郡志）

呂貞女生員呂聖傳女幼字舉人宋嗣濂次子德隆德隆侍父兆上未幾父子相繼卒於京德隆之兄亦棄家出不知所之女時年十九母家欲別字女泣曰從一而終義也既以身許宋矣可他適乎乃截髮自誓守貞三十餘年（郡志）咸豐三年旌（新纂）

嚴貞女字谷蘭生員嚴習學之女幼字監生何殿元子天鏵女兩兄俱廩膳生女幼慧同兩兄學父授以小學女誡諸書輒心解天鏵年二十遘病卒女聞之遽絕粒不死且投繯家

人覺救之兩晝夜乃甦請其母偕往弔哭於何氏母哀而從之至則遂留奉姑不去服斬衰三年未嘗歸甯父母久之有欲奪其志者詭言母病且死思女欲一訣且具肩輿以待姑亦命之女泣升輿行所由非故道俄至一村聞爆竹鼓吹聲覺有異乃毀容以俟輿止有二婦盛服來掖之下輿女遽批其頰立地大哭視廬傍有積薪如墉乃依薪立且抽薪以投人人莫敢近或曰君弱女子耳氣方盛毋近俟其力竭可圖也女聞其語日且夕乃止不哭陽詈何氏曰是非我辱汝家門戶也手招村中小女子曰妹來我飢甚有酒食否其家以爲可轉也令女子就之因扶以入升堂不拜坐主人進食食之且飽乃語其家姻婭曰未亡人固處子也婚姻事大何可苟我尙素服當易之與我鍼黹我當自製之以具進女剪裁

縫紉若欣然者僉疑其意已解觀者各就寢守者亦漸懈久之女度天且曙乃毀所製自剪其髮左手握之右手持剪擬吭大言曰此事非汝家過放我歸不干汝家事當我者死我亦死汝家矣且呼且奪門走其家懼禍莫之阻也既出迷不知所往聞二樵者前行相與語當詣縣陰隨之行至城門失二樵者而天曙矣遂詣縣訴之縣令召兩家譙讓之而具輿從鼓吹送女歸何氏且爲天錚立嗣自是得安於何氏無敢以非禮干者年七十餘卒嗣子璀爲請
旌建坊王志稿　案邵志文嗣簡畧蓋女時守貞十五年難尙未作也

儒士喬熙載妻石氏年二十三熙載卒舅姑年逾七十遺孤二石織紡以供旨甘舅姑相繼殁喪葬如禮命子出就外傅自甘藜藿賓師供億必豐守節三十年子龍光龍飛俱諸生邵志

儒士萬朝聖妻朱氏年二十七朝聖卒遺孤士廷五歲朱茹苦撫孤爲士廷娶劉氏乾隆十一年士廷卒劉時年二十六遺孤二正綱正紋朱以喪子慘傷不旬日亦卒年五十三茹節二十六年劉撫孤成立嘉慶二年卒年七十有七正紋娶楊氏年二十八正紋卒楊仰事俯畜不愆於禮守節三十二年邵志同治元年彙
旌新纂

儒士張巖妻胡氏舉人胡從政女年二十七巖卒遺孤國模三歲胡勤紡績以任事畜守節四十餘年邵志

儒士程輝東妻金氏年二十三輝東卒僅一女撫姪大智爲嗣守節三十年邵志

儒士嚴澮泗妻邱氏年二十五澮泗卒毀耳誓志有夏侯女令之風家貧茹苦自持母家歲時見招迄不一往撫姪爲嗣守節三十五年邵志

生員彭紹湯妻汪氏年二十二紹湯卒遺孤廷枚在襁褓中汪奉舅姑以婉順稱訓子不姑息每啓夫所遺書簏輒流泣令兒無廢先業守節三十四年邵志

儒士萬豈凡妻李氏年二十八豈凡卒遺孤正綱正綸李飲泣孝養冀解舅姑憂守節二十八年邵志

儒士吳嗣封妻趙氏年二十八嗣封卒截髮自誓孝養舅姑拊鞠諸孤期於成材凡子孫所交游以文字學業相過從即喜具飲食令盡歡苟非其人雖杯茗不時賜也守節三十餘年孫翼聖　恩貢生有傳邵志

儒士黃綏萬妻劉氏年二十六綏萬卒遺孤光邦家貧紡績以撫之姑病侍湯藥維謹姑歿殯葬皆拮据營辦守節四十餘年（郡志）

儒士夏永譽（案嘉慶通志作永學誤）妻胡氏年二十歸永譽生二子而永譽卧病五閱月勢危篤胡欲先死以明志陰絕粒形容憔悴將不支永譽察其意諭之曰姑老子幼毋徒死以重我地下痛也胡泣受命永譽乃瞑時胡年二十八家貧姑且多疾在牀第者三載有餘胡懼且夕以爪掐掌血流不自覺每冬夜沍寒則擁姑衾令得暖卧旋移燈就績夜半乃休凡養生送死之需及二子膏火脩脯之費皆從十指間出不受戚族一錢也乾隆二十三年

旌二十八年年九十有六（郡志）

生員張之屏妻胡氏江夏貢生胡能祚女年二十八之屏卒遺孤其名倘幼胡養姑必誠必敬令子就外傅夜歸必問晝所讀守節二十餘年（郡志）

儒士柳懋功妻葉氏興山訓導江夏葉之彭孫女懋功祖耒陽教諭父奇雲武舉懋功勤於學業年二十三懋功卒遺孤甫周歲亦殤撫從子德一爲夫後移榻與姑同寢室日夕不少離勤紡績以奉養守節三十餘年（郡志）

儒士金正第妻柯氏年二十一正第卒遺一女柯以頭觸棺血漬衣昏踣於地逾時始甦泣血三年未嘗見齒舅姑憐其少且無子使人微諷之柯遽截髮埋夫塋側以誓靡他撫姪作鐸爲嗣守節三十餘年（郡志）

監生湯琬妻吳氏年十九適湯生子士達妾張氏生子士桂琬卒時吳年二十四張年二十以姑老子幼黽勉同心撫二子愛均人不覺其爲異母產也張事嫡婉順張先卒吳哭之慟如失左右手並守節三十餘年孫選詩諸生（郡志）

儒士張應侯妻黃氏年二十四應侯卒遺孤正昌三歲黃紡績以養舅姑撫子成立年七十九卒守節五十五年乾隆十一年

旌（郡志）

儒士吳嘉璉妻蔡氏生員蔡文熹女其歸吳也舅起鳳諸生夙患痰嗽雞鳴得白沸湯則少止蔡每早起煎以進數年未嘗後時年二十六而寡遺三子家貧恐廢學請父文熹臨教之已力女紅以致甘旨守節三十年子萬魁諸生（郡志）

吳志伊妻湯氏年二十八志伊卒撫子濟萬澤萬既授室二

子相繼卒復撫其孫承泰又早世乾隆二十八年守節已四十九年矣（郡志）

儒士吳懷獻妻毛氏年二十懷獻卒遺孤鉉毛紡績奉養以餘積爲鉉納粟入監守節四十餘年（郡志）

金天球妻朱氏年二十四天球卒遺孤一有勸其改適者朱號慟欲自盡或懼不敢復言守節三十餘年（郡志）

高大進妻陳氏年二十歸高越三年生子學鼇而大進卒姑老子幼家徒壁立短檠坐機杼間拮据以供甘旨不少怠教子務本業毋從羣兒嬉里中兒無敢窺其戶者乾隆二十八年守節已三十八年（郡志）

儒士黃之極妻嚴氏生員嚴自恆孫女年二十二之極卒無子撫姪萬億爲嗣事畜皆資於紡績守節三十餘年（郡志）

儒士田陸出妻柳氏年二十五陸出卒遺一女撫姪相材爲嗣守節三十餘年邵志

儒士張武佑妻王氏年二十五武佑卒事嫡庶兩姑克盡婦道有諷之改適者正色叱之曰吾祖父累世書香古來節烈聞之熟矣何得以此語浼吾耳也教子斯錕嚴謹一女適大冶黄姓亦早寡守貞壬年六十八卒守節四十四年乾隆十四年

旌邵志曾孫本崴貢生廣濟訓導立孫以謨進士新纂

張子明妻馬氏年二十子明卒遺腹生子希三事舅姑養葬盡禮爲希三娶董氏年二十一而希三卒遺孤兼萬甫一歲董斷髮明志耰鋤機杼婦姑偕作不少休兼萬長娶談氏生子健菴健菴生九年而兼萬又卒談上事兩世孀姑下撫幼

子孝慈兼盡戚里無間言馬年八十一卒董年八十八卒談經營喪葬如禮邵志嘉慶九年學使茹旌其閭談年八十二孫兆選諸生新纂

職員程芳南妻沈氏年二十五芳南卒其妾滿氏生子大業沈與滿力貧撫孤未三年而滿卒大業亦殤沈悲號投繯遇救不得死乃撫嗣子有容守節三十餘年邵志

儒士金長開妻喻氏年二十一長開卒遺子廷泰家貧舅姑伯叔相繼亡甇孤相依守節三十餘年邵志

高貞女崴貢生高大寬之妹幼字神鄉儒士喬文曹未嫁而文曹卒女時年十八聞訃數日不食將殉之父母力勸之乃誓死守貞或欲奪其志輒忿欲死晚依兄嫂居年八十卒邵志

同治元年

旌新纂

陳華臣妻熊氏年十九適陳生二子華臣卒熊年二十二家貧紡績以事舅姑舅姑歿不能具棺衾百計經營無缺禮焉守節四十餘年邵志

趙貞女監生趙錞女幼字儒士何承烈未嫁而承烈卒女年十八聞訃絶粒告於父母誓必歸何父母許之承烈死未一月女往何服衰居靈次朝夕哭奠家貧紡績以奉孀姑撫姪維執爲嗣七載不歸甯屢迎之即翦髮投地以明其志姑病兩載潛刲股奉姑病頓愈既而姑歿喪葬盡禮哀毁卒年四十八乾隆二十六年

旌邵志

劉光德妻陳氏年二十六光德卒遺孤薌元生三日姪薌亨

甫彌月其父母相繼亡陳乳哺兩孤至於成立守節三十餘年邵志

儒士萬世爵妻王氏年二十八世爵卒事畜兼資勤苦備至守節四十七年邵志

儒士王國賓妻董氏年二十四國賓卒家貧紡績以事舅姑性嚴厲族黨咸敬憚之子以勤儉致裕親鄰有貧乏者不吝周恤或修橋梁道路亦樂爲捐助守節四十餘年邵志

儒士張正國妻李氏年二十三正國卒遺孤二家貧常榜廈紡績以供事畜苦節三十年邵志

儒士張俱瞻妻章氏年二十四俱瞻卒舅老子幼紡績爲生守節三十餘年邵志

鄭孝女貢生張之琪案選舉志作之琦妻安徽布政使黄國鄭昱女

端靜婉順之琪父欒城知縣仲經亦黃岡籍康熙十七年與
昱同舉於鄉故申之以婚姻鄭適周逮事舅姑以孝聞嘗賦
寧値母孫久病鄭侍疾衣不解帶者數月見病篤禱天刲股
和羹以進乃瘳子治諸生邵志
陳義和妻余氏年十八適陳逮事舅姑生子思任敏才年二
十六而寡事育悉資於紡績守節四十餘年邵志
趙賀川妻沈氏年十七適趙事舅姑孝二十七而寡遺女一
無子撫姪桓爲嗣守節三十餘年邵志
儒士孟世海妻曹氏年二十八世海卒無子撫姪爲嗣事舅
姑以孝稱舅歿自啖菜羹而奉姑以甘脆年七十卒守節四
十二年邵志
儒士閔聖訓妻周氏生員周天祥女年二十二聖訓卒遺孤

宗孟甫晬周勤紡績財粟有餘則以周貧乏知縣曾昕張慄
聞之屢召宗孟至縣庭賜卮酒詳授頂帶以彰其母之節悳
守節六十三年邵志
儒士嚴自芳妻張氏年二十二自芳卒殯後張入寢室自經
姑楊救之半日始甦水漿不入口者數日舅姑泣諭之乃强
起撫姪首生爲嗣家貧紡績以給事畜父母召之歸屢辭不
往最後姑亦命之乃載夫木主以行數日即返遂不復往守
節三十年邵志
生員嚴兩如妻汪氏年二十二兩如卒遺孤二國正國元汪
侍奉舅姑生事死葬悉如禮國正娶汪氏復早卒汪亦矢志
完貞邵志
嚴自寬妻周氏年二十一自寬卒姑多病常在牀辱周侍湯

藥日執巾櫛爲盥沐械箭帬襦垢穢躬浣滌累年無厭倦舅
安其養年至耄耋嗣子高撫之成立乾隆二十八年已守節
三十一年矣邵志
魯用和妻黎氏年二十四用和卒遺孤二家貧勤紡績以事
舅姑守節三十餘年邵志
柳懋公妻方氏年二十五懋公卒遺孤二族有欲奪其志者
方截髮誓志出則耰鋤入則紡績晴汲井泉雨待簷溜藜藿
不充菅蒯不具飢寒自喻不與人言撫二子成立苦節三十
餘年邵志
儒士嚴穗生妻葉氏生員葉大鼎女年二十五穗生卒遺子
景怡養老撫孤守節三十七年邵志光緒六年
旌新纂

魯生泰妻朱氏廩膳生朱雲鳳女年二十五生泰卒無子舅
姑篤老强起奉養生泰弟娶孟氏復早卒遺孤在淑娣姒完
貞同撫一子守節三十餘年邵志
儒士孟士伸妻周氏生員周世龍女年二十八士伸卒遺腹
生子友倘矢志鞠育守節三十餘年邵志
邱賓侯妻熊氏年二十七賓侯卒無子撫姪萬璐爲嗣事姑
以孝稱守節四十三年邵志
朱貞女江夏朱泰交女幼字神山鄉儒士李大泗大泗嬰夙
疾女年二十四未嫁而大泗卒訃至女號慟幾絶父母勸慰
誓歸李乃得生水漿不入口者三日父母許之乃往李即喪
次拜見孀姑誓志守義不復歸寧父母服闋後姑婉諷之曰
我年逾七旬死期近矣汝將何依女指天自誓曰頭可斷志

不二也姑老多病女奉湯藥惟謹姑歿哀痛逾常先是女屢
求立嗣爲夫後伯叔憫其年少未之允至是女乃告於父赴
府呈請立後府檄下縣知縣召其伯叔爲立嗣年四十疾革
遣迎父母至泣告以全歸之義言畢而逝乾隆十八年
旌邵志
王游妻辛氏嫡周生子殤憂慟成疾時游官直隸父母令納
辛詩南歸事舅姑孝敬備至舅姑病寢食俱廢躬侍湯藥扶
持浣滌者先後十餘年及舅姑歿哀毀骨立殯殮如禮營兆
域待夫歸以葬焉後隨任至粵子植玉甫四歲而游卒於雷
瓊道任襄橐蕭然辛經營扶櫬歸里侍周藥餌惟謹施濟不
少吝卒年五十四邵志
劉國禮妻孟氏年二十國禮卒遺腹生子宗智母諷之他適

乃截髮誓志紡績以供事育守節二十七年邵志
程言兌妻潘氏年二十二言兌卒遺孤輝錦相繼而天撫姪
成錦爲嗣守節三十餘年邵志
儒士姜光妻張氏年十九歸張未一載光卒撫姪爲夫後家
貧舅姑令改適張自矢靡忒並日而食守節三十一年邵志
儒士夏文燦案嘉慶通志作文煥妻王氏生員王追予女年十七歸文
燦生子振儒二歲而文燦卒遺腹生子振翮苦節五十一年
乾隆二十二年學使毛其燦給額表其閭邵志
熊賓南妻劉氏年二十七賓南卒撫姪大崑爲嗣勤紡績以
奉舅姑守節三十餘年邵志
潘普妻萬氏年二十五普卒撫姪用極爲嗣貧苦自甘守節
四十餘年邵志

儒士尹胄伯案嘉慶通志作渭伯妻金氏年二十八胄伯病篤若欲有
言金解其意齧中指斷誓以死守胄伯卒遺子如鍈守節三
十三年邵志光緒六年
旌新纂
儒士尹思灝妻陳氏年二十九而寡遺孤廷彬甫三歲家貧
父母諷使改適陳毀形明志寡鵠孤雛常忍飢相向拾薪壠
上掇蔬和穅秕以食苦節三十二年邵志光緒六年
旌新纂
生員尹克猷妻葉氏年二十七克猷卒遺孤錫冕甫用晬勤
苦操作孝養衰翁一燈熒熒母績子讀常從夜徹曉年七十
卒守節四十三年子錫冕孫思遷思潤思溪曾孫光楷俱諸
生氏皆及見之邵志光緒六年

旌新纂
尹由入妻馬氏年二十五由入卒遺孤在衡三歲舅姑在堂
紡績以養守節四十餘年邵志
監生尹如錦妻嚴氏廣東羅定協都閫守副總兵官嚴況長
女年二十六而寡遺孤二姑老子幼以孝慈勤儉聞於鄉母
家雖貴盛終不一往親串罕見其面守節二十九年子思沐
監生邵志
儒士明雨瞻妻李氏年二十六雨瞻卒子天瑞甫二歲事畜
之資皆十指所經營舅姑相繼卒盡鬻衣物以完喪葬守節
三十餘年邵志
儒士尹佑湯妻周氏年二十三佑湯卒遺孤廷桂甫三歲誓
死養姑課桑芸爲菽水資篝燈教子紡車聲與讀書聲相間

不絕守節三十一年邵志

楊暹妻劉氏父母早世八歲卽育於楊年十四姑歿哭至歐血踰笄而婚家貧勤紡績以任甘旨旣而舅抱沉痾飮食扶持及澣濯之事溽暑冱寒絕無厭倦十六年如一日舅病篤謂其子曰婦善事我願汝後亦得佳兒婦孝敬如之言訖而逝劉竟以哀毀卒邵志

儒士吳景毅妻柳氏生員柳菊友女年二十一景毅卒遺孤之杝有欲奪其志者柳毀容誓死數十年不歸寧奉養舅姑雖蔬菜必恭潔守節四十餘年之杝監生邵志

朱貞女朱子式女幼字張氏子張氏子早喪父母貧難自給貿遷於外詩客死女年十九在室聞訃卽變服守貞誓死不二初依父母繼隨兄弟居紡績自贍親串有諷使易志者女

遽欲自經衆懼不敢復言逮七十初度日自服襲衣加帶端坐而瞑邵志同治元年

旌新纂

儒士劉鶴妻周氏生員周全名女年二十九鶴卒遺孤二辛勤紡績無分旦暮寒風朔雪十指皴裂不少休苦節三十二年邵志

儒士潘士楷妻姚氏年二十士楷卒遺孤永臨甫三月家貧數斷炊氏紡績以資事畜守節四十三年子永臨孫帝錫俱諸生邵志

林貞女生員林世泰孫女幼字儒士胡美瀚未嫁美瀚卒女聞訃請適胡守貞未之許絕粒不欲生父母憐其志許之甫匍喪次呼搶泣血絕而復甦服斬衰朝夕哭奠終其喪或有諷以改節者女剪髮焚香誓於夫墓衆莫敢復言奉舅姑孝二十年如一日父母望其歸寧竟不一往撫姪之茂爲夫後鞠育如所生乾隆二十八年學使朱表其閭邵志咸豐三年

旌新纂

監生程必昌妻嚴氏貢生嚴崇王女年二十適程生子大華甫一歲必昌卒嚴事姑孝課子勤儉家漸裕爲大華納粟入監守節四十六年邵志

程維屏妻潘氏生員潘志龍女年二十二維屏卒生子早殤撫姪明錦爲嗣奉姑孝紡績以備甘鮮守節三十三年邵志

程獻庭案嘉慶通志作庭獻妻柳氏生員柳佑文女年十八適程未兩載而獻庭卒子大經甫八月柳勤紡績以養舅姑守節三十五年邵志

儒士張國權妻徐氏年二十三而國權卒遺孤二徐竭力以資事育苦節五十七年邵志

儒士謝又康妻吳氏年二十二又康卒遺一子一女家貧紡績以事舅姑舅歿喪葬如禮移榻伴姑朝夕奉侍姑病割股和羹以進疾果瘳壽至八十吳年六十有九守節四十七年邵志

張非諒妻夏氏年二十于歸生二子東山作棟越九年而非諒卒舅諸生紹緒又歿姑慟成疾藥餌皆夏自十指出東山弱冠補諸生不數年而卒婦陳氏年十七生子甫閱月哀傷甚夏哭子喪明姑婦均以苦節終邵志

貢生孟世傑妻帥氏年二十二世傑卒家貧父母憐其年少且無子微諷之帥剪髮毀容誓不他適撫姪金生爲嗣守節

三十餘年邵志

儒士張自旭妻謝氏年二十三自旭卒遺腹舉一子舅姑篤老課桑苎以資奉養守節三十餘年邵志

監生孟壽穀妻鄒氏生員大倫女年二十四歸於孟壽穀嬰疾竭力醫治又四年而壽穀卒無子撫姪世永爲嗣事舅姑孝守節三十餘年邵志

儒士張其淵妻柳氏年二十四其淵卒子世椿未晬家有薄田二畝晝事耕耘夜勤紡績柳與子茹藜藿必以甘旨奉姑姑病歲餘朝夕侍湯藥無怠守節三十七年邵志

孫聖域妻孔氏年二十八聖域卒遺孤二撫之成立守節四十三年正國江南高寶運河寶應汛把總孫夢龍諸生邵志

儒士柯時柱案嘉慶通志作柯時國誤妻王氏年十八時柱卒觸棺流血

踰時姑甦遺孤朝俊甫數月王撫之至於成立年七十卒孫愈奇監生愈榮儒士三愈賢愈榮娶陳氏生員陳懿輝女歸榮未期年而寡年二十四無子呼搶絕粒者亦累日撫姪勝錦爲嗣姑病禱祖堂願以身代疾亟私割股肉作湯以進病頓痊乾隆二十八年陳已守節三十六年邵志

吳達升妻雷氏年十七達升卒遺孤萬同家貧炊煙屢絕雷勤紡績以撫遺孤苦節七十七年邵志

儒士鄒禹聞妻陳氏年二十四禹聞卒遺孤三躬親作苦事畜有資守節四十餘年子光與廩膳生邵志

朱廷詔妻胡氏年十八適朱越三載而寡遺腹生子大濬辛苦操作鞠育其子以至抱孫守節六十三年大濬子光麒聘同里陳氏女未嫁而光麒病卒女年二十一聞訃痛絕不食

請於父母許之臨喪至則泣拜喪次誓不歸盡敬事舅姑食貧作苦乾隆二十八年年已七十有七矣邵志

劉渭玉妻王氏年二十渭玉卒無子舅姑篤老亦無伯叔王矢志奉養茹苦自甘乾隆二十八年守節三十五年邵志

儒士潘紡妻傅氏年二十六而寡姑老子幼辛勤以供事畜乾隆二十八年守節已三十一年邵志

儒士徐廷柱妻嚴氏年二十二廷柱卒遺孤一舅姑年邁辟纑以養之守節三十二年邵志

生員周宗邦案嘉慶通志作孚邦誤妻鄔氏周于豐妻張氏周于鎬妻嚴氏耑姑婦三節也鄔氏生員汝礪女年二十六宗邦卒遺二子于豐于鎬鄔事舅姑孝誨子至於成立于豐娶張氏生員張之儀女年二十二而于豐卒張誓死守以養姑撫孤士

惠舉四子而張卒年五十有三于鎬娶嚴氏生員嚴自南女歸于鎬生子士志甫晬而于鎬卒嚴孝慈兼盡娣姒同嶽士志方授室而忽夭乃撫士惠子學洙以嗣士志乾隆二十八年鄔年已八十五嚴年已五十八猶紡績不輟以謀朝夕邵志

熊貞女熊世啓女幼字蘄水陳國恒年及笄當婚時陳家中落國恒亦飄蕩世啓探尋久乃於蘄州遇之挽之入贅國恒誓不娶遂逸去已而國恒故世啓造其家訪之信有他氏求聘女在室聞之厲聲曰誰敢奪我志者我即以厨刀相向自是人不敢復議婚矣越二年世啓夫婦歿三子俱幼親串或諷以無告女曰守義奚告告則不義吾他適死無以對陳且拋三弟去死無以對父忍而爲此非人也遂撫其弟成立乾隆二十八年年已逾五十矣邵志咸豐三年

旌新纂
吳聖賓妻周氏性貞靜溫和持家勤儉生於康熙三年正月十八日迄乾隆二十八年年百歲子七孫三十六曾玄雲礽已百餘猶扶杖徧歷孫曾婦寢室諭以喫得虧便好且云吾生平持此五字轉得康寧至今也邵志

熊錫輅妻柳氏生員柳文起女年二十三輅卒遺孤之湄甫五月族有欲奪其志者乃截髮明志扶姑抱子避於母家十餘年自茹藜藿具甘鮮以奉姑篝燈課子讀之湄稍長乃歸舊廬守節四十餘年乾隆十七年巡撫給額表其閭並請
旌邵志

儒士陳傑妻呂氏年十九傑卒遺孤琮義復殤撫姪孫世錫為琮義後守節三十六年乾隆二十五年

旌邵志

生員吳大會妻張氏生員張艮遂女年二十適吳事舅姑有禮家政肅然布衣練裙食無兼味朝夕事女紅不少懈恤緯所餘輒周貧乏生於順治二年十月二十一日至乾隆九年壽百歲題請
旌表
賜賚如例又三年而歿子三宗道宗蕃俱八十矣邵志

汪燕妻馬氏洪道鄉馬一舉次女性貞靜端肅幼字同里汪正恆長子燕正恆與父天章別居妻早亡乾隆二十二年丁丑春正恆病篤燕年十九次子槐甫成童三四子尤幼父居祖宅距二十里外慮不能時庇諸孫適業薙髮者陳大坤黠水人寓其家有年因託之正恆歿大坤輒以聲色加燕兄弟以父命故頗畏憚之是秋天章為燕娶馬氏時馬年十八于歸則居無比鄰家徒四壁燕與弟槐惟種屋後山地數畝馬勤紡績以佐之而大坤窺馬色每於無人時以言笑挑之馬不答歸寧則告其母李曰大坤非端人宜遣去歸祖宅則告其祖舅曰大坤非端人宜速遣去李與天章屢促大坤遷久不去次年清明節燕兄弟以祭墓出大坤乘無人復攜錢挑之馬直走山後招近村婦熊氏來伴績俟燕歸始送熊去三月二日燕偕諸弟芸山中午後槐偶歸取草帽見大坤捉馬臂馬大罵且奮擊之大坤見槐來走出槐奔告兄燕語弟速畢農事歸與理論及歸日已暮見馬踣寢室中氣垂絕燕比叫號大坤遽持刀逐之燕槐各曳弟出奔後山值大雨同避樹下而大坤與所厚鄰村曹萬明夜沈馬屍塘水中黎明尋

燕歸許贈錢穀再娶但言夫婦口角至夜投水可寢事否則大坤遠逃汝且受累燕素弱姑應之天章及馬母李聞信來燕如所教對李雖號怒然憫燕弱且貧又不願女屍經官露驗天章出銀厚斂事以寢而大坤實無所予燕旋露其實於人李漸聞之詰燕備述情事四月十九日李乃挾燕控縣大坤已遠颺矣知縣謝奉璋督捕獲大坤初供與燕同居因馬紡車當路起爭相毆致斃覆審乃吐實謝欲寬其罪據初供具獄上李旋偕燕上控七月委江夏知縣張務訥檢驗初擬死越四月餘且經溽暑但骨殖可檢及開棺出屍面如生體不壞傷痕炳然觀者羣呼馬二姐貞烈動天地故鬼神護其遺骸若此今事白眾憤洩矣張上讞案大坤萬明如律謝亦以此去官巡撫莊有恭以馬氏守正捐軀志堪矢日行足維

凰具題二十四年三月十一日奉
旨旌表建坊入祀節孝祠葬洪三里里人亦卽其墓地祠之著靈
異者屢矣（邵志）（汪氏譜　案譜杰作傑志作杰蓋據當時公牘）
儒士衞德逵妻左氏年二十三德逵卒無子家貧茹苦自甘
撫姪際雲爲嗣銖積爲脩脯資令就傅學際雲及其子國俱
補諸生乾隆二十八年年已七十矣（邵志）
吳禮顒妻呂氏歸吳時家貧乃盡出其奩飾資禮顒學勤紡
績以供旨甘三年而祖舅姑歿禮顒亦卒汪志以死殉姑勸
曰汝死是速吾夫婦死也乃強起侍養如初越十五年而舅
姑相繼歿竭力經營喪具殯葬畢歸依姑柩前絕飲食晝夜
哭淚盡繼之以血而死（邵志）咸豐三年
旌（新纂）

生員王燮佐妻陳氏縣丞陳際亨女及笄于歸逮事舅姑稱
婉順越二載燮病篤焚香祝天求以身代竟不起遺孤名時
甫晬家中落忍死自持凡所以奉二人膳飲衣衾及月制歲
制之屬皆豫爲備故生得其歡心歿不愆於禮則敎子名時
補府學生員名時夫婦復早卒遺孤錫璋年方齔陳撫之成
立頗著文名既授室又卒陳號慟曰吾勉存視息爲王氏撫
兩世孤者期爲吾夫留一綫耳今若此何以報地下哉聞者
莫不悲歎年八十六而終苦節六十三年乾隆年
旌（邵志）
儒士葉植三（案嘉慶通志作祖三誤）妻呂氏舉人呂璜女年二十六植
三卒遺一女呂勤紡績以養姑女將嫁而亡守節四十八年
（邵志）

儒士熊炌楚妻汪氏年二十四炌楚卒汪事姑婉順守節三
十餘年子二紹箕紹封俱諸生（邵志）
葉廷亮妻張氏年二十一廷亮卒遺孤甫二歲張事舅始終
無懈勤苦銖積爲子先澤納粟入監守節三十餘年（邵志）
監生胡學杞妻紀氏年二十三學杞卒遺孤宗錠二歲拮据
家政孝養備至宗錠納粟入監欲具狀以聞紀愀然曰我所
以強存視息躬任事畜者以汝祖命耳今尙悔欠一死以報
汝父汝顧以是爲吾市名乎宗錠乃不敢言守節三十餘年
（邵志）
生員周宏圖妻周氏二族不同所出年十九歸宏圖宏圖有
疾周衣不解帶者五年及宏圖卒周年二十有四遺一女毀
容誓志勤紡績以孝養撫姪全綬爲嗣守節五十八年（邵志）同

治元年
旌全綬歲貢生（新纂）
陳啓亨妻劉氏勤儉孝養生事死葬哀禮兼備伯叔五人久
已析爨先後病卒皆備衣棺如禮子五人孫二十餘人（邵志）
儒士殷掄昇（案嘉慶通志作倫昇誤）妻余氏年二十一掄昇卒無子立
胞姪必瑚爲嗣奉舅姑甘旨不缺守節五十三年（邵志）
楊紹堯妻周氏年二十紹堯卒無子誓志奉養不復歸甯撫
姪孫文高以承夫祀守節三十餘年（邵志）
詹自崑妻萬氏年十八自崑卒無子奉舅姑婉順足不踰閫
苦節三十餘年（邵志）
葉之仁妻陳氏葉之義妻吳氏葉之禮妻孟氏葉之信妻吳
氏皆靈六里監生葉定期子婦也陳年二十五之仁卒遺孤

鑲銳俱幼陳以冢婦任事畜之責家政肅然之義妻吳氏年二十四之義卒無子欲以身殉姑力持之遂强起奉養足不踰閫孟爲穀城訓導周儒女年二十之禮卒遺孤宏錦監生之信妻吳氏生員士鯨女年二十四之信卒遺孤子鎮後補諸生邵志同治十一年彙

旌新纂

梁以憲妻孟氏年二十歸梁逮事舅姑克章婦順相夫子禮敬如賓時謂伯鸞德曜家風猶存姑何年五十患痿痺孟躬親湯藥與共臥起盥沐則爲執巾櫛飲食則爲進匕箸中帬厠牏必躬浣凡二十五年無少厭倦族黨咸稱其誠孝焉年九十餘卒于鳳生諸生邵志

王材枚妻周氏年二十六材枚卒遺孤丕勳甫髫齔家貧乏

勤紡績以資養飧守節三十餘年邵志

儒士汪治妻龍氏生員文慶女年二十三治卒遺孤二女一事舅姑奉養不懈教子成立守節三十餘年邵志

楊之綱妻倪氏年二十一之綱卒欲以身殉翁諭之許爲立嗣乃强起撫族姪啓緒爲嗣勤紡績以資養飧守節四十七年邵志

趙某妻萬氏市三里萬祟仁之姊年二十夫卒無子並鮮伯叔孑然無依苦節自矢初以針黹刺繡自給年屆五旬目昏耳聾乃日買擔夫茅及松毛手結爲把零賣之或不足自給則併日而食未嘗稱貸於人鄉人憐而敬之苦節六十餘年邵志

儒士王藎榮妻朱氏年二十藎榮卒遺二女朱勤紡績以育之乾隆二十八年守節已三十二年矣邵志

監生朱潤妻吳氏年二十七潤卒舅姑衰老績麻溲葛以供甘旨終身姑之世無失禮訓二子以勤儉躬實先之守節三十餘年邵志

萬世熙妻周氏年二十三世熙卒遺孤二周飲泣守志奉舅姑婉順訓子嚴謹守節三十四年邵志

劉錫龍妻王氏年二十五錫龍卒遺孤有昌六歲右足跛貧無以爲生王乃析竹爲筐筥畚筳炊箅筅帚諸器坐其子於門使鬻之家雖壁立免於飢寒年七十餘作苦如故凡苦節五十餘年邵志

金以康妻葉氏年二十四以康卒遺孤朋遠甫四月忍死治喪飲冰茹蘗以事姑教子爲己任守節六十餘年孫興邦府

學生員邵志

生員夏文全妻張氏年十八文全卒遺孤振魁甫晬勤紡績以修婦職端母儀守節三十一年邵志

祝士珍妻王氏年二十士珍卒姑老子幼事畜兼資守節三十餘年邵志

周昺妻周氏生員宏乾女同姓非一族年十九而昺卒遺孤履道未晬舅姑衰老乃躬操井臼旨甘罔缺恩勤鞠子荼蓼自甘舅姑相繼歿喪葬如禮守節四十餘年邵志

儒士胡文照妻案邵志星章其字也熊氏文照病亟熊年十八奉命歸侍病未踰月文照卒熊猶處子也將以身殉姑諭止之乃留奉姑以節孝聞夫兄監生文德孝義士也敬之初以其次子士龍爲嗣及士龍殤復以仲弟文烈三子士全後之乾隆二

十八年年巳五十三矣邵志
戴國柱妻易氏笄而歸于戴逮事其姑國柱尋病緜綴五載易侍湯藥衣不解帶凡所求索苟利於病必力致之兼以奉姑鞠子悉取給於紡績國柱卒遺孤輝甫一歲家益窘易日備甘鮮以奉姑而身與子時果腹姑歿備禮年八十六卒守節五十七年邵志
儒士胡習塵案嘉慶通志作習鹿誤妻張氏年二十習塵卒張不飲食者數日死而復甦撫姪學淮爲嗣乾隆二十八年守節巳三十六年邵志
祝惟拔妻陳氏年二十惟拔卒遺一女撫兩姪爲嗣鞠育如所生乾隆二十八年守節巳三十八年邵志
易正紀妻萬氏年二十歸易家貧操作以奉姑年二十六正

紀卒朝夕哭臨喪次淚盡繼之以血姑歿哀毀亦如之子三乾隆二十八年年六十苦節巳三十四年邵志
黃廷祿妻姜氏年二十九廷祿卒遺孤紹昌甫三歲茹荼終身乾隆二十八年年六十八守節巳三十七年邵志
胡爲鉉妻劉氏年十八于歸未帀月而爲鉉遠貿久不歸乾隆二十三年爲鉉訃至劉設位哭奠召親族籲懇爲爲鉉立後言畢歸內室偃臥七日不食卒光緒十一年彙
旌新纂
崔貞女幼字謝大治年十八未嫁大治卒女往謝守貞事舅姑孝謹咸豐元年
旌新纂
生員詹濟昌妻余氏生員余兆虎女年二十四而寡一女同

日殤將以身殉家人勸諭甚至且密防之數年悲慟如初喪道光二十一年閉戶自經死新纂
李從之妻金氏年十九從之卒無子乃投繯死新纂
萬光謀妻藍氏年二十五光謀卒撫膺痛曰妾上無翁姑下無子女夫存與存夫亡與亡義也遂投繯死新纂
饒先崇妻徐氏年十七歸先崇先崇夙有瘵疾徐奉湯藥無間晝夜焚香祝天願以身代及卒遂閉戶自經死新纂
王貞女永福鄉王一芳女幼字袁作春未嫁而作春卒女潛往於袁矢志守節紡績以奉舅姑舅姑卒告於族人爲作春立後道光六年學使王贈芳表其閭曰守貞全孝王志稿袁鉽王貞女傳
崔貞女州同銜江夏崔人傑女幼字謝大歲未嫁大歲卒女

聞訃歐血欲奔喪父未許遂不食飲四日氣如縣將絕父憫之送往夫家遂其志卒以歐血不止及期而卒新纂
楊貞女楊紹熙女幼字王福臣年十六未嫁福臣卒女適王守貞四十五年新纂
周貞女周瑞生女幼字張明高未嫁明高卒女請命奔喪遂留張守貞以歐血成疾不藥而卒新纂
吳貞女吳楚璧女幼字朱盛玉年十七未嫁而盛玉訃至女往朱守貞三十六年新纂
陳貞女陳光達女幼字楊貫曉年十八未嫁貫曉卒女矢志靡他茹苦無悔守貞六十四年新纂
賀周灼妻熊氏年二十七周灼卒遺腹生子須瑞須瑞娶婦陳氏生子向春陳年二十七而須瑞卒熊守節四十六年陳

守節六十四年向春子際昌府學增廣生新纂
監生孟金曜妻彭氏年二十歸金曜金曜祖年八十餘目疾
頻年彭浣滌汚穢如是者八年既歿盡出十指所積摒擋喪
葬而舅姑復多病彭侍湯藥晝夜不倦及舅姑相繼卒歐血
不止氣絶兩晝夜始甦後值忌日必齋戒哭奠如初喪時孫
履中諸生新纂
儒士徐端容妻楊氏家貧親老端容且憂之楊曰君但以詩
書副親望養則吾事也乃躬自耕耘寒暑不輟得膏腴盡以
奉親而己私食穮秕端容卒撫嗣子成材舅姑嘗曰安吾三
世者婦之力也舅姑歿喪葬如禮疏食菜羹必奠於墓而後
食將有事必告於墓而後行年八十五卒新纂
儒士張福三妻萬氏福三卒家貧姑老子幼族有欺陵者絶

不與校惟肫肫以誠孝相感召俾姑無震撼之虞福三弟病
足且嗜酒性情褊急既與萬析居產盡廢萬委曲求全以慰
姑心復割己產與之卒以勤儉致裕力濟親隣疾苦道路流
亡常曰吾舅姑好施與吾安忍圖蓄積耶孫官德舉人有傳
新纂
徐聖賜妻韓氏早寡矢志奉養姑病篤焚香請代籲墳起姑
病遂痊未幾舅染沉痾韓憂懼不知所出延醫侍藥至於嘗
糞舅病亦痊舅姑歿喪葬盡禮朝夕向墓禮拜如生時歷久
不懈新纂
韓先立妻饒氏善事衰姑晝夜罔懈年二十餘先立卒有諷
其他適者乃閉戸長號曰吾去姑何託遂數日不食親屬見
其志決不敢復言家徒壁立甘旨維艱饒往減族傭工所得
酒肴不食歸以奉姑晩歲疊遭水患邑多流亡有勸其攜姑
違遊者饒曰姑老矣且吾孀何可偕外人奔走也卒不出乞
米求薪以終姑餘年姑歿盡售器具以供殯葬葬畢則室如
懸磬矣新纂
徐樂溪妻楊氏早寡家無儋石門祚衰薄日惟采薪挑菜求
勺米以奉姑而常自枵腹夏夜苦蚊蚋則以帳韋奉姑而己
坐以待且甘之如飴姑晩年患偏痺楊晝夜扶持食以口哺
娣姒不能及也姑歿喪葬如禮族黨稱之新纂
儒士張和廷妻黃氏家貧勤女紅以助膏火冀和廷成名以
慰親心和廷早卒舅姑相繼亡祖姑在堂幼子在抱黃午夜
機聲不息甘旨賴焉每進見祖姑下氣柔聲問其寒燠詢其
嗜好即盛怒相加亦和顏受之有事必先禀而後行祖姑歿

猶言之流涕焉新纂
張品一妻甘氏年十七歸品一合巹數日夫外貿沔陽次年
春即以櫬歸甘矢志奉養舅年八十五四子俱喪卧病數載
起居維艱甘以手承唾晝夜不寐家貧勤紡績以供甘旨不
乞憐於人姪曉暢家亦貧甘以十指所積分潤之並代撫其
子女以慰舅愛憐之意舅歿喪葬盡禮新纂
饒探春妻張氏探春卒衰姑尚存家中落張藉縫紉以供甘
旨冬則衣先温而後進夏則立帳外扇之雖叱之退不退也
姑有疾竟夕扶持不解帶姑有命唯而起不辭勞悴歷數十
年如一日姑歿遺季子方幼課讀授室皆張所經營又有叔
姑年八十餘無子婦卧病頻年亦倚張爲命焉新纂
朱文才妻萬氏家貧氏力女紅寒暑罔間常苦夜無燈火即

於暗中紡績以備甘旨之需文才卒舅姑老病萬竭力維持湯藥罔缺而己則飢渴自甘竟日不得一飽舅姑歿哀毀異常年六十六卒 新纂

周有姑賢二里儒士周得忠女家貧父遠遊母能善病女八歲即紡績以養母母病篤醫治罔效割股和藥以進病少愈瘓痺不能反側嘉慶十年中秋之夕不戒於火女力弱不能負母出悲號不去並及於難時年十八後於灰燼中檢視焦骸兩手猶抱母不釋 新纂 以上均係咸豐三年

旌

儒士孟廷梅妻任氏廷梅授讀省城任從之咸豐二年城陷廷梅兄弟殉難任率子光烝光熙女四姑五姑自經死同治元年

旌 新纂

儒士萬純臣妻葉氏純臣侍父惟禮居漢鎮葉隨之惟禮病篤延醫診視醫不具方藥迺云割股可救葉聞之即刲股以進病遂愈咸豐元年移居省城保安門二年粵匪陷城葉將子家珍女長生付僕人朱發投之池即閉戶自經死巡撫嚴樹森彙案咨奏奉

旨旌表祀省城昭忠祠 新纂

儒士劉世敘妻黃氏及笄歸敘敘侍父生員昌理館於省垣遂家焉未幾父子相繼卒黃年三十茹苦守節藉鍼黹爲生計咸豐二年冬粵匪陷城黃攜其子俊泰俊鎔俱赴水死光緒十一年彙

旌 新纂

江宗瀚妻柳氏隨夫僑居四川鹽源縣咸豐四年粵匪竄川中宗瀚率鹽源鄉勇於白草坪堵勦陷陣中殉焉柳悲慟不已竟觸柱死鹽源知縣徐福麟爲立傳 江氏譜

吳型煥妻祝氏幼育於吳道光二十二年型煥卒祝矢志守節咸豐四年粵匪掠鄉祝奔避不及義不辱罵賊而死光緒十一年彙

旌 新纂

張麗生妻蔡氏年十八歸麗生咸豐五年六月粵逆突至其村蔡不及避爲所逼不從投水死光緒三年

旌 新纂

楊芳杏妻夏氏年十八歸芳杏咸豐五年二月十五日粵逆至投水死光緒三年

旌 新纂

八品銜葉炳華妻魯氏年十八歸炳華咸豐五年賊上竄炳華在金牛鎮幫辦團防賊掠炳華室時炳華外出魯知不免將幼子屬同居婦匿之罵賊不絕聲賊怒斷其首同治元年

旌 新纂

蕭茂生妻梁氏蕭茂玉妻余氏蕭茂麟妻方氏同族娣姒行也世居縣南城外蕭家灣咸豐十一年五月賊陷縣城居城外者或夜歸視家雞鳴輒走避是月十五日有賊八九人夜出城至蕭家灣梁抱養息衛女偕娣姒倉皇走乘小舟至隔岸二里許之陳家嘴匿屋後賊復蹤跡至露刃逼之梁恐賊辱急抱衛女赴水死余氏方氏亦殉難焉同治元年

旌 新纂

儒士陳家燕妻王氏五品封職王家琀女年二十三家燕卒請於舅姑以姪明璋爲家燕後咸豐十一年二月黃州陷武昌亦震王隨舅姑避地洪道鄉別其母曰如有急兒不辱門戸母無慮五月八日縣城陷王聞之遂絶粒不食舅姑勸之泣對曰賊披猖甚大人轉徙避賊亦艮苦兒𡚶也願速死身不辱足矣無以累舅姑重兒不孝也乃伏枕叩頭辭舅姑以事育託娣姒遂不食七日而卒同治元年

旌新纂

胡華燦妻柯氏咸豐十一年粵匪踞金牛鎮猝至其家柯不及避賊挾刃逼之不從罵愈厲賊怒斫之遂遇害猶抱嬰兒不釋焉新纂

周貞女周延恕女幼字郭學淵未嫁而學淵卒女年二十二

聞訃奔喪留侍舅姑不出戸庭者十餘年撫姪守成爲延恕後姑歸甯焉卒年四十五守貞二十四年新纂

吳貞女生員吳尚鍋女幼字陳芳春年十七芳春卒女在室聞訃請於父母往奠遂留陳守貞十一年新纂

陳貞女大冶陳思魁女幼字余我翥年二十一未嫁我翥卒女聞訃往余詣夫喪次跪奠翦髮自誓乃留不去足不踰閾事舅姑甚謹娣姒間無失色撫姪後瑞爲嗣時家中落以女紅度朝夕歲飢甘荼習蓼守貞三十一年學使朱鳳標給貞女芳徽額表其閭新纂

鄒貞女鄒輝江女幼字閻立德道光八年立德卒女年十七聞訃欲奔喪父母以家貧無依不許請侍父母以終身遂矢志守貞以憂鬱成疾而卒新纂

王貞女靈三里王某女幼字陳恩壽年及笄未嫁恩壽卒女矢志守貞以終新纂

牛孝女儒士牛有宏女幼字某氏子某氏子殤道光四年有宏卒女於是年十九矣念母老弟幼家鮮儋石無以爲養誓不復字躬勤紡織奉母以終卒年五十五歲新纂

貢生余光煌妻詹氏翰林院孔目黃岡詹大衢女年十九歸光煌光煌卒無子乃刻光煌像置室中飲食必視事姑孝姑病侍湯藥朝夕不敢離越五年姑卒治喪畢乃曰吾忍死以事姑耳今吾事畢矣何以生爲遂絶粒數日而卒新纂

孫錦國妻劉氏咸豐六年粵匪擾楚境錦國爲人操舟遇害劉聞之矢志守節明年歸甯母家將奪其志婉辭歸夜投門前池中死新纂

孟世梁妻周氏年十九歸世梁逮事舅姑年二十二世梁卒毀容明志立胞姪金昭爲夫後守節四十四年世梁姪金照妻李氏年二十七而寡撫嗣子培清成立援例入監孫履中補諸生守節三十八年世梁孫封職克美娶侯選宣課大使劉德裕女年二十三而克美卒遺孤二兵燹後水災洊至益窮窘無以爲生劉稱貸以謀事畜命二子讀且賈長履謙監生加州同銜次履恒舉人孫鳳池諸生劉年七十二歲卒咸豐九年督學俞奎垣獎給柏舟貽訓額新纂

高文華妻劉氏年二十八文華卒劉守節三十二年學使楊懌曾以玉潔石堅額表其閭子天成從九銜娶胡氏年二十九而天成卒無子矢志養姑亦以節孝聞守節三十七年新纂

舒秉陽妻胡氏年二十五而寡足不踰閾言不出梱日夕惟

尊章是奉道光二年督學楊懌曾表其閭曰節孝芳型卒年
八十三子禮謙監生娶周氏年二十四而寡周侍姑胡謹撫
孤子智廣智宏智達成立皆授室相繼卒智廣卒妻李氏年
二十八遺孤忠昭智宏卒妻魏氏年二十五遺孤忠顯智達
卒妻周氏年二十九無子家貧娣姒紡績以養重闈歲飢值
兵燹艱苦萬狀而饔飧弗缺於供仲姒魏卒撫姪顯承宗祧
愛之如子人尤以爲難能云新纂
儒士孟世光妾李氏年十七歸世光世光妻呂生子金堵娶
趙氏無子而寡諷姑請舅置遴室許之乃納李生子金埨九
歲而世光卒李事嫡呂益恭趙氏亦善事姑及其庶姑相與
撫金埨成立金埨娶王氏生子家瑩三歲殤金埨旋卒家益
貧婦姑娣姒相依爲命並力女紅而王稱鍼神焉趙守節五

十二年王撫姪孫繼善爲家瑩嗣李年八十餘卒王年七十
餘卒新纂
生員王章妻鄭氏年二十二章卒遺孤貴德撫之成立娶謝
氏年二十六而德貴卒鄭守節六十八年謝守節四十六年
新纂
監生陳光輔妻萬氏年二十八光輔卒子中臨候選州吏目
娶張氏年二十五而中臨卒萬守節五十年張守節三十五
年子用瑞歲貢生新纂
祀士祥妻翁氏年二十九士祥卒矢志撫孤光大爲娶婦程
氏程年二十五而光大卒翁守節五十二年程守節三十九
年新纂
監生陳承維妻吳氏承維弟承淮妻姜氏並年二十二而寡

均無子撫堂姪爲嗣承淮弟承應亦殤姑篤老娣姒奉養曲
至吳守節四十三年姜守節四十年新纂
毛大選妻余氏年二十四大選卒撫子如壁成立爲娶婦賀
氏如壁病賀刲股進卒弗愈時賀年二十八遺子攸韻余守
節四十一年督學賈給心清如水額賀存年六十一歲新纂
儒士吳楚懷妻陳氏年二十七楚懷卒遺子一女一姑瞽陳
事之孝順刻未嘗離左右及歿葬祭盡禮母家貧陳爲具喪
葬者五櫬守節四十七年督學王贈芳旌其門曰節壽延釐
孫淩雲娶紀氏年三十而寡備歷艱辛甘心苦守新纂
生員吳祚鼎妻葉氏生員葉明奎女年二十六祚鼎卒遺一
女治喪畢請於舅姑爲祚鼎弟祚晉娶張氏年二十四祚晉
卒遺孤天秩督學方楷以節孝雙輝旌其門葉守節五十二

年張守節五十一年新纂
吳希舜妻袁氏年二十二希舜卒撫姪萬清爲嗣萬清娶張
氏年二十三萬清卒姑婦卒年皆六十八歲新纂
文童周載道妻戴氏年二十六載道卒無子撫從堂姪涵三
爲嗣督學茹棻奬給幽貞勵化額子涵三娶郭氏亦年二十
六而寡遺孤成立戴守節四十一年郭守節三十八年新纂
柯漢榮妻但氏年二十九漢榮卒子殤撫姪爲嗣漢榮弟朝
選妻紀氏年二十九而寡遺孤煇廷撫之成立但守節六十
年紀存年七十二歲新纂　以上均係同治元年
旌
儒士張後澧妻吳氏年十八後澧卒誓以身殉姑諭之曰吾
老矣汝復求死吾何依乃強起奉養越六載姑歿殮葬畢卽

投繯而死年二十三歲纂新
萬貞女萬秉坤女幼字白啓厚年十七未嫁啓厚卒女往白誓志守貞卒年六十歲纂新
朱貞女朱永年女幼字張維景年十九未嫁維景卒朱守貞五十二年纂新
衞貞女幼字市一里蕭光興之子家貧育於蕭未婚蕭氏子卒女矢志奉養守貞以終纂新
劉貞女幼字馬一里殷國奐未嫁國奐卒女守貞以終纂新
監生余毓駿妻紀氏年二十一毓駿卒截髮明志守節十三年毓駿弟毓驥娶黃氏年二十一毓驥卒絶粒數日忽强起爲翁雨瞿遴室各舉子黃慨然曰可以報余矣卒年三十守節十年纂新

張開宋妻章氏年十六歸於張姑早寡性嚴峻家貧朝夕無資頗失姑愛而孝敬愈篤服傭於人遇酒肉卽歸遺其姑數十年如一日及姑歿開宋旋卒經營喪葬竭力靡遺年七十五卒纂新
張德豐妻程氏早寡家貧三子均幼勤紡績事女紅服工於人以食其姑遇困窘輒忍飢操作不形於色姑病湯藥未嘗缺喪葬亦盡其力卒年八十歲纂新
儒士楊祥安妻石氏早寡家貧姑老子幼躬勤紡績以供甘旨撫子成立而卒婦張氏亦矢志撫孤纂新
生員張醇皂妻祖氏事姑以孝聞醇皂卒家貧三子俱幼茹荼飲檗以撫之遇歲歉與子食萊粥必以飯奉姑纂新
李修平妻劉氏家貧以十指佐甘旨每侍舅姑容色和愉閨十餘年如一日舅姑相繼歿盡哀盡禮言之輒流涕云纂新
徐豫臨妻石氏年二十五豫臨卒姑老手足不仁行止則扶持疴癢則抑搔枕簟械窬莫不躬親晝夜勤勞者十二年存年七十一歲纂新　以上均係光緒三年

旌

胡發富妻羅氏年二十四而寡家貧迭値歲歉無以爲生家人欲奪其志羅知不免遂汲水滿甕投其中死焉纂新
張用霖妻李氏年二十而用霖卒哀毁柴立持節三年染瘵疾日咯血數升居恒語娣姒曰未亡人不克承歡侍養而反遺二老憂雖生奚益乎遂隱忍七日不食仰藥死族人以武舉殷揚之子嗣焉纂新
徐佩亨妻石氏生員石振聲女年十六歸佩亨佩亨患瘵痺石左右扶翼歷久罔懈越三年佩亨卒石時年十八日夜涕

泣亦於是年卒纂新
張麗清妻陳氏家貧夫遠貿嬰病歸陳奉湯藥勤麗清卒誓以身殉其母往諭之陳號慟不止葬畢母攜以歸不數日哭奠於墓遂歸於張叔姑勸曰汝年少無子且居宅已售無棲身之所汝卽能苦守保無或奪其志者盍早自爲計陳變色曰婦人從一而終禮也我豈能事二夫耶至夜半飲毒死纂新
胡貞女胡世璠女幼字周必材年及笄必材遠遊病卒女聞訃矢志靡他家貧依父母而居足未嘗出戶母歿家益窘仗十指養父鞠弟聞姑卒服斬衰設位朝夕哭奠以終喪父篤老女侍養終身焉纂新
周貞女周僴文女幼字嚴原美未嫁原美卒周聞訃往嚴哭

貧恃紡績爲生守貞四十五年新纂
陳貞女陳其驥女幼字范德純未嫁德純卒女年十九聞訃
歸范勤紡績以資孝養道光七年學使王獎給守貞全孝額
卒年七十一守貞五十三年新纂
劉貞女劉得珠女幼字程茂燕年十七茂燕卒女聞訃欲以
身殉父母許遂其志乃閉戶紡績足不出閫者二十五年茂
燕姪百發迎歸奉養女命百發備祭品先詣茂燕墓泣奠畢
乃脫麻衣入門祀祖族人議以百發爲嗣守貞三十一年新纂
祝貞女祝隆耀女幼字胡正靖毋歿育於胡年十六未婚而
正靖遠貿不歸家徒壁立勤紡績以奉孀姑卒年五十五守
貞四十年新纂
高貞女高厚安女幼字徐純閔年十七未嫁閔訃至女泣稟

父母往奔喪侍女紅以養舅姑足未嘗出戶庭越十年始歸
省撫姪爲嗣存年七十三已守貞五十七年新纂
金貞女金大任女幼字張大成年十九未嫁大成流落四川
旋卒金聞訃適張守貞事舅姑孝家貧仗十指供朝夕甘旨
不缺年五十二卒守貞三十四年新纂
生員候選訓導汪丞扆妻袁氏年十七歸汪逮事祖姑及舅
姑以孝謹聞丞扆患喉疾袁奉湯藥三年無倦容年二十九
丞扆卒遺孤三子澤鑑澤鄰澤民丞扆弟丞和娶施氏武生
施九齡女年二十四丞和又卒無子撫姪爲嗣袁守節十年
施守節十四年新纂
李明經妻姜氏生員姜語讜女年二十九明經卒遺孤安貞
明經弟生員明紳娶沈氏年二十九明紳卒遺孤復貞燊存

年五十六歲沈存年五十一歲新纂
職員周遠焕繼妻余氏年二十一遠焕卒遠焕弟德求娶阮
氏大治生員阮濂女年十六而德求卒皆無子撫堂姪爲嗣
余守節二十六年阮存年七十二歲新纂
周德濟妻方氏年二十三德濟卒德濟弟生員兆霖娶余氏
余年二十二而兆霖卒方年六十一歲余存年五十六歲新纂
嚴世銑妻陳氏贈光祿大夫陳光朝女年二十六世銑卒撫
子洪元成立道光二十六年蒙
賜清標彤管額並給銀建坊洪元娶歲貢生張履謙女年二十七
洪元卒矢志守節巡撫胡文忠林翼給介石貞吉額表其閭
世銑姪仁元娶羅氏年二十三仁元卒督學馮譽驥給彤管
雕芬額表其閭世銑又有姪鉅元娶姜氏年二十九鉅元卒

督學俞奎垣給松心柏操額表其閭陳年八十七而卒張年
七十五而卒羅守節五十一年姜守節四十二年新纂
張雲莊妻趙氏張鐘鼎妻袁氏皆年十九而寡趙有遺腹子
成九天資英邁弱冠補諸生孫明庸廩膳生袁無子撫姪孫
禹川爲嗣又早卒禹川妻熊氏年二十二矢志守節撫遺腹
子成立未幾而禹川之弟紹濱又卒紹濱妻張氏年二十七
孝事袁姑撫子愼藻成立趙守節二十四年袁守節四十二
年熊守節二十八年張守節九年新纂
涂長森妻呂氏年二十六長森卒矢志撫孤先舉爲先舉娶
王氏王年二十七而先舉卒呂存年八十七歲王存年六十
六歲新纂
鄒世榮妻胡氏年二十九世榮卒家貧胡撫孤成立爲娶婦

徐氏徐年二十八而寡矢志完貞督學王以一門雙節表其閭胡存年六十七歲新纂

儒士安佩玉妻陳氏年二十佩玉卒翁以家無次丁且慮未亡人齒稚也旦夕哭之慟陳勉治喪葬畢從容以繼姑請翁從之生二子曰仁曰福翁旋卒陳維持家政皆有法度仁後補弟子員佩玉堂弟重玉妻阮氏年二十八而重玉卒撫姪爲嗣旋殤陳存年六十一歲阮存年五十六歲新纂

儒士周彦和妻朱氏咸豐十年彦和卒遺三子一女朱事姑孝時家已析居分日供膳娣姒爭致甘旨其姑尤稱朱孝婦不置姑老卧病扶持罔懈屑三年如一日子葆初諸生新纂

武童周玉垓妻朱氏事姑孝和色婉容姑歿殯葬盡禮除服後逢姑忌日必齋戒具食哭奠如初喪焉新纂

張玉庭妻虞氏年十九歸於張甫一載玉庭遠貿無音問家貧以紡績爲生計或勸其他適虞泣曰舅老奉事無人我當以婦代子完孝養之責舅歿經營喪葬如禮後有人言玉庭客死者虞死志守義每遇春秋祭祀歲時伏臘具食哭奠必盡哀存年七十四歲新纂

楊樂菴妻張氏年十九歸於楊咸豐初樂菴客建寧張侍姑以行奉事唯謹閱二年姑歿竭力斂之寄葬於閩因寇氛未靖返棹至皖而樂菴病篤遺一女及笄勢豪強委禽焉正呼籲間忽憶有族弟游幕於皖遂往訴之主人妻憫其孤苦假館俾迎其夫而夫已氣絶矣張乃售衣飾以斂扶櫬歸里葬焉每念姑殯異地昕夕隕涕抑鬱成疾終不起新纂

增生黄孚敬妻范氏知書有賢聲年二十九孚敬卒痛絶死而復甦曰親老子幼我責重非不能死恐一死如鴻毛輕耳家貧恃鍼黹養衰姑姑病氣行止維艱氏左右扶持湯藥必躬嘗如是者八年姑歿喪葬咸盡禮焉卒年四十八子大華諸生新纂

吳瑞堂妻湯氏瑞堂卒家貧姑老子幼茹荼飲糵辛苦備嘗奉養衰姑將順恭謹姑常稱爲孝婦焉新纂　以上光緒六年

旌

楊玉樹妻王氏年十七歸玉樹咸豐二年十二月玉樹卒王年二十九誓以身殉家人力勸止之三年四月王爲玉樹營葬畢夜半沐浴更衣投繯死學使梁燿樞獎給烈標彤管額光緒七年彙

旌新纂

陳貞女監生陳如珊女幼字候選通判賀映南年十八未嫁映南卒女聞訃哀痛不食父母憐其志歸於賀女服斬衰哭靈次願奉姑姑歿哀毁踰常撫姪義承爲嗣光緒七年學使臧濟臣旌其門曰抱璞全貞九年

旌新纂

孟蘭階妻周氏蘭階早卒周誓以身殉姑諭以大義迺强起越六月遺腹生子年亨時歲歉家貧常枵腹紡績以資事畜道光十四年有諷令他適者周夜半閉戸自經姑救之越日始甦卒憂憤不食歐血數日死新纂

儒士李光利妻王氏候選知縣黄岡王家灃女光緒四年光利卒王誓以身殉遂不常食逾年而卒時年二十三歲新纂

儒士黄鳳書妻牛氏生員牛汝鈞女光緒六年夫病亟矚自

爲訃牛氏泣曰君死我死無庸慮鳳書卒慶求死以救免自是常不食至次年病卒新纂

涂永忠妻王氏年二十七永忠卒王以身殉嘉慶二十二年學使沈維鐈給義烈長聲額表其閭新纂

高傳狀妻阮氏年十八歸高數年傳狀遠貿嬰疾歸疾亟謂阮曰我死去留汝自主耳阮泣曰萬一不諱請待之誓不苟生傳狀卒阮勉治喪越七日闔戶自經死新纂

黃發隆妻徐氏咸豐九年發隆以喉疾暴殞徐誓以身殉以火燒喉水漿不入者數日旋卒新纂

詹榮翼妻吳氏早寡遺孤甫三齡逾年而殤吳大慟曰夫死兒亡天之絕予也何生爲遂沐浴更衣自經死新纂

張裕恆妻余氏年二十而寡光緒六年姑欲奪其志余知之遂投河死新纂

熊明望妻吳氏明望遠貿於安徽銅陵之和悅洲吳隨之明望有疾吳侍湯藥三年衣不解帶光緒十一年明望卒無子吳具衣棺殯殮服麻絰哭祭巽日服毒而亡湖廣人士爲合葬之銅陵知縣立碑表其墓新纂

夏列女靈二里夏元亨女幼字邱德逵年十八未嫁德逵病故女飲泣不食旬日以卒邱族迎女柩與德逵合葬焉新纂

楊貞女楊士達之姊幼字朱氏子年二十未嫁朱氏子卒女聞訃矢志守貞父母欲奪其志女以死拒之父歿家貧恃女紅以養母鞠弟守貞五十年學使初彭齡給幽光貞吉額表其閭敎諭南湞爲作貞女傳勤石城西白龍祠貞女墓門新纂

周貞女周必厚女許字守備嚴運陞幼育於嚴同治二年運陞從戎甘肅女年十九未婚依姑紡績以爲生次年運陞以戰功保升守備娶甘肅張氏生子承志姑諷女別字女不從同治十二年運陞勳回匪陣亡女聞訃哀毀月餘卒守貞十二年新纂

曹貞女曹承訓女幼字生員袁友善未嫁而友善卒女哀泣遂適袁服喪誓志守貞十二年新纂

邱貞女幼字周必靖年二十未嫁必靖卒女歸於周守貞三十餘年學使賀長齡給守貞全孝額表其門新纂

羅貞女幼字金有德年及笄未嫁有德卒女聞訃往弔誓不歸母家年七十餘卒新纂

楊貞女幼字張宗治年及笄未嫁宗治卒女聞訃泣告父母適張撫姪德用德敖爲嗣卒年八十一歲新纂

紀貞女紀華泰女幼字胡洪本年二十未嫁洪本卒女素服往奠遂留於胡撫姪道博爲嗣存年六十歲新纂

熊貞女熊春華女幼字胡光斗年二十婚有期而光斗卒女聞訃奔喪遂留胡撫姪明季爲嗣守貞六十年新纂

劉貞女劉有銘女幼字胡聯雲年十五育於胡未婚而聯雲卒女以姑老無依決意奉養守貞三十年新纂

景貞女景國桂女幼字韓璞年十一育於韓越三年璞遠遊不歸家貧舅姑相繼歿無期功之親煢煢孑立以女紅自贍存年四十九歲新纂

陳貞女陳德華女幼字黃安國年十八未嫁安國卒女匐匍歸黃哀毀成疾而卒新纂

張貞女幼字金楚玉年十六育於金五年楚玉卒誓死守貞

撫姪爲嗣年五十四卒新纂
陳貞女陳孔昭女幼字張閆益家貧育於張未婚而閆益卒女年十五對櫬封髮誓以死守撫姪金梅爲嗣守貞四十四年新纂
陳貞女監生陳均次女幼字咸寧黃氏子婚有期而黃氏子卒女聞訃旃金吞之家人解救得免遂詣黃執喪且爲立後存年七十三歲新纂
胡貞女胡繼紹女幼字鄧正演未嫁正演卒女泣請往弔毋不許遂絕粒乃聽之練絰登堂撫棺大慟遂留養姑年七十三卒新纂
周必璽妻鄭氏年二十八必璽卒督學賀長齡旌以額子大鉞娶胡氏年二十九而大鉞卒鄭守節二十六年胡守節五十七年新纂

陳思彩妻范氏年二十六思彩卒遺孤從經從繩從經娶熊氏年二十七而寡從繩娶王氏年二十九而寡范守節五十四年熊守節四十六年王守節三十二年新纂
高遐玉妻夏氏年二十三而遐玉卒爲子京燕娶吳氏吳年二十五而京燕卒無子撫姪爲嗣家貧吳勤紡績以事孀姑夏守節五十八年巡撫胡文忠林翼給以額吳守節五十三年新纂
高京瓏妻夏氏年二十七京瓏卒撫孤開端開端娶萬氏萬年二十六而開端卒夏守節五十四年萬守節四十五年巡撫胡文忠林翼給額表其閭新纂
劉國興妻尹氏年二十國興卒遺孤高嵩甫數月撫之成立爲娶婦周氏周年二十五而高嵩卒姑婦皆柏舟自誓焉新纂
劉華陞妻唐氏年二十二華陞卒唐飲冰茹蘗事舅姑以孝聞撫孤國泰成立爲娶婦葉氏葉年二十九國泰卒遺孤高祥唐存年五十六歲新纂
熊首魁妻王氏年二十六而首魁卒首魁弟開易娶葉氏亦早寡王守節四十三年葉守節三十八年新纂
柯柏軒妻王氏年二十柏軒卒撫子可傳爲娶婦余氏三年而可傳卒王守節五十八年余存年六十二歲新纂
葉岷岡妻周氏生員周巨三女年二十九岷岡卒周守節六十五年孫占慶娶吳氏年二十一歲占慶卒遺孤二道光二十九年督學龍啓瑞獎給玉潔冰堅額孫兆棠諸生新纂
吳祚信妻余氏年二十九祚信卒余矢志守貞撫子天德成立爲娶婦瞿氏天德又早卒婦亦矢志靡他余存年八十歲

新纂
吳開浩妻胡氏年十八而開浩卒家貧藉十指以供事畜撫子成立娶婦歐陽氏亦年二十六而寡遺二孫又殤次孫婦余氏亦矢志養姑一門三節里黨稱之胡年七十三卒守節五十五年新纂
陳南英妻張氏年二十二南英卒撫孤爾諧爾諧長娶詹氏年二十九而寡張守節五十四年詹守節六十年新纂
柯德光妻劉氏年二十二德光卒德光弟道耀相繼亡劉與道耀妻葉氏誓以死守道耀有子純劉與葉乞可以撫之劉守節三十九年新纂
劉一渭妻吳氏年二十歸一渭孝事舅姑道光七年姑病劉

股以療之十七年一渭病篤月餘不能言吳齋戒沐浴焚香祝天割肝和藥以進夫始能言年二十六一渭卒撫孤成立存年八十二一渭從堂弟一浚娶熊氏年二十八而寡矢志守貞足不踰閾者三十年卒年七十一新纂

監生黃斐然妻何氏年二十九斐然卒遺孤甫一歲閱三月遺腹又生一子何誓以奉養舅姑撫子成立後遺腹子二十五歲而卒婦談氏亦堅貞自矢何守節三十二年新纂

朱依然妻盛氏年二十五而依然卒遺孤任天撫之成立爲娶婦謝氏年二十五而任天卒遺孤飛瑶娶胡氏年三十而嫠盛守節五十一年謝守節三十八年胡守節四十年新纂

黃日泰妻張氏年二十一孿生子而日泰卒撫二子成立孫正佐娶金氏甫三載而正佐卒遺腹生一子張泣詔金曰汝

舅生二十一日而祖翁逝今吾孫歿二十二日而得遺腹子天蓋欲以彰吾門之苦節也遂相依爲命張守節五十五年金守節五十二年新纂　以上均係光緒十一年案

旌

王丕亨妻嚴氏年二十一丕亨卒誓以身殉屢救免舅姑欲奪其志以死拒之遂憂忿成疾而卒新纂

張謙吉妻楊氏姑陳染痿疾手足不能自運者十三年楊朝夕侍奉盛暑嚴寒尤爲敬慎每食則啜哺以奉兼以乳哺之新纂

王陳氏靈三里王　丞妻咸豐六年百有三歲卒先卒之一年里人士登堂爲壽猶出戶致謝不假扶掖生平無疾言遽色終日紡績亦未嘗見其倚閭外望也新纂

羅誠吉妻季氏羅祿吉妻柳氏羅時吉妻余氏羅安德妻袁氏一門四節誠吉兄弟五誠吉三與弟祿吉時吉相繼卒娣姒年皆未三十苦節撫孤時吉子安德成立娶袁氏年二十有三而安德卒族黨將以事上有司皆合淚固辭季年七十九卒柳年七十二卒余年七十五卒袁年八十二卒新纂

王烈女王福賜女幼字儒士陳星三乾隆五十年星三卒女聞訃即日閉戶自經死新纂

王烈女王先進女幼字呂傳信三歲養於呂咸豐三年粵匪擄傳信去女年十八未婚聞之赴水死新纂

方貞女幼字李家旭年及笄未嫁家旭卒女矢志守貞新纂

李貞女李若璠女幼字陳世澤未嫁世澤卒女誓死守貞新纂

王貞女王在位女幼字胡正全咸豐三年女年十八未嫁粵

逆掠正全去十數年不歸父母勸其改字女矢志不從願依父母以終遂憂鬱成疾年二十四卒新纂

徐貞女徐心田女幼字高光德年未笄而光德卒女衰絰詣門哭奠歸獨居一室足未嘗踰閾惟每歲一省舅姑焉年五十時學使楊惇曾給茹檗完貞額表其閭新纂

張宗錞妻徐氏孝子張磨天曾孫婦封職徐星平女幼知書父病刲股療之年二十一歸宗錞逾年宗錞卒無子絕食十日不死姑泣勸迺強起復食家貧宿負重磬奩具償之操作養姑姑歿兄化南憐其無依迎歸侍母母老病復刲股和藥以進母病旋愈存年四十三歲新纂

石固本妻楊氏年二十四固本病劇問曰我死汝當如何楊誓身殉消固本歿含悲惟囑家人善事舅姑越日仰藥死學

憲張仁輔大義深明額新纂

黃貞女幼字夏文欽欽年十六卒女麻服歸夏誓守憂恚成疾卒新纂

張貞女幼育於徐有紀家許紀後爲側室未婚而紀卒女誓與嫡妻王氏同守撫姪寅斗爲嗣寅斗遊泮旋卒遺子一張復撫孫現守節三十六年新纂

姜貞女歲貢生姜英之女進士語曉之姊也女幼字高高以女有足疾圖別娶女曰吾旣不能操井臼奚辭迺閉閣讀書過目成誦曉北上及出宰閩中女指示路程悉如身歷教三姊以禮法後皆稱賢母弟語傳姪逵逵爲邑名諸生多由女教新纂

武昌縣志卷二十四

武昌縣志卷二十五

人物 列女二

國朝

范調元妻易氏道光八年旌子奎諸生

洪道清妻周氏道光二十年旌

汪安定妻趙氏道光二十七年旌

施萬鍾妻夏氏道光二十七年旌

宋崇三妻程氏道光二十七年旌孫功謙諸生

胡啓崙妻王氏諸生王之瀚女計守節四十八年

周全正妻王氏計守節五十年

周廷鵠妻孟氏諸生孟壽梓女計守節四十九

魏文軒妻李氏計守節四十年

魏興澧妻張氏計守節三十二年

生員胡望楚妻趙氏計守節三十年

孟金鏞妻胡氏計守節五十一年

楊世連妻彭氏計守節十九年

以上咸豐三年旌

水世國妻邵氏現守節四十六年子于鑑諸生

張啓富妻秦氏計守節五十八年

萬希達妻胡氏計守節四十年

龔艮模妻程氏計守節四十一年

張全壽妻孟氏計守節五十三年

高文貴妻王氏計守節六十二年

張大矩妻許氏計守節四十五年

傅學書妻談氏計守節五十一年

易士春妻周氏計守節四十四年

徐家垣妻孟氏計守節五十四年

施開梁妻胡氏計守節五十六年

洪正元妻郭氏計守節四十五年

洪大槐妻鄭氏計守節三十年

張大甯繼妻方氏計守節三十七年

周學楷妻杜氏計守節二十五年

生員邱兆霦妻朱氏計守節二十七年

邵金貴妻劉氏計守節三十二年

王朝桴妻江氏計守節四十六年原籍江西子占鼇由江西入伍水師中營以戰功歷保花翎游擊

田維獻妻張氏計守節二十六年

王大濡妻倪氏計守節三十六年

余作鈁繼妻查氏計守節四十三年

周全根妻祝氏計守節四十三年

王大邦妻佘氏計守節三十四年
彭與仁妻熊氏計守節六十一年
鄧國柱妻陳氏計守節五十年
王大經妻胡氏計守節三十六年
施開元妻周氏計守節五十九年
方大春妻蕭氏計守節三十八年
楊之信妻劉氏計守節三十九年
楊宏炳妻胡氏計守節五十五年
胡士拔妻潘氏計守節二十二年
周應聘妻葉氏計守節四十九年
周紹德妻王氏計守節二十九年
周必甯妻孟氏計守節三十七年
施開誠妻陳氏計守節二十四年
孟光炤妻呂氏計守節二十一年
施兆齡繼妻沈氏計守節三十五年
葉廣興妻靖氏計守節五十三年孫炳珩炳琛俱諸生
易士鈔妻彭氏計守節四十六年
王家鳳妻鄧氏計守節五十四年
以上光緒三年　旌
萬國梁妻葛氏計守節四十二年
萬年桂妻周氏計守節四十八年
孟文湧妻邱氏計守節六十五年
陳安洙妻祝氏現守節五十年
但夏珍妻歐氏計守節五十四年
周學純妻祝氏計守節六十年
談朝尊妻王氏計守節四十七年
儒士張世福妻何氏計守節六十二年
熊立志妻易氏計守節四十五年
鄭百疆妻朱氏計守節二十九年
周春軒妻李氏貢生李青選女計守節二十二
彭錫齡妻舒氏計守節二十年子善述諸生
周學盛妻楊氏計守節四十七年
胡世璜妻周氏計守節五十三年
鄭全榮妻艾氏現守節六十四年
王星信妻張氏計守節三十二年
施開泰妻水氏現守節五十二年
陳安家妻談氏計守節二十九年
方兆熹妻王氏計守節十六年
以上同治元年　旌
生員程鵬程妻王氏計守節三十八年
王士富妻祝氏計守節六十年
孟廷格妻楊氏計守節三十四年
邱楙興妻周氏計守節四十八年
萬誠仁妻周氏計守節四十四年
萬有奎妻邵氏現守節三十八年

萬誠翥妻魏氏現守節四十一年
周廷鳳妻張氏計守節六十六年
趙大德妻毛氏計守節四十年
周必彩妻胡氏計守節二十四年
沈敦儀妻高氏計守節十八年
邵金富妻王氏計守節五十九年
萬誠璠妻高氏現守節四十八年
萬誠瑄妻程氏現守節三十八年
周大鋐妻熊氏現守節三十九年
李正則妻秦氏現守節六十四年
李家珏妻李氏計守節三十七年
周聯魁妻徐氏現守節六十四年
施風谷妻彭氏現守節四十五年
邵汝盛妻方氏現守節三十五年
賈世權妻周氏計守節五十一年
胡美洋妻嚴氏已旌入總坊
封職張閏壽繼妻洪氏現守節二十六年子炳琳翰林院編修炳瑱優貢光緒十年旌
魯大坦妻向氏現守節二十四年
洪大勳妻鄧氏現守節四十二年
王大渠妻范氏現守節三十五年
孟廷標妻胡氏計守節四十二年
彭顯祖妻周氏計守節七年
周大鵬妻夏氏計守節十六年
周大興妻后氏現守節三十三年
李世富妻佘氏計守節六十八年
祝華妻馮氏計守節四十八年
萬誠璐妻朱氏計守節二十八年
監生陳家奎妻周氏計守節十年
汪連茹妻佘氏現守節五十一年
萬誠璵妻邱氏現守節三十八年
萬誠瑞妻朱氏現守節三十三年
佘文源妻施氏現守節三十六年
潘式垓妻李氏計守節五十五年
文童徐明堂妻周氏計守節十年
劉國俊妻陳氏現守節四十四年
潘宗濬妻萬氏現守節四十六年
江希文妻談氏計守節五十三年
以上光緒六年　旌
王萬盛妻蕭氏現守節廿六年光緒九年旌
邱昌瑞妻王氏計守節十五年
周念田妻張氏現守節三十九年
陶德潤妻金氏原籍安徽計守節四十六年
監生周呈瑞妻馮氏計守節十三年
陳彥縉妻蕭氏現守節三十七年
饒正德妻朱氏現守節三十六年
武生佘文奎妻張氏現守節二十七年
內閣中書銜遠安縣教諭副貢

傅必錦妻賀氏現守節二十九年
萬仲揚妻洪氏計守節五十八年
孟壽濬妻龍氏計守節五十二年
孟壽溟妻劉氏計守節四十年
萬大謨妻王氏計守節四十四年
陳兆富妻賈氏計守節十六年
邱茂芸妻胡氏計守節六十三年
邱居環妻尹氏計守節二十七年
劉曰啓妻周氏計守節四十一年
何世順妻陳氏計守節五十四年
同知銜余光焯妻吳氏計守節二十五年子世培歲貢生

余運洪妻沈氏計守節三十六年
生員胡之傑妻吳氏計守節廿四年
封職朱在梧妻吳氏計守節三十七年

以上縣市已旌節婦

朱立仁妻邱氏現守節二十年
紀光龍妻周氏現守節二十八年
劉朝塋妻邵氏計守節七年

以上縣市待旌節婦

李含儒妻陳氏計守節五十九年
汪安炇妻周氏計守節二十六年
任遠文妻周氏計守節四十年

生王家瓚妻張氏現守節二十二年
孟世熾妻汪氏計守節三十六年
孟世烱妻楊氏計守節二十九年
從九銜孟金瓏妻劉氏計守節廿五年
程士彬妻王氏計守節六十八年孫程坊諸生
邱廣文妻明氏計守節四十一年
邱亮儒妻程氏計守節四十年子茂藩歲貢生
魏瑞齡妻姚氏計守節三十二年
易世成妻王氏現守節三十二年
周學訓妻魏氏計守節二十六年子敬宣歲貢生
儒士王福永繼妻但氏計守節十八年
孫廷治諸生
生員洪正然妻龔氏計守節五十一年
孟家盛妻高氏現守節五十七年
鄭衍金妻孟氏計守節二十五年子瑞麟諸生
監生邱永第妻姚氏現守節二十六年子壽陵諸生
汪源柏妻萬氏計守節三十五年

以上咸豐三年旌

王太吉妻鄭氏計守節四十八年

祝世槐妻佘氏計守節五十一年
江宗祿妻童氏計守節四十一年
王光貴妻張氏計守節三十一年
程友妻王氏計守節三十年
汪大光妻周氏計守節四十九年
王齊旺妻何氏計守節六十一年
周光厚妻嚴氏計守節三十八年
汪文質妻何氏現守節二十五年
周必庠妻王氏現守節二十四年
程琡妻周氏計守節三十年
周席珍妻王氏計守節二十二年
周大勳繼妻丁氏現守節三十五年

李星鑑妻賈氏計守節二十六年
張學舜妻殷氏同治二年旌
張顯宗妻鄭氏光緒二年旌
談同華妻孟氏計守節五十七年
談洪澤妻蘇氏計守節五十三年
劉昌綬妻萬氏計守節三十八年

以上光緒三年旌

李嘉勳妻溫氏計守節五十六年
洪大操妻皮氏計守節四十四年
江宗義妻潘氏計守節十八年
李培元妻曹氏現守節六十二年
黃光杰妻張氏現守節四十五年

余必發妻盧氏現守節六十四年
王文泰妻蕭氏計守節三十五年
邵文德妻杜氏計守節二十七年孫南峯諸生
汪文夏妻袁氏計守節五十五年
汪安瀾妻王氏計守節三十七年
王齊太妻謝氏計守節三十六年
王齊洧妻汪氏現守節三十四年
周克成妻李氏計守節四十八年
姚廷榮妻蘇氏計守節五十二年
周必康妻何氏計守節四十八年子際呂諸生
周大璧妻鄭氏現守節二十五年
張亨達妻汪氏現守節二十二年

以上同治元年旌

張顯灝妻張氏同治十三年旌
談鍾靈妻周氏計守節六十年
談同德妻李氏計守節五十年
雷可受妻陳氏計守節五十六年
熊全勝妻潘氏計守節五十年
朱宏貴妻劉氏計守節五十八年
朱宏春妻蕭氏計守節三十五年
丁文斗妻周氏計守節三十二年
朱宏森妻宋氏計守節五十五年
方才銀妻周氏現守節四十六年

王福光妻余氏現守節五十一年
何義烈妻和氏現守節三十八年
程建發妻楊氏現守節三十七年
江孟烈妻張氏貢生慶甲女現守節三十七年
熊全揚妻梁氏現守節三十八年
邵起智妻鈕氏現守節三十七年子佩之諸生
丁正發妻程氏現守節二十九年
何焔烈妻龔氏現守節二十七年
汪源渾妻孟氏計守節四十年
衛家惠妻汪氏現守節七十五年
汪安宣妻蕭氏計守節五十年
汪安斗妻李氏現守節三十九年
汪安億妻談氏現守節三十九年
汪光楨妻熊氏現守節四十一年
李待材妻朱氏現守節三十四年
李守泰妻張氏計守節四十二年
李守榮妻周氏計守節三十八年
生員李來峯妻胡氏計守節六十六年
李待沅妻胡氏計守節十年
周必大妻左氏計守節五十四年
樂士義妻馮氏計守節四十七年
胡盛國妻熊氏計守節二十二年
袁敬勝妻卯氏計守節十七年
陳天明妻周氏現守節五十九年

熊翼聖妻李氏現守節三十九年
生員李待溶妻陳氏計守節四十九年
袁慕連妻嚴氏計守節三十三年
以上光緒六年　旌
熊國灝妻曹氏計守節七十年
繆應柏妻陳氏計守節五十六年
王太律妻沈氏計守節五十三年
洪士志妻周氏計守節五十四年
蕭鋒妻吳氏計守節四十六年
王遠瑞妻徐氏計守節四十五年
吕榮家妻楊氏計守節二十九年
周士俊妻陳氏計守節二十四年
蕭洪勳妻周氏計守節十二年
王興炳妻汪氏計守節二十三年
程建週妻談氏計守節二十二年
余家祥妻洪氏計守節十八年
彭先開妻蕭氏計守節十一年
吕傳慈妻李氏計守節九年
陳世禹妻余氏計守節四十一年
王長亨妻徐氏計守節五十五年
余述虎妻王氏計守節十年
余必文妻陳氏現守節四十七年
胡懋柏妻周氏計守節五十一年
吳萬春妻倪氏現守節四十五年

邵汝甯妻蕭氏現守節四十五年
周宏璧妻周氏計守節三十九年
吕開府妻蕭氏現守節三十七年
柯耀德妻蕭氏現守節三十六年
吕榮生妻鄭氏現守節三十六年
余家暎妻汪氏現守節三十四年
盧志興妻王氏現守節三十一年
邵支宗妻張氏現守節二十九年
徐德意妻彭氏現守節三十一年
周光義妻邵氏現守節二十六年
楊大先妻周氏計守節二十五年
徐兆來妻李氏現守節二十五年
曹懋柷妻梁氏現守節三十四年
程英昌妻倪氏現守節三十年
周良材妻汪氏計守節三十年
李含瑜妻袁氏計守節四十七年
趙世銀妻嚴氏計守節五十三年
周光玖妻楊氏計守節三十四年
汪鴻漸妻王氏計守節七年
汪錫谷妻熊氏現守節四十七年
汪安坎妻孫氏計守節十八年
任遠聖妻汪氏現守節四十五年
艾亨賢妻熊氏計守節十三年
汪耀彩妻江氏現守節三十八年

江道貴妻曹氏現守節四十年
周明月妻吕氏現守節三十四年
洪大德妻胡氏現守節四十六年
秦有剛妻周氏現守節三十三年
周明晉妻李氏現守節三十二年
武生汪聯魁妻王氏現守節二十七年
周美斯妻汪氏現守節二十四年
生員汪用霖妻李氏現守節二十一年
何文煥妻孟氏計守節四十二年
李含章妻唐氏計守節五十九年
張光庭妻邵氏計守節六十三年
李允奎妻程氏計守節五十一年
何洪梁妻樂氏計守節六十八年
生員周湊雲妻彭氏計守節六十五年
龔宏貴妻嚴氏計守節五十年
張之化妻李氏計守節四十四年
周學祖妻殷氏計守節五十四年
周必廣妻周氏計守節三十三年
李待詔妻徐氏計守節三十七年
蘇學書妻江氏計守節五十七年
邵銓仁妻曹氏計守節四十年
任遠富妻邵氏計守節四十七年
任遠銀妻祝氏計守節二十五年
任遠貴妻杜氏計守節四十一年

吳豪權妻繆氏計守節六十年　繆長崇妻傅氏計守節四十八年
談同財妻楊氏計守節四十六年　蘇必澥妻何氏計守節三十一年
周聲和妻王氏計守節二十五年　袁慕銑妻曹氏計守節八年
蘇必善妻龔氏計守節四十一年　周必俊妻王氏現守節六十三年
翟以茂妻繆氏現守節四十七年　龔開茲妻李氏現守節四十五年
劉昌春妻葉氏現守節四十五年　曹永德妻程氏現守節四十五年
張玉登妻汪氏現守節三十四年　李正采妻邵氏現守節四十九年
蘇必銑妻袁氏現守節二十八年　袁孝慈妻劉氏現守節三十年
蘇必鍠妻談氏現守節二十八年　袁慕光妻李氏現守節二十九年
曹衍珪妻邵氏現守節三十三年　曹欣進妻程氏現守節二十四年
張利瑀妻何氏現守節二十七年　王齊瀛妻吳氏現守節二十八年
張利賓妻林氏現守節三十三年　舉人李茂枝妻傅氏現守節二十六年

李待溥妻胡氏現守節二十三年　嚴景壽妻何氏現守節三十二年
周大喬妻戴氏現守節二十二年　胡世浩妻賈氏計守節五十九年
龍廣熙妻李氏計守節七十六年　以上光緒十一年彙　旌
邵登珺妻萬氏計守節三十八年　張顯武妻周氏現守節三十五年
余啓義妻衛氏現守節三十四年　熊克超妻余氏
李錫爵妻曹氏、　周廷鶴妻孟氏計守節三十八年
姚文秀妻汪氏計守節五十一年　劉潘氏子自務
汪澤東妻余氏　以上洪道鄉已　旌節婦
鄧長選妻明氏乾隆四十五年旌　嚴兆春妻田氏道光七年　旌
張紹閭妻羅氏道光七年旌　張紹運妻彭氏道光七年　旌
陳嘉謨妻王氏道光二十七年旌　廩生秦玉璋妻吳氏咸豐三年旌
秦後熊妻傅氏咸豐三年旌　趙學槐妻吳氏咸豐十年　旌

高立漢妻吳氏咸豐三年旌　毛秉文妻孟氏計守節三十三年
葉大倫妻嚴氏計守節四十年　李汝除妻黃氏計守節四十二年
張士亨妻李氏計守節四十一年　嚴瑩美妻高氏計守節五十九年
李瑞昌妻嚴氏計守節四十五年　柳宏貴妻胡氏計守節四十一年
廖永熙妻徐氏計守節五十六年　李得斐妻聞氏計守節二十九年
胡美權妻陳氏計守節四十年　李若皋妻田氏計守節二十七年
陳之偉妻王氏計守節四十八年　李若璠妻嚴氏計守節二十一年
范崇義妻胡氏計守節六十年　生員陳丹太妻胡氏計守節十八年
柳德邵繼妻胡氏計守節二十四年　彭鶴齡妻田氏計守節三十六年
張志安妻鄢氏計守節五十五年　彭志璜妻黃氏計守節四十一年
柳德魁妻袁氏計守節五十七年　監生嚴杓美妻尹氏計守節五十七年
文中璉妻熊氏計守節四十六年　監生牛龍化妻柳氏計守節五十四年

吳中榜妻潘氏計守節二十七年　廩生范祥齡妻陳氏計守節四十九年
張中明妻高氏計守節四十五年　天文生陳用瑀妻王氏計守節四十四年
范德彥妻嚴氏計守節四十四年子淦之訓導孫協棨諸生孫媳石氏守節待旌
吳紹鎬妻方氏計守節十九年　監生柳德郇妻朱氏計守節四十二年
楊叔旬妻熊氏計守節三十七年　傅學鑑妻袁氏計守節四十一年
吳紹鑑妻李氏計守節四十一年　童有相妻陳氏計守節廿七年訓導陳中豫女
陳中笋妻彭氏計守節三十九年　生員嚴純敏繼妻黃氏計守節三十六
牛定和妻姜氏計守節四十年
牛克廉妻張氏計守節三十二年　嚴滌元妻羅氏計守節三十一年
張用伊妻范氏計守節四十二年　胡宗睿妻嚴氏計守節二十五年
張紹慶妻羅氏計守節四十年　羅光輝妻柳氏計守節三十四年
張慎元妻李氏計守節四十年　楊大富妻王氏計守節四十三年

熊開鏞妻袁氏計守節四十四年
江椿昌妻鄧氏同治四年旌
魏起華妻吳氏同治十二年旌
李長青妻張氏光緒三年旌
秦士官妻龔氏光緒三年旌
拔貢范際鯉妻陳氏光緒四年旌
中丞陳中孚女
吳萬泰妻黃氏計守節三十六年
胡其煌妻潘氏現守節四十八年
倪聯奎妻章氏現守節四十七年
余朝亮妻楊氏現守節四十五年
陶楙柯妻嚴氏現守節三十年
尹廷楝繼妻李氏計守節三十八年
尹攸同妻周氏計守節四十五年
尹廷根妻高氏計守節五十四年
尹中耀妻李氏計守節二十一年
尹中煥妻葉氏計守節三十八年
尹興善妻嚴氏計守節十三年
尹興華妻吳氏現守節五十八年
尹中禮妻李氏現守節四十七年
尹興貴妻李氏現守節四十四年
尹興道妻吳氏現守節三十三年
黃九河妻方氏計守節四十一年
李鍾連妻吳氏計守節五十三年

以上同治元年旌
張愼順妻尹氏同治十二年旌
張紹濱妻張氏光緒二年旌
生員范淩旭妻陳氏光緒三年旌
生員張挺妻田氏光緒四年旌
陳遠佑妻王氏光緒四年旌
方光顯妻蔡氏現守節五十七年
吳道埠妻尹氏計守節二十三年
方昌明妻李氏現守節五十四年子鵬諸生
邱朗園妻廖氏現守節五十二年
龔至榮妻余氏現守節三十五年
尹恩泗妻衞氏計守節五十三年
尹洪壽妻沈氏計守節四十九年
尹光海妻李氏計守節四十年
尹廷杰妻黃氏計守節四十五年
尹中動繼妻李氏計守節三十八年
尹中準妻羅氏舉人羅彪女計守節四十三年
監生尹會典妻趙氏計守節三十三年
郭啓堂妻胡氏計守節六十年
尹興連妻金氏現守節五十年
尹在閣妻胡氏現守節四十八年
尹興歡妻秦氏現守節四十六年
尹中遂妻李氏現守節三十年
毛家瑜妻吳氏計守節六十八年

李得光妻吳氏現守節四十六年
鄧德焠妻陳氏計守節四十六年
熊承漒妻潘氏計守節三十一年
朱大忠妻鄧氏現守節六十五年
嚴景鐙妻陳氏計守節五十七年
嚴大美妻吳氏計守節六十一年
嚴鶴元妻胡氏計守節五十五年
嚴法美妻彭氏計守節七十二年
牛世臣妻王氏計守節五十八年
牛世忠妻嚴氏計守節二十二年
牛有意妻馬氏計守節三十三年
牛自超妻童氏計守節五十三年
牛有道妻楊氏計守節六十年
牛英登妻蘇氏計守節四十六年
嚴艮幹妻湯氏計守節二十九年
羅光榮妻彭氏計守節二十六年
羅文開妻嚴氏計守節三十三年
李炳昌妻方氏計守節四十七年
張世旺妻張氏計守節三十二年
栁延元妻嚴氏計守節三十五年
嚴世璵妻徐氏計守節三十五年
嚴功美妻袁氏計守節五十一年
嚴世維妻徐氏計守節三十六年
生員嚴振妻張氏計守節十三年

李得昇妻熊氏計守節三十年
李大旺妻吳氏現守節四十一年
監生鄧成若妻李氏計守節四十六年
梁大貴妻馬氏計守節三十年
潘文拔妻吳氏現守節四十八年
嚴自敬妻李氏諸生李交恭女計守節七十四年
年
羅髦士妻李氏計守節三十二年
嚴世綬妻高氏諸生紹善女計守節三十七年
嚴世章妻涂氏計守節三十七年
嚴炳元妻廖氏計守節三十三年
嚴澍元妻胡氏計守節十三年
嚴艮熾妻夏氏計守節三十五年
嚴鑑庶妻許氏計守節三十二年
監生嚴翼妻陳氏候選縣丞陳用忠女計守
節三十二年
生員嚴少陵妻彭氏現守節三十三年
李得遂妻牛氏計守節四十三年
張世望妻章氏計守節三十六年
焦玉芳妻汪氏計守節三十二年
監生牛雲龍妻熊氏計守節五十一年
牛有仁妻廖氏計守節四十五年
牛自漢妻李氏計守節四十五年
牛有恭妻童氏計守節五十八年

嚴世萃妻葉氏 計守節四十一年
嚴有元妻潘氏 計守節四十年
生員牛渚妻張氏 計守節四十一年
牛克敏妻胡氏 計守節三十一年
柳資源妻嚴氏 計守節四十七年
柳蕡齋妻李氏 計守節四十七年
吳大銓妻呂氏 計守節五十二年
吳一榜妻張氏 計守節四十九年
吳成烔妻趙氏 計守節四十一年
聞大燕妻陳氏 計守節五十五年
聞克齊妻王氏 計守節四十四年
聞德魁妻涂氏 計守節二十九年
范德化妻方氏 計守節十一年
范紹鎮妻陳氏 計守節三十五年
范德璋妻陳氏 計守節五十九年
劉成玥妻楊氏 計守節五十七年
劉上達妻吳氏 計守節二十四年
劉昌厚妻鄧氏 計守節五十二年
劉若霖妻嚴氏 計守節四十三年
秦廷拔妻姜氏 計守節四十三年
秦廷院妻吳氏 現守節三十六年
解純廷妻周氏 現守節三十六年
王與鰲妻童氏 計守節五十年
熊昌璧妻彭氏 現守節三十七年

牛國裕妻馬氏 計守節五十年
牛明焱妻姜氏 計守節二十三年
牛克勤妻張氏 諸生張銘女現守節三十八年
牛克純妻楊氏 計守節三十四年
生員張拱妻嚴氏 計守節六十三年
張用純妻葉氏 計守節三十七年
吳成邑妻項氏 計守節三十二年
吳成林妻張氏 計守節五十三年
吳成耿妻張氏 計守節二十八年
聞德域妻廖氏 計守節五十五年
聞克長妻李氏 計守節三十二年
范崇光妻吳氏 計守節五十八年
范德昭妻王氏 諸生王輿松女計守節四十年
儒士范聃齡妻劉氏 陂邑進士貴州貴東道劉紹珀女計守節三十六年
儒士范希廉妻徐氏 岡邑貢生徐楚堂女現守節二十七年
監生劉萬書繼妻張氏 江邑候補縣丞張開甲女計守節二十三年
劉世楚妻李氏 現守節三十九年
解純栢妻程氏 計守節十二年
陳中環妻黃氏 計守節四十六年
熊琬永妻向氏 現守節四十八年
彭乘田妻葉氏 現守節四十三年

湯振家妻張氏 現守節四十年
張大宗妻周氏 計守節五十九年
嚴潤美妻范氏 計守節五十五年
張紹翥妻嚴氏 現守節五十七年
張明珊妻高氏 現守節二十九年
楊大坤妻熊氏 計守節六十一年
楊大放妻楊氏 計守節五十三年
徐正奎妻李氏 計守節五十二年
徐克岳妻高氏 計守節四十四年
徐克廷妻張氏 計守節三十四年
王自猷妻牛氏 計守節六十年
高立勝妻吳氏 計守節五十四年
鄒紹唐繼妻張氏 計守節六十四年
鄒繼純妻高氏 計守節五十一年
鄒纘先妻趙氏 現守節二十九年
魏興起妻張氏 計守節四十五年
吳天相妻黃氏 計守節五十九年
吳疊飛妻王氏 計守節四十年
葉長緒妻柳氏 計守節三十七年
余映春妻葉氏 計守節三十四年
柳廷寶妻程氏 計守節五十一年
謝天祿妻傅氏 計守節三十六年
祝澤遠妻金氏 光緒八年旌
張治光妻范氏 光緒八年旌

張其位妻顏氏 計守節二十八年
生員潘自豪妻田氏 計守節十年
增生張霖川妻牛氏 計守節四十八年
張慎儀妻魏氏 計守節三十六年
楊廷彬妻王氏 計守節三十二年
楊大鼎繼妻吳氏 計守節五十九年
楊均輝妻彭氏 計守節四十年
徐力恢妻范氏 計守節四十九年
徐力階妻周氏 計守節四十二年
王永瑞妻呂氏 計守節二十二年
王光遠妻閆氏 計守節三十七年
陳中沂妻廖氏 計守節五十五年
監生鄒國勳妻高氏 計守節五十年
鄒繼欽妻袁氏 計守節四十七年
梁世棟妻高氏 計守節五十五年
陳用權妻胡氏 現守節五十二年
生員劉昌齡繼妻袁氏 計守節三十九年
黃必才妻張氏 計守節三十二年
監生劉騰芳妻吳氏 計守節五十二年
生員吳潤霖妻王氏 計守節三十五年
以上光緒六年旌
張明發妻佘氏 光緒九年旌
張慎思妻高氏 光緒九年旌

吳子舒妻萬氏計守節三十三年
吳祚蔚妻胡氏計守節三十九年
胡傳富妻張氏計守節三十七年
季光效妻郭氏計守節四十九年
龔作榕妻吳氏計守節二十六年
李善燦妻孟氏計守節五十一年
陳紹寬妻高氏計守節七十二年
胡宗乾妻田氏現守節五十五年
胡傳文妻郭氏現守節二十四年
徐大鼇妻熊氏現守節四十六年
中緜琮妻谷氏現守節二十五年
周大堃妻鄭氏現守節二十四年
方士校妻趙氏計守節三十五年
胡正諒妻喬氏計守節十八年
熊立仁妻羅氏計守節四十七年
毛世勳妻李氏計守節二十一年
監生施光清妻尹氏計守節四十年
楊聯芳妻陳氏計守節五十四年
胡傳蜜妻劉氏現守節二十三年
吳天秩妻周氏現守節五十五年
戴家友妻郭氏現守節三十三年
龔道悅妻季氏現守節二十六年
程崇恩妻吳氏現守節二十五年
龔作楠妻李氏計守節六十三年

季遐達妻趙氏現守節二十三年
龔道海妻吳氏現守節二十四年
潘正明妻傅氏計守節五十四年
潘載萬妻劉氏計守節五十三年
潘二爲妻吳氏計守節五十六年
朱廷選妻葉氏計守節五十一年
朱文鵬妻梅氏計守節五十年
田開政妻吳氏計守節三十二年
趙冀霞妻徐氏計守節六十二年
趙正華妻程氏計守節三十一年
趙宗魯妻田氏計守節十七年
陳覲群妻項氏現守節四十九年
李士造妻傅氏現守節三十五年
馬有鳳妻吳氏現守節二十四年
潘長舒妻趙氏計守節五十三年
潘繼遠妻吉氏計守節十八年
朱廷恩妻胡氏計守節二十五年
明應玫妻龔氏計守節五十年
舉人趙鶴書妻李氏計守節三十一年
謝明輝妻張氏計守節二十八年
趙正春妻秦氏計守節四十八年
趙卯正妻萬氏計守節五十一年
陳中慶妻何氏現守節三十二年
趙大楷妻劉氏現守節三十一年

陳中效妻戴氏現守節三十三年
趙大坦妻謝氏現守節二十三年
尹興拔妻徐氏現守節二十九年
尹文斌妻鄧氏現守節二十七年
李大炎妻葉氏現守節二十八年
柳延隆妻王氏計守節三十七年
柳懋修妻羅氏計守節五十年
柳德榜妻嚴氏計守節四十五年
趙正絃妻田氏現守節三十七年
姚正福妻熊氏現守節三十五年
魏世道妻萬氏計守節三十九年
彭志勇妻陳氏計守節三十年
黃世訓妻周氏現守節二十九年
尹興高妻潘氏現守節二十七年
尹天興妻傅氏現守節二十九年
明河清妻程氏現守節二十五年
柳如表妻李氏計守節四十九年
柳敦甫妻孟氏計守節四十三年
柳宏泮妻周氏現守節二十八年
胡天玉妻徐氏現守節三十七年
李銘成妻趙氏現守節二十三年
方成福妻程氏計守節二十九年
彭志茂妻嚴氏計守節三十四年
彭士椿妻秦氏現守節二十五年

彭志經妻趙氏計守節五十八年
彭惟祿妻項氏現守節二十二年
柳光祚妻袁氏現守節三十一年
程茂斌妻萬氏現守節四十九年
范德椽妻周氏現守節二十八年
程茂謂妻高氏現守節四十五年
牛効柱妻馬氏計守節七年
牛効模妻張氏計守節六年
李若慈妻范氏現守節七十二年
李昌熾妻劉氏計守節三十九年
李幼堂妻葉氏計守節三十二年
李禧成妻范氏計守節二十五年
柳延位妻嚴氏計守節四十八年
程茂達妻熊氏計守節四十一年
程茂裕妻吳氏現守節四十八年
監生范崇五妻陳氏計守節五十一年
牛有秋妻張氏計守節四十四年
李紀可妻陳氏計守節六十年
李春昌妻程氏計守節二十四年
李有成妻周氏現守節五十二年
李燁坦妻范氏計守節三十三年
李金成妻葉氏計守節二十五年
徐力第妻張氏計守節二十年
許其洛妻高氏計守節二十八年

徐奎妻李氏計守節十九年
吳淮永妻冷氏計守節二十年
袁占鼇妻熊氏計守節十七年
袁新鑑妻李氏現守節四十五年
胡開正妻熊氏計守節七年
陳用盛妻張氏計守節三十年
方光顯妻蔡氏現守節五十七年
熊開金妻牛氏計守節四十九年
熊智文妻趙氏現守節二十四年
魏時純妻廖氏現守節二十六年
張昌禧妻熊氏現守節二十六年
張安鐸妻嚴氏計守節六十年
袁新謙妻李氏計守節二十一年
袁作德妻葉氏計守節六十年
袁作益妻嚴氏現守節三十二年
陳治之妻胡氏計守節十六年
陳協松妻胡氏封職永垂女現守節二十八年
趙正德妻黃氏計守節七十五年
熊純永妻李氏現守節二十七年
魏宏運妻周氏現守節三十三年
從九品廕生余秉章妻蕭氏計守節二十八年
生員施澤民妻黃氏計守節二十八年
張慎擇妻楊氏現守節三十六年

張慎祖妻賈氏現守節四十年
張慎埩妻楊氏計守節三十二年
張方正妻秦氏現守節二十二年
高本敦妻吳氏計守節四十三年
聞克印妻張氏現守節二十八年
姚長泰妻黃氏計守節四十九年
范興祥妻陳氏計守節三十二年
廖錫琰妻陳氏現守節二十七年
王天朗妻趙氏現守節三十二年
鄒開方妻張氏現守節二十二年
童人儀妻張氏現守節三十年
牛明炳妻李氏現守節二十六年
監生張體仁妻熊氏計守節二十七年
張方道妻洪氏現守節二十四年
徐力科妻吳氏計守節十四年
陳其江妻黃氏計守節三十六年
何國才妻李氏計守節四十四年
廖從暄妻尹氏計守節二十九年
王自珍妻張氏計守節三十六年
鄒繼鈺妻牛氏現守節四十四年
葉大璋妻涂氏現守節三十一年
吳興儒妻黃氏現守節二十四年
黃必榮妻王氏現守節三十七年
王兆鑑妻陳氏現守節五十年

范鴻運妻陳氏光緒九年旌訓導陳滙之女子龍光舉人
程文富妻尹氏計守節三十九年
程官正妻陳氏計守節十一年
馬顯烈妻程氏計守節二十七年
郭金臺妻周氏計守節二十五年
郭守政妻傅氏計守節十三年
金門奎妻汪氏計守節五十六年

以上光緒十一年彙旌

嚴景洪妻陳氏
嚴再美妻吳氏
吳學富妻李氏
程文顯妻胡氏計守節四十六年
程渭源妻沈氏計守節三十年
夏武祿妻余氏計守節五十九年
汪家祠妻王氏計守節五十年
郭書田妻馬氏計守節十二年
吳萬鑑妻潘氏計守節五十六年
吳天祿妻汪氏計守節四十二年
胡正開妻熊氏計守節五十年
柳延宏妻吳氏
江萬遂妻尹氏
李蘭珍妻吳氏

吳學尹妻張氏
李應昌妻張氏
李世德妻劉氏
陳中煌妻黃氏
范崇興妻尹氏
潘大勳妻馬氏
魏生香妻姜氏計守節五十八年
程茂烈妻田氏
程正經妻湯氏
程如霖妻吳氏
程百信妻彭氏
李得魁妻陳氏計守節三十七年
張朝服妻周氏
焦家玉妻汪氏
牛劾球妻程氏
閔祖啓妻彭氏計守節四十四年
趙世塘妻張氏計守節三十年
生員王雯妻周氏

以上神山鄉已旌節婦

張茂才妻陳氏計守節三十一年
生員潘德斌妻陳氏
生員鄧德超妻彭氏
監生潘文閣妻熊氏現守節十五年
孟劉氏子世相

陳永仲妻朱氏

潘自英妻田氏

潘士澍妻施氏

潘士畢妻藍氏

潘必選妻田氏

熊開順妻葉氏

明籟妻趙氏

柳德相妻高氏

王宗善妻熊氏

方光才妻柳氏

黃世訓妻周氏現守節二十三年

葉大林妻戴氏現守節三十二年

王趙氏夫失名

閔紹祥妻黃氏

閔福榮妻黃氏

王世逵妻朱氏

王世遠妻楊氏

熊樂天妻龔氏

毛世隆妻柳氏

徐力虎妻王氏

方元英妻尹氏

方春輝妻李氏

王才福妻葉氏計守節二十八年

以上神山鄉待旌節婦

姜思舉妻朱氏道光十五年旌

徐京環妻張氏咸豐三年旌

袁天煥妻劉氏咸豐十年旌

曾光恆妻李氏計守節四十年

劉士艮妻胡氏計守節五十六年

鄢行雅妻陳氏計守節二十年

楊學洪妻熊氏計守節三十年

高京琯妻張氏計守節七十五年

高京瑁妻童氏計守節七十三年

張之蘭妻王氏計守節四十三年

張文科妻金氏計守節二十四年

周鴻駿妻曾氏計守節五十三年

謝景謐妻熊氏咸豐三年旌

劉瑞律妻張氏咸豐三年旌

張大政妻楊氏計守節三十七年

廖習義妻彭氏計守節三十四年

趙士英妻孫氏計守節三十九年

貢生胡遐九妻嚴氏計守節二十六年

劉殿臣妻周氏計守節四十一年

劉安舒妻闞氏計守節三十六年

劉長第妻周氏計守節六十年

袁會川妻秦氏計守節二十五年

曾廷雄妻張氏計守節三十四年

涂崇賢妻周氏計守節四十八年

秦有崑妻湯氏計守節二十四年

金時富妻李氏計守節十七年

胡正起妻廖氏計守節三十六年

以上同治元年旌

廖從恆妻秦氏計守節四十四年

廖承美妻呂氏計守節四十九年

胡永陞妻張氏計守節六十一年

胡顯斗妻呂氏計守節四十五年

胡永定妻李氏計守節二十年

姜思岐妻廖氏計守節五十四年

劉世順妻劉氏計守節五十三年

呂兆揚妻孫氏計守節四十二年

涂崇鈺妻汪氏計守節四十四年

黃國順妻劉氏計守節三十二年

胡愿綱妻嚴氏計守節三十七年

廖承仕妻李氏計守節二十二年

廖承顯妻周氏計守節四十六年

封職胡愿謙妻嚴氏計守節十年

貢生胡永俊妻嚴氏計守節十七年

生員姜思球妻張氏計守節四十八年

姜語助妻李氏計守節四十年

劉瑞華妻夏氏計守節三十九年

劉世儒妻朱氏計守節三十三年

秦有恩妻胡氏計守節六十一年

秦德炳妻劉氏計守節三十五年

高琦妻郭氏計守節十六年

余可傳妻廖氏現守節六十二年

杜之貞妻吳氏計守節六十一年

夏武濟妻王氏計守節三十一年

汪世榮妻王氏計守節五十四年

吳庭揚妻張氏計守節五十二年

熊伯緒妻高氏計守節三十七年

湯賓階妻劉氏光緒七年旌

謝明輝妻張氏光緒八年旌

生員陳濟滂妻范氏計守節五十一

秦有濂妻高氏諸生勛兆女計守節七十二年

王聲杭妻周氏計守節二十八年

監生胡傳統妻陳氏副貢生候選教諭陳杭希文女計守節十一年

夏大川妻熊氏計守節三十一年

監生崔泉妻余氏計守節四十八年

黃楚楨繼妻萬氏計守節五十三年

王錫珏妻姜氏計守節五十四年

以上光緒六年旌

楊國佐妻金氏光緒八年旌

監生楊絢妻胡氏光緒八年旌

貤封武信雲騎尉涂聯芳妻張

年
李正準妻葛氏現守節五十一年
姜植柱妻羅氏計守節三十八年
姜擇善妻金氏計守節十八年
趙恆梓妻秦氏計守節五十三年
趙占魁妻秦氏計守節五十三年
王錫理妻孫氏計守節五十七年
夏武純妻廖氏計守節三十七年
劉士榮妻張氏計守節二十四年
劉世佳繼妻高氏計守節四十四年
秦明奎妻劉氏計守節三十九年
杜之相妻朱氏計守節三十四年

氏武信雲騎尉張先春女計守節六十三年遺腹子同秦諸生
姜語常妻高氏計守節三十四年
趙世治妻張氏諸生國瑞女計守節十三年
職員趙秉中妻夏氏計守節九年
監生趙登拔妻張氏計守節十二年
夏武瑤妻呂氏計守節四十二年
監生夏武明妻秦氏計守節二十年
湯學堯妻葛氏計守節四十四年
湯學品妻夏氏計守節四十二年
秦明堂妻張氏計守節四十四年
李學成妻高氏計守節七年

趙士年妻姜氏現守節六十六年
趙水會妻胡氏現守節二十九年
張文永妻吳氏現守節四十四年
高啓玉妻吳氏現守節三十五年
湯振源妻劉氏現守節二十五年
湯玉堂妻涂氏現守節二十七年
秦定軒妻劉氏現守節三十四年
江長庚妻高氏現守節三十三年
會開琳妻宋氏現守節三十一年
劉集煜妻包氏現守節二十六年
周永健妻彭氏現守節二十四年
夏大篆妻張氏現守節二十七年

趙光國妻江氏現守節四十六年子鴻雲諸生
鄢致樂妻秦氏現守節四十七年
張先德妻張氏現守節三十八年
監生高慶雲妻劉氏現守節二十九年
湯修齋妻張氏現守節三十九年子叶彪叶鵬俱諸生
湯羽豐妻孫氏武舉國麟女現守節二十三年
徐大善妻劉氏現守節三十一年
劉集功妻夏氏現守節二十六年
童有艮妻胡氏現守節二十八年
陳用俊妻秦氏現守節三十三年
王植模妻汪氏計守節六十二年

高瑄妻趙氏計守節五十六年
高聯盛妻余氏計守節六十二年
夏浙燮妻劉氏現守節四十年
呂兆豪妻李氏現守節三十四年
呂啓傳妻張氏現守節三十八年
魏定援妻李氏現守節四十五年
張士亨妻李氏計守節六十六年
張先吉妻周氏計守節二十四年
王展基妻臧氏計守節三十三年
王坊妻朱氏計守節三十六年
徐家耀妻陳氏計守節十六年
涂永超妻童氏計守節十六年

生員高占魁妻萬氏計守節四十三年
高雄玉妻楊氏計守節四十四年
廖祖磊妻姜氏現守節三十七年
廖福盛妻張氏現守節三十一年
陳中霞妻柳氏現守節三十年
張正煜妻周氏現守節二十七年
張啓鳳妻黃氏計守節四十五年
高元上妻喬氏計守節四十二年
王錫義妻閔氏計守節三十七年
徐爲粱妻朱氏計守節三十二年
張永昌妻劉氏計守節五十九年
袁紹啓妻周氏計守節三十五年

涂祖訓妻江氏計守節四十二年
汪定太妻石氏計守節六十五年
黃家財妻陳氏計守節三十五年
劉鴻昇妻廖氏計守節二十三年
吳家勳妻王氏現守節三十七年
劉文理妻釗氏現守節四十一年
涂德洪妻夏氏現守節三十三年
李明政妻熊氏現守節二十九年
秦有國妻趙氏現守節三十二年
黃國泰妻涂氏計守節二十二年
黃承統妻熊氏計守節二十六年
張自旭妻謝氏計守節四十年

吳有仕妻朱氏計守節五十六年
汪世紳妻張氏計守節四十四年
黃大經妻汪氏現守節四十八年
李學杜妻熊氏計守節四十一年
熊善祥妻姜氏現守節五十四年
劉永成妻蘇氏現守節三十三年
李明旺妻陳氏現守節二十九年
黃永昇妻范氏現守節二十八年
以上光緒十一年彙　旌
黃範典妻閔氏計守節三十年
生員胡炳焱妻陳氏
劉雲衢妻胡氏

劉士智妻夏氏計守節三十三年
以上永福鄉已　旌節婦
姜慶椿妻廖氏
姜語彬妻尹氏
王兆啓妻王氏
汪澍妻包氏
汪浚妻呂氏
夏正崑妻吳氏諸生嗣理女計守節三十七年
趙占鼇妻秦氏計守節二十九年
高開發妻張氏計守節四十八年
王啓昌妻王氏現守節三十四年
姜植荷妻胡氏現守節二十五年
姜善忍妻韓氏現守節二十四年
姜錫齡妻許氏計守節二十七年
夏武燦妻朱氏計守節四十五年
袁懋鼎妻陳氏計守節三十五年
王康衢妻嚴氏計守節十一年
武生陳耀祖妻吳氏計守節四十四年
呂方南妻陳氏計守節十五年
姜思曷妻朱氏計守節十四年
以上永福鄉待　旌節婦
熊玉華妻夏氏道光七年旌
廩生熊鳴鳳妻段氏道光七年旌

賀敬之妻劉氏咸豐三年旌
紀章樹妻陳氏咸豐三年旌
胡洪椿妻劉氏計守節三十五年
監生賀釗妻陳氏計守節四十七年
陳君文妻紀氏計守節三十九年
陳順祥妻胡氏計守節三十二年
陳思毅妻王氏計守節五十一年
陳學健妻紀氏計守節二十六年子時夏舉人
陳彥釗妻李氏計守節四十二年
紀正旭妻陳氏計守節四十九年
紀士清妻陳氏計守節三十年
紀士訓妻陳氏計守節五十二年
紀章楨妻陳氏計守節六十八年
黃光德妻陳氏計守節五十九年
王德彩妻陳氏計守節六十二年
王寶永妻陳氏計守節五十六年
王詩永妻盧氏計守節五十一年
王星興妻劉氏計守節二十四年
王翠永妻萬氏計守節四十七年
王棟永妻紀氏計守節五十四年
王德法妻柯氏計守節六十二年
王艮材妻紀氏計守節四十三年
張金波妻柯氏計守節三十七年
張懷玉妻紀氏計守節二十七年

翁先鶴妻王氏計守節五十七年
柯瑞瀚妻余氏計守節二十年孫南枝歲貢生
張大杰妻田氏計守節二十六年
生員周顯濤妻劉氏計守節五十五年
談逢艮妻柯氏計守節四十年
姜耀明妻紀氏計守節四十八年
閻榮滸妻吳氏計守節五十九年
閻榮浻妻周氏計守節四十五年
閻榮潤妻柯氏計守節五十六年
胡榮瑤妻周氏計守節三十三年
閻懋謙妻鄒氏計守節四十一年
胡宗芳妻駱氏計守節四十二年
胡拔萬妻劉氏計守節四十四年
胡省章妻陳氏計守節三十一年
鄒獻廷妻胡氏計守節三十三年
趙士英妻孫氏計守節五十二年
貤封修職郎柯道炳妻方氏計守節三十八年
柯祥舒妻陳氏計守節四十四年
以上同治元年　旌
陳守杰妻張氏同治九年旌
賀世清繼妻張氏同治九年旌
紀以貞妻石氏同治十一年旌
賀義謙妻柯氏同治十一年旌

柯桂林妻楊氏現守節四十一年
王印選妻劉氏計守節二十五年
吳再元妻朱氏計守節三十四年
從九劉鏡海妻紀氏計守節二十六年
顧緒虞妻陳氏計守節六十年
以上光緒三年　旌
紀章幹妻吳氏計守節五十年
紀文琬妻李氏現守節四十二年
閔輝若妻夏氏計守節三十五年
生員閔駿妻阮氏計守節三十七年
紀天錫妻劉氏計守節五十五年
胡華本妻朱氏計守節三十四年
黃勝餘妻柯氏計守節四十五年
監生紀映川妻魏氏現守節四十一年
紀國儀妻胡氏現守節四十二年
紀席珍妻顧氏現守節三十六年
賀齊讓妻吳氏現守節四十八年
議敘宣課司大使賀錫珪繼妻
賀齊忠妻劉氏現守節四十四年
劉氏計守節十五年
賀義順妻江氏現守節四十八年
賀齊彬妻陳氏現守節四十三年
賀齊海妻左氏現守節三十六年
賀宗海妻吳氏現守節二十九年

賀義漢妻閻氏現守節三十七年
程兆羣妻唐氏現守節四十三年
胡敬瑄妻邱氏計守節三十六年
胡天拔妻柯氏計守節三十四年
胡志中妻熊氏計守節三十八年
胡洪桂妻陳氏計守節三十七年
紀文焯妻柯氏計守節三十一年
陳延開妻張氏計守節四十年
陳玉峯妻柯氏計守節三十四年
以上光緒六年 旌
紀華義妻胡氏光緒九年旌
紀章彧妻汪氏光緒九年旌

職員賀政南妻顧氏計守節二十八年
劉萬洲妻解氏現守節三十九年
胡敬琯妻吳氏計守節三十五年
胡洪學妻曾氏計守節四十七年
胡洪有妻吳氏計守節三十七年
胡洪楫妻紀氏計守節三十二年
候選從九袁海帆妻郝氏雲夢縣翰林院庶吉士郝琢菴女現守節五十四年
陳守嘉妻宋氏計守節三十年
李家明妻張氏光緒八年 旌
監利訓導賀錫祥繼妻余氏現守節三十二年衛守備余克鈞之女光緒九年旌子義彰廩生

武昌縣志卷二十五　列女　二十四

監生紀華妻張氏現守節三十五年光緒九年旌
賀重璧妻柯氏計守節二十三年
賀輔周妻姜氏計守節五十四年
賀秀書妻周氏計守節五十一年
賀方梓妻吳氏計守節七年
賀席珍妻胡氏計守節四十七年
賀耀亭妻柯氏計守節三十六年
紀鎮川妻賀氏計守節四十三年
紀席一妻吳氏計守節二十二年
紀萬和妻劉氏計守節二十一年
紀文豪妻賀氏現守節五十九年

賀士彩妻閻氏計守節四十年
賀立聖妻陳氏計守節五十一年孫霞舉諸生
賀亮弼妻胡氏計守節五十一年
賀德茂妻孫氏計守節四十二年
賀藍田妻胡氏計守節二十二年
儒士賀南玉妻殷氏計守節十二年
賀道坦妻衛氏現守節三十五年
賀德坤妻胡氏現守節二十七年
生員賀夢龍妻胡氏現守節二十三年
文童紀西獻妻葉氏計守節六十二年
紀光瑛妻閻氏計守節七年
紀文延妻陳氏現守節三十八年

余希李妻吳氏計守節十二年
余藝林妻吳氏現守節四十二年
柯玉章妻朱氏計守節六十二年
柯錫之妻賀氏現守節三十八年
柯益定妻紀氏現守節三十年
王宗醫妻涂氏現守節二十九年
劉華陞妻唐氏現守節三十五年
袁知康妻胡氏計守節四十二年
袁達森妻柯氏計守節十六年
袁文軒妻柯氏計守節四十三年
袁知誨繼妻陳氏計守節九年
袁修訓妻胡氏計守節十一年

余星菴妻胡氏現守節三十七年
余全五妻吳氏現守節三十八年
武生柯雲程妻王氏計守節三十九年
柯進縝妻楊氏現守節三十六年
王德艮妻余氏現守節四十八年
劉國興妻尹氏現守節三十八年
袁達鳳妻吳氏計守節四十二年
袁廣書妻盧氏計守節四十四年
監生袁觀瑾妻吳氏計守節五十年
袁慶軒妻吳氏計守節十四年
袁知諧妻朱氏計守節二十二年
袁荆玉妻張氏現守節四十六年

武昌縣志卷二十五　列女　二十五

袁朝欽妻余氏現守節四十二年
袁觀釗妻賀氏現守節三十五年
袁琴材妻朱氏現守節二十八年
汪遠周妻解氏計守節四十三年
汪中含妻吳氏計守節四十年
胡樹三妻陳氏計守節六十年
胡挺干妻張氏現守節四十五年
張敦倫妻袁氏計守節二十七年
張鴻安妻林氏計守節三十六年
張晏羣妻劉氏計守節七年
張閏定妻胡氏計守節十五年
張閏均妻汪氏現守節二十五年

袁觀鏵妻朱氏現守節三十四年
袁修繹妻吳氏現守節二十八年
袁敬興繼妻楊氏現守節二十九年
汪國藝妻蕭氏計守節四十六年
賀廟軒妻袁氏計守節三十五年
胡洪豪妻王氏現守節四十五年
張閏鐸妻閔氏計守節六十一年
張敦彝妻紀氏計守節五十七年
張錦雲妻王氏計守節二十九年
張樹德妻胡氏現守節四十七年
張步雲妻吳氏現守節三十九年
張維奐妻柯氏現守節三十年

高懷慶妻鄧氏計守節三十九年
吳有成妻熊氏計守節三十二年
吳靜菴妻胡氏計守節三十四年
吳致有妻胡氏計守節四十三年
吳瑞璫妻周氏計守節十一年
吳永星妻劉氏計守節十四年
吳隆謙妻黃氏計守節三十三年
吳隆慶妻阮氏現守節五十年
柯壽永妻袁氏計守節四十一年
柯昇聞妻鄧氏計守節四十五年
柯玉墀妻夏氏現守節三十年
王天錦妻柯氏計守節五十九年
黃顯略妻柯氏計守節十一年
黃顯經妻袁氏計守節二十八年
黃顯清妻閻氏現守節三十二年
毛邦文妻吳氏現守節三十八年
王德慶妻陳氏計守節六十年
王德清妻柯氏計守節四十四年
王際唐妻江氏計守節四十六年
生員王藎臣妻張氏計守節五十七年
王德舉妻郝氏計守節三十七年
王維翰妻張氏計守節四十三年
王華章妻胡氏計守節二十一年
王輝興妻蔣氏現守節二十四年

武昌縣志卷二十五　列女　三十六

王紹慶妻紀氏現守節二十六年
王曉舟妻陳氏現守節二十五年
柯步揚妻陳氏計守節二十五年
柯瑞湖妻陳氏計守節六十六年
柯益松妻余氏計守節十九年
柯進璧妻陳氏計守節二十四年
柯益枝妻王氏計守節三十四年
紀文澍妻柯氏計守節三十二年
紀文濡妻張氏計守節五十五年
紀士瀧妻陳氏計守節三十九年
紀文雍妻周氏計守節三十九年
紀章源妻陳氏現守節五十五年
萬周邦妻柯氏計守節四十六年
黃開基妻陳氏計守節六十二年
張耀廣妻黃氏計守節六十年
張昌興妻陳氏現守節五十二年
張咸亨妻王氏現守節四十七年
張遠璠妻朱氏現守節三十一年
汪興周妻黃氏計守節二十八年
汪隆順妻吳氏計守節二十六年
江衍餘妻王氏計守節三十九年
陳德善妻王氏計守節四十一年
陳添興妻紀氏計守節五十四年
陳添廣妻余氏計守節四十六年

陳承澤妻胡氏計守節四十二年
陳天開妻程氏計守節四十八年
陳承貴妻黃氏計守節五十六年
陳大望妻吳氏計守節四十年
陳承琯妻董氏計守節五十二年
陳遠治妻王氏現守節五十一年
陳承林妻紀氏現守節五十年
陳德璐妻黃氏現守節五十六年
陳懋德妻紀氏現守節四十四年
方宗財妻王氏現守節四十二年
翁先謀妻王氏現守節三十九年
陳洪啓妻江氏現守節三十三年
周南楚妻黃氏計守節四十二年
張昌瑾妻陳氏計守節六十二年
張昌隆妻王氏現守節二十四年
吳高崙妻紀氏現守節二十八年
吳型亨妻王氏計守節十五年
柯瑞瀚妻余氏計守節十一年
柯芝圃妻張氏計守節五十七年
鍾萬宇妻李氏現守節四十三年
柯贊颺妻明氏計守節五十年
柯隆鵬妻朱氏計守節六十四年
柯進壽妻黃氏計守節六十年
柯庠爵妻陳氏計守節二十九年

武昌縣志卷二十五　列女　三十七

柯進守妻閔氏計守節四十五年
柯頂盛妻胡氏現守節五十四年
柯容遠妻黃氏現守節五十九年
庠生柯林芳妻陳氏現守節四十六年
柯進讓妻吳氏現守節三十六年
柯日昇妻吳氏現守節三十九年
明國文妻胡氏計守節三十八年
監生閔育珉妻馬氏計守節五十九年
閔世盛妻涂氏計守節四十一年
閔屏山妻柯氏計守節二十六年
閔立濬妻柯氏現守節三十六年
閔育汜妻吳氏現守節四十四年
閔立謙妻黃氏現守節五十年
余隆渭妻柯氏現守節五十三年
周顯華妻湯氏計守節三十二年
封職周大綸妻汪氏計守節十四年
張九河妻劉氏現守節四十四年
談景樂妻柯氏現守節三十六年
談景瑕妻胡氏計守節二十九年
熊承聖妻姜氏現守節三十七年
姜南輝妻張氏計守節五十七年
鄧之煩妻賀氏計守節四十四年
鄧自廉妻姜氏計守節二十八年
鄧方義妻蔡氏現守節五十三年

鄧自立妻胡氏現守節巳十三年
賀庠雄妻鄧氏計守節三十六年
賀克彰妻紀氏計守節二十六年
羅麟榜妻紀氏計守節六十年
王昌樹妻張氏現守節三十七年
毛光國妻吳氏現守節三十七年
葉其義妻鄒氏計守節三十九年
葉軒如繼妻艾氏計守節二十一年
葉錫朋妻紀氏計守節十三年
葉贍慈妻唐氏計守節十一年
葉奉璋妻吳氏計守節九年
葉秉貞妻陳氏計守節十二年

劉首魁妻徐氏計守節五十九年
劉景祥妻尹氏計守節三十年
胡盛高妻張氏計守節五十四年
胡華祿妻徐氏計守節五十年
葉映春妻陳氏計守節八年
胡銘竹妻吳氏計守節三十二年
顧魁明妻劉氏現守節四十年
顧滙川妻徐氏現守節三十二年
李炳照妻胡氏計守節六十三年
閻桂選妻周氏計守節三十八年
閻環陞妻紀氏計守節九年
閻立功妻林氏現守節三十五年

賀庠明妻鄧氏計守節六十七年
賀兆慶妻毛氏計守節六十四年
賀從嶷妻蕭氏現守節二十六年
王維德妻程氏計守節四十五年
毛侯瑞妻賀氏計守節四十七年
劉耀康妻王氏現守節二十二年
理問銜紀應昌妻夏氏現守節廿九年
葉映霞妻鄒氏計守節三十六年
葉培根妻程氏計守節十四年
葉振武妻唐氏現守節三十六年
劉象深妻鄒氏計守節三十七年
劉開運妻紀氏現守節三十七年
胡榮恩妻葉氏計守節四十五年
胡芬烈妻駱氏計守節四十年
胡殿侯妻易氏現守節三十九年
胡華榜妻駱氏現守節三十七年
胡華梯妻黃氏現守節三十三年
顧善之妻宋氏現守節五十七年
監生顧子耕妻王氏現守節二十九年
李鴻飛妻毛氏現守節五十八年
閻成武妻唐氏現守節五十二年
閻昭明妻胡氏現守節四十八年
閻藻華妻周氏現守節二十四年
姜守中妻鄒氏現守節二十四年

紀國榮妻柯氏計守節二十八年
程祖芬妻余氏計守節十八年
左金榜妻胡氏計守節三十九年
左德柄妻賀氏現守節二十四年
解其文妻柯氏計守節三十三年
余錦雲妻張氏計守節四十七年
余步先妻賀氏計守節四十年
余國珍妻夏氏計守節五十二年
余茂林妻陳氏計守節三十年
姜自芳妻袁氏計守節五十八年
柯獻之妻閻氏計守節五十七年
紀華蕙妻熊氏現守節五十一年

賀德坤妻胡氏現守節二十七年
王高斗妻萬氏計守節六十三年
王安文妻陳氏計守節六十年
王紹唐妻盧氏計守節六十四年
鄧自義妻賀氏計守節三十四年
衛昌楨妻閔氏現守節三十二年
詹行玉妻楊氏
以上靈溪鄉已旌節婦
張昌炎妻吳氏
閻紹唐妻柯氏
劉國泰妻葉氏
周朝幹妻姜氏

程以棟妻余氏計守節四十六年
程祖柏妻陳氏現守節五十一年
左德樸妻但氏計守節十一年
解邦顯妻陳氏計守節四十六年
余向明妻柯氏計守節十五年
余彤雲妻周氏計守節五十九年
余光霽妻鄒氏計守節二十三年
余純山妻紀氏計守節四十三年
余星燦妻左氏現守節五十六年
鍾定文妻朱氏計守節四十二年
以上均光緒十一年彙旌
生員陳謙吉妻劉氏現守節三十九年
胡心一妻余氏計守節六十年
胡首書妻姜氏計守節四十八年
胡洪條妻吳氏現守節三十年
袁光龍妻黃氏計守節五十二年
袁天幹妻胡氏計守節四十年
柯兆海妻石氏
胡澤慶妻閻氏
監生賀鈞妻陳氏
賀遠蔭妻左氏
程茂燧妻紀氏
劉高喜妻周氏

余鳴山妻賀氏
姜履周妻張氏
程楚雄妻余氏
魯顯明妻熊氏計守節四十一年
余景康妻姜氏計守節十九年
監生紀岱霦妻萬氏計守節七年

以上靈溪鄉待　旌節婦

陳增餘妻鄭氏計守節五十九年
殷仁茂妻張氏計守節三十八年
楊正志妻黃氏計守節五十八年
楊正周妻萬氏計守節四十一年
楊仕位妻徐氏計守節五十一年

胡吳氏子天衢
賀顯亭妻柯氏
張閏錡妻吳氏
胡聯雲妻劉氏
毛紹文妻李氏計守節二十三年
監生紀兆瓊妻朱氏計守節十五年
阮金輪妻李氏計守節四十六年
鄭育萬妻徐氏計守節三十七年
監生洪敦理妻朱氏計守節三十二年
楊仕誥妻鄭氏計守節三十三年
楊仕典妻張氏計守節四十五年

楊白圭妻石氏計守節五十一年
楊仕穎妻黃氏計守節五十年
楊貽淦妻湯氏計守節十八年
楊清濯妻祝氏計守節五十四年
楊永敦妻徐氏計守節三十一年
張君權妻吳氏計守節五十年
張輪燦妻吳氏計守節五十八年
張學道妻徐氏計守節二十五年
甘成桂妻石氏計守節五十八年
甘魁象妻徐氏計守節五十年
徐儲東妻吳氏計守節四十一年
徐榮泰妻劉氏計守節四十一年

楊清取妻方氏計守節二十九年
楊白隄妻張氏計守節五十五年
楊白稱妻黃氏計守節四十一年
楊白宇妻張氏計守節四十八年
張方輿妻吳氏計守節三十四年
張城元妻章氏計守節三十三年
張道一妻虞氏計守節三十七年
甘名魁妻黃氏計守節三十九年
甘建侯妻徐氏計守節三十四年
徐效聖妻潘氏計守節二十二年
徐方來妻韓氏計守節五十一年
徐大列妻鄭氏計守節二十九年

鄧廷茂妻陳氏計守節六十四年
鄧守典妻萬氏計守節十六年
方楚玉妻彭氏計守節二十一年
李達懷妻黃氏計守節三十年
饒定倫妻張氏計守節四十六年
饒傑豐妻殷氏計守節四十八年
饒先檕妻劉氏計守節三十四年
饒其獻妻胡氏計守節二十四年
夏萬時妻徐氏計守節二十三年
黃發泰妻甘氏計守節二十六年
黃發文妻李氏計守節二十五年
鄒丹書妻夏氏計守節二十三年

伍先鏈妻樂氏計守節五十四年
彭黃度妻黃氏計守節二十二年
吳啓殷妻黃氏計守節四十八年
黃蔚伯妻盧氏計守節四十九年
饒部綱妻余氏計守節三十六年
饒應時妻劉氏計守節四十三年
饒丹澤妻朱氏計守節二十八年
夏極二妻甘氏計守節三十八年
黃應盛妻李氏計守節三十九年
黃茂春妻王氏計守節二十三年
鄒震川妻黃氏計守節二十三年
吳振柱妻張氏計守節三十二年

王永淮妻黃氏計守節三十四年
林文虎妻熊氏計守節五十年
林枝妻周氏計守節三十七年
胡聯榮妻鄭氏計守節四十年
伍聖權妻朱氏計守節六十七年
雷道生妻歐陽氏計守節二十五年
朱純彥妻吳氏計守節四十三年
盧希榮妻廖氏咸豐七年旌
吳著瑩妻魯氏計守節三十八年
徐毓珍妻黃氏計守節三十三年
胡福堂妻劉氏計守節十二年
劉治平妻陳氏計守節二十三年

白秉衡妻吳氏計守節四十二年
朱有斐妻盧氏計守節三十九年
朱時澍妻方氏計守節四十一年
吳萬標妻胡氏計守節三十八年
州同銜鄧宗德妻洪氏計守節三十九

以上咸豐三年　旌

吳餘慶妻唐氏計守節三十一年
高越崧妻黃氏計守節四十四年
劉振綱妻孫氏計守節四十五年
生員劉蔭三妻黎氏計守節五十四年
劉殷九妻石氏計守節五十五年

劉涵川妻黃氏計守節二十七年
吳能極妻畢氏計守節三十七年
陳直方妻張氏計守節三十七年
陳大智妻劉氏計守節三十一年
黎平江妻黃氏計守節三十二年
黎右川妻周氏計守節三十二年
陳復順妻王氏計守節四十三年
鄒秉一妻余氏計守節四十六年
李平宴妻胡氏計守節四十二年
李芷畔妻甘氏計守節三十二年
徐位豪妻郭氏計守節二十四年
楊乾志妻黃氏計守節十六年

陳心文妻黃氏計守節三十一年
生員劉宗藩妻李氏計守節十三年
李懷璧妻胡氏計守節五十三年
洪正剛妻韓氏計守節三十四年
生員洪玉林妻虞氏計守節三十八年
鄒世玢妻陳氏計守節四十六年
鄒春昶妻余氏計守節十九年
范耀遠妻吳氏計守節四十五年
生員甘寅谷妻胡氏計守節二十四年
監生甘荆璧妻唐氏計守節四十五年
余成鎰妻陳氏計守節三十年
余成銹妻季氏計守節四十三年

黃樂園妻張氏計守節三十年
吳允亨繼妻詹氏計守節三十四年
吳文斗妻鄒氏計守節二十四年
吳希孟妻胡氏計守節三十五年
吳儆錡妻詹氏計守節六十年
吳天爵妻盧氏計守節三十六年
吳漢瞻妻竇氏計守節十五年
陳暢茂妻殷氏計守節三十年
盧治源妻吳氏計守節三十九年
盧廉貞妻吳氏計守節十八年
盧邁坤妻唐氏計守節四十四年
盧瀠溪妻鄒氏計守節十七年

吳利川妻蕭氏計守節二十七年
吳遵張妻張氏計守節二十九年
吳純禧妻王氏計守節二十九年
吳萬梓妻劉氏計守節四十四年
吳祚煇妻唐氏計守節三十三年
湯萬福妻吳氏計守節三十九年
湯景清妻余氏計守節二十七年
盧春輝妻朱氏計守節四十五年
盧兆春妻吳氏計守節三十五年
盧燕山妻徐氏計守節四十八年
盧鳳池繼妻陳氏計守節四十年
唐貢章妻郭氏計守節二十九年

唐登雲妻吳氏計守節四十五年
唐文祥妻王氏計守節六十二年
雷道璿妻吳氏計守節四十四年
山西知縣鄒夢蘭妻周氏計守節四十五年

以上同治元年旌

金來驊妻阮氏計守節十九年
陳滋汾妻張氏計守節五十年
孫永懷妻金氏計守節四十二年
張紀氏妻黃氏計守節五十五年
徐東雅妻石氏計守節三十五年
徐遐齡妻蕭氏計守節四十五年

雷道鋭妻吳氏計守節三十六年
殷炳初妻陳氏計守節四十九年
周習珩妻姜氏計守節五十二年
盧秀澧妻湯氏計守節五十一年
殷儆璪妻王氏計守節四十四年
金秋瓶妻閻氏計守節三十二年
高位尊妻孫氏計守節五十六年
孫春山妻袁氏計守節二十一年
張哲夫妻楊氏計守節四十五年
徐鵬九妻鄭氏計守節三十五年
徐有慶妻鄒氏計守節二十七年

張佐文妻吳氏計守節三十年
張傳萬妻王氏計守節十九年
張履泰妻章氏計守節二十二年
石九疇妻鄒氏計守節二十九年
石國明妻甘氏計守節四十七年
石從質妻楊氏計守節三十三年
李秋浦妻甘氏計守節四十四年
鄧仲瑜妻萬氏計守節十八年
黃家政妻沈氏計守節三十四年
楊瑞年妻饒氏計守節十六年
楊嶺秀妻徐氏計守節三十六年
萬莖榮妻樊氏計守節五十三年

張贊功妻樊氏計守節三十八年
張安九妻韓氏計守節三十三年
張載中繼妻許氏計守節四十二年
石希介妻舒氏計守節三十七年
石顯庸妻陳氏計守節四十二年
李華光妻祝氏計守節五十二年
李修寬妻楊氏計守節二十九年
鄧兆芳妻樊氏計守節四十四年
楊海珊妻徐氏計守節三十七年
楊治祥妻張氏計守節二十八年
萬文郁妻黃氏計守節三十六年
甘遂之妻李氏計守節二十六年

張秉恆妻馬氏計守節六十年
張章全妻石氏計守節五十九年
饒西玉妻萬氏計守節二十年
饒仕卿妻楊氏計守節四十六年
饒朗瞻妻徐氏計守節四十三年
徐文全妻吳氏計守節三十六年
鄒義重妻劉氏計守節二十八年
李上閑妻夏氏計守節十四年
朱繼敦妻吳氏計守節二十五年
安佩玉妻陳氏現守節三十三年
以上光緒三年　旌
金在東妻朱氏計守節五十七年

甘釆之妻徐氏計守節四十三年
張華國妻鄒氏計守節四十一年
成元文妻徐氏計守節四十四年
饒治廷妻張氏計守節四十二年
饒漢清妻虞氏計守節三十四年
徐學善妻金氏計守節六十七年
白受釆妻張氏計守節四十五年
夏耀先妻張氏計守節二十八年
黃緒秩妻王氏計守節二十九年
吳邦才妻雍氏計守節四十四年
徐福盛妻吳氏計守節五十年
金庚錄妻唐氏計守節四十二年

金昭華妻黃氏計守節五十三年
金謙一妻吳氏計守節二十一年
金來繡妻張氏計守節七十年
雷耀煥妻徐氏計守節五十七年
雷昆玉妻鄭氏計守節四十四年
劉薌林妻徐氏計守節三十三年
饒暢和妻殷氏計守節四十七年
湯隆英妻朱氏計守節四十七年
王後漭妻徐氏現守節五十二年
萬國班妻劉氏計守節三十年
孫光錦妻鄒氏計守節四十四年
劉德周妻蕭氏計守節三十三年

金鷺汀妻夏氏計守節二十一年
金許盟妻張氏計守節三十五年
金西渠妻吳氏計守節五十四年
金許奎妻陳氏計守節四十一年
雷可壽妻陳氏諸生濟川女計守節五十四年
監生雷輔卿妻陳氏計守節二十九年
劉淮川妻鄭氏計守節四十一年
陳彥士妻余氏諸生崧林女計守節三十二年
鄒報秀妻劉氏計守節四十一年
劉副君妻舒氏歲貢生子溪女計守節五十五年
劉紹九妻樊氏計守節五十六年

陳玫蔚妻黃氏計守節四十三年
吳朗然妻徐氏計守節三十七年
石鍾玉妻余氏計守節十一年
楊世坦妻朱氏計守節三十年
黃御選妻吳氏計守節四十四年
黃守先妻王氏計守節五十年子正松六品銜縣丞
張鴻金妻饒氏計守節三十七年
朱時善妻吳氏計守節五十四年
朱燦庭妻張氏計守節二十年
湯邦貴繼妻徐氏計守節三十一年
朱緒應妻唐氏計守節三十七年

孫啓富妻王氏計守節五十五年
黎秀圖妻丁氏計守節三十五年
石淩漢妻夏氏計守節七年子志咸舉人
鄒世榮妻胡氏計守節五十七年
鄒德啓妻徐氏計守節三十八年
徐光佑妻吳氏計守節三十四年
監生鄒逢寅妻陳氏現守節三十四年
徐士厚妻王氏計守節四十六年
張大堂妻畢氏計守節四十六年
監生夏華璧妾魏氏現守節四十八年
朱繼福妻胡氏計守節三十四年
余陽瑜妻吳氏計守節四十九年

余陽炯妻徐氏計守節四十六年
吳祚梽妻雍氏計守節四十六年
辛朝尊妻王氏計守節三十二年
周學義妻歐陽氏計守節二十五年
王魁榜妻吳氏計守節三十八年
朱名意妻閔氏計守節三十八年
安重玉妻阮氏現守節三十六年
徐鴻年妾陳氏光緒八年旌
饒開元妻韓氏計守節八年
饒以立妻劉氏計守節五十年
饒榮第妻胡氏計守節十二年
金昭湖妻陳氏計守節四十八年

吳祚福妻祝氏計守節五十一年
吳開銓妻向氏武生萬春女現守節三十七年
唐萬年妻胡氏計守節五十五年
周必鏞妻吳氏計守節五十一年
朱名寬妻陶氏計守節四十四年
陳獻美妻胡氏計守節三十三年
以上光緒六年　旌
劉君久妾朱氏計守節十五年孫燦藜舉人光緒九年旌
饒開賀妻劉氏計守節五十一年
饒衡級妻丁氏計守節四十三年
金天揆妻黃氏計守節六十三年

劉百原妻王氏計守節四十年
劉注妻阮氏計守節六十年
殷燦宇妻徐氏計守節三十九年
鄭舒泰妻饒氏計守節三十一年
鄭謹文妻湯氏現守節五十一年
王隆應妻蔡氏計守節四十一年
王如森妻伍氏現守節五十六年
胡德銘妻顧氏現守節二十五年
朱裕貞妻葛氏計守節四十九年
黃瑤珍妻蔣氏計守節四十六年
黃美文妻陳氏現守節五十年
徐集賢妻袁氏計守節三十一年

韓上品妻余氏計守節四十六年
韓三領妻劉氏計守節五十五年
殷席儒妻袁氏計守節五十八年
鄭立大妻湯氏計守節四十六年
鄭宏謨妻袁氏現守節五十四年
阮大懷妻金氏現守節三十六年
王魁點妻葛氏現守節五十九年
王昆炯妻袁氏現守節三十五年
胡占榜妻傅氏嗣子愷陝西縣丞孫紹蘭諸生
劉任衡妻韓氏計守節五十一年
黃椿亭妻孫氏計守節二十四年
蔡君意妻劉氏計守節四十三年

劉大生妻李氏現守節四十五年
張如松妻金氏現守節四十五年
劉守仁妻唐氏計守節五十年
劉天柱妻王氏計守節三十七年
邱永齋妻周氏計守節十四年
劉景福妻鎮氏現守節三十三年
邱止氏妻胡氏現守節四十二年
羅壽域妻張氏現守節三十七年
李準成妻黃氏現守節三十年
徐翼臣妻甘氏計守節十六年
陳奉三妻王氏計守節三十八年
陳玉霖妻盧氏計守節三十年

黎瑞霖妻劉氏計守節二十一年
劉相之妻高氏現守節四十四年
蔣和盛妻蔡氏現守節二十七年
吳潤卿妻顧氏現守節三十一年
劉熙明妻朱氏現守節四十六年
增生劉璠妾汪氏現守節三十五年
徐秉乾妻劉氏現守節五十一年
陳大章妻黃氏現守節三十七年
鄒漢英妻張氏現守節三十四年
李建泰妻楊氏計守節四十一年
徐趾麟妻石氏現守節二十五年
陳荷軒妻林氏現守節四十四年

陳俊逸妻洪氏現守節四十年
鄒純一妻張氏現守節四十一年
張緒尾妻黃氏計守節十一年
方正塏妻徐氏計守節十三年
韓務亭妻方氏現守節五十五年
吳紱麟妻徐氏現守節二十四年
湯士哲妻徐氏計守節五十四年
吳國仕妻劉氏計守節四十年
吳大徵妻金氏計守節三十九年
吳大院妻張氏現守節五十四年
白啓瑜妻夏氏計守節三十九年
白正當妻甘氏現守節三十三年

陳欽明妻胡氏現守節三十三年
鄒瑞國妻姜氏計守節五十六年
鄒亨宇妻余氏計守節五十三年
鄒繡臣妻徐氏現守節三十八年
張亮久妻晏氏現守節三十九年
軍功六品銜石藍玉妻金氏現守節二十五年
生員湯常誠妻周氏計守節四十四年
吳家傑妻張氏計守節五十一年
吳家瑗妻張氏計守節四十四年
吳名恆妻陳氏計守節二十九年
白佑璋妻吳氏計守節五十二年

黃咸珍妻虞氏計守節四十九年
黃發榜妻胡氏現守節四十六年
黃祥珍妻吳氏現守節三十七年
饒佩玖妻徐氏計守節二十四年
徐文能妻郭氏計守節四十二年
張宏燮妻白氏現守節三十年
胡定善妻李氏計守節五十五年
林仲玉妻王氏計守節五十六年
林文椿妻袁氏計守節五十三年
林經序妻歐陽氏計守節三十七年
林經棟妻盧氏現守節二十九年
涂奎達妻雷氏計守節三十二年

白啓犀妻徐氏現守節四十三年
黃正高妻李氏計守節四十一年
增生黃孚敬妻范氏四川梓潼知縣陳經女計守節二十年子大華諸生
徐學善妻金氏計守節七十一年
張東昇妻劉氏計守節五十一年
胡景璋妻鄒氏計守節四十一年
何用臧妻尹氏現守節五十七年
林艮弼妻熊氏計守節三十三年
林文祺妻熊氏計守節五十二年
林高漢妻熊氏計守節三十六年
林高星妻韓氏計守節二十四年

涂鵬程妻劉氏計守節四十一年
歐陽道傑妻湯氏計守節八年
李春和妻汪氏計守節五十年
李世節妻石氏現守節二十七年
余青海妻金氏計守節五十年
周敬臣妻林氏計守節十五年
周必福妻吳氏現守節五十四年
周大振妻彭氏現守節三十八年
吳傳緒妻尹氏計守節三十年
朱隆派妻熊氏計守節十五年
董輔國妻胡氏現守節三十八年
吳祚興妻李氏計守節四十年

涂國柱妻歐陽氏計守節四十五年
歐陽天昌妻蔡氏計守節五十年
歐陽道應妻吳氏現守節二十四年
李永華妻王氏計守節五十七年
余青柳妻張氏計守節六十三年
汪乾一妻祝氏計守節二十四年
汪泮林妻吳氏現守節二十六年
周大昇妻柯氏現守節四十六年
周大順妻林氏現守節三十一年
吳福元妻雷氏計守節四十二年
張大貞妻林氏現守節四十八年
吳祚柏妻毛氏計守節四十四年

吳天秩妻楊氏計守節四十三年
吳萬章妻柯氏計守節五十年
吳祚梅妻殷氏計守節五十六年
吳祚柏妻殷氏計守節三十年
吳端林妻陳氏計守節九年
吳天武妻盧氏計守節三十六年
吳祚興妻鄒氏現守節四十六年
吳曙士妻周氏現守節三十五年
吳廷山繼妻向氏現守節三十六年
吳天佑妻盧氏現守節三十二年
吳端芳妻胡氏現守節二十九年
陳高照妻李氏計守節五十六年

吳祚臣妻朱氏計守節四十二年
吳天榮妻孫氏計守節五十一年
吳祚信妻李氏計守節三十三年
吳萬海妻夏氏計守節四十九年
吳天林妻程氏計守節三十五年
吳飾亨妻陳氏計守節三十四年
吳天羣妻李氏現守節四十六年
吳翰聲妻歐陽氏現守節三十七年
吳遐九妻李氏現守節三十四年
監生吳樸菴妾陳氏現守節三十五年
吳天銀妻夏氏現守節二十五年
吳德修妻王氏現守節二十四年

金昭琚妻雷氏計守節六十一年
金昭奇妻饒氏計守節十四年
金心泉妻夏氏計守節十一年
金繩滐妻賀氏計守節八年
郭連城妻李氏計守節三十八年
陳聯芳妻楊氏計守節五十年
陳邦達妻袁氏計守節五十年
陳家紀妻殷氏計守節四十七年
韓遠翥妻劉氏計守節三十六年
陳芳明妻張氏現守節四十九年
聶智安妻周氏計守節五十八年
盧裕華妻李氏計守節三十二年

金昭時妻陳氏計守節五十四年
金昭典妻韓氏計守節五十二年
金篤周妻吳氏計守節二十六年
廩生金繩濬妻石氏現守節二十四年
秦道明妻金氏計守節四十六年
陳綺川妻張氏計守節四十八年
陳玉田妻徐氏計守節五十二年
陳彩彰妻劉氏計守節四十八年
陳鑑鍾妻劉氏計守節三十五年
韓獻祥妻袁氏計守節六十九年
聶通萬妻彭氏計守節三十八年
聶成燿妻周氏現守節四十四年

盧雲舫妻袁氏現守節四十七年
盧道毓妻李氏現守節三十年
唐燦英妻李氏計守節二十五年
唐靜軒妻駱氏現守節三十一年
余鍾秀妻楊氏計守節十三年
張宏惠妻吳氏計守節三十四年
湯家瓊妻高氏現守節四十五年
駱京元妻熊氏計守節五十八年
周習亭妻姜氏計守節四十七年
周言如妻葉氏計守節五十一年
周習結妻袁氏現守節四十九年
伍理梓妻金氏計守節三十八年

盧春波妻張氏計守節二十二年
盧永敦妻林氏現守節四十九年
盧倣川妻葉氏現守節二十九年
唐象賢妻柯氏現守節四十九年
唐運先妻朱氏現守節三十一年
李興茂妻王氏計守節五十二年
潘宏裕妻吳氏現守節五十四年
駱應燦妻金氏計守節五十六年
駱金台妻劉氏現守節五十六年
周德明妻姜氏計守節五十七年
周學壿妻唐氏計守節三十六年
伍先久妻李氏計守節四十九年

范承宗妻吳氏計守節四十六年　伍理模妻姜氏計守節四十二年
范先拔妻胡氏計守節二十六年　范耀周妻鄔氏計守節四十六年
范偉卿妻曾氏現守節四十六年　范漢清妻吳氏現守節六十年
袁履茂妻王氏計守節六十六年　袁佩玉妻陳氏計守節三十四年
袁守先妻閻氏現守節三十四年　袁安國妻盧氏計守節五十一年
阮皇舉妻王氏計守節五十年　金懷樸妻駱氏計守節四十三年
程獻美妻胡氏現守節三十三年　廩生水步瀛妻李氏計守節四十一年
陝西固城知縣吳傳政妻周　阮榮華妻殷氏計守節五十三年
氏計守節二十九年子萬禔歲貢　吳天華妻李氏計守節三十五年

以上光緒十一年彙旌

金寶華妻殷氏計守節四十三年　吳廷選妻盧氏計守節五十二年
吳萬貴妻劉氏計守節五十五年　吳天錫妻王氏計守節五十二年

吳克明妻方氏計守節六十二年　吳呈材妻姜氏現守節三十六年
吳春林妻葉氏計守節五十一年　吳遵章妻張氏計守節三十一年
張惠亭妻黃氏現守節五十九年　嚴其仁妻熊氏計守節五十八年
夏華茂妻曾氏計守節五十年　夏志利妻韓氏計守節六十四年
黎安瀾妻黃氏計守節二十七年　盧祥慶妻高氏現守節三十六年
殷開順妻蔡氏計守節三十八年　鄒恆青妻陳氏計守節四十八年
陳植三妻張氏計守節四十九年　金天球妻朱氏
金迴峯妻蔡氏　金春山妻吳氏
韓玉相妻饒氏　韓嵩毓妻陳氏
湯秀枝妻朱氏　李寅谷妻楊氏
余揚錦妻朱氏　胡仙墀妻劉氏
鄒錦春妻胡氏　伍金榜妻朱氏

伍倫瑜妻閔氏　鄒孔如妻夏氏

以上馬蹟鄉已旌節婦

劉履之妻黃氏　胡宗銘妻朱氏
劉天柱妻王氏　胡濟川妻鄒氏
張錫民妻章氏計守節三十七年　袁觀釗妻賀氏
張載貴妻余氏現守節三十一年　金冠羣妻陳氏現守節二十四年
盧天恩妻陳氏現守節三十七年　徐繼盛妻孫氏計守節三十八年
黃貢材妻雷氏現守節三十七年　李宗塏妻石氏計守節二十八年
夏燦之妻胡氏計守節四十二年　徐金三妻金氏現守節三十一年
徐純閔妻高氏　吳德芳妻夏氏計守節四十三年
張瑞選妻陳氏　黃祥玉妻徐氏
黃其能妻白氏　黃應第妻吳氏

湯仕任妻周氏　夏象賢妻馬氏
饒佳璨妻紀氏　白啓金妻吳氏
金許燦妻吳氏　駱輝廷妻金氏
袁天補妻漆氏

以上馬蹟鄉待旌節婦

紀楚偉妻趙氏乾隆十九年旌　楊組三妻詹氏嘉慶十五年旌
周全熙妻楊氏計守節四十八年　生員周全璧妻王氏計守節四十六年
周全璘妻湯氏計守節五十一年　周學翰妻羅氏計守節二十八年
陳萬潤妻吳氏計守節五十一年　朱文鵬妻梅氏計守節四十六年

以上咸豐三年旌

魯朝棟妻張氏計守節五十年　邱希文妻王氏計守節二十六年
邱永康妻朱氏計守節三十年　熊克超妻佘氏計守節三十一年

徐天九妻張氏計守節五十年　魯大猷妻涂氏計守節六十一年
詹榮俊妻熊氏計守節四十八年　劉惟家妻熊氏計守節二十六年
吳禎祥妻劉氏計守節十九年　葉本德妻石氏計守節五十九年
周開國妻余氏計守節四十四年　周成璋妻王氏計守節二十九年
周必忠妻楊氏計守節三十八年　周必義妻涂氏計守節四十一年
周景章妾丁氏計守節三十四年　張自立妻葉氏計守節五十三年
戴世聰妻田氏計守節四十一年　戴世榮妻劉氏計守節三十九年
方大林妻王氏計守節四十年　方大珍妻鄭氏計守節三十七年
方大準妻邱氏計守節三十一年　方漢章妻丁氏計守節十九年
劉錫廣妻吳氏計守節三十三年　黃之桂繼妻劉氏計守節三十七年
王盛湖妻柯氏計守節三十五年　郝常青妻彭氏計守節二十五年
詹懷新妻黃氏計守節五十二年　監生詹行玉繼妻楊氏計守節四十一

詹廷翼妻楊氏計守節三十五年
查傳通妻程氏計守節五十年　葉德運妻王氏計守節三十六年
詹茂千妻熊氏計守節五十七年　劉朝義妻萬氏計守節三十四年
詹大茂妻黃氏計守節二十六年　監生詹金冶妻高氏計守節三十七年
胡開明妻姜氏計守節三十四年　柯貢廷妻劉氏計守節四十一年
黃太猷妻葉氏計守節四十年　彭會川妻王氏計守節五十一年
葉文舉妻方氏計守節三十年　劉元理妻萬氏計守節三十二年
倪正德妻彭氏計守節三十年　王國祿妻郝氏計守節二十九年
以上同治元年　旌
王光桂妻張氏同治二年旌　魯時敏妻陳氏同治十年　旌
葉朝材妻黃氏光緒三年旌　葉明恩妻朱氏光緒三年　旌
劉凌雲妻毛氏計守節三十九年　余映春妻葉氏計守節三十六年

余星輝妻劉氏計守節三十二年　熊濟川妻但氏計守節三十八年
熊立坤妻呂氏計守節三十二年　熊朝選妻涂氏計守節五十四年
魯玉純妻楊氏現守節七十二年　熊希仲妻涂氏計守節四十四年
李盛廷妻孟氏計守節四十五年　周成亨妻張氏計守節二十一年
周必楷妻況氏計守節七年　周大生妻葉氏計守節三十九年
周啓雲妻張氏計守節三十五年　黃典詠妻張氏計守節四十六年
葉正楷妻朱氏計守節十三年　葉正順妻孟氏計守節三十四年
胡正奇妻葉氏計守節十三年　封職胡大猷妻田氏計守節四十四年
胡君選妻朱氏計守節三十七年　以上光緒六年　旌
陳憲功妻柯氏計守節四十二年　武舉陳督宣妻吳氏計守節四十九年
陳廷士妻張氏計守節六十年　陳景孟繼妻倪氏計守節七十五年
陳才任妻吳氏計守節三十年　陳鳳廷妻徐氏計守節五十九年

陳玉成妻袁氏計守節十年　陳重道妻吳氏計守節三十八年
陳君雨妻熊氏計守節三十三年　陳又謙繼妻袁氏計守節五十七年
陳魁三妻王氏計守節二十一年　陳恆貞妻余氏計守節四十一年
陳魏山妻余氏計守節三十四年　陳錦中妻柯氏計守節三十九年
陳國賢妻吳氏計守節十三年　陳放海妻周氏計守節四十九年
陳輝光妻夏氏計守節九年　陳煥章妻張氏計守節二十四年
陳漢得妻楊氏現守節三十三年　徐盈春妻余氏計守節三十六年
徐澤周妻柯氏計守節十年　徐荆山妻劉氏計守節三十五年
徐作楫妻魯氏現守節四十年　魯掄元妻歐陽氏計守節四十九年
魯能順妻余氏計守節四十四年　魯均安妻周氏現守節四十三年
胡正見妻紀氏計守節四十七年　胡啓戊妻熊氏現守節三十七年
但錦儒妻夏氏計守節二十七年　但楚相妻曹氏現守節二十八年

余金題妻劉氏計守節十三年　楊容貴妻張氏計守節五十四年
余凌九妻龔氏現守節三十一年　余雲山妻楊氏現守節二十九年
黄繼寬妻熊氏現守節三十三年　黄立寬妻熊氏現守節三十四年
周德元妻黄氏現守節二十六年　歐陽瑞林妻夏氏現守節二十六年
黄興唐妻楊氏計守節四十六年　黄克徵妻熊氏計守節五十四年
黄之柱妻劉氏計守節六十年　黄御夫妻張氏計守節六十二年
黄德聲妻張氏計守節四十二年　黄希孟繼妻李氏計守節三十九年
黄勝餘妻柯氏現守節四十四年　黄心田妻楊氏現守節二十七年
熊明發妻曾氏計守節四十五年　熊勇順妻葉氏計守節五十三年
熊明昭妻廖氏計守節七十一年　熊勝略妻詹氏計守節四十一年
熊國雫妻方氏計守節四十五年　熊厚略妻吕氏計守節三十二年
熊祕略妻劉氏計守節五十年　熊喜略妻方氏計守節五十一年

熊國發妻丁氏計守節十九年　熊國忠妻涂氏計守節四十九年
熊國時妻涂氏計守節三十八年　熊國佐妻艾氏現守節四十四年
王立謙妻吴氏計守節三十年　王咸萬妻顔氏計守節六十一年
王定珍妻唐氏現守節五十年　吕履中妻蔡氏計守節五十二年
朱文桓妻查氏計守節四十九年　戴光祖妻劉氏計守節三十七年
朱博潤妻葉氏計守節四十二年　戴德梧妻曾氏現守節三十一年
汪兆官妻曾氏計守節二十八年　周學翰妻羅氏計守節五十八年
周廷襄妻柯氏計守節三十五年　周必悌妻况氏現守節三十一年
周廷選妻陳氏計守節四十八年　周成璐妻王氏現守節三十四年
周立本妻談氏計守節七年　周成瓚妻陳氏現守節二十六年
曾大貽妻方氏計守節五十年　曾大全妻楊氏計守節六十七年
曾作傑妻陳氏計守節四十九年　曾大備妻陳氏計守節三十二年

黎迺暘妻曾氏計守節十七年　黎道達妻曾氏計守節二十八年
黎傳進妻郝氏計守節四十三年　黎式如妻郝氏現守節三十年
黎備德妻曾氏現守節二十五年　田兆經妻洪氏計守節二十九年
柯經魁妻劉氏計守節六十年　劉元地妻黄氏現守節三十九年
李勝延妻孟氏現守節五十七年　福建順昌知縣萬福來妾陳氏
高習本妻方氏現守節三十六年　徐氏均現守節三十四年
胡其嵩繼妻羅氏現守節三十四年　府經歷萬燾妻鄧氏計守節十四年
陳繼元妻夏氏現守節四十九年　陳甲琳妻王氏計守節三十九年
柯承瑾妻劉氏計守節五十年　柯朝陽妻陳氏計守節四十七年
柯成義妻諶氏計守節二十九年　柯兆桂妻徐氏現守節四十一年
朱文恆妻查氏計守節四十九年　朱文雲妻吴氏計守節二十九年
朱章順妻張氏計守節五十六年　朱文和妻王氏計守節二十九年

朱繼鵬妻黄氏計守節三十二年　朱宜九妻黄氏現守節二十七年
朱繼利妻詹氏現守節二十四年　朱繼猛妻查氏現守節四十二年
吕廷章妻曾氏計守節三十一年　吕炳貞妻艾氏計守節三十二年
吕侍臣妻殷氏計守節十八年　詹大本妻祝氏計守節六十二年
詹國智妻黎氏計守節三十三年　詹家興妻張氏計守節五十七年
詹家瑞妻陳氏計守節四十一年　楊闢周妻王氏計守節四十三年
楊德茂妻劉氏計守節二十二年　生員楊國昌繼妻易氏計守節廿一年
楊文蕃妻胡氏現守節四十六年　楊子珊妻陳氏現守節二十六年
楊衣想妻周氏現守節三十年　楊衣茂妻黄氏現守節三十四年
楊湛華妻曾氏現守節二十八年　劉三台妻楊氏計守節四十三年
劉立珍妻佘氏計守節十四年　劉漢瞻妻張氏計守節二十九年子驥諸生
劉茂一妻吴氏計守節三十一年　韓富宗妻周氏計守節四十六年

呂兆璽妻柯氏計守節三十四年
李秀萬妻柯氏計守節四十二年
劉中貴妻楊氏計守節四十二年
柯國璧妻楊氏計守節五十六年
柯嘉賓妻張氏現守節三十一年
吳彥邦妻詹氏計守節三十五年
柯泮林妻周氏現守節三十五年
吳鍾美妻尹氏計守節五十九年
吳實玉妻柯氏現守節二十九年
張錫潤妻吳氏計守節三十四年
姜國珍妻萬氏計守節三十年
孫疇五妻陳氏計守節十二年
劉中棟妻余氏計守節五十一年
陳錦文妻袁氏計守節十六年
陳開廣妻查氏計守節四十五年
吳並茂妻龔氏現守節三十六年
胡九章妻張氏現守節三十年
余華堂妻郝氏計守節二十七年
周定符妻方氏計守節三十九年
周朝宗妻彭氏計守節四十九年
張長春妻郝氏計守節五十八年
彭光明妻陳氏現守節四十四年
盛惟桂妻王氏計守節三十三年
詹敦艮妻黃氏計守節三十八年

呂宗台妻柯氏計守節二十六年
劉錫禎妻徐氏計守節四十七年
劉錫澤妻李氏現守節三十三年
柯兆聖妻余氏現守節三十八年
柯益雄妻周氏現守節三十一年
熊興甲妻徐氏計守節五十六年
吳榮東妻黃氏計守節五十九年
吳作康妻詹氏現守節四十三年
吳殿三妻熊氏現守節二十七年
蔡廷茂妻詹氏計守節三十三年
孫有融妻熊氏計守節二十三年
孫本忠妻柯氏現守節三十四年
蕭仕文妻吳氏計守節三十八年
職員陳郁藻妻周氏計守節十二年
陳主標妻紀氏現守節三十一年
程建明妻龔氏現守節四十四年
余應萱妻王氏計守節四十一年
余耀遠妻顏氏現守節二十五年
危大耀妻徐氏計守節五十六年
王倣三妻陳氏計守節五十四年
王大墀妻羅氏現守節三十四年
熊明瑚妻田氏計守節五十年
以上均光緒十一年彙旌
劉漢知妻吳氏計守節三十五年

查茂春妻張氏計守節四十二年
陳致中妻唐氏
劉學鄒妻萬氏
胡榮瑤妻周氏
劉彩若妻方氏
方才淮妻邱氏
余光書妻王氏
余光其妻呂氏
余師信妻任氏
余允明妻熊氏
余作綸妻劉氏
余師忠妻但氏
余國祚妻金氏
方大英妻張氏
韓富長妻楊氏
夏明達妻張氏
陳文藻妻唐氏
劉立義妻詹氏
劉希茂妻余氏
徐張氏子有常
李玉忠妻龔氏計守節三十年
方大賓妻陳氏計守節十五年
以上賢庾鄉待旌節婦
何文萃妻彭氏嘉慶二十四年旌

余周蕃妻紀氏
詹朝貴妻周氏
劉山陽妻王氏
劉泗波妻朱氏
生員詹俊昌妻余氏
以上賢庾鄉已旌節婦
余光朝妻但氏
余修禮妻王氏
余朝颺妻熊氏
余涵九妻夏氏
余天榮妻嚴氏
余思其妻呂氏
方大盛妻黎氏
吳萬貴妻劉氏
柯金冶妻陳氏
葉德基妻林氏
劉用和妻詹氏
胡敬章妻盧氏
龔呂氏子定國
余展程妻黃氏
王善美妻鄧氏現守節二十八年
周榮翼妻吳氏
朱世元妻謝氏計守節六十四年

余章圯妻朱氏計守節三十一年
生員朱銘章妻廖氏計守節三十九年
朱列五繼妻吳氏計守節四十二年
生員鍾正瀧妻李氏計守節五十六年
以上咸豐三年　旌
張履泰妻章氏咸豐十一年旌
盛芳九妻王氏咸豐十一年旌
余蓋羣妻廖氏計守節四十二年
談逢交妻邱氏計守節二十九年
夏武棻妻嚴氏計守節四十六年
夏武泰妻劉氏計守節五十年
夏武揚妻劉氏計守節五十四年
高心正妻張氏計守節二十七年
高開國妻黃氏計守節二十八年
夏名蓋妻朱氏計守節二十九年
黃含輝妻張氏計守節三十五年
黃希仁妻詹氏計守節三十三年
黃相琰妻孟氏計守節二十六年
黃周卿妻王氏計守節三十八年
黃慶雲妻舒氏計守節三十七年
黃宜軒妻劉氏計守節二十八年
柯際桃妻焦氏計守節四十六年
柯雲中妻黃氏計守節四十四年
盛海洋妻江氏計守節三十八年

盛德瑤妻方氏計守節四十六年
劉朝朗妻黃氏計守節三十六年
邱茂榮妻胡氏計守節六十二年
萬其湖妻彭氏計守節四十八年
駱宣初妻鄭氏計守節五十七年
張鳴岐妻徐氏計守節五十五年
張魁元妻龍氏計守節四十八年
張新後妻明氏計守節四十四年
張大用妻王氏計守節五十年
張爵馭妻詹氏計守節四十四年
張肇基妻談氏計守節四十七年
張德茂妻潘氏計守節四十三年
張以珩妻沈氏計守節四十一年
張善緯妻劉氏計守節四十四年
張在田妻劉氏計守節四十三年
張善容妻甯氏計守節三十五年
張忠義妻陳氏計守節四十年
張善型妻黃氏計守節二十四年
張天位妻高氏計守節三十一年
金廷江妻楊氏計守節四十七年
張以淦妻鍾氏計守節二十三年
金芳一妻吳氏計守節四十九年
金炎工妻周氏計守節四十二年
金芳珩妻張氏計守節三十九年

金芳煦妻張氏計守節五十五年
談逢虞妻張氏計守節五十九年
談若思妻劉氏計守節五十年
談逢俊妻金氏計守節四十五年
談鳳池妻張氏計守節二十七年
談逢利妻余氏計守節四十六年
談擇傅妻柯氏計守節十二年
談景重妻謝氏計守節二十九年
談崇仁妻張氏計守節四十年
劉齡桂妻鄧氏計守節五十二年
談景遠妻劉氏計守節二十八年
余蓋崢妻劉氏計守節三十九年
劉萬沼妻徐氏計守節六十年
何開陽妻柯氏計守節三十五年
余高樞妻朱氏計守節三十五年
朱坎章妻黃氏計守節三十一年
陳載詩妻王氏計守節四十年
鄧希文妻劉氏計守節三十九年
朱立墀妻雷氏計守節三十四年
鄧班爵妻劉氏計守節四十九年
鄧禮璜妻黃氏計守節四十四年
張新懋妻陳氏計守節六十三年
鄧春芳妻朱氏計守節三十三年
張國明妻曾氏計守節四十四年

張次侯妻陳氏計守節四十年
張尹珠妻陳氏計守節四十五年
張維俊妻王氏計守節五十二年
以上同治六年　旌
張善琯妻王氏同治九年旌
張裕銘妻楊氏同治九年旌
方中孚妻楊氏同治九年旌
朱立富妻陳氏光緒元年旌
談景嘉妻徐氏光緒五年旌
陳遠佑妻王氏光緒五年旌
生員張鋌繼妻田氏光緒五年旌
張善友妻陳氏光緒五年旌
劉鉅山妻王氏計守節十三年
劉孔嘉妻秦氏計守節五十五年
劉廷興妻余氏計守節三十八年
余得元妻杜氏現守節三十一年
陳甲修妻張氏計守節五十三年
陳開美妻詹氏計守節四十九年
夏端門妻胡氏現守節四十五年
高武榮妻陳氏現守節三十六年
鄭永笔妻張氏計守節二十一年
以上光緒六年　旌
黃大尹妻李氏計守節三十七年
黃高翥妻張氏計守節四十六年

柯道榮妻劉氏計守節四十一年
柯際忠妻楊氏計守節二十一年
柯勝舉妻張氏計守節三十年
柯顯連妻徐氏計守節六十九年
柯道昌妻徐氏現守節三十九年
柯世盛妻陳氏現守節三十八年
柯世鋭妻詹氏現守節三十九年
鍾正全妻楊氏計守節五十四年
鍾宏松妻熊氏計守節五十三年
劉祚本妻張氏計守節四十七年
劉祥濃妻李氏計守節三十年
尹魁先妻王氏計守節四十四年
劉倬雲妻張氏計守節七年
董光烈妻張氏計守節四十一年
高周萬妻章氏計守節四十年
萬正智妻汪氏計守節三十七年
蕭仕禮妻李氏計守節三十八年
羅欽彩妻馬氏計守節六十七年
陳開松妻揭氏現守節四十五年
張振若妻汪氏計守節五十七年
張維佐妻劉氏計守節六十三年
張斯鵬妻毛氏計守節六十五年
張盈理妻劉氏計守節十二年
張萬涵妻杜氏計守節四十一年

張爵五妻袁氏計守節四十五年
生員張邦楫妻胡氏計守節四十七年
張啓淵妻傅氏計守節三十九年
張啓儒妻胡氏計守節六十五年
張新示妻劉氏計守節五十四年
例贈修職郎張邦槐妻易氏計守節五十年
張獻九妻劉氏計守節四十八年
張啓洲妻周氏計守節三十四年
張謹玉妻李氏計守節五十九年
張世昌妻胡氏計守節四十年
張以棟妻祝氏計守節二十九年
張起裕妻王氏計守節三十二年
張以義妻章氏計守節三十九年
張祥瑞妻范氏計守節二十四年
張青艮妻金氏計守節五十六年
張以瓚妻楊氏計守節六十四年
例贈修職郎張昌輝妻胡氏計守節四十五年
張昌定妻吳氏計守節六十五年
張光潤妻周氏計守節四十一年
張新排妻劉氏計守節四十六年
張以仕妻吳氏計守節五十三年
張以讓妻尹氏計守節二十二年

張青義妻柯氏計守節十六年
張新爵妻陳氏計守節三十一年
張澤之妻杜氏計守節十年
張善璜妻徐氏計守節三十六年
張善淮妻黃氏計守節五十六年
張以侯妻夏氏現守節三十七年
張善義妻劉氏現守節三十八年
張以書妻夏氏現守節三十三年
劉經奎妻吳氏計守節四十九年
生員張裕謙妻楊氏現守節二十四年
劉萬楷妻張氏計守節五十一年
張寶山妻柯氏現守節三十五年子啓益諸生
劉日比妻傅氏計守節二十九年
劉福顯妻朱氏計守節四十九年
劉秉元妻張氏計守節四十八年
劉日聘妻陳氏計守節四十七年
劉齡祖妻萬氏計守節十二年
劉祚安妻胡氏計守節四十四年
劉慎修妻李氏計守節四十一年
劉應順妻柯氏現守節三十六年
劉應國妻李氏現守節二十六年
劉虞玉妻黃氏現守節二十六年
金廷綸妻張氏計守節四十六年
生員金廷瑞妻余氏計守節十九年子際時諸生

金介眉妻曹氏計守節四十四年
金修桂妻劉氏計守節三十九年
金修槐妻李氏計守節三十五年
談逢侮妻張氏計守節十八年
談景祚妻張氏計守節四十三年
談守經妻王氏計守節九年
談運芝妻楊氏計守節二十八年
夏容萬妻張氏計守節五十年
談會典妻胡氏現守節三十年
夏敬南妻劉氏計守節六十三年
夏克敬妻陳氏計守節四十八年
夏恢炲妻金氏現守節三十六年
夏淩虛妻黃氏現守節五十四年
夏澤守妻熊氏現守節二十八年
夏履厚妻鄒氏現守節三十六年
胡應皋妻羅氏計守節四十四年
熊會川妻鄭氏現守節二十五年
胡爲典妻王氏計守節十一年
胡爲都妻熊氏計守節四十三年
胡爲謨妻黃氏計守節十年
胡茂楚妻何氏計守節五十八年
胡啓鎰妻陳氏計守節十四年
胡之秋妻高氏計守節二十三年

胡國佐妻吴氏計守節七年
胡啓本妻陳氏現守節二十八年
胡允欽妻吴氏現守節二十八年
余魯玉妻石氏計守節四十三年
余文浩妻邱氏計守節六十四年
余章友妻黄氏計守節十八年
余高登妻汪氏計守節二十五年
余上梧妻劉氏計守節四十年
余履亨妻歐陽氏現守節五十五年
余國福妻柯氏現守節三十年
張元德妻吕氏計守節四十八年
張貫萬妻陳氏計守節三十二年

胡美崇妻陳氏計守節二十三年
胡道成妻邱氏現守節五十五年
胡道倖妻陳氏現守節三十一年
余文敏妻潘氏計守節三十五年
余文壽妻周氏計守節五十三年
余章熙妻柯氏計守節五十二年
余章材妻王氏計守節三十四年
余高選妻胡氏計守節三十八年
余高涵妻談氏現守節三十七年
余上錞妻江氏計守節四十三年
余國謙妻楊氏現守節四十一年
張元選妻陳氏計守節六十五年

朱廷獻妻洪氏計守節四十二年
朱廷光妻姜氏計守節七年
朱銀章妻余氏計守節五十三年
朱立繡妻黄氏計守節八年
陳德貴妻余氏計守節三十三年
陳開萬妻金氏現守節二十三年
朱廷標妻楊氏計守節四十二年
朱廷鍾妻李氏計守節四十七年
朱元章妻王氏計守節十四年
朱含章妻張氏計守節二十七年
朱立昇妻伍氏計守節四十年
胡道崇妻邱氏現守節五十六年

劉君順妻余氏計守節五十三年
朱文理妻余氏計守節三十二年
朱鎔章妻范氏計守節五十一年
朱文龍妻吴氏計守節三十九年
監生朱慶揚妻余氏計守節七年
陳安茂妻何氏現守節四十四年
黄萬茂妻鄭氏計守節四十六年
朱廷懋妻陳氏計守節五十七年
朱文漢妻夏氏計守節三十七年
朱天一妻柯氏計守節四十八年
朱立洲妻陳氏現守節三十三年
胡昌舜妻楊氏計守節四十一年

陳觀瀾妻余氏計守節四十二年
陳明湘妻張氏計守節二十六年
陳欽文妻鄧氏計守節五十四年
陳懿楷妻柯氏計守節四十三年
陳潛齋妻朱氏計守節五十八年
陳靂山妻張氏計守節四十六年
陳軼羣妻柯氏計守節五十四年
陳立忠妻張氏計守節五十九年
陳開恆妻金氏計守節三十年
陳升秀妻余氏計守節五十年
陳開翀妻黄氏計守節四十五年
陳光照妻王氏計守節十六年

陳日襄妻劉氏計守節五十七年
陳文奎妻張氏計守節四十七年
陳良材妻談氏計守節三十八年
陳大治妻張氏計守節四十四年
陳蔚文妻張氏計守節三十三年
陳懋林妻柯氏計守節三十三年
陳濮傑妻胡氏計守節五十四年
陳秀山妻喻氏計守節三十八年
陳安全妻周氏計守節三十四年
陳慶林妻熊氏計守節五十三年
陳載詩妻王氏計守節三十九年
陳甲强妻夏氏計守節二十一年

陳甲璠妻劉氏計守節十一年
陳列三妻高氏現守節六十年
陳啓壽妻劉氏現守節四十八年
陳茂春妻熊氏現守節四十一年
陳祖澥妻祝氏現守節三十年
陳第玢妻紀氏現守節二十六年
陳開江妻孫氏現守節三十三年
高貢南妻胡氏計守節五十三年
楊資生妻高氏計守節五十年
楊心誠妻張氏現守節二十五年
鄧玉堂妻吴氏現守節三十年
夏武鵬妻胡氏計守節七十年

陳茗發妻張氏計守節二十四年
陳履亨妻黄氏現守節五十二年
陳廣泰妻王氏現守節五十六年
陳清川妻祝氏現守節四十二年
陳雲溪妻何氏現守節二十九年
陳金榜妻談氏現守節二十六年
陳蔚林妻詹氏現守節二十五年
高向晨妻龔氏計守節五十六年
高攀桂妻許氏計守節五十一年
高太和妻黄氏計守節四十七年
楊靜亭妻黄氏計守節三十二年
毛履道妻黄氏現守節四十八年

黃斯鰲妻柯氏計守節十年
黃斯洋妻朱氏計守節四十六年
黃斯楷妻蕭氏計守節十八年
黃相記妻余氏計守節四十五年
黃典鑑妻易氏計守節三十年
黃勝萬妻劉氏計守節四十九年
黃如海妻杜氏計守節四十五年
黃章顯妻王氏計守節五十一年
黃典映妻張氏計守節三十六年
生員黃翹南妻蕭氏計守節十一年子耀奎貢生
黃修亭妻劉氏計守節二十七年
黃倣适妻楊氏現守節四十三年
監生黃斐然妻何氏計守節三十三年
黃章洋妻劉氏現守節三十九年
盛雲飛妻李氏計守節五十五年
盛際隆妻吳氏計守節二十二年
盛興衞妻陳氏計守節三十六年
盛賢隆妻柯氏計守節二十一年
盛如鰲妻邱氏現守節五十九年
盛彖藩妻張氏現守節四十四年
盛如珠妻范氏現守節四十五年
盛永習妻張氏現守節三十年
監生柯愈才妻陳氏計守節四十八年

夏嘉脩妻陳氏計守節二十年
夏建中妻柯氏計守節三十三年
夏名圻妻程氏現守節三十二年
夏連城妻閆氏現守節三十四年
夏名坡妻柯氏現守節二十九年
夏永給妻閻氏現守節二十九年
張維倧妻柯氏計守節十五年
張維鎬妻詹氏計守節五十六年
張周俊妻劉氏計守節二十八年
張尹嘉妻胡氏現守節四十六年
張吉彥妻鄒氏現守節四十五年
張善懷妻萬氏現守節三十七年
張維烺妻胡氏現守節二十七年
張麗德妻熊氏現守節二十六年
柯文陽妻陸氏計守節四十四年
柯壽永妻袁氏計守節三十九年
黃典艮妻李氏現守節五十四年
張彤軒妻金氏計守節五十年
柯翌芝妻汪氏計守節十一年
黃相堂妻張氏計守節四十四年
以上光緒十一年彙　旌
張尹忠妻朱氏計守節五十四年
張善舉妻高氏現守節五十七年

張善根妻談氏計守節三十九年
張善貴妻詹氏計守節四十九年
張善龍妻劉氏計守節五十四年
張維佶妻柯氏計守節五十三年
張維伯妻陳氏計守節四十年
張周奎妻曾氏計守節三十四年
黃典恕妻詹氏計守節五十一年
黃淩雲妻張氏計守節六十七年
黃應渲妻陳氏計守節五十五年
陳霖雨妻詹氏計守節四十五年
陳獻廷妻張氏計守節五十一年
陳名儒妻胡氏計守節四十二年
鄧俊卿妻王氏計守節三十九年
鄧伦卿妻金氏計守節三十二年
夏懋德妻黃氏計守節六十年
夏裕功妻胡氏計守節四十七年
夏名嶨妻胡氏計守節四十三年
高會海妻柯氏計守節六十一年
吳天順妻陳氏計守節六十四年
金廷煥妻楊氏計守節三十六年
以上符石鄉已　旌節婦
黃贊皇妻張氏
熊榮柱妻梁氏

張寅萬妻劉氏
熊昌偉妻張氏
金作開妻熊氏
熊昌義妻柯氏
黃道瑄妻劉氏計守節五十九年
余春霖妻楊氏現守節二十二年
張安遠妻吳氏
以上符石鄉待　旌節婦
續補
高啓衛妻邱氏嘉慶三年旌
李岩瞻妻陳氏
周全渭妻劉氏
陳文成妻胡氏
周宏猷妻李氏
何殿元妻嚴氏
朱士先妻楊氏
張調宇妻劉氏
方時守妻杜氏
范國富妻呂氏
龔殿邦妻邱氏
胡天鍾妻嚴氏

吳文相妻張氏
劉光筌妻王氏
田上達妻李氏
明兩暗孫媳潘氏
葉元妻李氏
王七姑
朱二姑
以上嘉慶通志
柯典三妻吳氏道光二十四年旌
毛中恭妻雷氏道光二十八年旌
劉天叙妻黃氏咸豐二年省城殉難
六品銜葉炳義妻魯氏咸豐五年殉難
吕兆官妻梁氏計守節五十三年
賀齊材妻柯氏現守節三十七年
劉本厚妻陳氏求放心齋
生員孟甍妻胡氏王志稿
汪世金妻郭氏計守節三十二年
江世倚妻周氏計守節六十五年
汪世祥妻周氏現守節三十三年
吕全芳妻萬氏現守節三十四年
李待準妻蘇氏計守節八年
余授書妻王氏計守節六十三年
李錫瑀妻孟氏現守節四十八年
余心鼐妻湯氏計守節四十九年

武昌縣志卷二十五　列女　五十六

邵開第妻李氏現守節三十八年
李善燦妻孟氏現守節五十一年
李士造妻傅氏現守節三十五年
孟國儒妻詹氏計守節五十一年
潘宗材妻楊氏現守節二十六年
黃世福妻陳氏
潘榕妻陳氏計守節四十年
黃世穩妻韓氏計守節四十一年
范承江妻吳氏計守節六十五年
黃昌達妻趙氏計守節二十二年
尹中遇妻鮑氏現守節七十一年
王衍餘妻張氏計守節三十四年
潘世旺妻龍氏
增生李鳴琯妻吳氏現守節二十三年
葉年瑞妻張氏現守節三十六年
張慎金妻余氏現守節三十六年
孟儀吉妻劉氏
張學度妻楊氏現守節二十二年
吕兆喜妻田氏計守節十八年
陶鳴杰妻趙氏計守節二十五年
孟壽連妻張氏計守節三十八年
張貴拔妻左氏現守節二十九年
孫耀敬妻陳氏計守節四十七年
一品封贈胡顯煥妻高氏計守節二

秦有拔妻羅氏計守節四十七年
十九年孫毓鈞山西雁平道
秦明選妻徐氏計守節三十九年
生員姜正國妻彭氏現守節三十四年
姜憲章妻魏氏現守節二十六年
姜善煜妻李氏現守節二十七年子瑞蘭諸生
湯宏渡妻高氏計守節三十五年
儒士湯祥彥妻陳氏計守節六十一年
萬景隆妻陳氏計守節二十八年
生員謝詠妻施氏現守節二十三年
萬運銓妻趙氏現守節三十一年
孫之璜妻包氏
孟世隆妻龔氏計守節五十年
孫耀琥妻柳氏
謝大鎰妻熊氏
吳振璠妻徐氏現守節二十五年
孫耀剛妻熊氏
孟世祿妻徐氏計守節四十三年
吳振順妻王氏現守節二十四年
張安遠妻吳氏
孟起儒妻張氏計守節三十七年
胡濟川妻鄒氏計守節四十四年
黃咸中妻虞氏
儒士胡履豐妻許氏計守節五十一年

武昌縣志卷二十五　列女　五十七

吳德芳妻夏氏
嚴藻元妻廖氏計守節二十一年
孟鍘妻彭氏
方成亨妻余氏計守節三十一年
汪世緒妻方氏計守節四十一年
李陳氏子得權
夏大雄妻方氏現守節二十六年
楊忠標妻汪氏現守節二十四年
許成烈妻喻氏計守節六十一年
楊天文妻龔氏計守節五十一年
邵汝洞妻陳氏現守節二十七年
李善遠妻周氏
陳太和妻汪氏計守節五十二年
周世臣妻范氏計守節七十年
周有才妻歐氏計守節三十一年
彭席珍妻周氏計守節四十年
何世銀妻邵氏現守節二十年
李大進妻邱氏現守節二十九年
胡應德妻陳氏計守節四十四年
孟國儒妻詹氏計守節五十一年
黃發隆妻徐氏
孟壽浩妻周氏計守節二十四年
孟晏儒妻萬氏計守節五十二年
趙大貴妻謝氏現守節二十五年

陳相國妻張氏　孟良美妻王氏計守節三十五年
監生孟家龍妻龔氏　郭啓鵬妻熊氏計守節三十一年
楊世萬妻范氏　孟廷樞妻熊氏
郭啓賢妻柯氏計守節五十二年　胡宗典妻劉氏現守節三十七年
魏定元妻李氏　高廷美妻崔氏現守節三十六年
孟廷材妻周氏　袁梁棟妻吳氏計守節四十五年
生員孟鐸妻胡氏計守節二十九年子文涯諸生　唐繼前妻紀氏計守節五十七年
胡定昂妻謝氏
胡美祖妻毛氏　袁廣川妻郝氏
胡元璧妻祝氏　高鏅皇妻陳氏
劉希茂妻余氏　萬明煇妻方氏
陳文達妻曹氏現守節四十五年　李蔭華妻童氏

柯運貴妻張氏計守節六十二年　誥贈儒林郎紀兆璜妻劉氏計守節五十三年
張文傳妻王氏
熊士志妻王氏計守節五十三年　周必靜妻孟氏計守節十四年
胡洪棫妻王氏現守節二十七年　周大銘妻王氏現守節二十六年
陳靜軒妻左氏現守節二十七年　儒士王世嶸妻李氏計守節二十六年
周朗三妻談氏計守節二十八年　李家騏妻張氏計守節三十二年
吳其明妻鄭氏現守節三十一年　衛國濟妻曹氏計守節四十二年
許世祥妻程氏現守節三十二年　陳淳之繼妻阮氏現守節二十三年
衛國鰲妻蕭氏計守節四十二年　胡岐山妻郭氏計守節二十四年
案通志局移來節孝婦九名內有七名已采入志惟陳渭之妻胡氏黃輔廷妻宋氏未經采訪並無年例故附錄於此
周大清妻呂氏割股療姑洪一里人　繆應柏妻陳氏割股療姑洪一里人

監生嚴在宮妻范氏割股療姑神三里人　吳淮冰妻冷氏割股療姑二次神四里人
劉植培妻徐氏割股療姑永三里人
浙江巡檢熊錦雲妻黃氏割股療祖舅神四里人　劉應滙妻明氏割股療姑
陳大望妻吳氏割股療夫靈三里人
黃顯清妻閻氏割股療姑靈二里人　嚮均安妻周氏割股療姑賢一里人
周涵三妻郭氏割股療夫賢二里人　孫芝軒妻胡氏割股療舅馬六里人
劉璞山妻吳氏割右股療姑割左股療夫馬三里人　柯道成妻張氏割股療夫符一里人
張以仕妻吳氏割股療舅符二里人
朱敦德妻李氏割股療舅符三里人　胡之遂妻向氏割股療姑符三里人
胡美祖妻毛氏割股療姑符三里人　余彤雲妻周氏舌舐姑目禱以身代靈一里人

以上割股

監生賀瑾懷妻陳氏年百歲五世同堂靈五里人光緒三年旌　朝議大夫劉金柱繼妻余氏年百歲馬三里人已旌

程卓亭妻周氏年百歲五世同堂靈一里人遷居四川閬中縣同治九年旌　張學舜妻嚴氏年九十六歲洪三里人已旌
王東璧妻張氏年九十六歲五世同堂市一里
例贈文林郎劉文元妻嚴氏人年百歲五世同堂市二里人　何有虎妻周氏年九十六歲市一里人
沈品南妻王氏年百有一歲市二里人　賈世衡妻張氏年百歲市二里人
程士彬妻王氏年九十六歲市三里人　程埏妻陳氏年九十六歲市二里人
晉柏妻葉氏年百歲洪一里人　張尹氏張永發母年百有一歲市三里人
黃宣高妻李氏年九十六歲洪一里人　邵本賢妻張氏年九十七歲五世同堂洪一里
龍廣熙妻李氏年九十八歲洪二里人
衛家惠妻汪氏現年九十八歲五世同堂洪二里人　王福德妻蕭氏年九十六歲洪一里人
例貢汪盛大妻李氏現年九十九歲五世

姚廷輝妻張氏年九十六歲洪三里人
趙正德妻黃氏年百歲神二里人
恩貢生潘凌雲妻嚴氏年百歲神二里人
嚴法美妻彭氏年百有一歲神三里人
袁作雄妻李氏年百有二歲神四里人
程理田妻陳氏年百歲神四里人
何志禮妻劉氏年百歲神五里人
監生吳成蔭妻陳氏年九十七歲神五里人
吳成乙妻張氏年九十六歲神鄉人
黃世福妻羅氏年九十六歲神鄉人
黃世耀妻胡氏年九十六歲神鄉人
生員高中鋐妻童氏年九十八歲永二里人
高京瑁妻童氏年九十七歲永二里人
高京琯妻張氏年九十八歲永二里人
劉大仕妻李氏年九十六歲神四里人
趙柳氏失夫名年九十六歲神山鄉人
胡希文妻余氏年九十六歲五世同堂靈二里人
余應和妻方氏年百有一歲賢一里人
楊國安妻蔡氏年九十八歲賢三里人
監生胡嶸泰妻程氏年九十七歲五

同堂洪二里人
李守釗妻劉氏現年九十九歲洪三里人
蘇李氏蘇廷悅母年百有二歲洪三里人
陳紹寬妻高氏現年九十九歲五世同堂神一里人
尹中選妻鮑氏現年九十九歲神二里人
嚴自敬妻李氏年百歲神三里人
陳其漢妻張氏年百歲神四里人
程芳廷妻張氏年百歲五世同堂神四里人
黃張氏黃昌熾母年九十八歲五世同堂神四里人
張慎禮妻汪氏年百歲神五里人
涂思道妻田氏年九十七歲五世同堂神五里人
監生張永錫妻李氏年九十六歲五世同堂神五里人
柳安南妻金氏年九十六歲神鄉人
李嚴氏生員李春華叔母年百歲神鄉人
劉開太妻陳氏年百歲五世同堂永三里人
夏宏業妻廖氏年百歲永二里人
秦有濂妻高氏現年九十七歲永二里人
廖從蛟妻童氏年九十六歲永二里人
熊明昭妻廖氏年九十七歲賢二里人
陳家璧妻黃氏年百有二歲五世同堂符一里人

世同堂靈六里人
徐張氏徐有常母現年九十七歲賢一里人
柯樸齋妻毛氏年百歲符四里人
耆民王文華妻江氏年九十七歲
熊國寶妻嚴氏年九十六歲神二里人
衛家宗妻汪氏年九十六歲五世同堂市二里人
張士亨妻李氏年九十四歲媳劉氏年九十八歲均五世同堂永二里人
易士鏵妻熊氏年八十四歲五世同堂市一里人
朱家元繼妻辛氏年八十三歲五世同堂市三里人
余必發妻盧氏現年八十七歲五世同堂洪一里人
熊國灝妻曹氏年九十五歲五世同堂洪一里人
周正信妻龔氏年九十五歲五世同堂洪二里人
牛惠普妻徐氏年九十五歲五世同堂神四里人
殷惠曾妻徐氏年八十四歲五世同堂神三里人

胡高氏監生胡林幹母年九十七歲靈二里人
龔呂氏龔定國母年九十八歲賢三里人
夏胡氏夏宏濟母年百有三歲符四里人
汪文鑑妻江氏年九十六歲洪一里人
監生周耀邦妻汪氏年九十六歲洪二里人
閔文楊妻柳氏年九十六歲永二里人

以上壽婦

紀華澤妻孟氏年八十二歲五世同堂市三里人
余大禮妻容氏年八十五歲五世同堂洪一里人
周學榮妻郭氏年八十七歲五世同堂洪一里人
江一同妻汪氏年九十三歲五世同堂百有八人共爨洪一里人
何洪梁妻樂氏年八十九歲五世同堂洪三里人
熊正榜妻葉氏年九十一歲五世同堂神四里人
熊宗川妻林氏年八十六歲五世同堂神四里人
張開誠妻傅氏年九十二歲五世同堂神山鄉人

張愼忠妻陳氏年九十一歲五世同堂神山鄉人

監生劉清妻陳氏年八十八歲五世同堂永福鄉人

胡其仁妻廖氏年八十七歲五世同堂永三里人

四品封職訓導賀階平妻唐氏年九十三歲五世同堂靈一里人

四品封職州同賀謨臣繼妻朱氏年八十五歲五世同堂靈一里人

監生胡咸懋妻吳氏年八十九歲五世同堂靈二里人

武生紀虎臣妻閔氏年八十五歲五世同堂靈三里人

生員姜大觀妻張氏年九十二歲五世同堂靈六里人

胡倣書妻何氏年九十歲五世同堂靈六里人

程周氏程洪疇母年九十歲五世同堂

姜張氏姜樹棠母年九十二歲五世同堂

余李氏從九余亨元曾祖母年九十一歲五世同堂符三里人

熊廷庚妻吳氏年八十九歲五世同堂神二里人

周兆吉妻朱氏年八十四歲五世同堂

賀錡妻程氏年八十七歲五世同堂

以上五世同堂

武昌縣志卷二十五

武昌縣志卷二十六

方伎

晉

郭璞字景純河東聞喜人也璞好經術洞五行天文卜筮之術王敦起璞爲記室參軍初璞每言殺我者山宗至是果有姓崇者構璞於敦敦將舉兵又使璞筮璞曰無成敦固疑璞之勸嶠亮又聞卦凶乃問璞曰卿更筮吾壽幾何答曰思向卦明公起事必禍不久若住武昌壽不可測敦大怒曰卿壽幾何曰命盡今日日中敦怒將璞詣南岡斬之璞臨出謂行刑者欲何之曰南岡頭璞曰必在雙栢樹下既至果然復云此樹應有大鵲巢衆索之不得璞更令尋覓果於枝間得一大鵲巢密葉覆之初璞中興初行經越城間遇一人呼其姓名因以袴褶遺之其人辭不受璞曰但取後自當知其人遂受而去至是果此人行刑時年四十九及王敦平追贈弘農太守晉書郭璞傳 案神仙傳云敦誅璞江水暴上市璞尸出城南坑見璞家載棺器及送終之具已在坑側兩松樹間上有鵲巢璞逆報家書所言也謂伍伯曰吾年十三時於栅塘脫袍與汝吾命應在汝手中可用吾刀伍伯感昔念惠銜涕行法殯後三日南州市人見璞貨其生平服飾與相識共語非但一人敦不信開棺無尸璞得兵解之道今爲水仙伯注山海經夏小正爾雅方言著遊仙詩江賦卜錄客傲洞林云

戴洋字國流吳興長城人也年十二遇病死五日而蘇說死時天使其爲酒藏吏授符錄給吏從幡麾將上蓬萊崑崙積石太室恒廬衡等諸山既而遣歸逢一老父謂之曰汝後當得道爲貴人所識及長遂善風角爲人短陋無風望然好道術妙解占候卜數吳末爲臺吏知吳將亡託病不仕及吳平還鄉里咸和初南中郎將桓宣以洋爲參軍將隨宣爲襄陽

太尉陶侃留之住武昌時侃謀北伐洋曰前年十一月熒惑守胃昴至今年四月積五百餘日昴趙之分野石勒遂死熒惑以七月退從畢右順行入黄道未及天關以八月二十二日復逆行還鉤繞畢向昴昴畢爲邊兵主胡夷故置天弓以射之熒惑逆行司無德之國石弘死是也勒之餘燼以自殘害今年官與太歲太陰三合癸巳癸爲北方北方當受災歲鎮二星共合翼軫從子及巳鎮徊六年荆楚之分歲鎮所守其下國昌豈非功德之徵也今年六月鎮星前角亢角亢鄭之分歲星移入房太白在心心爲宋分順之者昌逆之者亡石季龍若興兵東南此其死會也官若應天伐刑徑據宋鄭則無敵矣若天與不取反受其咎侃志中原聞而大喜會病篤不果行侃薨征西將軍庾亮代鎮武昌復引洋問氣候洋

曰天有白氣喪必東行不過數年必應尋有大鹿向西城門洋曰野獸向城主人將去城東家夜半望見城内有數炬火從城上出如大車狀白布幔覆與火俱出城東北行至江乃滅洋聞而歎曰此與前白氣同時亮欲西鎮石城或問洋此西足當欲東不洋曰不當也咸康三年洋言於亮曰武昌土地有山無林政可圖治不可居終出作八字數不及九昔吳用壬寅來上創立宮城至己酉還下秣陵陶公亦涉八年土地盛衰有數人心去就有期不可移也公宜更擇吉處武昌不可久住五年亮令毛寶屯邾城九月洋言於亮曰毛豫州今年受死問昨朝大霧晏風當有怨賊報仇攻圍諸侯誠宜遠偵邏寶問當在何時答曰五十日内其夕又曰九月建戌朱雀飛驚征軍還歸乘戴火光天示有信災發東方葉落歸本處有從患明日又曰昨夜火殃非國福今年架屋致使君病可因燒屋移家南渡無嫌也寶郎遣兒婦還武昌尋傅賊當來攻城洋曰十月丁亥夜半時得賊問干爲君支爲臣丁爲征西府亥爲邾城功曹爲賊神加子時十月水王木相王相氣合賊必來寅數七子數九賊高可九千人下可七千人從魁爲貴人加丁下尅上有空亡之事不敢進武昌也賊果陷邾城而去亮問洋曰故當不失石城否洋曰賊從安陸向石城逆太白當伐身無所慮亮曰天何以利胡而病我洋曰天符有吉凶土地有盛衰今年害氣三合己亥己爲天下亥爲戎胡季龍亦當受死今乃不憂賊但憂公病耳亮曰何方救我疾洋曰荆州受兵江州受災公可去此二州亮曰如此當有解否洋曰恨晚猶差不也亮竟不能解二州遂至大困

洋曰昔蘇峻時公於白石祠中祈福許賽其牛至今未解故爲此鬼所考亮曰有之君是神人也或問洋曰庾公可得幾時洋曰見明年時亮已不識人咸以爲妄果至正月一日而薨庾翼代亮洋復爲占候少時卒年八十餘所占驗者不可勝紀晉書藝術傳　案康熙府志熊邵志方伎門均載晉王廙爲謝尚畫昌樂寺西塔其東塔則戴若畫也又載蔡鐵卜鼠事今並刪

元

鄒天貴字義夫其先江西新喻人元季奉父俊軒避亂於金牛鎮遂家焉天貴博通經史世以醫名力排河間丹溪之弊尤精子午流注鍼法活人無算江南北就醫者衣屨常滿一時醫士戴志高李子善後先與論素靈諸書皆有所發明爲其指趣以去長沙毛西埜蘇州陳紹先荆南曾彦嘉等尤[illegible]

知其性情學術各爲文以紀之京師來聘者踵相接皆不赴顔其堂曰存心有詩一帙新喻進士傅玉潤爲序行之鄒氏譜

明

徐德恆號洪齋黃州府人寓居縣市隱於醫術活人不可數計貧者舁至其家殷勤護視與刀圭而去著有保和堂引集行世年七十餘顔如壯少自號守一子邵志

國朝

魏學敏字宗文性孝謹與物無忤博極羣書尤精讖緯之術言休咎輒驗凡求決者立判從違年五十五觀化通微一日謂家人曰吾算盡於某月日時遂書於壁至期呼家人具沐浴衣冠而逝子家麟諸生邵志

黃霽明字承志江西南昌人明季避亂游武昌遂家焉霽明善岐黃術或詣請即赴所全活者多不取值亦無德色知縣熊登與霽明先世有舊嘗造其廬霽明以避嫌終不至宰室識者益重之邵志

易經字乾長武昌人幼博學善岐黃術康熙間至竹山縣遂居焉和平雅飭著有詩文及脈訣纂要傷寒辨似孫象鼎稟膳主竹山縣志

流寓

三國吳

李衡字叔平本襄陽卒家子也漢末入吳爲武昌庶民案太平御覽引襄陽耆舊記云漢末父將走入吳以下戶調爲武昌渡民聞羊衜有人物之鑒往干之衜曰多事之世尚書劇曹郎才也是時校事呂壹竊弄權柄大臣畏偪莫有敢言衜曰非李衡無能困之者遂共薦爲郎權引見衡口陳壹姦短數千言權有愧色數月壹被誅而衡大見顯後常爲諸葛恪司馬幹恪府事恪被誅求爲丹陽太守時孫休在郡治衡數以法繩之妻習氏案御覽引耆舊記衡勸葢仕以女妻之與此異每諫衡衡不從會休立衡憂懼謂妻曰不用卿言以至於此遂欲奔魏妻曰不可君本庶民耳先帝相拔過重既數作無禮而復逆自猜嫌逃叛求活以此北歸何面見中國人乎衡曰計何以出妻曰琅邪王素好善慕名方欲自顯於天下終不以私嫌殺君明矣可自囚詣獄表列前失顯求受罪如此乃當逆見優饒非但直活而已衡從之果得無患謹案三國志吳書三嗣主傳永安元年詔曰丹陽太守李衡以往事之嫌自拘有司夫射鉤斬袪在君爲君遣衡還郡勿令自疑又加威遠將軍授以棨戟衡每欲治家妻輒不聽後密遣客十人於武陵龍陽汎洲上作宅種甘橘千株臨死勑兒曰汝

母惡吾治家故窮如是吾州里有千頭木奴不責汝衣食歲得一匹絹亦可足用耳衡亡二十餘日兒以白母母曰此當是種甘橘也汝家失十戶客來七八年必汝父遣爲宅汝父恆稱太史公言江陵千樹橘當封君家吾答曰且人患無德義不患不富若貴而能貧方好耳用此何爲吳末衡甘橘成歲得絹數千匹家道殷足晉咸康中其宅址枯樹猶在三國志裴注引襄陽記　案蕭常續後漢書以衡勇于摧姦陳壽不爲之傳爲謬今補又吳書諸葛恪傳注咸熙十六年恪使司馬李衡往蜀說姜維令同舉伐魏維從之則衡之功偉矣

晉

戴若思廣陵人也少游俠不拘操行舉孝廉補豫章太守以討賊功賜爵秣陵侯出爲征西將軍王敦舉兵石頭失守若思受詔與公卿百官於石頭見敦敦曰吾此舉動天下以爲

何如若思曰見形者謂之逆體誠者謂之忠敦笑曰卿可謂能言俄而遣鄧嶽繆坦收若思而害之若思素有重望四海之士莫不痛惜焉賊平册贈右光祿大夫儀同三司謚曰簡晉書本傳　案康熙府志卲志載若思寓居武昌縣有昌樂院戴淵作記後葬武昌

車胤字武子南平人父育爲郡主簿太守王胡之有知人識裁見謂其父曰此兒當成卿門户宜資令學問胤就業恭勤博覽不倦家貧不常得油夏月則練囊盛數十螢火以繼日焉案蘇軾戲書王文甫家有湖上秋風聚螢苑之句似即指此及長風姿美劭機悟敏率桓玄在荆州取爲從事一歲至治中胤既博學多聞又善於激賞當時每有盛坐皆云無車公不樂累遷丹陽尹護軍將軍吏部尚書劉孝標世說新語注引續晉陽秋避亂武昌隱洪道鄉車湖卒葬焉今車湖以武子得名卲志

葛洪字稚川丹楊句容人少好學家貧伐薪以貿紙筆夜輒寫書誦習性寡欲無所愛翫不知棋局幾道摴蒱齒名爲人木訥不好榮利閉門卻掃未嘗交遊於餘杭山見何幼道郭文舉目擊而已各無所言或尋書問義不遠數千里崎嶇冒涉期於必得遂究覽典籍尤好神仙導養之法元帝爲丞相辟爲掾以平賊功賜爵關內侯求爲句扁令乃止羅浮山煉丹卒年八十一晉書本傳　案今葛山葛仙鎭以洪得名故及之

衛玠字叔寶河東安邑人祖父瓘尚書父恒黄門侍郎劉孝標世說新語注引晉諸公贊玠少有名理善通老莊爲太子洗馬永嘉四年南至江夏與兄別於梁里澗至武昌見王敦敦與之談論彌日信宿敦顧謂僚屬曰昔王輔嗣吐金聲於中朝此子今復玉振於江表微言之緒絕而復續不悟永嘉之中復聞正始之音阿平若在當復絕倒同上引玠別傳六年五月至豫章六月二十日亡葬南昌城許徵墓東玠之薨謝幼輿案幼輿謝鯤字發哀於武昌感慟不自勝人問子何邮而致哀如是答曰棟梁折矣何得不哀同上引永嘉流人名

王隱字處叔陳郡陳人世寒素父銓歷陽令少好學有著述之志每私錄晉事及功臣行狀未就而卒隱以儒素自守不交勢援博學多聞受父遺業西都舊事多所諳究涿郡祖納上疏薦隱太興初乃召隱及郭璞俱爲著作郎令撰晉史豫平王敦功賜爵平陵鄉侯時著作郎虞預私撰晉書數訪於隱並借隱所著書竊寫之後更疾隱隱竟以謗免歸家貧無資用乃依征西將軍庾亮於武昌亮供其紙筆書乃得成詣闕上之年七十卒於家晉書本傳

陶淵明字元亮或云潛字淵明尋陽柴桑人曾祖侃晉大司馬淵明少有高趣博學善屬文親老家貧起爲州祭酒自解歸州召主簿不就後爲鎭軍建威參軍執事者以爲彭澤令解綬去職賦歸去來徵著作郎不就妻翟氏亦能安勤苦與其同志自以曾祖晉世宰輔恥復屈身後代自宋高祖王業漸隆不復肯仕元嘉四年卒時年六十三昭明太子陶潛傳　案潛曾祖侃鎭武昌祖茂武昌太守柴桑與武昌相接潛當常往來于此故歸去來兮辭序云妹程氏喪於武昌情在駿奔自免去職也鄧溫伯次東坡韻武昌山水誠佳哉當年五柳親栽培又蔣之奇石門詩泉明爲邑日漫叟卜居時則潛似曾宰武昌矣

唐

元結後魏常山王遵十五代孫案顏眞卿容州都督兼御史中丞本管經略使元君表墓碑作十二代孫此蓋史之誤少不羈十七乃折節向學事元德秀天寶十二載舉進士國子監司業蘇源明薦結可用召結詣京師乃

上時議三篇以討賊功遷監察御史進水部員外郎會代宗
立固辭案墓碑今上登極節使留後者例加封邑君遜讓不受特蒙褒獎句侍親歸樊上授
著作郎益著書作自釋曰河南元氏望也結元子名也次山
結字也世業載國史世系在家諜少居商餘山著元子十篇
故以元子爲稱天下兵興逃難入猗玗洞始稱猗玗子案名勝志
猗玗洞在西塞山之側元結自號猗玗子本此考墓碑有猗玗子三篇名勝志作猗玗訣後家瀼濱案九江志
瀼溪在瑞昌縣南元結嘗居此自號瀼溪居士墓碑瀼作讓乃自稱浪士案墓碑著浪說七篇及有
官人以爲浪者亦漫爲官乎呼爲漫郎案墓碑著漫說七篇既客樊上
原注在武昌縣西五里　漫遂顯樊左右皆漁者少長相戲更曰聱叟彼
誚其聱者爲其不相從聽不相鉤加帶笭箵而盡船獨聱齖
而揮車酒徒得此又曰公之漫其猶聱乎公守著作不帶笭
箵乎又漫浪於人間得非聱齖乎公漫久矣可以漫爲叟於

戲吾不從聽於時俗不鉤加於當世誰是聱者吾欲從之彼
聱叟不慙帶乎笭箵吾又安能薄乎著作彼聱叟不羞聱齖
於鄉里吾又安能慙漫浪於人間取而醉人議當以漫叟爲
稱直荒浪其情性誕漫其所爲使人知無所存有無所將待
乃爲語曰能帶笭箵全獨而保生能學聱齖保宗而全家聱
也如此漫乎非邪久之拜道州刺史爲民營舍給田免徭役
流亡歸者萬餘進授容管經畧加左金吾衞將軍民樂其教
立石頌德罷還京師卒年五十贈禮部侍郎唐書本傳案墓碑大曆七年
薨二子以方以明能世其業輿地紀勝元結詩將牛何處去
耕彼西陽城叔閑修農具直者伴我耕注叔閑漫叟韋氏生
直者漫叟長子又將船何處去釣彼大同中叔靜能鼓棹正
者隨弱翁注叔靜漫叟李氏生正者其仲子据此則以方字
叔閑呼爲直者以明字叔靜
呼爲正者蓋異母兄弟也
胡曾天復間進士第一家寶慶邵陽之永成鄉有定詩集十
一卷詠史一百首避亂武昌康熙府志引一統志邵

宋

王齊愈字文甫犍爲人寓武昌劉郎洑弟齊萬字子辯邵志案
墨莊漫錄東坡在黃州而王文甫家車湖公每乘輿必訪之
一日過歲除至其家見方治桃符公戲書一聯于其上云門
大要容千騎入堂深不覺百男歡能改齋漫錄云王文甫所
居在黃之車湖郎車武子故居宅枕大江又戲書王文甫家
湖上秋風聚螢苑門前春浪散花洲東坡集有贈別王文甫
尺牘僕以元豐三年二月一日至黃州時家在南都獨與兒
子邁來郡中無一人舊識者時時策杖至江上望雲濤渺然
亦不知有文甫兄弟在江南也居十餘日有長而髯者見過
乃文甫之弟子辯留語半日云迫寒食且歸車湖僕送之江
上微風細雨葉舟橫江而去僕登夏隩尾高邱以望之髣髴
見舟及武昌乃還爾後遂相往來及今四周歲相過殆百數
遂欲買田而老焉然竟不遂近忽量移臨汝念將復去此而
後期不可必感物悽然有不勝懷者浮屠不三宿桑下有以
也七年三月九日又王齊萬秀才寓居武昌劉郎洑正與伍
洲相對伍子胥奔吳所從渡江也詩君家稻田冠西蜀擣玉
揚珠三萬斛塞江流柹起書樓碧瓦朱闌照山谷傾家取樂
不論命散盡黃金如轉燭惟餘舊書一百車方舟載入荆江
曲江上青山亦何有伍洲遙望劉郎藪明朝寒食當過君請

殺耕牛壓私酒與君飲酒細論文酒酣訪古江之濱仲謀公
瑾不須弔一酹波神英烈君又西山戲題武昌王居士序予
往在武昌西山九曲亭上有題一句云元鴻橫號黃槲峴九
曲亭郎吳王峴山一山皆槲葉其旁郎元結陂湖也荷花極
盛因爲對云皓鶴下浴紅荷湖座客皆笑同請賦此詩江干
高居堅關扃犍耕躬稼角挂經篙竿繫舸菰茭隔篠鼓過軍
雞狗驚解襟顧景各箕踞擊劍廢歌幾舉觥荆笄供膾愧攪
聒乾鍋更戛甘瓜羹又潁濱集有將還江州子瞻相送至劉
郎洑王生家飲別詩相從恨不多送我三十里車湖風雨交
松柏相披靡繫舟枯木根會面兩王子嘉肴雜異郡雞犬猶
相邇相逢勿空過一醉不須起風濤未可涉隔竹見奔駛渡
江覓羔豚收網得魴鯉朝畦甘瓠熟冬盎香醪美烏菱不論
價白藕如泥耳誰言百口活仰給一湖水奪官正無賴生事
應且爾卜居請連屋扣戶容屣履人生定何爲食足眞已矣
從尤未見雪世俗多相鄙買田信良計
蔬食期沒齒手持一竿竹分子長湖尾
梁棟字隆吉其先湘州人徙居武昌比長遷居鎭江登咸淳
四年進士選寶應簿調錢塘仁和尉有梁瑤吉詩鈔宋亡歸
武陵弟柱字中砥入茅山從老氏學棟往依之往來茅山建
康間江東人士從者甚衆好吟詠稿無存門人問故曰吾詩

堪傳人將有腹稿在宋遺民之喟然者也宋詩紀事　湖北詩佩　案至正直記遺編宋末士人梁隆吉有詩名周密癸辛雜識作鎮江人

元

丁鶴年回回人曾祖阿老丁與弟烏馬兒皆巨商元世祖征西域軍乏餉老丁杖策軍門盡以貲獻論功賜田宅京師奉朝請烏馬兒累官甘肅行省左丞父職馬祿丁以世廕爲武昌縣達嚕噶齊有惠政解官留葬其地至正壬辰武昌被兵鶴年年十八奉母走鎮江母歿鹽酪不入口者五年避地四明方國珍據浙東最忌色目人鶴年轉徙逃匿爲童子師或寄僧舍賣漿自給及海內大定牒請還武昌而生母已道阻前死瘞東村廢宅中鶴年慟哭行求母告以夢乃嚙血沁骨歛而葬焉烏斯道爲作丁孝子傳鶴年自以家世仕元不忘

故國順帝北遁後飲泣賦詩情詞悽惻晚學浮屠法廬居父墓以永樂中卒鶴年好學洽聞精詩律楚昭莊二王咸禮敬之正統中憲王刻其遺文行世明史文苑傳　烏斯道丁孝子傳丁孝子名鶴年字鶴年西域人也性狷介窮經傳史尤工於詩自其祖入中夏世爲顯官父職馬祿丁公官武昌縣最長有善政歿而就葬武昌後兵亂鶴年倉卒奉母夫人走南徐世父家生母馮氏先匿邑之東村東村首難竟阻絕莫之知也餘十載母夫人歿鶴年又避地明之定海聞父墓嘗爲盜發掘生母又病死葬洪道鄉日夕憂悸且卻絕酒肉鹽酪示自貶又二十載道日通即告牒還武昌至則別塋地樊山窆父棺卜日襄事日已迫而淋雨十日不止鶴年先一日拜雨中願翼日雨止半日終事旋至質明密雲雖四塞雨則强不澍也及發引靦窆而反雨傾瀉如故已而訪生母葬地村聚中村聚自兵後草莽極目父老皆淪喪間有存者又轉徙他地故母之葬地漫不省何所自秋至冬徧詢之終莫有知者鶴年無以措意惟作母主蚤暮拜至七日夜夢母氏出高堂中鶴年遽牽母衣慟哭以懇即窹晨起鄰老陽重者至云吾昨夜夢子之母氏堂宇間自內出以酒肉見賜與三人同食飲內一人不御也鶴年以夢母氏與鄰老同所夢堂宇皆在舊業之西又同夢之又同謂母葬地應兆誠可于荒土物色之因具畚鍤偕往徘徊頹[illegible]兒平隴上有陷下者鶴年意謂吾聞母葬時無棺槨下轃土磚上覆敗舟板人與板腐盡乃爾茲殆可啓而觀歟遂陳肉酒以祭祭畢劚其土骨果見板僅有松節土磚亦具良在是矣然恐他墓偶有同者復嚙指血骨上試之良久收去血骨通變茜色可驗母一齒當正中如漆視之亦驗時四人同往享祭餘鶴年未嘗入口正與鄰老夢無少異爽乃收骨棺歛葬是鄉慈母王氏墓在寒溪塘併加封樹鶴年就廬于父墓將終其身論曰子盡孝于父母固當至感夫幽冥涉至難而不變者非孝誠之至不能也予考史冊方多古而少今孰謂鶴年屹然處乎頑薄之中爲古今之所獨也彼幽冥者且足以感之顧不能感諸人歟　案堯山堂外紀鶴年號友鶴山人元末隱居建文時沒于成都今墓在寒谿寺後而云沒于成都恐非

明

朱盛鉥字忍生江夏人明王孫也明亡變姓名爲謝世仁寓武昌樊湖以終耽詩愛琴尤善醫或病劇經其手輒愈雖法在不治以己意損益古方亦多活者少嘗割股療親然深諱匿之雖盛暑不解衣恐血痕爲人所測識也邵志　案龔黃郢雪初編小傳盛鉥原名盛溁號蓼庵江夏籍句容人其謁先昭王寢詩有云香施故宮嗁謝豹雨荒秋草濕流螢秋日寄懷朱穆卿有

云滄田幾春糧雲漿不給學官情盜淡忘若將固有者又冬日書感有雪吹冷綫疑霜鬢松挾寒濤欲到門之句黃岡王一鶚曰憶克信先生嘗簡予云名士不必論其他只餓得三日受鄰家痛罵一歲不知幾次使其光燄文章亙五百年無敵手矣今田間市上已不識忍生爲克信子而詩句沈鬱悲壯有未可掩闕者葉井叔工部亦稱其原本風騷而精于律法直不肯作開元天寶以下人物故氣象淵涵字字耐人百思其見重名流如此

余順明字麗生號百莊大冶御史中丞振衡子少卓犖不羣武昌進士劉學周以孫女配之遣其孫日襄日永與之遊順明遂久居於武昌時竟陵譚友夏聞人蔡敬夫吳人楊子常許孟宏輩皆慕庾樓西山之勝時來尋覽順明與諸子交多唱和之作以副貢生選深州倅薦知藁城縣

國初補任華容旋乞養歸著有毗樓草休夏篇河洛定解年六十有三卒子國柱大學士孫光昊貢生濟南通判俱寓居樊山以後遂家焉邵志　案國柱光昊邵志皆有傳今刪

韋克濟字孝忍黃岡人崇禎丁丑進士授南安令以誠格巨猾邑人賴之丁艱歸遂隱居武昌之賢廐鄉荷鋤率諸子躬耕究心典籍與從弟克振以詩文自娛（雍正湖廣通志）

國朝

詹謹之字仲庸以先墓在梅城之隅更號梅邱本籍黃岡（案康熙府志作江夏人）早年授徒於武昌後棄官歸隱因家焉謹之賦性端方有遠量學極理要下筆千言立就幼侍父見龍同堂講學如郭文毅耿恭簡賀陽亨咸以大器目之中崇禎丙子舉人

國朝授山東濟南推官每讞獄必得其情尋乞歸（郡志）

葉封字井叔黃陂人順治十六年進士除福建延平府推官缺裁改河南登封縣知縣遷西城兵馬司指揮田雯宋犖輩

咸與唱酬薦試博學鴻儒報罷及銓授工部主事而封已卒年六十有五封家武昌之樊湖以漁釣自娛洎宦遊嵩陽詩益雅健可誦王士禎常點定其慕廬集又取其嵩山諸詩爲嵩遊集序而刻之他著有嵩志二十一卷復旁求漢唐以來碑版文字爲嵩陽石刻集記二卷辨證精博人比之劉敞薛尚功云（國史文苑傳　餘詳冢墓王士禎工部主事慕廬葉公墓誌銘）

仙釋

後漢

成僊公者諱武丁桂陽臨武烏里人也後漢時年十三身長七尺爲縣小吏有異姿使京還過長沙郡二人與藥二丸令服之曰君當得地仙遂令還家明照萬物獸聲鳥鳴悉能解之久之爲文學主簿嘗與衆共坐聞羣雀鳴而笑之衆問其故答曰市東車翻覆米羣雀相呼往食遣視之信然也年初元會之日忽以杯酒向東南噀之衆客愕然怪之曰臨武縣火以此救之衆客皆笑明日司儀上司稱武丁不敬即遣使往臨武縣驗之縣人張濟上書稱元日慶集飲酒晡時火忽延燒廳事從西北起時天氣清澄南風極烈見陣雲自西北直聳而上徑止縣大雨火即滅雨中皆有酒氣衆疑異之乃知非凡人也後出郡城西立宅居止只有母一小弟及兩小兒比及二年而殞經兩日猶未成服友人從臨武來於武昌岡（案輿地紀勝引無岡字）上逢乘白騾西行友人問曰日將暮何所之也答曰暫往迷溪斯須卻返我去向來忘大刀在戶側履在雞棲上可過語家人收之友人至其家聞聲大驚其家人曰刀履幷入棺中那應在外發棺視之不復見尸棺中唯一青

竹杖長七尺許方知託形仙去時人乃改武昌岡爲騾岡在郡西十里也（葛洪神仙傳　案騾岡在郡西十里今縣西無此岡當在臨武而輿地紀勝載于壽昌軍之下則宋時已誤收矣姑存而坿記之）

三國吳

介象字元則會稽人也學通五經博覽百家之言能屬文後學道入東山善度世禁氣之術入山遇女子以還丹經一首授象乃辭歸象常往弟子駱廷雅舍帷下屏牀中有數生論左傳義不平象傍聞之不能忍乃忿然爲決書生知非常人密表薦於吳主象知之欲去曰恐官事拘束我耳廷雅固留吳主徵至武昌甚尊敬之稱爲介君詔令立宅供帳皆是綺綃遺黃金千鎰從象學隱形之術試還後宮出入閨闥莫有見者知此不一嘗爲吳主種瓜菜百菓皆立生可食吳主共

論膾魚何者最美象曰鯔魚膾爲上吳主曰論近道魚耳此
出海中安可得邪象曰可得乃令人於殿庭中作方埳汲水
滿之并求鉤象起餌之垂綸於埳須臾果得鯔魚吳主驚喜
問象可食否象曰故爲陛下取作生膾安敢取不可食之物
乃使廚下切之吳主曰聞蜀使來得蜀薑作虀甚好恨爾時
無此象曰蜀薑豈不易得願差所使者可付直吳主指左右
一人以錢五十付之象書一符以著青竹杖中使行人閉目
騎杖杖止便買薑訖復閉目此人承言騎杖須臾止已至成
都不知是何處問人知是蜀市乃買薑于時吳使張溫先在
蜀既於市中相識甚驚便作書寄其家此人買薑畢捉書負
薑騎杖閉目須臾已還吳廚下切膾適了象又能讀諸符文
如讀書無誤謬者或不信之取諸雜符除其注以示象象皆

一一別之其幻法種種變化不可勝數後告言病帝遣左右
姬侍以美梨一奩賜象象食之須臾便死帝埋葬之以日中
時死晡時已至建業所賜梨付苑吏種之吏後以表聞先主
即發棺視之唯一符耳帝思之與立廟時時躬往祭之常有
白鶴來集座上遲迴復去後弟子見在藍竹山中顏色轉少
葛洪神仙傳　案今靈溪觀鶴籠橋皆介象遺蹟詳寺觀

晉

慧遠案劉孝標世說新語注引張野遠法師銘作惠遠　姓賈氏雁門樓煩人幼而好
學年十三隨舅氏令狐氏遊學許洛博綜六經尤善莊老宿
儒先進莫不服其深致二十一欲渡江從學范甯適石虎暴
死南路梗塞有志不遂時沙門釋道安建刹於大行常山遂
與母弟慧持投簪受業精思諷誦以夜續晝因求直道場沙
門曇翼每給燈燭之費安師聞之曰道士誠知人使道流東
國者其在遠乎後隨安師南遊襄陽適荆州居上明寺太元
六年至尋陽案熊志有道經武昌四字見廬山閑曠可以息心乃立精舍
先是尋陽陶侃刺廣州漁人見海中有神光網之得金像文
殊誌云阿育王所造後商人於東海獲一圓光持以就像若
彌縫然侃以送武昌寒溪主僧珍常往夏口夜夢寺火而此
像室獨有神護馳還寺果焚像室果存及侃移督江州迎像
將還至舟而溺荆楚爲之謠曰陶惟劍椎像以神標雲翔泥
宿邈何遙遙可以誠至難以力招及寺成師至江上虔禱之
像忽浮出遂迎至神運殿造重閣以奉之義熙十二年八月
六日將終耆德請以豉酒治病師曰律無通文請飲米汁師
曰日過中矣又請飲蜜和水乃令披律尋文卷未半而終所

著經論諸序銘贊詩記凡十卷號廬山集唐宣宗大中二年
追謚辨覺大師昇元三年追謚正覺大宋太平興國三年追
謚圓悟大師凝寂之塔蓮社高賢傳　案元結惠公禪居表云沂樊水二百餘里有湧溪入溪八九里有蛇山之陽是惠公禪居又寒溪有遠公橋則惠公嘗居武昌而傳未之及何也

唐

羅思遠案太平廣記作羅公遠　鄂州人有隱形術明皇欲盡學之不盡
傳帝怒裹以襆壓殺之數日中使自蜀還逢思遠篤而西笑
曰上爲戲何虐也以蜀當歸寄獻及明皇西幸始悟其寓意
云一統志
皎然名晝姓謝氏長城人靈運十世孫也居杼山文章儁麗
顏真卿韋應物並重之與之酬倡貞元中敕寫其文集入於
秘閣欽定全唐詩　案貫休有武昌縣與晝公兼寄邑宰詩是皎然嘗駐錫此間矣邵志載顏魯公贈皎然

作以詩中秋意西山多誤入之也詩有緇亭愍三笑疏趾鄰什寺句西山謂湖州杼山全唐詩以此詩爲皎然奉賀顏使君陸處士登妙喜寺三笑亭作與顏卷兩存味詩中衞法大臣過云云自是皎然作也

劉元靖武昌人爲道士師王道宗道宗仙去元靖感悟遂遊名山入南嶽穴石以居絕粒鍊氣敬宗召見思政殿放歸山武宗復召入禁賜號廣成先生還山宣宗時忽聞天樂浮空而去惟杖履存焉一統志 案康熙府志云聞有道士王道宗往師之遍遊名山又云舊傳訪道南嶽借徑蒲圻耽玩山水者積歲故羊泉有仙人洞仙人橋皆劉之遺蹟云

棲一武昌人與皎然貫休同時倡和全唐詩栖一武昌懷古云戰國城池盡悄然昔人遺蹟徧山川笙歌罷吹幾多日臺榭荒涼七百年蟬響夕陽風滿樹雁橫秋島雨漫天堪嗟世事如流水空見蘆花一釣船唐僧貫休懷武昌棲一詩常憶能吟一房連古帝墟無端多忤物惟我獨知渠病愈凄空後神清木落初祇因烽火起書札自茲疏清風江上月霜灑月中砧得句先呈佛無人知此心寂寥從鬼出蒼翠到門深惟有雙峯寺時時獨去尋又寄栖一上人詩花塹接滄洲陰雲閉楚邱雨聲雖到夜吟味不如秋古屋藏花鴿荒園聚亂流無機心便是何用話歸休

毛仙翁者名于字鴻漸得久視之道不知其甲子常如三十許人周遊湖嶺間常以丹石攻疾陰功救物受其錫者不可勝紀自元和洎大中戊子五十餘年容色不改杜光庭序察其言不由乎孔聖道不由乎老莊教而以惠性知人爵祿厚薄壽命長短發言如騁騳囁嚅持疑於脣吻間卽信乎異人也韓愈序 案計敏夫唐詩紀事載毛仙翁事自裴晉公度以下咸有稱述元稹序云遇于浙東白居易詩云又歸武夷而牛僧孺則拜於夏口劉禹錫則見於鄂州大約在楚時最久又禹錫赴和州于武昌縣喜再遇十八兄仙翁因成絕句武昌山下蜀江東重向仙舟見葛洪又得案前親禮拜大羅天訣玉函封則曾至武昌縣不可以無紀矣

宋

無夢武昌人嘗遊畿輔村落手持木牌書云身爲車兮心爲軾車動軾隨何計息交梨火棗是誰無自是不除荆與棘身爲客兮心爲主主人平和客安堵若還主客不安寧精神管定辭君去二詩甚有解脫後還鄉里坐化鄉人建菴庇之其髮每月生一二寸人爲薙之復生病者就之乞藥他日於器中取之輒有奇效堅瓠集

明

簡中陵字致和武昌人放浪湖海遇異人授以中黃上道清微秘法洪武中入武當辟穀隱居紫霄峯邵志

黃鎭武昌人少爲繼母所窘逃於武夷山遇異人授法召天神立至命移樹則頃間風雷樹東西植歲旱母令漑園黑雲大雨不出園外爲郡縣祈雨雨亦不出境外一日母苦之忽自經於九曲亭舉棺甚輕啓視之惟一履存焉一統志後賈人有遇於四川瓊臺山者康熙府志

慧光黃梅黃氏子幼有出世之志以親在不敢遂萬曆間親歿乃祝髮遍參名山至安慶遇法界和尚隨遊京師忽夜夢金甲神語之曰律師緣在武昌況汝祖遠公駐錫之地乎宜速行慧光感悟至寒溪惟佛殿巋然僅存餘四壁剎落幾盡遂坐荆棘中七日不火食邑人孟侊周忠一等感其苦行捐貲千餘金重興梵宇壽八十說偈趺坐而逝其徒觀南孫溶溶湛水皆超然冥悟彌老不衰云康熙府志熊志

朱蘊鑑武昌人宦滇值沙定洲孫可望之變遂祝髮爲僧名不錯字衷白結庵於滇寫縣之標山題曰楚雲坐臥三十年惟與唐泰相往來善弈工吟詠雲南通志

國朝

本開號樂叢江西新城縣人案康熙府志熊志作盱江人誤至聖六十代孫

幼喪父母祖母鞠之天聰八年年十三祝髮郡章山寺順治七年始聞黃梅雙峰起高禪師建大法幢乃往參焉淸修密行戒律精嚴九年楚地荒殣薄遊蘄春晚步萬山中睹新月吐華豁然大徹旋居彭澤轉輪菴十三年遊武昌縣西山遂留靈泉禪院時蓬蒿滿目鐘鼓荒凉本開重新法宇闡暢宗風大江南北翕然讚歎二十五年說偈而逝所著有語錄四卷王澤弘塔銘開禪師行畧 案本開爲西山寺名僧所著語錄深得黃梅心印當時名賢皆推重之詳藝文志 舊志文辭簡畧今据語錄補編 又案沈德潛國朝詩別裁集釋二定武昌人有贈涵詩遊峩眉歸詩一首二定今不知何寺僧又有釋性曇亦能詩今亦無考

中莖邑永福里余氏子性淡泊耿介年九歲偕從弟中啓同學文昌閣偶讀法華經有悟遂同祝髮極樂寺朝夕課誦一切俱忘乾隆初受戒黃州安國寺南朝普陀恪誠頂禮歸住

武昌縣志卷二十六 仙釋 十八

龍王廟偶火起中莖在靜室中持經徒衆奔號速出神色不變誦自若尋諸殿寮俱燬而經室巋然獨存人以是神之生平淡薤破衲自刻苦積田園所入修復兩地廟宇莊嚴神佛像年七十有八湼槃郡志

僧福淸武昌人棄家落髮於黃岡之修靜菴日夜掩關趺坐誦經不輟積十餘年其坐處夕輒有光後潛往菴後積薪舉火自焚人驚視之烈焰中猶誦經如故黃岡縣志

霞峯道人武昌人善岐黃堪輿因避債與子慧菴託姓孫易道士裝來長樂知鉬甲寨廟山水佳遂居之嘗語其子曰我死必葬我於廟中葬後鐘鼓寂然廟將燬汝當速去及卒慧菴葬其地葬之果如其言獨霞峯冢在耳長樂縣志

本覺號芋香神山鄉姜氏子知詩善畫住寒溪寺王禰志

僧鐵舟湖北武昌人工蘭竹能詩天姿清妙有名江淮間畫當勝於鄭板橋亦貫休齊己一流人也履園叢話

武昌縣志卷二十六 仙釋 十九

武昌縣志卷二十六

武昌縣志卷末

志餘

武昌趙廓齊人也學道於吳永石公三年廓求歸公曰子道未備安可歸哉乃遣之及齊行極方止息同息吏以爲法犯者將收之廓走百餘步變爲青鹿吏逐之遂走入曲巷中倦甚乃蹲憩之吏見而又逐之復變爲白虎急奔見聚糞入其中變爲鼠吏悟曰此人能變斯必是也遂取鼠縛之則廓形復焉遂以付獄法應棄市永石公聞之歎曰吾之咎也乃往見齊王曰吾聞大國有四能變形者王乃召廓勒兵圍之廓案前化爲鼠公從坐翻然爲老鴟攫鼠而去遂飛入雲中（列仙傳）

初望氣者云荆州有王氣破揚州而建業不利故皓徙都武昌遣使者發民掘荆州界大臣名家冢與山岡連者以厭之（裴松之三國志注引漢晉春秋）

皓時徙都武昌揚土百姓泝流供給以爲患苦又政事多謬黎元窮匱陸凱上疏曰武昌土地實危險而堉埆非王都安國養民之處船泊則沈漂陸居則峻危且童謡言寧飲建業水不食武昌魚寧還建業死不止武昌居（三國志吳書陸凱傳　謹案御覽引武昌記作寧歸建業死不止武昌居劉逵吳都賦注作不向武昌居）

皓用巫史之言謂建業宮不利乃西巡武昌仍有遷都之意恐羣臣不從乃大請會賜將吏問王蕃射不主皮爲力不同科其義云何蕃思惟未答卽於殿上斬蕃出登來山使親近將跳蕃首作虎跳狠爭咋齧之（裴注引江表傳）

晉陶侃見文殊師利菩薩像送武昌寒溪寺隋末賊發衆僧

四散有一老僧失名來辭瑞像像曰爾年老但住何得相捨遂依言住（博物彙編）

晉郭翻字長翔敬言之弟也徵聘不起亡數日其少子忽如中惡狀不復識人作靈語音聲如其父多知陰世所問皆答而昔時庾亮欲取爲上佐不就家問曰君生有令德沒爲神明今豈有官職耶答曰我本無仕進之志以庾公欲見取不願放得脫今復爲羈縶不得從初願故爾戚戚也問庾今何官答云爲天所用作撫軍大將軍見居東海之東統領神兵取吾爲司馬本欲取謝仁祖爲之選官以爲資望未足且蔣大侯先取爲都尉是以不能因問陶太尉何官答云陶辛苦不可言方在罪謫之候過此大得敘用也又問王丞相今何職答曰王公爲尙書郎大屈事吏萬機位雖不及生時而貴勢無異也諸人曰亡後還思後人否長翔曰亡矣久則不復念生人如吾始死私心未歇猶自有念靈語兒求紙筆欲作書與親舊捉筆以命兒書之皆横行似胡書已成一紙曰此是鬼書人莫能識使人持紙口授作書書畢諸人言蘇孝先多作此語久之復授作詩二首曰神散登旻蒼性軀忽以亡追念疇昔志精魂還逍遙秉心不得令不免時所要薄言告所親恐謂言爲妖妄言沒無識在昔有蘇韶於是絕響而去（太平廣記）

晉孫稚字法暉父祚晉大中大夫稚幼奉佛法年十八以咸康元年八月亡父祚居武昌至三年四月八日沙門于法階行尊像經家門大小出觀見稚亦在衆僧中隨行稚見父母便跪問訊隨共還家說其外祖父爲泰山府君見稚驚曰汝

未應便來那得至此稚荅曰父將來欲以代謫有教推問欲鞭罰之稚救解得原稚兄容字思淵時在其側稚謂曰稚離故形在憂樂處但讀書無他作願兄勿憂也我二年學成當生國王家同輩有五百人今在福堂學成皆當上生第六天上我本亦聽上生但以解救先人因緣纏縛故獨生王家耳到五年七月七日復歸說郄城當有寇難事例甚多悉皆如是家人祕之故無傳者奇鬼傳

王敦嘗坐武昌釣臺聞行船打鼓嗟稱其能俄而一槌小異敦以扇柄撞几曰可恨時王應侍側曰不然此是回颿撾使視之云船人入夾口應知鼓又善於敦也語林

庾亮初鎮武昌出至石頭百姓於岸上歌曰庾公上武昌翩翩如飛鳥庾公還揚州白馬牽旒旐又曰庾公初上時翩翩

如飛鳥庾公還揚州白馬牽流蘇後連徵不入反薨於鎮還都葬焉皆如謠言晉書五行志 劉孝標世說新語注引靈鬼志略同

庾翼鎮武昌謝尚數詣翼諸謀軍事嘗與翼共射翼曰卿若破的當以鼓吹相賞尚應聲中之翼即以其副鼓吹給之晉書

初寶在武昌軍人有於市買得一白龜長四五寸養之漸大放諸江中郄城之敗養龜人被鎧持刀自投於水中如覺墮一石上視之乃先所養白龜也長五六尺送至東岸遂得免焉晉書毛寶傳

周子長居武昌五丈浦東岡頭咸康三年子長至寒溪中稽家家去五丈數里合暮還五丈未達先是空岡忽見四市瓦物當道門卒便捉子長頭子長曰我佛弟子何足捉我吏曰若是佛弟子能經唄不子長能誦四天王及庶子經誦之三四過捉故不置便罵之曰武昌癡鬼語汝我是佛弟子爲汝誦經數偈故不放人捉者便放不復見屋鬼故逐之過家門前鬼遮不得入亦不得作聲而將鬼至寒溪寺中過子長便擒鬼胸云將汝至寺中和尚前鬼擒子長胸相拖渡五丈塘西行後鬼謂捉者曰放爲西將牽我入寺中捉者曰已擒不放子長復謂後者曰寺中正有秃輩乃未肯畏之後一鬼小語曰汝近城東逢秃時面何以敗便共大笑子長比達家已三更盡矣靈鬼志

武昌戴熙家道貧陋墓在樊山南占者云有王氣宜武桓溫仗威西下停武昌令鑿之得一物大如水牛青色無頭腳時亦動搖所刺不陷仍縱著江中得水便有聲如雷響發長川熙後嗣淪胥殆絕異苑

晉孝武世宣城人秦精常入武昌山中採茗忽遇一人身長丈餘遍體皆毛從山北來精見之大怖自謂必死毛人徑牽其臂將至山曲入大叢茗處放之便去精因採茗須臾復來乃探懷中二十枚橘與精甘美異常精甚怪負茗而歸陶潛搜神後記 案陸羽茶經引略同

武昌小吏吳龕渡水得五色石夜化爲女子稱是龕婦至家見婦翁被白羅袍隱漆几銅唾壺狀如天府自稱河伯續齊諧記

程道惠字文和武昌人也世奉五斗米道不信有佛常云古來正道莫踰李老何乃信惑胡言以爲勝教太元十五年病死心下尚暖家不殯殮數日得蘇說初死時見十數人縛錄將去逢一比邱云此人宿福未可縛也乃解其縛散驅而去道路修平而兩邊荆棘森然如不容足驅諸罪人馳走其中

身隨著刺號呻聒耳見道惠行在平路皆歎羨曰佛弟子行路復勝人也道惠曰我不奉法其人笑曰君忘之耳道惠因自憶先身奉佛已經五生五死忘失本志今生在世幼遇惡人未達邪正乃惑邪道既至大城徑進廳事見一人年可四五十南面而坐見道惠驚曰君不願來有一人著單衣幘持簿書對曰此人伐社殺人罪應來此向逢比邱亦隨道惠入申理甚至云伐社非罪也此人宿福甚多殺人雖重報未至也南面坐者曰罰所錄人命道惠就坐謝曰小鬼謬濫枉枉相錄來亦由君忘識宿命不知奉正法故也將遣道惠還乃使暫兼覆校將軍歷觀地獄道惠欣然辭出導從而行行至諸城皆是地獄人衆巨億悉受罪報見有猘狗嚙人百節肌肉散落流血蔽地又有羣鳥其觜如蜂飛來甚速入人口中

表裏洞貫其人宛轉呼叫筋骨碎落觀歷既遍乃遣道惠還復見向所逢比邱與道惠一銅物形如小鈴曰君還至家可棄此門外勿以入室某年月日君當有厄誡慎過此壽延九十時道惠家於京師大桁南自還達皁莢橋見親表三人駐車共悟悼道惠之亡至門見婢行哭而市彼人及婢咸弗見也道惠將入門置向銅物門外樹上光明舒散流飛屬天良久還小奄爾而滅至戶聞屍臭惆悵惡之時賓親奔弔哭道惠者多不得徘徊因進入屍忽然而蘇說所逢車人及市婢咸皆符同道惠後爲廷尉預西堂聽誦未及就列欻然頓悶不識人半日計其時日即道人所誡之期頃之遷爲廣州刺史元慶六年卒八十九矣廣異記

宋高帝二字據廣古今五行記補永初中張春爲武昌太守時人有嫁女未及升車女忽然失性出外毆擊人乃自云已不樂嫁俗人巫云是邪魅將女至江際遂擊鼓以術咒療春以爲欺惑百姓刻期須得妖魅翌日有一青蛇來到坐所即以大釘釘其頭至日中時復見大龜來伏於巫前以朱書龜背作符更遣入江至暮有大白鼉從江中出乍沈乍浮龜隨後催逼鼉自分死冒來先入幔與女辭訣遂慟哭云失其姻好於是漸差悉以示春始知靈驗皆殺之異苑　案廣古今五行記未載巫云蛇是通傳龜是媒人鼉是其對所獲三物皆殺之

宋豫章胡庇之嘗爲武昌郡丞元嘉二十六年入廨便有鬼在焉中宵朧月戶牖小開有人倚立戶外狀似小兒戶閉便聞人行如著木屐聲看則無所見如此甚數二十八年二月舉家悉得時病空中投擲瓦石或是乾土夏中病者皆差而

投擲之勢更猛乃請道人齋戒轉經竟從倍來如雨唯不著道人及經卷而已秋冬漸有音聲瓦石擲入肉皆青黯而亦甚痛有一老嫗好罵詈鬼在邊大嚇庇之迎祭酒上章施符驅逐漸復歇絕至二十九年鬼復來劇於前至明年丞廨火頻四發狠狽澆沃並息鬼每有聲如犬家人每每呼吃嚧後忽語音似吳三更叩戶庇之問誰也答曰程邵陵把火出看了無所見數日三更中復外戶叩掌便復罵之答云君勿罵我我是善神非前後來者陶御史見遣報君庇之云我不識陶御史鬼云陶敬元君昔與之周旋庇之云吾與之在京日服事衡陽又不常作御史云陶今處福地作天上御史前後相侵是沈公所爲此廨本是沈宅來看宅聊復投擲狡獪忿戾穢卻太過乃至罵詈命婢使無禮向之復令祭酒上章告

罪狀事徹天曹沈今爲天然君是佛三歸弟子那不從佛家請福乃使祭酒上章自今唯願專意奉法不須與惡鬼相當庇之因請諸僧誦經齋戒訖經一宿後復戶外御史相聞白胡丞今沈相訟甚苦如其所言君頗無理若能歸誠正覺習經持戒則羣邪屏絶依依曩情故相白也（法苑珠林）

梁天監元年武昌小吏顧總性昏戇不任事數爲縣令鞭扑嘗鬱鬱懷憤因逃墟墓之閒彷徨惆悵不知所適忽爲二黄衣顧見總曰劉君頗憶疇日周旋耶總曰儌宗乃顧氏先未嘗面清顔何有周旋之問二人曰僕王粲徐幹也足下前生是劉楨爲坤明侍中以納賂金謫爲小吏公自知矣然公言辭歷歷猶見記室音旨因袖中軸書示之曰此君集也常謪覶之總試省覽乃了然明悟便覺文思岔涌其集人多有本唯卒後數篇記得詩一章題云從駕遊幽厲宮御憶平生西園文會因寄地文府正郎蔡伯喈詩曰在漢繩綱渚濵瀆多騰湍煌煌魏英祖拯溺靜波瀾天紀已垂定邦人亦保完大開相公府掇拾盡幽蘭始從衆君子日侍賢王歡文皇在春宮蒸孝踰問安監撫多餘暇園圃恣遊觀末臣戴簪筆翊聖從和鑾月出行殿涼珍木清露團天文信輝麗鏗鏘振琅玕被命仰爲和顧已試所難弱質不自持危脆朽荄殘豈意十餘年陵寢梧楸寒今來坤明國再顧簪蟬冠侍遊於離宮足躡浮雲端卻想西園時生死暫悲酸君昔漢公卿未央冠羣賢倘若念平生覽此同愴然其餘七篇傳者失本王粲謂總曰吾本短小無何娶樂進女女似其父短小尤甚自別君後改娶劉荊州女尋生一子荊州與字翁奴今年十八長七尺

三寸所恨未得參丈人也當渠年十一與同覽鏡予謂之曰汝首魁梧於予渠立應曰防風骨節專車不如白起頭小而銳予又謂曰汝長大當爲將又應予曰仲尼三尺童子羞言霸道況承大人嚴訓敢措意於斫刺乎予知其了了過人矣不知足下生來有郎娘否良久沈思稍如相識因曰二君既是總友人何計可脫小吏之厄徐幹曰君但執前集訴於縣宰則脫矣總又問坤明是何國幹曰魏武開國鄴地也公昔爲其國侍中遽忘耶公在坤明家累悉無恙賢小嬌羞娘有一篇奉憶作者已誦似丈人矣詩曰憶爺爺抛女不歸家不作侍中作小吏就他辛苦棄榮華願爺相念早相見與兒買李市甘瓜誦訖總不覺涕泗交下因爲一章寄嬌羞娘云憶兒貌念兒心望兒不見淚沾襟時移世異難相見棄謝此生當重尋既而王粲徐幹與總殷勤敘別乃遺劉楨集五卷見縣令具陳其事令見楨集後詩驚曰不可使劉公幹爲小吏即解遣以賓禮待之後不知總所在集亦尋失時人㝡子弟皆曰死劉楨猶庇得生顧總可不修進哉（元怪錄）

梁武昌太守張絢嘗乘船行有一部曲役力小不如意絢便躬捶之杖下臂折無復活狀絢遂推江中須臾見此人從水而出對絢撫手曰罪不當死官枉見殺今來相報即跳入絢口因得病少日而殂（還冤記）

梁武昌太守朱買臣聞元帝議遷都人勸梁主云建業舊都塋陵攸在荊鎮邊疆非王者宅願陛下勿疑致後悔也臣家在荊州豈不願陛下但恐是臣富貴非陛下富貴耶乃召卜者杜景豪決去留遇兆不吉答云未去景豪退而言曰此兆

爲鬼賊所留也（太平御覽引三國典略）

孟彥深字士源天寶末爲武昌令元次山居武昌之樊山新春大雪彥深以詩問之曰江山十日雪雪深江霧濃起來望樊山但見羣玉峯林鶯卻不語野獸翻有蹤山中應大寒短褐何以安浩氣凝書帳清著鈎魚竿懷君欲進謁溪滑渡舟難次山酬云積雪閉山路有人到庭前云是孟武昌令獻苦雪篇長吟未及終不覺爲悽然古之賢達者與世竟何異不能救時患諷論以全意知公惜春物豈非愛時和知公苦陰雪傷彼災患多姦凶正驅馳不合問君子林鶯與野獸無乃怨如此兵興向九歲稼穡誰能憂何時不發卒何日不殺牛耕者日已少耕牛日已稀皇天復何忍更又思斃之自經危亂來觸物堪傷歎見君問何意只益胸中亂山禽飢不飛山

木凍皆折懸泉化爲冰寒鑪近不熱出門望天地天地皆昏昏時見雙峯下雪中生白雲（唐詩紀事）

次山又有雪中懷孟武昌云冬來三度雪農者歡歲稔我麥根已濡各得在倉廩天寒未能起孺子驚人寢云有山客來籃中見冬蕈燒柴爲温酒煮鱖爲作瀋客亦愛杯樽思君共杯飲所嗟山路閑時節寒又甚不能苦相邀興盡方就枕（同上）

元結招孟武昌詩并序漫叟作退谷銘指曰干進之客不能遊之作杯湖銘指曰爲人厭者勿泛杯湖士源嘗黜官無情干進在武昌不爲人厭可遊退谷可泛杯湖故作詩招之風霜枯萬物退谷如春時窮冬涸江海杯湖澄清漪湖盡到谷口單船近階墀湖中更何好坐見大江水攲石爲水涯半山在湖裏谷口更何好絕壑流寒泉桂松蔭茅舍白雲生坐邊武昌不干進武昌人不厭退谷正可遊杯湖任來泛湖上有水鳥見人不飛鳴谷口有山獸往往隨人行莫將車馬來令我鳥獸驚（元子文編）

烏山下無水魏末有人掘井五丈得一石函函中得一龜大如馬蹄積炭五枝於函旁復掘三丈過盤石下有水流洶洶然遂鑿石穿水北流甚駛俄有一船觸石而上匠人窺船上得一杉木板板刻字曰吳赤烏二年八月十五日武昌王子義之船（諸皋記）

唐天祐中淮師圍武昌不解杜洪令公乞師於梁王梁王與荆方睦乃諷成令帥兵救之於是稟奉霸主欲親征乃以巡屬五州事力造巨艦一艘三年而成號曰和州載艦上列廳事洎司局有若衙府之制又有齊山截海之名其於華壯即

可知也飾非拒諫斷自其意幕僚俛仰不措一辭唯孔目官楊厚贊成之舟次破軍山下爲吳帥縱燎而焚之中令溺死兵士潰散先是改名曰納納字即水內也水內之死豈非先兆乎湖南及朗州軍入江陵俘載軍人百姓職掌伎巧僧道伶官並歸長沙改納之名並和州之說蓋前定也（北夢瑣言）

王崇文臨武昌日閱兵於蹴踘場武昌廳有古屋百餘閒久深霖雨一旦而頹出於不意聲聞數里左右色動心恐惟崇文指揮點閱安詳如故亦無所傾倚（南唐近事　案陸游南唐書王崇文本傳略同）

治平中武昌縣令鄭前覲覺腠理不密晝寢曲室夢一老父古衣冠揖鄭曰君小疾煮地骨皮湯飲之即愈鄭曰素不奉展何故至此云我西漢時與君嘗聯局事君已爲二世人我倘留滯幽壤即詢其名氏云前將軍何復或欲尋我所居可

來費家園也臨別口占詩一絶云與子相逢西漢年牛成枯骨牛成煙欲知土室長眠處門有青松澗有泉鄭官滿之鄂渚遊頭陀寺山下城小路見叢薄蔚然問寺乃費家園也道次有斷碑字已漫滅惟有何復字可辨冢前有澗水泊老松數株括異志

馮當世少孤寓武昌縱飲不羈一夕醉臥郊外溪邊有漁者罷漁艤舟困眠有人叱之曰馮侍中在此安得不避漁者驚起步月岸上一人衣冠熟寢草間詢之知爲馮也卽拜曰秀才他日貴顯幸勿忘具以夢告因請臥舟中以避風露馮睡至曉與共載入郡其後馮貴使訪漁舟不復見澠水燕談

丁卯會食李令宅射於縣圃蘇子瞻言近獲一魚似鮎而四足能履地而行不敢殺復縱之江中或曰此鯢兒也畫墁集

丙寅招蘇子瞻遊武昌樊山山之巔有郊天臺卽孫權卽位郊天之處食罷移舟離黃州泊對岸樊溪口蘇子瞻以舟涉江同詣武昌縣縣在樊溪之東隔樊山五里許卽吳之西都有吳王城同縣令李觀佐吳亮嚴屹及子瞻諸人遊武昌樊山步出西門涉寒溪迤邐步上凡兩寺在山中景致幽邃下寺有觀音泉澄澈可愛同上

東坡云自余所居臨皋亭下亂流而西泊於樊山爲樊口或曰燔山歲旱燔之起龍致雨或曰樊氏居之不知孰是其上爲盧洲孫仲謀汎江遇大風柁師請所之仲謀欲往盧洲其僕谷利以刀擬柁師使泊樊口遂自樊口鑿山通路歸武昌今猶謂之吳王峴有洞穴土紫色可以磨鏡循山而南至寒溪寺上有曲山山頂卽位壇九曲亭皆孫氏遺跡西山寺泉水白而甘名菩薩泉泉所出石如人垂手也山下有陶母廟陶公治武昌旣病登舟而死於樊口尋繹故跡使人悽然仲謀獵於樊口得一豹見老母曰何不逮其尾忽然不見今山中有聖母廟予十五年前過之見彼板彷彿有得一豹三字今亡矣東坡志林

東坡謫居於黃凡五年移汝旣去黃夜行武昌山上回望東坡聞黃州鼓角悽然淚下賦詩云黃州鼓角亦多情送我南來不辭遠梁谿漫志

蘇過送仲豫赴官武昌敘某生最後不及見先君少時行事也比成人能區別則先君歷清華典方面旣貴矣然竊觀其退居於家藐然陋巷布衣糲食寒士有所不能堪而先君安焉故能穮秕富貴而不少貶於流落所謂季文子相三君家

無衣帛之妾廄無食粟之馬殆類是矣子孫雖不能髣髴其萬一然清介廉苦之風抑有類焉故吾長兄年五十有三不能俛仰於人猶爲州縣吏仲兄少不樂仕進親戚强之今四十有二始爲筦庫官又飄然遠遊江湖千里之外此其中必有遺世故而輕外物者矣且平居里巷閒士大夫以門閥相高炫服車馬相誇而吾兄敝衣緼袍刓去圭角乘款段馬衣野人服與方外之士雜居而無辨此得於先君子清介廉苦之風爲多余不及也夫約於奉己則求於人也薄故雖小官恬然而往進不希當世之用退不謀三徑之資則出處之閒無累於物豈不超然自得於方寸乎武昌與黃岡對壘特限一大江耳頃侍先君杖履往來於樊口甚數今三十年江山宛然而吾曹齒髮如此得不爲之太息乎昔人感髀肉生而

有功名未遂之歎吾曹則不然白首折腰常念蚤爲求田問舍之策及瓜而歸徜徉嵩少之下以畢吾兄弟晚歳之樂又奚恤元龍所笑哉 斜川集 仲謙名迨 案

崇寧二年癸未先生留鄂州記夢中詩云正月已丑夢東坡於寒溪西山之間予誦記元明觴字韻詩數篇東坡笑曰公詩更進於曩時因和予一篇語意清奇予聲節賞歎東坡亦自喜於九曲嶺道中連誦數過得之十一月末宜州謫命下十二月十九日夜中發鄂渚曉泊漢陽親舊攜酒追送 黄山谷集

武昌縣境嶺麓有冒姓者夫婦俱爲善一夜忽夢神人告以其鄉將陷令急徙居覺而異之且卽偕夫婦去其鄉至冒嶺遇老人卽所夢者指以地遂家焉其鄉果陷 邵志

安慶寺祀關忠勇在縣東南九十里管林背癸未之變張文

甫與衆避兵於此失其子哭禱於神假寐時夢赤白衣二叟來赤衣者曰汝速至斗米港救汝子吾漢壽亭侯白衣者汝祖樞密也驚起急求之聞兒啼得之泥中問何由至此曰白衣翁送我來也次夜賊至忽黑雲四起暴雨如注見天之南赤袍横刀者逐賊於管林岸天之北白袍仗劍者逐賊於丁甲山時望空拜者萬餘人賊去空中大呼曰積善餘慶天相吉人嗚呼靈之昭昭若此哉然亦周於德者之不能殺矣 張氏譜

左良玉初畫楚疆爲各鎮自惠登相駐漢陽外諸將咸有分地楚人多苦之王之綱者在武昌縣尤殘忍好以人爲糧裸而懸之于柢灌沸湯以蕩盡其腸腑而後烹之之綱别號損子百姓聞其名皆奪魂魄楚紳士之不能去者出子女財帛所以奉鎮將者百端冀得免瀕行乃悉取而棚考於營中或夾以兩門俾健兒行其上以索賄賄未盡入其人已折脅拉骼祝世英樊維城諸君於其地皆死 綏寇紀略 案樊維城死于黄州城陷時此紀疑誤或諸君爲諸子之訛

張立政大冶人多義舉其兄萬邦患哽噎政飲泣調護病篤割股以進卽痊逾十年乃卒乾隆閒謁武昌西山寺見彩紅一疋繞於空中書有神光遠照福禄壽高八字旋拂政首時觀者如堵僉謂作善降祥云 大冶縣志

楚人有信卜者云必遭虎傷遂住武昌江中龍蟠磯寺以避之偶早起見一虎蹲寺門外遂驚墮磯下虎隨而齧之立死寺僧呼漁人共擒虎虎從容乘流東下正遇大船迎之而來船上人投一布被蓋虎頭以篙櫓亂擊殺之撈取載去 筠廊偶筆

熊正南未遇時家甚貧讀書縣東鳳鳴寺寺僧夜夢伽藍神告以熊生他日當爲名縣令故善視之具饘粥資膏火正南亦夢伽藍神書二語示曰毋代馬走使盡其力知出管子因卒業焉値學使者試士題爲管氏有反坫正南信筆書之文采璀璨如夙搆遂補諸生後以恩貢授大名知縣有政聲 邵志

大中丞熊元乘先生五六歳時隨父乾齋公丞南海舟艤五羊渡口辟秋潮奔瀑比汎至樂觀水勢洶湧如山而來遂失足墮洋中衆謂必不救而潮忽遽退百餘尺拯之水僅沒趾稍長補弟子員讀書西竺卽吳王避暑宮山也一夕山氣冉冉逼人四顧岑寂牕外月微明起覷之則虎也先生疾呼曰某鍾山川之靈當捐軀報國寍餧肉虎口乎須臾帖耳而去及備兵太倉一玳瑁魚乘潮閣沙灘爲海卒擊獲輿之天妃

宮總戎楊尙忠請觀焉帶人佽械其側將貫腮罥尾利其鱗甲魚忽噓氣若虹沖破宮椽三先生神之命中軍舁到海口放焉觴楊舟中魚已逝復返昂首作謝狀良久始去浹旬與倭戰我兵不能居上風失利將北衆見神魚揚鬣噴沫鼓浪推瀾以助而倭船飄然下矣遂勝八礮大獲奇捷節鄧志熊桴三異記

武昌大中丞熊元乘始守太倉以倭亂罷繼奉旨討賊自效忽戰敗兵卒皆鳥獸散有門卒金祥獨不去熊曰我死國分也爾何爲乎祥曰公死國小人死公亦分也竟殿公後熊過橋寇亦登祥奮死下橋肩而擁之橋壞寇墮水者六人熊得免已以屢捷晉熊郡丞討賊如故一日熊與儕輩酌於郊寺祥忽大呼曰寇至矣蓋其坌氣見也時騎從皆失忽有乘馬過者祥推墮其人以馬乘熊而親執其銜從間道以歸故得

免又一日傳飧舟中熊忽心動曰寇至矣祥佐熊登小舟走未交睫而大舟寇據矣祥又以識地得免熊在海上大小三十餘戰斬倭首三千二百有奇祥未嘗不在左右屢經險得脫祥力居多寇平晉熊蘇松兵備以祥爲郡掾息影偶錄

岳飛初封武昌縣開國子後子霖漕湖北過武昌吏民設香案具酒牢哭而迎有嫗尤哀曰相公今不復來此矣霖呼而遺之食問其夫何在嫗哭曰不善爲人爲相公所斬矣問其子與壻皆然人以是知公感人者深矣康熙湖廣通志

杜于皇少與劉克猷殿撰爲同學友後杜棄舉子業寄情風雅劉及第後假歸入武昌界乘大舫儀從甚都及泊舟鄂王城是日大風雪行人稀少見對面山頭有一人戴笠披裘倚樹看雪劉公審視曰此必逸人杜于皇也及舍舟登岸造山上視之果于皇也大喜攜手至舟對坐傾煖酒杜不及京邸一語所言惟詩古文進境而已草履汚泥躐踏談深輒引而前劉恐其寒欲以貂裘覆之不敢進相對竟宵翕然各得也徐昆柳崖外編

今人製陶硯惟武昌萬道人所製極精雖高要歙溪之佳石不是過也聞武昌尙有製者乃萬之後獨醒雜志

如公希孟文公震孟命名之意皆爲孟公一慕之一怒之也武昌志云孟太僕習孔令吳縣日有名士出檢柙外公力鋤之亡友鄭來同洽於舊聞云文氏事也遺書截湛持先生有兄曰化龍操行不類疑卽斯人禮爲賢者諱不必述然湛持先生終亦不雠孟氏深有合於柳州之議矣蕭芝之嚴窗筆談

武昌鄒進士汝楫爲桐城令縣試數日吏白請招覆公檢一

卷與之吏惶然請益與十數卷固請公曰一卷之外已爲多矣如不足試卷在彼爾自挈幾束去居日一卷生納卷公命少待吏環立公危坐斂容讀再過命生坐坐定謂之曰向必欲招覆者誠有所疑於生也今復何疑乎吾戴雙眸相天下士久如子厚福可一二數耶餘姚生靈寶許不得專美於前矣是卽張文端相公也外十數卷後亦科第有差乾隆十八九年文端之孫若震來撫楚召鄒之曾孫諸生某語以故而厚賜之同上

白龍窊由樊口入山經吳王峴迆邐而東爲寒溪後山至寒溪塘止濱江第一支爲月輪石古有圓石如月輪歲久崩入江中俗傳石中有寶爲波斯賈鑿而去內第二支爲白龍窊窊之對山爲木魚山山脈亦自寒溪後山出盤曲寒溪塘中

形如釋氏所用木魚故名白龍窟舊有祠相傳前代五月競渡江中累日不止龍舟分五色有龍舟沈於江數日復出舟中人咸在如醉醒告人曰適入龍宮龍王觴我不復能飲食一二日皆死縣人以爲神聚而葬之於此爲立祠久之廢人猶稱白龍祠云寒溪後山之陰曲處俗稱倚子灣自此而上躋西山絕頂道中有廣燕亭遺址俗名草鞍山王志稿

道光乙酉夏四月黃岡諸生汪士俊偕仲兄士倫遊寒溪寺見古碑立蓁莽中上鐫明孝子丁鶴年之墓後曰孝子乃元人遭國變不仕蓋孝於家而忠於國者也當覓鐫石者更明字爲元字是歲秋闈夜夢孝子黃冠鶴氅拊其背曰忠孝立義覺而題至爲邇之事父二句卽依義立言中是科舉人黃岡縣志　案柯茂枝捐修丁孝子墓引云舊碑誤書明孝子道光己酉邑周銓齊與黃岡汪秀民大令改鐫爲元秀民闈中夢人示以忠孝字遂舉於鄉而銓齊之孫柏香亦以是年生後亦登鄉舉柏香名必森秀民卽士俊字也

柯茂枝題黃山谷松風閣詩卷并序王孝鳳武部得此卷於栁君呂臣盖元時長公主家故物上有名賢十數人詩跋又嘗爲檇李天籟閣所藏項子京卞令之私印尤多洵希世之珍也尾不署涪翁名字紙色絹色尙覺鮮好然神采奕奕當非翻身鳳皇武昌傳涪翁以松風閣一詩然閣不時廢詩爲世共獨此一段墨寶歷數朝後復入吾邑士大夫手山川筆墨之緣豈偶然哉愛玩久之爲次原詩之韻以賦其事駢咸豐九年春三月遠公卓錫名山川劫火不赦無寸椽當時槃閣松蒼然風流寥歇八百年惟有文字全其天西江派別張風茲吟諷人夜鳴巖泉雞毛妙筆突前賢內家珍玩陳璃筵摯彥手跋星漢懸不知何時落儒氈西山突兀溪潺湲神物

復見發光妍王郎手之忘梁饋恨不上石捶松煙蘭亭怡亭出淵泉得此鼎峙樊江前枕中鴻寶同起眠我亦嗜古逾腰纏君不獨富占爭擘藝林故實眞珍旋求放心齋詩集　案眞蹟詩中鳳鳴作風鳴置酒作買酒野僧早饑早先誤早旁作三點下仍書早聒晝眠作可晝眠

吾邑八鄉洪道神山皆以抱朴子得名洪道鄉有葛山神山鄉有葛仙鎭鎭北有仙人石仙睡石上及騎鹿游行之迹至今存鎭南有煉丹井數處其爲棲隱所至無疑也抱朴子又嘗過贛之興國境見山靈水秀遂結廬築壇鑿池洗藥留四言詩一首云洞陰泠泠仙佩清清仙居永劫花木長榮不知在武昌何無吟詠柯茂枝聞見叢話

丹巖先生爲侄廬閣老來孫少受詩於同里吳超園先生爲吳門高弟與天門劉孝長江夏閔嘯琴監利王子壽蔡黃樓同里金秋畹季香諸君子善子壽贈詩所謂垂老諸生籍長貧宰相孫者也晚歲崎嶇兵間亂定後與里中王恬菴封翁孝鳳武部及茂枝時有唱和余自庚戌始與先生締忘年交先生妻兄子吳又桓刺史甥范紫函水部玉函太史皆從受詩知名先生著述多散於兵燹孝鳳爲刻其六哀詩及王子壽游武昌西山贈余子丹巖二律於寒溪六哀者謂江岷樵中丞吳甄甫制軍青墨卿中丞塔智亭將軍羅羅山方伯向欣然節帥余案六公之死不同然皆死於盡瘁故先生哀之先生又有黃鶴樓留題云滔滔江漢拍天浮玉笛吹殘幾度秋我是青蓮詩弟子落梅時節一登樓又於夢中登黃鶴樓詩云高據城西水上頭軒窗四面白雲浮冰輪碾破寥天碧萬里涼風一笛秋又柯茂枝主講壽昌書院先生嘗集唐人

句以贈詩曰應共伊皋論太平黃滔暫留滄海見高情許渾聲名本自文章得趙嘏儒雅皆傳德教行唐思言盡擬勤求爲弟子方干常將公道選諸生邱上卿桃芳李豔年年發司空圖直至今朝眼更明元微之白髮終爲不仕身許渾與君相見便相親王維須知物外煙霞客呂巖早識天邊侍從臣韋莊持贈敢齊青玉案陸龜蒙醉吟俱岸白綸巾皮日休悠然到此忘情處溫庭筠莫厭追歡笑語頻鍾離權同上

王養愚童氏子歌流賊橫人民死楚氓童氏客西川數口罹凶遺一子歸故鄉走萬里有妻有妻家近寒溪水母也天只不諒人只女也一人壻也二氏女兒悲號告我父母女兒命薄不該著羅綺此身雖微未笄已字童氏子百年願託童氏子官曰汝能如此余成汝美厚奩以歸之爲天地扶綱紀吁

嗟乎女兒命薄猶未已女歸依舊家如洗甑有塵兮釜無米新婦人家役作婢郎君郎君吹簫齊安市哀哀行乞館門前空山日暮酸風起案此嘉慶初事惜其姓氏不傳姑附於此俟補傳焉

陳貞女漢陽縣人咸豐六年粤匪竄漢浮屍蔽江而下女屍逆流由江入樊口至柯家營土人取而葬之時方七月酷暑面如生年未及笄衣履襦裙間皆有鍼綫痕縫綴甚密既葬是夕土人夢貞女告以姓氏里居並告以有嫂某氏同日赴水死其屍猶在巴河某處跡之果然時著靈異操香楮而來者男女常百餘人皆稱爲陳仙姑云黃啓運陳貞女傳

武昌縣志卷末

荆楚文库

〔光绪〕續武昌縣志稿

〔清〕佚名纂

前言

《〔光緒〕續武昌縣志稿》一卷，清佚名纂，抄本。

是志封面簽條題『湖北續武昌縣志稿全』，共四十三葉，無序跋、姓名等記録，不知纂修人，内容最晚有光緒八年記載。全書抄寫工整，字跡清晰，頁整面潔，幾無改動。

武昌縣志最早由康熙時熊登所修，其後乾隆邵遐齡有修，皆爲刻本傳世。光緒初王家璧曾擬就武昌縣志稿，光緒志鍾桐山光緒十一年序稱：『前經柯根臣、吴雲鴻、陳漱芳、吴穉仙諸君采輯，王孝鳳廷尉精心總纂，歷有年所，卒以經費難籌，輟焉中止。』今知未竟稿有湖北省博物館所藏《〔光緒〕武昌縣志稿》、湖北省圖書館所藏《〔光緒〕武昌縣志稿》及此日本所藏《〔光緒〕續武昌縣志稿》。其後光緒十一年鍾桐山又修縣志，當年刊成。

光緒時期三稿本，時間相近、内容互補，關係密切，應爲同時同爲修志所做，然省博、省圖著録爲王家璧所纂，日本未著録作者，似不可武斷爲王家璧稿，此次影印未與王家璧稿本合併。

此稿書前目録列：地理志（山川、古蹟、亭樓、墳墓）、建置志（城池、衙署、倉廒、鎮市、驛遞、營汛、水師、祠廟、堤防、橋梁、坊表）、賦税志（錢糧、雜税、庫雜、漕南、倉穀）。其後内容俱一一對應。省圖藏本爲治績、文苑、學校、古跡、釋老、烈女等，記事截至光緒二年，修改訂正痕跡明顯，浮簽頗多，應爲前期稿本。省博藏本爲人物志、選舉志、祥異志、兵事志、學校志、職官志、藝文志，記事至光緒九年，體例、抄寫皆與此稿相近。王稿『修志芻言』稱：志擬分十一門，曰輿地、建置、賦役、典禮、學校、藩鎮、職官、選舉、人物、藝文、雜事諸項，爲目八十六。若此稿與省博藏稿爲一稿散落，則具八目，大致可觀也。

是稿僅日本天理圖書館有藏，未見影印出版。《中國地方志聯合目録》載有省博藏本，其下註提及此稿。《中國地方志總目提要》失收。茲據日本藏本影印，以補其白。（宋澤宇）

目録

目録……四三三

地理志

山川……四三五

古蹟……四四一

亭樓……四四五

墳墓……四四七

建置志

城池……四四九

衙署……四五一

倉廒……四五六

鎮市……四五七

驛遞……四五九

營汛……四六一

水師……四六四

祠廟……四六六

堤防……四八五

橋梁……四八八

坊表……四九二

賦税志

錢糧……四九四

雜税……四九六

庫雜……五〇三

漕南……五〇七

倉穀……五〇九

育嬰堂……五一一

湖北續武昌縣志稿

全

地理志
山川
古蹟
亭樓
墳墓
建置志
城池
衙署
倉廒
鎮市
驛遞
營汛

水師
祠廟
堤坊
橋梁
坊表

賦稅志

錢糧
雜稅
庫雜
漕南
倉穀

山川

來山　樊山西，今俗呼為盧山。孫皓都武昌，出登來山，即此。

葛山　縣南十里，相傳為葛洪鍊丹之處。山東南石洞一所，洞中箕踞之迹猶存。山陰名夕陽紅處有琴牀石，石上數武一小池，名洗藥池。山頂尖石巨如斗，鑿而旋生。道光癸巳，令李錦源就頂建寺，名葛山寺。

仙堂山　邑東十五里。山頂一平石高丈餘，潤八尺許，舊鐫「醒酒石」三字。相傳仙人醉卧於此，石工衣褶宛然，今醉者卧之輒醒。石旁有小石，圓如鼓形，敲之錚錚有聲，名曰石鼓。山陰古井有白鹿泉，四時不竭，昔有白鹿飲水於此，故名。白鹿山頂菴名水月菴，朝每出雲。餘詳舊志。

南山　邑南靈溪鄉三里，壁立萬仞，雄踞一方，離城百二十里，係本縣發源祖山。

青鴉山　在馬蹟鄉三里，與興國大幕山接界。

磨兜山　邑東二十餘里。其山頂石形如磨，故名。近大江濱。

沼山　縣南七十五里，符一里，綿亘十里，高四五里，東屬大治，西南北屬武昌，中多奇木怪石。

古姆山　邑西北九十里，有蔡公道人修鍊。明舉人嚴君化建古峯寺，供文帝、武帝及諸佛像，旁附蔡道人菴，並塑

像嚴氏後裔屢續修今仍存其舊

龜蛇二山 附古姆山尾形肖龜蛇

黃金山口 邑西南八十里又名黃荆山山不高無林木有白石一高四尺長八尺許其形如榔

銅山 邑西南五十里湖中突起小山山凹居民數十家以工一無所産據父老云本名童山譌傳銅山

鼇魚山 邑西北九十里山不高而秀在河上堤右首舊建鼇峯書院今廢

平土山 邑西北八十四里與神人山毗連長老云向立有寨即三國時鮑家莊關公三子關索逃難至莊得脫同治五年中堂李鴻章至其處見山高可遠瞩多險要遣副將金屯紮防捻匪渡江今撤

觀音山 邑西北八十四里與神人山毗連山路平坦半山建觀音寺

夫子嶺 邑東南二十五里嶺南屬大冶嶺北屬武昌

包頭嶺 邑東南三十里亦武冶分界處

分水嶺 在靈五里接大冶南北皆大山中道隘險嶺上有涼亭一座

南岡 邑南四里南湖側晋王敦収郭璞詣南岡斬之即此處康熙戊寅令呂賁恒建寺岡中名洋瀾寺

天井坳 邑東南十里吳孫權射獵憩此名曰天龍坳有庵名天龍庵

馬橋坳 在靈五里東接大冶南北皆大山中道隘通興國江西

盤槎 邑南七十五里武冶分界明季李賊騷蹦柯粘兄弟五人率里人擊之賊怒悉衆來粘等恐寡不敵衆與里人避於谷堆山柳塘側賊疑有伏遂竄地獲安全後建五公亭記其事今亭碑俱廢

磨刀磯 縣西南九十里內四鄉水口處由長港出樊口

白虎磯 俗名黑磯縣西北九十五里在白滸山下水經注江水東逕白虎磯北山臨側江濆

白鹿磯 本名石鹿磯縣西北九十里神人山下與新生洲對岸晉葛洪騎白鹿飛昇小憩石上宋蒙古忽必烈南侵自陽邏洑黃梁橋貫錢鎖至石鹿磯圍鄂既而兀良合台作浮橋於新生磯賈似道使夏貴攻橋至石鹿磯殺卒百餘人今石上有鹿蹄跡

南湖 邑西八十五里南九十三里一由龍王橋出神靈塹一由黃金橋出竹林淇鴨兜湖直抵薛家溝內中湖名甚夥各姓有界悉為漁人利藪

東梁子湖 邑西南一百一十里江武分界水出樊口通興國大冶江夏凡派九十有九湖中山九十有奇

沐鶩湖　邑西北九十里葛鎮下街北偏湖小通大江有横堤長百丈名曰河工堤

神堂湖　在神人山西南周二里許

龍家湖　縣西北九十五里

姚家湖　縣西北八十五里在神人山東麓

沐鶩港　沐鶩湖堤外通大江西距省城東距縣城水路各九十里南離葛店三里水漲工下船多泊港内水淺停泊者晚泛東西港葉家洲等處以避風浪

慈湖港　邑東十五里港勢曲折前志載蘇子由舟次慈湖即此處又此港係黄石港至省通衢一經水漲人皆病涉咸豐十年本地士民籌費建閘以便行人

琵琶湖　邑東十五里西滙湖西以形如琵琶故名湖内田少地多産棉花藍花各種外低極處産魚

路口　西距省城八十餘里東距縣城九十餘里離葛店三里往來便易船之上下至晚停泊便於收灣

下馬嘴　北離葛店五里俗云有兵至渡下馬因名水南通梁子湖

滾子汊　江武交界湖名龍口屬江夏由葛至省捷徑咸豐間粵匪時往來俗呼三道渡此第一渡也

觀音港 邑東四十餘里車湖水出此

五丈港口 邑東五里洋瀾湖水出此吳太子孫登葬於其水之原道光間邑令同士民等當口督建石閘以防江漲同治八年令張旻率士民重砌

姚家渡口 縣西南十里由縣至金牛要路

小路口 在賢二里水陸四達口外即梁子湖雍正間符鄉金漢一捐田置義渡同治初本里居民復捐田造官渡船三隻有碑誌

鋪紫渡 邑西南九十里在長港口屬余姓之港乃江冶通衢此渡船創於余濟蒼捐有田地已載邑志今歸余氏祖祠經管以僱舟子普濟行人

聚寶泉 在寶聚寺前現有真泉夏涼冬溫訓導朱琢章於咸豐十一年捐資募工開鑿修砌雖值大旱水亦不涸

黃龍山 邑南一百三十里萬歷十八年建有廟山盤紆數里林茂修竹泉流映帶山巔常招雲霧有無可占晴雨產茶甚佳俗謂雲霧茶

鱃洲 鱃洲一作鮓縣西六十里木門對岸相傳以吳司空孟宗母封鱃事得名一云晉大司馬陶侃母事疑莫

能明也張勃吳錄孟仁字恭武本名宗避孫皓字易馬初為鹽池司馬自能結網手以捕魚作鮓寄母母以還之曰汝為魚官而以鮓寄我非避嫌也劉義慶世說新話陶公少時作魚梁吏嘗以坩鮓餉母母封鮓付使反書責侃曰汝為吏以官物見餉非惟不益乃增吾憂也孟居近縣陶嘗作鎮茲土故傳者兩屬之

新壅洲 邑東四十餘里觀音港對岸大江心咸豐間淤生

土門 縣東十里牧馬港東相傳為吳王城處攷舊志載牧馬港工即吳故城

古蹟

試劍石

西山絕頂有巨石中坼為二一立一臥相傳為吳王孫權遺蹟蘇軾詩空傳孫郎石無復陶公柳王廷陳紀遊吟謝客之詩章撫孫權之劍石皆此謂也明一統志試劍石在樊山下具石中斷相傳吳王試劍於此下疑工之訛文

阿彌陀佛石

在白滸鎮舊城基址側高丈餘石形奇怪工刻阿彌陀佛石五字

仙人洞

在神人山大石為門其中幽窅不可窮

鍊丹泉

縣西南九十里斗牛觀西東數十武相傳葛仙鍊丹處舊有桃花井二十四口此其一也餘皆散見鄉人猶能指其地

白燕臺

國朝康熙中黃岡詹孝廉士懿寓武昌江濱居母憂有白燕來朝遂名其所居之臺

拜郊臺

西山頂吳主郊祀於此故址見存南壇在縣南按文獻通考孫權初稱尊號於武昌祭南郊告天用黑牡追王父堅為始祖配天又按吳錄告天文云皇帝臣權敢用元牡昭告於皇皇后帝漢享國二十有四世歷年四百三十有四行氣數終祿祚運盡普天弛絕率土分崩孽臣曹丕遂奪神器丕子叡繼世作慝淫

名亂制權生於車南遭值期運承乾東戎志在平世奉亂行罰舉足為民羣臣將相州郡百城執事之人咸以天意已去於漢漢世已絕祀於天皇帝位虛郊祀無主休徵嘉瑞前後雜沓歷數在躬不得不受權畏天命不敢不從謹擇元日登壇燎祭即皇帝位惟爾有神左右有吳永終天祿

落星臺

距黃金山口南偏里半遠有石如星形色黯淡相傳星隕於此土入築臺單之

陶侃讀書堂

寒溪寺內久廢咸豐捌年市紳王家壁同邑人士醸金重建邑熊明經芬聯云五六月間無暑氣百千年後有書聲王家壁聯云禹寸陶分當共惜臣忠子孝總堪師

魏巡撫讀書堂

巡撫印公韓岡邑陽邏人書堂在白滸山碧雲寺側今廢基址猶存

南樓

舊吳安樂宮端門又名玩月樓非今之譙樓庾亮在武昌興殷浩輩秋夜登南樓據胡床譚詠竟夕康熙年令熊登建令曾昕額曰千秋明月乾隆二十七年令邵遐齡丞鄭尉褚昱倡率夲街紳耆重修嘉慶二十四年毀於火道光元年令周向青重建道光十四年令李錦源撤蘇黃祠奉蘇黃三公神主遷於南樓

怡亭

郎亭山下唐裴鷗造李冰陽名而篆之裴虬作銘有序李莒書序小篆銘八分劇山石刻之歐陽公考古錄謂在江水中小島上土八目其地為散花灘以今考之似非其地亭廢石刻見存黃梅喻文鏊有怡亭

銘考錄後

九曲亭

宋蘇軾建弟蘇轍有九曲亭記元泰定間判簿王野收重建改名最樂亭明嘉靖年給事中劉起宗謫武昌重建名懷坡亭有記隆慶年令李有朋復修有記其後改懷蘇亭　國朝順治年令徐卌重建康熙三十年學院繆沅重葺仍顏九曲亭乾隆二十一年令謝奉璋倡捐相禮萬國泰胡商哲等重葺咸豐二年賊燬同治十年督學南皮張之洞重建

松風閣

西山寺後宋黃廷堅建康熙九年令熊登捐建有記三十年學院繆沅重修道光十六年燬基址尚存

白龍窟

由樊口入山經吳王峴迤邐而東為寒溪後山至寒溪塘止濱江第一支為月輪石古有圓石如月輪歲久崩入江中俗傳石中有寶為波斯賈鑿而去內第二支為白龍窟之對山為木魚山山脈亦自寒溪後山出盤曲寒溪塘中形如釋氏所用木魚故名白龍窟舊有祠相傳前代五月競渡江中累數十日不止龍舟分五色有白龍舟沉於江數日復出舟中人咸在如醉醒告人曰適入龍宮龍王觴我不復能食飲三日皆死縣人以為神聚而葬之於此為立祠久之廢入猶稱白龍祠云寒溪後山之陰曲處俗稱倚子孿自此而上躋西山絕頂道中有廣燕亭遺址俗名草鞵山咸豐十一年河南河北鎮總兵官鄖陽余

際昌及其裨將楊飛熊援鄂黄州嘗駐軍於此有遺壘焉寒溪塘若溪水入江滙聚處也有橋橋東有涼亭亭之東為雨臺山即郎亭山亭四門門各有榜東曰吞光北曰挹瀨西曰漱石南曰枕流邑歲貢袁作奎書道光中亭圮

天公井　縣東四十里山有二井冬季氣騰如霧相傳為天公造

亭樓

不盡亭 即捲雪樓治北城外萬歷初令李有朋修改名不盡亭歲久傾圮道光十五年令李錦源重建有記今毀基址尚存

蘇黄亭 西山寺側擁翠亭左道光九年令林芳建道光十四年令李錦源毀邑紳王家璧有蘇黄祠記

擁翠亭 西山寺側舊有邑明經賀桓題坐看雲起四字刻於石乾隆三十四年邑潘光愿創建五十二年潘之子立蒔重修縣丞郭坦有碑記歲貢吳翼聖石刻詩云西山多白雲山中不見起每到斷崖間悠悠生袖裏心興白雲俱渾忘坐亭子

且憩亭 西山寺前徽州汪標建咸豐二年賊燬

瑞麥亭 九曲亭左道光庚戌武昌麥兩岐三穗令張曜孫建咸豐初賊燬有記石刻今無存

歇馬亭 市東街祀張睢陽王

惠民亭 縣治北門外馬頭工康熙十年令熊登建乾隆二十九年知縣卲遐齡建有樊江義奮序碑道光初邑生員柏聯奎捐修己酉大水毀咸豐九年知縣錢炳熙同市士民重建

捲雪樓舊名捲雪亭縣治北瞰大江萬歷初令李有朋重修改名不盡亭

澄清樓縣治衙城後萬歷初令李有朋建後廢康熙九年令熊登復建有記今不可考

伏虎樓西山左一名叱虎亭

萃景樓西山左

清風樓市東濠口萬歷年建後廢乾隆二十八年本街士民重建

梯雲閣咸豐八年令錢炳熙同邑紳士建爵相曾文正題名有記

墳墓

樊母墓

樊母墓在樊山巔臨江相傳為漢陽[舞]侯噲墓一云樊母墓按明一統志噲墓有三一在西安府城南二十里樊川云漢賜噲食邑於此一在南陽府唐縣東北舞陽舊城云即噲封邑城內有廟樊村有墓一在徐州城北九十五里其古蹟舞陽城在州西北五十里為噲封邑又有樊巷為噲所居有古碑斷裂一統志並存之以傳疑也武昌何得更有噲墓謂樊母者近之出獵之見豹尾之讖或有因歟

車武子墓

縣東三十里蘇軾云車武子故居與墓在武昌東湖之上今墓尚巋然有碑

李盛墓

縣東十里牧馬港上洪武乙丑科進士

張謙墓

縣東五十里太子廟前華表現在翁仲巋然前志載在鳳山誤

周源墓

在縣東洪一里蓮花山離城三里許翁仲巋然

孟廷柯墓

在縣東二十里洪道鄉大田鋪

孟紹慶墓

在縣南洪一里葛山下楊田鋪

孟倣墓

在縣東洪二里土陡山

中丞陳中孚墓在本里彌陀寺前　御賜祭葬

邵珪墓縣南五十里治邑雲程里木蘭園鉄山鋪側碑云明戶部郎中邵珪妣王宜人朱宜人墓

李廷蕙墓縣西南十五里夏興湖側明刑戶主事

李維墓縣西南十五里夏興湖側碑云明布政司參議

李緒墓縣南十里葛山下李家莊　詔賜祭葬翁仲贔屭華表現存

向廣文墓縣東南十里洪一里沙嘴頭碑云孝子向廣文墓號宏才乾隆三十六年知縣陳立

建置

城池

後漢章武元年吴主孫權自公安徙都鄂改名武昌八月城武昌後廢隋大業元年始築土城唐元和中廢宋嘉祐間陞武昌為軍於四隅為門有額東曰鳴鳳舊名朝陽西曰文昌又名武昌南曰朝都舊名南郡北曰鎮江舊名鎮淮後廢明天順間知縣陽子奎創各門巡警樓正東為驄馬樓正西為西山樓正南為學海樓絃歌樓正北為瞰江樓盤龍樓東南為明月樓東北為清風樓便民樓西北為迎恩樓大江樓西南為巡警樓嘉靖間張侯鐸始建衙城以衛倉庫然民居輻輳盜賊不時竊擾萬歷初李侯有朋毅然創舉三十七里均派夫役就山鑿石朞月告成嚴樓警閣巍峙相望榜其四門東

曰通淮南曰文昌西曰望楚北曰朝京崇禎末年鄖侯逢吉增築沿城窩鋪於雉堞間以資守禦

國朝一仍明舊歲久漸就墮圮康熙五年熊侯登捐俸建修門樓雉堞康熙三十七八年呂侯賁恒重葺四門城樓雉堞乾隆四十四年謝侯夢草請帑重修有記道光辛卯後大水屢有衝損隨時拆補咸豐兵興以來城凡四陷而雉堞漸圮樓櫓未備仍望守土者時加脩理云

衙署

大門　明洪武初令戚元禮建後燬國朝康熙八年知縣熊登建咸豐二年賊燬同治十二年知縣張旻率閭邑士民重建

儀門　明成化間令劉吳鏜建嘉靖間知縣諶謙修葺後燬國朝康熙八年知縣熊登建咸豐二年賊燬同治十二年知縣張旻率閭邑士民重建

戒亭　明隆慶間令王楠建咸豐二年燬同治十二年知縣張旻率閭邑士民重建

聽政堂　洪武初令戚元禮建成化間令劉吳鏜重修國朝順治十五年令李春枝建咸豐二年燬同治十二年知縣張旻率閭邑士民重建

便民亭　大堂簷前康熙間令曾昕建咸豐二年燬

後堂　明成化間邑令劉吳鏜建後毀康熙七年令熊登建咸豐二年燬同治十二年知縣張旻率閭邑士民重建

內衙　原在山後嘉靖丙戌令許檣卿移附廳治作內衙十四間日久傾圮萬歷初令李有朋重建正衙後又損

壞康熙五年知縣熊登修葺並建綠槐居三間為書屋咸豐二年悉燬同治十二年知縣張炅率闔邑士民重建堂室五楹左右副室六楹

東花廳 廳五楹廳後另屋數間為庖湢所同治十二年知縣張炅同闔邑士民重建

對廳 并廳後五楹為徵席居屋為書房同治十二年知縣張炅同闔邑士民重建

西花廳 廳三楹為刑席居同治十二年知縣張炅同闔邑士民重建

東庫 康熙元年知縣杜旭建康熙四十年令尚瑠於庫之東建書齋一重咸豐二年悉燬同治十二年知縣張炅同闔邑士民重建庫藏并建土地祠於庫前

西庫 康熙二年令熊登建咸豐二年燬同治十二年易庫基為錢漕房屋三楹設櫃徵收知縣張炅同闔邑士民重建

六房吏舍 萬歷初令李有朋建後毀康熙六年令熊登建康熙三十六年令呂賁恒重建咸豐二年賊燬同治十二年知縣張炅同闔邑士民重建東西共十八間以次列房書資助裝修

東西班舍 儀門內六房下同治十二年知縣張炅同闔邑士民重建

架閣庫又名架閣樓，明主簿度宗武建，後廢。順治十七年令杜旭建，歲久牆壞。道光二十七年知縣張曜孫重建

譙樓康熙年令熊登建。未建以前謂庾樓為譙樓，則泛稱而没其蹟。後譙樓移建治内，並非庾樓也。邑令邵遐齡新葺庾樓記辨晰詳明。樓久廢

獄舍明隆慶六年令李有朋建，在譙樓左。國朝移置大門内右側。咸豐二年燬。同治十二年知縣張炅同閤邑士民重建。提監房一楹，又三楹為獄神祠，内二重為獄

卡班房大門内左側捕班房一楹，交差房一間，内上三間為卡房，下三間為班房。同治十二年知縣張炅同閤邑士民重建

申明亭縣門東，久廢

旌善亭縣門西，久廢

寅賓館康熙年知縣熊登建，久廢

縣丞衙署縣堂左。洪武三年令孟吉建。康熙二十六年縣丞謝宸恩重建。雍正十二年縣丞李興祖於二堂東建書室一重。乾隆二十四年縣丞宋文銓重建二堂。咸豐二年悉燬

典史衙署 縣堂右洪武三年令孟吉建順治七年知縣徐翀典史唐之璜重修康熙十五年令曾昕典史林之緯重建乾隆二十八年典史褚昱建書屋一重咸豐二年悉燬

總鋪 縣治東

公館 治東原布政分司及府館在城東南按察分司在治東後俱廢順治年知縣馮太初捐買民房刱立公館嗣因年久坍塌祗餘廢基附近居民架屋數間同治九年東街紳耆請於邑令張炅公議將廢基竝屋變賣除撥居民架屋之資外餘錢置買市西街嶺潘姓居屋一所永作公館

演武廳一所旂纛墩一座 縣西久廢基址尚存

僧會司 縣治東今不可考

醫學 縣南基屋久廢洪武間令謝叔賓建惠民藥局於其左正統間令許誠重修後廢

陰陽學 失考

白滸鎮巡檢司 在縣西北九十里白滸鎮神人山下道光辛卯水淹坍塌基址尚存今移任葛仙鎮民房

金子磯巡檢司 在縣南一百二十里金牛鎮北街被水淹塌移於西街口建署

河泊所舊有西漥長港江套磧磯馬飲繁烏翎炭門六所各有衙舍　國朝止設一所今俱裁

倉厫

常平倉 東関外武邑倉厫舊建于樊口百姓以轉運為勞明崇禎癸酉邑太僕卿孟習孔請撫臣唐公改建鱖魚套挽舟逆水民猶不便康熙八年知縣熊登擇縣東臨江高處建漕糧倉三十七間積穀倉二間後又續建積穀倉陸間乾隆間知縣官大鵬添建積穀倉三間乾隆二十六年知縣邵遐齡捐建積穀倉四間咸豐二年賊燬

慶豐倉 治北楊家巷咸豐二年賊燬

裕民倉 縣署左咸豐二年賊燬

預備倉 縣東久廢基址尚存

恒豐倉 縣署左即裕民倉舊址光緒六年知縣蔡炳榮奉文勸市洪神永四鄉士民捐建現在貯積穀

鎮市

司徒廟鎮 縣東五里

澤林壋鎮 邑南十五里半屬武昌半屬大冶有碑爲界

燕磯街 邑東三十里近江濱蘄邑巴鎮對岸

葛仙鎮 東距縣城西距省城各九十里北江濱三里南通梁子湖相傳仙人葛洪鍊丹於此因名囊飛昇時留數語云別處大旱此地半收別處大難此地無憂蓋地多塘堰便於灌溉農人賴之明季流賊李自成張獻忠所到胥屠獨葛鎮無恙粵匪蹂躪十餘年廬舍人民依然此亦神力呵護也

白湖鎮 在神人山北麓濱江舊有市今廢

金牛鎮 縣南一百二十里屬馬蹟鄉街中有大橋一座小橋一座自東至西街長二里許東街口有金牛井北街口有東嶽廟張忠靖王廟泗洲寺在西街北五顯廟在西街中東街中有宋儒學基後有喉下塘

梁子街 邑西南百二十里興於康熙初年四面濱湖爲江武咸治興國之通衢道光十一年邑侯劉二十一年邑侯潘二十八九兩年邑令張四設賬廠已經詳請咨部咸豐四年偽英王由梁子湖帶兵超省垣後路省垣失陷咸

豐十一年髮逆上竄參將唐瑞庭領大隊炮船進河沿汊防守賊不能進省垣保固

涂家墻壓市在賢四里金橋北土橋南東屬梁子湖西二三里與江邑界金牛鎮往南北嘴至省通衢

長嶺街邑西南百里在符鄉石興於乾隆間至道光十一年邑侯劉二十一年邑侯潘二十九年邑侯張三次水災設廠施粥均已請詳咨部

驛站

華容驛站　向有官廳兩重頭門馬房皆極濶大咸豐初屋為寇燬基址尚存横寬約伍拾餘步直長壹百步光緒二年十月經前署縣劉篤慶捐俸另買民房一所正重三間横屋二間添做一間以為公所至老基仍留將來架造

原設驛馬叁拾匹馬夫拾名獸醫壹名乾隆四十年奉文裁馬五匹馬夫貳名改撥漢川縣屬田兒河安設寔設驛馬貳拾伍匹馬夫捌名獸醫壹名

原設排夫叁拾名因本府屬蒲圻縣港口驛添設攅夫陸拾名抽調本縣排夫拾名又裁夫十名現額實設排夫十名

鋪遞

武昌縣額設八鋪　鋪司八名係永充　鋪兵五十名係徭

編縣前爲總鋪西十五里爲水口鋪又十五里爲平安鋪又十四里爲梅城鋪又二十里爲華容鋪又十五里爲神山鋪又二十里爲新𥓰鋪東南十五里爲松林鋪按各鋪原有郵亭今廢

咸豐七年奉文裁減酌留十分之二津貼夫馬工料同治八年十一月奉文有驛州縣添留二成共四成無驛州縣仍復舊章以同治八年十月初一日爲始遵奉裁去華容神山新𥓰三鋪添設横路鋪遞共計五鋪鋪司鋪兵共三十八名按四成每年應領銀壹百貳拾伍兩壹分肆厘在於坐支項下支放

營汎

武昌城守營

駐防把總一員

額設防兵四十九名內戰兵七名守兵四十二名

濱江水汎十處

白滸鎮塘　上十五里至江夏縣西港交界東至縣治九十里派防兵三名

趙家磯塘　東至縣治七十五里派防兵二名

楊林頭塘　東至縣治六十里派防兵二名

磧磯塘　東至縣治四十五里派防兵三名

三江口塘　東至縣治三十里派防兵二名

馬礄塘　東至縣治十五里派防兵二名

樊口塘　東至縣治五里派防兵三名

五丈港塘　西至縣治十里派防兵三名

燕磯塘　西至縣治三十里派防兵二名

觀音港塘　西至縣治四十五里派防兵三名東至馬家渡與道士洑連界

省垣聽差　派兵三名

縣署監卞　派兵二名

在縣存城　兵十九名

武昌縣屬江面灘次平險情形據乾隆五十八年八月户部議覆滇省運京銅船經由湖北江面各屬衆内節錄

武昌縣自猴子磯起至石板灘止共一百二十五里

猴子磯橫踞江中報部險隘

趙家磯上半平順下半臨磯報部險隘

泥磯盤踞江邊報部險隘

磧磯橫踞江中報部險隘

黄家磯橫踞江中水勢充溢

張家磯低踞江邊港口兩水夾流報部平順

龍蟠磯橫踞江中砥柱中流水長水退風浪堪虞報部險隘

燕磯接壤江邊由大江五丈港龍磯掃水下流報部險隘

石板灘盤踞江邊前係報部上半平順下半危險

水師

同治八年爵相曾文正彭侍郎玉麟奏定章程武昌汛地分設水師營員

長江水師漢陽營前哨　隊千總一員舢板一隻額兵十四名駐木鵝港汛

長江水師漢陽營前哨　隊外委一員舢板一隻額兵十四名駐趙家磯汛

長江水師巴河營前哨三隊把總一員舢板一隻額兵十四名駐府塘港汛

長江水師巴河營前領哨守備一員舢板一隻額兵十四名駐磧磯港汛

長江水師巴河營左哨四隊把總一員舢板一隻額兵十四

名駐樊口汎

長江水師巴河營左哨五隊外委一員舢板一隻額兵十四名駐觀音港汎

長江水師巴河營左哨三隊把總一員舢板一隻額兵十四名駐三夾上汎

長江水師巴河營左哨六隊外委一員舢板一隻額兵十四名駐三夾下汎

以上漢陽巴河營各哨隊分防縣屬汎地兵船外各有座船一號

祠廟

韓公祠　邑人建祀韓侯相後祠移入城隍廟右歲久廢道光二十七年市紳耆士庶重建咸豐二年粵賊燬

汪公祠　即鳳臺書院明嘉靖間知縣諶謙教諭朱瓚生員陳善建祠祀汪侯璽咸豐二年粵賊燬

新興祠　縣東十里茅草湖側祠中天井底小洞與湖通每大雨水自洞出湖騰沸不絕殆山澤通氣之徵也同治壬戌重修

月陂祠　縣東南十里明萬歷時建

古堂祠　縣東南十里

貞烈祠　縣東南三十里即烈婦馬氏祠今朝謁者歷無虚日

褒忠祠　小北門外又名紅船廟咸豐二年賊燬基址尚存

儺神祠　縣東成化間修市民以為禳災集福之所每於仲夏祭賽建有石牌坊咸豐二年賊燬同治五年東街士民重建有記

懷忠祠　寒溪寺右同治八年市紳王家璧同武黄圻冶牙釐局紳暨邑人士醵金鼎建有記

雞鳴祠 縣西南九十五里在符石鄉沙壩堡康熙初建咸豐三年賊燬同治初重修

古塘祠 邑東四十餘里古塘嶺建立

三皇廟 縣城外東北祠屈原俗云屈原女尋父至此故立祠祀之咸豐初燬於粵賊同治七年士民重建

鄂王廟 小南門外舊廟水淹坍塌咸豐元年本街士民捐建光緒八年本街士民重修

吳大帝廟 縣西門外較場前久廢

岳忠武廟 大南門內光緒七年市紳耆士庶重修

東嶽泰山廟 治西北宋元有廟傾圮明景泰間義民胡剛募建乾隆六十年知縣裘同市士民重修咸豐元年市民劉必榮重修咸豐二年賊燬同治初僧雪峯募建後殿光緒元年市鄉士民醵金重建正殿監生張文炳捐錢千緡建兩廊兩亭暨兩廊神像

張睢陽王廟 市東嶽廟左有記咸豐二年賊燬

火神廟 市東嶽廟右咸豐二年賊燬

豫備倉廟 尼僧慈照自聞於康熙四十年契買黃岡工巴河王姓田一担五斗貳升又四十一年契買本邑洪

道鄉江家灣田一担三斗五升係洪徐二姓施銀湊買永資香火兩契並准存庫乾隆二十四年東街士民重修正殿五十八年知縣靈川重修前殿光緒元年尼僧續連同徒本德建修後殿

南華光廟 在壽井西乾隆五十三年建同治元年靈一里賀梓後裔捐廟右屋一所有碑

北華光廟 在四元閣前道光二十六年市三里士民建光緒三年本里士民公買街牆後民房移建廟宇奉神遷祀其老廟鋪屋存収租錢永資香火

將軍廟 縣南十里同治甲戌僧心溪建修有序田一担九斗地七塊載有印簿

司徒廟 縣東五里咸豐八年重修

城隍廟 縣東四十五里同治辛未重修

仰山廟 縣西三里西山後

石山廟 縣西南十里

團山廟 縣南十里

鳳山廟 邑東三十里昔建鳳山之巔詳載舊志今移建鳳山下里餘鳳山堡

應山廟　邑東二十五里應山堡建立

草陂廟　邑東三十餘里草陂堡建立

關公廟　邑東三十餘里關公堡建立

馱龍廟　邑東四十里馱龍堡建立

三九廟　邑東六十里楊葉下洲建立

小石山廟　邑東二十餘里小石堡建立

嫩三王廟　在縣城西七十里永福鄉一里公所舊積穀倉遺址今廢

皇帝廟　縣東十五里奉祀高宗皇帝

新陽廟　縣東南三十里

太子廟　縣東五十里晉時建門額尚有晉敕二字道光間重修

龍塘龍王廟　縣東十五里水涇堤西同治丁卯重修

聖帝廟　在葛鎮上街規模宏厰嘉慶年由街北移建

張睢陽王廟　縣西北九十里在葛鎮下街中間建自宋代國朝張維齡茂才重修碑記尚在惜字跡模糊惟柳璋茂才七律一首顏於額詩曰唐代文臣大丈夫江南半壁賴支吾人倫自可輕生死天道何須問有無萬里君臣揮淚盡一龕燈火肖心孤後來拜覲忠貞面疑是睢陽血未枯

城隍廟　縣西北九十里濱江

黃龍廟　縣南百二十里建自前明供威烈侯雷南二大將軍像國朝廟燬於火金身獨存里人焚香祀之擇於挑水埠修造名曰懷恩祠

百嘉廟　在賢三砂嘴相傳白氏家廟乾隆間衆姓重葺供武聖神像易名百嘉

源潭廟　在賢三毛家畈向有龍潭源遠且清每旱歲祈禱頗驗先人立廟祀焉

太尉廟　縣南七十五里古古樓岩下嘉慶十八年續修香火田一担二斗地大小五塊

關公廟　縣南百二十里在符三地明永樂八年何貴基創修咸豐三年兵燹光緒己卯貴基後裔捐資復修更名何家廟

紫壇廟　縣南百二十里因牆毀壞勸捐重建

磨刀磯廟

縣西南九十里在符鄉長港口北岸相傳為關公磨刀處建於康熙三年後毀光緒二年重修

楊花廟

一名青山寺符四公所舊傳斷碑載唐高宗鳳儀丙子慧能禪師說法於大梵寺講堂飛錫茲土楊花剎古剎於此慶落成焉明成化己丑補葺國朝乾隆五十四年坦和尚重新同治年處士鄧汝為率生徒高蘭如等起真率會創建字藏於其旁置田一担二斗六升永為收字紙經費另修字藏二座一在茅嶺下楓秧鋪一在紫檀廟旁

報恩寺

治東舊名光孝禪林唐廣德間僧無為創建明洪武間僧惠源重修萬歷間封君孟蓮湖重建後為朝賀之所咸豐二年賊燬

寒溪寺

舊名資聖禪寺晉陶侃得文殊金像於海上初送寒溪即此明洪武初復創萬歷間封君孟蓮湖義民周太宇重建崇禎九年孟宦登施香火蘆洲大段坐落神一里順治七年周宦有賚施香火田一十六担坐落仰山廟以為供佛給僧之資咸豐二年燬於粵賊同治元年僧昌毓昌行隆壽契買市西門外廟前寒溪壠田伍担歲納租穀玖拾一担零永為廟產

西山寺

縣西舊名資福寺晉太元間遠公祖師開建明洪武初僧惠源重修萬歷間封君孟侁修建康熙初閤邑

迴龍寺

公建五十三年學政繆重修松風閣雍正十年知縣
張慄倡修順治十一年郡庠生朱來斯性好施予將
山頭湖田三担地二十四塊塘一口草場一頭原價
八十兩輕作十三兩繳契賣與僧偈若永助祖師殿
香火乾隆十二年監生吳鼎漢讓一聖襲蘭懷施田
四担乙斗以資香火坐落靈溪吳村此田因佃騙祖
吳鼎漢孫獻鍾等同僧德慧控縣追繳錢憲斷將此
田變賣得價銀百兩經獻鍾等奏價買市小北門外
鋪屋一所仍捐西山寺管業乾隆三十六年僧水谷
契買畢登一洪鄉徐家巒田一担五斗外畢登一捐
同庄田五斗一升共田二担一升嘉慶元年僧德慧
契買七里界毛家塭田三担花地二十四塊柴山二
段道光十六年寺燬於火次年縣市士民重建大佛
殿真武殿咸豐二年賊燬同治三年僧宏濡募爵相
官文恭倡捐屬倏暨邑人士醵金重建武聖宮大
佛殿靈官殿邑紳王家璧有記同治六年鮑爵帥超
捐建客堂二間十三年劉軍門維楨捐建三泉亭暨
佛殿雨亭
縣東關外康熙元年邑紳周慶楨建乾隆二十四年
生員周士鎏開基倡捐重修咸豐初燬於兵燹同治
八年大東關外士民重建光緒七年四品封職周之
瀚施田七斗五升歲納租穀十五担地稞歲納足錢
四串文永為佛前香火之資田地俱坐落百子畈李
家端

鳳鳴寺　縣東二里即鳳臺書院乾隆間邑民周凛懷重修咸豐二年賊燬基址尚存

靈傑寺　縣東三里同治元年重修

清涼寺　縣南五里墩同治癸酉重修餘詳舊志

葛山寺　縣南十里道光癸巳縣令李錦源仝縣丞龔自璇典史楊登第教諭田玉訓導楊徵策城守鄭永暄建

寶山寺　縣南十五里同治十年重修官吏催科寄此

寶勝寺　縣南七里康熙二十八年相國余國柱施地四十八塊廟基一段碑據光緒壬戌[午]重修

龍王寺　縣東五丈港側同治壬戌重修

仙佛寺　縣西南十里

洋瀾寺　縣南四里南岡間康熙三十七年知縣呂賁恒建

松山寺　邑東三十里松山堡建立

奎臨寺　邑東三十餘里風火堡建立

石燕寺　縣南一百二十里在靈五里明宏治時建寺後峭石壁立中有巨洞為蝙蝠所聚大者如盤寺中神最靈

祈禱者日衆

文殊寺

縣南一百二十里在靈丘里建自明李寺前衆峯獻秀環繞若城寺後有獅子崖峭石嵳峩頗稱奇絶

紹興寺

縣西南馬二里建自唐朝基踞山巔殿前有泉四時不涸俗名土坡泉僧紹旦續修並建下院歷年久遠殿宇傾圮同治甲戌僧西安修葺續修下院

南谷寺

縣南一百二十里亦名南谷草堂咸豐二年紀樹棠號南谷子建施田二担零山場數嶂永結香火緣

龍會寺

在馬三里係舊存積穀處因採買不便禀請停歇倉廢寺亦傾圮

白雞寺

在馬六里原基在本廟對山年遠傾壞康熙間公議續修擴基時突一白雞由牆脚中飛至本廟基處旋覓無蹤遂還廟於茲故名

香佛寺

在賢庾湖上負山臨水初為熊姓家廟康熙壬子庠生孟進同土人重建同治甲戌重修更名三九廟

安福寺

在賢三砂背創建興廢不一巔末俱詳前志有龍塘諸勝景相傳寺宇縱橫數椽現存老屋數間頹垣荒徑今人有今昔之感

斗山寺

以山形似斗故名御史方鑄有鼎今亡

見龍寺

在符一里沼山五老峯左黃姓山脚寺側澗底五色細石可玩計香火田一担四斗地三斗五升

寶聚寺

在符鄉長嶺街北道光十年建咸豐三年賊燬同治九年重修

清峯寺

舊名新峯在符四里清峯山下唐宋以來古刹也多出名僧東曉崧然尤其最著明邑令聶賢留題詩載藝文志相傳有十景瀏湖印月清風插雲妙樹擔板法泉不傾斷碑留蹟古樸垂陰南迎仙梵北望幽人東連石鼓西覆金篋邑紳熊慎典夏振著僧東曉道濟題詠尚存

寶峯寺

符四里公所在歐家砍火紙山南

靈山寺

縣南百十里有富川松林代八景石刻詩　羅漢洞云洞崧崇巖靜一窩曾聞此地寓阿羅談經谷口龍降鉢説法山頭虎伏坡衲石不禁遊士履禪闕誰共老僧過儂將扣綸尋尊者為問西來意若何　獅子巖云石湧層巖接鷲祇儼如師子欲歸依昔從烏弋成手爪今入禪闕獲法微千載硊硼千載獸一畨風雨一畨香梵鐘頻向空山遶疑有低聲出岸西　寶蓋岑云石成寶蓋覆空虛峽屼還將古剎龍長借烟霞抒悦祚時邀風月透玲瓏誰來梵院祂工巧妙把名山入綴縫高掛冰巒天際出應知三界盡悖懞　石笋峯云嵯峨怪石涌山岑恰似巖頭玉笋生老篺未隨春日解嫩芽豈為凍雷驚衩稍勢欲冲半斗成竹

何時集鳳鳴千載那同眾單木一年一度見枯榮
木魚撤云總為癡迷喚不醒現身飛落在林坰消魔
未解偕多衲峰佛曾知歷幾齡有象長留古寺跡無
聲相伴老僧經當年妙手誰雕琢持向靈山廣法門
　巖石屋云巨瑩窮龐甚是頑誰雕峻宇置深山盤
空應擬避泰爵寂靜那同譁閬闌曲巷時邀清颸掃
石門長把白雲關老僧攜客頻來此一枕清涼四壁
閣　掛榜巖云問誰標榜入山陰十載猶存鑰墨淋
天地還同人世解文章却與歲華深沐恩何日名魁
首爐字從今列上林冀謂巖前無學士應知有客度
青雲　卧龍泉云林麓天開半畝池龍眠深水緣差
差潛蹤常共魚鰕侶騰身平呼風雨隨卧沼誰知頭
角異凌霄方顯甲鱗奇而今權向勺泉隱沛澤蒼生
定有期

養石泉寺

即前志興隆菴縣南一百二十里在靈五里順治三年建殿宇壯濶其山為武昌大治興國三屬龍山廟居山腰基圓而坦前臨懸崖千仞石下垂若柱有瀑布泉蓮花墩桂花巖石屋樹城等勝竹樹連山盛暑不熱有記並題詠廟有眾姓捐施暨祖遺香火田六担六斗一卅山數嶂同治十年本里公請陳憲給示永遠不得典賣水程山界詳載示內有碑　邑令林芳宿養石泉寺觀瀑云端坐多鬱伊願言一騁目山僧適見招遥赴祇林宿三兩嘯儔侶四五偕童僕積陰生曉寒亭午轉微燠林迴風欲薰嵐輕雨初沐

平疇早秋新高原小麥熟道旁聽農謠比歲慶豐卜
沼澗忘迢遞觸岫愛重複村徑辨三岔溪彴危獨縮
迴步工高岡穿林得衍陝天如世外逢地詑壺中縮
勝境幾時開精舍何人築就樹半支楹因巖架重屋
叢樹碧周遭澗花紅麗殺倒挂絕壁松寅緣夾徑竹
高空下倦禽幽洞出仙蝠俛仰谿塵慮欲相倒醽醁
忽聞天籟鳴響送琴筑尋聲重搜討迸崖下飛瀑高
懸練一條亂瀉珠千斛激石處圓渦注潭滙淨緣蔬
哇近委輸稻田遠滲漉工疑天漢翻下想神龍伏將
母功德水散作人間福想登戀忘歸心賞手盥掬山
水固云佳茲泉靈異獨終古澈清冷羨僧與樵牧欲
喚老畫師為我寫尺幅晨發下山來晚亦出山逐回
首在山前泉白雲滿崖谷　邑令林芳又題養石泉
寺壁云名山得佳遊茲長谿幽性夏初天氣和雨餘
沙路淨巖壑互蔽虧水木交相映屈曲越牛涔紆迴
入樵徑天半落泉聲林杪出清磬喧寂心兩忘夜深
與禪定

覺華寺

東山寺

宋隱士張雨若隱於梁子東山因以為號咸豐間燬於兵故址尚存

斗牛觀

在萬鎮工街舊毀於雍正間同治元年六壇重修供蔦釬仙像鄉紳陳昶有斗牛觀紀畧吳錫嘏有蔦榫

川神道碑

碧雲寺 在白滸山頂咸豐二年賊燬同治間住持僧募化重修

懷恩寺 縣西南九十里蟠龍山麓唐元和間南嶽讓禪師建明洪武三年僧連元重修明李田聯璧等重修邑解元張鐘靈有詩 國朝康熙四十七年田祿平等重修大佛殿供鐵佛二尊重千斤咸豐年住持於山門外葺以高垣其間能容車馬後園牆內古木參天皆千百年左右文奎係改造壯麗異常碑記雖多惜被苔蘚翳滿矣

彌陀寺 縣西南八十五里舊寺傾頹道光十年重建

觀音閣 龍蟠磯上元監邑鐵山壘石成台建閣宏治初僧覺壽募修嘉靖丁亥燬其徒宗洪奉邑令許櫓卿命募化重修辛卯知縣李宗暘再新修後邑監生周廷舉重修道光己酉毀於大水同治三年爵相官文恭同屬僚暨市紳王家璧重建有記

文昌閣 華容路南縣西六十里明萬歷年邑紳姜俁等建 國朝乾隆八年生員姜世表等重修

文昌閣 在符石鄉賈聚北道光十五年建

天理圖書館

聖姥殿 邑東五十里楊葉洲上建立

武聖宮 縣西八十五里右建有天后殿

武聖宮 在賢三里徐家橋蓼儀寺上首佛螺山嘉慶間士民仝僧叢瑞募化重修

樂道宮 在符一里沼山西邊四圍山四大嶂屬僧琳牧香火田地一担五斗乾隆間有二鈸佛各重數千觔載以破舟自樊口逐浪而來至太白港止士人以爲異一置見龍寺一口置樂道宮以爲名山之鎭今太白港有田名曰歇佛址

江隱菴 即小北門外三官殿咸豐初賊燬基址尚存

淨土菴 大西門外香火田六担八斗坐落洪三里磨兒山鴉口石二處係住持尼僧元安於乾隆十七二十三等年募化苦力自置至磨兒山鴉口石等山向產紅石有關通縣風水歷有案據永遠禁止採鑿咸豐二年賊燬

長春菴 城外縣西北隅後改名準提菴今廢基址尚存

正性菴 縣南十餘里在洪一里塔橋順治十五年邑庠生洪布虞建捐田地山場虞曾孫志永廩生志茂捐廟壪

地四廂同治間生員洪正煜恩賜副榜洪英副榜
候選教諭洪天申副榜長陽縣教諭洪大生重建山
右

洞賓菴 縣南二里同治壬申重修

天龍菴 縣東南十里咸豐四年兵燹已未重修光緒丙子重修

水月菴 縣東十五里仙堂山頂

戴家菴 縣西南九十五里上間出神燈出則本年豐穩

蓮花菴 在靈三里縣南一百三十里乾隆三年僧悠演募於翁氏建嘉慶二十四年僧青山復建同治壬申僧了生了道重建

華藏菴 在梁子後建於明萬歷年順治十四年壬澤弘題有海會慈風匾額尚存

朝陽菴 在梁子街東北創於康熙初年咸豐癸丑賊燬同治丙寅重建

一笠菴 縣南七十里在符一里保安下街菴前有草場一段在三元閣後

武聖宮 在寒溪寺後道光七年邑紳紀玉峯建宮前老柱一株不知植自何代邑令林芳題曰西山之麓有寒溪焉

梵剎之旁餘老桂焉邑之檀邢紀玉峯翁者三丐量土十笏佛金拓此祇園留茲佳卉四序則綠雲剪葉三秋則黃雲霏英分月中廣樹之株作天上眾香之國異日者黃魯直參晦堂語就中得無隱直詮李謫仙荅迦葉詩這箇是如來小影因顏之曰金粟影咸豐初賊燬歸然存者獨此老桂邑紳柯茂枝有老桂歌同治十一年紀玉峯後裔重建武聖宮暨桂花園客廳一座

靈山院

在靈三里縣南一百二十里今名靈山寺唐光化間建一小菴名曰白蓮池鑄鐵像觀音一尊後寺毀像没僧懷一按建靈山廟僧守靜重修宋大觀間有陳子貽粹記載衛賞女疾篤路遇道人教食貍內衛人捕之見一白貍入穴掘之得一鐵像觀音女遂愈將金容奉別剎眾百人不能勝請奉靈山祀焉至元明佛殿傾圮僧紹衣禪定續加修葺咸豐間賊燬光緒初僧了生仝十排首士籌資重建寺門前田一址坳下塘一口佛場背後山一大嶂寺左堰塘二口寺右塔灣塘一口靈三里一甲紀玉峯公施有水田一但三斗坐落寺前門口壠大小計十二㧈永為香火之資

觀音堂

縣西南九十五里在符石鄉小賽堡乾隆初建眾姓捐有田地為一堡公所

汪師壇

縣西南百里在符鄉舖棠堡有法師汪姓者禱雨於此故名乾隆初建咸豐癸丑賊燬同治年重修

青龍古剎

馬七里公所縣南一百二十里明初建畫棟雕梁規模宏廠禪房幽靜草木蒙茸後毀重修有山場一嶂修竹一園良田一担五升以為香火之資

城隍廟

治大西門內宋熙寗前係武昌儒學泮池存焉廟久傾圮嘉慶道光間市士民重建拜殿樓臺馬鄉劉可勤重建中殿市施錦龍重建後殿靈鄉紀玉峯建送子元君殿道光二十六年市士民建韓公祠咸豐二年賊燬光緒三年知縣劉篤慶同市洪士民釀金建正殿一重樓臺一座四年知縣淩心垣同市民洪士民重建拜殿一重客廳三間六年知縣蔡炳榮同市紳士建龍神祠先是三年建修時神龕下掘出大古磚十五塊內五塊題武昌府提調官通判張晶司吏徐用武昌縣提調官縣丞楊時敬司吏黃景又三塊題總甲秦名甲首黃應祖其小甲汪德輝黃杰黃衣各註名一塊又七塊題窑匠袁興並造磚人夫各注名一塊乾隆初僧道衍在真福寺分得賢一里白沙墻田叁担貳斗伍升外地棵錢貳拾串文歸城隍廟管業道光十一年永三里張世廣捐張家冲田七升五合同治五年邑令江世玉捐買市四元閣郃姓鋪屋三閒付廟僧收租管業永資香火同治七年僧道仒置買廟西墻外地基一所

城隍廟送子元君殿舊址光緒六年知縣蔡炳榮同

龍神祠

市紳士建

文昌宮

治西門外康熙五十六年邑令曾昕同市紳士王涵等建涵等後捐銀置買廟前田伍斗地六塊歲納租穀拾伍担五斗永作收檢字紙之費詳邑侯曾碑又置洪一里汪家墻灣地田二坵共六升道光閒靈鄉

紀玉峯建修後殿咸豐二年賊毀同治九年涵裔孫藩經歷衔王錫孚請於邑令張炅同邑紳勸捐重建正殿接建魁星樓啟聖祠有記十三年邑州同衔朱文運捐香火田三斗二升五合歲納租穀六担五斗外流年穀六担五斗因畝窄流年穀減讓每年寔納祖六担五斗坐落洪一賀家壠光緒四年洪三里何世選世鏞捐香火田一斗歲納租二石坐落洪三里何家灣門首

關帝廟

治東即報恩寺雍正十年邑令張慓增建大殿一重以為朝賀公所十三年令馮德馨改創山門乾隆二十二年相禮萬國泰彭商哲捐資填砌丹墀咸豐初賊燬

堤防

清思堤　縣東虎頭山下明正德間市民舒洪砌乾隆九年邑人周凜懷重修光緒戊寅年士民重築

五丈港堤　縣東五里同治八年知縣張炅率士民重築並建石閘

茅草湖堤　縣東六里同治八年知縣張炅率士民修築

夏興湖堤　縣西南二十里同治　年知縣張炅率士民重築並建石閘
閘

楊葉洲堤　同治九年知縣張炅率士民修築

加槳垸堤　同治八年知縣張炅率士民修築

黃絲壠堤　同治　年知縣張炅率士民修築

佘家垸堤　同治八年知縣張炅率士民修築

龔家垸堤　同治八年知縣張炅率士民修築

趙家垸堤　同治八年知縣張炅率士民修築

吳家垸堤　同治八年知縣張炅率士民修築

曹家堙堤同治八年知縣張旲率士民修築

嚴家畈堤上下二段同治八年知縣張旲率士民修築

楓樹堙堤同治八年知縣張旲率士民修築

清風樓外堤市東街同治八年知縣張旲同本街士民建築

蟠龍橋閘縣東關外同治八年知縣張旲同東街士民建築

水堙堤縣東二十里鄉民嚴希阜築堤萬歷年貤封孟化孝廉方學詩周慶地重築康熙五年邑庠周慶楨王家臣耆民何可及具控飭署令金殿臣修築八年令熊登續築久圮同治八年知縣張旲率士民重築

王家堤同治八年知縣張旲率士民重築

軍堤同治八年知縣張旲率士民修築

劉家堙堤同治八年知縣張旲率士民修築

龍王廟堤同治八年知縣張旲率士民修築

楊花嶺堤同治八年知縣張旲率士民修築

軍田墻堤　同治八年知縣張炅率士民修築

鑼鼓膝棋堤　同治八年知縣張炅率士民修築　總計十八段

琵琶湖堤　同治八年知縣張炅率士民修築並建石閘

新港湖堤　同治八年知縣張炅同永鄉士民修築

彭北湖堤　在永二里趙家磯下同治八年知縣張炅率士民修築

張北湖堤　在永二里泥磯士民同修地形低下時有潰決之虞

羅湖堤　在永二里同治八年知縣張炅率士民修築

磧磯湖堤　在永三里同治八年知縣張炅率士民修築

黄柏山堤　上自黄柏山下抵樊口堤身甚長堵禦上游江漲為武治六縣衛保護田廬最為緊要道光間再潰同治八年知縣張炅同紳士稟懇大憲在以工代賑項内分撥帑銀重築

橋梁

寒溪橋 縣西一里明知縣許穡鄉修邑民盛琥捐貲建石梁歲久傾頹雍正十年知縣張慄暨同城官僚紳民重建同治間永鄉義民高紀玉重建

寒溪舊石橋 即遠公橋寺前橋止石一層屢經洪水衝激不壞石止有指跡白書詩屢晦屢見久而不没道光年市紳周萬青重修有記

石盤橋 詳載舊志又名大橋同治九年水漲潰五丈港堤橋梁及涼亭俱毀本年水退義民周懔懷後裔續修費金千餘行人便焉

楊樹橋 邑東二十里上縣大路附貢生周履祥創修

水家港橋 邑東二十三里義民周懔懷後裔修

鬥水嘴橋 邑東二十五里候選州同周桂軒創修

楊溪山橋 邑東二十餘里洪三通衢嘉慶二十三年郡增生周敬堂創修同治九年水漲橋毀其孫邑庠生鳳藻州同善述續修

清思橋　縣東虎頭山下光緒戊寅重修

南湖橋　縣南三里南湖尾又名賽嘴橋明正德己卯知縣陳璋興通判尹覺修砌有碑今橋傾碑没

錢家橋　縣西南十里嘉慶四年砌今毀

走馬石橋　縣東四十五里道光庚戌治邑楊豫昌重修餘詳舊志

塔橋　縣東南二十里

咸橋　縣西南十五里同治年知縣張炅就橋督修石閘以防水漲

仁壽橋　縣東十里水滙流牧馬港會慈湖港出焉

新橋　縣西九十一里礄通小港綠楊垂蔭水漲時估客往來直達驛路鄉紳范凌川重修

吳家橋　縣西南九十三里在古姆山下數里距橋一里許有泉名活靈泉

大橋　縣西南八十二里面對古彌陀寺礄高且大被淹斷水涸時僅露礄面

龍王橋　縣西南九十一里堤長百丈乾隆戊申年喻進賢捐金建修近被水淹斷設有義渡船隻

黄金橋　縣西南八十五里地極低窪黄姓有義渡

周媽橋 邑庠生柳星生妻周氏創修縣西南九十五里有碑記

鑫斯橋 縣西南九十五里在高家山下因舉子修有碑記

長庚橋 道光十年賀階平捐修

九眼橋 縣南百二十里靈溪鄉水口土人建長明燈今石多傾欹

高　橋 在馬蹟鄉三里大港中係咸崇通興嘉蒲數邑通衢向屬木造日久傾頹監生陳均繪圖募化重建石礄有諸名士暨鄉紳圖記詩序題詞兩岸街市約百餘家

劉英橋 在馬蹟鄉三里下大港亦係邑數邑通衢向遇春夏水漲民病於涉義士劉守箴捐置義田十餘頃給歲修費

三星橋 在馬蹟鄉三里蔡家港

高家河萬壽橋 在馬六里路接金牛鎮距縣城南一百二十里許

順嶺礄 縣西南九十餘里距長嶺街里許地名楊家港乃眾姓建於乾隆四十四年後因水圮咸豐元年重修

天錫礄 縣西南百四十里在符石鄉康熙年間忽雷劈獅山三大石於港邊眾因為礄名天錫礄右朱邇宸妻柯

氏捐金募工另開支港

石鐵岸礄 縣西南九十里在長港口南岸嘉慶初年朱振先兄弟捐修

魯家礄 在符四里太和嶺南為金牛保安通衢

四德礄 在符四里乾隆間生員鄧大鵬子啟瑩捐修咸豐癸丑水圯光緒二年鄧大鵬嗣孫等重修

雷家礄 在縣南一百二十里馬七里界道光年間被水圯光緒初吳宮塘後裔重修

丁　礄 縣西七十五里去華容驛五里為武黃達省通衢明宏治二年邑侯李有朋督築橋隄萬歷四年黃岡團風吳天其捐貲修建石礄碑勒石孔道光己酉水溢橋圯同治年吕姓為首募勸集眾貲重修首事捐戶並載碑記

坊表

安陸府訓導范廷鑑親見七代五世同堂　詔立坊表曰七葉衍祥今存

節孝總坊在金牛鎮徐家橋咸豐　年闔邑紳民捐貲鼎建

貞烈節孝總坊坊在東關外春厰光緒五年知縣凌心垣倡議闔邑士民捐貲鼎建

劉夏氏儒士劉士智之妻永二里

張吳氏邑庠生張星之妻乾隆間建坊於葛鎮牌樓灣前今存

張姜氏儒童張啟祐之妻文庠之聯之芳之母乾隆間建坊張於本族汪子林山前今存

張黃氏應侯之妻建坊已載舊志今存

柳馬氏太學生柳洛之妻壽臻百歲五世同堂　旌表建坊題曰貞壽之門今廢

彭黃氏彭志璜之妻孝子維珠之母同治間　旌表建坊於宅前題曰節孝合坊今存

錢糧項下

起運有閏銀貳萬肆千叄拾伍兩伍錢貳分肆釐無閏叄千捌百陸拾貳兩玖錢捌分又加江夏縣撥歸漁課銀玖兩壹錢肆分伍釐

共應解司銀貳萬肆千肆拾肆兩陸錢陸分玖釐叄千捌百柒拾貳兩壹錢貳分伍釐

存留銀壹千玖百玖拾玖兩捌錢伍分叄釐內除坐支官役俸工等銀壹千捌百肆兩柒錢陸分壹釐外

應解司銀壹百玖拾伍兩玖分貳釐

驛站銀貳千叄百柒拾伍兩壹錢肆釐內叄百伍拾肆伍日應除坐支夫馬工料等銀柒百伍拾陸捌兩柒肆錢叄貳分捌釐外

應解司銀壹千陸百壹拾捌兩叁錢陸分陸釐 陸兩陸錢捌分肆釐

耗羨有無閏銀叁千壹百貳拾伍兩壹錢伍分叁釐 陸兩壹錢柒分伍釐又加江夏

縣撥歸漁課銀壹兩陸釐

共銀叁千壹百貳拾陸兩壹錢伍分玖釐 柒兩壹錢捌分壹釐內

除坐支佐雜養廉貳百陸拾兩外

共應解司銀貳千捌百陸拾陸兩壹錢伍分玖釐 肆拾柒兩壹錢捌分壹釐

蘆課正銀貳百壹拾玖兩肆錢叁分玖釐

耗銀貳拾肆兩壹錢叁分捌釐

以上蘆課正耗銀兩全數解司

稅課項下
牙稅銀壹百陸拾伍兩玖錢
前項稅銀係照同治拾貳年
奏銷册報開載嗣後如有增減應仍隨時
更正以備查考
田房稅正額銀壹拾貳兩叁分
盈餘銀兩儘征儘解
徐州衛津貼銀壹百貳拾捌兩陸錢貳分內除原報停徵銀
叁拾陸兩肆錢陸分外
實徵銀玖拾貳兩壹錢陸分
湖稞原額正銀壹千叁拾壹兩柒錢
遇閏年加閏共正銀壹千貳百肆兩貳錢

肆分伍釐

坐支項下

驛站叁百伍拾肆伍日額支銀柒百伍拾陸兩柒錢叁分捌釐捌兩肆錢貳分

內排夫工食銀柒拾壹兩玖錢捌分貳兩壹錢捌分叁釐

草料藥餌馬夫獸醫工食等銀伍百叁拾兩玖錢貳分肆釐貳兩肆錢叁釐

馬價銀玖拾捌兩

支應廩糧並修理號房等銀伍拾伍兩捌錢叁分肆釐

以上應支夫馬工食工料藥餌等款銀兩閏月按日加增

耗羨銀貳百陸拾兩內

縣丞養廉銀捌拾兩

典史養廉銀陸拾兩

金子磯巡檢養廉銀陸拾兩

白湖鎮巡檢養廉銀陸拾兩

存留銀壹千捌百肆兩柒錢陸分壹釐内

各官俸銀貳百捌拾肆兩肆錢壹分伍釐提解司庫

文廟等祠祭祀銀玖拾壹兩捌錢壹分

關帝廟祭祀銀叁拾伍兩柒錢肆分陸釐

本府門子銀壹拾貳兩

馬快銀叁拾兩

步快銀肆拾捌兩

府學膳夫銀壹拾叁兩叁錢叁分叁釐

縣門子銀壹拾貳兩

捕快銀肆拾捌兩

禁卒銀肆拾捌兩

庫子銀貳拾肆兩

斗級銀貳拾肆兩

民壯銀壹百捌拾兩内裁汰銀叁拾陸兩提解司庫

皂隸仵作銀玖拾陸兩

轎傘扇夫銀肆拾貳兩

孤貧口糧布花銀叁拾壹兩伍錢

各舖司兵銀叁百壹拾叁兩柒錢捌分肆釐

迎送皂隸銀伍拾兩捌錢叁分叁釐

吹手銀伍拾柒兩陸錢

渡夫銀貳拾叁兩叁錢捌分肆釐

教官俸銀叁拾壹兩伍錢貳分

齋夫銀叁拾陸兩

門斗銀貳拾壹兩陸錢
廩糧膳夫銀陸拾壹兩叁錢叁分叁釐
縣丞門皂馬夫銀叁拾陸兩
典史門皂馬夫銀叁拾陸兩
金牛白湖巡檢皂隸銀貳拾肆兩
各巡司弓兵銀玖拾陸兩柒分伍釐
以上存留項下額支銀壹千捌百捌兩玖錢叁分叁釐内除祭祀餘剩充餉並荒故丁銀肆兩壹錢柒分貳釐外實坐支銀壹千捌百肆兩柒錢陸分壹釐

扣存減平減成空曠皮價項下

驛站減平叁百伍拾肆伍日銀肆拾伍兩肆錢肆釐伍錢伍釐

存留役食俸齋減平銀伍拾陸兩肆錢貳分陸釐

廪膳減平銀肆兩肆錢捌分

役食清查叁成銀壹百伍拾陸兩叁錢柒分

鋪司兵裁減陸成銀壹百捌拾捌兩貳錢柒分

驛站倒馬皮價銀柒兩

縣丞養廉減平銀肆兩捌錢

典史養廉減平銀叁兩陸錢

巡檢養廉共減平銀柒兩貳錢

庫雜項下

年額捐款銀貳百捌拾兩

加攤捐欵銀柒拾兩

江邑囚食銀肆拾兩

加攤囚食銀叁拾兩

江邑本書工食銀陸兩伍錢

協帮應山縣馬價銀壹百兩

高錫脚價銀捌拾伍兩

梟監囚食銀陸兩壹錢柒分肆釐

以上捌欵每年照數認捐

秋審經費

科場經費

赦欵經費
解案經費

以上捐欵多寡有無不定均詳載江夏縣册
内應查照辦理

領欵項下

文昌祭品銀叁拾伍兩柒錢肆分伍釐

常雩祭品銀伍兩

玖成養廉除減平外實銀柒百陸拾壹兩肆錢

教職加品俸除減平外實銀肆拾伍兩伍錢柒分壹釐

縣役食補荒除減平清查叁成外實銀叁錢貳分

民壯補荒除減平清查叁成外實銀伍分叁釐

器械除減平清查叁成外實銀伍兩壹錢貳分

祭祀補荒銀肆分

白湖鎮巡檢器械除減平外實銀壹兩捌錢捌分

額內孤貧銀陸兩肆錢貳分肆釐小建扣存縣庫留為閏年湊數支銷遇閏加增

額外孤貧銀叁拾柒兩捌錢扣建支給遇閏加增

囚糧銀無定額

救生船水手工食除減平外實銀叁拾叁兩捌錢肆分

漕南項下

隨漕淺船正項並蓆板銀貳千伍百陸拾捌兩伍錢伍分陸釐

隨漕淺船耗羨銀貳百捌拾貳兩伍錢肆分壹釐

驢脚正項銀捌百壹拾柒兩柒錢陸分

驢脚耗羨銀捌拾玖兩玖錢伍分肆釐

漕糧正米陸千柒百陸拾貳石肆斗肆合貳勺每石壹兩叁錢折價銀捌千柒百玖拾壹兩壹錢貳分伍釐

漕糧耗米陸百柒拾陸石貳斗肆升肆勺每斗壹錢叁分折價銀捌百柒拾玖兩壹錢壹分叁釐

漕糧水脚每正米壹石壹錢伍分折銀壹千壹拾肆兩叁錢

陸分壹釐

漕糧兑費銀伍千兩

南糧正米陸千捌百壹拾肆石陸斗陸升伍合肆勺每石壹兩伍錢折價銀壹萬貳百貳拾壹兩玖錢玖分捌釐

南糧耗米陸百捌拾壹石肆斗陸升陸合伍勺每斗壹錢伍分折價銀壹千貳拾貳兩貳錢

南糧水脚每正米壹石壹錢伍分折銀壹千貳拾貳兩貳錢

漕南盈餘銀肆百兩光緒元年詳准核減貳成隨正搭解糧庫兑收按季撥歸藩庫供支

武昌縣
倉穀項下
常平倉原額存儲穀柒萬肆千叁百叁拾貳石肆斗捌升貳
合叁勺前經因公動用及被劫無存已於
咸豐陸年清查案内造報在案
耤田肆畝玖分每年收穀肆石大麥壹石小麥壹石
共應收雜糧陸石由縣變價以作備辦致祭
先農祭品之用其變價銀若干按年造册報
部核銷
光緒七年知縣蔡炳榮奉文勸捐積穀市洪神永四鄉紳民
捐建倉厫廳房於縣衙左裕民倉舊址取名
恒豐倉共計捌厫以次列編智仁勇恭寬信

斂惠八字現收儲市洪神永積穀叁千叁百
担零
靈馬賢符四鄉紳民捐費買基建倉廒廳房
於金牛鎮西街之南古上倉基數丈餘取名豫
豐倉共計十廒

育嬰堂

前　劉憲、淩憲於光緒丁丑年暨首士程道鑑涂淑儒周遠志萬里鵬李錦章劉步雲周敬宣姜植棠孟楚材沈炳燊孟履謙劉習垓周多文陳鴻鈞葉春華孟兆蘭毛文彬杜清華姚光明周佩璘涂芝齡萬年樹程兆晉續添金稚巖陳煥文張炳文李藻如蕭明望等創建經理育嬰並義學種牛痘補要路備義杠賞救溺施棺板斂葬浮屍路斃骸骨收買字紙等件

堂內捐項並價買田屋

徐曉波捐馬二里周家塝水田三石一斗七升五合地二塊每年納租四十五石

周大有捐洪一里魯家壋水田六斗每年納租十四石地棵

錢一串一百湖地新麥三斗五升
毛文彬捐洪一里祝家壪提庄水田一斗五升每年納早穀
二石七斗晚穀一石二斗五升
程道鎰捐西畈荊圻山水田一石另五升每年納租十六石
八斗
本堂價買洪一里劉家壠水田九斗六升七合五勺每年收
租二十石地棵錢四百文
邑尊陳印延益並各典捐項價買小北門外鋪屋一所
張炳文捐縣市西嶺基屋一所永爲義學
周繖文捐縣市鄔家巷典屋一重三間價九七錢四十串文
每年收租錢六串文